Blickpunkte

Politik/Sozialkunde für berufliche Schulen

von
Klaus Brinkmann
Christa Penschow

unter Mitarbeit von
Dunja Neumann
Gesche Thikötter

8., aktualisierte Auflage

Handwerk und Technik • Hamburg

ISBN 978-3-582-67417-3 Best.-Nr. 1831

Verlag Handwerk und Technik GmbH,
Lademannbogen 135, 22339 Hamburg; Postfach 63 05 00, 22331 Hamburg – 2021
E-Mail: info@handwerk-technik.de – Internet: www.handwerk-technik.de

Illustrationen: Timo Müller-Wegner, 22459 Hamburg, www.muellerwegner.com
Umschlagsfoto: Liane Quatsling, 86444 Affing
Satz und Layout: PER MEDIEN & MARKETING GmbH, 38102 Braunschweig
Druck: appl druck GmbH, 86650 Wemding

Vorwort

Blickpunkte – Politik/Sozialkunde für berufliche Schulen ist für den aktuellen Unterricht an der beruflichen Schule konzipiert.
Im Vordergrund steht die einfache Darstellung und Vermittlung des komplexen Zusammenhangs politischer, wirtschaftlicher und kultureller Ereignisse in unserer Gesellschaft. Themenschwerpunkte sind

- die nachhaltige Gestaltung der Arbeitswelt unter Berücksichtigung der Erfahrungswelt der Schülerinnen und Schüler in Berufs- und Berufsschulalltag.

- signifikante Aspekte der Persönlichkeitsentwicklung von Jugendlichen im Rahmen der familiären und gesellschaftlichen Bedingungen sowie der Wandel von Traditionen und Standards.

- historische Ursprünge demokratischer Entwicklungen und Traditionen in Europa – unter besonderer Hervorhebung der historischen Ereignisse in Deutschland von 1918 bis zur Gegenwart.

- die Übersicht über staatliche Institutionen und ihr – durch die Verfassung bestimmter – Handlungsrahmen innerhalb der parlamentarischen Demokratie.

- wirtschaftliche Grundvoraussetzungen der sozialen Marktwirtschaft und deren Rechtsgrundlagen im Lebensalltag der Schüler.

- aktuelle politische Kontroversen und Reformvorhaben sowie deren Auswirkungen auf die Gestaltung der gesellschaftlichen Rahmenbedingungen.

- historische Hintergründe sowie aktuelle Entwicklungstendenzen innerhalb der Europäischen Union.

- Grundvoraussetzungen für ökologisches Handeln und dessen Einfluss auf Gesellschaft und Ökonomie.

- Globalisierung im Kontext internationaler wirtschaftlicher sowie politischer Zusammenhänge.

Die Seiten „Handeln – aktiv sein“ in jedem Kapitel sollen die Schülerinnen und Schüler dazu anregen, selbst die Initiative zu ergreifen und die dargestellten Methoden und Projekte auszuprobieren und in die Praxis umzusetzen.

Mit über 1 500 Stichwörtern im Sachwortverzeichnis kann dieses Buch gleichzeitig als Nachschlagewerk zur gezielten Suche von Inhalten verwendet werden.

1

ANGEKOMMEN IN DER ARBEITSWELT

1.1 Einstieg in die Berufs- und Arbeitswelt

1.1.1 Berufliche Bildung – es wird viel verlangt

Blickpunkt: *Katrin (18) und Sarah (17) kennen sich aus der Berufsschule. Katrin macht eine Ausbildung zur Europaassistentin und Sarah zur Bauzeichnerin. Schon vor dem Schulabschluss haben sie sich Gedanken über die Zukunft gemacht. Jetzt mit Beginn der Ausbildung soll alles anders und besser werden. Die Schule hinter sich lassen und rein ins volle Leben. Endlich keine Schülerinnen mehr sein, endlich in der Berufswelt dabei sein, Geld verdienen und Zukunftspläne schmieden. Aber werden die beiden den Anforderungen im Berufsleben auch gerecht? Was wird von ihnen verlangt? Welche Erwartungen haben sie selbst?*

Die Top-Ten-Tugenden
Kriterien der Betriebe für die Übernahme nach der Ausbildung

Zuverlässigkeit	94
Leistungsbereitschaft	92
Ehrlichkeit	91
Fleiß	87
Initiative, Pflichtbewusstsein	82
Zielstrebigkeit	75
Pünktlichkeit	67
Disziplin, Ordnungssinn	59
Selbstsicherheit	44
Ruhe, Ausgeglichenheit	34

Umfrage in Prozent, Mehrfachnennungen möglich
Quelle: IW

Die Interessen der Arbeitgeber

Die Arbeitsbedingungen in den großen Betrieben, aber auch z. B. in kleinen Handwerksbetrieben, sind seit einigen Jahren durch starke Veränderungen gekennzeichnet. Die Zeiten, in denen man mit einer guten Ausbildung ein Leben lang sein Geld verdienen konnte, sind vorbei. Globalisierung und schneller Wandel bestimmen unsere Zeit.

Unter **Globalisierung** versteht man die zunehmende weltweite Verflechtung in Bereichen wie z. B. Politik, Wirtschaft, Kultur (s. auch Abschnitt 9.1.1).

Von Mitarbeitern wird ein hohes Maß an Flexibilität und Qualifikation erwartet. Die Unternehmen verlangen nach wie vor ein gutes Fachwissen, aber auch zusätzliche Kompetenzen, sogenannte **Schlüsselqualifikationen**. Sie sollen der „Schlüssel" zur Bewältigung vielfältiger, immer neu auftretender Probleme sein. Gefordert werden Mitarbeiter, die selbstständig und flexibel arbeiten und in Zusammenarbeit mit Kollegen Probleme fachgerecht lösen können.

Die sich stark verändernden Anforderungen verlangen von den Arbeitnehmern die Bereitschaft zu **lebenslangem Lernen**.

Die Interessen der Auszubildenden

Den Jugendlichen ist eins ganz klar: Eine gute Berufsausbildung ist die Eintrittskarte in die Arbeitswelt. Deshalb fordern sie zu Recht eine gute Ausbildung durch Betrieb und Berufsschule.

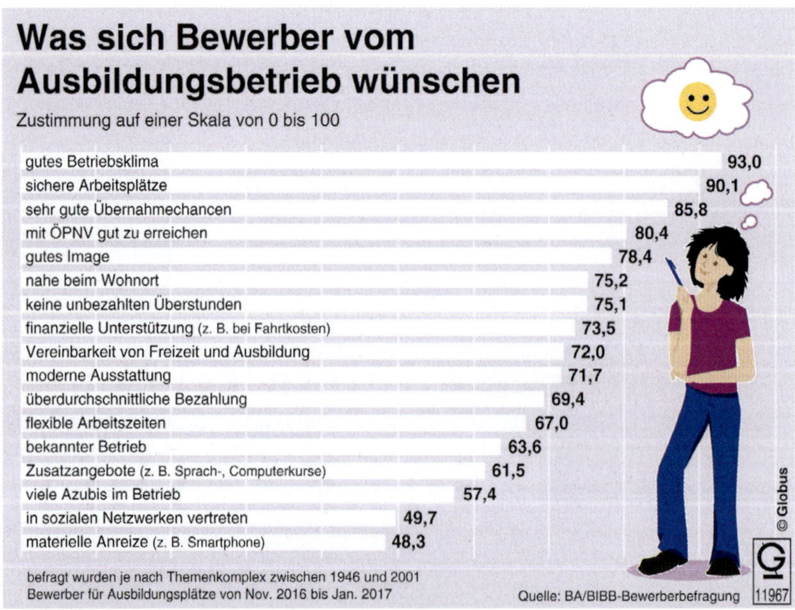

Schlüsselqualifikationen sind grundlegende berufliche und allgemeine Qualifikationen, die es einem Facharbeiter ermöglichen, sich immer wieder neuen Problemen und Aufgaben erfolgreich zu stellen. Beispiele für Schlüsselqualifikationen sind:

- Fachwissen anwenden
- Planen und Organisieren
- Ergebnisse beurteilen
- Teamarbeit
- Kritikfähigkeit
- Kommunikationsfähigkeit

Wer in einem Beruf erfolgreich sein will, muss die entsprechenden Fähigkeiten besitzen und bereit sein, Leistung zu erbringen. Die Leistungsbereitschaft wird unter anderem beeinflusst durch:

- **das Ansehen des Berufs:** Für eine Volkswirtschaft sind alle Berufe wichtig. Es gibt aber große Unterschiede im Image der Berufe. Zusätzlich genießen ausgebildete Arbeitnehmer ein höheres Ansehen als Ungelernte.
- **ein gutes Einkommen:** Wer ein angenehmes Leben führen will, muss einer beruflichen Tätigkeit nachgehen, um ein gutes Einkommen zu erzielen. Je besser die Ausbildung und die Qualifikation, desto sicherer der Arbeitsplatz und desto höher das Einkommen.

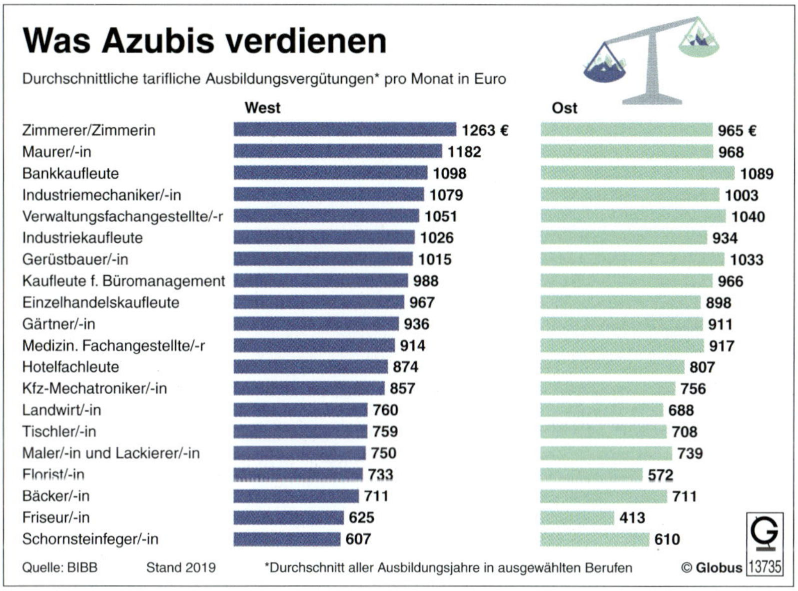

Berufliche Sozialisation

Im Rahmen Ihrer Ausbildung werden Sie auf eine Vielzahl von Menschen treffen, die Sie stark beeinflussen werden. Sie werden sich verändern. Kollegen und vor allem die Ausbilder verlangen von Ihnen bestimmte Verhaltensweisen, Leistungen und die Einhaltung von Regeln und Vorschriften. Sie werden in Ihren Beruf hineinwachsen und die Gepflogenheiten und Eigenheiten Ihres Berufszweiges erlernen. Dabei werden Sie geprägt durch:

- die Arbeitsabläufe in Ihrem Betrieb,
- die Anforderungen, die der Beruf an sie stellt,
- die Erfahrungen, die Sie mit Ihren Kollegen und Kolleginnen machen werden.

Azubi-Mindestlohn hilft vielen jungen Erwachsenen

Das neue Gesetz gilt seit dem 1. Januar 2020.

Auszubildende verdienen ab dem 1.1.2020 im ersten Ausbildungsjahr mindestens 515 Euro im Monat. In den Folgejahren erhöht sich dieser Mindestlohn weiter. Wer 2021 seine Lehre beginnt, erhält mindestens 550 Euro, 2022 sollen es 585 Euro sein und im Jahr darauf 620 Euro.

Laut Bundesagentur für Arbeit bekamen noch im Jahr 2019 die 115.000 Azubis weniger als 500 Euro monatlich. Beispielsweise Raumausstatter-Auszubildende, die in Ostdeutschland 480 Euro im Monat verdienen, aber auch Schornsteinfeger mit 450 Euro und ostdeutsche Friseure mit 325.

Ausnahmen sind jedoch möglich: Einigt sich eine Gewerkschaft mit Arbeitgebern in einem Tarifvertrag auf eine niedrigere Vergütung, kann regional oder in bestimmten Branchen nach unten von den neuen Grenzen abgewichen werden. Die liegt aber in der Regel nicht im Interesse der Gewerkschaften.

Sozialisation:

bezeichnet die Erziehung und Prägung des Menschen durch Einflüsse der Gesellschaft und umgekehrt. Er umfasst somit die Vorgänge, durch die ein Mensch zum Mitglied der Gesellschaft oder eines Teils der Gesellschaft wird. Der Mensch entwickelt sich und bildet einen eigenen Charakter und eine Persönlichkeit aus.

Das Herausbilden einer bestimmten vom Beruf geprägten Persönlichkeit wird auch als **berufliche Sozialisation** bezeichnet.

AUFGABEN

1. a) Listen Sie auf, welche Qualifikationen in Ihrem Beruf von Ihnen verlangt werden.
   b) Erläutern Sie, warum gerade diese Qualifikationen in Ihrem Beruf wichtig sind.
2. Zählen Sie stichwortartig auf, welche Anforderungen Sie an eine gute Ausbildung in der Berufsschule stellen?
3. Benennen und erörtern Sie die Ihrer Meinung nach vier wichtigsten Faktoren, die die Leistungsbereitschaft der Mitarbeiter in einem Betrieb beeinflussen können.
4. a) Stellen Sie die Erwartungen Ihrer Kollegen an Sie und Ihre eigenen Vorstellungen in einer Tabelle stichpunktartig gegenüber.
   b) Erläutern Sie, warum es gemeinsame und unterschiedliche Erwartungen gibt.

1.1.2 Berufsausbildung und Qualifikation – Sicherheit für die Zukunft

Blickpunkt: *In vielen Berufsfeldern werden in den nächsten Jahren viele Mitarbeiterinnen und Mitarbeiter altersbedingt ausscheiden. Doch die Nachbesetzung der Stellen gestaltet sich schwierig. Die Interessenverbände der Wirtschaft prognostizieren bereits einen großen Fachkräftemangel. Der 19-jährige Matteo fragt sich, ob er in seinem gewählten Berufsfeld Elektrotechnik eine Zukunft hat.*

Neue Anforderungen an Facharbeiter

Gut ausgebildete Facharbeiterinnen und Facharbeiter werden häufig als das „Rückgrat" der Industrie bezeichnet. Der Bedarf an ihnen wird in den nächsten Jahren zunehmen. Gleichzeitig werden die Anforderungen bezüglich beruflicher Qualifikation und Ausbildung weiter steigen.

Das künftige Aufgabenprofil eines Facharbeiters wird zunehmend geprägt durch

- eigenständiges Arbeiten, eigenständige Auftragsabwicklung,
- eigenständige Arbeitsorganisation und Qualitätskontrolle,
- EDV-gestützte Steuerung und Wartung,
- Service im Rahmen eines flexiblen Arbeitseinsatzes in Gruppen.

Als **berufliche Qualifikation** bezeichnet man die Fähigkeiten, die ein Mitarbeiter besitzt, um den Anforderungen im Betrieb gerecht zu werden.

In der modernen Fertigungsorganisation gibt es

- Fertigungsinseln statt Abteilungen,
- Koordinatoren statt Meister,
- flexible statt starre Arbeitszeiten,
- Gehalt statt Stundenlohn (auch für Facharbeiter),
- Generalisierung statt Spezialisierung und
- Mitbestimmung statt Anordnung.

Berufliches Qualifikationsprofil: Bündel unterschiedlicher Fähigkeiten, die von einem Mitarbeiter erwartet werden, wenn er die ihm gestellten Aufgaben fachgerecht erfüllen soll.

Hochqualifizierte Arbeitnehmer sind für den Wirtschaftsstandort Deutschland von großer Bedeutung. Im internationalen Wettbewerb konkurrieren sie mit anderen Staaten, in denen niedrigere Löhne gezahlt werden und längere Arbeitszeiten üblich sind. Nur mit Spitzentechnologie und einer hohen Leistungsfähigkeit der Betriebe bleibt Deutschland am Weltmarkt konkurrenzfähig.

Ebenen der Qualifikation

Ungelernte: ohne Berufsausbildung

Lehre, Berufsfachschule: Abschluss einer Fach-, Meister- oder Technikerschule

Fachhochschule: Abschluss z. B. eines Ingenieurstudiums

Universität: Abschluss an der Hochschule

Facharbeiter/-innen – die neuen Anforderungen	
Früher	**Heute und in Zukunft**
▪ starre Arbeitszeiten	▪ flexible Arbeitszeiten
▪ detailliert vorgegebene Arbeitspläne/ Aufgabenverteilung durch Meister	▪ Absprache im Team ▪ selbstständige Planung der Arbeitsaufgaben ▪ Arbeitsaufteilung im Team
▪ Störfallentscheidung durch Meister	▪ selbstständige Störungsanalyse und Reaktion
▪ Qualitätsverantwortung bei speziellen Kontrolleuren	▪ Verantwortung für Qualitätssicherung
▪ Terminkontrolle durch Terminverfolgung	▪ Verantwortung für Termineinhaltung
▪ Kostenverantwortung beim Meister	▪ Beteiligung am Kostenmanagement
Ausführung vorgegebener Planungen nach Anweisung	**Selbstständig planen, durchführen und kontrollieren**

Neue Berufe entstehen – Berufsgruppen und Berufsfelder

Die Veränderungen in der Arbeitswelt bleiben nicht ohne Auswirkungen auf die Berufsausbildung. Sie haben zur Folge, dass neue Ausbildungsberufe geschaffen und die Inhalte bestehender Ausbildungsberufe neu geordnet werden.
Die ungefähr 330 anerkannten Ausbildungsberufe lassen sich in sogenannte **Berufsgruppen** unterteilen. Da bislang noch keine verbindliche Einteilung dieser Gruppen existiert, orientiert man sich gegenwärtig noch an der alten Unterscheidung in **Berufsfelder** – z. B. in folgende:

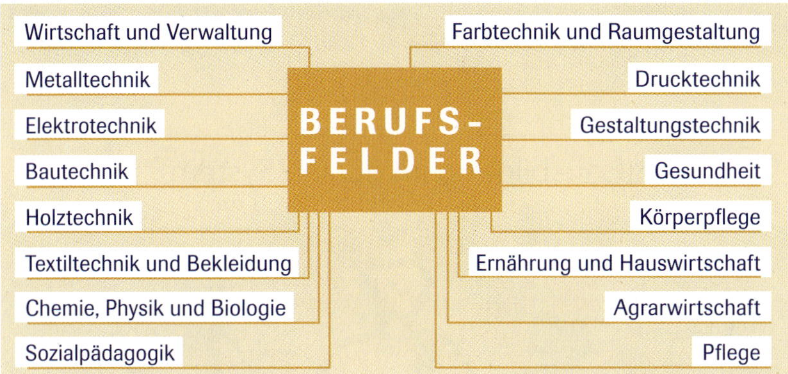

Moderne Berufsausbildung

Diese Berufe gab es 1850 noch:
- Feilenhauer
- Handschuhmacher
- Knopfmacher
- Lichtermacher
- Seifensieder
- Tapetenmacher
- Nagelschmied

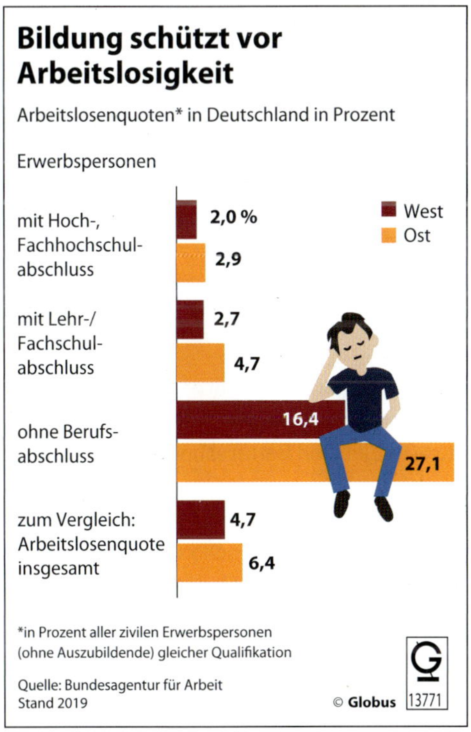

Auf dem Arbeitsmarkt haben Ungelernte schlechte Aussichten. Denn eine gute Ausbildung ist nicht nur von Vorteil für das berufliche Weiterkommen, sondern auch der beste Schutz vor Arbeitslosigkeit. So zeigt das Schaubild links, dass trotz insgesamt deutlich gesunkener Arbeitslosigkeit 2019 noch immer fast jeder fünfte Mensch ohne abgeschlossene Ausbildung arbeitslos war.

Neue und modernisierte Ausbildungsberufe 2020:
- Bankkaufmann/-frau
- Biologielaborant/-in
- Chemielaborant/-in
- Fachinformatiker/-in
- Hauswirtschafter/-in
- IT-System-Elektroniker/-in
- Kaufmann/-frau für Digitalisierungsmanagement
- Kaufmann für Groß- und Außenhandelsmanagement
- Kaufmann/-frau für IT-System-Management
- Lacklaborant/-in
- Mediengestalter/-in Bild und Ton

AUFGABEN

1. Beschreiben Sie, welche Veränderungen sich in Ihrem Berufsfeld erkennen lassen.
2. Listen Sie auf, welche Ausbildungsberufe zu Ihrem Berufsfeld zählen, und beschreiben Sie die Qualifikationen, die mit diesen Berufen erworben werden.
3. „In den nächsten Jahren wird es einen großen Mangel an gut ausgebildeten Fachkräften geben." Tragen Sie zu dieser Behauptung Informationen für Ihren Berufszweig zusammen und erörtern Sie Ihre Zukunftsaussichten.

1.2 Ausbildung in Schule und Betrieb

1.2.1 Doppelt hält besser – duale Berufsausbildung

dual: lateinisch duo = zwei/Zweiersystem

Blickpunkt: *Endlich ist es geschafft. Florian hat die Schule hinter sich und seinen Ausbildungsvertrag in der Tasche. Die ersten Tage im Betrieb waren spannend und voller neuer Eindrücke. Das war endlich mal was anderes als Schule. Doch dann findet Florian sich eines Tages in der Berufsschule wieder. Obwohl diese sich von seiner alten Schule unterscheidet, die Schüler älter sind, überall technische Geräte herumstehen und einige Klassenräume eher großen Werkstätten gleichen, hat Florian nur einen Gedanken: „Oh man, muss das denn sein? Kann ich nicht einfach alles in der Firma lernen? Warum nun schon wieder Schule?"*

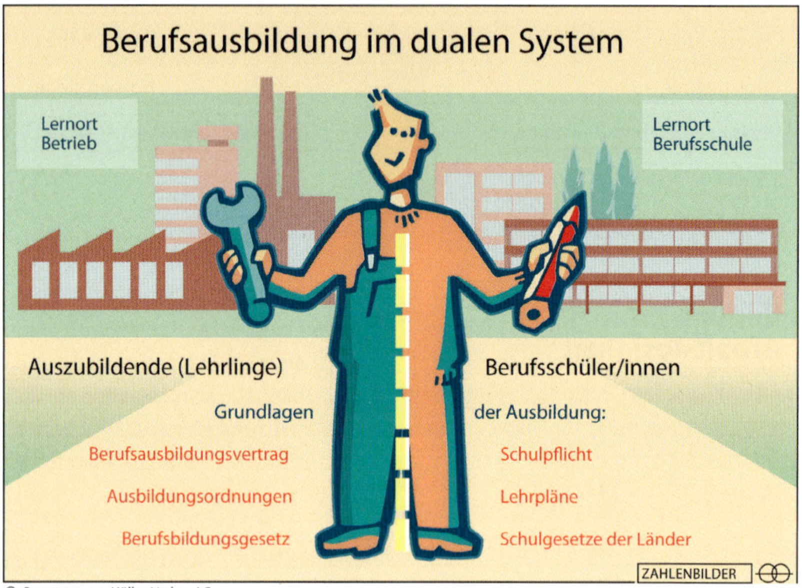

© Bergmose r+ Höller Verlag AG 264 201

Rund 70 % aller Auszubildenden werden in Deutschland im sogenannten dualen Berufsausbildungssystem ausgebildet. Das heißt, dass sich Jugendliche mit einem Ausbildungsvertrag an zwei Lernorten (Betrieb und Berufsschule) auf ihre spätere berufliche Tätigkeit vorbereiten.

Wer erfolgreich an der meist dreijährigen Ausbildung und den Zwischen- und Abschlussprüfungen teilnimmt, erhält den Gesellen- oder Facharbeiterbrief und ein Abschlusszeugnis der Berufsschule. Diese beiden Zertifikate berechtigen dann zur Teilnahme an weiterführenden Ausbildungen – z. B. zum Meister, zum Techniker oder zur Weiterbildung zum Ingenieur.

Das duale Ausbildungssystem gilt im Ausland als vorbildlich, während es hierzulande häufig kritisiert wird.

2 Vorteile des dualen Systems	2 Nachteile des dualen Systems
• Die Ausbildung ist praxisbezogen und findet in einem Betrieb statt. • Die bzw. der Auszubildende ist bereits während der Ausbildung in einem Betrieb beschäftigt.	• Es gibt häufig noch keine ausreichende Abstimmung zwischen den Lernorten Betrieb und Schule. • Einige Ausbildungsbetriebe sind zu spezialisiert.

TIPP

Die folgende Informationsbroschüre zu Ausbildung und Beruf erhalten Sie kostenlos beim:
Publikationsversand der Bundesregierung
Postfach 48 10 09
18132 Rostock

Zusätzliche Informationen finden Sie im Internet unter:
www.bmbf.de

Dort können Sie diese Broschüre auch als PDF-Datei einsehen und kostenlos herunterladen.

Neben der Berufsausbildung im dualen System gibt es auch einige wenige Berufe, die nur in der Berufsschule erlernt werden können, z. B. der Beruf des pharmazeutisch-technischen Assistenten.

Auszubildende vor der Berufsschule

Der Ausbildungsbetrieb

Im Ausbildungsbetrieb sollen vor allem die für den Beruf wichtigen fachpraktischen Fertigkeiten und Kenntnisse erworben werden. Verantwortlich für die Ausbildung in einem Betrieb ist die Ausbilderin bzw. der Ausbilder. Sie bzw. er hat für diese Tätigkeit einen speziellen Lehrgang und eine Prüfung absolviert – die Ausbildereignungsprüfung.

Die rechtliche Grundlage für die Ausbildung in einem Betrieb bilden

- das Berufsbildungsgesetz (BBiG),
- die Handwerksordnung (HWO) und
- die Ausbildungsordnung.

In vielen Ausbildungsgängen werden die Auszubildenden an einer überbetrieblichen Ausbildungsstätte ausgebildet. Weil viele, vor allem kleinere Firmen, nicht alle für den Beruf wichtigen Kenntnisse weitergeben können, haben sie gemeinsam diese überbetrieblichen Ausbildungsstätten geschaffen. Hier werden ebenfalls vor allem fachpraktische aber auch theoretische Kenntnisse vermittelt.

Die Berufsschule

In Deutschland besteht nach dem Ende der allgemeinen Schulpflicht eine Berufsschulpflicht. In der Berufsschule sollen die für den Ausbildungsberuf wichtigen theoretischen Kenntnisse vermittelt werden.

Die gesetzliche Grundlage für die Arbeit in der Berufsschule bilden

- das Schulgesetz des jeweiligen Bundeslandes und
- die Lehrpläne (sie sind mit der Ausbildungsordnung abgestimmt).

In der Berufsschule sollen aber nicht nur fachliche Kenntnisse erworben werden. Da die Berufswelt immer schwieriger und komplexer wird, sind auch sogenannte gesellschaftliche Handlungsfähigkeiten gefragt. Die Schüler sollen betriebliche, rechtliche und politische Zusammenhänge erkennen und so ihr Urteilsvermögen und ihre Handlungsfähigkeit herausbilden. Auf diese Weise sollen sie nicht nur gute Fachkräfte in ihrem Beruf werden, sondern auch gut gebildete Menschen im Betrieb und im Privatleben.

AUFGABEN

1. a) Erstellen Sie ein Plakat, auf dem Sie das duale Ausbildungssystem abbilden und stichwortartig erklären.
   b) Stellen Sie Ihrer Meinung nach weitere bestehende Vor- und Nachteile des dualen Systems in einer Tabelle gegenüber.
2. Erarbeiten Sie mithilfe des BBiG, welche Anforderungen an einen Ausbildungsbetrieb gestellt werden. Achten Sie dabei insbesondere auf die §§ 27–30.
3. Fertigen Sie eine Stichwortliste dazu an, was Sie von der Ausbildung in Ihrer Berufsschule erwarten. Vergleichen Sie Ihre Ergebnisse dann mit denen Ihrer Mitschülerinnen und Mitschüler und tragen Sie alles an der Tafel zusammen.

Berufsbildungsgesetz (BBiG):
§ 1 Ziele und Begriffe der Berufsbildung

(1) Berufsbildung im Sinne dieses Gesetzes sind die Berufsausbildungsvorbereitung, die Berufsausbildung, die berufliche Fortbildung und die berufliche Umschulung.

(3) Die Berufsausbildung hat die für die Ausübung einer qualifizierten beruflichen Tätigkeit in einer sich wandelnden Arbeitswelt notwendigen beruflichen Fertigkeiten, Kenntnisse und Fähigkeiten (berufliche Handlungsfähigkeit) in einem geordneten Ausbildungsgang zu vermitteln. Sie hat ferner den Erwerb der erforderlichen Berufserfahrungen zu ermöglichen.

§ 2 Lernorte der Berufsbildung

(1) Berufsbildung wird durchgeführt
1. in Betrieben der Wirtschaft, in vergleichbaren Einrichtungen außerhalb der Wirtschaft, insbesondere des öffentlichen Dienstes, der Angehörigen freier Berufe und in Haushalten (betriebliche Berufsbildung),
2. in berufsbildenden Schulen (schulische Berufsbildung) und
3. in sonstigen Berufsbildungseinrichtungen [...] (außerbetriebliche Berufsbildung).

1.2.2 Rechtliche Grundlagen der Berufsausbildung

Blickpunkt: *Maren hat ihren Berufsausbildungsvertrag unterschrieben und wundert sich über den Umfang des Vertrags. Insbesondere das Kleingedruckte macht sie stutzig. Außerdem ärgert sich Maren darüber, dass sie sich ihre Arbeitskleidung selbst kaufen musste. „Wird diese nicht eigentlich vom Arbeitgeber zur Verfügung gestellt? Mal sehen, was die Gesetze dazu sagen …"*

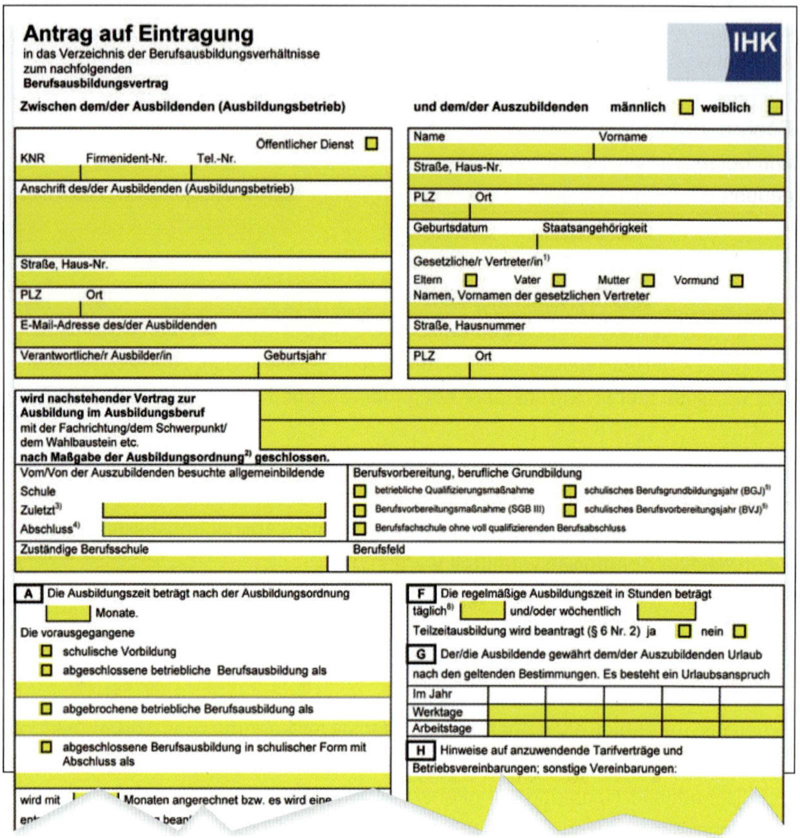

Antrag auf Eintragung
in das Verzeichnis der Berufsausbildungsverhältnisse
zum nachfolgenden
Berufsausbildungsvertrag

IHK

Zwischen dem/der Ausbildenden (Ausbildungsbetrieb) **und dem/der Auszubildenden** **männlich** ☐ **weiblich** ☐

Öffentlicher Dienst ☐
KNR | Firmenident-Nr. | Tel.-Nr.
Anschrift des/der Ausbildenden (Ausbildungsbetrieb)
Straße, Haus-Nr.
PLZ | Ort
E-Mail-Adresse des/der Ausbildenden
Verantwortliche/r Ausbilder/in | Geburtsjahr

Name | Vorname
Straße, Haus-Nr.
PLZ | Ort
Geburtsdatum | Staatsangehörigkeit
Gesetzliche/r Vertreter/in[1]
Eltern ☐ Vater ☐ Mutter ☐ Vormund ☐
Namen, Vornamen der gesetzlichen Vertreter
Straße, Hausnummer
PLZ | Ort

wird nachstehender Vertrag zur Ausbildung im Ausbildungsberuf
mit der Fachrichtung/dem Schwerpunkt/dem Wahlbaustein etc.
nach Maßgabe der Ausbildungsordnung[2] geschlossen.

Vom/Von der Auszubildenden besuchte allgemeinbildende Schule
Zuletzt[3]
Abschluss[4]

Berufsvorbereitung, berufliche Grundbildung
☐ betriebliche Qualifizierungsmaßnahme ☐ schulisches Berufsgrundbildungsjahr (BGJ)[5]
☐ Berufsvorbereitungsmaßnahme (SGB III) ☐ schulisches Berufsvorbereitungsjahr (BVJ)[5]
☐ Berufsfachschule ohne voll qualifizierenden Berufsabschluss

Zuständige Berufsschule | Berufsfeld

A Die Ausbildungszeit beträgt nach der Ausbildungsordnung
Monate.
Die vorausgegangene
☐ schulische Vorbildung
☐ abgeschlossene betriebliche Berufsausbildung als
☐ abgebrochene betriebliche Berufsausbildung als
☐ abgeschlossene Berufsausbildung in schulischer Form mit Abschluss als
wird mit Monaten angerechnet bzw. es wird eine
ent… bean…

F Die regelmäßige Ausbildungszeit in Stunden beträgt
täglich[6] und/oder wöchentlich
Teilzeitausbildung wird beantragt (§ 6 Nr. 2) ja ☐ nein ☐

G Der/die Ausbildende gewährt dem/der Auszubildenden Urlaub nach den geltenden Bestimmungen. Es besteht ein Urlaubsanspruch

Im Jahr					
Werktage					
Arbeitstage					

H Hinweise auf anzuwendende Tarifverträge und Betriebsvereinbarungen; sonstige Vereinbarungen:

Die Berufsausbildung in Deutschland ist durch Gesetze und Verordnungen geregelt. Die Handwerksordnung (HWO) und das Berufsbildungsgesetz (BBiG) bilden die zwei wichtigsten gesetzlichen Grundlagen. Daneben gibt es weitere Gesetze und Verordnungen, die in der Randspalte aufgeführt sind.

Einige rechtliche Grundlagen der Berufsausbildung:

- BBiG (Berufsbildungsgesetz)
- HWO (Handwerksordnung)
- JArbSchG (Jugendarbeitsschutzgesetz)
- Berufsausbildungsvertrag
- Ausbildungsordnung
- Lehrpläne/Bildungspläne
- Prüfungsordnung
- BGB (Bürgerliches Gesetzbuch)
- AEVO (Ausbilder-Eignungsverordnung)
- BerBiFG (Berufsbildungsförderungsgesetz)
- Liste der anerkannten Ausbildungsberufe

Die **Handwerksordnung (HWO)** trat 1953 als Gesetz zur Ordnung des Handwerks in Kraft. Dieses „Grundgesetz des Handwerks" regelt die Voraussetzungen, unter denen jemand ein Handwerk betreiben darf, und die Bedingungen, die vorliegen müssen, um Auszubildende zu beschäftigen.

Mit dem **Berufsbildungsgesetz (BBiG)** wurden 1969 die wichtigsten Bestimmungen für die Berufsausbildung gesetzlich verankert. 2005 wurde es erheblich verändert. Es enthält sowohl für die Auszubildenden wie auch für die Ausbildenden eine Vielzahl an Rechten und Pflichten. Das BBiG regelt

- die Berufsausbildung,
- die berufliche Fortbildung und
- die berufliche Umschulung.

TIPP
Viele dieser Gesetze und Verordnungen finden Sie in der Broschüre **„Ausbildung & Beruf"** des Bundesministeriums für Bildung und Forschung. Siehe hierzu auch die Hinweise auf Seite 6.

Dem Gesetz entsprechend soll die Berufsausbildung eine breit angelegte berufliche Grundbildung sein, die die notwendigen fachlichen Fertigkeiten und Kenntnisse für die Ausübung einer qualifizierten beruflichen Tätigkeit vermittelt. Auch soll die Ausbildung in einem geordneten Ausbildungsgang erfolgen.

Der **Berufsausbildungsvertrag** ist die rechtliche Grundlage der Berufsausbildung. Der Ausbildungsvertrag muss schriftlich abgefasst und vom Ausbildenden und dem Auszubildenden bzw. seinen gesetzlichen Vertretern unterschrieben werden, um rechtliche Gültigkeit zu erlangen. In der Randspalte ist aufgeführt, was ein Ausbildungsvertrag mindestens enthalten muss (siehe § 11 BBiG).

Rechte und Pflichten der Vertragspartner

Wie bei jedem Vertragsabschluss entstehen den Vertragsparteien – dem Ausbildenden und dem Auszubildenden – Rechte aber auch Pflichten.

Die Pflichten des Ausbilders sind die Rechte der Auszubildenden.

- **Ausbildungspflicht:**
  Der Ausbildende hat dafür zu sorgen, dass dem Auszubildenden die Fertigkeiten und Kenntnisse vermittelt werden, die zum Erreichen des Ausbildungsziels erforderlich sind.
- **Feistellungspflicht:**
  Der Auszubildende ist für die Teilnahme am Berufsschulunterricht, an Lehrgängen der überbetrieblichen Ausbildung und zu Prüfungen freizustellen.
- **Vergütungspflicht:**
  Dem Auszubildenden ist die vereinbarte Vergütung zu zahlen.
- **Bereitstellung von Ausbildungsmitteln:**
  Dem Auszubildenden sind kostenlos die Ausbildungsmittel, insbesondere Werkzeuge und Werkstoffe, zur Verfügung zu stellen.
- **Fürsorgepflicht:**
  Dem Auszubildenden sind nur Arbeiten zu übertragen, die dem Ausbildungszweck dienen. Das Jugendarbeitsschutzgesetz ist zu beachten.

Die Pflichten des Auszubildenden sind die Rechte des Ausbilders.

- **Lernpflicht:**
  Der Auszubildende hat sich zu bemühen, die Fertigkeiten und Kenntnisse zu erwerben, die erforderlich sind, um das Ausbildungsziel zu erreichen.
- **Sorgfaltspflicht:**
  Werkzeuge, Maschinen und sonstige Einrichtungen sind vom Auszubildenden sorgfältig zu behandeln.
- **Weisungen befolgen:**
  Die Weisungen, die im Rahmen der Ausbildung erteilt werden, sind zu befolgen.
- **Schulpflicht:**
  Am Unterricht der Berufsschule muss der Auszubildende teilnehmen.
- **Einhalten der Betriebsordnung:**
  Die Betriebsordnungen der Ausbildungsstätten sind zu beachten. Über Betriebs- und Geschäftsgeheimnisse ist Stillschweigen zu wahren.

AUFGABE

Auch in Ihrem Ausbildungsvertrag finden Sie eine Auflistung der Rechte und Pflichten des Auszubildenden und des Ausbilders. Konkretisieren Sie diese durch je drei Beispiele aus Ihrer bisher erlebten Praxis in Betrieb und Berufsschule. Besprechen Sie Ihre Erfahrungen in der Klasse.

Regelungen im BBiG (in der Fassung vom 1. Januar 2020):

§ 1: Berufsbildung
Was unter Berufsausbildung allgemein zu verstehen ist.

§ 11: Vertragsniederschrift
Die schriftliche Vertragsform ist hier vorgeschrieben. Der Ausbildungsvertrag muss die folgenden Bestandteile enthalten:

1. Art, sachliche und zeitliche Gliederung sowie Ziel der Berufsausbildung, insbesondere die Berufstätigkeit, für die ausgebildet werden soll,
2. Beginn und Dauer der Berufsausbildung,
3. Ausbildungsmaßnahmen außerhalb der Ausbildungsstätte,
4. Dauer der regelmäßigen täglichen Ausbildungszeit,
5. Dauer der Probezeit,
6. Zahlung und Höhe der Vergütung,
7. Dauer des Urlaubs,
8. Voraussetzungen, unter denen der Berufsausbildungsvertrag gekündigt werden kann,
9. ein in allgemeiner Form gehaltener Hinweis auf die Tarifverträge, Betriebs- oder Dienstvereinbarungen, die auf das Berufsausbildungsverhältnis anzuwenden sind.

§ 13: Pflichten der Auszubildenden

§ 14: Pflichten der Ausbildenden

§ 20: Probezeit
Dauer der Probezeit.

§ 21: Beendigung
Voraussetzungen für die Beendigung des Ausbildungsverhältnisses.

§ 22: Kündigung
Voraussetzungen für die Kündigung des Ausbildungsvertrages.

§§ 37–50: Prüfungen

1.2.3 Wenn der Ausbildungsvertrag abgeschlossen ist

Blickpunkt: *David ist zufrieden. Nur noch drei Wochen Probezeit, dann ist er nicht mehr ohne Weiteres kündbar. Denn auch so wichtige Dinge wie Probezeit, Kündigung und Ende der Ausbildung sind im Berufsbildungsgesetz geregelt.*

Probezeit (§ 20 BBiG): Am Anfang der Ausbildungszeit steht die Probezeit. Sie muss mindestens einen und darf höchstens vier Monate lang sein. Die Begrenzung auf vier Monate schützt den Auszubildenden vor überlangen und willkürlichen Probezeiten. In der Probezeit können beide Vertragspartner, also Ausbildender und Auszubildender, feststellen und prüfen, ob der Auszubildende für den Beruf geeignet ist und ob er die richtige Berufswahl getroffen hat. Daher können in dieser Zeit beide Vertragspartner den Ausbildungsvertrag jederzeit fristlos kündigen. Nach der Probezeit gilt das normale Kündigungsrecht.

Kündigung (§ 22 BBiG): Nach der Probezeit kann das Ausbildungsverhältnis nur gekündigt werden, wenn ein wichtiger Grund vorliegt. Unter einem wichtigen Grund versteht man z. B.
- einen tätlichen Angriff,
- Diebstahl,
- Betrug,
- häufiges unentschuldigtes Fehlen oder
- das Ausbleiben von Lohnzahlungen.

Kündigungsgrund kann auch der Wunsch sein, die Ausbildung aufzugeben, um einen anderen Beruf zu erlernen. In diesem Fall muss allerdings eine Kündigungsfrist von vier Wochen eingehalten werden.

Beendigung der Ausbildung (§ 21 und § 22 BBiG): Neben den oben genannten Gründen endet das Ausbildungsverhältnis normalerweise mit dem Ablauf der vereinbarten Ausbildungszeit.
Besteht der Auszubildende vor Ablauf der Ausbildungszeit die Abschlussprüfung, so endet damit auch das Ausbildungsverhältnis.

Beendigung des Ausbildungsverhältnisses
- **durch den Auszubildenden**
  - fristlos in der Probezeit
  - mit Bestehen der Abschlussprüfung
  - bei einer Kündigung aus wichtigem Grund
  - bei einem Wechsel des Ausbildungsberufs (jedoch mit vier Wochen Kündigungsfrist)
- **durch den Ausbildenden**
  - fristlos in der Probezeit
  - fristlose Kündigung aus wichtigem Grund

Ausbildungsordnungen: Für jeden anerkannten Ausbildungsberuf wird vom Bundesministerium für Bildung und Forschung eine Ausbildungsordnung erlassen. Sie regelt den praktischen Teil der Ausbildung. Was eine Ausbildungsordnung mindestens beinhalten muss, ist ebenfalls im Berufsbildungsgesetz festgelegt.

Berufsbildungsgesetz (BBiG):
§ 14 Berufsausbildung
(1) Ausbildende haben
1. dafür zu sorgen, dass den Auszubildenden die berufliche Handlungsfähigkeit vermittelt wird, die zum Erreichen des Ausbildungsziels erforderlich ist, und die Berufsausbildung in einer durch ihren Zweck gebotenen Form planmäßig, zeitlich und sachlich gegliedert so durchzuführen, dass das Ausbildungsziel in der vorgesehenen Ausbildungszeit erreicht werden kann,
2. selbst auszubilden oder einen Ausbilder oder eine Ausbilderin ausdrücklich damit zu beauftragen,
3. Auszubildenden kostenlos die Ausbildungsmittel, insbesondere Werkzeuge und Werkstoffe zur Verfügung zu stellen, die zur Berufsausbildung und zum Ablegen von Zwischen- und Abschlussprüfungen, auch soweit solche nach Beendigung des Berufsausbildungsverhältnisses stattfinden, erforderlich sind.

Die Ausbildungsordnung muss mindestens enthalten:
- die Bezeichnung des Ausbildungsberufes,
- die Ausbildungsdauer,
- die Fertigkeiten und Kenntnisse, die Gegenstand der Ausbildung sind (Ausbildungsberufsbild),
- eine Anleitung zur sachlichen und zeitlichen Gliederung der Fertigkeiten und Kenntnisse (Ausbildungsrahmenplan),
- die Prüfungsanforderungen.

Verordnung über die Berufsausbildung zum Mediengestalter Digital und Print und zur Mediengestalterin Digital und Print (Dig/PrintMedAusbV) vom 26.04.2013

§ 4 Ausbildungsrahmenplan, Ausbildungsberufsbild

(1) Gegenstand der Berufsausbildung sind mindestens die im Ausbildungsrahmenplan aufgeführten Fertigkeiten, Kenntnisse und Fähigkeiten (berufliche Handlungsfähigkeit). Eine von dem Ausbildungsrahmenplan abweichende Organisation der Ausbildung ist insbesondere insoweit zulässig, als betriebspraktische Besonderheiten die Abweichung erfordern.

(2) Die Berufsausbildung gliedert sich wie folgt (Ausbildungsberufsbild):
Abschnitt A
Gemeinsame Fertigkeiten, Kenntnisse und Fähigkeiten
1. Arbeitsorganisation,
2. Gestaltungsgrundlagen,
3. Datenhandling,
4. Medienintegration,
5. Berufsbildung, Arbeits- und Tarifrecht,
6. Aufbau und Organisation des Ausbildungsbetriebes,
7. Sicherheit und Gesundheitsschutz bei der Arbeit,
8. Umweltschutz; [...]

Prüfung (§§ 37 – 50 BBiG):
In den anerkannten Ausbildungsberufen müssen Abschlussprüfungen durchgeführt werden. Diese können zweimal wiederholt werden.

Durch die Abschlussprüfung soll festgestellt werden, ob die/der Auszubildende
- die notwendigen praktischen Fertigkeiten beherrscht,
- die notwendigen theoretischen Kenntnisse besitzt,
- mit dem ihr/ihm im Berufsschulunterricht vermittelten, für die Berufsausbildung wesentlichen Lehrstoff vertraut ist.

Der Prüfungsausschuss besteht aus mindestens drei Mitgliedern. D.h., jeweils ein Mitglied vonseiten
- der Arbeitnehmer,
- der Arbeitgeber und
- der Berufsschullehrer.

Rechtliche Grundlagen im Berufsschulbereich

Das Schulgesetz ist in allen Bundesländern das grundlegende Gesetz für die Arbeit in der Schule. Es legt zum Beispiel fest, wann Jugendliche verpflichtet sind, die Berufsschule zu besuchen. Sehr wichtig für die Berufsausbildung sind insbesondere die Lehrpläne, Rahmenlehrpläne und Bildungspläne.

Lehrpläne: Für die Arbeit in der Berufsschule gibt es Lehrpläne, die die Inhalte und Ziele des Unterrichts vorgeben. Sie sind für den Lehrer bzw. für die Lehrerin verbindlich – ihre Einhaltung kann somit von den Auszubildenden eingefordert werden. Die Lehrpläne werden von den Kultusministerien der Bundesländer erarbeitet und herausgegeben. Dabei kooperieren die Bundesländer untereinander sehr stark, um für den jeweiligen Beruf eine möglichst einheitliche und gleichwertige Ausbildung für das gesamte Bundesgebiet zu erreichen.

▶ AUFGABEN

1. Arbeiten Sie heraus, ob der Ausbildungsbetrieb einer Auszubildenden oder einem Auszubildenden die Arbeitskleidung zur Verfügung stellen muss und welche konkreten Forderungen an den Ausbildungsbetrieb gestellt werden können.
2. a) Listen Sie auf, welche Inhalte ein Berufsausbildungsvertrag enthalten muss.
   b) Überprüfen Sie Ihren Ausbildungsvertrag daraufhin, ob die vorgeschriebenen Inhalte aufgeführt sind.
3. Erstellen Sie für Ihren Klassenraum Plakate, die Ihnen eine Übersicht über die Inhalte Ihrer Ausbildung vermitteln:
   a) mit Themen der Lehrpläne für Ihren Ausbildungsberuf,
   b) mit den Inhalten der Ausbildungsordnung und der Prüfungsordnung.

1.2.4 Berufliche Fort- und Weiterbildung

Blickpunkt: *Den Gesellinnenbrief hat Annabell in der Tasche. Die Ausbildung ist abgeschlossen und am neuen Arbeitsplatz arbeitet sie bereits seit zwei Monaten. „Endlich, nie wieder lernen!", freut sich die frisch gebackene Kfz-Mechatronikerin. Doch schon wenig später schickt sie ihr neuer Chef zu einer Fortbildungsmaßnahme in die Zentrale des Autokonzerns mit den Worten: „Tja Annabell, entweder du bildest dich weiter oder die technische Entwicklung rauscht an dir vorbei!".*

Durch die stetige Weiterentwicklung von Technik, Wissenschaft und Gesellschaft kann heute niemand mehr damit rechnen, mit einem einmal erreichten Wissensstand ein Leben lang im Beruf bestehen zu können. Der rasche technologische Wandel und die Globalisierung zwingen dazu, sich neuen Anforderungen zu stellen, sich immer mehr und neues Wissen anzueignen und gewohnte Wege zu verlassen.

Es zeichnet sich ab, dass die berufliche Fort- und Weiterbildung zunehmend zu einem ebenso wichtigen Bereich des Bildungswesens wie die Erstausbildung wird. Sie lässt sich einteilen in:

Berufliche Fortbildung	Weiterbildung	Umschulung
Weiterqualifizierung mit dem Ziel von Abschlüssen, z. B. an ▪ Fachschulen ▪ Berufsoberschulen ▪ Meisterschulen ▪ Akademien	Innerbetriebliche Bildung zur Weiterqualifizierung der Mitarbeiter, z. B. durch ▪ Seminare im Betrieb ▪ Seminare in der Konzernzentrale	Erlernen eines weiteren Berufs, z. B. ▪ aus gesundheitlichen Gründen ▪ Studium

Berufliche Fortbildung

Durch sie soll der Arbeitnehmer seine beruflichen Kenntnisse und Fähigkeiten erweitern. Dies gibt ihm die Chance, mit der technischen Entwicklung Schritt zu halten und beruflich aufzusteigen.
Nach der Facharbeiterprüfung und mehrjähriger beruflicher Praxis können sehr unterschiedliche Fortbildungseinrichtungen besucht werden. Je nach Fachrichtung kann der Besuch einer solchen Einrichtung von einem halben Jahr bis zu zwei Jahre dauern.

In 41 von 130 Handwerksberufen ist es nur mit Meisterprüfung möglich, sich selbstständig zu machen. Eine Meisterprüfung kann nach dem Besuch der Meisterschule abgelegt werden.

Eine immer größere Bedeutung gewinnt die Fortbildung zum Techniker. Die Fachschulen bieten hierfür Ausbildungen in unterschiedlichen Fachrichtungen, wie z. B. Elektrotechnik, Bautechnik, Umweltschutztechnik, Maschinenbau und Nachrichtentechnik.
Im hauswirtschaftlichen und kaufmännischen Bereich gibt es Fachschulen für Wirtschafter/-innen, Datenverarbeitung, Sozialpädagogik usw.
An einer Akademie des Handwerks können sich Gesellen und Meister zum Betriebswirt des Handwerks ausbilden lassen.

Selbstständigkeit als Handwerker
Für 89 von 130 Handwerksberufen (Stand: 2020) ist der Meisterbrief keine Voraussetzung für die Gründung oder Übernahme eines Handwerksbetriebes. Das heißt, Handwerksgesellinnen und -gesellen können in den sogenannten zulassungsfreien Handwerken ohne Meisterbrief ein Unternehmen gründen, wenn bei den auszuführenden Tätigkeiten keine Gefahren für die Gesundheit oder das Leben Dritter bestehen. Dies trifft z. B. zu auf Schuhmacher, Uhrmacher, Modellbauer und Gebäudereiniger. Nur für gefahrgeneigte und ausbildungsintensive Handwerksbereiche ist weiterhin ein Meisterbrief notwendig. Hierzu zählen z. B. Dachdecker, Schornsteinfeger, Zimmerer, Tischler, Estrichleger und Metallbauer.

Fachoberschulen (FOS) führen in einem Jahr zum Fachabitur. Aufnahmevoraussetzung ist der Abschluss der 10. Klasse oder ein gleichwertiger Abschluss – z. B. ein guter Abschluss der Lehre. Das Fachabitur berechtigt zum Studium an der Fachhochschule.

Berufliche Gymnasien schließen mit dem Vollabitur ab. Es gibt sie als technische Gymnasien oder als Wirtschaftsgymnasien. Aufnahmevoraussetzung ist der Abschluss der 10. Klasse oder ein gleichwertiger Abschluss.

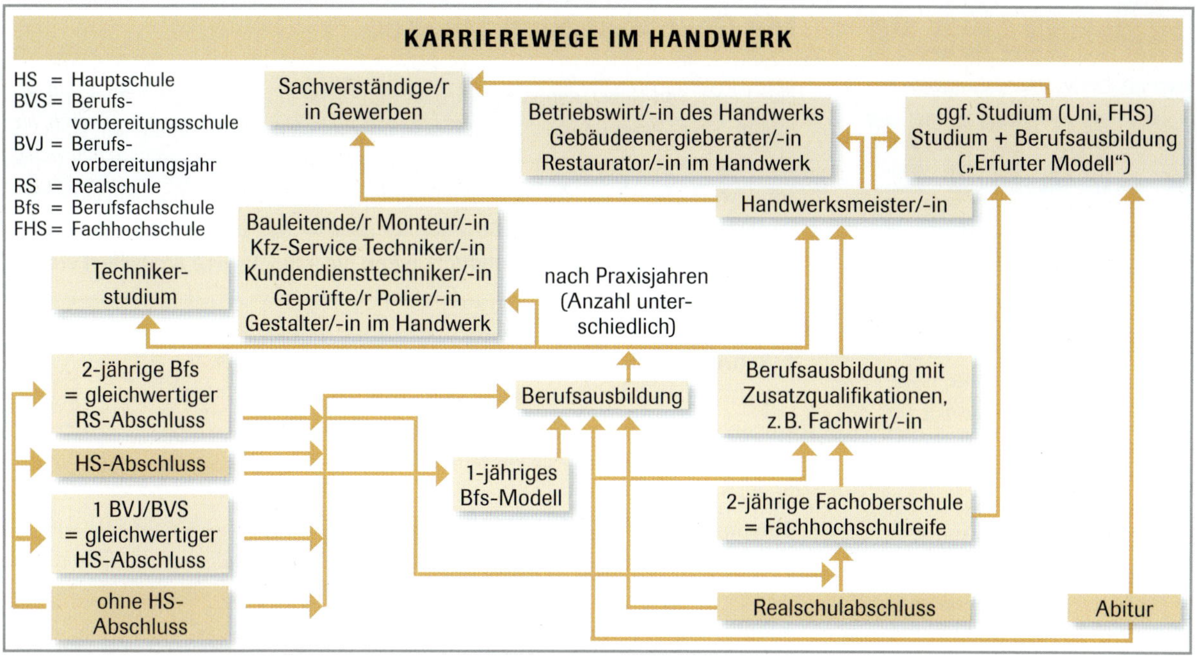

Weiterbildung

Sie soll dem Arbeitnehmer die Angleichung seines Wissensstandes an die sich verändernden Techniken, Vorschriften und Normen ermöglichen. Weiterbildungsmaßnahmen finden häufig innerhalb des Betriebes oder in Partnerfirmen des Unternehmens statt. Außerdem werden sie von den Handwerks- und Handelskammern angeboten. So kann z. B. ein Maurermeister in einer Ziegelei neue Ziegelsteine kennenlernen oder eine Kfz-Mechatronikerin in einem Automobilwerk Erfahrungen mit einem neuen Motor sammeln. Auch in Berufsschulen kann Weiterbildung erfolgen.

Umschulung

Sie führt immer zu einer Zweitausbildung. Anlässe für eine Umschulung können sein:

- Berufsunfähigkeit durch Krankheit oder Unfall,
- falsche Berufswahl,
- andauernde Arbeitslosigkeit,
- gesundheitliche Gründe (z. B. Allergien, Rückenleiden) oder
- tief greifende technische Neuerungen im erlernten Beruf.

Fachschulen (FS)

FS für Technik
- Bautechnik
- Maschinenbau
- Umweltschutztechnik
- Elektrotechnik
- Chemietechnik

FS für Seefahrt
FS für Betriebswirtschaft
FS für Sozialpädagogik
FS für Gestaltung
FS für Landwirtschaft

Berufsoberschulen (BOS)
sind zweijährige vollzeitschulische Bildungsgänge in denen die fachgebundene oder allgemeine Hochschulreife (Abitur) erworben werden kann. Aufgenommen wird, wer den Realschulabschluss besitzt und eine abgeschlossene Berufsausbildung nachweisen kann. Je nach Bundesland unterscheiden sich die Aufnahmebedingungen.

AUFGABEN

1. Erstellen Sie eine Übersicht über die möglichen beruflichen Fortbildungs- und Weiterbildungsmöglichkeiten in Ihrem Berufszweig.
2. Listen sie auf, welche Fortbildungsmöglichkeiten es an Ihrer Schule gibt, und erläutern Sie, welche beruflichen Ziele durch die Teilnahme an diesen Fortbildungsmöglichkeiten erreichbar sind.
3. Stellen Sie dar, welche Änderungen in Ihrem Berufszweig Sie sich in naher und ferner Zukunft vorstellen können.
   a) Entwerfen Sie hierfür eine Mind-Map. Schreiben Sie als Ausgangsbegriff Ihren Berufszweig auf die Mitte eines A4-Blattes. Auf den einzelnen Ästen und Zweigen notieren Sie die jeweils denkbaren Veränderungen.
   b) Erläutern Sie, welche neuen Zusatzqualifikationen durch die von Ihnen beschriebenen Veränderungen notwendig werden.

HANDELN AKTIV SEIN

Blickpunkt: *Moritz hat seinen Ausbildungsvertrag unterschrieben. Schnell stellen sich einige Fragen, z. B.:*

- *Kann die Probezeit auch fünf Monate dauern?*
- *Wann genau ist meine Ausbildung beendet?*
- *Darf ich die Ausbildung verlängern, wenn ich die Prüfung nicht bestehe?*
- *Wie kann ich nach der Probezeit kündigen oder gekündigt werden?*

Nun hilft wohl nur ein Blick in die Gesetzestexte.

Mit Gesetzestexten arbeiten

Das Lesen von Gesetzestexten schreckt den Laien in den meisten Fällen erst einmal ab. Der „Paragrafendschungel" scheint zunächst undurchdringlich. Gesetzliche Regelungen begegnen uns aber fast täglich. Wichtige Gesetzesinhalte, insbesondere solche die das Arbeitsleben bestimmen, sollte man kennen und verstehen.

Gesetzestexte werden verständlich, wenn sie schrittweise analysiert werden:

1. Schritt: Das Problem klären
Klären Sie zunächst, um was es geht. Welche Fragen sollen mit dem Gesetzestext beantwortet werden? Was wollen Sie wissen? Was ist das Problem?
Beispiel: Wie wird ein Ausbildungsverhältnis beendet?

2. Schritt: Textquellen zusammenstellen
Stellen Sie die Gesetzesauszüge zusammen, von denen Sie meinen, dass Sie Ihnen weiterhelfen. Gesetzestexte finden Sie auch im Internet (siehe Randspalte). Hilfreich sind zudem Textausgaben mit Kommentaren.
Beispiel: Berufsbildungsgesetz (BBiG) §§ 20, 21, 22, 23 und 24 (siehe auch folgende Seite).

3. Schritt: Erstes Lesen und unbekannte Begriffe klären
Lesen Sie den Gesetzesauszug durch. Markieren Sie im ersten Schritt unbekannte Begriffe und klären Sie deren Bedeutung mit dem Fremdwörterlexikon, einem Politiklexikon oder durch eine Recherche im Internet.
Beispiele: Stufenausbildung, Güteverfahren

4. Schritt: Zweites, genaues Lesen und Wichtiges markieren
Nun lesen Sie den Text ein zweites Mal. Markieren Sie Stellen, die Schlüsselbegriffe enthalten und Ihnen besonders wichtig erscheinen.
Beispiele: höchstens vier Monate, nach der Probezeit

5. Schritt: Zusammenfassende Notizen herausarbeiten
Fassen Sie nun am Rand oder auf einem Notizblatt die wesentlichen Erkenntnisse kurz in Stichworten zusammen.
Beispiel: siehe nächste Seite (Nichtbestehen der Prüfung, die Ausbildung darf verlängert werden).

6. Schritt: Das erworbene Wissen zusammenfassen
Nun verfassen Sie eine Zusammenfassung der Ergebnisse in Aufsatzform oder in einer stichpunktartigen Auflistung.
Beispiel: Die Probezeit ist zeitlich eingegrenzt. Ohne Probezeit geht es nicht. Fünf Monate und mehr sind nicht zulässig. Zwei Monate Probezeit sind möglich.

TIPP
Hier finden Sie
Gesetzestexte im Internet:

Das Bundesministerium der Justiz stellt in einem gemeinsamen Projekt mit der juris GmbH nahezu das gesamte aktuelle Bundesrecht kostenlos im Internet bereit. Die Gesetze und Rechtsverordnungen können in ihrer aktuellen Fassung abgerufen werden unter:
www.gesetze-im-internet.de

Berufsbildungsgesetz (BBiG):
Unterabschnitt 5
Beginn und Beendigung des Ausbildungsverhältnisses

§ 20 Probezeit

Das Berufsausbildungsverhältnis beginnt mit der Probezeit. Sie muss mindestens einen Monat und darf höchstens vier Monate betragen.

← Die Probezeit ist zeitlich eingegrenzt.

§ 21 Beendigung

(1) Das Berufsausbildungsverhältnis endet mit dem Ablauf der Ausbildungszeit. Im Falle der Stufenausbildung endet es mit Ablauf der letzten Stufe.

(2) Bestehen Auszubildende vor Ablauf der Ausbildungszeit die Abschlussprüfung, so endet das Berufsausbildungsverhältnis mit Bekanntgabe des Ergebnisses durch den Prüfungsausschuss.

Normale Beendigung der Ausbildung:
- Ablauf der Ausbildungszeit.
- Bestehen der Abschlussprüfung – auch vor Ablauf der Vertragszeit.

(3) Bestehen Auszubildende die Abschlussprüfung nicht, so verlängert sich das Berufsausbildungsverhältnis auf ihr Verlangen bis zur nächstmöglichen Wiederholungsprüfung, höchstens um ein Jahr.

Nichtbestehen der Prüfung: die Ausbildung darf verlängert werden.

§ 22 Kündigung

(1) Während der Probezeit kann das Berufsausbildungsverhältnis jederzeit ohne Einhalten einer Kündigungsfrist gekündigt werden.

Kündigung in der Probezeit

(2) Nach der Probezeit kann das Berufsausbildungsverhältnis nur gekündigt werden
1. aus einem wichtigen Grund ohne Einhalten einer Kündigungsfrist,
2. von Auszubildenden mit einer Kündigungsfrist von vier Wochen, wenn sie die Berufsausbildung aufgeben oder sich für eine andere Berufstätigkeit ausbilden lassen wollen.

Kündigung nach der Probezeit

(3) Die Kündigung muss schriftlich und in den Fällen des Absatzes 2 unter Angabe der Kündigungsgründe erfolgen.

(4) Eine Kündigung aus einem wichtigen Grund ist unwirksam, wenn die ihr zugrunde liegenden Tatsachen dem zur Kündigung Berechtigten länger als zwei Wochen bekannt sind. Ist ein vorgesehenes Güteverfahren vor einer außergerichtlichen Stelle eingeleitet, so wird bis zu dessen Beendigung der Lauf dieser Frist gehemmt.

← unwirksame Kündigung

§ 23 Schadensersatz bei vorzeitiger Beendigung

← Schadensersatz

(1) Wird das Berufsausbildungsverhältnis nach der Probezeit vorzeitig gelöst, so können Ausbildende oder Auszubildende Ersatz des Schadens verlangen, wenn die andere Person den Grund für die Auflösung zu vertreten hat. Dies gilt nicht im Falle des § 22 Abs. 2 Nr. 2.

(2) Der Anspruch erlischt, wenn er nicht innerhalb von drei Monaten nach Beendigung des Berufsausbildungsverhältnisses geltend gemacht wird.

AUFGABE

Einem mit Ihnen befreundeten Kollegen in Ihrer Berufsschulklasse hat der Unterricht in der Schule noch nie große Freude bereitet. Ihnen fällt auf, dass er hin und wieder zu spät zum Unterricht erscheint. Er hat auch schon mal unentschuldigt gefehlt und nimmt nur halbherzig am Unterricht teil. Sie wollen verhindern, dass er deshalb Schwierigkeiten mit seinem Chef bekommt. Klären Sie die rechtliche Situation, um Ihrem Kollegen die möglichen Konsequenzen seines Verhaltens zu erläutern.

Hinweis: nutzen Sie zunächst das BBiG §§ 13, 14, 22 und 23.

1.3 Betrieb und Gesellschaft

1.3.1 Arten von Betrieben

Blickpunkt: *Mehmet staunt über die Begriffsvielfalt in der Arbeitswelt: Ich arbeite in einem Versicherungsbüro, mein Chef spricht von seinem Betrieb, einer GmbH. Mein Freund Erik geht in seine Firma, eine OHG, aber er isst in der Betriebskantine. Ich arbeite im Dienstleitungsbereich, meine Freundin in einem Handwerksbetrieb – oder ist das doch ein Industriebetrieb? Was ist hier nun eigentlich was?*

Betriebe sind wirtschaftende Einheiten, die Güter bzw. Leistungen für die Bedarfsdeckung Dritter erstellen und die erzeugten Produkte auf dem Markt anbieten. Betriebe sind Produktionsstätten, bei denen durch eine gute Organisation Menschen, Maschinen, Geräte, Gebäude und Anlagen zusammengeführt werden.
Das können z.B. Handwerksbetriebe, Versicherungsagenturen, landwirtschaftliche Betriebe, Molkereien oder kommunale Betriebe, z.B. Stadtwerke, sein.

Betriebe werden in drei Sektoren eingeteilt:

WIRTSCHAFTSBEREICHE		
primärer Sektor Urproduktion	**sekundärer Sektor** Weiterverarbeitung	**tertiärer Sektor** Handel und Dienstleistungen
▪ Landwirtschaft ▪ Forstwirtschaft ▪ Fischerei ▪ Bergbau	▪ Handwerk ▪ Industrie	▪ Einzelhandel ▪ Großhandel ▪ Banken ▪ Versicherungen

Industriebetriebe sind mittelgroß bis groß und sehr häufig Gesellschaftsunternehmen. Geleitet werden sie durch angestellte Geschäftsführer, Vorstände bzw. Gesellschafter. Die Anzahl der Mitarbeiter ist hoch bis sehr hoch. Die Organisationsstrukturen sind komplex bis hochkomplex und nach Arbeitsbereichen gegliedert. Die Mitarbeiter kennen häufig nur ihre Abteilung und ihre unmittelbaren Vorgesetzten.
In einem Industriebetrieb sind die Aufgaben vielfältig und verschachtelt. Die Betriebsabläufe sind für die Mitarbeiter weniger überschaubar, sie haben oft das Gefühl, nur ein Rad im großen Räderwerk des Betriebes zu sein. Kontakt zu den Kunden bzw. den Käufern ihrer Produkte haben sie kaum.

Aufbau der deutschen Wirtschaft
Die Bundesrepublik als eine der führenden Volkswirtschaften hat einen hoch entwickelten Dienstleistungsbereich, der über 70% der Wirtschaftsleistung ausmacht. Das produzierende Gewerbe (sekundärer Sektor) hat einen Anteil von ca. 30%. Verschwindend gering ist der Anteil des primären Sektors.

Handwerksbetriebe sind häufig kleine bis mittelgroße Unternehmen, die von einem Einzelunternehmer (häufig einem Meister) geleitet werden. Die Zahl der Mitarbeiter ist gering bis übersichtlich. Die Organisationsstrukturen sind direkt, schlank und auf den Unternehmer zugeschnitten. Die Mitarbeiter kennen sich und haben häufigen Kontakt zum Firmeninhaber. Die Arbeitsabläufe sind übersichtlich und werden als Ganzes wahrgenommen.
In einem Handwerksbetrieb haben die Mitarbeiter oft Kontakt zu den Kunden. Durch ihr Verhalten und die Qualität ihrer Arbeit stärken sie den guten Ruf des Unternehmens und tragen so zum Erfolg ihres Betriebs bei.

Ein Unternehmen gründen – Unternehmensformen
Jedes Jahr werden in Deutschland viele hundert neue Unternehmen gegründet. Am Anfang jeder Unternehmensgründung steht die Geschäftsidee. Bis zur Verwirklichung ist es aber ein weiter Weg.

Viele Fragen müssen vorab geklärt werden, z. B.:
- Was genau ist meine Geschäftsidee – mein Businessplan?
- Wo soll der Firmensitz sein?
- Woher bekomme ich das nötige Kapital?
- Wer ist der Inhaber der Firma und wer leitet das Unternehmen?
- Wer haftet für Schulden und wer erhält den Gewinn bzw. wer trägt die Verluste?

Mit der Wahl der Rechtsform werden fast alle Fragen beantwortet. Wer ein Unternehmen betreiben will, also Güter oder Dienstleistungen am Markt anbieten will, hat die Wahl zwischen mehreren möglichen Unternehmensformen. Es werden unterschieden: **Einzelunternehmen, Personengesellschaften, Kapitalgesellschaften** und **Genossenschaften.** Sie bieten je nach Situation die besten Voraussetzungen für eine erfolgreiche kaufmännische Tätigkeit.

Als **Unternehmen** wird jede Einheit bezeichnet, die eine wirtschaftliche oder gemeinnützige Tätigkeit ausübt.

Ein **Betrieb** ist ein Ort, an dem die Leistung eines Unternehmens erbracht wird. Ein Unternehmen kann mehrere Betriebe haben.

Die **Firma** ist der Name, unter dem das Unternehmen betrieben wird.

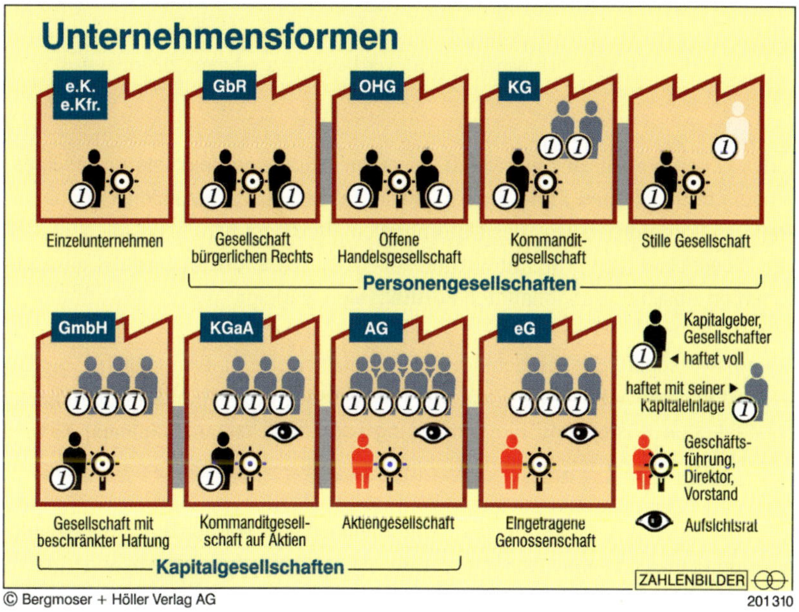

 201310

Wer sich bei der Gründung eines Unternehmens für eine Rechtsform entschieden hat, wird unter seinem Firmennamen in das Handelsregister eingetragen. Jegliche geschäftliche Tätigkeit richtet sich nach dem allgemeinen Recht des Bürgerlichen Gesetzbuches (BGB). Kaufleute unterliegen zusätzlich den Vorschriften des Handelsgesetzbuches (HGB). Für bestimmte Unternehmensformen gelten weitere gesetzliche Regelungen wie z. B. das GmbH-Gesetz oder das Genossenschaftsgesetz.

AUFGABEN

1. Recherchieren Sie im Internet Beschreibungen und Übersichten über die verschiedenen Rechtsformen von Unternehmen.
2. Erstellen Sie eine tabellarische Übersicht, in der Sie die in Deutschland wichtigsten Rechtsformen von Unternehmen beschreiben. Zur Orientierung dient das folgende Beispiel:

Name der Unternehmensform				
Gründung	**Leitung**	**Finanzierung**	**Haftung**	**Gewinn/Verlust**

1.3.2 Betriebliche Ziele und wirtschaftliche Kennzahlen

Blickpunkt:

Krisenstimmung bei der Drossel Bau GmbH

Dortmund – Die Drossel Bau GmbH, ein alteingesessenes Unternehmen im Ruhrgebiet hatte in den letzten Jahren mit erheblichen Gewinneinbußen zu kämpfen. Wie der neue Geschäftsführer Herr Strunkhorst unserer Zeitung gegenüber äußerte, liegen die Ursachen in Managementfehlern der vorherigen Geschäftsleitung. Marktveränderungen, insbesondere bedingt durch die Finanzkrise, wurden nicht rechtzeitig

erkannt bzw. falsch eingeschätzt, sodass die modernen Einfamilienhäuser im Bereich des schlüsselfertigen Bauens nicht mehr so leicht abgesetzt werden konnten. Zudem wurde über Jahre zugunsten dieses Bereichs das traditionelle Geschäft in den Bereichen Ausbau, Umbau und Sanierung vernachlässigt. Hier will der neue Geschäftsführer an den langjährigen guten Ruf des Unternehmens anknüpfen, wieder verstärkt um Kunden werben und sich um Aufträge bemühen. Herr Strunkhorst verspricht sich eine Umsatzsteigerung von 4 % und hofft, die derzeit bedrohten 25 Arbeitsplätze erhalten zu können.

Jedes Unternehmen, das am Markt bestehen möchte, verfolgt die unterschiedlichsten **betrieblichen Ziele**. Rein sachlich betrachtet, steht zunächst einmal die Frage im Vordergrund, was das Unternehmen überhaupt herstellen will bzw. welche Dienstleistungen erbracht werden sollen. Dieses **Sachziel** wird mit ganz bestimmten Absichten, sogenannten **Formalzielen**, verfolgt.

Erwerbswirtschaftliche Betriebe wollen normalerweise einen möglichst großen Gewinn erzielen. Aber auch Ziele wie z.B. Umsatzsteigerung, die Deckung der entstehenden Kosten und die Umsetzung von Umweltschutzrichtlinien können Formalziele sein, die das Weiterbestehen der Firma sichern sollen.

Um diese Ziele zu erreichen, muss ein Unternehmen nach wirtschaftlichen Gesichtspunkten handeln. Einerseits möchte es so viel wie möglich erreichen, andererseits hat es nur begrenzte Mittel an Geld, Arbeitskraft, Maschinen usw. zur Verfügung.

ökonomisch: wirtschaftlich, sparsam

Wirtschaftliche Entscheidungen müssen nach dem **ökonomischen Prinzip** getroffen werden. Man unterscheidet dabei:

Minimalprinzip (= Sparprinzip)	Maximalprinzip (= Haushaltsprinzip)
Ein vorgegebenes Ziel soll mit möglichst geringen (= minimalen) Mitteln erreicht werden. *Beispiel:* Eine neue Maschine vom Typ XYZ soll angeschafft werden. Sie wird bei dem Händler gekauft, der am günstigsten anbietet.	Mit vorgegebenen Mitteln soll möglichst viel (= Maximales) erreicht werden. *Beispiel:* Es stehen 40 000 Euro zur Verfügung. Es wird die Maschine angeschafft, die für diesen Preis die meisten und besten Funktionen bietet.

Kein Unternehmen entscheidet ausschließlich nach dem Minimal- oder dem Maximalprinzip, sondern von Fall zu Fall unterschiedlich. In einigen wenigen Fällen ist keine Entscheidung nach dem ökonomischen Prinzip möglich, da feste Preise vorliegen oder es keine Auswahlmöglichkeiten gibt.

Um im täglichen Wettbewerb erfolgreich zu bleiben, muss ein Unternehmer laufend die Leistungsfähigkeit seines Betriebes prüfen. Hier hilft die Ermittlung von **wirtschaftlichen Kennzahlen**. Dabei werden unterschieden:

1. Die **Produktivität** als reine Mengenbewertung. Dabei wird die Menge der erzeugten Produkte auf die benötigte Arbeitszeit (= Arbeitsproduktivität) oder auf das eingesetzte Material bezogen. Die so errechnete Kennzahl ist als einzelne Zahl nicht aussagekräftig. Erst wenn die Produktivität mit den Zahlen der Vorjahre oder mit denen anderer Betriebe verglichen wird, kann man einschätzen, ob sie relativ gut oder relativ schlecht ist.

Produktivität =

$$\frac{\text{Ertragsmenge}}{\text{Produktionsmittelmenge}}$$

2. Die **Wirtschaftlichkeit**, wobei der Ertrag in Euro zum Aufwand in Euro ins Verhältnis gesetzt wird. Sie ist also eine wertmäßige Bewertung der betrieblichen Arbeit. Sind Ertrag und Aufwand genau gleich und wurde demzufolge kein Gewinn erzielt, sondern die Kosten gerade gedeckt, ist die Wirtschaftlichkeit genau 1. Je höher der Wert über 1 liegt, umso besser ist die Wirtschaftlichkeit. Aber auch hier kann eine richtige Einschätzung nur durch den Vergleich mit den Vorjahreszahlen oder den Zahlen der Konkurrenten erfolgen.

Wirtschaftlichkeit =

$$\frac{\text{Ertrag}}{\text{Kosten/Aufwand}}$$

3. Die **Rentabilität**, die Aufschluss darüber gibt, ob sich der Einsatz des Kapitals gelohnt hat. Bei der Rentabilität, die als Prozentwert angegeben wird, werden in der Regel zwei verschiedene Rentabilitäten errechnet:

Rentabilität =

$$\frac{\text{Gewinn}}{\text{eingesetztes Kapital}}$$

3.1 Die **Eigenkapitalrentabilität**, bei der das Verhältnis von Gewinn zu dem eingesetzten Eigenkapital ermittelt und mit dem Zinssatz verglichen wird, den man z. B. bei einer Bank für das Geld bekommen hätte. Liegt der Wert unter diesem Zinssatz, wäre es besser gewesen, sein Geld anders einzusetzen.

Eigenkapitalrentabilität =

$$\frac{\text{Gewinn} \times 100}{\text{Eigenkapital}}$$

3.2 Die **Gesamtkapitalrentabilität**, bei der das gesamte Kapital, also eigenes und geliehenes Kapital (Eigen- und Fremdkapital) betrachtet wird. Die Gesamtkapitalrentabilität sollte höher als der für das Fremdkapital zu zahlende Zinssatz sein. Dann wurde so viel erwirtschaftet, dass sich der Kredit gelohnt hat.

Gesamtkapitalrentabilität =

$$\frac{(\text{Gewinn} + \text{Fremdkapitalzinsen}) \times 100}{\text{Gesamtkapital}}$$

▶ AUFGABEN

1. Erläutern Sie, welches Sachziel und welche Formalziele Herr Strunkhorst von der Drossel Bau GmbH verfolgt.
2. Beurteilen Sie, ob es sich bei den folgenden Beispielen um das Minimal- oder das Maximalprinzip handelt:
   a) Eine Firmenmitarbeiterin soll für die Dekoration der Empfangshalle für 30,00 Euro möglichst viele Blumengestecke kaufen.
   b) Ein anderer Mitarbeiter soll für 150,00 Euro neues Druckerpapier einkaufen. Er vergleicht die Preise der Anbieter.
3. Für eine Firma wurden für das letzte Jahr folgende Werte ermittelt: Es wurden 807 000 Stück Porzellanvasen in 350 330 Arbeitsstunden erzeugt. Dabei entstanden Kosten von 3 800 000,00 Euro. Die Produkte konnten für insgesamt 4 200 000,00 Euro verkauft werden. Die Firma besitzt 956 000,00 Euro Eigenkapital und kein Fremdkapital. Hätte man das Kapital an eine andere Firma verliehen, hätte man 6 % Zinsen bekommen. Berechnen Sie alle mit diesen Zahlen möglichen wirtschaftlichen Kennzahlen. Was sagen sie im Einzelnen aus?

Blickpunkt:
Opel wurde an Peugeot verkauft

Was bei dem Geschäft herauskommt – Kahlschlag bei den Arbeitsplätzen oder Aufbau eines konkurrenzfähigen Unternehmens –, ist völlig offen. Viele Opel-Beschäftigte schauen mit Sorge in die Zukunft.

Der Autobauer Opel gehört nun zum französischen PSA-Konzern. Die Verträge mit dem Verkäufer General Motors seien abgeschlossen, teilte Opel am 1. August 2017 mit. Durch die Übernahme entsteht, gemessen an den Absatzzahlen, der nach Volkswagen zweitgrößte Autokonzern Europas mit einem Marktanteil von rund 17 Prozent.

1.3.3 Zusammenschlüsse in der Wirtschaft

In einer Marktwirtschaft spielt der Wettbewerb der Unternehmen eine herausragende Rolle. Umso erstaunlicher ist es, wenn regelmäßig in den Medien von Unternehmensübernahmen und Firmenfusionen berichtet wird. Demnach scheinen wirtschaftliche Verflechtungen und Unternehmenskonzentrationen gegenwärtig ständig zuzunehmen.

Formen wirtschaftlicher Zusammenarbeit

Unternehmen schließen sich vornehmlich aus wirtschaftlichen Gründen zusammen. Preiswertere Produktionskosten, effektivere Beschaffungsmöglichkeiten, günstigere Finanzierungen, Steuervorteile und die Stärkung der Wettbewerbsfähigkeit sind die wichtigsten Gründe.

Unternehmenszusammenschlüsse lassen sich nach unterschiedlichen Kriterien darstellen, die sich zum Teil aber überschneiden. Man unterscheidet:

1. Nach dem Maß der wirtschaftlichen und rechtlichen Selbstständigkeit:
   - die **Kooperation** ist eine freiwillige Zusammenarbeit von Unternehmen, die rechtlich und weitgehend auch wirtschaftlich selbstständig bleiben.
   - die **Konzentration** ist ein Zusammenschluss, bei dem die Unternehmen ihre wirtschaftliche und eventuell auch ihre rechtliche Selbstständigkeit verlieren.
2. Nach der Art der miteinander verbundenen Wirtschaftsstufen:

Unternehmensverbindungen		
horizontale Verbindungen	**vertikale Verbindungen**	**anorganische Verbindungen**
Vereinigungen gleicher Produktionsstufen	Vereinigungen von aufeinander abgestimmten Produktionsstufen	Vereinigungen von Unternehmen aus unterschiedlichen Branchen und Produktionsstufen
Beispiel: Vereinigung zweier Baukonzerne	*Beispiel:* ein Röhrenhersteller schließt sich mit einem Stahlwerk und einer Erzgrube zusammen	*Beispiel:* Zusammenführung von einem Stahlwerk, einer Großbrauerei und einem Versandhandel

(nach: G. Wöhe, Einführung in die Allgemeine Betriebswirtschaftslehre, 18. Auflage, S. 411 ff.)

3. Nach der rechtlichen Zulässigkeit.

Kartelle sind Übereinkommen zwischen Firmen mit dem Ziel, Kundeninteressen zu umgehen, Absprachen über Preise und Absatzgebiete zu treffen und dadurch weitere Mitbewerber zu benachteiligen und den Wettbewerb einzuschränken. Kartelle sind eigentlich verboten, jedoch unter bestimmten Voraussetzungen erlaubt.

Verbotene Kartelle, z. B.:	**Anmeldepflichtige Kartelle, z. B.:**
▪ Preiskartelle: Absprachen, die zu Einheitspreisen führen. ▪ Quotenkartelle: jedes Kartellmitglied darf nur vereinbarte Mengen produzieren. ▪ Gebietskartelle: die Unternehmen teilen den Markt unter sich auf. ▪ Submissionskartelle: die Unternehmen treffen Absprachen bei Ausschreibungen.	▪ Normen- oder Typenkartelle: Vereinbarung, nur noch genormte oder typisierte Produkte herzustellen. ▪ Konditionenkartelle: Absprachen über einheitliche Geschäfts-, Liefer- und Zahlungsbedingungen. ▪ Rabattkartelle: Verständigung über die Gewährung einheitlicher Rabatte. **Erlaubnispflichtige Kartelle, z. B.:** ▪ Strukturkrisenkartelle: dürfen sich bilden, wenn durch strukturelle Krisen der Absatz zurückgeht. Das Kartell spricht sich darüber ab, die Kapazitäten dem Bedarf anzupassen.

Konzerne sind Verbindungen von Unternehmen. Das einzelne Unternehmen im Konzern behält zwar seine rechtliche Selbstständigkeit, nicht aber seine wirtschaftliche. Das herrschende Unternehmen wird auch Mutter-, bzw. Dachgesellschaft oder **Holding** genannt. Die abhängigen weiteren Unternehmen werden „Töchter“ genannt. Wenn diese auch noch ihre rechtliche Selbstständigkeit verlieren, entsteht ein **Trust**.

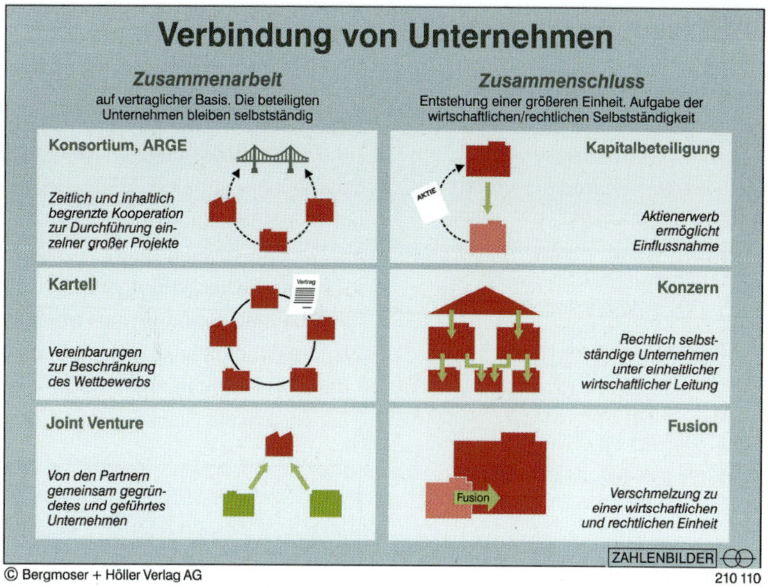

© Bergmoser + Höller Verlag AG 210 110

Bei **Kooperationen** handelt es sich um Zusammenschlüsse, bei denen die Firmen ihre rechtliche und wirtschaftliche Selbstständigkeit behalten. Lediglich einzelne Funktionen werden aus dem Unternehmen ausgegliedert und oft zeitlich begrenzt für ein gemeinsames Projekt zur Verfügung gestellt. Bei großen Bauprojekten kooperieren z. B. oft mehrere Bauunternehmen in einer Arbeitsgemeinschaft (ARGE).

Holding (engl.) „to hold“ = halten, hier das Halten von Anteilen am Unternehmen.

Fachverbände sind lose Verbindungen von Unternehmen. Sie dienen der fachlichen Beratung der Mitgliedsfirmen und sollen die Branche nach außen vertreten, z. B. gegenüber der Politik. Auch bei Tarifverhandlungen treten Firmen in Form von Fachverbänden auf.

Da jegliche Art von Unternehmenszusammenschlüssen die Gefahr der Marktbeherrschung und damit mehr oder weniger die Ausschaltung von Wettbewerb nach sich ziehen kann, gibt es in Deutschland das „Gesetz gegen Wettbewerbsbeschränkungen“ (GWB), auch kurz Kartellgesetz genannt.
In der EU sind der Kommissar für Wettbewerb und die ihm unterstehende Generaldirektion Wettbewerb für die Durchsetzung des EU-Kartellrechts zuständig. Das deutsche Bundeskartellamt und die EU-Behörden arbeiten eng zusammen.

Skandal um Bierkartell

Die Preisabsprachen unter deutschen Bierherstellern scheinen ein weitaus größeres Ausmaß zu haben, als bislang angenommen. Das Bundeskartellamt vermutet, dass bereits seit mehr als zwei Jahrzehnten manipuliert wird. [...] So habe etwa der Vertriebschef der Großbrauerei Veltins, Volker Kuhl, bei seiner Vernehmung am 31. Januar 2013 bei den Wettbewerbshütern eingeräumt, dass die Bierpreiserhöhungen in seiner 17 Jahre währenden Amtszeit immer folgendermaßen abgelaufen seien: „Die Premium-Marken haben sich als Nebenthema zu einem Treffen (Fasspfand, Marke und Verpackung etc.) oder telefonisch über eine Bierpreiserhöhung abgestimmt.“ Entsprechende Pläne hätten die Konzerne dann an die mittleren und kleineren Produzenten weitergegeben. „Dann ist es oftmals zu einer branchenweiten Bierpreiserhöhung gekommen.“ [...]

(aus: www.handelsblatt.com, 18.08.2013)

AUFGABEN

1. Erstellen Sie eine Liste, in der Sie die Vor- und Nachteile von Unternehmenskonzentrationen einander gegenüberstellen.
2. Finden Sie mithilfe von Zeitungen und Internet ein weiteres, aktuelles Beispiel, bei dem die Kartellbehörden der EU und/oder das Bundeskartellamt einen Unternehmenszusammenschluss entweder verboten oder aber diesem zugestimmt haben.

Blickpunkt: *Im Grundgesetz steht es schwarz auf weiß: Wir haben das Recht, unsere Arbeitsbedingungen selbst zu gestalten. Zu diesem Zweck dürfen wir Vereinigungen gründen. Na dann mal los!*

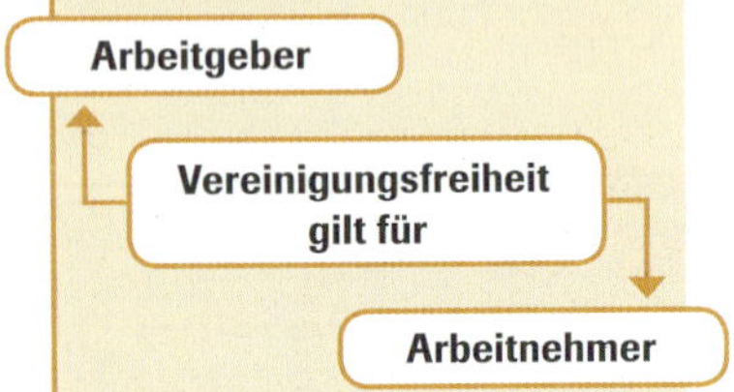

Was bedeutet das nun konkret für die Arbeitnehmer, also für uns?

Artikel 9 GG (Vereinigungs- und Koalitionsfreiheit)

(1) Alle Deutschen haben das Recht, Vereine und Gesellschaften zu bilden.

(2) Vereinigungen, deren Zwecke oder deren Tätigkeit den Strafgesetzen zuwiderlaufen oder die sich gegen die verfassungsmäßige Ordnung oder gegen den Gedanken der Völkerverständigung richten, sind verboten.

(3) Das Recht, zur Wahrung und Förderung der Arbeits- und Wirtschaftsbedingungen Vereinigungen zu bilden, ist für jedermann und für alle Berufe gewährleistet. Abreden, die dieses Recht einschränken oder zu behindern suchen, sind nichtig, hierauf gerichtete Maßnahmen sind rechtswidrig. […]

Industrieverbandsprinzip:
Alle Arbeitnehmer/-innen eines Betriebes sind in derjenigen Gewerkschaft organisiert, zu deren Industriezweig der Betrieb gehört (z. B. Metall oder Chemie).
Dabei spielt es keine Rolle, welchen Beruf und welche Tätigkeiten jeder Einzelne im Unternehmen ausübt.

1.3.4 Aufgaben von Arbeitnehmer- und Arbeitgeberverbänden

Deutscher Gewerkschaftsbund (DGB)

Der DGB hat zusammen mit seinen Einzelgewerkschaften die Aufgabe, die gesellschaftlichen, sozialen, kulturellen und vor allem die wirtschaftlichen Interessen der Arbeitnehmerinnen und Arbeitnehmer zu vertreten. Dabei fungiert der DGB als Dachorganisation der Einzelgewerkschaften und schließt selbst keine Tarifverträge ab. Dies ist Aufgabe der Einzelgewerkschaften. Der DGB versucht auf die für Arbeitnehmerinnen und Arbeitnehmer wichtigen Gesetze Einfluss zu nehmen.
Weitere Arbeitnehmerverbände mit ähnlichen Aufgaben sind

- der DBB Beamtenbund und Tarifunion
- der Christliche Gewerkschaftsbund (CGB).

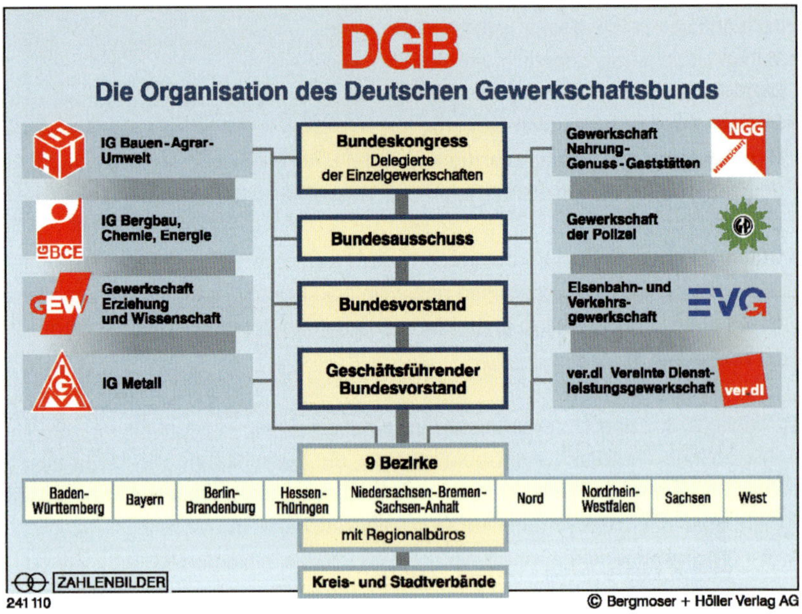

Aufgaben der Arbeitnehmerverbände

Die Gewerkschaften sollen die Interessen der Arbeitnehmerinnen und Arbeitnehmer schützen und gegenüber Politik, Wirtschaft und Gesellschaft vertreten.
Sie haben somit unter anderem die Aufgabe,

- die Arbeitsbedingungen der Arbeitnehmer/-innen durch Arbeitszeitverkürzung, verbesserten Arbeitsschutz, Lohnerhöhungen und mehr Urlaub zu verbessern.
- Tarifverträge auszuhandeln, um Rechtssicherheit für die Arbeitsbedingungen der Arbeitnehmer/-innen zu schaffen.
- die politischen Interessen der Arbeitnehmer/-innen gegenüber dem Gesetzgeber (Parlamente) und den Regierungen zu vertreten. Dies erfolgt unter anderem durch Einflussnahme auf die Gesetzgebung, z. B. beim Mitbestimmungs-, Kündigungsschutz- und Arbeitsschutzgesetz oder auf das Gesetz zur Lohnfortzahlung im Krankheitsfall.
- ihren Mitgliedern Rechtsschutz bei arbeitsrechtlichen Problemen zu gewährleisten.

Arbeitgeber- und Unternehmensverbände

Die Unternehmen aus den unterschiedlichen Wirtschaftszweigen (Branchen) sind in Arbeitgeberverbänden organisiert. Oberstes Organ ist die Bundesvereinigung der Deutschen Arbeitgeberverbände (BDA).

Aufgaben der Arbeitgeberverbände

Die Arbeitgeberverbände sollen die politischen, sozialen und vor allem die wirtschaftlichen Interessen der Unternehmer vertreten.
Sie haben unter anderem die Aufgabe,

- die Positionen der Unternehmer in politischen Belangen zu vertreten, z. B. in den Bereichen Berufsbildungs- und Steuerpolitik, Lohnnebenkosten, Sozialversicherung und Arbeitsmarktpolitik.
- eine der wirtschaftlichen Situation angepasste Lohnpolitik durchzusetzen, um die Rentabilität der Unternehmen zu sichern und den Unternehmern Gewinne zu ermöglichen.
- als Tarifpartner die Interessen der Arbeitgeber zu vertreten, Tarifverträge auszuhandeln und zu beschließen.
- Einfluss auf den Gesetzgeber (Parlamente) zu nehmen – dies insbesondere bei Gesetzesvorhaben, die die Wirtschaftlichkeit der Unternehmen betreffen, z. B. bei der Mitbestimmung der Arbeitnehmer im Betrieb.
- die Mitgliedsunternehmen in arbeitsrechtlichen Fragen zu beraten und zu vertreten.

Koalition: Zusammenschluss, Vereinigung, Bündnis

koalieren: sich zusammenschließen, sich zur Durchsetzung gemeinsamer Ziele verbünden

Koalitionsfreiheit:
Das Grundgesetz gewährleistet in Artikel 9 Absatz 3 jedem das Recht, Vereinigungen zu bilden. Dieses „Koalitionsfreiheit“ genannte Recht meint damit vor allem die Gründung und den Bestand von Organisationen, die auf die gemeinschaftliche Gestaltung des Arbeits- und Wirtschaftslebens gerichtet sind.
Besonders geschützt sind durch diesen Grundgesetzartikel
- die Gewerkschaften als Organisation der Arbeitnehmer und
- die verschiedenen Arbeitgeberverbände.

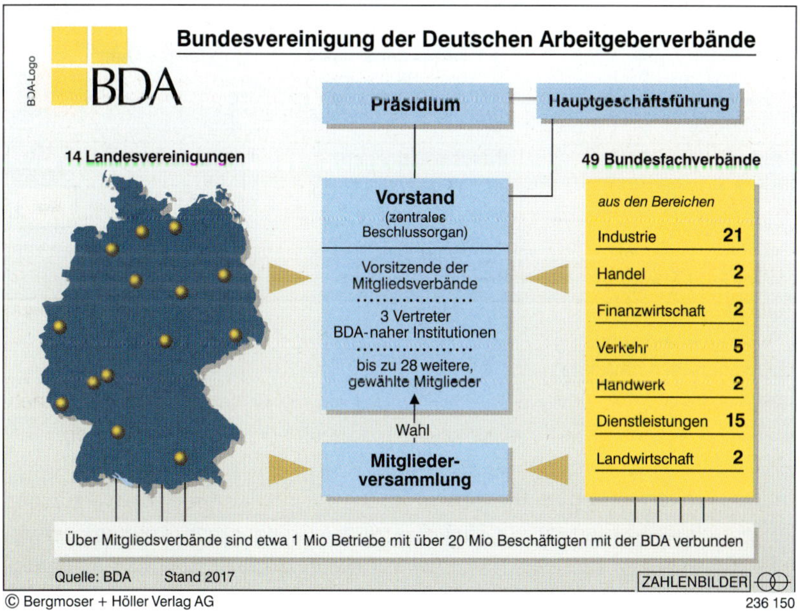

 236 150

AUFGABEN

1. Nennen Sie die Einzelgewerkschaften, die im DGB zusammengeschlossen sind.
2. Erläutern Sie den Begriff „Industrieverbandsprinzip“ am Beispiel eines Automobilkonzerns.
3. Stellen Sie die Aufgaben der Arbeitnehmerorganisationen und der Arbeitgeberorganisationen in einer Tabelle stichpunktartig gegenüber. Arbeiten Sie heraus, in welchen Bereichen gemeinsame Interessen und in welchen Bereichen Interessenunterschiede bestehen.

1.3.5 Mitbestimmung in Betrieb und Schule

Blickpunkt: *Daniel fühlt sich in seinem Betrieb recht wohl. Er hofft, dort eine gute Ausbildung zu erhalten. Was aber, wenn es mal Probleme gibt? Wenn mal nicht alles so glatt läuft ... Wie kann er dann seine Rechte einfordern? Einfach zum Chef gehen? Oder gibt es vielleicht die Möglichkeit, sich „Verbündete" zu suchen?*

Interessenvertretung der einzelnen Arbeitnehmer am Arbeitsplatz

Alle Arbeitnehmerinnen und Arbeitnehmer haben das Recht, sich über ihre Arbeitsbedingungen zu informieren. Sie können sich mit Vorschlägen und Beschwerden an ihren Arbeitgeber wenden – unabhängig davon, ob ein Betriebsrat vorhanden ist oder nicht.

In der Regel wird bei Problemen jedoch der Betriebsrat eingeschaltet.

BETEILIGUNGSRECHTE DER ARBEITNEHMER

Informationsrecht

Der Arbeitnehmer muss Auskunft erhalten über
- die Zusammensetzung des Lohns
- die Beurteilung der Leistung
- den Inhalt der Personalakte
- die Aufstiegschancen im Betrieb
- drohende Unfall- und Gesundheitsgefahren
- betriebliche Arbeitsabläufe
- Veränderungen im Tätigkeitsbereich

Anhörungsrecht

Der Arbeitnehmer darf seine Person oder seinen Arbeitsplatz betreffend Anregungen geben, Anträge, Stellungnahmen und Einwendungen einreichen.

Beschwerderecht

Der Arbeitnehmer darf sich über ungerechte Behandlung und über Benachteiligungen beschweren.

Vorschlagsrecht

Der Arbeitnehmer hat das Recht, dem Betriebsrat Themen zur Beratung vorzuschlagen.

Anzahl der wahlberechtigten Arbeitnehmer	Anzahl der Mitglieder im Betriebsrat
5– 20	1[1]
21– 50	3
51– 100	5
101– 200	7
201– 400	9
401– 700	11
701–1000	13
1001–1500	15
1501–2000	17
2001–2500	19
2501–3000	21
3001–3500	23
3501–4000	25
4001–4500	27
4501–5000	29
5001–6000	31
6001–7000	33
7001–9000	35

In Betrieben mit mehr als 9000 Arbeitnehmern erhöht sich pro weitere 3000 Arbeitnehmer die Anzahl der Betriebsratsmitglieder um jeweils zwei.

[1] Betriebsobmann

Interessenvertretung im Betrieb

Im Betriebsverfassungsgesetz (BetrVG) wird die Interessenvertretung der Arbeitnehmer in den Betrieben der Privatwirtschaft geregelt. Das BetrVG ermöglicht ihnen die Bildung von Betriebsräten, die die Interessen der Beschäftigten in sozialen, personellen und wirtschaftlichen Angelegenheiten vertreten und in die betrieblichen Entscheidungsprozesse mit einbezogen werden. Die Anzahl der Betriebsratsmitglieder ist abhängig von der Größe des Unternehmens (siehe nebenstehende Tabelle).

Die Rechte der Betriebsräte lassen sich nach Art und Intensität der Beteiligung an Entscheidungen der Geschäftsführung in **Mitwirkungsrechte** und **Mitbestimmungsrechte** unterscheiden.

243 511

Mindestens fünf Arbeitnehmer, von denen drei wählbar sind, müssen in einem Betrieb beschäftigt sein, damit ein Betriebsrat gewählt werden kann.

- Wahlberechtigt sind alle Arbeitnehmer, die das 18. Lebensjahr vollendet haben.
- Wählbar sind wahlberechtigte Arbeitnehmer, die dem Betrieb seit mindestens sechs Monaten angehören.

Die Wahlen zum Betriebsrat finden alle vier Jahre statt. Angestellte und Arbeiter sollen ihrem zahlenmäßigen Verhältnis im Unternehmen entsprechend im Betriebsrat vertreten sein.

Mitwirkung und Mitbestimmung im Betrieb		
Mitbestimmungsrechte in sozialen Angelegenheiten werden in § 87 BetrVG geregelt, z. B.: ▪ Ordnung im Betrieb; Verhalten der Arbeitnehmer ▪ Arbeitszeiten- und Pausenregelung ▪ Urlaubsplanung ▪ Zeit und Art der Lohnzahlung ▪ Akkord- und Prämiensätze ▪ betriebliches Vorschlagswesen ▪ Arbeitsschutz- und Unfallverhütungsmaßnahmen ▪ soziale Einrichtungen im Betrieb	Mitwirkungsrechte in wirtschaftlichen Angelegenheiten sind in § 106 des BetrVG festgeschrieben. Der Betriebsrat muss u. a. informiert werden über: ▪ die wirtschaftliche und finanzielle Lage des Unternehmens ▪ die Produktions- und Absatzlage ▪ Investitionsprogramme ▪ Rationalisierungsmaßnahmen ▪ Arbeits- und Produktionsmethoden ▪ das Stilllegen, Verlegen und Zusammenlegen von Betriebsteilen	Mitwirkungsrechte in personellen Angelegenheiten, z. B.: ▪ bei der Duchführung betrieblicher Bildungsmaßnahmen (§ 98 BetrVG) ▪ bei der Einstellung von Arbeitnehmern; ihrer Ein- und Umgruppierung (§ 99 BetrVG) ▪ Anhörung des Betriebsrats bei Kündigungen (§ 201 BetrVG)

Mitbestimmung im Betrieb
Hinter der betrieblichen Mitbestimmung steht die Idee, dass nur in einem gleichberechtigten Nebeneinander und Füreinander ein Unternehmen und eine Volkswirtschaft erfolgreich sein können.

Forderungen der Gewerkschaften
Aus Sicht der Gewerkschaften sind die Möglichkeiten der Mitbestimmung der Arbeitnehmer im Betrieb noch nicht umfangreich genug. Kritisiert wird besonders, dass in vielen, vor allem kleineren Betrieben, kein Betriebsrat vorhanden ist.

Position der Wirtschaft
Für viele Unternehmer gehen die Mitbestimmungsrechte der Arbeitnehmer bereits heute zu weit. Aus ihrer Sicht werden die Unternehmen zu sehr in ihren Entscheidungsspielräumen eingeschränkt. Allgemein wird eine Mitbestimmung aber nicht abgelehnt, sondern als ein wichtiger Faktor für den sozialen Frieden in den Unternehmen angesehen.

TIPP
Wenn Sie es genau wissen wollen, können Sie beim Bundesministerium für Arbeit und Soziales die Broschüre „Mitbestimmung – eine gute Sache" unter folgender Internetadresse bestellen oder downloaden:
www.bmas.de

Um **Kapitalgesellschaften** handelt es sich bei der GmbH, der AG und der KGaA. Die Beteiligung der Gesellschafter basiert allein auf der Kapitaleinlage.

Mitbestimmung im Aufsichtsrat

In Kapitalgesellschaften gibt es neben dem Betriebsrat auch Arbeitnehmervertreter in den Aufsichtsräten. Diese Beteiligung wird Mitbestimmung genannt, weil die Arbeitnehmer dadurch an der Kontrolle des Unternehmensvorstands beteiligt sind. Dabei werden je nach Größe (Mitarbeiterzahl) und Rechtsform des Unternehmens drei Mitbestimmungsformen unterschieden (siehe Schaubild).

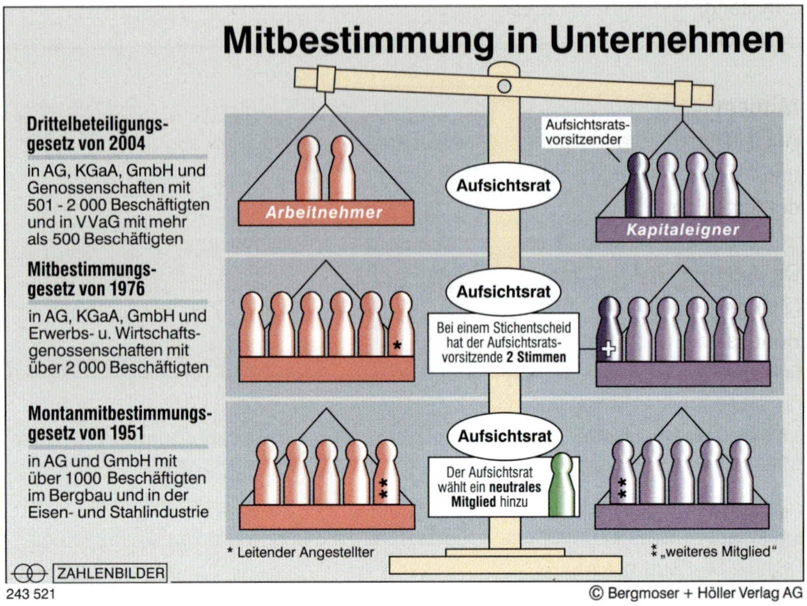

§ 60 BetrVG

(1) In Betrieben mit in der Regel mindestens fünf Arbeitnehmern, die das 18. Lebensjahr noch nicht vollendet haben (jugendliche Arbeitnehmer) oder die zu ihrer Berufsausbildung beschäftigt sind und das 25. Lebensjahr noch nicht vollendet haben, werden Jugend- und Auszubildendenvertretungen gewählt.

Interessenvertretung der Jugendlichen

Um die besonderen Interessen der Jugendlichen und Auszubildenden zu berücksichtigen, sieht das Betriebsverfassungsgesetz (BetrVG) eine Jugendvertretung vor. Gibt es in einem Betrieb einen Betriebsrat und mindestens fünf jugendliche Arbeitnehmer und Auszubildende, kann eine Jugend- und Auszubildendenvertretung gewählt werden.

Die allgemeinen Aufgaben der Jugend- und Auszubildendenvertretung regelt **§ 70 BetrVG**.

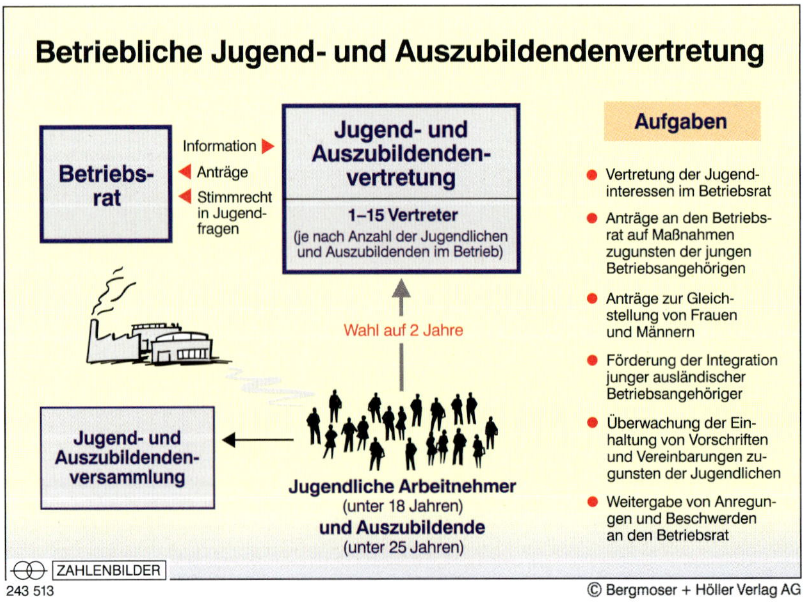

Zu den Aufgaben der Jugend- und Auszubildendenvertretung gehört,
- die Interessen der Jugendlichen und Auszubildenden beim Betriebsrat vorzutragen und
- den Betriebsrat zum Engagement für diese Interessen zu bewegen.

Die Jugend- und Auszubildendenvertretung ist jedoch kein selbstständiges Organ, sondern dem Betriebsrat nachgeordnet. Sie kann nur mit Unterstützung und durch Vermittlung des Betriebsrats ihre Aufgaben erfüllen.

Wahl zur Schülervertretung

Mitbestimmung in der Schule

Auch in der Schule gibt es für die Jugendlichen und Auszubildenden Mitwirkungs- und Mitbestimmungsrechte. Diese werden in den Schulgesetzen der Bundesländer festgelegt.

Die Interessen der Schülerinnen und Schüler werden von der Schülervertretung (SV) gegenüber der Schulleitung und dem Lehrerkollegium vertreten. Je nach Bundesland fallen die Rechte und Pflichten der Schülervertretungen unterschiedlich aus.

Auszug aus dem Hamburgischen Schulgesetz
(in der Fassung vom 21.09.2010)

§ 63 Klassensprecherinnen und Klassensprecher, Schulstufensprecherinnen und Schulstufensprecher
(1) Die Schülerinnen und Schüler jeder Klasse wählen spätestens vier Wochen nach Beginn des Unterrichts im neuen Schuljahr für dessen Dauer in geheimer Wahl zwei gleichberechtigte Klassensprecherinnen oder Klassensprecher. [...]

§ 64 Bildung und Aufgaben des Schülerrats
(1) Die Sprecherinnen und Sprecher aller Klassen in den Sekundarstufen bilden mit den [...] gewählten Schulsprecherinnen und Schulsprechern und den Vertreterinnen und Vertretern im Kreisschülerrat den Rat der Schülerinnen und Schüler (Schülerrat) der Schule.

§ 65 Schulsprecherinnen und Schulsprecher
(1) Soweit nach § 64 [...] ein Schülerrat zu bilden ist, wählen die Schülerinnen und Schüler der Schule [...] in geheimer Abstimmung aus ihrer Mitte für die Dauer des Schuljahres eine Schulsprecherin oder einen Schulsprecher und zwei stellvertretende Schulsprecherinnen oder Schulsprecher.
(3) Die Schulsprecherin oder der Schulsprecher vertritt im Rahmen der Beschlüsse des Schülerrats die Schülerinnen und Schüler gegenüber Schulleitung, Lehrerkonferenz, Elternrat, Schulkonferenz und Schulvorstand.

TIPP
Eine Übersicht über die Schulgesetze der einzelnen Bundesländer finden Sie auf der Internetseite der Ständigen Konferenz der Kultusminister der Länder in Deutschland (Kultusministerkonferenz): **www.kmk.org**

AUFGABEN

1. Beschreiben Sie, welche Informationsrechte Daniel (s. Blickpunkt zu Beginn von Abschnitt 1.3.5) als einzelner Arbeitnehmer hat.
2. Stellen Sie dar, wie der Betriebsrat in Ihrem Unternehmen zusammengesetzt ist oder, falls es keinen Betriebsrat gibt, wie dieser zusammengesetzt sein könnte.
3. Erstellen Sie ein Informationsblatt zur Wahl des Betriebsrats. Erläutern Sie darin, wie ein Betriebsrat gewählt wird und worin seine wesentlichen Aufgaben bestehen.
4. Stellen Sie auf einem zweiten Blatt die Wahl und die Aufgaben der Jugend- und Auszubildendenvertretung dar.
5. Erläutern Sie die Mitbestimmungsmöglichkeiten in Ihrer Schule.

Blickpunkt: *Anne, die eine Ausbildung zur Zimmerin macht, liest morgens in der Kaffeepause in der Zeitung von einem schweren Arbeitsunfall. Aus ungeklärter Ursache war ein Bauarbeiter tags zuvor auf einer Baustelle aus rund vier Metern Höhe in die Tiefe gestürzt und hatte sich schwer verletzt. Nun kommt sie ins Grübeln.*

Gefahrenquellen erkennen

1.3.6 Arbeitsschutz im Betrieb

Arbeitnehmer brauchen Sicherheit. Ihre Gesundheit und oft auch ihr Leben sollen vor den Gefahren, die bei der Arbeit entstehen, geschützt werden. Dafür gibt es den Arbeitsschutz. Er unterteilt sich in

- den technischen Arbeitsschutz und
- den sozialen Arbeitsschutz.

Der technische Arbeitsschutz

Er soll den Arbeitnehmer vor den vielfältigen, besonders aber den technisch und stofflich bedingten Gefahren am Arbeitsplatz schützen. Um dies zu gewährleisten, existieren eine Vielzahl von Regelungen und Vorschriften.

1. Die **Gewerbeordnung** stammt aus dem Jahr 1869 und ist die Grundlage des Unfallschutzes. Sie hat z. B. vorgeschrieben, dass Schutzvorschriften an Maschinen anzubringen, Umkleideräume einzurichten sind etc.

2. Die **Arbeitsstättenverordnung** (ArbStättV) regelt die notwendigen Anforderungen, die an einen guten Arbeitsplatz gestellt werden, z. B.
   - Vorschriften über Lärmschutz, Temperaturen und Beleuchtung,
   - Umgang mit und Schutz vor Staub und schädlichen Dämpfen,
   - Nichtraucherschutz,
   - Mindestanforderungen an Umkleideräume, Toiletten und Waschräume,
   - Regeln über Fluchtwege und Notausgänge.

3. Das **Arbeitssicherheitsgesetz** (ASiG) verpflichtet die Arbeitgeber, Betriebsärzte und Sicherheitsfachkräfte zu bestellen.

4. Die **Bildschirmarbeitsverordnung** (BildscharbV) dient der Sicherheit und dem Gesundheitsschutz bei der Arbeit an Bildschirmgeräten und enthält u. a. Vorschriften über den Abstand zum Bildschirm, den Lichteinfall und zur Bildschirmhöhe.

5. Die **Gefahrstoffverordnung** (GefStoffV) soll vor Gesundheits- und Umweltgefahren schützen, die von gefährlichen Stoffen ausgehen. Sie macht Vorgaben zur Kennzeichnung gefährlicher Stoffe und zum Schutz der Beschäftigten.

6. **Unfallverhütungsvorschriften** (UVV) werden von den für den Berufszweig zuständigen Berufsgenossenschaften zur Vermeidung von Unfällen aller Art im Berufsleben erlassen. Unternehmer, die gegen diese Vorschriften verstoßen, können mit hohen Ordnungsstrafen belegt werden und müssen zudem die Kosten tragen, die durch einen Unfall entstehen.

7. Das **Produktsicherheitsgesetz** (ProdSG) schreibt vor, dass nur Produkte in den Verkehr gebracht werden dürfen, die dessen Sicherheitsanforderungen genügen.

   Weitere Vorschriften sind z. B. die Biostoffverordnung, die Strahlenschutzverordnung, die Baustellenverordnung und die Lastenhandhabungsverordnung.

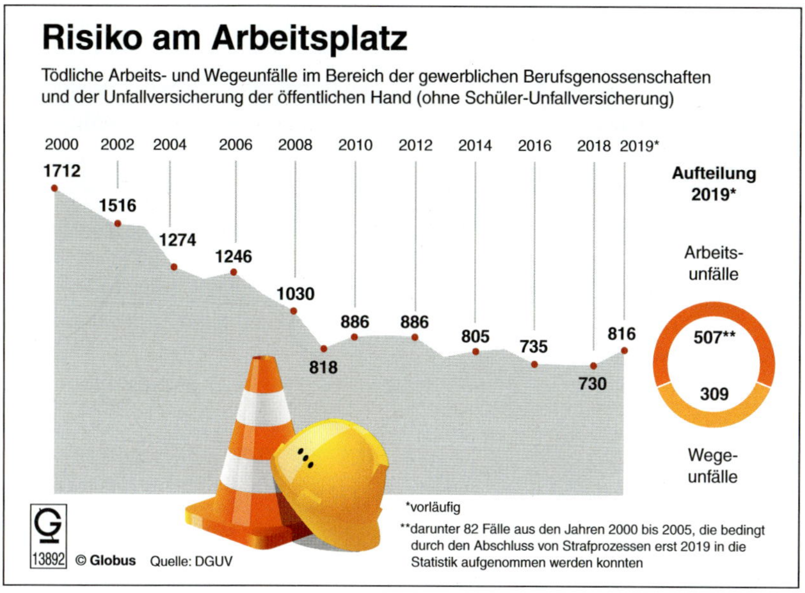

Auch die sorgfältigste Einhaltung aller Vorschriften des technischen Arbeitsschutzes kann nicht jeden Unfall am Arbeitsplatz und schon gar nicht jeden Wegeunfall verhindern. Denn häufig beruhen Unfälle auf Unachtsamkeiten von Arbeitnehmern. Die Grafik (oben) zeigt allerdings, dass die Zahl der Unfälle zwischen 2000 und 2019 um fast 60 Prozent zurückgegangen ist. Experten sehen diverse Gründe für den drastischen Rückgang. Zusammenfassend lässt sich feststellen, dass eine deutlich verbesserte Unfallprävention am Arbeitsplatz ihren Teil zu der erfreulichen Entwicklung beigetragen hat.

Der soziale Arbeitsschutz

Er soll den Arbeitnehmer vor körperlicher und seelischer Überforderung und einem vorzeitigen Verschleiß seiner Arbeitskraft schützen. Hierunter fallen Schutzvorschriften für besondere Arbeitnehmergruppen (z. B. Jugendliche, Schwangere), aber auch der Arbeitszeitschutz.

Maßnahmen zur Regelung der Arbeitszeit und zum diesbezüglichen Schutz der Arbeitnehmer finden sich im Arbeitszeitgesetz, dem Bundesurlaubsgesetz und den Ladenschluss- bzw. Ladenöffnungsgesetzen der einzelnen Bundesländer.

Häufig sind die gesetzlich vorgeschriebenen Mindestanforderungen zum Schutz der Arbeitszeit durch die verschiedenen Tarifverträge der jeweiligen Branchen erheblich verbessert worden.

Weitere Gesetze und Vorschriften im Rahmen des sozialen Arbeitsschutzes sind z. B. das Mutterschutzgesetz, das Bundeselterngeld- und Elternzeitgesetz (BEEG), das Entgeltfortzahlungsgesetz, das Schwerbehindertenrecht (im Sozialgesetzbuch IX) und – besonders wichtig für Jugendliche – das Jugendarbeitsschutzgesetz (siehe hierzu auch die folgenden zwei Seiten).

Wegeunfall:
Unfall, der sich auf dem direkten Arbeits- oder Nachhauseweg des Beschäftigten ereignet.

Die Überwachung der Arbeitsschutzvorschriften erfolgt durch
- die Berufsgenossenschaften und
- die staatlichen Gewerbeaufsichtsämter.

Gewerbeaufsichtsämter sind staatliche Behörden, deren Beamte Betriebskontrollen durchführen und jederzeit ein Betriebsgelände betreten dürfen.
Dies gilt auch für die Mitarbeiter der **Berufsgenossenschaften**, die insbesondere die Einhaltung der Unfallverhütungsvorschriften kontrollieren.
Auch die Betriebsräte sollen die Einhaltung der Arbeitsschutzbestimmungen überwachen.
In Betrieben mit mehr als 20 Mitarbeitern müssen **Sicherheitsbeauftragte** bestimmt werden, die die Firmenleitung jederzeit über Sicherheitsmängel informieren.
Die **Firmenleitung** ist immer alleinig verantwortlich für die Einhaltung der Bestimmungen und Vorschriften.

TIPP
Weitere Informationen zum Thema Arbeitssicherheit finden Sie im Internet auf den Seiten der Deutschen Gesetzlichen Unfallversicherung:
www.dguv.de

AUFGABEN

1. Informieren Sie sich, welche Berufsgenossenschaft für Ihren Berufszweig zuständig ist, und besorgen Sie sich dort Informationsmaterial zu den Vorschriften für Sicherheit und Gesundheitsschutz.
2. Nennen Sie die Ihrer Meinung nach wichtigsten Arbeitsschutzverordnungen und führen Sie deren wesentliche Inhalte übersichtlich auf einem Plakat auf.

Das Jugendarbeitsschutzgesetz soll alle jungen Menschen unter 18 Jahren vor einer Gefährdung ihrer Gesundheit oder einer Störung ihrer körperlichen Entwicklung bewahren. Das Gesetz gilt für alle Jugendlichen, die in einem Ausbildungsverhältnis stehen oder sonst als Arbeitnehmer oder Heimarbeiter beschäftigt sind.

In der Bundesrepublik Deutschland gibt es ein Jugendarbeitsschutzgesetz, das im internationalen Vergleich als vorbildlich bezeichnet werden kann. Arbeitsschutz für Kinder und Jugendliche ist noch wichtiger als Arbeitsschutz für Erwachsene. Denn Kinder und Jugendliche sind weniger widerstandsfähig als erwachsene Menschen und dürfen daher nicht den gleichen Belastungen ausgesetzt werden.

(aus: Bundesministerium für Arbeit und Soziales (2020): *Klare Sache;* Bonn, S. 8)

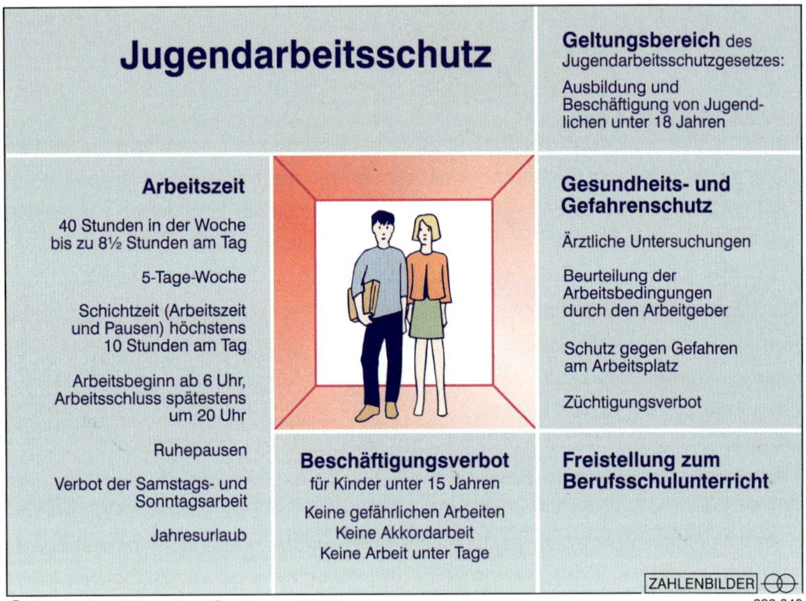

© Bergmoser + Höller Verlag AG 280 040

Auslöser für die Einführung eines Jugendarbeitsschutzgesetzes und das generelle Verbot von Kinderarbeit waren die haarsträubenden Erfahrungen aus der Zeit der Industrialisierung:

In den Kohlen- und Eisenbergwerken [...] arbeiten Kinder von 4, 5, 7 Jahren; die meisten sind indes über 8 Jahre alt. Sie werden gebraucht, um das losgebrochene Material von der Bruchstelle nach dem Pferdeweg oder dem Hauptschacht zu transportieren. [...]
Die gewöhnliche Arbeitszeit ist 11–12 Stunden, oft länger, und sehr häufig wird die doppelte Zeit gearbeitet, sodass sämtliche Arbeiter 24, ja nicht selten 36 Stunden hintereinander unter der Erde und in Tätigkeit sind. Feste Mahlzeiten sind meist unbekannt, [...].

(aus: Engels, Friedrich (1845): *Über die Lage der arbeitenden Klasse in England*)

Die verheerenden Folgen dieser Arbeitsbedingungen waren Krankheit und nicht selten Frühinvalidität.

Reglement (um 1900)
Wonach sich ein Tischler-Lehrbursche in seinen Lehrjahren zu richten hat:

§ 1 Der Lehrling muss des Morgens so früh aufstehen, dass er um 5 Uhr mit den Gesellen an die Arbeit gehen kann. Folglich muss er eine halbe Stunde eher aufstehen, damit er sich vor der Zeit gewaschen und gereinigt und die Gesellen zur Arbeit geweckt hat.
§ 3 Er muss alle Sonnabende und so oft es sonst erforderlich ist die Werkstatt aufräumen und alles Werkzeug an seinen gehörigen Ort bringen.
§ 4 Auch muss er das Wasser tragen, nach 7 Uhr abends die Straßen fegen, so wie überhaupt alles, was ihm von seinem Meister oder seiner Meisterin befohlen wird, ohne Murren und mit Fleiße verrichten. Desgleichen muss er das Fußzeug und die Kleider seines Meisters und dessen ganzer Familie reinigen.
§ 5 Der Lehrling muss den Gesellen gehorsam sein, ihnen Schuh und Stiefel putzen und sonst tun, was sie ihm heißen, wenn solches nicht zum Nachteil des Meisters ist.

(aus: Lehrlingsordnung des Tischleramtes Stade aus dem 19. Jh.)

TIPP
Das Heft „Klare Sache – Jugendarbeitsschutz- und Kinderarbeitsschutzverordnung“ können Sie beim Publikationsversand der Bundesregierung Postfach 48 10 09 18132 Rostock bestellen. Auf **www.bmas.de** kann das Heft als PDF-Datei online bestellt bzw. kostenlos heruntergeladen werden.

▶ AUFGABE

In den folgenden zwei Fällen sind Arbeitssituationen von Jugendlichen beschrieben.
Versetzen Sie sich in die Situation eines Jugendvertreters (siehe hierzu Kapitel 1.3.5) und prüfen Sie, ob die Bestimmungen des JArbSchG eingehalten werden.

Fall 1:
Sven Bergmann, 17 Jahre, Maurerlehrling, hat noch viel vor im Leben. Nach der Lehre will er sich weiterbilden, später vielleicht mal studieren. Da nimmt man so manches in Kauf.
Er hat eigentlich mit seiner Ausbildungsfirma Glück gehabt, ein kleines Unternehmen mit 22 Mitarbeitern. Im Sommer beginnt die Arbeit auf der Baustelle bereits um 6.00 Uhr. Also muss Sven schon um 5.30 Uhr am Firmengelände sein, denn von dort fährt die Mannschaft mit dem Firmenwagen noch ungefähr 30 Minuten zur Baustelle. Gegen 16.30 Uhr ist dann Feierabend und es geht zurück mit dem Firmenbus. Da die Berufsschule Raumprobleme hat, findet der Berufsschultag am Samstag statt. Sein Chef meint, das sei sehr praktisch, da könne er ja fünf Tage in der Woche auf der Baustelle sein und richtig was lernen. Ärgerlich ist aber, dass er in den Sommermonaten von Mai bis September keinen Urlaub nehmen darf. Das dürfen in dieser Firma nur die Mitarbeiter, die Kinder haben. Diese Regelung wurde mit dem Betriebsrat so vereinbart.

Fall 2:
Anna Garbers, 17 Jahre, Angestellte in einem Imbiss in der Einkaufszone, hat es gut, findet sie. Sie kann morgens ausschlafen, denn sie beginnt erst um 12.00 Uhr mit der Arbeit. Die Chefin ist dann schon vor Ort und hat alles vorbereitet. Um 12.00 Uhr wird der Imbiss geöffnet. Da die Chefin bereits morgens gearbeitet hat, verschwindet sie gegen 13.00 Uhr, um sich um ihre Kinder zu kümmern. Den ganzen Nachmittag ist sehr viel zu tun und häufig ist Anna allein am Stand. Gegen 17.00 Uhr, zum Spätnachmittagsgeschäft, kommt eine Kollegin zur Hilfe. Gegen 21.30 Uhr wird der Imbiss geschlossen und anschließend gereinigt. Um 22.00 Uhr ist dann endlich Feierabend.
Unangenehm findet Anna jedoch die Arbeit am Samstag zwischen 10.00 Uhr und 16.00 Uhr. Der Betrieb am Imbiss erlaubt natürlich keine echten Pausen. Wenn es mal etwas ruhiger zugeht, kann man zwischendurch etwas essen. Natürlich werden die Kunden trotzdem weiter bedient. Auch ist die Arbeit anstrengend und Anna hat oft Rückenschmerzen. Ihre Freundin meint, sie hätte vor dem Antritt ihrer Arbeit im Imbiss ärztlich untersucht werden müssen. Aber das hätte ja doch nichts geändert. Ein wenig Angst hat Anna manchmal, wenn sie mit den heißen Fetten in der Fritteuse und den Geräten hantiert. Aber das Arbeitsleben ist eben hart.

Auszug aus dem Jugendarbeitsschutzgesetz – JArbSchG
vom 12.4.1976, zuletzt geändert 12.12.2019

§ 2 Kind, Jugendlicher
(2) Jugendlicher im Sinne dieses Gesetzes ist, wer 15, aber noch nicht 18 Jahre alt ist.

§ 4 Arbeitszeit
(1) Tägliche Arbeitszeit ist die Zeit vom Beginn bis zum Ende der täglichen Beschäftigung ohne die Ruhepausen (§ 11).

§ 8 Dauer der Arbeitszeit
(1) Jugendliche dürfen nicht mehr als acht Stunden täglich und nicht mehr als 40 Stunden wöchentlich beschäftigt werden.

§ 9 Berufsschule
(1) Der Arbeitgeber hat den Jugendlichen für die Teilnahme am Berufsschulunterricht freizustellen. [...]
(2) Auf die Arbeitszeit des Jugendlichen werden angerechnet
1. Berufsschultage nach Absatz 1 Satz 2 Nummer 2 mit der durchschnittlichen täglichen Arbeitszeit,
2. Berufsschulwochen nach Absatz 1 Satz 2 Nummer 3 mit der durchschnittlichen wöchentlichen Arbeitszeit,
3. im Übrigen die Unterrichtszeit einschließlich der Pausen.

§ 11 Ruhepausen
(1) Jugendlichen müssen im Voraus feststehende Ruhepausen von angemessener Dauer gewährt werden.
Die Ruhepausen müssen mindestens betragen
1. 30 Minuten bei einer Arbeitszeit von mehr als viereinhalb bis zu sechs Stunden,
2. 60 Minuten bei einer Arbeitszeit von mehr als sechs Stunden.
Als Ruhepause gilt nur eine Arbeitsunterbrechung von mindestens 15 Minuten. [...]
(3) Der Aufenthalt während der Ruhepausen in Arbeitsräumen darf den Jugendlichen nur gestattet werden, wenn die Arbeit in diesen Räumen während dieser Zeit eingestellt ist [...] .

§ 13 Tägliche Freizeit
Nach Beendigung der täglichen Arbeitszeit dürfen Jugendliche nicht vor Ablauf einer ununterbrochenen Freizeit von mindestens 12 Stunden beschäftigt werden.

§ 14 Nachtruhe
(1) Jugendliche dürfen nur in der Zeit von 6 bis 20 Uhr beschäftigt werden.
(2) Jugendliche über 16 Jahre dürfen
1. im Gaststätten- und Schaustellergewerbe bis 22 Uhr,
2. in mehrschichtigen Betrieben bis 23 Uhr,
3. in der Landwirtschaft ab 5 Uhr oder bis 21 Uhr,
4. in Bäckereien und Konditoreien ab 5 Uhr beschäftigt werden.

§ 15 Fünf-Tage-Woche
Jugendliche dürfen nur an fünf Tagen in der Woche beschäftigt werden. Die beiden wöchentlichen Ruhetage sollen nach Möglichkeit aufeinander folgen.

§ 16 Samstagsruhe
(1) An Samstagen dürfen Jugendliche nicht beschäftigt werden.
(2) Zulässig ist die Beschäftigung Jugendlicher an Samstagen nur
1. in Krankenanstalten sowie in Alten-, Pflege- und Kinderheimen,
2. in offenen Verkaufsstellen, in Betrieben mit offenen Verkaufsstellen, in Bäckereien und Konditoreien, im Friseurhandwerk und im Marktverkehr, [...]
(3) Werden Jugendliche am Samstag beschäftigt, ist ihnen die Fünf-Tage-Woche (§ 15) durch Freistellung an einem anderen berufsschulfreien Arbeitstag derselben Woche sicherzustellen. [...]

§ 19 Urlaub
(3) Der Urlaub soll Berufsschülern in der Zeit der Berufsschulferien gegeben werden. [...]

§ 22 Gefährliche Arbeiten
(1) Jugendliche dürfen nicht beschäftigt werden [...]
3. mit Arbeiten, die mit Unfallgefahren verbunden sind, von denen anzunehmen ist, dass Jugendliche sie [...] nicht erkennen oder nicht abwenden können.

Eine Vielzahl von Gesetzen beinhaltet **Vorgaben für Arbeitsverträge**, z. B.:
- Arbeitszeitgesetz
- Bundesurlaubsgesetz
- Bürgerliches Gesetzbuch
- Kündigungsschutzgesetz
- Mutterschutzgesetz
- Handwerksordnung
- Tarifvertragsgesetz
- Entgeltfortzahlungsgesetz
- Sozialgesetzbuch
- Gewerbeordnung
- Nachweisgesetz
- Teilzeit- und Befristungsgesetz

Die in diesen Gesetzen vorgeschriebenen Vorgaben dürfen nur zugunsten des Arbeitnehmers verändert werden.

1.3.7 Der Arbeitsvertrag

Blickpunkt: *Toms Ausbildungszeit ist bald vorüber. Zurzeit hat er noch einen Arbeitsvertrag, genauer gesagt einen Berufsausbildungsvertrag mit seinem Arbeitgeber. Dieser Vertrag ist aber eindeutig befristet, da das Ausbildungsverhältnis mit Bestehen der Gesellenprüfung endet. Aber was kommt danach? Wenn Tom weiter bei seinem bisherigen Arbeitgeber oder einer anderen Firma arbeiten möchte, muss er sich um einen Arbeitsvertrag bemühen.*

Der Arbeitsvertrag

Der **Berufsausbildungsvertrag** bezeichnet zwar auch ein Arbeitsverhältnis, in erster Linie jedoch ein Ausbildungsverhältnis. Durch einen **Arbeitsvertrag** hingegen wird ein reines Arbeitsverhältnis vereinbart. Er wird in der Regel zwischen einem einzelnen Arbeitnehmer und dem Arbeitgeber geschlossen. Deshalb wird dieser Vertrag auch Einzelarbeitsvertrag genannt.

Form und Inhalt eines Einzelarbeitsvertrags

Ein Berufsausbildungsvertrag muss immer schriftlich abgeschlossen sein. Nur dann ist er rechtsgültig.
Dies ist beim Einzelarbeitsvertrag so nicht festgeschrieben. Arbeitsverträge können auch heute noch einfach durch Handschlag besiegelt werden. Das birgt aber gewisse Risiken. Bei Streitigkeiten existiert keine eindeutige Grundlage, auf die man sich berufen kann. Schriftliche Arbeitsverträge sind daher die Regel.

Eine Vorgabe der Europäischen Union (EU) sieht vor, dass Arbeitsverträge nur noch schriftlich abgeschlossen werden und bestimmte Mindestinhalte aufweisen sollen. Im Nachweisgesetz vom 20.07.1995 hat der Bundestag diese Vorgaben in geltendes deutsches Recht umgesetzt.

Mindestinhalte eines Arbeitsvertrages gemäß § 2 Nachweisgesetz sind:
- Name und Anschrift der Vertragspartner
- Beginn des Arbeitsverhältnisses und, falls befristet, dessen Ende
- Arbeitsort bzw. der Hinweis auf wechselnde Arbeitsorte
- Beschreibung oder Bezeichnung der Tätigkeit
- Zusammensetzung und Höhe des Arbeitsentgelts einschließlich Zuschläge, Zulagen, Prämien, Sonderzahlungen
- vereinbarte Arbeitszeit
- Dauer des jährlichen Erholungsurlaubs
- Kündigungsfristen
- Hinweise auf Tarifverträge und Betriebsvereinbarungen

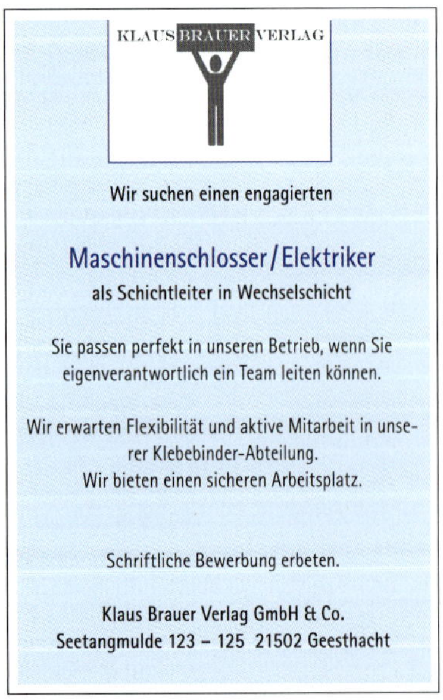

Durch einen Arbeitsvertrag entstehen beiden Vertragsparteien – dem Arbeitnehmer und dem Arbeitgeber – Rechte und Pflichten.

Pflichten des Arbeitnehmers

- **Arbeitspflicht:**
  Der Arbeitnehmer verpflichtet sich zur pünktlichen und gewissenhaften Ausführung der ihm übertragenen Arbeiten.
- **Verschwiegenheit:**
  Betriebsgeheimnisse und geschäftliche Angelegenheiten müssen gewahrt bleieben, z. B. Kalkulationspreise oder Arbeitstechniken, Gewinnspannen.
- **Sorgfaltspflicht:**
  Maschinen, Werkzeuge und Arbeitsmittel sollen pfleglich behandelt werden.
- **Gehorsamspflicht:**
  Die übertragenen Aufgaben müssen nach bestem Wissen und Können erfüllt werden.

Pflichten des Arbeitgebers

- **Beschäftigung:**
  Der Arbeitnehmer wird mit der vertraglich vereinbarten Arbeit beschäftigt.
- **Vergütung:**
  Der vereinbarte Lohn wird gezahlt.
- **Fürsorgepflicht:**
  Der Arbeitgeber ist verpflichtet, die soziale Absicherung sowie Leben und Gesundheit des Arbeitnehmers zu schützen, z. B. durch Zahlung der Sozialversicherungsbeiträge, Einhaltung der Vorschriften für Sicherheit und Gesundheitsschutz.
- **Zeugnispflicht:**
  Bei Beendigung des Arbeitsverhältnisses erhält der Arbeitnehmer ein schriftliches Arbeitszeugnis.

Befristetes Arbeitsverhältnis

Teilzeit- und Befristungsgesetz (TzBfG):
§ 14 Zulässigkeit der Befristung
(1) Die Befristung eines Arbeitsvertrages ist zulässig, wenn sie durch einen sachlichen Grund gerechtfertigt ist. [...]
(2) Die kalendermäßige Befristung eines Arbeitsvertrages ohne Vorliegen eines sachlichen Grundes ist bis zur Dauer von zwei Jahren zulässig; bis zu dieser Gesamtdauer von zwei Jahren ist auch die höchstens dreimalige Verlängerung eines kalendermäßig befristeten Arbeitsvertrages zulässig. [...]

Befristete Arbeitsverträge

Trotz der Zunahme befristeter Arbeitsverträge sollten diese eigentlich eher die Ausnahme sein. Unter der politischen Losung „Lieber befristet in Arbeit als unbefristet arbeitslos“ wurden mit dem Beschäftigungsförderungsgesetz vom 1. Mai 1985 Ausnahmen für neue Arbeitsverhältnisse geschaffen. Diese sind durch die Nachfolgeregelung in § 14 des Teilzeit- und Befristungsgesetzes (TzBfG) geändert und präzisiert worden.

Kündigungsschutz

In den ersten sechs Monaten des neuen Arbeitsverhältnisses besteht in der Regel kein Kündigungsschutz. In dieser Probezeit kann das Arbeitsverhältnis von beiden Vertragspartnern ohne Angabe von Gründen gekündigt werden. Danach ist eine Kündigung nur unter ganz besonderen Bedingungen möglich (siehe auch Kap. 1.2.3).

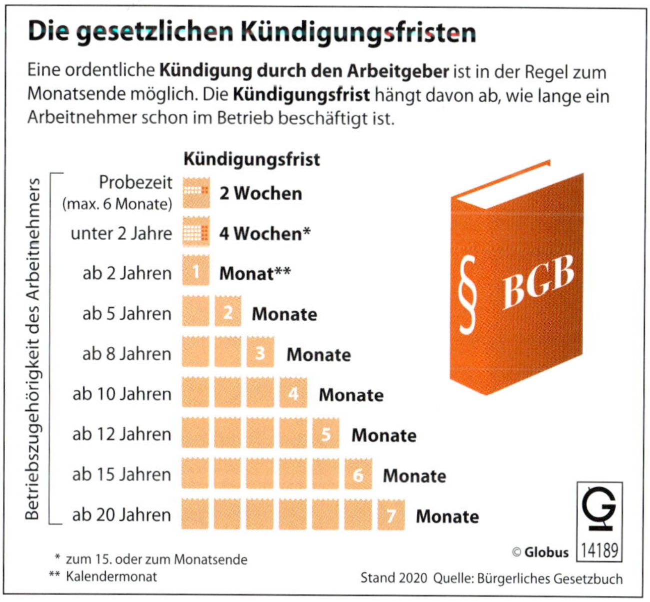

AUFGABE

Entwerfen Sie für den von Ihnen angestrebten Beruf einen Arbeitsvertrag. Der Vertrag sollte die Mindestinhalte gemäß § 2 Nachweisgesetz enthalten. Orientieren Sie sich an Aufbau und Form Ihres Ausbildungsvertrags. Erstellen Sie den Vertrag digital, möglichst als Word-Dokument.

HANDELN

AKTIV SEIN

Die Lohn- und Gehaltsabrechnung prüfen

Blickpunkt: *Kai vergleicht seine Lohnabrechnung mit der seines Freundes. Beide erlernen den gleichen Beruf und erhalten den gleichen Bruttolohn. Allerdings bekommt Kai netto weniger heraus. Stimmt hier was nicht?*

Entgeltarten

Die Höhe des Arbeitsentgelts richtet sich nach verschiedenen Kriterien. Eine wichtige Rolle spielen

- die körperliche Belastung während der Arbeit,
- die geistigen Anforderungen,
- die Stellung im Betrieb und
- die tatsächlich erbrachte Arbeitsleistung.

Als Entgelte bezeichnet man die Löhne und Gehälter, die die Arbeitnehmer für ihre geleistete Arbeit erhalten.

So unterschiedlich die Arbeitswelten sind, so differenziert sind die Formen der Entgeltberechnung:

- Angestellte erhalten ein fest vereinbartes Gehalt pro Monat. Auszubildende erhalten ebenfalls ein monatliches Gehalt.
- Mit dem Zeitlohn werden die tatsächlich im Betrieb erbrachte Arbeitszeit und die Arbeitsleistung vergütet. In der Regel werden Arbeiter pro geleistete Arbeitsstunde entlohnt (Stundenlohn).
- Mit dem Leistungslohn wird die besondere Leistung der Arbeitnehmer honoriert. Formen des Leistungslohnes sind:
  - der Akkordlohn. Diesen erhält der Arbeitnehmer für genau festgelegte Leistungen, z. B. ein Maurer für 1 qm Mauerwerk. Je schneller er arbeitet, desto höher ist sein Lohn.
  - der Prämienlohn. Dieser wird zusätzlich zum Grundlohn für besondere Leistungen gezahlt.

In den Tarifverträgen oder in Betriebsvereinbarungen sind die Höhe der Stundenlöhne, Monatsgehälter, Zulagen, Zuschläge, Zuwendungen, Akkordsätze und Prämien vereinbart (siehe auch Kapitel 1.4).

Die Lohn- und Gehaltsabrechnung

Die Arbeitgeber sind verpflichtet, ihren Beschäftigten eine schriftliche Lohn- und Gehaltsabrechnung auszuhändigen, in der die Berechnung des Nettoentgelts nachvollzogen werden kann.

Das **Bruttoentgelt** setzt sich zusammen aus:

Grundentgelt	=	z. B. Zeitlohn, Akkordlohn, Prämie
+ Zulagen	=	z. B. Gefahrenzulage, Schmutzzulage
+ Zuschläge	=	z. B. + 25 % für Überstunden,
+ Zuwendungen	=	z. B. vermögenswirksame Leistungen, Weihnachtsgeld, Urlaubsgeld, Heirat, Jubiläum

Grundentgelt
+ vermögenswirksame Leistungen des Arbeitgebers
+ Zuwendung Urlaubsgeld
= **Bruttoentgelt**
- Lohnsteuer
- Solidaritätszuschlag
- Kirchensteuer
- Sozialversicherungsbeiträge
  - Krankenversicherung
  - Rentenversicherung
  - Arbeitslosenversicherung
  - Pflegeversicherung
= **Nettoentgelt**
- vermögenswirksame Leistungen
= **ausgezahltes Arbeitsentgelt**

Beispiel einer Entgeltabrechnung:
Hier sehen Sie die vereinfachte Lohnabrechnung für Kai, der als Geselle 1 700 Euro Grundlohn erhält.
Da er alleinstehend ist, hat er die Steuerklasse I.
Der 21-Jährige hat keine Kinder, ist evangelisch und wohnt in Nordrhein-Westfalen.

Prüfen Sie die Angaben in der Abrechnung.

Nettolohnberechnung 2020 (vereinfacht)	
Bruttolohn (= Lohn inklusive diverser möglicher Zulagen)	1 700,00 €
- Lohnsteuer	139,33 €
- Solidaritätszuschlag (5,5 % der Lohnsteuer)	7,66 €
- Kirchensteuer (9 % der Lohnsteuer)	12,54 €
- Krankenversicherung (14,6 % vom Bruttolohn) 7,3 % vom Arbeitnehmer 7,3 % vom Arbeitgeber - Die Krankenkassen können Zusatzbeiträge erheben, die allein der Arbeitnehmer zahlt.	124,10 €
- Rentenversicherung (18,6 % vom Bruttolohn) 9,3 % vom Arbeitnehmer 9,3 % vom Arbeitgeber	158,10 €
- Arbeitslosenversicherung (2,4 % vom Bruttolohn) 1,2 % vom Arbeitnehmer 1,2 % vom Arbeitgeber	23,80 €
- Pflegeversicherung (3,05 % vom Bruttolohn) 1,525 % vom Arbeitnehmer[1] 1,525 % vom Arbeitgeber[2]	(25,93 + 4,25 =) 30,18 €
- Evtl. weitere Abzüge	0,00 €
= **Nettolohn**	1 204,29 €

(Stand: 2020)

[1] zuzüglich 0,25 % Zuschlag für kinderlose Arbeitnehmer ab 23 Jahren
[2] Besonderheit in Sachsen: AN: 2,025 %, AG: 1,025 %

Ihre Lohn- oder Gehaltsabrechnung sieht sicherlich etwas komplizierter aus. In der Tendenz müsste sie aber diesem Beispiel ähnlich sein.

Die Entgeltabrechnungen sollten in regelmäßigen Abständen überprüft werden.

Abzüge vom Bruttoentgelt:

1. Die gesetzlichen Abzüge zur **Lohnsteuer**, zum **Solidaritätszuschlag** und ggf. zur **Kirchensteuer** richten sich nach der jeweiligen **Lohnsteuerklasse** der Arbeitnehmer. Alleinstehende haben in der Regel die Lohnsteuerklasse I, Verheiratete die Lohnsteuerklasse III oder V. Auch die Kinderzahl spielt bei der Besteuerung eine wichtige Rolle. Die Höhe der Abzüge kann entweder den aktuellen Lohnsteuertabellen entnommen oder maschinell berechnet werden (z. B. mithilfe von Lohnsteuerprogrammen oder eines Lohnsteuerrechners im Internet).
   - Der **Solidaritätszuschlag** beträgt 5,5 % von der Lohnsteuer und soll helfen, die Kosten der Wiedervereinigung Deutschlands zu finanzieren.
   - **Kirchensteuern** werden von den Mitgliedern der Religionsgemeinschaften bezahlt. In Bayern und Baden-Württemberg sind das 8 % der Lohnsteuerschuld, in den anderen Bundesländern 9 %.
2. Die **Sozialversicherungsbeiträge** werden zur Hälfte vom Bruttoentgelt des Arbeitnehmers einbehalten. Der Arbeitgeber zahlt die andere Hälfte (siehe auch Kapitel 1.6).
3. **Weitere Abzüge** sind oft mit dem Arbeitgeber vereinbart, z. B. vermögenswirksame Sparleistungen, Miete für eine Betriebswohnung, Rückzahlung von Lohnvorauszahlungen.

AUFGABEN

1. Überprüfen Sie Ihre letzte Entgeltabrechnung.
2. Listen Sie auf, welche Entgeltformen in Ihrem Betrieb gezahlt werden.
3. Finden Sie heraus, welche Möglichkeiten es in Ihrer Firma gibt, zusätzliche Einkünfte zu verdienen.
4. Erläutern Sie, wie sich der Familienstand und die Kinderzahl auf das Nettoentgelt auswirken.
5. Listen Sie auf, woran es liegen könnte, dass Kais Nettolohn niedriger ist als der seines Freundes.

Blickpunkt: *Ebru fragt sich, ob sie die Höhe ihres Stundenlohns eigentlich irgendwie beeinflussen kann. Von einem Kollegen im Betriebsrat erfährt sie, dass u. a. auch die Löhne in zähen Verhandlungen ausgehandelt werden. Aber wer verhandelt da eigentlich mit wem, und wie läuft das ab?*

1.4 Regelungen in der Arbeitswelt

1.4.1 Tarifpolitik – Ziele und Bedeutung

Tarifverträge sind kollektive Vereinbarungen zwischen den Tarifvertragsparteien (Gewerkschaften und Arbeitgeber bzw. Arbeitgeberverbände). Sie regeln einheitlich die Arbeitsbedingungen für ganze Wirtschaftsbereiche und dienen dazu, zwischen unterschiedlichen Arbeitnehmer- und Arbeitgeberinteressen einen Ausgleich herzustellen. Tarifverträge gehören – so wie gesetzliche Regelungen zum Arbeitsrecht – zu den wichtigsten Grundlagen des Arbeitslebens.

kollektiv: gemeinschaftlich

Tarifautonomie

Aus Artikel 9 des Grundgesetzes leitet sich das Kernstück der Tarifpolitik, die Tarifautonomie, ab. Dabei handelt es sich um das Recht, die Bedingungen des Arbeitslebens zwischen Gewerkschaften und Arbeitgebern in freier Entscheidung auszuhandeln und in einem Tarifvertrag festzulegen.

Nur die Tarifvertragsparteien dürfen Tarifverträge aushandeln. Jegliche Einflussnahme von außen, insbesondere durch den Staat, muss unterbleiben. Das Recht der Tarifautonomie verbietet somit auch eine staatliche Lohnfestsetzung.

Durch Änderungen im Arbeitnehmer-Entsendegesetz (AEntG) und im Mindestarbeitsbedingungengesetz (MiArbG) wurde im Jahr 2009 allerdings erstmals die Möglichkeit zur Einführung staatlicher Lohnfestsetzungen für einzelne Branchen geschaffen. Diese beinhalten die Möglichkeit, tarifvertragliche Regelungen außer Kraft zu setzen.

Ziele der Tarifpolitik

Für die **Gewerkschaften** steht die gerechte Verteilung von Einkommen und Vermögen im Vordergrund ihrer Politik. Dies soll durch möglichst günstige Lohntarifabschlüsse und Vermögensbildung, durch überbetriebliche und betriebliche Gewinnbeteiligung, erreicht werden. Weitere Ziele sind die Verbesserung der Arbeits- und Lebensbedingungen der Arbeitnehmer und eine möglichst umfassende Mitbestimmung im Betrieb.

Ziel der **Arbeitgeber** ist in erster Linie eine der Wirtschaftslage angepasste Entgeltpolitik, d. h. häufig eine geringere Lohn- oder Gehaltserhöhung als von den Gewerkschaften gefordert. Dadurch soll dem Unternehmen ein möglichst hoher Gewinn ermöglicht werden. Ein weiteres Ziel ist eine Mitbestimmung, die den Entscheidungsprozess nicht behindert oder lähmt. Auch eine Vermögensbeteiligung durch betriebliche Gewinnbeteiligung ist für die Arbeitgeber ein Thema.

Koalitionsfreiheit (Grundgesetz Artikel 9 – Vereinigungsfreiheit)

(1) Alle Deutschen haben das Recht, Vereine und Gesellschaften zu bilden. [...]

(3) Das Recht, zur Wahrung und Förderung der Arbeits- und Wirtschaftsbedingungen Vereinigungen zu bilden, ist jedermann und für alle Berufe gewährleistet. Abreden, die dieses Recht einschränken oder zu behindern suchen, sind nichtig, hierauf gerichtete Maßnahmen sind rechtswidrig.

Tarifvertragsparteien

Tarifverträge darf nur abschließen, wer tariffähig ist. Dies ist in § 2 des Tarifvertragsgesetzes geregelt.

§ 2 Tarifvertragsparteien
(1) Tarifvertragsparteien sind Gewerkschaften, einzelne Arbeitgeber sowie Vereinigungen von Arbeitgebern.
(2) Zusammenschlüsse von Gewerkschaften und von Vereinigungen von Arbeitgebern (Spitzenorganisationen) können im Namen der ihnen angeschlossenen Verbände Tarifverträge abschließen, wenn sie eine entsprechende Vollmacht haben.
(3) Spitzenorganisationen können selbst Parteien eines Tarifvertrags sein, wenn der Abschluss von Tarifverträgen zu ihren satzungsgemäßen Aufgaben gehört.

Bedingungen: Tariffähige Vereinigungen (Koalitionen) müssen

- sich freiwillig zusammengeschlossen haben. Die Gründung der Gewerkschaft muss ohne Zwang erfolgen. Keiner darf zum Beitritt gezwungen werden.
- unabhängig sein von Staat, Kirchen, Parteien oder vom Tarifgegner.
- gewillt sein, Tarifverträge anzuerkennen und einzuhalten (Tarifwilligkeit).
- überbetriebliche Organisationen sein, die nach demokratischen Grundregeln organisiert sind.

Die Bedeutung von Tarifverträgen

Wie erfolgreich Gewerkschaften Tarifpolitik betreiben, messen die Arbeitnehmer an höheren Löhnen und den sich verbessernden Arbeitsbedingungen.
Vorteile für die Arbeitnehmer ergeben sich durch die Gleichstellung der Arbeitnehmer untereinander und die Vergleichbarkeit der Arbeitsbedingungen: Es wird gleicher Lohn für gleiche Arbeit gezahlt. Der Arbeitnehmer kann sich auf Mindestarbeitsbedingungen wie Urlaub, Urlaubsgeld, Mindestlohn usw. verlassen.
Auch für die Arbeitgeber haben Tarifverträge Vorteile. Sie können sich bei Angebotskalkulationen auf feste Lohn- und Gehaltstarife verlassen. Die Friedenspflicht, die für die Laufzeit der Tarifverträge gilt, erlaubt ein ungestörtes Arbeiten.

Kaufkraft der Lohnminute

Produkt	1961		1991		2020	
	Preis (Euro)	Arbeitszeit in Std.	Preis	Arbeitszeit in Std.	Preis	Arbeitszeit in Std.
Mischbrot (1kg)	0,41	0:19	1,82	0:10	2,84	0:10
Bohnenkaffee (500g)	4,50	3:24	3,95	0:23	5,23	0:21
Damenkleid	33,64	25:26	95,10	9:04	95,80	6:12
Benzin (1 l)	0,31	0:14	0,68	0:04	1,35	0:06
Fernseher	446,87	337:53	803,24	76:32	400,00	28:00
Kinobesuch	0,80	0:36	4,57	0:26	8,20	0:30

(Berechnungsbasis ist die Nettolohn- und -gehaltssumme je geleisteter Arbeitsstunde: 1960: 1,32 Euro, 1991: 10,50 Euro, 2020: 16,20 Euro. Quelle: Institut der deutschen Wirtschaft Köln; www.tz-online.de)

Die Funktionen des Tarifvertrags:

- **Schutzfunktion**
  Der schwächere Arbeitnehmer soll gegenüber dem stärkeren Arbeitgeber geschützt werden. Die Arbeitsbedingungen können nicht mehr einseitig bestimmt werden.
- **Ordnungsfunktion**
  Das Arbeitsleben soll für die Arbeitnehmer und Arbeitgeber überschaubar und geordnet sein. Alle vom Tarifvertrag erfassten Arbeitsverhältnisse sind gleichartig geregelt.
- **Friedensfunktion**
  Sind Tarifverträge abgeschlossen, dann gilt für die Dauer der Laufzeit die Friedenspflicht. Es herrscht „wirtschaftlicher Friede". In dieser Zeit darf nicht gestreikt oder ausgesperrt werden. Wilde Streiks darf die Gewerkschaft nicht unterstützen.

Als **wilden Streik** bezeichnet man einen Streik, der von Arbeitnehmern ohne die Unterstützung durch eine Gewerkschaft durchgeführt wird.

TIPP
Weitere Informationen finden Sie im Internet unter folgenden Adressen:
- **www.dgb.de**
- **www.igm.de**
- **www.dihk.de**

AUFGABEN

1. Nennen Sie drei Gründe, warum ist die Tarifautonomie für die Tarifvertragsparteien so wichtig ist.
2. Stellen Sie die Hauptziele der Arbeitnehmer und Arbeitgeber bei Tarifverhandlungen gegenüber.
3. Nennen Sie die für Ihren Arbeitsbereich zuständigen Tarifvertragsparteien.
4. Suchen Sie die Adresse Ihrer zuständigen Gewerkschaft heraus.

Blickpunkt: *Ebru will es nun genau wissen und erstellt eine Liste mit Fragen für ein Gespräch mit dem Betriebsrat:*

1.4.2 Tarifverträge – Arten und Bedeutung

Tarifverträge sind Gesetzen gleichgestellt und verpflichten damit die Tarifvertragsparteien zur Einhaltung der Vereinbarungen. Sie haben je nach Art unterschiedlich lange Laufzeiten. Gehalts- und Lohntarifverträge werden normalerweise für ein Jahr, Mantel- und Rahmentarifverträge für mehrere Jahre abgeschlossen.

Tarifverträge werden vereinbart für
- einen **räumlichen Geltungsbereich:** z. B. das Bundesgebiet, ein Tarifgebiet oder ein einzelnes Unternehmen.
- einen **persönlichen Geltungsbereich:** z. B. für Auszubildende, für Arbeiter oder für Angestellte.
- einen **fachlichen Geltungsbereich:** z. B. für die Metallindustrie, für bestimmte Branchen, für das Baugewerbe oder für das Metallhandwerk.

Normalerweise werden Tarifverträge zwischen Gewerkschaften und Arbeitgeberverbänden ausgehandelt. Großunternehmen, wie z. B. die Automobilindustrie, schließen oftmals eigene Tarifverträge mit den Gewerkschaften. Diese sogenannten Firmen- oder Haustarifverträge gelten dann nur für die Arbeitnehmerinnen und Arbeitnehmer eines Betriebs oder Konzerns.

Nach den Inhalten werden Tarifverträge unterteilt in:

Rahmentarifverträge (Lohn- und Gehaltsrahmenverträge)	Manteltarifverträge	Vergütungstarifverträge (Entgelt-, Lohn- und Gehaltstarifvertäge)	Flächentarifverträge (Verbandstarifverträge, Branchentarifverträge)	Spezielle Tarifverträge
Haben eine längere Laufzeit (meist mehrere Jahre) und beinhalten: ▪ Grundsätze der Leistungsbewertung ▪ Festlegung der einzelnen Entgeltgruppen	Haben eine längere Laufzeit (z. T. auch unbefristet) und enthalten z. B. Vereinbarungen zu: ▪ Probezeit ▪ Kündigung ▪ Arbeitszeit, Pausen ▪ Urlaub ▪ Zuschlägen für Mehr-, Nacht- und Schichtarbeit	Legen Arbeitsentgelte und Ausbildungsvergütungen für eine befristete Dauer (meist 1 Jahr) fest	Gelten für bestimmte regionale Bereiche sowie für einen oder mehrere Wirtschaftszweige	Regeln Fragen wie z. B.: ▪ Beschäftigungssicherung ▪ Kündigungsschutz ▪ Arbeitszeitflexibilisierung ▪ Kurzarbeit ▪ betriebliche Altersversorgung ▪ Vorruhestand ▪ Weihnachtsgeld ▪ Urlaubsgeld ▪ vermögenswirksame Leistungen

Tarifverträge werden zunächst nur für die Mitglieder der Tarifvertragsparteien geschlossen. So wäre es denkbar, dass nur Gewerkschaftsmitglieder in den Genuss von beispielsweise höheren Stundenlöhnen kommen. In der Praxis lässt sich das aber nicht durchhalten. Der rechtliche Grundsatz der Gleichbehandlung verbietet die Bevorzugung oder Benachteiligung von einzelnen Arbeitnehmern.
Arbeitgeber würden durch unterschiedliche Lohnzahlungen die benachteiligten Arbeitnehmer indirekt nötigen, in eine Gewerkschaft einzutreten. Dies wäre dann aber kein freiwilliger Beitritt zur Gewerkschaft mehr, wie es Artikel 9 des Grundgesetzes verlangt.

Tarifverträge können aus diesem Grund für allgemein verbindlich erklärt werden. Diese Allgemeinverbindlichkeitserklärung spricht das Bundesministerium für Arbeit und Soziales auf Antrag beider Tarifparteien aus.

Sobald die Tarifverträge unterschrieben sind, gilt:
- Die Tarifpartner und ihre Mitglieder müssen die Vereinbarungen einhalten und verwirklichen.
- Kampfmaßnahmen wie Streik und Aussperrung müssen unterbleiben.

Der neue Tarifvertrag wird im Tarifregister eingetragen.

1

Bundesrahmentarifvertrag

für das Baugewerbe (BRTV)

vom 28. September 2018

Zwischen dem

Zentralverband des Deutschen Baugewerbes e.V.,
Kronenstraße 55–58, 10117 Berlin,

dem

Hauptverband der Deutschen Bauindustrie e.V.,
Kurfürstenstraße 129, 10785 Berlin,

und der

Industriegewerkschaft Bauen-Agrar-Umwelt,
Olof-Palme-Straße 19, 60439 Frankfurt a.M.,

wird folgender Tarifvertrag geschlossen:

Öffnungsklausel:
Betriebe, die in wirtschaftliche Notlagen geraten, können vom Tarifvertrag abweichen. Wenn Betriebsrat und Unternehmensleitung einvernehmlich eine Notsituation feststellen, dann haben sie die Möglichkeit, vom Tarifvertrag abweichende Vereinbarungen zu treffen.

TIPP
Arbeitgeber im Internet:
- **www.dihk.de**
- **www.bda-online.de**

AUFGABEN

1. Listen Sie auf, welche Tarifverträge es für Ihren Berufszweig gibt. Erkundigen Sie sich diesbezüglich bei Ihrer Gewerkschaft.
2. Führen Sie stichpunktartig auf, wie in Ihren Tarifverträgen Urlaub, Urlaubsgeld, Arbeitszeit, vermögenswirksame Leistungen und Arbeitsentgelt geregelt sind.
3. Erläutern Sie in eigenen Worten die folgenden Begriffe: Rahmentarifvertrag, Manteltarifvertrag und Vergütungstarifvertrag.

HANDELN AKTIV SEIN

Ein Flussdiagramm erstellen

Ein Flussdiagramm ist ein geeignetes Mittel, um Arbeitsabläufe und politische Prozesse bildlich darzustellen. Insbesondere lange und komplizierte Abläufe, wie zum Beispiel Tarifverhandlungen, lassen sich mit ihrer Hilfe anschaulicher erläutern und leichter analysieren. Ein beliebtes Beispiel, um sich mit Flussdiagrammen vertraut zu machen, ist der in der Randspalte abgebildete Ablauf eines Telefongesprächs.

Bei der Erstellung von Flussdiagrammen werden einfache Symbole mit unterschiedlicher Bedeutung verwendet:

Start und Stopp

Bearbeitung, Tätigkeit

Entscheidung – ja, nein

Ablauflinie

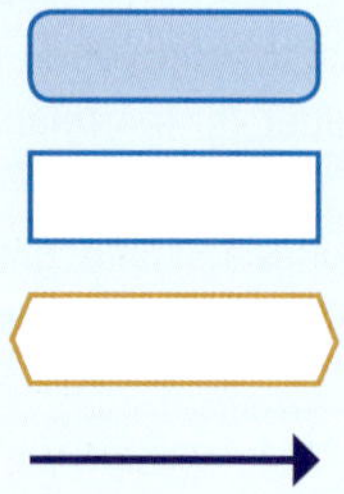

Im folgenden Text wird der mögliche Ablauf von Tarifverhandlungen beschrieben. Der entsprechende Prozess wäre wesentlich leichter zu verstehen, wenn er durch ein passendes Flussdiagramm veranschaulicht würde. Lesen Sie den Text und bearbeiten Sie anschließend die Aufgaben auf der folgenden Seite.

Flussdiagramm zum Ablauf eines Telefongesprächs

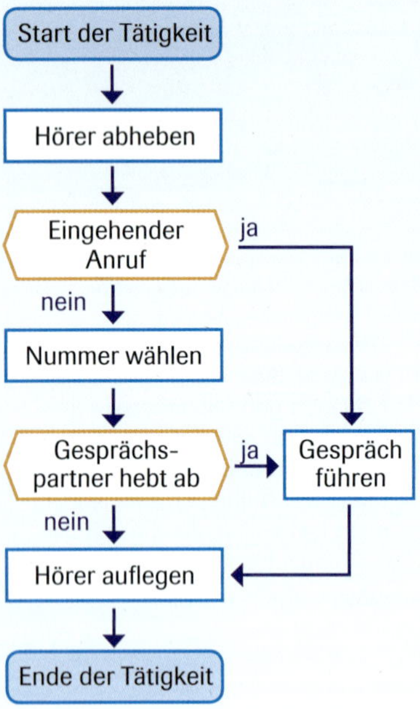

Tarifverhandlungen

Die Organisationen der Arbeitgeber und der Arbeitnehmer tragen ihre unterschiedlichen Interessen in **Tarifverhandlungen** aus. Diese werden geführt, wenn die Tarifverträge gekündigt werden oder die Geltungsdauer (Laufzeit) der Tarifverträge abläuft.

Beide Tarifparteien benennen Tarifkommissionen, die in oft langwierigen Verhandlungsrunden ihre Forderungen begründen. Vielfach kommt es schon während der Verhandlungen in einigen Betrieben zu **Warnstreiks**.
Wird ein Kompromiss gefunden, führt dies zu einem neuen Tarifvertrag. Kommt dieser nicht zustande, spricht man vom Scheitern der Verhandlungen. In diesem Fall versucht ein Schlichter in **Schlichtungsverhandlungen** beide Parteien zu einem Kompromiss zu bewegen. Dabei kann er auch eigene Vorschläge machen. Bleibt der Schlichter erfolglos, erklärt er das Scheitern der Schlichtung. Nun stellt sich für die Gewerkschaften die Frage nach einem Streik.

Streik und Aussperrung

Die von den Gewerkschaften gewählten Vertreter in der Tarifkommission beraten, ob die Arbeitnehmer ihre Forderungen durch einen Streik durchsetzen sollen. Sind die Tarifkommission und der Hauptvorstand der Gewerkschaft dafür, kommt es zur **Urabstimmung**. Darin stimmen alle Gewerkschaftsmitglieder des Tarifbezirks ab, ob gestreikt werden soll. Stimmen 75 % der Teilnehmenden für den Streik, findet er statt.
Arbeitnehmer, die mit dem **Streik** in ihrem Betrieb nicht einverstanden sind, haben das Recht, weiterbeschäftigt zu werden. Streikposten an den Betriebseingängen versuchen dann, diese Kollegen zur Teilnahme am Streik zu bewegen.

HINWEIS
Die Software Ihres PCs bietet verschiedene Möglichkeiten, Flussdiagramme am Rechner zu erstellen.

Um die Versorgung der Bevölkerung mit lebensnotwendigen Gütern und Diensten sicherzustellen und um zu verhindern, dass wertvolle Maschinen oder Betriebsmittel durch plötzlichen Stillstand beschädigt werden, darf in den bestreikten Betrieben ein Notdienst aufrechterhalten werden. Hierzu arbeiten einige Arbeitnehmer weiter.

Für die Unternehmen bedeuten Streiks oftmals einen erheblichen finanziellen Schaden. Liefertermine können nicht eingehalten werden und Waren nicht verkauft werden. Die Arbeitgeber können auf einen Streik mit der **Aussperrung** aller Arbeitnehmer reagieren. Diese erhalten für die Dauer des Streiks dann natürlich auch keinen Lohn. Streikende Gewerkschaftsmitglieder werden in dieser Zeit finanziell aus der Streikkasse der Gewerkschaft unterstützt.

Neuer Tarifvertrag

Während des Streiks kommt es zu neuen Verhandlungen der Tarifparteien. Solange diese ergebnislos bleiben, dauert der Streik an. Wird ein Verhandlungsergebnis erzielt, müssen zuvor die streikenden Arbeitnehmer in einer weiteren Urabstimmung um Zustimmung gefragt werden. Stimmen in dieser Abstimmung 25 % der Gewerkschaftsmitglieder dem Verhandlungsergebnis zu, kann der neue Tarifvertrag unterschrieben werden. Dieser gilt meistens auch für die Arbeitnehmer, die nicht Mitglied der Gewerkschaften sind („Trittbrettfahrer“). Ist der neue Tarifvertrag abgeschlossen, dürfen beide Parteien während der Laufzeit dieses Vertrages keine neuen Streiks oder sonstigen Kampfmaßnahmen durchführen. Es gilt nun die **Friedenspflicht**.

Blickpunkt: *Maja erscheint am Arbeitsplatz und wird am Betreten des Geländes gehindert. „Heute geht hier nichts mehr. Hier wird gestreikt. Wir streiken auch für dich!“, erklärt ihr ein Kollege. Zum Glück weiß Maja längst Bescheid. Als Gewerkschaftsmitglied war sie bei der Urabstimmung.*

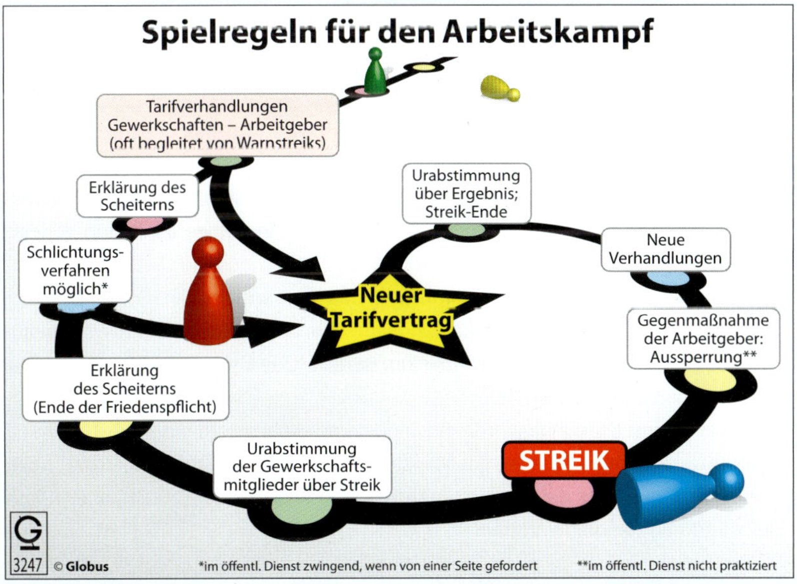

AUFGABEN

1. Bringen Sie die folgenden Stichwörter in die richtige Reihenfolge: Urabstimmung 25 % – Kündigung/Ablauf von Tarifverträgen – Streik – Warnstreik – Streikende – Schlichtungsverhandlungen – Erklären des Scheiterns – Verhandlungen – Schlichter – Aussperrung – neuer Tarifvertrag – Urabstimmung 75 % – Friedenspflicht – neue Verhandlungen – Scheitern der Schlichtung. Als Hilfe kann das obige Schaubild „Spielregeln für den Arbeitskampf“ dienen.
2. Entwerfen Sie passend zum Text ein Flussdiagramm, in dem alle möglichen Stationen von Tarifverhandlungen vorkommen. Verwenden Sie hierfür die Begriffe aus Aufgabe 1.

1.5 Die Arbeitswelt im Umbruch – ein Dauerthema

1.5.1 Blick zurück - die industrielle Revolution in Deutschland

Blickpunkt: *Während sich im 19. Jahrhundert in Großbritannien die Industrie dynamisch entwickelte, lag Deutschlands Wirtschaft im Dornröschenschlaf. Deutschland war im Gegensatz zu Großbritannien keine einheitliche Nation, sondern bestand aus vielen einzelnen Staaten ohne gemeinsames Staatsgebiet. Es gab keine einheitlichen Maße und Gewichte, keine einheitliche Währung. Die Einzelstaaten schotteten sich gegeneinander u.a. durch Zölle ab. Das änderte sich ab 1807 schnell.*

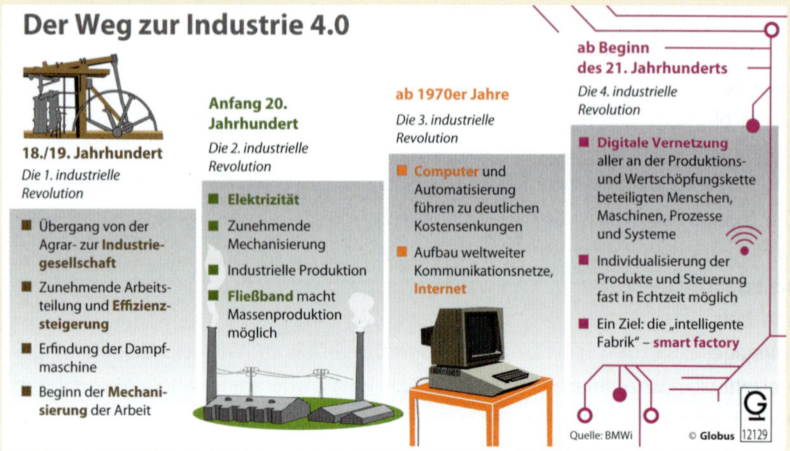

Die Menschen lebten und arbeiteten ihr Leben lang in dem Gebiet, im dem sie aufgewachsen waren. Man verließ sein Dorf, seine Stadt nicht. Jahraus jahrein arbeiteten die Menschen auf dem Feld und im Stall. Heimarbeit als Zuverdienst war üblich und notwendig. Das Handwerk in den Städten organisierte sich nach den alten Regeln der Zünfte. Dies garantierte den Handwerkern sichere Einnahmen und verhinderte Konkurrenz und Wettbewerb.

Nach der Niederlage Preußens im Krieg gegen Napoleon verlor Preußen 1807 große Gebiete westlich der Elbe und im Osten. Es verlor dadurch etwa die Hälfte seiner Untertanen und seinen Großmachtstatus. Zudem musste Preußen hohe Entschädigungszahlungen an die Franzosen leisten. In dieser Situation veranlasste die Regierung Reformen, die auf ein Wiedererstarken Preußens zielten. Diese Reformen veränderten zunächst Preußen und dann ganz Deutschland, u. a. durch:

- Die **Bauernbefreiung:** Sie brachte jedem Einwohner Preußens das Recht, bäuerliche Grundstücke zu erwerben. Eigentumserwerb wurde erlaubt.
- **Wirtschaftsreformen:** Sie schafften die Zünfte ab und machten freie Berufswahl, Gewerbefreiheit und damit Wettbewerb möglich.
- **Städtereform:** Sie gab den Städten das Recht auf Selbstverwaltung. Die vermögenden Bürger konnten nun auch eine Stadtverordnetenversammlung wählen, die dann einen Bürgermeister wählte.
- **Schulreform:** Sie führte zur Einführung des humanistischen Gymnasiums in Preußen. Gleichzeitig bildet sich langsam das dreigliedrige Schulsystem aus Volksschule, Realschule und Gymnasium heraus. Das Gymnasium blieb aber nur einer kleinen Elite vorbehalten.
- **Heeresreform:** Durch sie wurde die allgemeine Wehrpflicht eingeführt.
- **Kabinettsreform:** Sie führte fünf Minister ein (Inneres, Äußeres, Finanzen, Justiz und Krieg), die zwar dem König verantwortlich waren, andererseits aber relativ selbstständig handeln konnten.

Diese Reformen bildeten die Grundlage für die Industrialisierung Preußens und weiterer deutscher Staaten. Der Zusammenschluss der deutschen Einzelstaaten zum Deutschen Reich 1871 und damit verbunden die Einführung eines Binnenmarktes und einer einheitlichen Währung (Reichsmark) förderten diese wirtschaftliche und technische Dynamik nochmals. Der industrielle Nachzügler Deutschland holte schnell auf und war 1880 die drittgrößte Industrienation nach Großbritannien und den USA. Bis heute hält Deutschland diese Spitzenstellung. Vier industrielle Schlüsselbereiche waren für diesen Aufstieg verantwortlich:

Im **Steinkohlebergbau** an der Ruhr, der Saar und in Schlesien waren 1864 etwa 100.000 Menschen beschäftigt. Die Menge der geförderten Steinkohle stieg auch wegen der sich stetig verbessernden Abbautechnik erheblich.

Die **Eisen- und Stahlindustrie** wuchs zu einem der bedeutendsten Industriezweige Deutschlands. Allein in Preußen wurden 1880 zwei Millionen Tonnen Roheisen und 1,7 Millionen Tonnen Stahl erzeugt. Nur Großunternehmen hatten die Finanzkraft, um gewinnbringend in die großen Stahlwerke und Eisenhütten zu investieren.

Der **Maschinenbau** hatte seinen Ursprung in relativ kleinen Handwerksbetrieben. Dabei nutzen die innovativen Handwerksmeister die Erfahrungen aus dem Ausland, indem sie britische, französische und belgische Technologie teils legal, aber auch durch Industriespionage, übernahmen und weiterentwickelten. So entstand eine Vielzahl von Maschinenfabriken, die zum Teil bis heute existieren und für den heutigen, weltweit konkurrierenden Industriestandort Deutschland von sehr großer Bedeutung sind. Hier hat auch die heute so wichtige Automobilindustrie Deutschlands ihren Ursprung.

Erwerbstätige in Deutschland 1800–1914
nach Wirtschaftssektoren

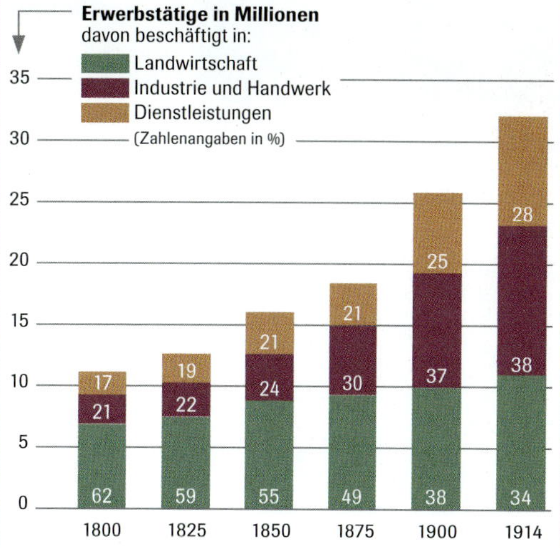

(nach: Bruckmüller, Ernst et al (2001): Putzger – Historischer Weltatlas – 103. Auflage. Berlin: Cornelsen Verlag, S. 134)

Die **Eisenbahn** war der Leitsektor der industriellen Entwicklung in Deutschland. Die erste Fernbahn zwischen Leipzig und Dresden hatte eine Streckenlänge von 120 km und wurde als dritte deutsche Eisenbahn am 7. April 1839 fertiggestellt. Sie war die erste ausschließlich dampfbetriebene Eisenbahn in Deutschland. Eine Vielzahl weiterer Strecken wurde gebaut und ergaben allmählich ein durchgehendes Streckennetz.

Essen – ein Beispiel für die Industrialisierung im Ruhrgebiet

Die beschauliche mittelalterliche Stadt Essen erlebte im Zuge der Industrialisierung eine rasante Entwicklung. 1850 gab es bereits drei Bergwerke, eine Gussstahlfabrik und eine Eisengießerei. Eine Vielzahl weiterer Zechen war hauptsächlich nördlich der Altstadt zu finden.

In der Zeit von 1800 bis 1896 stieg die Einwohnerzahl von ca. 7.000 auf 100.000. Schon 1861 waren von 11.067 Industriebeschäftigten 8.281 im Bergbau und 2.569 in der Stahlindustrie tätig, im Wesentlichen bei der Firma Krupp, die für den rasanten Aufstieg eines Unternehmens steht. Nach dem Tod von Friedrich Krupp übernahm 1826 sein nur 14-jähriger Sohn Alfred die Gussstahlfabrik mit 7 Arbeitern und 10.000 Talern Schulden. Am Ende seines Lebens, 1887, gehörte ihm die größte Stahlfabrik der Welt, die 19.000 Arbeiter beschäftigte, jährlich 197.000 Tonnen Stahl und 570.000 Tonnen Kohle produzierte.

Das Handwerk blieb trotz der industriellen Dynamik und trotz vieler Insolvenzen in seiner Substanz erhalten und gilt heute als die „Wirtschaftsmacht von nebenan". Handwerk ist heute immer noch die Arbeit mit oft traditionellen Werkzeugen bei gleichzeitiger Nutzung modernster Technologien.

AUFGABEN

1. Beschreiben Sie die Arbeits- und Lebenssituation eines Arbeiters bzw. einer Arbeiterin am Ende des 19. Jahrhunderts.
2. Listen Sie auf, wo Sie mit Blick auf die industriellen Revolutionen Parallelen zur heutigen Situation Ihrer Lebens- und Arbeitswelt sehen.

1.5.2 Damals wie heute – industrielle Revolutionen verändern das Leben

Wohnverhältnisse in Berlin um 1870

Blickpunkt: *Die Lebens- und Arbeitsbedingungen vieler Menschen veränderten sich in dieser Zeit zum Teil dramatisch.*
Es waren zumeist junge, männliche und ungebundene Wanderarbeiter, die vor allem aus dem Osten Europas, aber auch aus dem Norden Deutschlands, in die Städte Berlin, München, das Rhein-Main-Gebiet und Hamburg kamen. Insbesondere zog es sie in die Industriegebiete des Ruhrgebiets und Oberschlesiens.

Arbeiter in der Stadt

Urbanisierung – eine Folge der Industrialisierung: In Folge der starken Zuwanderung von Arbeitskräften stieg die Bevölkerungszahl in Deutschland bis 1910 auf 65 Millionen Menschen. 1871, bei der Gründung des Deutschen Reichs gab es nur acht Städte mit mehr als 100.000 Einwohnern, 1910 waren es 48 Städte. Der Anteil der Großstadtbevölkerung an der Gesamtbevölkerung betrug zu diesem Zeitpunkt 21,3 Prozent. Die Reichshauptstadt Berlin war bereits Mitte des 19. Jahrhunderts mit 412.000 Einwohnern – vor Hamburg mit 175.000 Einwohnern – die größte Stadt in Deutschland.

Stadtentwicklung während der Industralisierung in Deutschland

Der Wohnungsbau konnte mit der Bevölkerungsexplosion in den industriellen Zentren nicht Schritt halten. Schnell wurden Freiflächen und auch Grünflächen in Bauland umgewandelt. Die Städte wuchsen nicht nur in die Breite, auch mehrstöckige Bauten (Mietskasernen) mit vielen Hinterhöfen schossen empor. Die Arbeiter und ihre Familien lebten eng und dicht gedrängt in schlichten, kleinen und überteuerten Wohnungen. Dies alles führte zu hygienischen und sozialen Missständen. Große Teile von Städten verkamen zunehmend zu Slums.
In Berlin herrschten bis in die 1870er-Jahre in den weniger gehobenen Vierteln katastrophale hygienische Bedingungen. Immer wieder kam es, wie auch in Hamburg im Jahr 1898, z. B. zu Choleraepidemien.

Chinesische Wanderarbeiter heute

Urbanisierung – kein Problem der Vergangenheit
Obwohl es seit einigen Jahren viele, vor allem junge Menschen wieder in die Großstädte zieht, vollzieht sich das Wachsen unserer europäischen Großstädte zwar nicht dramatisch schnell, aber doch deutlich spürbar. Wohnraum wird knapp, preiswerte Wohnungen werden seltener.
Ganz anders sieht es in den asiatischen und afrikanischen Städten aus, die jährlich um rund 70 Millionen Menschen, das sind 1,4 Millionen pro Woche, wachsen. In jeder Woche wächst dort eine Stadt von der Größe Münchens heran.

Zurzeit leben schon 51 Prozent der Weltbevölkerung in Städten. Prognosen sagen einen Anstieg bis 2030 auf 60 Prozent und bis 2050 auf 70 Prozent voraus. In so einer **Megastadt** leben heute mehr als zehn Millionen Einwohner. Diese städtischen Ballungsräume sind äußerst attraktiv, ihre Dynamik übt eine immense Anziehungskraft vor allem auf junge, Arbeit suchende Menschen aus. Gegenwärtig gibt es etwa 26 Megastädte weltweit; zehn weitere sind auf dem Weg dorthin. Das schnelle Wachstum ist jedoch nur durch die Entstehung von Barackenstädten, Slums und Squattersiedlungen möglich. Bereits heute leben ca. eine Milliarde Menschen in diesen sogenannten informellen Siedlungen, die Zahlen könnten sich bis 2030 verdoppeln und bis 2050 sogar verdreifachen. Mit der Folge, dass im Laufe der nächsten Generation jeder Dritte auf diesem Planeten in diesen (Elends-) Siedlungen wohnen wird.

Squattersiedlung: Unter Squatter versteht man im englischen Sprachgebrauch Menschen, die sich ohne offizielle Befugnis auf unbebautem Land ansiedeln.

Armut und Lebensbedingungen im 19. Jh. – die Soziale Frage

Die erste industrielle Revolution schien zunächst die Massenarmut in Europa zu beseitigen. Viele Menschen sahen für sich große Chancen, ließen sich von Unternehmen anwerben und verließen ihre Heimatorte. Im Verlauf des 19. Jahrhunderts führte diese Entwicklung jedoch zu großen sozialen und politischen Spannungen. Das Überangebot an Arbeitskräften machte die Arbeitnehmer schutzlos, die grund- und besitzlosen Arbeiter, aber auch die scheinbar selbständigen Handwerker waren von den Unternehmern abhängig. Arbeiter hatten kein Streikrecht und durften sich nicht politisch betätigen. Sie genossen keinerlei Kündigungsschutz.

Fabrikarbeit im 19. Jahrhundert

Der zunehmende Maschineneinsatz machte viele Heimwerker und Handwerker arbeitslos, bei dem Überangebot an Arbeitskräften sank das Lohnniveau. Rechtliche Beschränkungen für Arbeitszeiten fehlten, überlange Arbeitszeiten zwischen 72 und 96 Stunden pro Woche waren üblich. Bei Arbeitsunfähigkeit gab es keine soziale Absicherung. Wer krank wurde, hatte keinen Anspruch auf Lohnfortzahlung. Die Hinterbliebenen verstorbener Arbeiter wurden nicht versorgt. Diese und weitere Probleme stellten Kirche, Politik und Unternehmertum vor große, dringliche Probleme. (Siehe Kapitel 1.6).

Veränderungen im 21. Jh. – die neue soziale Frage

Auch heute werden durch die 4. industrielle Revolution neue soziale Probleme erkennbar. Die Arbeitswelt wird sich radikal verändern, das kann den Verlust von tausenden Arbeitsplätzen mit sich bringen (siehe Kapitel 1.5.4). Minijobs, Cloudworking, Scheinselbstständigkeit, weniger Festanstellungen werden zunehmen. So stellt sich erneut die Frage nach der Zukunft der sozialen Absicherung der Menschen.
Gleichzeitig wird häufig die Frage aufgeworfen, ob Arbeit nicht neu bewertet werden muss. Was ist eigentlich Arbeit? Arbeitet nur der, der einer wie auch immer entlohnten Arbeit nachgeht?
Das bedingungslose Grundeinkommen wird seit Jahren als eine Lösung diskutiert: Alle Menschen erhalten ein Grundeinkommen, nur weil sie da sind. Ein Einkommen also ohne Wenn und Aber?
Achtung: Es befinden sich aber sehr unterschiedliche Konzepte in der Diskussion. Wichtig ist dabei die Frage, wer hinter dem jeweiligen Konzept steht. Zwei Beispiele von vielen: das **neoliberale** und das **humanistische Konzept**.

Das **neoliberale Konzept** sieht ein solidarisches Bürgergeld vor, das fast alle bisherigen Sozialleistungen ersetzen und dadurch den Staatshaushalt massiv entlasten würde. Die Zuteilung von z.B. 600 Euro netto pro Monat und Person käme aber einem heimlichen Sozialabbau gleich, denn zurzeit erhält jeder Bundesbürger durchschnittlich 885 Euro an monatlichen Sozialleistungen. Ein so gestaltetes Grundeinkommen wäre eine weitgehende Abschaffung des Sozialstaats. Durch die Abschaffung der Lohnnebenkosten bei gleichzeitiger weiterer Liberalisierung des Arbeitsmarktes würden vor allem die Unternehmen profitieren.

Das **humanistische Konzept** wird in der Schweiz diskutiert. Die Menschen sollen eine Grundsicherung ihrer Existenz haben, die sie von Existenzängsten befreit, ihre gesellschaftliche Stellung stärkt und Lebens- Entscheidungsspielräume vergrößert. Diese von einem humanistischen Menschenbild getragen Erwägungen gehen davon aus, dass die meisten Menschen trotz Grundeinkommen arbeiten würden – nicht weil sie es müssen, sondern weil sie es wollen. Gesellschaftlich wichtige, aber bisher nicht honorierte Arbeit erhielt somit eine neue Wertschätzung.

AUFGABEN

1. Stellen Sie vergleichend gegenüber, wie sich Ihrer Meinung nach die Arbeits- und Lebensumstände in den Städten des 19. Jh. und in den Städten heute verändert haben.
2. Legen Sie dar, was Arbeit Ihrer Meinung nach eigentlich ist und listen Sie dann auf, was für Sie persönlich Arbeit ist.
3. Erläutern Sie die Frage, ob wir über Arbeit neu denken müssen und was in diesem Zusammenhang für ein Bedingungsloses Grundeinkommen sprechen könnte.

1.5.3 Die Zukunft der Arbeit – Industrie 4.0 – Arbeit 4.0 – Bildung 4.0

Blickpunkt: *Ein Foto für die Freundin – im Silberrahmen? Völlig out! Verschenken Sie doch lieber eine Miniversion von sich selbst. Immer mehr Firmen machen das möglich. Sie verwenden hochmoderne 3D-Scanner und Farb-3D-Drucker, um maßstabsgetreue Modell-Figuren anzufertigen.*
Veränderungen in der Arbeitswelt gab es immer. Heute erleben wir die Digitalisierung, die vierte Etappe der industriellen Revolution – Industrie 4.0. Eine weitere tiefgreifende Veränderung der industriellen Produktion und der Arbeitswelt kommt auf uns zu. Auch die Berufsausbildung wird sich diesen Veränderungen stellen müssen.

Das ist die Zukunft:
- Per App die Haustechnik steuern,
- Strom einkaufen, wenn er günstig ist,
- den Neuwagen in Echtzeit mitgestalten.

Industrie 4.0 ist das Schlagwort, bei dem IT-Firmen und Technologen ins Schwärmen geraten. Es steht für die Segnungen der 4. technischen Revolution – bei der alles autonom gesteuert und miteinander vernetzt sein wird.

Wenn Motorhauben nicht mehr einfach nur Motorhauben sind, sondern sich wie Beleuchtungselemente, Sitze, Motoren usw. dank winzig kleiner elektronischer Bauteile in intelligente Pkw-Komponenten verwandeln. Wenn diese Komponenten untereinander kommunizieren, gespeichert haben, in welchem Werk sie sich treffen, um ein Auto zu werden und der fertige Pkw vom Band zum Händler rollt, dann kann in naher Zukunft ein Neuwagen fast in Echtzeit mitgestaltet werden.
Das ist nur eine Vision der neuen digitalisierten Produktion.
Menschen greifen dabei kaum noch direkt in den Produktionsprozess ein. Facharbeiter sind dann eher Dienstleister, die den Kunden im Blick haben. Denn die Verbraucher werden anspruchsvoller, auch weil mehr Individualität möglich ist. Experten nennen das Mass Customization – kundenindividuelle Massenproduktion, bei der die Kunden bis in die Fertigung hinein Eingriffe vornehmen können. Was für den Autokäufer gilt, ist natürlich in dem für Deutschland wichtigen Wirtschaftssegment Maschinenbau für die Kunden noch wesentlich interessanter.

Sensoren, rückwärtig an ein Gemälde angebracht, messen kontinuierlich Temperatur, Luftfeuchte, Bestrahlung und Erschütterungen. Werden Kunstwerke verliehen gewährleisten Sensoren eine lückenlose Dokumentation darüber, was während Transport und Ausstellung geschieht.

Sensoren stellen fest, ob eine Pflanze genug Wasser, Licht und Mineralien bekommt.

Die Firma Dornbracht hat eine Badewanne vorgestellt, bei der mit Sensorhilfe Füllmenge und Temperatur zu regeln sind, ferngesteuert per Smartphone.

Die Firma Fissler entwickelte einen App-gesteuerten Schnellkochtopf, der die Temperatur und die noch verbleibende Kochzeit anzeigt.

Industrielle Zukunft: Beispiel Sensortechnik

Sensoren sind die neuen Schlüsselprodukte der digitalen Revolution. Sensoren werden kleiner, effizienter, leistungsstärker und vor allem billiger. Einfache Sensoren kosten heute nicht mehr als einen Euro das Stück. Auf der Hightech-Messe Cebit in Hannover ist jährlich im Frühjahr zu bestaunen, wie sich die industrielle Produktion rasant verändert, wie alles schlank, schnell und stabil vernetzt wird: Maschinen, Fahrzeuge, Bauteile, Elektrogeräte. Das funktioniert aber nur, wenn es Werkzeuge gibt, die jede Bewegung, jede Erschütterung, jedes Geräusch exakt messen. Sensoren verbergen sich heute überall, ihre Zahl verdoppelt sich alle fünf Jahre. Sie werden zu Sinnesorganen der modernen Industrie.
Die Sensortechnik wird zu einer Schlüsseltechnologie in der Welt von intelligenten und vernetzten Produkten. Deutsche Hersteller nehmen eine Führungsrolle ein.

Industrielle Zukunft: Beispiel 3D-Drucker

3D-Laserdrucker gelten als die jüngste technische Revolution. Diese in Deutschland entwickelte Technik beschert zum Beispiel dem Laserzentrum Nord (LZN) in Hamburg volle Auftragsbücher. Fast drei Millionen Euro hat das LZN schon im Jahr 2014 mit solchen und anderen Aufträgen umgesetzt.

Der Boom der 3D-Laserdrucktechnik hat gerade erst begonnen. Diese Maschinen fertigen nach vorgegebenen Maßen dreidimensionale Teile, indem flüssiges oder pulverisiertes Material Schicht für Schicht übereinander gesetzt wird. Selbst komplizierte Werkstücke mit drehbaren Elementen können so einfacher, kostengünstiger und leichter hergestellt werden.

Aber Deutschland muss achtgeben, dass es die Zukunft seiner eigenen Innovation nicht verschläft. Denn die US-Regierung hat die Chance, die im 3D-Druck liegt, bereits erkannt und fördert gezielt Forschungsprojekte, um so die Reindustrialisierung Amerikas voranzutreiben.
Für Experten hat das Thema eine wirtschaftspolitisch strategische Bedeutung. Die EU und die Bundesregierung unterstützen bereits einige Projekte, mehr Aufmerksamkeit und Unterstützung seitens der Politik sind unerlässlich.

Bildung 4.0
Die Veränderungen beschränken sich nicht auf die Industrie. Von allen Fachkräften in Industrie und Handwerk werden veränderte, höhere Anforderungen erwartet. Das wird auch Auswirkungen auf die Ausbildung und das Lernen haben. Wir müssen anders lernen als bisher.

Digitale Lehr-Materialien werden dabei eine immer größere Rolle spielen. Sie sind einfacher und kostengünstiger zu erstellen, zu ändern und zu verbreiten. Das schätzen viele, die sich weiterbilden möchten. Sie können selbst entscheiden, wann und wo sie Wissen aufnehmen, bearbeiten und speichern. Als Vorzüge digitaler Lernmedien gelten insbesondere die Interaktivität, der direkte Austausch zwischen Lehrern und Schülern, Schülern untereinander sowie die neuen Möglichkeiten des Lernens - über Chats, Videos und Skype.

Die Auszubildenden müssen in verstärktem Maße lernen, komplexe Aufgaben zu verstehen und im Team Lösungen zu erarbeiten.
Von den Lernenden werden Aktivitäten erwartet, die durch die Möglichkeiten der Vernetzung untereinander möglich werden. Allein, aber selbstbestimmt zu Hause lernen, reicht nicht mehr aus. Der persönliche Austausch, sei es von Angesicht zu Angesicht oder virtuell innerhalb der Lerngruppe, ist für den Erfolg wichtig. Die neuen Lern-Technologien ermöglichen den Lernenden heute, sich in Echtzeit interaktiv auszutauschen. Der Weg in die Zukunft hat bereits begonnen. Die Industrie in Deutschland arbeitet mit Hochdruck daran, die nächste Stufe der industriellen Fertigung zu verwirklichen.

Vom 3D-Scan zum 3D-Ausdruck:
Der 3D-Druck wird immer häufiger auch für die Verarbeitung von Metallen eingesetzt. Und auf diese Art hergestellte Teile kommen nun bei Airbus sogar in einem Flugzeug zum Einsatz.

Bauteil für A350

Der neue A350 wird Kabinenhalterungen erhalten, die früher aus Aluminium gefräst und nun im sogenannten „Laser-Cusing-Verfahren" aus Titan gedruckt werden. Gewichtsersparnis: 30 %.

Der Begriff "Laser-Cusing" leitet sich von "Laser-Fusing" (Laserschmelzen) ab und wurde vom Unternehmen „Concept Laser" geprägt

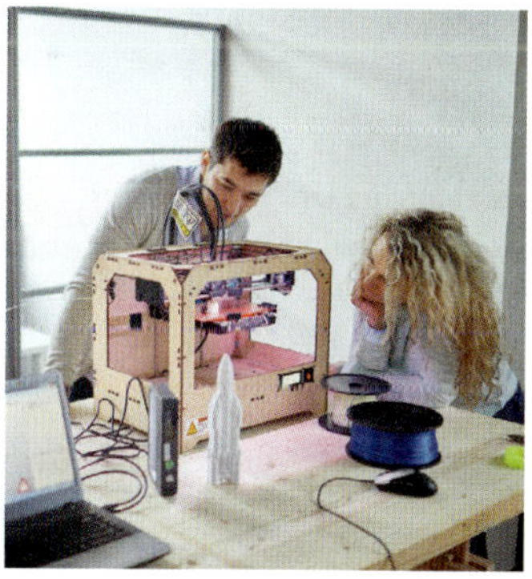
Bildung 4.0 - Zukunft sichern

AUFGABEN
1. Listen Sie auf, welche neuen Technologien in Ihrem Berufsfeld bereits eingeführt wurden und welche Technologien in Zukunft möglich bzw. denkbar wären.
2. Thema Bildung 4.0: Stellen Sie dar, wie sich ihrer Meinung nach die allgemeinbildenden Schulen und die Berufsbildung verändern müssen, um den künftigen Anforderungen gerecht zu werden.

1.5.4 Die Zukunft der Arbeit – mehr oder weniger Jobs?

Blickpunkt: *Wird die 4. industrielle Revolution unzählige Jobs kosten oder zu mehr Spezialisierung und mehr Arbeitsplätzen führen? Was bedeutet das für junge Arbeitnehmer, welche Anforderungen kommen auf sie zu?*

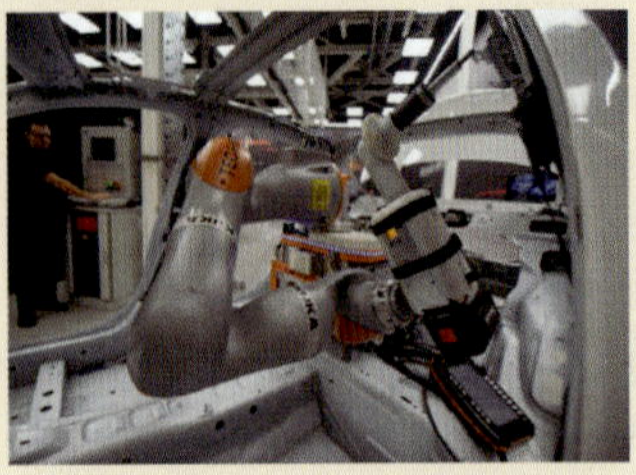

Die Wissenschaftler Carl Benedikt Frey und Michael A. Osborne haben 2013 erforscht, mit welcher Wahrscheinlichkeit heutige Berufe automatisiert werden können.
Sie haben dabei 700 US-Berufe untersucht.

Hier eine kleine Auswahl der stark gefährdeten Berufe (maximale Gefährdung = 100):

Callcenter-Mitarbeiter 99
Näher 99
Spediteur 99
Steuerberater 99
Photolaborant 99
Graveur, Steinhauer 98
Kassierer in Banken 98
Kreditsachbearbeiter 98
Lieferant 98
Model 98
Schiedsrichter 98
Dentaltechniker 97
Lohnbuchhalter 97
Eisenbahntechniker 96
Koch (Restaurant) 96
Buchbinder 95
Juwelier 95
Edelsteinschleifer 95
Postangestellter 95
Wirtschaftsprüfer 94
Kurier 94
Schweißer, Löter 94
Metzger, Fleischer 93
Baggerfahrer 92
Einzelhandelsverkäufer 92
Produktionsarbeiter 92
Versicherungsvertreter 92
Kranführer 90

Industrie 4.0: Arbeitsplätze + Arbeitsbedingungen

Wie sieht die Arbeitswelt der Zukunft aus? Bei der Bewertung gibt es zwei Lager, die Pessimisten und die Optimisten:

Die Pessimisten gehen davon aus, dass Arbeitsplätze massenhaft überflüssig werden. Zu ihnen gehört z.B. der US-Informatiker Jaron Lanier. In seinem Buch „Wem gehört die Zukunft“ prognostiziert er massiven Arbeitsplatzabbau. Als Beispiel führt er die Musikindustrie an, die auf ein Viertel ihrer einstigen Wirtschaftskraft geschrumpft ist, weil der legale, aber auch illegale Vertrieb von Musik über das Internet die alten Vinyl-Schallplatten und CDs abgelöst haben. Lanier sagt voraus, dass viele Berufe der Mittelschicht verschwinden werden. Auch der Wirtschafts-Nobelpreisträger Robert Shiller kann sich z.B. vorstellen, dass Taxifahrer arbeitslos werden, wenn sich autonom gesteuerte Fahrzeuge eines Tages durchgesetzt haben.

Das Lager der Pessimisten sieht sich auch durch eine Studie der Oxforder Wissenschaftler Michael Osborne und Carl Benedikt Frey bestätigt. Die beiden Forscher haben den Arbeitsmarkt der USA untersucht und prognostizieren, dass dort fast die Hälfte der Jobs in den nächsten zwei Jahrzehnten von der 4. industriellen Revolution vernichtet wird.
Die Pessimisten gehen dabei davon aus, dass Industrie 4.0 mehr oder weniger plötzlich über uns hereinbricht. Je schneller die Veränderungen kommen, umso heftiger sind die Verwerfungen in der Arbeitswelt – nicht der Wandel an sich, sondern seine Geschwindigkeit wird das Problem.

Die Optimisten glauben, dass mehr Jobs entstehen als vernichtet werden. Sie interpretieren die Prognosen von Osborne und Frey anders und gehen von den heutigen Arbeitsplätzen aus und „beamen“ sie in die Welt der 30er- und 40er-Jahre dieses Jahrhunderts. 20–30 Jahre sind viel Zeit, damit sich Arbeitsmärkte umstrukturieren können. Die Optimisten setzen auf die Anpassungsfähigkeit der Industrie und der Arbeitsmärkte.

Es bleibt die entscheidende Frage, wie schnell sich diese Innovationen durchsetzen werden. In Deutschland kommt ein ganz besonderer Faktor hinzu. Will man Industrie-4.0-Anwendungen umsetzen, müssen die Maschinenparks komplett erneuert werden. Das aber sind Veränderungsprozesse, die sich besonders im Mittelstand über Jahre hinziehen können. Auch die Finanzierung muss gemeistert werden, was insbesondere kleineren Firmen nicht so einfach fällt. Etwas mehr Zeit könnte also helfen, den Wandel nicht nur technisch, sondern auch für die Arbeitsbedingungen der Arbeitnehmer zu bewältigen.

Klar ist, dass neue Fähigkeiten und Fertigkeiten in der Arbeitswelt von morgen gebraucht werden. Spezialisten mit IT-Kompetenz werden in großer Zahl benötigt. Sie müssen die flexiblen und vernetzten Produktionsabläufe planen, simulieren und überwachen.
Benötigen wir dann noch den guten alten Facharbeiter? Die Optimisten befürchten keine gravierenden Arbeitsplatzverluste. Facharbeiter werden immer gebraucht, sie sind heute schon vielfach hochqualifiziert. Kenntnisse in Computertechnik sind längst der Standard. Ständige Weiterqualifizierung und eine sehr gute berufliche Bildung sind jedoch unabdingbar. Das Qualifizierungsniveau muss weiter steigen. Deshalb ist der Ausbau des Bildungssystems auf allen Ebenen eine der zentralen Herausforderungen für die Politik.

Industrielle Zukunft: Beispiel Cloudworker

In einem ver.di-Spot im Internet erzählt das Strichmännchen „Klaus der Cloudworker" vom Horror seines Arbeitsalltags:

> „Die Arbeitswelt hat sich gewaltig verändert. Die Menschen sind fast ausschließlich „Cloud Worker". Festanstellungen gibt es so gut wie gar nicht mehr. Die Unternehmen heuern, je nach Bedarf, ihre Arbeitskräfte über ein virtuelles Netzwerk an. Was mit der IT-Branche begann, betrifft nun nahezu alle Berufsgruppen. Ein Heer von Freelancern kämpft mit weltweiter Konkurrenz um Aufträge. Die Folge: Preisdumping. Heute verdienen die Leute ein Drittel von dem, was noch vor 10 Jahren gezahlt wurde.

In der digitalen Arbeitswelt ändern sich die Beschäftigungsformen grundlegend. Per Aufruf im Internet angeworbene Crowdworker erledigen die ganze Bandbreite von digitalen Arbeiten für Industrie, IT, Forschung und Entwicklung und auch für die öffentliche Verwaltung. Aber Selbstständige in diesem Bereich können schnell zu Schein-Selbstständigen werden. Die neuen Freiheiten dieser Art von Arbeit mögen viele begrüßen, sie haben aber auch Nachteile. Mindeststandards bei der Bezahlung, der Arbeitszeit oder beim Gesundheitsschutz gibt es oft nicht. Im Alter und im Krankheitsfall sind die Cloudworker schlecht abgesichert. Altersarmut und krankheitsbedingte „Sozialfälle" müssen dann aus den staatlichen Sozialkassen versorgt werden.

Angesichts der zunehmend globalen vernetzten Arbeitsorganisation in Produktion und Dienstleistungsbereich wird Crowdworking ebenso wenig wie Leiharbeit eine Randerscheinung bleiben. Es ist Aufgabe des Gesetzgebers, auch diese Tätigkeits- und Beschäftigungsformen in die Sozialversicherungssysteme zu integrieren.

Digitale Tagelöhner: Wie das Netz die Arbeit verändert
Erst allmählich lernen viele von uns digitale Plattformen kennen. Für nahezu jedes Produkt, jede Dienstleistung gibt es mittlerweile eine im Internet: Airbnb vermittelt Zimmer, Carsharing-Angebote vermitteln Autos, auf Verkaufsplattformen wird Selbstgemachtes angeboten.

„Crowdworking" oder **„Cloudworking"** sind die Stichwörter dafür. Man versteht darunter digitale Aufträge, die vollständig über das Internet abgewickelt werden. Diese Art von Arbeit entwickelt sich für immer mehr Menschen zur hauptberuflichen Vollzeitbeschäftigung. Derartige neue Formen digitaler Arbeit sind verlockend und bieten Freiheiten, gefährden aber auch das bisherige System sozialer und rechtlicher Absicherung für Arbeitnehmer.

Wie die Corona-Krise die Arbeitswelt verändert
Die Corona-Epidemie führt in der Arbeitswelt zu einem nie dagewesenen Feldversuch. Manager und ihre Mitarbeiter haben im Eiltempo Büros geräumt und sich in eine neue Arbeitswelt katapultiert. Wie stark Skype, Zoom und Slack derzeit klassische Konferenzen ablösen, macht nun eine repräsentative Umfrage klar. Das Bayerische Forschungsinstitut für Digitale Transformation fand bei einer Befragung von 1600 Beschäftigten heraus, dass der Anteil der Menschen im Home-Office schon in den ersten Wochen der Krise deutlich gestiegen und deren Zufriedenheit sehr groß ist. Schon Ende März arbeiteten 43 Prozent der Befragten in Deutschland zumindest ab und zu im Home-Office, heißt es in der Studie [...].
(aus: Süddeutsche Zeitung, www. sueddeutsche.de, 16. April 2020)

AUFGABEN

1. Erläutern Sie, wie Sie die Zukunft auf dem Arbeitsmarkt sehen: Gehören Sie eher zu den Pessimisten oder zu den Optimisten? Begründen Sie Ihre Meinung zunächst schriftlich.
2. Stellen Sie dar, wie sich die Beschäftigungsformen in den nächsten Jahrzehnten verändern können. Stellen Sie Vorteile und Nachteile dieser möglichen Veränderungen gegenüber.

1.6 Soziale Sicherung

1.6.1 Die gesetzlichen Sozialversicherungen

Blickpunkt: *Annika hat ihre erste Lohnabrechnung erhalten. Verblüfft liest sie die Zahlen. Der Bruttolohn, oben am Beginn der Abrechnung, sieht noch ganz ordentlich aus. Aber unten, der Nettolohn – oh je, oh je. Annika schnappt sich ihr Handy und ruft sofort die Lohnbuchhaltung an. Aber ihre Einwände gegen die hohen Abzüge nutzen ihr nicht viel. Sie erhält nur den freundlichen Tipp, sich mal genauer mit dem Thema gesetzliche Sozialversicherungen zu beschäftigen. „Soziale Absicherung, so ein Quatsch. Das brauch' ich nicht, mir geht's doch gut. Krankenversicherung – ja, vielleicht. Aber eine Rentenversicherung?"*

Sozialstaat

Im Grundgesetz Artikel 20 (1) kann man lesen: „Die Bundesrepublik Deutschland ist ein demokratischer und sozialer Bundesstaat." Dieses Sozialstaatsgebot soll den Bürgern ein menschenwürdiges Leben garantieren.

In Notfällen – aber nur dann – soll der Staat helfen, z. B. wenn ein Einzelner oder dessen Familie dazu nicht in der Lage sind (Subsidiaritätsprinzip).

Wichtigste Bausteine des Sozialstaats sind die gesetzlichen Sozialversicherungen:

Die Sozialversicherungen schützen vor finanzieller Not

Säulen der Sozialversicherung

GKV	GRV	ALV	GUV	PV
gesetzliche Krankenversicherung	gesetzliche Rentenversicherung	Arbeitslosenversicherung	gesetzliche Unfallversicherung	Pflegeversicherung

Die Sozialversicherungen arbeiten nach dem sogenannten Solidarprinzip:

Kranke	Alte	Arbeitslose	Unfallopfer	Pflegefälle

werden unterstützt durch

Gesunde	Junge	Arbeitende	Betriebe	Gesunde

mittels Umlageversicherung

Subsidiaritätsprinzip:
Gesellschaftspolitisches Prinzip, wonach der Staat nur solche Aufgaben übernehmen soll, zu deren Wahrnehmung ein Einzelner oder eine Familie nicht in der Lage sind. Bevor der Staat Leistungen erbringt, wird die Leistungsfähigkeit der Familie geprüft.

Sozialstaat:
Bezeichnung für einen modernen Staat, der die Daseinsfürsorge für seine Bürger sicherstellt. Durch eine entsprechende Wirtschafts-, Struktur-, Vermögens- und Sozialpolitik sichert der Staat ein festgesetztes Mindestmaß an materiellem Wohlstand.

HINWEIS
Weitere Informationen zum Thema Sozialstaat finden Sie in Kapitel 6.3.

1.6.2 Pflegeversicherung

Die Pflegeversicherung wurde Mitte der 90er-Jahre eingeführt, da in Deutschland immer mehr Menschen pflegebedürftig sind. Das betrifft nicht nur ältere Menschen. Durch Unfälle und Krankheiten können Menschen unabhängig von ihrem Alter in eine soziale Notsituation geraten und zum Pflegefall werden.

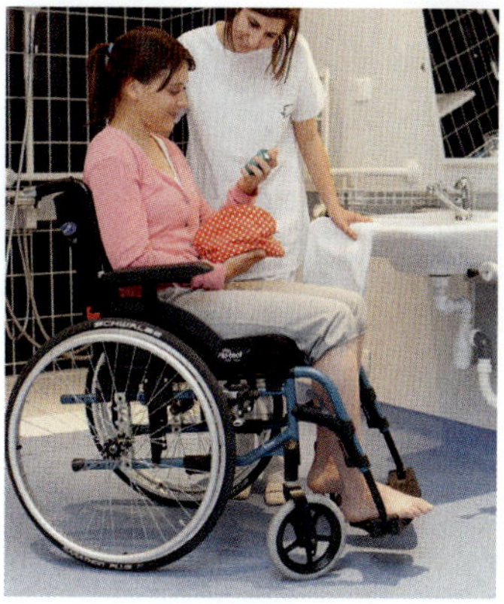

Junge Frau als Pflegefall

- **Aufgaben:** Die Pflegeversicherung hat das Ziel, die finanzielle Absicherung der pflegebedürftigen Menschen zu sichern. Sie soll die Pflegebedürftigen und ihre Angehörigen entlasten. Auch sollen die Betroffenen nicht mehr auf Sozialhilfe angewiesen sein.

- **Mitglieder:** Versicherungspflicht besteht für jeden, der gesetzlich oder privat krankenversichert ist.
  Gesetzlich pflegeversichert sind alle Personen, die auch in einer gesetzlichen Krankenversicherung pflichtversichert sind.
  Jeder privat Versicherte muss eine private Pflegeversicherung abschließen.
  Kinder sind im Rahmen der Familienversicherungen mitversichert.

- **Träger:** Versicherungsträger sind die Pflegekassen, die von den Krankenkassen als eigenständige Versicherung aufgebaut wurden.

- **Finanzierung:** Der Beitrag zur Pflegeversicherung beträgt 3,05 % vom Bruttolohn (Stand 2020) und wird je zur Hälfte vom Arbeitnehmer und vom Arbeitgeber an die Pflegekasse gezahlt (Sachsen: 2,025 % AN, 1,025 % AG).
  Kinderlose Versicherte zahlen einen Zuschlag von 0,25 %. Diese Mehrbelastung trägt der Arbeitnehmer allein.
  Es gilt die Beitragsbemessungsgrenze der gesetzlichen Krankenversicherung.

Die **Beitragsbemessungsgrenze** bezeichnet den Betrag, bis zu dem Beiträge zur Sozialversicherung maximal erhoben werden. Bruttoeinkommen, die darüber liegen, müssen nur bis zu dieser Grenze Beiträge zahlen.

- **Leistungen:** Folgende Pflegeleistungen werden angeboten:

Vollstationäre Leistungen	Wenn ein Pflegebedürftiger auf Dauer in einem Pflegeheim oder einer speziellen Einrichtung gepflegt wird, zahlt die Kasse bis zu 2005 € (Pflegegrad 5).
Pflegesachleistung	Von Pflegesachleistung spricht man, wenn ein Pflegebedürftiger zu Hause durch einen ambulanten Pflegedienst gepflegt wird.
Pflegegeld	Pflegegeld erhält man, wenn ehrenamtliche Pfleger die häusliche Pflege übernehmen. Das können zum Beispiel Familienangehörige oder Nachbarn sein.
Kombination von Sachleistung und Pflegegeld	Nimmt der Pflegebedürftige die ihm zustehende Sachleistung nur teilweise in Anspruch, erhält er daneben ein anteiliges Pflegegeld. Mit dem Anteil aus dem Pflegegeld kann er zum Beispiel einen Angehörigen für dessen Hilfe bezahlen.

Es werden **fünf Pflegegrade** unterschieden:

Pflegegrad 1: geringe Beeinträchtigung der Selbständigkeit oder der Fähigkeiten

Pflegegrad 2: erhebliche Beeinträchtigungen der Selbständigkeit oder der Fähigkeiten

Pflegegrad 3: schwere Beeinträchtigungen der Selbständigkeit oder der Fähigkeiten

Pflegegrad 4: schwerste Beeinträchtigungen der Selbständigkeit oder der Fähigkeiten

Pflegegrad 5: schwerste Beeinträchtigungen der Selbständigkeit oder der Fähigkeiten mit besonderen Anforderungen an die pflegerische Versorgung

AUFGABEN

1. Nennen Sie die Ziele, die die Pflegeversicherung verfolgt, und benennen Sie, wer eine Pflegeversicherung abschließen muss.
2. Erläutern Sie den Begriff „Subsidiaritätsprinzip“ in eigenen Worten.

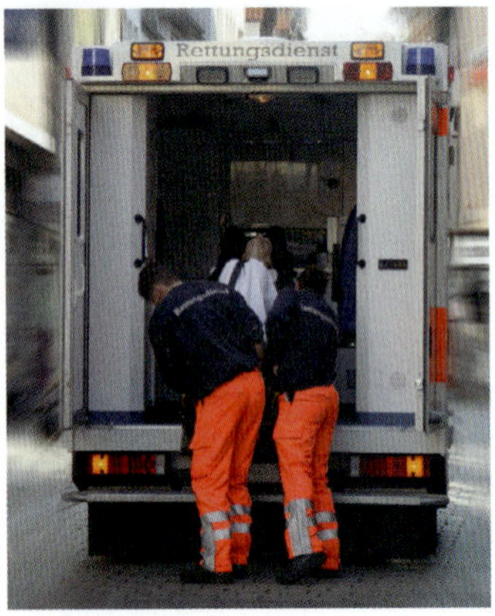

Rettungsdiensteinsatz

HINWEIS
Als Versicherungsnachweis dient die Versicherungskarte. Die Krankenhäuser und Ärzte rechnen mithilfe dieser Karte direkt mit den Krankenversicherungen ab. Die Versicherten erhalten keine Rechnungen.

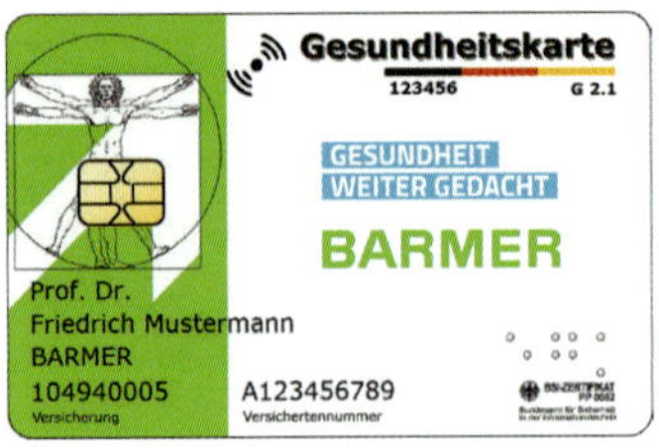

Die **Versicherungspflichtgrenze** bezeichnet das Höchsteinkommen, bis zu dem eine Versicherungspflicht in der gesetzlichen Krankenversicherung besteht. Personen, deren Bruttoeinkommen mehrere Jahre über dieser Grenze liegt, können in die private Krankenversicherung wechseln.

Gesetzliche Krankenversicherung	
Beitragssatz	14,6% (AG = 7,3%; AN = 7,3%)
	nur AN
Beitragsbemessungsgrenze	4 687,50 €/Monat
Versicherungspflichtgrenze	5 212,50 €/Monat

(Stand: 2020)

1.6.3 Krankenversicherung

Blickpunkt: *Frau Thalbach ist auf dem Rückweg vom Einkaufen allzu hastig über die Straße gelaufen. Obwohl der Fahrer sofort voll gebremst hatte, wurde sie von seinem Wagen erfasst und erlitt schwere Beinverletzungen. Mindestens 4 Monate wird Frau Thalbach nicht richtig gehen können. Ein schwerer Schlag für sie und ihren Ehemann. Wer soll die zwei kleinen Kinder betreuen, wer den Haushalt versorgen? Erhält ihr Mann solange Sonderurlaub? Sicherlich nicht. Zum Glück weiß die Beraterin der Krankenkasse Rat.*

- **Aufgaben:** Die gesetzliche Krankenversicherung (GKV) sichert Arbeitnehmerinnen und Arbeitnehmer sowie deren Familien im Krankheitsfall, bei Mutterschaft oder Tod ab.
  Ausgenommen sind Leistungen als Folge von Arbeitsunfällen oder Berufskrankheiten. Hier hilft die Unfallversicherung (siehe Abschnitt 1.6.6).

- **Mitglieder:** In Deutschland sind rund 90% der Bevölkerung in einer der gesetzlichen Krankenkassen versichert. Pflichtmitglieder der gesetzlichen Krankenversicherung sind
  - Auszubildende,
  - Arbeitnehmer,
  - Rentner,
  - Arbeitslose,
  - Studenten,
  - Heimarbeiter und auch
  - Landwirte.

  Die Familienangehörigen der Versicherten sind kostenfrei mitversichert, wenn ihr Einkommen gewisse Grenzen nicht übersteigt.

  Arbeiter und Angestellte sind nur dann in der gesetzlichen Krankenversicherung pflichtversichert, wenn ihr Einkommen unterhalb der staatlich festgelegten Versicherungspflichtgrenze liegt.

- **Träger:** Die Träger der gesetzlichen Krankenversicherung sind die Krankenkassen. Seit einigen Jahren kann die Krankenkasse frei gewählt und unter bestimmten Bedingungen auch gewechselt werden.

- **Finanzierung:** Die Beitragshöhe ist abhängig von der Höhe des Bruttoeinkommens und somit von der Leistungsfähigkeit des Versicherten. Sie beträgt zurzeit 14,6% des Bruttolohns (Stand 2020). Dabei zahlen Arbeitgeber und Arbeitnehmer je 7,3% (wird auf der Lohnabrechnung ausgewiesen).

  Über die allgemeinen Beitragszahlungen hinaus können die Krankenkassen individuelle Zusatzbeiträge von den Versicherten verlangen.

- **Leistungen:**

Leistungen der Krankenkassen	
Früherkennung und Vorsorge	Förderung der Gesundheit und Maßnahmen zur Früherkennung von Krankheiten. Vorsorgeuntersuchungen für ▪ Kinder bis zum 6. Lebensjahr ▪ Männer ab dem 45. Lebensjahr ▪ Frauen ab dem 20. Lebensjahr ▪ Gesundheitscheck alle 2 Jahre ab dem 35. Lebensjahr
Krankenhilfe	wird geleistet bei zeitweiliger Arbeitsunfähigkeit ▪ Krankenhauspflege ▪ Krankenpflege duch den Hausarzt, Arzneien ▪ häusliche Krankenpflege ▪ Krankengeld (Lohnfortzahlung im Krankheitsfall)
Mutterschaftshilfe	wird geleistet bei einer Schwangerschaft und bei Geburt der Kinder ▪ Entbindung und 6 Tage Betreuung nach der Entbindung ▪ Hebammenhilfe, ärztliche Hilfe, Arzneien ▪ Mutterschaftsgeld 6 Wochen vor und bis zu 8 Wochen nach der Geburt
Familienhilfe	erhalten Ehegatte und Kinder des Versicherten, falls sie selbst nicht versichert sind

TIPP
Diese Broschüre erhalten Sie beim Publikationsversand der Bundesregierung
Postfach 48 10 09
18132 Rostock
oder unter **www.bundesgesundheitsministerium.de/publikationen** im Publikationsverzeichnis zum Downloaden.

Probleme der gesetzlichen Krankenversicherung

Gesundheit muss für jeden bezahlbar bleiben. Außerdem sollten alle den gleichen Anspruch auf eine gute medizinische Versorgung haben. Aus diesem Grund basiert die gesetzliche Krankenversicherung auf einem solidarischen Prinzip (Solidarprinzip), bei dem ein Ausgleich zwischen Gesunden und Kranken, Jungen und Alten, gut und schlechter Verdienenden, Ledigen und Familien erfolgt.

Das **Solidarprinzip** verkörpert den Grundgedanken der Sozialpolitik. Da sich die Höhe der Beiträge nach der individuellen Leistungsfähigkeit richtet, wird sichergestellt, dass Besserverdienende für wirtschaftlich schlechter gestellte Mitglieder aufkommen. So erhält jeder Versicherte unabhängig von Einkommen oder Krankheitsrisiko die gleichen Leistungen.

Problematisch ist allerdings die Finanzierung dieses Systems. So haben die steigenden Kosten im Gesundheitswesen in den letzten Jahren zu immer höheren Beiträgen der gesetzlichen Krankenkassen geführt (siehe hierzu auch Abschnitt 6.3.5).

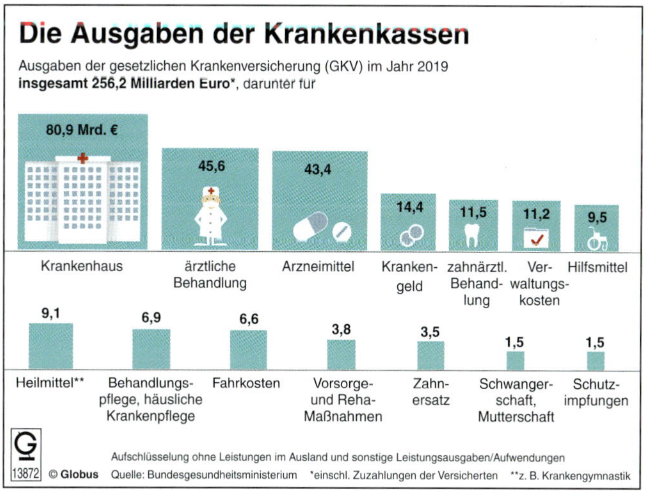

AUFGABEN

1. Listen Sie auf, mit welchen Leistungen die Krankenkasse Frau Thalbach und ihre Familie unterstützen kann.
2. Die Pflicht, sich in einer Krankenkasse versichern zu müssen, ist auf den ersten Blick nicht einsehbar. Erarbeiten Sie in Arbeitsgruppen Pro- und Kontra-Argumente zum Thema Versicherungspflicht.
3. Nennen Sie die Träger der gesetzlichen Krankenversicherung und listen Sie auf, in welchen Krankenversicherungen Sie und Ihre Mitschülerinnen und Mitschüler jeweils versichert sind.

1.6.4 Arbeitsförderung und Arbeitslosenversicherung

Blickpunkt: *Miriam ist arbeitslos. Seit einem Jahr erhält sie auf ihre Bewerbungen nur Absagen. Eigentlich hatte ihr Berufsweg gut begonnen. Nach Hauptschulabschluss und Ausbildung zur Industriemechanikerin fand sie eine Stelle in einem Metall verarbeitenden Betrieb. Vier Jahre hatte sie gutes Geld verdient. Dann wurde die Niederlassung geschlossen. Ein Schock für Miriam. Sie wandte sich an die Arbeitsagentur. Offene Stellen gibt es zurzeit kaum, aber die Beraterin sieht doch einige Möglichkeiten, etwas zu tun.*

Beratungsgespräch in einer Arbeitsagentur

- **Aufgaben:** Wichtigste Aufgabe ist die finanzielle Absicherung erwerbsloser Personen bei Arbeitslosigkeit. Darüber hinaus erfüllt die Bundesagentur für Arbeit eine Vielzahl weiterer Aufgaben (siehe Leistungen).

- **Mitglieder:** Die gesetzliche Arbeitslosenversicherung ist eine Pflichtversicherung für alle Beschäftigten und Auszubildenden. Versicherungsträger ist die Bundesagentur für Arbeit. Ihr Hauptsitz befindet sich in Nürnberg. In jedem Bundesland gibt es Landesarbeitsagenturen und die Arbeitsagenturen vor Ort.

- **Finanzierung:** Der Pflichtbeitrag beträgt zurzeit 2,4 % vom Bruttolohn (Stand 2020). Dabei teilen sich Arbeitgeber und Arbeitnehmer die Kosten je zur Hälfte. Sollten bei einer sehr hohen Zahl an Arbeitslosen die Beiträge nicht ausreichen, vergibt die Bundesregierung Zuschüsse an die Arbeitsagentur.

- **Leistungen:** Die Leistungen sind sehr vielfältig. Sie können in drei große Bereiche unterteilt werden, was gleichzeitig die umfangreiche Arbeit der Bundesagentur für Arbeit widerspiegelt:

HINWEIS
Umfangreiche Informationen zum Thema Arbeitsförderung und Arbeitslosigkeit erhalten Sie unter:
www.arbeitsagentur.de
Bundesagentur für Arbeit

1. Leistungen bei Arbeitslosigkeit

a) **Arbeitslosengeld I** erhalten Arbeitslose, die
- sich persönlich arbeitslos gemeldet haben,
- der Arbeitslosenvermittlung zur Verfügung stehen,
- die Anwartschaft erfüllen – d. h. in der der Arbeitslosigkeit vorangegangenen Rahmenfrist von zwei Jahren mindestens 360 Tage beitragspflichtig gearbeitet haben, also Beiträge zur Arbeitslosenversicherung bezahlt haben.

Das Arbeitslosengeld I beträgt 67 % des letzten Nettoverdienstes bei mindestens einem Kind und maximal 60 % bei kinderlosen Arbeitslosen.

b) **Arbeitslosengeld II** erhalten erwerbsfähige Personen im Alter von 15 bis 65 Jahren, die vorübergehend keine Erwerbstätigkeit ausüben, keinen Anspruch auf Arbeitslosengeld I haben und sich nicht aus eigenen Kräften und Mitteln helfen können (siehe auch Abschnitt 6.3.3).

In der **Corona-Krise** gingen tausende Arbeitnehmer und Arbeitnehmerinnen in die Kurzarbeit und erhielten Kurzarbeitergeld. Für die Unternehmen war dies ein wichtiger Baustein zur Existenzsicherung. Auch konnte so das oftmals hoch qualifizierte Stammpersonal gehalten werden.
Zum Vergleich: In den USA ist eine sofortige Kündigung möglich und üblich, die Arbeitslosenzahlen stiegen in der Krise sofort dramatisch an.

2. Leistungen zur Sicherung von Arbeitsplätzen

- **Maßnahmen zur Arbeitsbeschaffung** sind z. B. Zuschüsse für Dauerarbeitsplätze oder zum Lohn älterer Arbeitnehmer.
- **Insolvenzgeld** wird gezahlt, wenn der Arbeitgeber zahlungsunfähig ist und der Arbeitnehmer den ihm zustehenden Lohn nicht erhalten hat.

- **Saison-Kurzarbeitergeld** ist eine Lohnersatzleistung mit dem Ziel, die ganzjährige Beschäftigung in der Bauwirtschaft und in anderen Wirtschaftszweigen zu fördern.
- **Kurzarbeitergeld** zahlt die Arbeitsagentur, wenn Betriebe aus wirtschaftlichen Gründen die Arbeitszeit vorübergehend verringern und Kurzarbeit anmelden.

3. Leistungen der Arbeitsförderung

- **Vermittlung von Arbeits- und Ausbildungsstellen** für Arbeit suchende Arbeitnehmer und Auszubildende.
- **Förderung der beruflichen Bildung** für die Ausbildung in Betrieben oder in überbetrieblichen Einrichtungen, für Fortbildung und Umschulung.
- **Gründungszuschuss** bei Aufnahme einer selbstständigen Tätigkeit.
- **Berufsberatung** für Jugendliche und Arbeitnehmer, die sich über Berufsausbildung und Weiterbildung informieren wollen.
- **Mobilitätshilfen** in Form von Zuschüssen für die Fahrtkosten zu weiter entfernten Arbeitsstätten, für die Kosten einer aus beruflichen Gründen getrennten Haushaltsführung oder für die Kosten eines Umzugs bei einem arbeitsbedingten Ortswechsel.

Auch private Arbeitsvermittler können Arbeitsuchende vermitteln. Sie benötigen dazu eine Genehmigung der Bundesagentur für Arbeit.

Sozialgesetzbuch II (SGB 2)
§ 19 Abs. 1 (Arbeitslosengeld II /Sozialgeld)
Erwerbsfähige Leistungsberechtigte erhalten Arbeitslosengeld II. Nichterwerbsfähige Leistungsberechtigte, die mit erwerbsfähigen Leistungsberechtigten in einer Bedarfsgemeinschaft leben, erhalten Sozialgeld (...). Die Leistungen umfassen den Regelbedarf, Mehrbedarfe und den Bedarf für Unterkunft und Heizung.

Zeittafel:

1927: Einführung der Arbeitslosenversicherung

1969: Arbeitsförderungsgesetz erweitert die Aufgaben der Arbeitsagentur

1998: Einordnung des Arbeitsförderungsrechts als Drittes Buch in das Sozialgesetzbuch, SGB III

Wie wichtig Förderungsmaßnahmen sind, darauf deutet das Schaubild (rechts) hin. Denn durch eine zielgerichtete Qualifizierung könnten noch mehr Menschen in Arbeit gebracht werden. Der Bedarf an Fachkräften, Spezialisten und Experten ist nicht gedeckt.

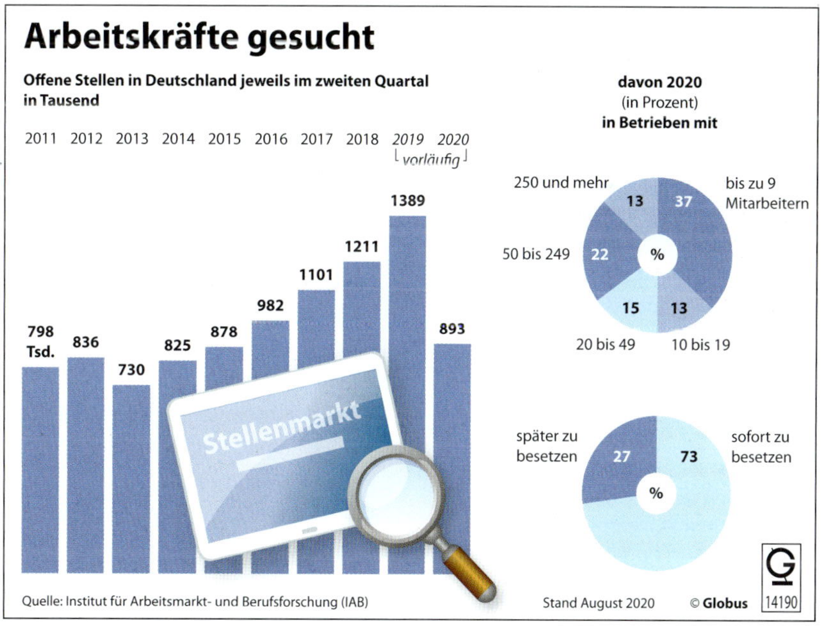

AUFGABEN

1. Listen Sie auf, welche Hilfen und Leistungen die Beraterin der Arbeitsagentur Miriam anbieten kann.
2. Im Bereich der Sozialleistungen hat sich im Hinblick auf das Arbeitslosengeld II viel geändert. Informieren Sie sich auch im zweiten Teil von Abschnitt 6.2.3 und tragen Sie alle Informationen zum Arbeitslosengeld II in einer Übersicht zusammen.

Blickpunkt: *Herr Kronauer hatte eigentlich nicht vor, mit 57 bereits Rentner zu werden. Ein Herzinfarkt konfrontierte ihn jedoch mit diesem Gedanken. Nach dem Krankenhausaufenthalt ließ er sich durch die Rentenversicherung beraten. Nun wird er in einer Kurklinik in Husum behandelt. Hier soll er sich erholen, um wieder arbeiten zu können. „Rehabilitation geht vor Rente", hatte die Beraterin gesagt. Herr Kronauer war zufrieden damit. Zum „alten Eisen" wollte er noch nicht gehören.*

Unter **Rehabilitation** versteht man Maßnahmen und Leistungen zur Wiedereingliederung eines Kranken in das berufliche und gesellschaftliche Leben.

Der Begriff **Generationenvertrag** bezieht sich auf den ideellen Vertrag zwischen denjenigen, die in die Rentenversicherung einzahlen und denjenigen, die von ihren Leistungen profitieren. Auf diese Weise unterstützt die zurzeit arbeitende Generation die Generation, die nicht mehr im Erwerbsleben steht, also die Rentner. Dabei soll die derzeitig zahlende Generation die Sicherheit haben, später in gleicher Weise Leistungen zu erhalten.

1.6.5 Rentenversicherung

Die soziale Sicherheit in Deutschland ist untrennbar mit der Rentenversicherung verbunden. Sie sorgt dafür, dass der Einzelne und die Familie bei Erwerbsminderung, Alter oder Tod finanziell gut versorgt werden.

- **Aufgaben:** Zu den Aufgaben der Rentenversicherung gehören die Zahlung der Altersrente und Leistungen zur Rehabilitation jüngerer Versicherungsmitglieder.

- **Mitglieder:** Arbeitnehmer und Auszubildende sind in der Rentenversicherung pflichtversichert, ebenso Wehr- und Zivildienstleistende sowie Menschen mit Behinderungen, die in anerkannten Werkstätten tätig sind.

  Auch arbeitnehmerähnliche Selbstständige sind versicherungspflichtig. Das sind Selbstständige, die keinen Arbeitnehmer beschäftigen und im Wesentlichen nur für einen Auftraggeber arbeiten.

  Selbstständige, wie z. B. Ärzte, Rechtsanwälte, Apotheker und Handwerker, können sich freiwillig versichern lassen.

- **Finanzierung:** Die Beiträge zur Rentenversicherung betragen 18,6 % vom Bruttolohn (Stand 2020) und werden je zur Hälfte von Arbeitnehmer und Arbeitgeber getragen.
  Bei geringem Einkommen übernimmt der Arbeitgeber den Beitrag alleine.
  Die Beiträge werden nur bis zu einer Beitragsbemessungsgrenze berechnet. Sie beträgt monatlich 6 900 Euro (West) bzw. 6 450 Euro (Ost). Auch ein Arbeitnehmer, der mehr verdient, zahlt nur Beiträge bis zu dieser Grenze.

- **Leistungen:**

  I. Rehabilitation geht vor Rente
  Dieser Grundsatz ist ausdrücklich in der Rentengesetzgebung verankert. Die Träger der Rentenversicherung prüfen jeden Rentenantrag darauf, ob Rehabilitationsmaßnahmen die frühzeitige Rentenleistung vermeiden können.
  Dabei werden zwei Arten der Rehabilitation unterschieden:
  - medizinische Rehabilitation: ärztliche Behandlung, Arzneimittel, Krankengymnastik, Kuraufenthalte.
  - berufsfördernde Rehabilitation: Wiedereingliederung in den Beruf durch Umschulung und Fortbildung, aber auch durch Eingliederungshilfen an den neuen Arbeitgeber.

  II. Rentenzahlungen an die Versicherten
  Im Jahr 2007 beschloss der Deutsche Bundestag eine schrittweise Erhöhung des Eintrittsalters für die Regelaltersrente von 65 auf 67 Jahre.
  Einen Anspruch auf Rentenzahlungen hat nur, wer vorher mehrere Jahre Beiträge gezahlt und einige weitere Bedingungen erfüllt hat.
  - Normale Altersrente: bei Vollendung des 65. bzw. des 67. Lebensjahres (s. folgende Seite) und einer Mindestversicherungszeit von 5 Jahren.
  - Altersrente für langjährig Versicherte: bei Vollendung des 63. Lebensjahres und einer Mindestversicherungszeit von 35 Jahren.

- Altersrente für Berufs- und Erwerbsunfähige: bei vollendetem 60. Lebensjahr und einer Mindestversicherungszeit von 35 Jahren – allerdings nur dann, wenn die Berufs- oder Erwerbsunfähigkeit bescheinigt wird.
- Altersrente bei Arbeitslosigkeit: vor 1952 geboren, bei vollendetem 60. Lebensjahr und einer Mindestversicherungszeit von 15 Jahren.
- Hinterbliebenenrente: an den überlebenden Ehepartner des verstorbenen Versicherten.
  Waisenrente wird an die Kinder des verstorbenen Versicherten bis zum vollendeten 18. Lebensjahr gezahlt. Bei Schul- und Berufsausbildungszeit ist eine Zahlung bis zum 27. Lebensjahr möglich, die sich durch die Ableistung von Wehr- oder Zivildienst entsprechend verlängert.

Durchschnittliche Lebenserwartung bei Geburt in Jahren:

Jahrgang	Männer	Frauen
1910/11	47,4	50,7
1949/51	64,6	68,5
1993/95	73,9	79,5
2009/11	77,7	82,7
2018/20	79,1	84,1

Quelle: Destatis

Rente mit 67

Die Anhebung des Renteneintrittsalters auf 67 Lebensjahre wurde im Jahr 2007 von der Mehrheit des Deutschen Bundestages beschlossen. Damit wird die Regelaltersgrenze bis 2029 stufenweise auf 67 Jahre angehoben.

2012 hat sich die Regelaltersgrenze für den Geburtsjahrgang 1947 um einen Monat erhöht. Für die Folgejahrgänge erhöht sie sich in jedem weiteren Jahr um einen weiteren Monat, sodass der Jahrgang 1958 im Jahr 2024 eine Rente mit dem 66. Lebensjahr erwarten kann. Für die nachfolgenden Jahrgänge soll die Anhebung der Altersgrenze auf jeweils zwei Monate pro Jahr beschleunigt werden.

Damit würde der Jahrgang 1964 der erste Jahrgang sein, der erst mit einer Regelaltersgrenze von 67 Lebensjahren die Rente erhält – und zwar im Jahr 2031 (siehe Schaubild).

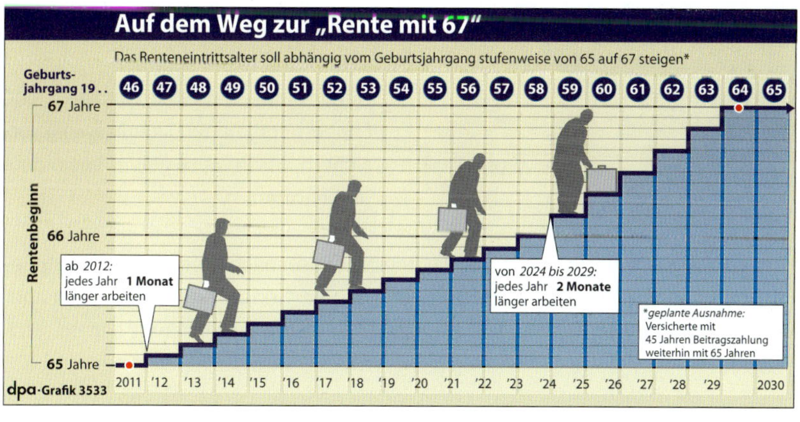

Probleme der Rentenversicherung

Früher war der Ruhestand eine vergleichsweise kurze Spanne im Leben der Arbeitnehmer. Auf vierzig oder fünfzig Jahre Arbeit folgten im Jahr 1960 durchschnittlich zehn Rentenjahre. Seitdem ist die Lebenserwartung deutlich gestiegen (siehe Tabelle oben), und die Arbeitnehmer sind verhältnismäßig immer früher „in Rente" gegangen. So erhalten die Rentner heutzutage deutlich länger Rentenzahlungen als die Generationen vor ihnen: Männer durchschnittlich ca. 17 Jahre lang, Frauen sogar ca. 21,5 Jahre lang.
Die Rentenbezugsdauer verursacht erhebliche finanzielle Probleme für die Rentenversicherung. Die heutigen Beitragszahler müssen für mehr Rentner aufkommen als früher, und für diese Rentner länger sorgen. Folge: Die Balance zwischen Ausgaben und Einnahmen ist nicht länger gegeben – es knirscht im System (vergleiche auch Abschnitt 6.3.4).

AUFGABEN

1. Listen Sie auf, welche Leistungen Herr Kronauer (siehe Blickpunkt) aus der Rentenversicherung erhält.
2. Erläutern Sie den Grundsatz „Rehabilitation vor Rente“ am Beispiel von Herrn Kronauer.
3. Nennen Sie die Probleme, die heutzutage die Rentenbezugsdauer mit sich führt. Beziehen Sie in Ihre Ausführungen auch Abschnitt 6.3.4 mit ein.

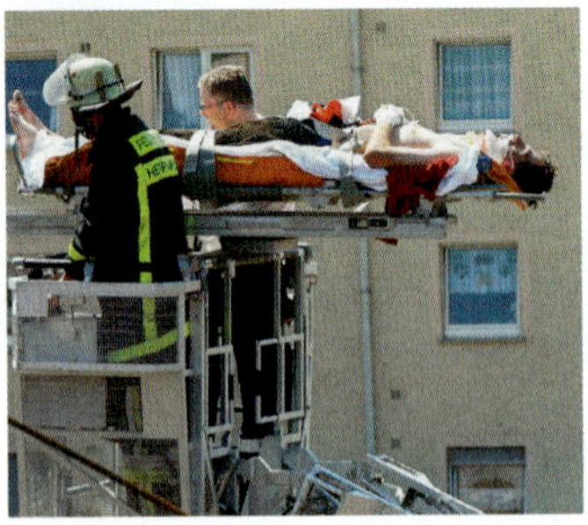

Rettungseinsatz

1.6.6 Unfallversicherung

Blickpunkt: *Benjamin arbeitet seit zwei Jahren als Anlagenmechaniker. Gestern hatte einer seiner Kollegen im Betrieb einen schweren Arbeitsunfall. Verunsichert überlegt Benjamin nun, wie es ihm wohl erginge, wenn ihm so etwas passieren würde. Irgendwie ist ihm zwar klar, dass er versichert ist. Aber wie genau und was er an Hilfen im Ernstfall zu erwarten hätte, weiß er nicht.*

- **Aufgaben:** Wichtigste Aufgabe der gesetzlichen Unfallversicherung ist die Verhütung von Arbeitsunfällen und Berufskrankheiten. Falls trotzdem ein Arbeitsunfall passiert, soll dem Betroffenen und eventuell auch seiner Familie finanziell und materiell geholfen werden. Vorrangiges Ziel dabei ist es, die Erwerbsfähigkeit wiederherzustellen.

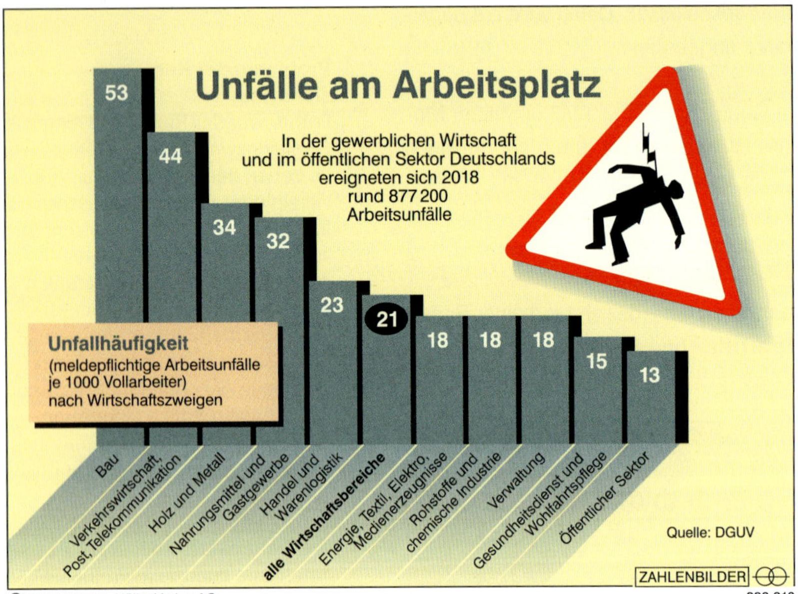

- **Mitglieder:** Auszubildende und Arbeitnehmerinnen bzw. Arbeitnehmer sind kraft Gesetzes unfallversichert. Es gibt hier keine Beitragsbemessungsgrenzen oder die Möglichkeit, sich von der gesetzlichen Unfallversicherung befreien zu lassen.
  Durch die gesetzliche Unfallversicherung geschützt sind weiterhin:
  - Kinder in Kindergärten,
  - Schüler und Studenten,
  - Landwirte,
  - Helfer bei Unglücksfällen,
  - Zivil- und Katastrophenschutzhelfer,
  - Blut- und Organspender.

  Unternehmer, Selbstständige und Freiberufler können sich freiwillig versichern, für Beamte gelten besondere Vorschriften.

SCHWERVERLETZTER DURCH ARBEITSUNFALL

Nordhausen. Auf der Baustelle des Einkaufszentrums trennte sich ein 20-jähriger Geselle durch die nicht-sachgemäße Handhabung einer Kreissäge zwei Finger der linken Hand ab. Seine Kollegen leisteten Erste Hilfe, bis der Krankenwagen eintraf.

- **Träger:** Versicherungsträger sind die Berufsgenossenschaften. Sie sind nach Gewerbe- und Berufszweigen organisiert: z. B. See-Berufsgenossenschaft, Landwirtschaftliche Berufsgenossenschaft oder Berufsgenossenschaft der Bauwirtschaft.

- **Finanzierung:** Die Beiträge zur Unfallversicherung werden zu 100 % von den Arbeitgebern gezahlt. Die Höhe der Beiträge richtet sich nach
  - der Gefahrenklasse, in die ein Betrieb eingestuft wird (Risikofaktor in %), und
  - der Höhe der jährlichen Lohn- und Gehaltszahlungen des Betriebs.

- **Leistungen:** Wichtigste Aufgabe der Berufsgenossenschaften ist die Unfallverhütung. Grundsätzlich gilt bei allen Leistungen, dass die Schuldfrage keine Rolle spielt. Die gesetzliche Unfallversicherung erbringt ihre Leistungen in jedem Fall. Sie tritt ein bei Arbeitsunfällen, Unfällen auf dem Weg zur und von der Arbeit (auch bei Fahrgemeinschaften), Berufskrankheiten und allen Schulunfällen.

I. Unfallverhütung

- **Vorschriften für Sicherheit und Gesundheitsschutz:**
  In den Betrieben werden Unfallverhütungsvorschriften erlassen. Ihre Einhaltung wird von Mitarbeitern der Berufsgenossenschaften kontrolliert. Diese können bei Verstößen Strafen erlassen oder im Bedarfsfall Betriebe sogar stilllegen (siehe auch Abschnitt 1.3.6).
- **Unfallforschung:**
  Die Bundesanstalt für Arbeitsschutz und Arbeitsmedizin erforscht Unfallursachen, Möglichkeiten zur Unfallverhütung und die effektive Vermeidung von Berufskrankheiten.

II. Beseitigung von Unfallschäden und Berufskrankheiten

- **Heilbehandlung:** Sie umfasst die ärztliche Betreuung, Arzneimittel, Krankenhausaufenthalte, Kuren und die eventuelle Hauspflege nach einem Unfall.
- **Berufshilfe:** Kann durch Unfall oder Berufskrankheit der alte Beruf nicht mehr ausgeübt werden, werden die Kosten für die Eingliederung in einen neuen Tätigkeitsbereich bezahlt.
- **Verletztengeld:** Es wird nach dem Ende der Lohnfortzahlung gezahlt und beträgt ungefähr 80 % des Bruttogehalts, jedoch nur bis zur Höhe des Nettolohns. Die Leistungsdauer beträgt maximal 78 Wochen.
- **Verletztenrente:** Sie wird gezahlt, wenn die Erwerbsunfähigkeit dauerhaft bleibt.
- **Sterbegeld:** Es wird gezahlt, wenn infolge eines Arbeitsunfalls oder einer Berufskrankheit der Tod eintritt.
- **Hinterbliebenenrente:** Sie wird nach einem Berufsunfalltod gezahlt, ist aber niedriger als in der Rentenversicherung.

7 Geschlecht ☐ männlich ☐ weiblich | 8 Staatsangehörigkeit | 9 Leiharbeitnehmer ☐ ja ☐ nein

10 Auszubildender ☐ ja ☐ nein | 11 Ist der Versicherte ☐ Unternehmer ☐ mit dem Unternehmer verwandt ☐ Ehegatte des Unternehmers ☐ Gesellschafter/Geschäftsführer

12 Anspruch auf Entgeltfortzahlung besteht für ☐ Wochen | 13 Krankenkasse des Versicherten (Name, PLZ, Ort)

14 Tödlicher Unfall? ☐ ja ☐ nein | 15 Unfallzeitpunkt Tag Monat Jahr Stunde Minute | 16 Unfallort (genaue Orts- und Straßenangabe mit PLZ)

17 Ausführliche Schilderung des Unfallhergangs (Verlauf, Bezeichnung des Betriebsteils, ggf. Beteiligung von Maschinen, Anlagen, Gefahrstoffen)

Die Angaben beruhen auf der Schilderung ☐ des Versicherten ☐ anderer Personen

18 Verletzte Körperteile | 19 Art der Verletzung

20 Wer hat von dem Unfall zuerst Kenntnis genommen? (Name, Anschrift des Zeugen) | War diese Person Augenzeuge? ☐ ja ☐ nein

21 Name und Anschrift des erstbehandelnden Arztes/Krankenhauses | 22 Beginn und Ende der Arbeitszeit des Versicherten: Beginn Stunde Minute, Ende Stunde Minute

23 Zum Unfallzeitpunkt beschäftigt/tätig als | 24 Seit wann bei dieser Tätigkeit? Monat Jahr

25 In welchem Teil des Unternehmens ist der Versicherte ständig tätig?

26 Hat der Versicherte die Arbeit eingestellt? ☐ nein ☐ sofort später, am Tag Monat Stunde

Berufskrankheiten müssen in einer Verordnung der Bundesregierung ausdrücklich als solche ausgewiesen werden. Diese Verordnung regelt sehr genau, was als Berufskrankheit gilt und welche Krankheiten als Berufskrankheiten anerkannt sind.
Asbestlunge, Staublunge, bestimmte Hautkrankheiten, und Silikose sind z. B. eindeutige Berufskrankheiten. Wirbelsäulenerkrankungen werden hingegen häufig nicht anerkannt.

Gesetze:
- Sozialgesetzbuch VII (SGB VII)
- Berufskrankheiten-Verordnung
- Fremdrenten- und Auslandsrentengesetz

HINWEIS
Bei einem Arbeitsunfall muss vom Arbeitgeber innerhalb von drei Tagen eine Unfallanzeige ausgefüllt werden (Ausschnitt einer Unfallanzeige, siehe nebenstehende Abbildung).

AUFGABEN

1. Erläutern Sie, wie Benjamin geholfen würde, wenn er durch einen Arbeitsunfall fünf Monate krank wäre und seinen Beruf als Anlagenmechaniker nicht mehr ausüben könnte.
2. Nennen Sie die Berufsgenossenschaft die für Ihren Berufszweig zuständig ist.
3. Listen Sie fünf Vorschriften und Sicherheitseinrichtungen auf, die die Berufsgenossenschaft in Ihrem Betrieb vorschreibt und überprüft.

Was Sie wissen sollten ...

Die folgenden Begriffe zum Thema **Angekommen in der Arbeitswelt** sollten Sie erläutern können:

Wichtige Begriffe	Sie können mitreden, wenn ...
EINSTIEG IN DIE BERUFS- UND ARBEITSWELT – AUSBILDUNG IN SCHULE UND BETRIEB	
Sozialisation, Qualifikation, Schlüsselqualifikationen	▪ Sie Begriffe wie berufliche Sozialisation, berufliche Qualifikation oder Schlüsselqualifikation erläutern können.
Berufsausbildung, duales System	▪ Sie erklären können, welche Stellung das duale System in der Berufsausbildung innehat.
BS, BVJ, BFS, BGJ, FOS, FS, TG...	▪ Sie die unterschiedlichen Schulformen/Schularten (und deren Abkürzungen) des beruflichen Schulwesens kennen.
Berufsbildungsgesetz (BBiG), Handwerksordnung (HWO), Lehrpläne, Ausbildungsordnung	▪ Sie wissen, was in einem Berufsausbildungsvertrag stehen muss, und erläutern können, was im BBiG geregelt wird. ▪ Sie erläutern können, in welchem Umfang die HWO, die Ausbildungsordnung und die Lehrpläne festlegen, wie in einem Beruf ausgebildet wird.
Fort- und Weiterbildung	▪ Sie einen Überblick über die Aufstiegsmöglichkeiten in Ihrem Berufsfeld haben.
BETRIEB UND GESELLSCHAFT	
Arten von Betrieben, Unternehmensformen	▪ Sie die unterschiedlichen Rechtsformen der Unternehmen unterscheiden und erklären können.
betriebliche Ziele, wirtschaftliche Kennzahlen	▪ Sie erläutern können, was man unter betrieblichen Zielen und wirtschaftlichen Kennzahlen versteht. ▪ Sie die beiden Begriffe Minimalprinzip und Maximalprinzip unterscheiden können.
Produktivität, Wirtschaftlichkeit, Rentabilität	▪ Sie erklären können, warum Produktivität, Wirtschaftlichkeit und Rentabilität wichtige Begriffe bei der Bewertung eines Unternehmens sind.
DGB, Einzelgewerkschaften, Arbeitgeberverbände	▪ Sie die Organisationen der Arbeitnehmer und Arbeitgeber benennen können. ▪ Sie wissen, was der DGB ist, und einzelne Gewerkschaften kennen, insbesondere jene, die für Ihren Berufszweig von Bedeutung ist.
BetrVG, Mitwirkung, Mitbestimmung	▪ Sie den Unterschied zwischen Mitbestimmung und Mitwirkung darstellen können und wissen, was die Abkürzung BetrVG bedeutet.
Betriebsrat, Aufsichtsrat, Jugendvertretung	▪ Sie die Aufgaben von Betriebsräten, Aufsichtsräten und Jugendvertretern erläutern können.
Arbeitsschutz, ArbStättV, Unfallverhütungsvorschriften	▪ Sie wichtige Verordnungen im Arbeitsschutz kennen und die Unterscheidung zwischen sozialem und technischem Arbeitsschutz erklären können.
Jugendarbeitsschutzgesetz	▪ Sie wichtige Regelungen des Jugendarbeitsschutzgesetzes kennen.
Arbeitsvertrag, Lohn- und Gehaltsabrechnung	▪ Sie wissen, was ein ordentlicher Arbeitsvertrag enthalten muss, und Sie Ihre Lohn- und Gehaltsabrechnung kontrollieren können.
REGELUNGEN IN DER ARBEITSWELT	
Koalitionsfreiheit, Tarifautonomie, Tarifvertragsparteien, Rahmentarifvertrag, Manteltarifvertrag, Vergütungstarifvertrag, Flächentarifvertrag, spezielle Tarifverträge	▪ Sie den Sinn der Koalitionsfreiheit erklären können. ▪ Sie darstellen können, warum die Tarifautonomie für die Tarifvertragsparteien so wichtig ist. ▪ Sie zwischen Rahmentarif-, Manteltarif-, Vergütungstarif-, Flächentarif- und speziellen Tarifverträgen unterscheiden können. ▪ Sie wissen, was in den verschiedenen Tarifvertragsarten geregelt ist, und dazu Beispiele aus Ihrem Berufszweig nennen können.
Streik, Aussperrung, Urabstimmung, Friedenspflicht	▪ Sie den Ablauf von Tarifverhandlungen beschreiben und die wichtigsten Begriffe in diesem Zusammenhang erklären können.
SOZIALE SICHERUNG	
Sozialstaat, Subsidiarität, Solidargemeinschaft	▪ Sie die Grundidee des Sozialstaats beschreiben und den schwierigen Begriff der Subsidiarität erläutern können.
gesetzliche Sozialversicherungen, GKV, GUV, GRV, ALV, PV	▪ Sie die fünf gesetzlichen Sozialversicherungen benennen können, die ungefähren Beitragshöhen kennen und wissen, wer die Beiträge bezahlt. ▪ Sie die Leistungen der jeweiligen Sozialversicherung beschreiben können.

2

SEINEN PLATZ IN DER GESELLSCHAFT FINDEN

2.1 Der Mensch in der Gesellschaft

2.1.1 Gruppenzugehörigkeit – das soziale Zusammenleben der Menschen

Blickpunkt: *Genau wie ihre Freunde meistert auch die 20-jährige Berufsschülerin Maria Tag für Tag einen Spagat zwischen verschiedenen „Welten". Sie ist Tochter, Schülerin, Auszubildende, Freundin, Sportlerin, Vereinsmitglied usw.*

Individuum: die oder der Einzelne

Alle Menschen leben in Gemeinschaften, die sich aus ganz unterschiedlichen Individuen, Gruppen und Institutionen zusammensetzen. In der Regel bezeichnet man eine so strukturierte und organisierte Gemeinschaft als **Gesellschaft**.
Jede Gruppe und jede größere Gemeinschaft setzt sich Regeln für das Zusammenleben. Bei diesen Regeln kann es sich zum Beispiel um Vereinbarungen, Verordnungen oder Gesetze handeln.

Institutionen sind soziale Gebilde und Organisationen unterschiedlichster Art, die immer dann entstehen, wenn das Zusammenleben einer Gruppe Ordnung und Regelung erforderlich macht. Beispiele sind die Polizei, das Gerichtswesen usw.

Der einzelne Mensch trägt zu seiner Gesellschaft als biologische, psychologische und soziale Einheit bei. Er beeinflusst so das Ergebnis der gesellschaftlichen Vereinbarungen und Entwicklungen und wird natürlich auch durch sie beeinflusst:
- biologisch, da jeder bestimmte Grundbedürfnisse hat (z. B. Essen, Schlafen),
- psychologisch, da jeder bestimmte Vorstellungen und Erwartungen hat,
- sozial, da jeder zusammen mit anderen lebt und handelt.

komplex: vielschichtig, zusammenhängend

Identifikation: sich gleichsetzen mit einer anderen Person oder Gruppe

Als gesellschaftliche Wesen sind wir Menschen also zugleich Produkt und Schöpfer unserer Lebensverhältnisse. Mit unseren unterschiedlichen Fähigkeiten – zu sprechen, zu denken, zu fühlen, zu arbeiten usw. – verändern wir einerseits bewusst unsere Gesellschaft und die sie umgebende natürliche Umwelt, erfüllen uns andererseits aber auch unsere eigenen Bedürfnisse und Wünsche. Wir gestalten somit unser Dasein und das aller anderen einer Gemeinschaft.

Die **Identifikation mit einer Gruppe** erfolgt nach innen durch gemeinsame Werte und Ziele und nach außen durch eine eindeutige Abgrenzung gegenüber Nicht-Mitgliedern.

In unserer komplexen Gesellschaft vollzieht sich die menschliche Entwicklung überwiegend in **Gruppen**. Jeder Mensch gehört mehreren Gruppen gleichzeitig an. Bei dem Versuch, Gruppen gegeneinander abzugrenzen, trifft man auf eine unüberschaubare Begriffsvielfalt. Zwei Gruppentypen sind aber von besonderer Bedeutung: die Primär- und die Sekundärgruppe.

Primärgruppe – die erste, vorrangige Gruppe	**Sekundärgruppe** – die Gruppe zweiter Ordnung
Dieser Begriff umfasst alle Menschen, die einem sehr nahe stehen bzw. mit denen man sich stark verbunden fühlt. In unserer Gesellschaft ist die Primärgruppe die Familie bzw. die Gruppe der Gleichaltrigen. Hier erlebt jeder Mensch seine ersten Beziehungen zu anderen Menschen, die ihn entscheidend beeinflussen.	Dieser Begriff umfasst alle Menschen, die gleiche Ziele verfolgen. Auf die Zusammensetzung der Gruppe hat das einzelne Mitglied oft keinen Einfluss. Kennzeichnend sind eine meist oberflächliche Übereinstimmung der Interessen und eine gewisse Solidarität zwischen den Mitgliedern. Beispiele sind die Belegschaft eines Betriebs, Vereine usw.

Eine Gruppe braucht:
- Gruppenmitglieder
- ein Gruppenziel
- eine „Wir-Identität"
- gemeinsame Normen
- verschiedene Rollen

Welche Rolle spiele ich?

Unter einer sozialen Rolle versteht man die von allen Gruppenmitgliedern geteilten Erwartungen, wie sich ein Gruppenmitglied innerhalb der Gruppe verhalten sollte. Dabei lassen sich zwei Arten von Rollen unterscheiden: formale und informelle Rollen (siehe Tabelle rechts oben).

formale Rollen	informelle Rollen
Sozialarbeiter, Ärzte, Soldaten, Polizisten, Richter, Lehrer usw. haben formale Rollen inne. Bestimmte Verhaltensweisen für die Ausübung dieser Berufe sind vorgeschrieben oder in einem Kodex festgelegt. Für viele Berufe gibt es sogar genaue gesetzliche Vorgaben oder vertraglich geregelte Arbeitsvorschriften.	Bruder, Mutter, Onkel, Freundin usw. haben informelle Rollen. Erwartungen entstehen und wandeln sich im alltäglichen Miteinander, festgelegte Vorschriften existieren kaum. So ist der Spielraum für die Ausgestaltung der Rolle „Mutter" oder „Vater" im Alltag sehr groß. Aber auch hier gibt es Grenzen, z. B. durch Gesetze, die es Eltern verbieten, ihre Rolle gegenüber ihren Kindern zu vernachlässigen oder zu missbrauchen.

formal: die äußere Form betreffend

informell: nicht die äußere Form betreffend

Kodex: Gesetzbuch; auch: ungeschriebene Verhaltensregeln

Zum **Rollenverhalten** zählen solche Verhaltensweisen, die für die mit der Rolle verknüpften Erwartungen von Bedeutung sind. Diese Verhaltensweisen können den Erwartungen entsprechen oder auch nicht.

Auch Maria nimmt in den Gruppen, in denen sie lebt, unterschiedliche Rollen ein:

1. Zu Hause ist sie Kind, obwohl sie eigentlich eine Jugendliche oder Erwachsene sein will. Sie muss sich oft den Wertvorstellungen der Eltern unterordnen und hat doch eigene Erwartungshaltungen und Werte, die häufig nicht mit denen ihrer Eltern übereinstimmen.

2. Auch in der Schule als Schülerin oder in der Berufsausbildung als Auszubildende wird Maria mit unterschiedlichen Erwartungshaltungen konfrontiert. Um ein berufliches Weiterkommen zu sichern, muss sie unterschiedliche Leistungen in Schule und Betrieb erbringen.

3. In der Freizeit ist sie Freundin, Hockeyspielerin und aktives Mitglied einer Umweltgruppe. Zusammen mit den anderen Naturschützern nimmt Maria regelmäßig Proben aus Seen und Flüssen, um die Wasserqualität kontinuierlich zu überprüfen. Sie möchte so ihren Beitrag zur Erhaltung der natürlichen Umwelt leisten.

Rollenerwartungen müssen vom Rollenverhalten unterschieden werden: Sie zeigen an, wie Personen in einer Rolle vermutlich handeln werden. Einzelne Personen können in ihrem tatsächlichen Verhalten deutlich von diesen Rollenerwartungen abweichen. Dies trifft heutzutage beispielsweise für die Rolle von Mann und Frau in einer Beziehung zu. Statt sich auf traditionelle Rollenerwartungen einzulassen, sind junge Paare heute zunehmend geneigt, ihre Rollen in der Partnerbeziehung auf ihre eigene Art und Weise auszuhandeln.

Leben in Gruppen – Leben in Milieus

Unsere heutige Gesellschaft und ihre einzelnen Gruppen lassen sich nicht anhand weniger Merkmale beschreiben. Versucht man dies, wird schnell deutlich, dass es ganz unterschiedliche soziale Gruppen gibt, deren Mitglieder weitgehend vergleichbare Einstellungen und Haltungen und ähnliche Lebenswelten und Alltagsinteressen teilen. Eine solche soziale Gruppe wird dann zu einer Lebensstilgruppe bzw. zu einem **Milieu** zusammengefasst, wenn sie ein hohes Maß an Einheitlichkeit aufweist. Diese Einheitlichkeit bezieht sich unter anderem auf vergleichbare Lebensentwürfe, politische Grundhaltungen, Freizeitvorlieben, Konsumweisen usw. Die selbst empfundene soziale Zugehörigkeit wird durch Gemeinsamkeiten im Lebensstil geprägt.

AUFGABEN

1. Überlegen Sie, wer in Ihrem Leben entscheidenden Einfluss auf Ihre Entwicklung hatte bzw. hat. Ordnen Sie diese Personen den genannten Gruppen zu.
2. a) Ordnen Sie sich einer Primär- oder einer Sekundärgruppe zu und notieren Sie, welche gemeinsamen Ziele diese Gruppe haben könnte.
   b) Vergleichen Sie die Erwartungshaltungen der Gruppenmitglieder mit Ihren eigenen Wertvorstellungen. Welche Schlussfolgerungen können Sie ziehen?

2.1.2 Erwartungshaltungen und Konflikte

Blickpunkt: *Antonio ist zufrieden mit seinem Arbeitsplatz, auch wenn die Anforderungen an ihn hoch sind. Spaß macht auch das Engagement im Sportverein. Dort spielt er mit einigen seiner Freunde Fußball. Seine Freundin meint, er habe manchmal etwas zu wenig Zeit für sie. Die Eltern finden, er solle sich nach seiner Ausbildung noch weiter qualifizieren.*

Wie im vorhergehenden Abschnitt dargestellt, gehört jeder Mensch mindestens einer Gruppe an. Mit der Zugehörigkeit zu einzelnen Gruppen übernimmt jeder auch verschiedene **Rollen**. Damit werden sowohl gewollte wie auch ungewollte Verpflichtungen eingegangen, die ein bestimmtes Verhalten (Rollenkonformität) voraussetzen: Man muss sich an die Normen halten.

Die verschiedenen Rollen können alters- oder geschlechtsbedingt, aber auch freiwillig erworben sein.
Wenn die zugedachte oder gewählte Rolle nicht mit den eigenen Zielen der Selbstverwirklichung übereinstimmt, entsteht ein **Konflikt**. Konflikte sind demnach Folgen unterschiedlicher Rollenerwartungen.

konform: einig, übereinstimmend

Rollenkonformität: normgemäßes Verhalten im Rahmen einer bestimmten Rolle; d.h., es bestehen bestimmte Erwartungshaltungen, die jemand zu erfüllen hat, wenn sie oder er eine bestimmte Position hat.

Norm: allgemein anerkannte, als verbindlich geltende Regel; Richtschnur, Maßstab

Konflikt: Auseinandersetzung, Streit um etwas (auch in einem Menschen selbst, wenn er sich nicht entscheiden kann)

Es werden hier zwei Konflikttypen unterschieden:

Interrollenkonflikt	Intrarollenkonflikt
Konflikt zwischen zwei Rollen, also zwei erwarteten Verhaltensweisen, die schwer vereinbar sind.	Konflikt, in den jemand gerät, an dessen Rolle verschiedene Erwartungen gestellt werden.

Wichtige Entwicklungsschritte im Leben, die zur Selbstverwirklichung und zum eigenen „Ich“ führen, sind
- die allmähliche Ablösung von den Eltern,
- das Finden eines Partners bzw. einer Partnerin,
- die Umgestaltung der Persönlichkeit über neue Identifizierungen.

Gerade zwischen dem 10. und 16. Lebensjahr muss jeder Mensch sich vielen Entwicklungsaufgaben stellen. In jedem Lebensumfeld, in dem man sich bewegt (z.B. Familie, Schule, Ausbildung, Clique),
- übernimmt man bestimmte Rollen,
- hat man Entscheidungen zu treffen,
- muss man besondere Forderungen erfüllen,
- muss man sich neu bestimmen (d.h. Forderungen, Wünsche usw. neu festlegen),
- muss man sich durch Handeln bewähren,
- geht man neue Beziehungen ein.

Diese Anforderungen unterscheiden sich häufig voneinander oder stehen sogar im Widerspruch zueinander. Die Auseinandersetzung mit ihnen kann zu Konflikten führen. Konflikte finden statt auf
- einer Sachebene (z.B. Themen, Interessen, Forderungen) und
- einer psychosozialen Ebene (z.B. Wünsche, Ängste, Hoffnungen, Sympathie/Antipathie, Vertrauen).

Die Bedeutung von Konflikten

Antonio lebt bei den Eltern, dort ist er Sohn. Die Eltern erwarten von ihm, dass er sich optimal auf seine Ausbildung konzentriert. Antonio selbst spielt gerne Fußball. Sein Verein erwartet von ihm Bestleistungen. Zwischen der Rolle als Sohn und der Rolle als Vereinsmitglied besteht für Antonio ein Interrollenkonflikt.

Ähnlich sieht es für Antonio in der Berufsschule und im Betrieb aus. Für die Schule muss er sich auf die Arbeiten vorbereiten und eigentlich abends noch lernen. Doch sein Ausbilder im Betrieb verlangt von ihm, dass er nach der Berufsschule noch ins Unternehmen kommt. Dies kann er laut Berufsausbildungsgesetz an solchen Tagen fordern, an denen nur fünf Stunden unterrichtet wird. Antonio weiß manchmal gar nicht, wie er das schaffen soll. Und dann kommen noch die Projekte in der Schule dazu. In seiner Rolle als Auszubildender befindet sich Antonio in einem Intrarollenkonflikt, da an ihn als Auszubildenden unterschiedliche Erwartungen gestellt werden. Gleichzeitig ist er sich nicht sicher, ob er sie alle erfüllen kann.

Konflikte dieser Art sind aber nicht grundsätzlich negativ zu bewerten, sondern haben auch sehr viel mit Veränderung zu tun. Sie entstehen einerseits gerade in Veränderungsprozessen häufiger oder es kommen bereits bestehende, unterschwellige Konflikte an die Oberfläche und behindern dadurch das Erreichen der gesetzten Ziele. Andererseits bilden Konflikte aber auch sehr oft Anlass und Antrieb für Veränderungen. Sie bringen damit wichtige Prozesse in Gang und sind eine Chance, um über Veränderungen nachzudenken und diese herbeizuführen.

Wichtige Entwicklungsaufgaben in der Jugendphase sind z. B.:
- das Akzeptieren der eigenen körperlichen Erscheinung
- die Übernahme einer eigenen Geschlechtsrolle
- der Aufbau neuer und reiferer Beziehungen zu Altersgenossen beiderlei Geschlechts
- die weitgehende emotionale Unabhängigkeit von den Eltern und von anderen Erwachsenen
- ggf. die Vorbereitung auf Ehe und Familienleben
- die Vorbereitung auf eine berufliche Karriere
- der Aufbau eines Wertesystems, das als Leitfaden für das Verhalten dient (Entwicklung einer Ideologie)
- die Ausübung sozial verantwortlichen Verhaltens

AUFGABEN

1. Beschreiben Sie aus Ihrem eigenen Erfahrungsbereich einen Interrollen- und einen Intrarollenkonflikt.
2. Suchen Sie sich einen oder zwei Partner bzw. Partnerinnen aus Ihrer Klasse und entwickeln Sie eine Spielszene in Form eines Rollenspiels, in der unterschiedliche Interessen zu einem Rollenkonflikt führen.
3. Finden Sie ein schulisches oder betriebliches Beispiel, das verdeutlicht, wie sich aus einer Konfliktsituation eine neue (positive) Entwicklung herausbildet. Stellen Sie dies im Rahmen eines kurzen Vortrags der Klasse dar.

2.1.3 Nachgeben oder sich durchsetzen – Konflikte fair austragen

Blickpunkt: *Jenny hat ihren Wunschberuf gewählt. Allerdings ist sie in ihrer Berufsschulklasse das einzige Mädchen, das den Beruf zur Konstruktionsmechanikerin erlernt. Manchmal fällt es ihr schwer, in der Klasse zu bestehen. Nicht immer wird sie von ihren männlichen Mitschülern anerkannt. Da sie viel lernt, um einen guten Abschluss zu erhalten, wird sie von Einzelnen als „Streberin" abgestempelt. Jenny steht vor einem Konflikt, denn einerseits möchte sie dazugehören, andererseits ist ihr ein zielgerichteter Ausbildungsverlauf wichtig.*

Eine konfliktfreie Klasse wird es wohl im Berufsschulalltag nicht geben. Jeder hat mal Probleme: die Auszubildenden untereinander, die Lehrer mit den Auszubildenden und umgekehrt.

In alltäglichen Auseinandersetzungen haben Spannungen ihre Ursachen und werden durch bestimmte Verhaltensweisen ausgelöst. Bei auftretenden Konflikten ist es daher auch immer wichtig, das eigene Verhalten einzuschätzen und zu beurteilen. Mit Gewalt können Konflikte nicht gelöst werden. Nur Kompromisse führen zu einer dauerhaften Beseitigung von Problemen. Mittel für das Erreichen von Kompromissen sind

- Gewaltverzicht,
- Gespräche,
- Zivilcourage,
- Versöhnung.

Zivilcourage: mutiges Verhalten, mit dem jemand seinen Unmut über etwas ohne Rücksicht auf mögliche Nachteile – z. B. gegen Obrigkeiten oder Vorgesetzte – zum Ausdruck bringt.

Problembewusstsein: Das eigentliche Problem soll deutlicher erkannt werden.

Wie sage ich es? Das Ansprechen von Problemen

Voraussetzungen:

- Sie fühlen sich emotional betroffen oder angegriffen: „Die haben mir etwas getan.", „So geht es nicht weiter.", „Ich möchte mich aussprechen."
- Ein Problem betrifft Ihre Arbeit oder Aufgabe. So müssen Sie z. B. als Gruppenleiterin oder Gruppenleiter dafür sorgen, dass das Arbeitsklima in Ordnung ist. Nur so kann die Gruppe gute Leistungen erbringen.
- Sie haben mit einer Person, mit der Sie eine gemeinsame Verantwortung tragen, einen Konflikt. So ist es z. B. nicht hilfreich, in der Zusammenarbeit mit anderen entstandene Konflikte zu verdrängen. Stattdessen sollten Sie aktiv zu einer Lösung beitragen, z. B. durch ein offenes Gespräch.

Offene Gesprächsrunde in einer Berufsschulklasse

Die Stufen eines Konfliktgesprächs

1. Vorhaben und Vorgehensweise klären:

Beide Parteien müssen bereit sein, sich dem Problem zu stellen. Erläutern Sie hierfür kurz, worum es geht, und vereinbaren Sie einen gemeinsamen Termin für eine Aussprache.

2. Problem darstellen:

Teilen Sie Ihrem Konfliktpartner Ihre Beobachtungen und Gefühle mit. Schildern Sie die Probleme, die sich daraus für Sie (und ggf. für andere) ergeben. Bleiben Sie im Gespräch ganz ruhig und versuchen Sie nicht, Ihren Gesprächspartner zu provozieren. Die Situation ist besonders auch für ihn nicht angenehm.

3. Stellungnahme einholen:

Jetzt darf sich Ihr Konfliktpartner äußern. Lassen Sie ihn zu Ihren Beobachtungen und Gefühlen Stellung beziehen. Beobachten Sie, ob er das Problem erkannt hat und selbst zur Problemlösung beitragen möchte. Ist dies der Fall, vereinbaren Sie gemeinsam, wie Sie zukünftig miteinander umgehen wollen. Versteht Sie Ihr Konfliktpartner nicht oder wertet er das Problem ab, sollten Sie Ihre Sichtweise noch einmal darlegen.

4. Problembewusstsein Ihres Konfliktpartners fördern:

Schritte zur Förderung des Problembewusstseins aufseiten des Konfliktpartners:

- Versetzen Sie Ihren Konfliktpartner in Ihre Lage, z. B.: „Was würdest du sagen, wenn es dir so gehen würde?“ Lassen Sie ihm Zeit zum Aussprechen.
- Gehen Sie darauf ein, warum er sich möglicherweise so verhält. Zeigen Sie eventuell, dass Sie Verständnis für seine Situation haben: „Ich kann ja verstehen, warum du so reagierst.“
- Äußern Sie klar Ihre eigenen Wünsche und machen Sie Ihre Vorstellungen deutlich.
- Zeigen Sie mögliche Konsequenzen für beide Konfliktparteien auf, wenn keine Veränderung der Situation herbeigeführt wird. Ziehen Sie diese Konsequenzen im Falle einer gescheiterten Konfliktlösung auch durch.
- Wenn Sie merken, dass das Gespräch bisher nichts bewirkt hat, brechen Sie es ab und begründen Sie den Abbruch. Fordern Sie ein neues, späteres Gespräch. Dadurch geben Sie Ihrem Konfliktpartner die Möglichkeit und notwendige Zeit, sich neu zu orientieren.

5. Ziehen Sie Bilanz:

Fassen Sie das Ergebnis Ihres gemeinsamen Gesprächs in jedem Fall noch einmal zusammen. Nur so können Sie sicher sein, dass sich beide Seiten richtig verstanden haben. Treffen Sie gemeinsame Abmachungen über das nachfolgende Verhalten.

(in Anlehnung an M. Gührs, C. Nowak: Das konstruktive Gespräch, Limmer, 2006)

AUFGABEN

1. Unterscheiden Sie die Begriffe Konfliktverdrängung und Konfliktlösung voneinander und arbeiten Sie mögliche Folgen heraus. Stellen Sie diese dann in einer Tabelle stichpunktartig gegenüber.
2. Vergegenwärtigen Sie sich die Stufen eines Konfliktgesprächs und stellen Sie diese der Klasse vor.
3. Diskutieren Sie über den Sinn und Zweck anderer Möglichkeiten der Konfliktlösung und ihre Folgen. Stellen Sie Ihre Ergebnisse anschaulich dar (z. B. Mind-Map, Tabelle, Schaubild).
4. Bilden Sie in der Klasse kleine Gruppen. Beraten Sie in der Gruppe über mögliche Konflikte, die in der Klasse oder in der Freizeit existieren. Einigen Sie sich auf einen Konflikt, den Sie lösen wollen und entwickeln Sie dazu ein Konfliktgespräch. Führen Sie dieses anschließend in einem Rollenspiel der Klasse vor.

HANDELN AKTIV SEIN

Streit vermeiden durch Prävention

Streit muss nicht sein – er lässt sich aber auch nicht immer vermeiden. Es ist einfach menschlich, dass man nicht immer einer Meinung ist und es zu Auseinandersetzungen kommt. Wichtig ist daher nicht die Frage ob man Streit hat, sondern wie ein Streit ausgetragen wird.

Mediation – ein schwieriger Job

Mediation ist eine Methode, um aufgetretene Konflikte gewaltfrei zu bearbeiten. Mithilfe einer neutralen dritten Person sollen konstruktive Lösungen gefunden werden, bei denen es keine Verlierer gibt. Es werden sogenannte Win-win-Lösungen angestrebt.

Dabei wird davon ausgegangen, dass die streitenden Parteien fähig sind, gemeinsam akzeptable Lösungen zu finden. Voraussetzung hierfür ist jedoch, dass die Streitenden wieder ins Gespräch kommen, sich gegenseitig zuhören und zunächst einmal die Sichtweise aller Beteiligten gehört wird. Hierzu benötigen die Menschen oftmals eine dritte, unbeteiligte und neutrale Person.

Diese sogenannten **Mediatoren** haben die Aufgabe, das Gespräch zu leiten und Anregungen zum Gesprächsverlauf zu machen. Dabei dürfen sie keine Lösungsvorschläge machen, keine Verurteilungen aussprechen oder gar Partei ergreifen.

Bei den Gesprächen geht es nicht um „Recht oder Unrecht haben", sondern um Einsicht. Beide Gesprächspartner haben die Aussicht, nicht als Verlierer, sondern als Gewinner aus dem Gespräch zu gehen.

Blickpunkt:

Gibt es eine oder gibt es keine Lösung?

Mediation ist eine Methode, bei der das Gespräch im Vordergrund steht. Das aber fällt vielen Menschen oft schwer. Insbesondere dann, wenn es zuvor zu Auseinandersetzungen gekommen ist. Im Gespräch muss man sich mitteilen, ruhig bleiben und zuhören können. Da dies nur aus eigenem Antrieb geschehen kann, ist Mediation auf Freiwilligkeit angewiesen.

ZIELE DER STREITSCHLICHTUNG UND MEDIATION

- Alltagskonflikte gewaltfrei und gezielt lösen.
- Den Abbau von Spannungen und Feindseligkeiten herbeiführen.
- Ein angenehmes Schulklima und eine gute Atmosphäre in den Klassen schaffen und fördern.
- Gute Schüler-Schüler- und Schüler-Lehrer-Beziehungen weiter verbessern.
- Ein Gemeinschaftsgefühl herbeiführen und pflegen.

Die Idee der **Schulmediation** stammt aus den USA und kam Anfang der 1970er-Jahre nach Deutschland. Die Mediation ist heute ein fester Bestandteil der Gewaltpräventionsprogramme in deutschen Schulen.

Dabei wird in vielen Schulen nicht erst reagiert, wenn es bereits zu Konflikten oder gar zu Gewaltvorfällen gekommen ist. Stattdessen sollen vorsorgende (präventive) Maßnahmen das Miteinander in der Schule und die Lernatmosphäre in den Lerngruppen angenehm und entspannt gestalten. Es gilt das Motto:

Vorsorge (Prävention) ist die beste Maßnahme gegen Gewalt.

Streit verhindern – Präventiv handeln

Auch wenn in der Klasse oder am Arbeitsplatz eine angenehme und gesprächsbereite Atmosphäre besteht – was in den meisten Fällen die normale Situation ist – kann es trotzdem zu Konflikten kommen.
Wer hat nicht schon davon gehört oder es selbst erlebt, dass sich gute Freunde heftig gestritten haben. Lassen sich mögliche Konflikte schon im Voraus vermeiden? Nicht immer, aber jeder Einzelne kann seinen Beitrag hierzu leisten.

Treten Konflikte auf, hilft oft ein vorweg vereinbartes Regelwerk, mit Streit umzugehen. Eine Klasse kann vorsorglich allgemeingültige Verhaltensregeln diskutieren und beschließen, die den Alltag in der Schule und im Klassenraum bestimmen sollen.

Gemeinsam werden Verhaltensregeln beschlossen

Als **Prävention** (aus dem lateinischen von praevenire = zuvorkommen, verhüten) bezeichnet man vorbeugende Maßnahmen, die dazu dienen, ein unerwünschtes Ereignis möglichst zu verhindern (z. B. im Arbeitsschutz).

HINWEIS

„Schule ohne Rassismus – Schule mit Courage" ist das größte Schulnetzwerk in Deutschland. In ihm engagieren sich Kinder und Jugendliche für ein demokratisches Miteinander und ein besseres Lern- und Lebensklima an ihren Schulen. Weitere Informationen zu diesem Netzwerk und zur Teilnahme gibt es unter: **www.schule-ohne-rassismus.org**

SCHULE OHNE RASSISMUS
SCHULE MIT COURAGE

AUFGABE

Als Klasse können Sie sich auf sich abzeichnende Konflikte und drohende ausbrechende Streitigkeiten vorbereiten.

a) Analysieren Sie zum Einstieg in Ihre Diskussion die Zeichnung mit den beiden angeleinten Hunden im Blickpunkt auf der linken Seite.
b) Besprechen Sie, welche Bedingungen in der Schule und insbesondere in Ihrem Klassenraum vorherrschen müssten, um den Ausbruch von Streitigkeiten bereits im Ansatz zu verhindern.
c) Erörtern Sie ein mögliches Regelwerk, das Sie als Klasse beachten wollen, um eine angenehme Lernatmosphäre zu sichern.
d) Vereinbaren Sie Regeln für den Fall, dass es zu Streitigkeiten kommt.

Einige Anregungen für eine Diskussion:

- Wollen Sie Ihre Streitigkeiten selbstverantwortlich lösen, oder sollen die Lehrpersonen beteiligt sein?
- Welche Rolle soll der Klassensprecher bzw. die Klassensprecherin einnehmen?
- Welches Lernklima soll im Klassenraum herrschen?
- Wodurch wird eine positive Lernatmosphäre gefördert?
- Wie können durch eine ansprechende Atmosphäre Streitigkeiten vermieden werden?
- Stellen Sie nur wenige aber dafür eindeutige Regeln auf.

Blickpunkt: *Shari hat ihre Berufsausbildung abgeschlossen und verdient als Außenhandelskauffrau ganz gut. Auch ihr Freund Harry hat einen guten Job. Eigentlich ist in Sharis Leben alles in bester Ordnung. Nur manchmal beschleicht sie der Wunsch, eine Familie zu gründen und Kinder zu haben. Aber soll sie ihr jetzt so angenehmes Leben aufgeben, vielleicht sogar ihren Beruf, und Hausfrau werden? Andererseits könnte Harry ja genauso gut seinen Job aufgeben und den Hausmann machen. Oder gibt es andere Lösungen?*

Der Begriff **industrielle Revolution** bezeichnet die Phase beschleunigter technologischer, wirtschaftlicher und sozialer Veränderungen, die ab der 2. Hälfte des 18. Jahrhunderts in England und dann in ganz Europa einsetzte.

2.2 Die Familie – Grundstein unseres Lebens

2.2.1 Formen des familiären Zusammenlebens

Was ist eine Familie? Diese Frage heutzutage eindeutig zu beantworten ist nicht immer einfach, denn der Begriff Familie hat viele Gesichtspunkte:

- Die **biologische Familie** bezieht ihre Bindungen aus der Tatsache der Blutsverwandtschaft.
- Die **funktionale Familie** ist vor allem durch die Art und Weise gekennzeichnet, wie sie die praktischen Anforderungen des Lebens – z. B. Haushaltsführung, Freizeitgestaltung, Kindererziehung – regelt.
- Die **rechtliche Familie** wird von außen durch die Normen des Rechtssystems definiert. Bindungen entstehen hier z. B. durch Erziehungsverpflichtungen sowie Unterhalts- und Sorgerechtsregelungen (siehe auch Abschnitt 2.2.3).
- Die **wahrgenommene Familie** bezieht sich auf das subjektive Empfinden der einzelnen Familienmitglieder; also darauf, wer als zur Familie gehörig betrachtet wird und wer nicht.

Formen und Aufgaben der Familie im Wandel

Im Rahmen der industriellen Revolution und der Entstehung der Städte zogen mehr und mehr Familien vom Land in die Stadt. Dies hatte weitreichende Konsequenzen für die Struktur der Familie. Bestimmte vor dem 19. Jahrhundert noch die Großfamilie das Gesellschaftsbild, so bildet heute in den modernen Industriegesellschaften die Klein- oder Kernfamilie die vorrangige Form des familiären Zusammenlebens.

Wandel der Familienstruktur:

Früher	Heute
Großfamilie: Mehrere Generationen leben zusammen	Kleinfamilie: meistens nur Eltern und Kind oder Kinder
Familie übernimmt Sozialfunktionen: Betreuung von Kleinkindern, Alten- und Krankenpflege	Sozialfunktionen sind teilweise an den Staat abgegeben: Kindertagesstätten, Krankenhäuser, Altenheime
Familie ist Produktionsgemeinschaft in Landwirtschaft, Handwerk, Handel	Trennung von Arbeitsplatz und Familie
Patriarchalische (durch den Mann bestimmte) Familienstruktur	Partnerschaftliches und gleichberechtigtes Zusammenleben der Familienmitglieder

Trotz ihrer Veränderungen erfüllt die Familie auch in der heutigen Zeit wichtige **Aufgaben:**

- Sie bildet die wirtschaftliche Grundlage für ihre Mitglieder.
- Sie sorgt mit ihren Kindern für den Fortbestand der Gesellschaft.
- Sie ermöglicht den Kindern durch die Erziehung das Hineinwachsen in die soziale Gemeinschaft.
- Sie bereitet die berufliche und soziale Stellung der Kinder vor.
- Sie bietet eine Rückzugsmöglichkeit und damit einen Schutz- und Erholungsraum für ihre Mitglieder.

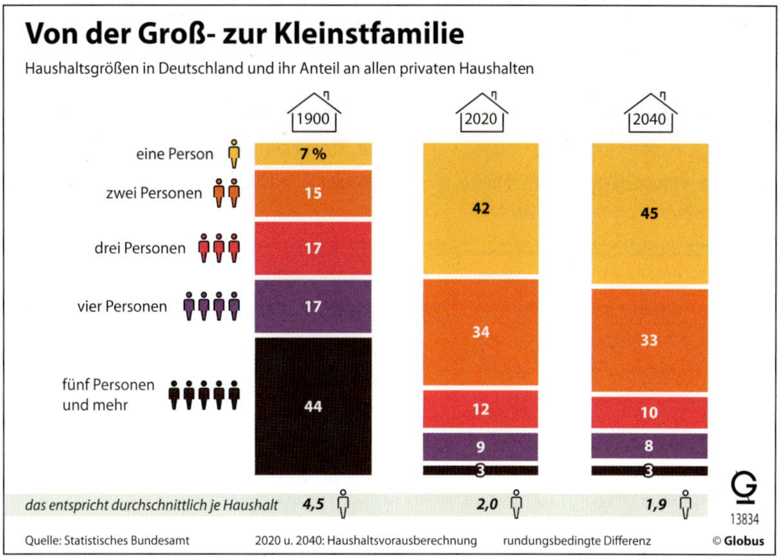

Inzwischen ist die uns heutzutage vertraute Norm der Vater-Mutter-Kind-Familie selbst schon fast ein Stück Geschichte geworden, denn die klassische vollständige Kernfamilie ist längst nicht mehr die einzige vorherrschende Familienform (siehe auch Abschnitt 2.2.2).

Betrachtet man die gesellschaftliche Gesamtsituation in der Bundesrepublik, so zeigt sich die Vielfältigkeit des akzeptierten partnerschaftlichen Zusammenlebens. Dies bedeutet aber auch, dass immer mehr Kinder nicht mehr in der traditionellen Familie aufwachsen. Die Grafik unten stellt die verschiedenen Lebensformen vor.

Als einer der Hauptgründe für die Änderungen in der Familienstruktur wird das gesellschaftliche Umfeld mit seiner staatlichen Fürsorge und einem ausgebauten sozialen Netz gesehen. Dennoch stellen diese Veränderungen Anforderungen an den Einzelnen und die Gesellschaft (siehe auch Abschnitte 6.3.1 und 6.3.4).

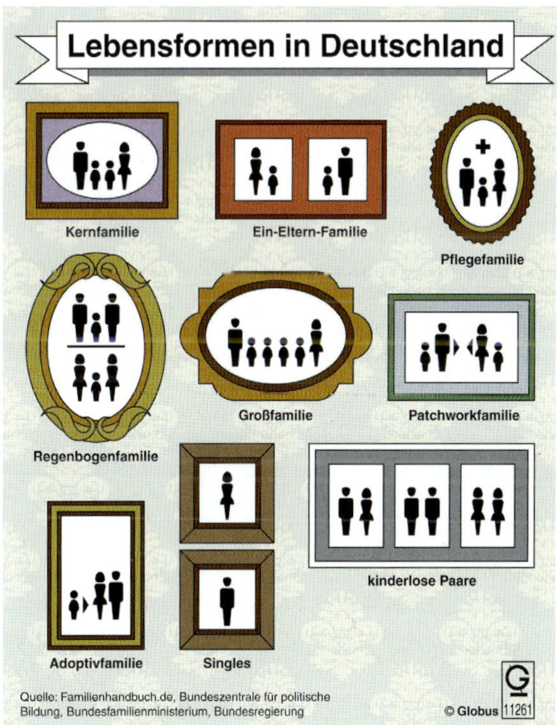

Familie [lateinisch *familia*, ursprünglich *Dienerschaft, Hausgenossenschaft*], die Lebensgemeinschaft der Eltern (meist als Ehepartner) und ihrer unselbstständigen Kinder […]. Als Grundgebilde des menschlichen Zusammenlebens ist die Familie zugleich die verbreiteste soziale Gruppe. Ihre Form (vaterrechtliche oder mutterrechtliche Ordnung) und unterschiedliche Einbettung in umfassendere Zusammenhänge (Großfamilie, Sippe, Geschlecht, Nachbarschaft) ist abhängig von der Struktur der Gesellschaftsordnung […].
In der heutigen Industriegesellschaft ist die Kernfamilie die bestimmende Form.

(aus: dtv-Lexikon, Band 5, Ausgabe von 1995, S. 221)

AUFGABEN

1. Vergleichen Sie die Aussagen des in der rechten Randspalte abgebildeten Lexikontextes aus dem Jahre 1995 mit den dargestellten aktuellen Entwicklungen. Zu welchem Schluss kommen Sie?
2. Analysieren Sie die Grafik zur Entwicklung der Familien in Deutschland. Welche allgemeinen Tendenzen lassen sich ablesen?
3. Heutzutage leben immer mehr Paare ohne Trauschein zusammen. Welche Gründe gibt es Ihrer Meinung nach hierfür? Ziehen Sie auch Abschnitt 2.2.2 für Ihre Argumentation hinzu.

Blickpunkt: *„Aus einem Schulaufsatz zum Thema ‚Wie verbringt deine Mutter ihre Tage?' – Antwort einer zehnjährigen Journalistentochter: ‚Die eine Hälfte des Tages ist sie zu Hause, die zweite Hälfte unterwegs – und in der dritten Hälfte des Tages schreibt sie!'. So ähnlich wird Theresa, heute zwei Jahre alt, vielleicht auch einmal von uns, ihren Eltern, sprechen. Als von seltsam gehetzten Wesen, deren Tage mindestens 36 Stunden haben müssten. Weil wir uns die normalste Sache von der Welt zumuteten: als berufstätiges Paar ein Kind zu haben."*

(aus: Gropp, Ulrike (2004): *Wie können Frauen heute noch Mütter sein?* In: Das Parlament, Nr. 33-34, 09.08.2004)

2.2.2 Die Familie als Erwerbs und Erziehungsgemeinschaft

Zu den wichtigsten Aufgaben der Familie gehören die Sicherung des Unterhaltes und die Erziehung der Kinder. Gleichzeitig sorgt sie für den Fortbestand der Gesellschaft und die damit verbundene Vermittlung unserer gesellschaftlichen Normen und Werte

Familienbild heute

Im heutigen Familienbild hat die strikte Trennung von Erwerbsleben und Kindererziehung einen Wandel vollzogen. Die Einstellungen zur Arbeitsteilung in der Familie und zur Berufstätigkeit von Müttern haben sich im Laufe der letzten Jahrzehnte geändert. So ist es heute gesellschaftlich weitestgehend anerkannt, dass Frauen nach der Geburt ihren Beruf wieder ausüben und somit auch ihren Beitrag zum Familieneinkommen leisten. Im Gegenzug werden die Pflichten der Haushaltsführung und Kindererziehung immer häufiger partnerschaftlich auf beide Geschlechter verteilt.

Die Bürgerliche Familie in den 20er-Jahren des 20. Jahrhunderts. Die scharfe Trennung der Bereiche Erwerbsleben und Kindererziehung kennzeichneten die Geschlechterrollen: Die Frau kümmert sich um die Haushaltsführung und die Kindererziehung, während der Mann im Erwerbsleben steht und das Familieneinkommen sichert. Die Kinder müssen sich unterordnen doch die Eltern kümmern sich intensiv um sie, erziehen sie bewusst und fördern ihre Entwicklung. Es wird versucht, sie mit Liebe und Strenge auf das Leben vorzubereiten.

Formen des Zusammenlebens

Gegenwärtig lässt sich in unserer Gesellschaft ein Trend zu sinkenden Heirats- und steigenden Scheidungsraten feststellen. Im Gegenzug haben ehemals seltene Lebensformen wie nichteheliche Lebensgemeinschaften und Alleinerziehende an Bedeutung gewonnen. Gerade aber der Rückgang der Ehen könnte dazu führen, dass sich in Zukunft ein neues „Normalmodell" des Familienbildes herausbildet, welches das jetzige allmählich ablöst.

Im Jahr 2019 gab es in Deutschland 8,2 Millionen Familien mit minderjährigen Kindern. Wie das Statistische Bundesamt (Destatis) nach Ergebnissen des Mikrozensus weiter mitteilt, waren das genauso viele Familien wie 2009 – also zehn Jahre zuvor. [...]

In allen Familien mit minderjährigen Kindern lebten im Jahr 2019 insgesamt 29,7 Millionen Personen. Dazu zählen die Elternteile der Kinder, etwaige Geschwisterkinder (auch über 18 Jahre) und die minderjährigen Kinder selbst. Von allen Familien waren knapp ein Fünftel (19 %) Familien von Alleinerziehenden, also Familien mit einem Elternteil im Haushalt (1,5 Millionen Familien). Demgegenüber gab es 6,7 Millionen Paare mit minderjährigen Kindern in Deutschland (81 % der Familien), davon etwa 5,7 Millionen Ehepaare (70 %) und 940 000 unverheiratete Paare (11 %) mit minderjährigen Kindern.

Vor allem die Zahl der Ehepaare ist im Vergleich zu 1999 um 1,6 Millionen gesunken (– 22 %), die Zahl der unverheirateten Paare hat sich hingegen um 77 % von 530 000 auf 940 000 erhöht. Die Zahl der Alleinerziehenden stieg nur leicht von knapp 1,4 Millionen im Jahr 1999 auf über 1,5 Millionen (+ 9 %) im Jahr 2019.

(aus: Statistisches Bundesamt, Pressemitteilung Nr. 269 vom 16. Juli 2020)

Erziehung – wichtigste Aufgabe der Eltern

Mit dem Wandel vom bürgerlichen zum heutigen Familienbild rückten mehr und mehr auch andere Erziehungsziele in den Vordergrund.

Kinder und Jugendliche erfahren heute in der Familie viel Zuwendung und Förderung. Weil sie heute stärker als eigenständige Persönlichkeiten respektiert werden und viele Freiheiten genießen, wird ihr Sozialverhalten sehr stark von der Familie geprägt.

Durch die Art der Erziehung prägen und beeinflussen Eltern ihre Kinder in entscheidender Weise. Von den Eltern hängt es ab, welche Chancen ihre Kinder im Leben haben und welche „Türen sich für sie öffnen". Dabei leisten Kindertagesstätten und Schulen einen wichtigen Beitrag zur Erziehung. Verantwortlich für ihre Kinder und damit für deren Zukunftschancen bleiben jedoch letztlich die Eltern.

Traditionelle kirchliche Trauung

Familienpolitik und demografischer Wandel

In der Bundesrepublik werden seit Mitte der 60er-Jahre deutlich weniger Kinder geboren. Dies hat zur Folge, dass sich die Bevölkerungsstruktur grundlegend wandelt: Es gibt insgesamt weniger Menschen, die in ihrer Gesamtheit im Altersdurchschnitt aber immer älter werden (vergleiche die Alterspyramide in Abschnitt 6.3.4). Dies hat zunächst einmal Auswirkungen auf den in unserer Gesellschaft geltenden Generationenvertrag: Immer weniger junge Menschen müssen für die Rente von immer mehr alten Menschen aufkommen (siehe auch Abschnitte 1.6.5 und 6.3.4).

Auch die Situation auf dem Arbeitsmarkt verändert das Familienleben. Nicht nur, aber auch durch den sich durch die Bevölkerungsentwicklung abzeichnenden Fachkräftemangel werden immer mehr junge Frauen auf dem Arbeitsmarkt gebraucht, sodass die Vereinbarkeit von Elternschaft und beruflicher Tätigkeit für viele junge Paare von besonderer Bedeutung ist. Denkbare Perspektiven für eine ausgewogene Situation zwischen Familie und Beruf wären u. a.:

- die Ausweitung der Tagesbetreuung, z. B. durch mehr Kindertagesstätten und Ganztagsschulen.
- eine stärkere Ausrichtung des Steuersystems daran, ob überhaupt Kinder im Haushalt vorhanden sind. Inwieweit das Elterngeld (siehe Abschnitt 2.2.3) Anreize bietet, Kinder zu bekommen, werden die folgenden Jahre zeigen.
- eine stärkere Berücksichtigung familienfreundlicher Arbeitszeitmodelle auf betrieblicher Ebene. Insgesamt hat dieser Bereich nur bei 3 von 10 Betrieben einen hohen Stellenwert.

Die Ehe für alle ist möglich. Seit dem 1.1.2017 ist möglich, wofür homosexuelle Menschen jahrzehntelang gekämpft haben – allen Widerständen und Schikanen zum Trotz: Von diesem Tag an dürfen homosexuelle Paare in Deutschland heiraten.
Laut Beschluss des Deutschen Bundestag heißt es nun im Bürgerlichen Gesetzbuch in Paragraf 1353: „Die Ehe wird von zwei Personen verschiedenen oder gleichen Geschlechts auf Lebenszeit geschlossen."

Ehepaare sind auch steuerlich im Vorteil. Das steuerliche Ehegattensplitting mindert die Steuerlast des Ehepaares.
In der Diskussion ist auch immer wieder die Einführung des Familiensplittings. (Siehe Kapitel 6.2.4)

AUFGABEN

1. a) Vergleichen Sie das traditionelle Familienbild mit dem heutigen Familienbild: Welche Unterschiede, aber auch Gemeinsamkeiten lassen sich feststellen?
   b) Stellen Sie die Unterschiede und Gemeinsamkeiten in einer Tabelle stichpunktartig gegenüber.
2. Fassen Sie die Aufgaben der Familie als Erziehungsgemeinschaft mit eigenen Worten zusammen und nennen Sie Tendenzen, die sich aus Ihrer Sicht abzeichnen.
3. Diskutieren Sie in Ihrer Klasse darüber, welche Maßnahmen Sie für denkbar und notwendig halten, um die Familiensituation und damit die Bevölkerungsentwicklung in der Bundesrepublik positiv zu beeinflussen.

Blickpunkt: *Wie schützt und unterstützt der Staat diese Familie? Listen wir es einmal auf:*
- *Kindergeld*
- *kostenlose Schulbildung*
- *Steuererleichterungen*
- *....*
- *....*

Betreuungsgeld: Anspruch haben Eltern, die ihr Kind bis zum dritten Geburtstag selbst betreuen und erziehen und so lange auf eine öffentlich geförderte Betreuung in einer Krippe oder bei Tageseltern verzichten. Es beläuft sich auf 150 Euro je Monat.

Artikel 6 Grundgesetz:
(1) Ehe und Familie stehen unter dem besonderen Schutz der staatlichen Ordnung.
(2) Pflege und Erziehung der Kinder sind das natürliche Recht der Eltern und die zuvörderst ihnen obliegende Pflicht. Über ihre Betätigung wacht die staatliche Gemeinschaft.
(3) Gegen den Willen der Erziehungsberechtigten dürfen Kinder nur aufgrund eines Gesetzes von der Familie getrennt werden, wenn die Erziehungsberechtigten versagen oder wenn die Kinder aus anderen Gründen zu verwahrlosen drohen.
(4) Jede Mutter hat Anspruch auf den Schutz und die Fürsorge der Gemeinschaft.
(5) Den unehelichen Kindern sind durch die Gesetzgebung die gleichen Bedingungen für ihre leibliche und seelische Entwicklung und ihre Stellung in der Gesellschaft zu schaffen wie den ehelichen Kindern.

2.2.3 Familienpolitik – der Staat schützt die Familie

Das Grundgesetz verpflichtet den Staat, Ehe und Familie zu fördern und zu schützen. Die Erziehung und Pflege der Kinder hingegen sind natürliches Recht und oberste Pflicht der Eltern (siehe Abschnitt 2.2.2) – der Staat hat hier nur eine ergänzende und überwachende Aufgabe.

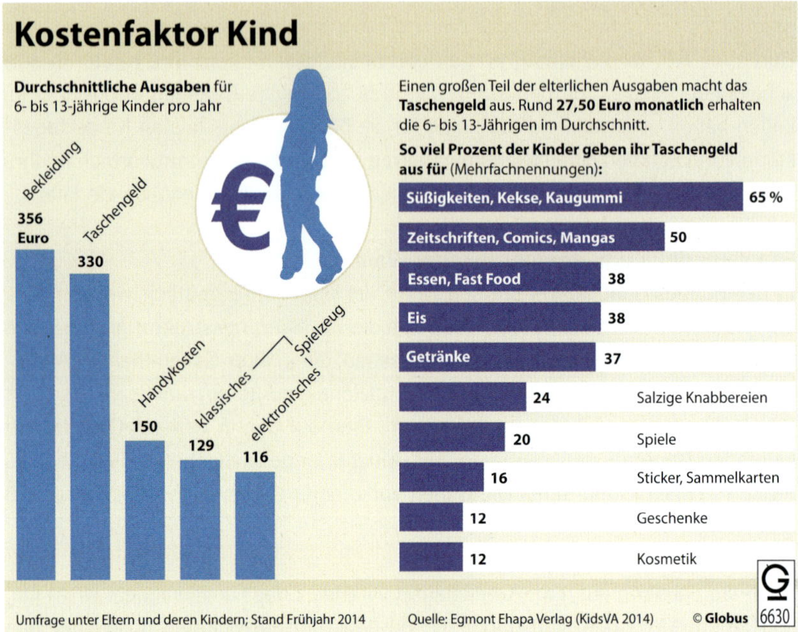

Staatliche Maßnahmen in der Familienpolitik

Zu den besonderen staatlichen Maßnahmen für den Schutz und die Förderung der Familie gehören z. B.:
- Steuervorteile: Vorteile durch Kinderfreibeträge in Lohn- und Einkommensteuer.
- Sozialwohnungen: finanzielle Förderung von Wohnungen mit geringerer Miete.
- Wohngeld: Sicherstellung von angemessenem Wohnraum durch Bezuschussung der Miete oder unterstützende Maßnahmen beim Hausbau usw.
- Arbeitslosengeld I und II: Familien erhalten im Bedarfsfall einen höheren Prozentsatz.
- Berufsausbildungsförderung (BAföG): Darlehen und finanzielle Zuschüsse für Schüler weiterführender Schulen und Studenten.
- Elternzeit:
  - Während der Dauer der Elternzeit von bis zu 3 Jahren können beide Eltern gleichzeitig oder nacheinander Elternzeit nehmen.
  - Mit Zustimmung des Arbeitgebers kann ein Jahr der Elternzeit zwischen dem 3. und dem 8. Geburtstag des Kindes genommen werden.
  - Die zulässige Teilzeitarbeit während der Elternzeit beträgt 30 Wochenstunden für jeden Elternteil – bei der gemeinsamen Elternzeit können Vater und Mutter also zusammen 60 Stunden pro Woche arbeiten.
- Kindergeld (2020): jeweils 204 € für die ersten zwei Kinder, für das dritte Kind 210 € und jeweils 235 € für jedes weitere Kind.
- Elterngeld: Zusätzlich zum Kindergeld werden maximal 67 % des durchschnittlichen Netto-Monatsgehalts der letzten 12 Monate gezahlt (höchstens 1 800 €).

TIPP
Die folgende Broschüre können Sie unter **www.bmfsfj.de** bestellen oder herunterladen:

Was kostet ein Kind?
[...] Es kursieren verschiedene Modellrechnungen, die auf unterschiedlichen Berechnungsgrundlagen basieren. Am leichtesten nachzuvollziehen ist die des Statistischen Bundesamts, sie stellt die laufenden Konsumausgaben in den Mittelpunkt ihrer Berechnungen.
Was kostet also ein Kind im Monat? Kinder kosten demnach durchschnittlich 584 €. Damit belaufen sich die Kosten für ein Kind bis zum 18. Lebensjahr auf knapp 130.000 €. [...]
Das Statistische Bundesamt kommt für die Jahre bis zum Schuleintritt auf eine Jahressumme von etwa 6.200 €. Dabei handelt es sich hier nur um die laufenden Kosten für Nahrung, Kleidung, Möbel, Freizeit, Spielen etc. Die Betreuungskosten sind hier nicht enthalten!

(aus: Plück, Sarah (2020): *Was kostet ein Kind? Die Frage der Fragen aller werdenden Eltern*; in: www.familie.de, 29.07.2020)

Gesetze auch für die Familie – das Familienrecht

Der Staat hält auch ein sehr umfangreiches Gesetzeswerk für das Zusammenleben in der Familie bereit, das Familienrecht:

Gleichberechtigung in der Ehe

Im Eherecht des Bürgerlichen Gesetzbuches (BGB) wird unter Berücksichtigung der Gleichberechtigung laut Artikel 3 Absatz 2 des Grundgesetzes Folgendes geregelt:

- Die Wahl des Ehenamens steht beiden Ehepartnern völlig frei. Die Kinder können keinen elterlichen Doppelnamen erhalten.
- Die Haushaltsführung umfasst die Regelung, wer den Haushalt leitet und wer erwerbstätig ist; wobei beide Partner erwerbstätig sein können.
- Die Schlüsselgewalt bezeichnet das Recht beider Ehepartner Geschäfte zur angemessenen Deckung des Lebensbedarfs vorzunehmen. Der andere Ehepartner wird hierdurch ebenfalls berechtigt und – z. B. zur Zahlung eines Kaufpreises – verpflichtet.
- Der Familienunterhalt dient der Sicherung des Lebensbedarfs und der persönlichen Bedürfnisse der im gemeinsamen Haushalt lebenden Ehepartner und Kinder.
- Der Kindes- und Ehegatten-Unterhalt bei getrennt Lebenden.
- Auseinandersetzung von Wohnung und Haushaltsgegenständen bei Trennung.
- Das Ehegüterrecht regelt die Rechtsstellung und Teilhabe der Ehepartner an ihrem vor und während der Ehe erwirtschafteten Vermögen.
- Das Scheidungsrecht regelt die Ehescheidung und deren rechtliche Folgen (Ehegatten-Unterhalt, Rechtsverhältnisse an Wohnung und Haushaltsgegenständen nach der Scheidung, Versorgungsausgleich).

Artikel 3 Grundgesetz:
(1) Alle Menschen sind vor dem Gesetz gleich.
(2) Männer und Frauen sind gleichberechtigt. Der Staat fördert die tatsächliche Durchsetzung der Gleichberechtigung von Frauen und Männern und wirkt auf die Beseitigung bestehender Nachteile hin.

Unter einem Streit leiden vor allem die Kinder

Das **eheliche Güterrecht** ist ein wichtiger Bestandteil des Eherechts. Heiratet ein Paar ohne einen Ehevertrag zu schließen, lebt es nach der Hochzeit im gesetzlichen Güterstand der Zugewinngemeinschaft. Das bedeutet, dass beide Partner ihr vor und nach der Heirat erworbenes Vermögen selbst verwalten und darüber selbst verfügen können. Nur wenn eine/r von ihnen über sein Vermögen im Ganzen bzw. sein wesentliches Vermögen verfügt oder über Haushaltsgegenstände, muss der andere Ehepartner zustimmen. Über gemeinsame Vermögensgegenstände (z. B. bei Eintragung von Miteigentum an einem Haus im Grundbuch) können sie nur gemeinschaftlich verfügen. Am Ende der Ehe, z. B. bei einer Scheidung, wird der während der Ehe von jedem erwirtschaftete Zugewinn untereinander ausgeglichen.

In einem notariellen **Ehevertrag** kann der Zugewinnausgleich ganz oder teilweise ausgeschlossen oder Gütertrennung oder Gütergemeinschaft vereinbart werden.

Bei **Gütertrennung** erfolgt eine Trennung der Vermögen beider Ehegatten ohne späteren Zugewinnausgleich.

Bei der **Gütergemeinschaft** wird das Vermögen beider Eheleute vollständig gemeinschaftliches Vermögen beider Eheleute.

Verfahren vor dem Familiengericht

Immer dann, wenn es zu Spannungen und Problemen in Ehe- und anderen Familienangelegenheiten kommt, ist das Familiengericht zuständig. Es ist eine besondere Abteilung des Amtsgerichts und mit einer Familienrichterin oder einem Familienrichter besetzt. Das Familiengericht ist unter anderem zuständig für:

- Eheangelegenheiten, z. B. Scheidung, Aufhebung oder Nichtigerklärung einer Ehe, Feststellung des Bestehens oder Nichtbestehens einer Ehe,
- die Regelung der elterlichen Sorge für ein Kind,
- die Regelung des Umgangs mit einem Kind,
- die Herausgabe eines Kindes an den anderen Elternteil,
- Streitigkeiten zur Unterhaltspflicht,
- die Anfechtung oder Feststellung der Vaterschaft,
- den Unterhalt und die Kosten aus Anlass der Geburt eines Kindes,
- die Regelung der Rechtsverhältnisse an der gemeinsamen Wohnung und am Hausrat,
- Maßnahmen zum Schutz vor Gewalt und Nachstellungen sowie zur Überlassung der gemeinsam genutzten Wohnung nach dem Gewaltschutzgesetz.

Die Scheidung

Der Satz ist bekannt: „Bis dass der Tod euch scheidet". Obwohl die Ehe eine Gemeinschaft auf Lebenszeit sein sollte, ist die Zahl der Scheidungen im Vergleich zu den Eheschließungen gegenwärtig relativ hoch (siehe Tabelle in der Randspalte, rechte Seite).

Eine Ehescheidung kann nur eingeleitet werden, wenn einer der Ehegatten einen Scheidungsantrag stellt. Voraussetzung für die Ehescheidung:

1. Ein Antrag auf Ehescheidung wird gestellt.
2. Das Gericht stellt fest, dass die Ehe gescheitert ist. Das heißt, es besteht keine Lebensgemeinschaft mehr und eine Wiederherstellung der Gemeinschaft ist nicht zu erwarten.

Leben die Ehegatten noch kein Jahr getrennt: Scheidung nur im Härtefall.	Leben die Ehegatten bereits seit einem Jahr getrennt: eine Scheidung ist möglich, wenn beide zustimmen.	Trennung schon mehr als drei Jahre: die Scheidung kann von einem Ehegatten durchgesetzt werden.

Im Rahmen des Scheidungsverfahrens wird auch der Versorgungsausgleich geregelt. Darunter fallen:

- gesetzliche Renten oder Beamtenpensionen,
- Betriebsrenten oder Zusatzversorgungen (z. B. öffentlicher Dienst, Kirche),
- Renten aus Versorgungseinrichtungen für bestimmte Berufe (z. B. Ärzte),
- Leistungen aus staatlich geförderter Altersvorsorge, (z. B. Riester-Rente),
- private Rentenversicherungen.

Das Kindschaftsrecht

Unsere Gesellschaft unterliegt einem ständigen sozialen Wandel, der auch Veränderungen in den Familienstrukturen mit sich bringt (vergleiche Abschnitte 2.2.1 und 2.2.2). Auch hier ist das Familienrecht gefragt und muss Lösungen und angemessene Rahmenbedingungen für die Probleme finden, die im Rahmen der neuen Formen des Zusammenlebens entstehen. Dabei geht es im Wesentlichen um Ausgewogenheit in Konfliktsituationen.

Gleichzeitig sollen die Schwächsten – und das sind meistens die Kinder – so gut wie möglich vor Gewalt und emotionaler oder materieller Vernachlässigung geschützt werden. Hierfür wurde insbesondere die rechtliche Stellung des Kindes verbessert durch

- die Reform des Kindschaftsrechts von 1998,
- ein Gesetz zur Ächtung der Gewalt in der Erziehung und
- ein Gesetz zur Verbesserung der Kinderrechte.

Auch sieht das 1998 reformierte Kindschaftsrecht von einer grundsätzlichen einseitigen Vergabe des elterlichen Sorgerechts ab. Im Gegensatz zu früher ist es heute möglich, dass auch Väter nichtehelicher Kinder das Sorgerecht erhalten. Im Falle der Scheidung eines Ehepaares oder der Trennung eines unverheirateten Paares bleibt ein gemeinsames Sorgerecht bestehen. Kinder haben nun sogar ein Recht darauf, dass sich beide Elternteile um sie kümmern – unabhängig davon, ob sie verheiratet sind oder nicht.

Diese Änderungen sind insbesondere auch für die unverheirateten Paare in Deutschland von Bedeutung, da das gemeinsame Sorgerecht den Vätern ermöglicht, die Erziehung ihrer Kinder mitzubestimmen. Es erleichtert einem Vater die Übernahme von Verantwortung im Alltag, z. B. bei Arztbesuchen oder auch in Gesprächen mit Lehrern, da er als Sorgeberechtigter ebenfalls Entscheidungen im Sinne des Kindes treffen kann. Gerade für Kinder ist dies wichtig, da sie so vermittelt bekommen, dass sie zwei gleichberechtigte Elternteile haben.

Jahr	Eheschließungen	Scheidungen
2019	416 300	148 066
2016	400 115	162 397
2013	373 655	169 833
2000	418 550	194 408
1980	362 408	96 222
1960	521 445	48 873

Quelle: Statistisches Bundesamt

§ 1631 BGB

(2) Kinder haben ein Recht auf gewaltfreie Erziehung. Körperliche Bestrafungen, seelische Verletzungen und andere entwürdigende Maßnahmen sind unzulässig.

Welches Gericht entscheidet über kindschaftsrechtliche Angelegenheiten?

Sowohl für Sorge- und Umgangsverfahren als auch für unterhaltsrechtliche Streitigkeiten sind die bei den Amtsgerichten angesiedelten Familiengerichte zuständig. Örtlich zuständig ist grundsätzlich das Familiengericht am Wohnort des Kindes. Die Zuständigkeit für Entscheidungen im Adoptionsverfahren und bei Vormundschaftsangelegenheiten liegt beim Vormundschaftsgericht.

HINWEIS

Verfahrenskostenhilfe im familiengerichtlichen Verfahren: Für alle Verfahren beim Familiengericht kann man Verfahrenskostenhilfe beantragen, wenn man die Verfahrenskosten nicht selbst aufbringen kann – am besten bei der Rechtsantragsstelle oder über einen Rechtsanwalt.

Rechtsmittel gegen Entscheidungen des Familiengerichts ist seit einigen Jahren immer die Beschwerde. Da es in Verfahren des Familiengrichts nur noch „Beschlüsse" und keine Urteile mehr gibt, ist hier auch das Rechtsmittel der Berufung entfallen. Zuständig für die Entscheidung über das Rechtsmittel der Beschwerde ist immer das Oberlandesgericht (OLG), nicht etwa (wie bei einer Berufung) das Landgericht. Einzulegen ist die Beschwerde jedoch beim Familiengericht (Amtsgericht), gegen dessen Beschluss sich die Beschwerde richtet. Das Familiengericht leitet die Akten dann an das zuständige OLG weiter. Eingelegt werden muss die Beschwerde beim Familiengericht spätstens vier Wochen, nachdem es den angegriffenen Beschluss getroffen hat. In bestimmten Fällen ist sogar eine zweiwöchige Frist einzuhalten.

Bei Ehe- und Familienstreitsachen muss die Beschwerde begründet werden. Die Frist beträgt zwei Monate und beginnt mit der schriftlichen Bekanntgabe des Beschlusses. Da im Regelfall im Beschwerdeverfahren ein Anwaltszwang besteht, sollte sogleich nach dem Beschluss des Familiengerichts anwaltlicher Rat eingeholt werden.

AUFGABEN

1. Recherchieren Sie im Internet und finden Sie aktuelle Beispiele für staatliche Maßnahmen zum Schutz und zur Förderung der Familie.
2. a) Erläutern Sie, welche Vorteile sich für Eltern aus der Elternzeit-Regelung ergeben.
   b) Sind die damit verbundenen finanziellen Hilfestellungen Ihrer Meinung nach ausreichend?
3. Nennen Sie die möglichen Vorteile für Kinder, aber auch für Elternteile, die sich aus dem reformierten Kindschaftsrecht ergeben.

Blickpunkt: *Markus kann es kaum fassen, als sein Opa ihm erzählt, dass er als Lehrling an sechs Tagen insgesamt 48 Stunden wöchentlich arbeiten musste. Der Urgroßvater von Markus hatte sogar eine wöchentliche Arbeitszeit von 60 Stunden und ebenfalls eine 6-Tage-Arbeitswoche. Markus wundert sich: „Wann habt ihr denn da Freizeit gehabt, Opa?"*

Jahr	Wochenarbeitszeit
1825	82 Stunden
1875	72 Stunden
1900	60 Stunden/6 Tage
1950	48 Stunden
1956	5-Tage-Woche
1965	40 Stunden
1984	38,5 Stunden

(aus: Novalis aktuell – Informationen zum Zeitgeschehen aus Politik, Wirtschaft, Wissenschaft und Kultur (1994), Nr. 7/8)

2.3 Freizeitverhalten – was läuft nach Feierabend?

2.3.1 Freizeit und Freizeitgestaltung

Vergleicht man die heutige Situation von Arbeitnehmern mit der Situation früherer Generationen, so lässt sich feststellen, dass die Arbeitszeit – trotz der derzeitigen teilweisen Rücknahme der verkürzten Arbeitszeit – insgesamt abgenommen hat. Galt beispielsweise um 1900 noch die 6-Tage-Woche bei einer Arbeitszeit von 60 Wochenstunden, so ist heute durch Tarifverträge eine wöchentliche Regelarbeitszeit von 35 bis 40 Stunden vereinbart. Damit hat sich das Verhältnis von Arbeitszeit und freier Zeit deutlich geändert.

Wie jeder Einzelne seine Freizeit letztendlich gestaltet, hängt von unterschiedlichen Faktoren ab.

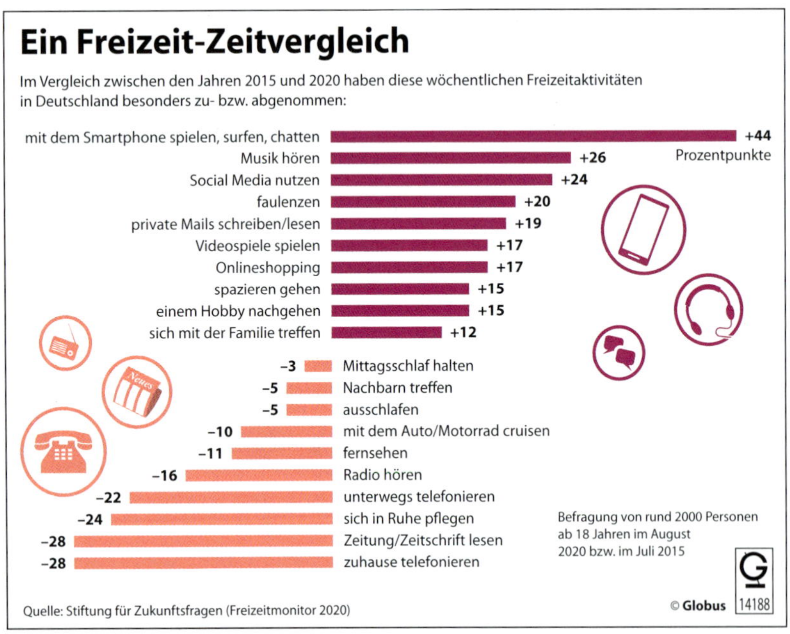

Unter Freizeit lässt sich ganz allgemein die frei zur Verfügung stehende Zeit des Einzelnen verstehen – ohne Erwerbstätigkeit, Schulaufgaben, Hausarbeit usw. Sie dient im Wesentlichen dazu,

- sich zu entspannen und zu erholen,
- Beziehungen zu anderen Menschen zu pflegen,
- sich weiterzubilden bzw. seinen Interessen nachzugehen (z.B. Musik, Sport, Theater, Kino, handwerkliche Hobbys).

Jugendliche in der Freizeit

Laut statistischen Erhebungen haben in den letzten Jahren technikbezogene Freizeitaktivitäten zugenommen. So verfügen mittlerweile etwa 95 % der Jugendlichen über einen Internetzugang.

Generell gilt, dass das Bildungsniveau und die soziale Schicht einen deutlichen Einfluss auf die Freizeitgestaltung haben.

Folgt man der 17. Shell Jugendstudie, so sind viele Jugendliche in ihrer Freizeit in ihrem Lebensumfeld gesellschaftlich aktiv. 39 Prozent der Jugendlichen geben an, „oft“ bzw. „gelegentlich“ für soziale oder gesellschaftliche Zwecke in ihrer Freizeit aktiv zu sein. Hinzu kommt Engagement für sozial schwache oder benachteiligte Menschen, für ein besseres Zusammenleben oder auch Sicherheit und Ordnung im Wohngebiet oder sonstige konkrete Fragen. Bürgerinitiativen, Parteien und Verbände oder auch Hilfsorganisationen spielen dabei allerdings eine untergeordnete Rolle.

Mehr Freizeit – Auswirkungen auf die Gesellschaft

Die Freizeit hat in unserer heutigen Gesellschaft einen hohen Stellenwert. Insbesondere in wirtschaftlich guten Zeiten ist daher immer wieder einmal vom Weg in die Freizeitgesellschaft die Rede. Zu dieser Auffassung haben vor allem geringere Arbeitszeiten und eine verkürzte Lebensarbeitszeit beigetragen. Dabei zeigt sich, dass sich vor allem die Bedeutung von Arbeit und Freizeit für die Lebensplanung verschoben hat: Statt zu leben, um zu arbeiten, steht nun die Arbeit als Grundlage für ein angenehmes Leben im Vordergrund.

Aber auch hier scheint sich ein neuer Trend abzuzeichnen: Die neben der Arbeitszeit zur Verfügung stehende Zeit wird in unserer heutigen Gesellschaft weniger dazu genutzt, sich im privaten Umfeld zu engagieren. Eine immer wichtigere Rolle spielen die sozialen Medien, die die echten sozialen Kontakte in den Hintergrund zu drängen scheinen. Gleichzeitig wird eine Vielzahl an unterschiedlichen Aktivitäten wahrgenommen – es wird in der Freizeit immer mehr in der zur Verfügung stehenden Zeit unternommen.

Freizeit heißt für viele ganz schön viel Stress

Heute schon mit den Nachbarn geplaudert? Oder am Wochenende Oma und Opa besucht? Nach dem neuen Freizeit-Monitor haben die Bundesbürger weniger Zeit für sich und andere – und machen sich dafür jede Menge Freizeitstress. Aber wollen sie das so?

Soziale Medien versus soziales Leben: Bei den liebsten Freizeitbeschäftigungen der Deutschen sind Medien die eindeutigen Gewinner der vergangenen fünf Jahre. Sieben bis neun von zehn Aktivitäten in der Freizeit seien heute von Fernsehen, Radiohören, Telefonieren oder Smartphone-Nutzung geprägt, heißt es in der repräsentativen Studie Freizeit-Monitor, die am Mittwoch in Berlin vorgestellt wurde.

Auf der Strecke blieben dagegen immer häufiger echte Sozialkontakte – von Besuchen bei Oma, Treffen mit Freunden bis hin zum einem Plausch mit den Nachbarn. Dazu kommt ein Springen von einem Freizeitereignis zum nächsten. Pro Woche sind es heute im Schnitt 23 – vor 20 Jahren waren es zwölf.

(aus: www.tagesspiegel.de, 05.09.2018)

Freizeit: Der Zeitraum, der dem arbeitenden Menschen neben seinen beruflichen oder berufsähnlichen Verpflichtungen verbleibt; häufig wird Freizeit auch in reproduktive oder regenerative (Ernährung, Schlaf, Körperpflege) und frei verfügbare Zeit (Vergnügen, Tätigkeiten zur Selbstverwirklichung, besonders in Form der Pflege sozialer Kontakte, von Interessengebieten, künstlerischer und handwerklicher Neigungen) unterteilt.
In den letzten Jahrzehnten hat im Zug der Verkürzung der Arbeitszeit und Verlängerung des Urlaubs die Freizeit fast aller Arbeitnehmer erheblich zugenommen. Die Vermehrung der Freizeit wurde besonders durch das Steigen der Arbeitsproduktivität begünstigt [...]. So war es einerseits möglich, das Angebot an Konsumgütern auszuweiten, andererseits regte der Zuwachs an Freizeit die Nachfrage nach solchen Gütern an. [...]

(aus: DTV Lexikon)

Aufteilung der Zeit: früher – heute

Jahr	Arbeitszeit	Obligationszeit*	Freizeit	Schlafzeit
1953	31 %	18 %	18 %	33 %
1973	26 %	18 %	22 %	33 %
1993	23 %	20 %	24 %	33 %
2020	19 %	22 %	26 %	33 %

* Obligationszeit: Zeit für Hygiene und Gesundheit, Essen, Einkäufe, Besorgungen und soziale Verpflichtungen

AUFGABEN

1. a) Erstellen Sie für Ihre Klasse einen Umfragebogen, um die beliebtesten Freizeitaktivitäten zu ermitteln.
   b) Werten Sie die Umfrage aus und fassen Sie zusammen, was Ihnen zum Freizeitverhalten in Ihrer Klasse auffällt.
2. Nennen Sie mögliche Gründe dafür, warum sich Jugendliche heutzutage verstärkt in den sozialen Medien betätigen.
3. Zählen Sie stichpunktartig auf, welche Möglichkeiten der Freizeitgestaltung es in Ihrer Region gibt.
4. Erläutern Sie, inwieweit Sie mit dem Freizeitangebot Ihrer Region zufrieden sind. Machen Sie Verbesserungsvorschläge.

2.3.2 Freizeit: Probleme und Gefahren

Blickpunkt: *Über Langeweile kann Ariane nicht klagen. Sie unternimmt viel mit Freunden und trainiert zweimal wöchentlich im Schwimmverein. Ihre restliche Freizeit verbringt sie häufig vor dem PC: mit surfen, chatten und mailen.*

Freizeit ist zu einem wichtigen Teil in der heutigen Lebensplanung geworden. In seiner Freizeit kann man sich verwirklichen und den eigenen Interessen nachgehen. Gerade aber der Umgang mit der Freizeit kann dann zu Problemen führen, wenn jemand nicht gewohnt ist, diese Zeit auch sinnvoll zu nutzen. Oft führt dies zu passiven Verhaltensweisen und damit zur Langeweile. Langeweile wiederum kann Unzufriedenheit zur Folge haben und ein negatives Verhalten bewirken.

Mögliche Folgen negativ genutzter Freizeit

Kein Wissen um positive Freizeitgestaltung, fehlende Motivation

↓

Langeweile und Unzufriedenheit

↓

Negative Freizeitgestaltung

↓

Alkoholkonsum	**Drogenkonsum**	**Internetsucht**	**Spielsucht**	**Vandalismus**	**Gewalt gegen andere**

- **Alkoholkonsum / Drogenkonsum:** – Abhängigkeit – Gesundheitsschäden – sozialer Abstieg – finanzielle Probleme
- **Internetsucht / Spielsucht:** – finanzielle und psychische Probleme – Abhängigkeit
- **Vandalismus / Gewalt gegen andere:** – sozialer Abstieg – finanzielle Probleme – strafrechtliche Konsequenzen

Aktive Freizeitgestaltung will genauso gelernt sein, wie vieles andere im Leben auch. Lernen Kinder dies nicht schon im Elternhaus, ist es für sie später umso schwerer, hier ein anderes Verhalten zu zeigen.

Mögliche Ursachen für aggressives Verhalten von Kindern und Jugendlichen:
- Beziehungsstörungen von Kindern im Elternhaus
- zunehmende Vereinsamung der Kinder in unserer Gesellschaft
- konsumorientierte, passive Freizeitgestaltung (z. B. TV-, Video- und Internetkonsum)
- Leistungsprobleme von überforderten beziehungsweise überförderten Kindern, die auch zur Flucht aus der Realität in eine Scheinwelt (via Videokonsum, Computerspiele, Drogen usw.) führen können
- Ausgrenzungsprobleme (Selbstschutz, Weitergabe von Selbsterlittenem)
- Gruppendruckphänomene (Mitmachen ist Pflicht, um dazuzugehören)

Passive Freizeitgestaltung – Fernsehen, Videos und Computer

Von passiver Freizeitgestaltung spricht man dann, wenn die freie Zeit nicht aktiv gestaltet, sondern passiv konsumiert wird. Hier stehen vorrangig der Fernseh-, DVD-, Videospiele- und Internetkonsum im Vordergrund. Problematisch erscheint vor allem die Möglichkeit, durch einen starken Konsum dieser Medien das Verhältnis zur Wirklichkeit zu verlieren: Realität und Scheinwelt können dann verschwimmen.

Von Fachleuten wird kontrovers diskutiert, inwieweit Filme oder Computerspiele mit gewalttätigen Inhalten, aber auch Nachrichtensendungen, die menschliche Not, Tragödien, Gewaltverbrechen oder Katastrophen zeigen, die Aggressivität fördern. Dabei stellt sich die Frage, ob die dargestellte Gewalt das Verhalten – insbesondere von Jugendlichen – nicht nur unmittelbar beeinflusst, sondern auch Einfluss auf die weitere Entwicklung nimmt. Hierzu gibt es die folgenden Positionen:

- Die sogenannte **Katharsistheorie** geht davon aus, dass das Betrachten von Gewalt keine negativen Auswirkungen hat. Vielmehr böten Gewaltdarstellungen – z.B. im Fernsehen – die Möglichkeit, aggressive Anregungen in der Fantasie zu bearbeiten und damit abzureagieren. Fernsehgewalt sei somit ein Ventil für reale Gewalt.

Vandalismus: Zerstörungswut; mutwillige, sinnlose Zerstörung

kontrovers: strittig, entgegengesetzt

Katharsis: das Sichbefreien von seelischen Konflikten und inneren Spannungen durch gefühlsmäßiges Abreagieren

Stimulanz: Anreiz, Antrieb

- Die **Stimulationshypothese** geht hingegen davon aus, dass im Verborgenen vorhandene Verhaltensweisen durch die Betrachtung von Gewaltszenen im Fernsehen als normale Verhaltensweise empfunden werden könnten.
- Die zurzeit am meisten vertretene Ansicht besagt, dass ein Film oder ein Videospiel dann zur Nachahmung führen kann, wenn das gesamte mediale Werk dazu anregt. Eine Identifizierung mit dem Täter, dem Opfer oder deren jeweiligen Verhaltensweisen findet also erst statt, wenn z. B. ein Film diese positiv darstellt.

Chatten, mailen, surfen – vernetzt im sozialen Internet-Netzwerk

2000 war in Deutschland gerade jeder zehnte Einwohner online, Jugendliche kaum. Heute tummelt sich bei den mittleren Altersjahrgängen die Mehrheit im Internet. Bei den Jüngeren sind es fast alle. Viele von ihnen sind stark in den neuen sozialen Netzwerken aktiv. Fast jeder zweite Internetnutzer ist z. B. bei Facebook oder Instagram registriert.

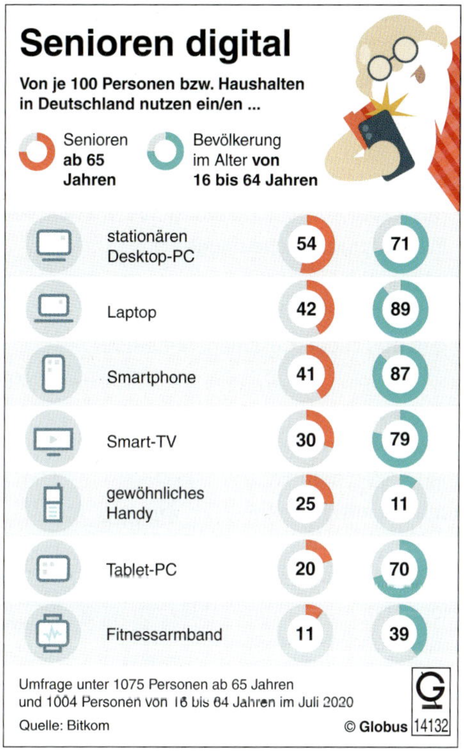

Exzessive PC- und Internetnutzung kann jedoch süchtig machen. Insbesondere dann, wenn der PC nicht als Arbeitsmittel, sondern das „Dauersurfen“ zur Freizeitgestaltung genutzt wird. Die Nutzung des Internets wird dann zum zwanghaften Drang. Dies trifft insbesondere junge Männer im Alter von 15 bis 25 Jahren. Sie flüchten in die virtuelle Welt, weil sie mit dem Leben nicht klarkommen und sich den vielfältigen realen Anforderungen nicht gewachsen fühlen. Das Internet wird zur Ersatzwelt, in der sie Anerkennung und Bestätigung finden. **Internetsucht** ist eine Sucht wie die Spiel- und Alkoholsucht – und kann schon im Kindesalter beginnen.

So nutzen Kinder das Internet

Kinder und Jugendliche zwischen 9 und 17 Jahren sind pro Tag im Durchschnitt 2,4 Stunden online – und am Wochenende sind es gut drei Stunden. [...]

Ältere Jugendliche zwischen 15 und 17 Jahren etwa gaben an, täglich 3,4 Stunden und am Wochenende vier Stunden im Internet zu sein. Bei 9- bis 11-jährigen Kindern lag der Tageswert bei 1,4 Stunden. 90 Prozent der 15- bis 17-jährigen Befragten gaben an, mindestens mehrmals täglich ein Smartphone zu nutzen, bei den 9- bis 11-Jährigen waren es 38 Prozent. [...]

Neun Prozent der befragten Kinder und Jugendlichen gaben tatsächlich an, online etwas Schlimmes oder Verstörendes erlebt zu haben – davon waren Mädchen stärker betroffen als Jungen. Fast ein Drittel der befragten 12- bis 17-Jährigen erklärte auch, in den zurückliegenden zwölf Monaten ungewollt mit intimen oder anzüglichen Fragen konfrontiert worden zu sein. [...]

Kinder und Jugendliche, die im Netz verstörende oder schlimme Erfahrungen gemacht hätten, bräuchten nach Einschätzung der Forscher mehr Hilfsangebote und Begleitung. Auch müssten ihnen unter anderem Familie und Schule soziale Fähigkeiten für den Umgang mit dem Internet vermitteln, heißt es.

(aus: Spiegel Online, www.spiegel.de, 19.09.2019)

AUFGABEN

1. a) Erläutern Sie den Unterschied zwischen aktiver und passiver Freizeitgestaltung.
   b) Beschreiben Sie, wie Sie Ihre Freizeit vorrangig verbringen.
2. Fassen Sie die Kernaussagen zu den einzelnen Theorien über den Einfluss von Gewaltdarstellungen in Medien in eigenen Worten zusammen.
3. Führen Sie in Ihrer Klasse eine Debatte zum Thema „Einfluss von Gewaltdarstellungen in den Medien auf das eigene Verhalten“. Hinweise dazu, wie eine Debatte geführt wird, finden Sie nach Abschnitt 9.2.5.

***Blickpunkt:** Wie sagt Mirkos Chef doch immer: „Wer viel arbeitet, darf auch gerne mal feiern …". Aber muss es immer gleich so enden?*

2.3.3 Nicht mehr Herr der Lage sein – Abhängigkeiten

Als Sucht bzw. Abhängigkeit bezeichnet man das zwanghafte Verlangen nach einem bestimmten Erlebniszustand. Diesem Verlangen werden – nach Verständnis der Weltgesundheitsorganisation – die Kräfte des Verstandes untergeordnet. Eine solche Abhängigkeit beeinträchtigt die freie Entfaltung der Persönlichkeit und zerstört die sozialen Bindungen und Chancen einer Person.
Ob Arbeiten, Sammeln, Machtstreben, Kaufen, Essen, Spielen oder Sexualität – fast jede Form menschlichen Interesses kann zu einer Suchterkrankung führen.

Dabei wird unterschieden zwischen **stoffgebundener** (z.B. Drogen- oder Alkoholabhängigkeit) und **stoffungebundener Abhängigkeit** (z.B. Magersucht, Bulimie).

Eine Sucht bzw. Abhängigkeit kann sein:
- **physisch** (körperlich): Bei Nichteinnahme von bestimmten Stoffen treten körperliche Entzugserscheinungen auf.
- **psychisch** (seelisch): Körperliche Entzugserscheinungen treten nicht auf, jedoch ein starkes Konsumverlangen, dessen Nichterfüllung zu Stimmungsschwankungen und Niedergeschlagenheit führt.

Sucht – Missbrauch – Abhängigkeit
Im offiziellen Sprachgebrauch der Weltgesundheitsorganisation (WHO) wurde der Begriff „Sucht" von 1957 bis 1964 verwendet. Danach wurde er durch „Missbrauch" und „Abhängigkeit" ersetzt. In wissenschaftlichen Arbeiten wird der Begriff „Sucht" daher nicht mehr benutzt, er ist umgangssprachlich aber weiterhin üblich und verbreitet.

Drogen

Unter Drogen versteht man alle natürlichen und chemisch-synthetischen Stoffe, die in die Abläufe des Körpers eingreifen und Stimmungen, Wahrnehmungen, Handlungen und Gefühle beeinflussen. Dabei wird unterschieden zwischen legalen und illegalen Drogen. Ob eine Droge legal ist bzw. sogar als Heilmittel verwendet wird, hängt oftmals vom Kulturkreis ab.

Das Verbot bestimmter Substanzen dient in der Regel dazu, die Gesundheit des Einzelnen zu schützen. In Deutschland legt das Betäubungsmittelgesetz fest, welche Substanzen bzw. welche Stoffe legal sind und welche nicht.

legale Drogen: Man spricht auch von sogenannten Alltagsdrogen. Zu ihnen gehören u.a. Tabakwaren, Alkohol und Arzneimittel. Sie sind rechtlich erlaubt und gesellschaftlich akzeptiert.

illegale Drogen: Sie werden auch als Betäubungsmittel oder umgangssprachlich als Rauschgift bezeichnet. Besitz, Handel und Gebrauch sind strafbar bzw. unterliegen gesetzlichen Auflagen.

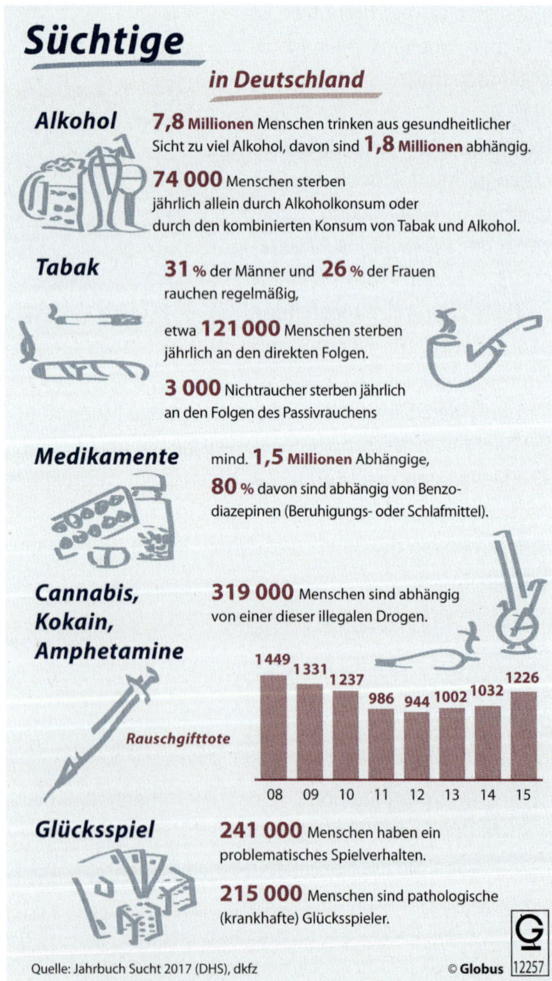

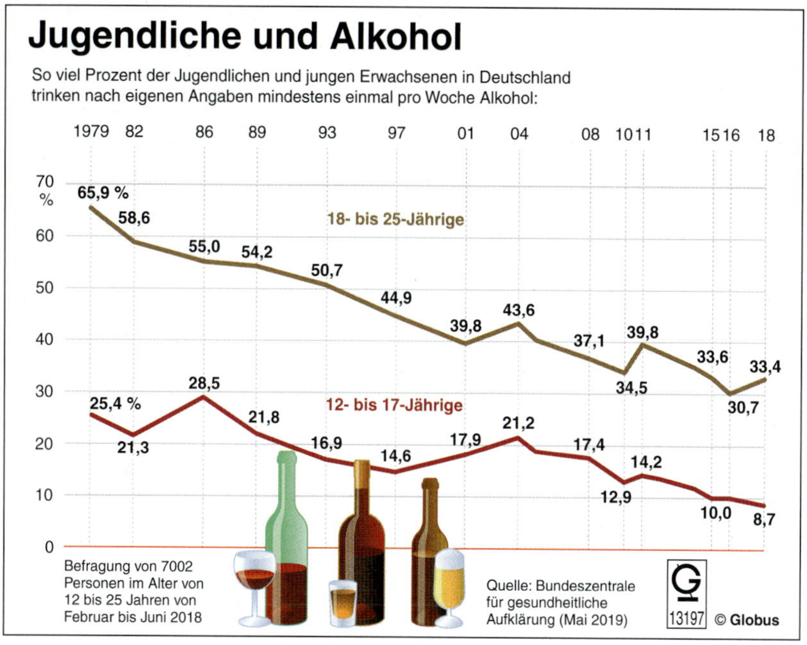

Alkohol und Nikotin

Sie gehören in unserer Gesellschaft zu den legalen Drogen. Dennoch bergen sie große Gefahren für die Gesundheit.

Gerade der Alkoholkonsum von Jugendlichen ist in letzter Zeit wieder stark ins öffentliche Bewusstsein gedrungen, da es u.a. auf sogenannten „Flatratepartys" immer wieder zu einer steigenden Anzahl von Alkoholvergiftungen gekommen ist.

Suchtbehandlung

An erster Stelle steht der körperliche Entzug des Suchtmittels (z.B. die Entgiftung), gefolgt von einer psychotherapeutischen Behandlung (Langzeitentwöhnung). Von besonderer Bedeutung ist das Hinzuziehen bzw. die Mitarbeit der Angehörigen und/oder der Bezugspersonen. Der Abhängige selbst muss Hilfe in einer Selbsthilfegruppe suchen und dazu bereit sein, sein Verhalten zu ändern.

Das oberste Behandlungsziel ist der dauerhafte Verzicht auf das Suchtmittel. Dazu sollten in einer psychotherapeutischen Behandlung die Persönlichkeitsdefizite verringert oder ein anderer Umgang mit ihnen erlernt werden. Nur dann ist der abhängige Patient in der Lage, auf das Suchtmittel zu verzichten, da er zu seinen als Defizite empfundenen Eigenschaften oder Verhaltensweisen stehen kann.

Kennzeichen einer erfolgreichen Therapie

Eine erfolgreiche Therapie bietet einen neuen Lernprozess und überwindet die Entzugserscheinungen. Gleichzeitig hilft sie, einen Rückfall zu vermeiden, und bietet dem Süchtigen eine Kontrolle seines Verhaltens an.

Woran kann man einen Suchtkranken erkennen?

Es gibt keinen zuverlässigen Kriterienkatalog für das Erkennen einer Suchterkrankung. Allerdings könnten u.a. folgende Auffälligkeiten hierauf hinweisen:

- Aufgabe bisheriger Interessen bis zur Teilnahmslosigkeit,
- unerklärlicher Geldmangel,
- fehlende Perspektive und Aktivität für die Zukunft,
- Rückzug in eine totale Isolation,
- plötzliches Absinken der Leistungen auf allen Gebieten,
- Aufgabe oder ständiger Wechsel des Freundeskreises.

Mögliche Ursachen von Suchtverhalten bei Jugendlichen:

- ungesicherte emotionale Beziehungen innerhalb der Familie,
- veränderte Lebens- und Berufsperspektiven der Eltern,
- ständige Überforderung durch zu viel Freiheit und Mangel an Orientierungshilfen,
- hohe Leistungsanforderungen in Schule und Ausbildung,
- beängstigende Zukunftsperspektiven.

HINWEIS

Weitere Informationen, aber auch Hinweise und Hilfe finden Sie u.a. auf folgenden Internetseiten:

www.synanon-aktuell.de
www.anonyme-alkoholiker.de
www.drugcom.de

AUFGABEN

1. Erläutern Sie die in der rechten Randspalte aufgeführten Ursachen für ein mögliches Suchtverhalten und finden Sie weitere Gründe, die Ihrer Meinung nach Ausgangspunkt für eine Sucht sein könnten.
2. Bewerten Sie Ihren eigenen Alkoholkonsum in der Freizeit. Welche Schlussfolgerungen können Sie bei genauerer Betrachtung daraus ziehen?

Was Sie wissen sollten …

Die folgenden Begriffe zum Thema **Seinen Platz in der Gesellschaft finden** sollten Sie erläutern können:

Wichtige Begriffe	Sie können mitreden, wenn …
DER MENSCH IN DER GESELLSCHAFT	
Gesellschaft, Primär- und Sekundärgruppe, Rollenverhalten, Rollenerwartung	▪ Sie wissen, was man unter dem Begriff Gesellschaft versteht. ▪ Sie eine Primär- von einer Sekundärgruppe unterscheiden und unterschiedliches Rollenverhalten und unterschiedliche Rollenerwartungen erkennen und differenzieren können.
Erwartungshaltungen, Konflikte, Intra- und Interrollenkonflikt	▪ Sie sich im Klaren darüber sind, was Erwartungshaltungen sind und wie durch sie Konflikte entstehen können. ▪ Sie die Begriffe Intrarollenkonflikt und Interrollenkonflikt inhaltlich unterscheiden können.
Ursachen von Spannungen, Ansprechen von Problemen, Konfliktgespräch	▪ Sie darüber informiert sind, welche möglichen Ursachen zu Spannungen führen können, wie man solche Probleme löst und ein entsprechendes Konfliktgespräch führt.
Gruppe, Milieu	▪ Sie die Begriffe Gruppe und Milieu umschreiben und voneinander trennen können und den Begriff Milieu anhand von Beispielen genauer darstellen können.
DIE FAMILIE – GRUNDSTEIN UNSERES LEBENS	
Familienformen, Wandel der Familie	▪ Sie einzelne Familienformen benennen und eine Unterscheidung zwischen den einzelnen Formen treffen können. ▪ Sie den Wandel der Familie in unserer Gesellschaft nachvollziehen und anhand von Beispielen belegen können.
bürgerliches Familienbild, innerfamiliäre Rollen, Erziehungsziele	▪ Sie in der Lage sind, das bürgerliche Familienbild zu umschreiben. ▪ Sie wissen, was mögliche Rollenbilder innerhalb einer Familie sind und wie mögliche Alternativen aussehen könnten. ▪ Sie Erziehungsziele benennen und gegenüberstellen können.
staatliche Familienpolitik, Gleichberechtigung in der Ehe, Familiengericht, Kindschaftsrecht, Elternzeit	▪ Sie einzelne Ziele und Maßnahmen staatlicher Familienpolitik kennen. ▪ Ihnen der Begriff der Gleichberechtigung in der Ehe und die daraus resultierenden Rechte und Pflichten vertraut sind. ▪ Sie die Aufgabe und Bedeutung des Familiengerichts kennen. ▪ Sie wissen, welche Bedeutung das Kindschaftsrecht hat und welche Vorteile für Familien durch die Elternzeit erzielt werden sollen.
bevölkerungsorientierte Familienpolitik	▪ Sie mit dem Begriff bevölkerungsorientierte Familienpolitik etwas anfangen und dessen Grundidee erklären können.
FREIZEITVERHALTEN – WAS LÄUFT NACH FEIERABEND?	
Freizeitgesellschaft, Freizeitgestaltung	▪ Sie den Zusammenhang von sogenannter Freizeitgesellschaft und Freizeitgestaltung kennen.
passive Freizeitgestaltung, Freizeitgefahren	▪ Sie erläutern können, was unter passiver Freizeitgestaltung zu verstehen ist, und mögliche Gefahren der entsprechenden Freizeitgestaltung benennen können.
Sucht und Abhängigkeit, Drogen, Suchtverhalten	▪ Ihnen die Begriffe Sucht bzw. Abhängigkeit etwas sagen und Sie Merkmale benennen können, die auf Suchtmittelmissbrauch hindeuten. ▪ Sie den Begriff Drogen näher erläutern können und Institutionen bzw. Anlaufstellen für Ratsuchende kennen.

3

DEMOKRATIE HEUTE – EIN LANGER WEG

3.1 Der lange Weg zur Demokratie – von der Polis zu den Menschenrechten

3.1.1 Die Idee der Demokratie

Blickpunkt:

Polis: griechisch „Stadt“; Bezeichnung für das antike griechische Gemeinwesen

Hierarchie: Rangordnung, Rangfolge

Die Ursprünge der Demokratie reichen zurück bis ins antike Griechenland. Die Griechen waren nicht in einem einzigen Staat vereinigt. Ihr gesellschaftliches und politisches Leben verlief innerhalb der Städte (Poleis) – kleine selbstständige Gebiete wie z. B. Athen oder Sparta. Als Polis (Plural: Poleis) bezeichneten die Griechen nicht nur die Stadt im engeren Sinne, sondern auch die städtische Gemeinschaft, in der man öffentlich handelte. Unser Wort Politik leitet sich von dieser Bedeutung des Begriffs Polis ab.

Das Treffen wichtiger politischer Entscheidungen sowie die Wahl der Regierenden waren Aufgaben der Volksversammlung. Die öffentlichen Ämter wurden für eine begrenzte Zeit vergeben und ihre Inhaber mussten öffentlich Rechenschaft ablegen. Genau betrachtet, besaß aber nur die kleine Minderheit der Vollbürger alle Rechte. Frauen, Sklaven und Nichtbürgern hingegen fehlte das Stimmrecht und sie konnten weder Grundbesitz erwerben noch öffentliche Ämter bekleiden.

Aristoteles verwendete den Begriff Demokratie negativ, um damit die Herrschaft der Armen zu bezeichnen. Diese – nach seiner Auffassung – entartete Staatsform würde nicht das Wohl der Allgemeinheit, sondern nur das Wohl des herrschenden Teils der Bevölkerung verfolgen: nämlich das der Armen.
Aristoteles war für eine Form der Mischverfassung zwischen Demokratie und Oligarchie, die sogenannte Politie. Er sah die Freiheit als Grundlage der demokratischen Staatsform. Zur Freiheit gehört seiner Auffassung nach, dass man abwechselnd regiert und regiert wird. Die Vergabe von Ämtern sollte durch das Los erfolgen, zumindest für solche Ämter, die keiner besonderen Erfahrung oder Kenntnisse bedürfen.

Der griechische Staatsphilosoph **Aristoteles** (384–322 v. Chr.) unterschied drei verschiedene Staats- und Verfassungsformen, wobei er für jede gute Herrschaftsform auch eine schlechte Ausprägung festlegte:

Gute Herrschaftsform		und ihre		schlechte Variante
		nach Aristoteles		
Monarchie	→	die Herrschaft des Einzelnen	←	Tyrannis
Aristokratie	→	die Herrschaft einiger	←	Oligarchie
Politie	→	die Herrschaft aller	←	Demokratie

Aristoteles fasste die Politie als beste Herrschaftsform auf, denn sie war die Herrschaft weniger, aber von allen gewählter Politiker. Die Demokratie hingegen sah er als ihre Entartung an, denn sie war „die Herrschaft des Pöbels, der sich nicht durch weise Führer vertreten ließ“.
Erst in der Zeit der Aufklärung erhielt der Begriff der Demokratie eine positive Bedeutung und wurde oft mit der Bezeichnung Republik gleichgesetzt (siehe hierzu auch Seite 136).

Demokratie ist heute ein vieldeutiger Begriff, mit dem sich im Verlauf der vergangenen Jahrhunderte viele Menschen beschäftigt haben. Sie prägten immer neue Definitionen, die sich lange Zeit an der Demokratievorstellung der Griechen (Polis) orientierten.
In der modernen Demokratiediskussion fallen u. a. Begriffe wie: Basisdemokratie, repräsentative Demokratie, Rätedemokratie, pluralistische Demokratie, präsidiale Demokratie, parlamentarische Demokratie, plebiszitäre Demokratie, indirekte Demokratie, mittelbare Demokratie, direkte Demokratie. Es gibt sogar einen eigenen Wissenschaftszweig, der sich mit „Demokratieforschung" befasst.

Formen der Demokratie

Demokratische Staatsformen sind weltweit unterschiedlich organisiert, in ihren Grundsätzen jedoch gleich. In vielen Staaten der Welt ist eine der drei folgenden Formen von Demokratie häufig die Grundlage für die staatliche Organisation:

- **Repräsentative Demokratie** (z. B. Deutschland, Großbritannien): Politische Parteien werben um die Gunst der Wähler und sind durch ihre Repräsentanten in den Parlamenten vertreten. Dort bilden sie Koalitionen, um die Regierung bzw. den Regierungschef zu wählen und Gesetze zu verabschieden. Direkte Volksentscheidungen sind in der Verfassung nicht vorgesehen, finden sich aber in einigen Landesverfassungen.

- **Präsidialdemokratie** (z. B. USA): Ihr Kennzeichen ist die strikte Trennung von Regierung und Parlament. Der Präsident wird direkt vom Volk gewählt, ist Regierungschef und Staatspräsident in einer Person und darf nicht Mitglied des Parlaments sein. Der Präsident kann nicht auf eine beständige Mehrheit im Parlament vertrauen. Um Gesetze durchzubringen, ist er auf wechselnde Mehrheiten angewiesen, die er durch Verhandlungen und Einflussnahme gewinnen muss. Kompromissbereitschaft, Verhandlungsgeschick und die Fähigkeit zum Ausgleich sind bei den konkurrierenden Meinungen wichtige Voraussetzungen für das Funktionieren des Systems.

- **Formen direkter Demokratie** in der Schweiz werden häufig als Beispiel für eine Demokratie im Sinne der Identitätstheorie angeführt. Bei näherer Betrachtung erkennt man jedoch, dass es die direkte Beteiligung der Bevölkerung nur in den Gemeinden und Kantonen (Bezirke) gibt. Hier treffen sich die wahlberechtigten Bürger regelmäßig, um politische Grundsatzentscheidungen zu beschließen. Auch die Verfassung der Schweiz sieht die Möglichkeit von Volksabstimmungen vor. Auf Bundesebene gibt es jedoch die Institutionen einer repräsentativen Demokratie mit Parlament, Regierung und Präsident.

Demokratie bedeutet zunächst einmal „Herrschaft des Volkes". Ein Volk gibt sich eine Verfassung, in der festgelegt ist, wie die Staatsangehörigen an der Ausübung der Macht beteiligt werden und die Mächtigen des Landes kontrollieren können.

Demokratie ist eine Staatsform, in der die Staatsbürger – nach genau festgelegten Regeln – ihre Vertreter durch Wahlen delegieren (= abordnen, jemandem eine Aufgabe übertragen). Diese Repräsentanten der Bevölkerung wirken an den Entscheidungen der Gesetzgebung des Staates mit. Sie vertreten dabei die Interessen ihrer Wähler.

Demokratie setzt voraus, dass alle Staatsangehörigen gleich und gleichwertig sind.

Demokratie zeichnet sich durch das Mehrheitsprinzip aus. Die Entscheidungen fallen als Mehrheitsentscheidungen. Dabei dürfen die berechtigten Interessen von Minderheiten nicht unberücksichtigt bleiben.

Demokratie braucht die Gewaltenteilung. Besonders die ausführende Gewalt (Regierung) muss rechtlich durch Gesetze eingeschränkt sein und kontrolliert werden.

Demokratie schafft eine Institution, die die Rechtmäßigkeit von Gesetzen überwacht, z. B. ein oberstes Verfassungsgericht.

Demokratie setzt voraus, dass die freie öffentliche Meinungsäußerung gewährleistet ist. Die Freiheit der Presse ist deshalb eine wichtige Voraussetzung für Demokratie.

AUFGABEN

1. Aristoteles sah in der Demokratie eine „schlechte Variante der Herrschaft aller". Recherchieren Sie – zusätzlich zu den Informationen im Buch – in der Bibliothek oder im Internet, warum Aristoteles Demokratie so sah.
2. Listen Sie die für Sie wichtigsten Merkmale von Demokratie auf. Tragen Sie Ihre Ergebnisse und die Ihrer Mitschülerinnen und Mitschüler an der Tafel bzw. einer Pinnwand zusammen und erörtern Sie die Ergebnisse in der Klasse.
3. Diskutieren Sie anschließend, wie sich die Demokratie in Deutschland in den nächsten 40 Jahren weiterentwickeln könnte bzw. sollte.

Blickpunkt: *Dieser Satz ist auch heute noch hochaktuell:*
Habe Mut, dich deines eigenen Verstandes zu bedienen.
Nein, nicht irgendwer, sondern einer der berühmtesten Philosophen Deutschlands, Immanuel Kant hat das gesagt – vor über 200 Jahren. Was aber war mit dieser Aufforderung gemeint?

3.1.2 Neues Denken im alten Europa – die Zeit der Aufklärung

Wenn man verstehen will, wie das Sonnensystem funktioniert, schaut man dann in der Bibel nach? Heutzutage sicherlich nicht. Noch vor ungefähr 250 Jahren war dies aber der Fall. Mal abgesehen davon, dass die meisten Menschen nicht lesen und schreiben konnten: Wer die Welt verstehen wollte, las die Bibel oder ließ sich die Welt und ihre Zusammenhänge von einem Geistlichen erklären. Man vertraute gottergeben der Kirche und dem König.

Dann aber wurden die Menschen, allen voran die Wissenschaftler, wissensdurstiger und vor allem kritischer. Sie wollten den Dingen auf den Grund gehen, nicht alles glauben, was Könige und Kirche ihnen sagten, und alles kritisch überprüfen. Ihr Ziel war es, die Dinge aufzuklären. Diese auch heute noch moderne Einstellung hat sich im 17. und 18. Jahrhundert im alten Europa durchgesetzt. Daher wird diese Epoche auch die Zeit der Aufklärung genannt.

Aufklärung ist der Ausgang des Menschen aus seiner selbst verschuldeten Unmündigkeit. Unmündigkeit ist das Unvermögen, sich seines Verstandes ohne Leitung eines anderen zu bedienen.
(Immanuel Kant, deutscher Philosoph; *Was ist Aufklärung?*, 1784)

Als die **Epoche der Aufklärung** bezeichnet man einen Zeitabschnitt des 17. und 18. Jahrhunderts. Die Menschen wollten aus der Bevormundung durch Könige und Adel befreit werden und an den politischen, gesellschaftlichen und wirtschaftlichen Entscheidungen teilhaben.

Die Naturwissenschaften gewinnen an Bedeutung

Naturwissenschaftler beobachteten systematisch und genau ihre Umwelt, um daraus allgemeingültige Gesetze abzuleiten. Mit Experimenten versuchten sie, die gefundenen Gesetzmäßigkeiten zu beweisen. Die gesamte Natur musste untersucht werden: Wie funktioniert der Blutkreislauf, wie sieht der innere Aufbau der Pflanzen aus, welche Wirkung hat der Luftdruck, was ist die Schwerkraft?
Die Erfindung des astronomischen Fernrohrs ermöglichte den Wissenschaftlern, das Sonnensystem zu erforschen. Wichtigste Erkenntnis war: Die Erde ist nur ein Planet von vielen und sie ist nicht der Mittelpunkt des Universums.

Wichtige **Entdeckungen und Erfindungen** beeinflussen das Denken zur Zeit der Aufklärung:
- 1590 Mikroskop
- 1610 Astronomisches Fernrohr
- 1618 Blutkreislauf
- 1657 Pendeluhr
- 1666 Gesetz der Schwerkraft
- 1718 Quecksilberthermometer
- 1735 Gussstahl
- 1766 Wasserstoff
- 1771 Sauerstoff

Eine Vielzahl an Erfindungen wurde gemacht. So baute beispielsweise Thomas Newcomen 1711 in England die Dampfpumpe, einen Vorläufer der später entwickelten Dampfmaschine. Auf diese Art wurde die Welt Schritt für Schritt „entzaubert" und aufgeklärt.

Die Folgen der Aufklärung für Staat und staatliche Ordnung

So kritisch, wie die Naturwissenschaftler an die Untersuchung der Natur und Umwelt gingen, so kritisch betrachteten die Philosophen der Aufklärung den Staat, die politischen Verhältnisse und die Macht von Kirche, Königen und Fürsten.

- War es wirklich richtig, dass der König allein die Staatsmacht verkörperte?
- War es richtig, dass er nicht kontrolliert wurde, dass er absolutistisch regierte?
- Woher nahm er das Recht dazu, wenn doch alle Menschen von Natur aus gleich waren?

Die Macht der Könige und Fürsten wurde immer stärker infrage gestellt.

Drei wichtige Zitate zeugen vom neuen Denken der Aufklärung:

Die Vernunft lehrt alle Menschen, dass wir alle gleich und unabhängig sind, dass daher keiner dem anderen in Bezug auf sein Leben, seine Gesundheit, seine Freiheit und sein Eigentum schaden soll.

(John Locke, 1632–1704)

Der Mensch ist frei geboren, und überall ist er in Ketten. [...] Solange ein Volk gezwungen wird zu gehorchen und gehorcht, so tut es wohl; sobald es aber das Joch abwerfen kann und es abwirft, so tut es besser. [...] Rechtmäßige Gewalt kann nur auf eine Übereinkunft der Menschen gründen.

(Jean-Jacques Rousseau, 1712–1778)

Die politische Freiheit des Bürgers besteht darin, dass er keine Angst hat und Vertrauen zu seiner Sicherheit hat. Damit man diese Freiheit hat, muss die Regierung so eingerichtet sein, dass ein Bürger den anderen nicht zu fürchten braucht. In jedem Staat gibt es drei Arten von Gewalt: die gesetzgebende Gewalt, die vollziehende Gewalt und die richterliche. Wenn in derselben Person die gesetzgebende mit der vollziehenden vereinigt ist, gibt es keine Freiheit. [...] Es gibt ferner keine Freiheit, wenn die richterliche Gewalt nicht von der gesetzgebenden und vollziehenden Gewalt getrennt ist.

(Charles Montesquieu, 1689–1755, *Vom Geist der Gesetze*, 1748)

Die Aufklärer forderten neue Gesetze und eine neue Staatsordnung. Das Volk – als der eigentliche Souverän – schließt einen Gesellschaftsvertrag mit einem Herrscher. Diesem Herrscher wird die staatliche Gewalt übertragen, um zum Wohle des Volkes zu wirken. Sollte der Herrscher diese ihm übertragene Macht gegen das Volk und entgegen dem ihm ausgesprochenen Vertrauen gebrauchen, wäre das Volk zum Widerstand berechtigt.

Die Erkenntnisse der Naturwissenschaften, die Fortschritte in der Technik und die Gedanken der Philosophie waren der Boden für den **„neuen Geist der Aufklärung"**. Nicht der Glaube an einen Gott, sondern der Glaube an die Fähigkeiten der Menschen und an die menschliche Vernunft gab den Menschen den Mut, ihr Schicksal selbst in die Hand zu nehmen. Damit verbunden war eine Kritik an den feudalen, absolutistischen Herrschaftsverhältnissen im Staat.

Die Idee der **„Freiheit und Gleichheit"** aller Menschen war Dreh- und Angelpunkt der Forderungen der Aufklärer. Alle Menschen wurden von Natur aus als gleich angesehen.
Die Staatsbürger als Staatsvolk sollten künftig die Geschicke des Landes bestimmen. Hierfür schließt das Volk mit dem König einen **Gesellschaftsvertrag**, in dem die Bedingungen der Herrschaft des Königs genau festgelegt sind.
Die Regierung sollte nicht mehr nur durch den Herrscher (König) eingesetzt werden, sondern auch durch das Volk beauftragt und vor allem kontrolliert werden.
Die Rechtsprechung, als dritte Gewalt, sollte – unabhängig von der politischen Macht – die Einhaltung der Verfassungsvorschriften überwachen.

Der **Absolutismus** ist eine Regierungsform, die dem Herrscher die vollständige Macht über Gesetzgebung, Verwaltung und Rechtsprechung gibt.

Souverän: unumschränkter Herrscher

AUFGABEN

1. Der Philosoph Immanuel Kant forderte die Menschen auf, sich nicht bevormunden zu lassen. Diskutieren Sie das Zitat von ihm (siehe linke Seite, Mitte) und versuchen Sie, es in unsere heutige Sprache zu übertragen.
2. Die Zeit der Aufklärung brachte auch neue Vorstellungen von der Rolle der Könige und Regierungen mit sich. Erläutern Sie, welche dieser Vorstellungen noch heute unsere staatliche Organisation prägen.

Blickpunkt: *Das Jahr 2011 begann mit Revolutionen in Nordafrika. Schon immer in der Geschichte verlangten die Menschen nach Freiheit und Gerechtigkeit. In Deutschland zuletzt 1989. Die Revolutionen in Nordafrika und im Nahen Osten zeigen aber auch deutlich, dass Freiheitsrechte oft hart erkämpft werden müssen und die Kämpfe oft langwierige Prozesse sind.*

Demonstrierende Frauen auf dem Tahrir-Platz in Kairo, April 2011

Revolution: Umsturz der bestehenden politischen und sozialen Ordnung.

Bewaffnete Bürger in Paris, in der Nacht vor dem 14. 07. 1789

3.1.3 Revolutionen ebnen den Weg zur Demokratie

Die Geschichte der Menschheit ist von ständigen Veränderungen geprägt. Waren die gesellschaftlichen und politischen Verhältnisse besonders krass, kam es immer wieder zu Revolutionen:

1688–1689	Englische Revolution
1789–1794	Französische Revolution
1848	Bürgerliche Revolutionen in Frankreich, Deutschland und Österreich
1918	Novemberrevolution in Deutschland am Ende des Ersten Weltkriegs
1989	Ende der DDR durch eine friedliche Revolution

Die Französische Revolution – Freiheit, Gleichheit, Brüderlichkeit

Der absolutistisch herrschende französische König Ludwig XVI. war Ende des 18. Jahrhunderts nicht in der Lage, die unterschiedlichen Interessen der verschiedenen Bevölkerungsgruppen (Bauern, Handwerker, Bürger, Kaufleute, Adel usw.) in seinem Sinne zu steuern. Seine luxuriöse Hofhaltung und die häufig geführten Kriege ließen die Staatsschulden explodieren.

Durch den Ausbau der Handelsbeziehungen mit den Kolonien und die veränderten Produktionsbedingungen in den Manufakturen bzw. Fabriken verarmten viele Menschen. Gleichzeitig forderte das zu wirtschaftlicher Macht und Reichtum gelangte und durch die Ideen der Aufklärung (siehe Abschnitt 3.1.2) geprägte Bürgertum die Beseitigung der Privilegien des Adels und eine eigene politische Teilhabe an der Macht im Staat.

In Frankreich kam es 1789 nach mehreren Missernten zu Hungerrevolten in den Städten. Diese Aufstände wuchsen zu einer Massenerhebung gegen Ludwig XVI. an. Am 14. Juli 1789 stürmte das Volk von Paris die Bastille. Dieses Staatsgefängnis war das Symbol der willkürlichen königlichen Herrschaft.

Der Sturm auf die Bastille gilt als der Beginn der Französischen Revolution. Volksaufstände im ganzen Land waren die Folge. Diese Aufstände veranlassten bereits im August 1789 die Nationalversammlung, grundlegende Beschlüsse zu fassen. Das alte politische System mit seinen Privilegien für Adel und Kirche wurde abgeschafft.

Die Verfassung Frankreichs wurde neu beraten und sollte Freiheit und Gleichheit für alle Bürger garantieren. Die wichtigste Veränderung aber war die Teilung der Staatsgewalt in
- gesetzgebende Gewalt (Legislative),
- ausführende Gewalt (Exekutive) und
- richterliche Gewalt (Judikative).

Sie beendete die Herrschaft von König und Adel.

Am Ende der Verfassungsdebatten verkündete die französische Nationalversammlung die **Erklärung der Menschen- und Bürgerrechte**. Sie war weit umfassender als ihr Vorbild, die Unabhängigkeitserklärung der Vereinigten Staaten von Amerika.

Das Revolutionsjahr 1848

Auch die Revolutionen im Jahr 1848 hatten ihren Ursprung in Frankreich. Die Ereignisse der dortigen Revolution ließen die Menschen in ganz Europa aufhorchen. Überall wurden das Geschehene und vor allem die revolutionären Veränderungen heftig diskutiert.

Märzrevolution 1848 – die Barrikade an der Kronen- und Friedrichstraße in Berlin am 18. März 1848

In einigen deutschen Ländern und Städten kam es zu kurzen Aufständen. Die durch die Industrialisierung ausgelöste Wanderung der Landbevölkerung in die Städte (siehe auch Abschnitt 2.2.1) ließ dort eine sich ständig vergrößernde Bevölkerungsschicht heranwachsen, die häufig vollständig von den Fabrikbesitzern abhängig war. Gesetze zum Arbeitsschutz, soziale Absicherung oder gar Tarifverträge gab es nicht. Viele, sogar Kinder, mussten ihre Arbeitskraft „verkaufen“, um zu überleben – und wurden dabei bis an die Grenze ausgebeutet. Diese Menschen lebten am Rande des Existenzminimums. Bei schlechten Ernten kam es immer wieder zu großen Hungersnöten. Die schlechte wirtschaftliche und soziale Lage war eine der Ursachen für die **Märzrevolution von 1848**.

Als die Pariser Ereignisse in den Nachbarländern bekannt wurden, kam es in Österreich und den deutschen Ländern zu Aufständen, an denen sich diesmal auch Bürger und Studenten beteiligten. Forderungen nach Gewaltenteilung und einer Nationalversammlung für ganz Deutschland wurden laut. Radikale Demokraten verlangten die Republik und ein Ende der Fürstenherrschaft. Bauern, die von ihren Grundherren abhängig waren, stürmten die Gutshäuser, verbrannten die Besitzerverzeichnisse und forderten ihre Unabhängigkeit. In den großen Städten kam es zu Straßenschlachten und Barrikadenkämpfen. Die Menschen forderten Mitbestimmung und Teilhabe an der Macht.

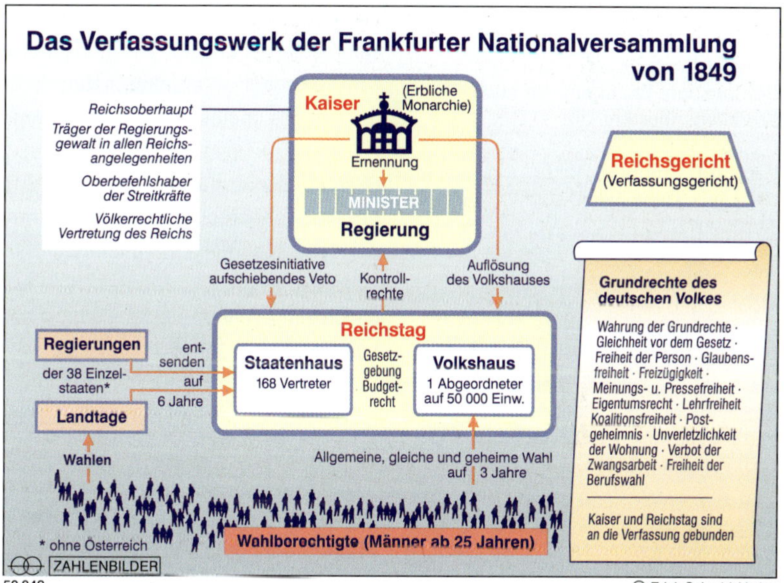

50 042

Das Ergebnis dieser Aufstände war die Einberufung einer Nationalversammlung, die in der Paulskirche zu Frankfurt am Main tagte und die erste demokratische Verfassung für Deutschland beschloss. Diese erste Demokratie hatte jedoch nicht lange Bestand. Der preußische König missbilligte diese Demokratiebestrebungen und ließ schließlich Soldaten aufmarschieren und den demokratischen Versuch niederschlagen.

AUFGABEN

1. Recherchieren Sie in der Schulbibliothek und/oder im Internet nach umfangreichen Darstellungen über die Französische Revolution und die Märzrevolution von 1848. Fassen Sie die zusätzlichen Informationen in einem kurzen Bericht zusammen.
2. Das Verfassungswerk der Frankfurter Nationalversammlung gilt als die erste demokratische Verfassung Deutschlands. Vergleichen Sie dieses Schaubild mit den Schaubildern über unseren heutigen Staatsaufbau (siehe hierzu Abschnitt 4.3.1). Stellen Sie Ähnlichkeiten und Unterschiede in einer Tabelle stichpunktartig gegenüber.

Blickpunkt: *Kinderarbeit ist ein Verstoß gegen das Recht auf Bildung und freie Entwicklung. Kinderarbeit ist ein Verstoß gegen die Menschenrechte.*

3.1.4 Die Menschenrechte

Immer wieder kann man in den Zeitungen und in den Nachrichten Berichte zum Thema Menschenrechte lesen und hören. Besonderes Aufsehen erregte 2010 die Verleihung des Friedensnobelpreises an einen chinesischen Schriftsteller, der inhaftiert wurde, weil er sich in China u.a. auch für die Menschenrechte eingesetzt hatte.

Liu Xiaobo erhält Friedensnobelpreis

Peking – Der inhaftierte Autor werde für seinen „langen und gewaltlosen Kampf für Menschenrechte" in China geehrt, teilte das Nobel-Komitee in Oslo mit. Mit Liu Xiaobo wird zum ersten Mal seit [...] 75 Jahren ein Inhaftierter ausgezeichnet. Peking reagiert empört und spricht von einem „Affront".

(aus: Frankfurter Allgemeine Zeitung, www.faz.net.de, 08.10.2010)

Dissident: Systemkritiker, Andersdenkender (von lat. dissidere, nicht übereinstimmen, widersprechen)

Deklaration: Erklärung, die etwas Grundlegendes enthält

Vereinte Nationen: Abkürzung UN, UNO (siehe hierzu auch Abschnitt 9.2.2)

Achsenmächte: zunächst die Mächte der Achse Berlin/Rom zur Zeit Mussolinis und des Deutschen Reiches.
Während des Zweiten Weltkriegs Bezeichnung für alle mit dem nationalsozialistischen Deutschland verbündeten Staaten.

Die Entstehung der Menschenrechte

Viele Menschen haben sich seit jeher für ein besseres, menschengerechteres Zusammenleben und für ein menschenwürdiges Leben in Freiheit eingesetzt. Dies zum Teil sogar unter Inkaufnahme erheblicher persönlicher Risiken, wie z.B. auch der Fall des chinesischen Dissidenten Liu Xiaobo belegt.

Besonders die europäische Epoche der Aufklärung hat für die Verwirklichung der Menschenrechte große Fortschritte gebracht (siehe Abschnitt 3.1.2). So sah der deutsche Philosoph Immanuel Kant (1724–1804) die Würde des Menschen als unantastbar an. Der Mensch als Person sollte geachtet und geschützt werden, gleichzeitig sollten alle Menschen ein gleiches Recht auf Achtung und Respekt besitzen.
Dies setzt entsprechend voraus, dass ein Mensch in allen möglichen Lebenslagen einen rechtlichen Schutz erhält und die Staaten ihren Bürgern Freiheiten und Rechte gewährleisten.

Ein bisheriger Höhepunkt dieser Entwicklung war die **Allgemeine Erklärung der Menschenrechte** vom 10.12.1948.

Die Deklaration der Menschenrechte

Die in den Vereinten Nationen, dem vormaligen Kriegsbund gegen die Achsenmächte, zusammengetretenen Völker waren nach den Erlebnissen des Zweiten Weltkriegs entschlossen, für die Zukunft Leid, Elend, Krieg und Zerstörung von den Menschen fernzuhalten.

Mit der Allgemeinen Erklärung der Menschenrechte wurde zum ersten Mal ein System von grundlegenden Regeln des menschlichen Zusammenlebens festgelegt. Die beteiligten Personen und Regierungen hatten den festen Willen, diese Rechte zu beachten und für sie einzutreten.

Auch heutzutage gibt es viele Menschenrechtsgruppen, die für die Durchsetzung dieser Rechte eintreten, denn ihre Einhaltung hängt von den politischen Kräfteverhältnissen in der UN und von den politischen Verhältnissen in den einzelnen Ländern ab.

HINWEIS
Internetadressen für weitere Informationen zu den Menschenrechten:
- **www.unric.org**
- **www.igfm.de**

Auszug aus der Allgemeinen Erklärung der Menschenrechte vom 10. 12. 1948:

Artikel 1: Alle Menschen sind frei und gleich an Würde und Rechten geboren. Sie sind mit Vernunft und Gewissen begabt und sollen einander im Geist der Brüderlichkeit begegnen.
Artikel 2: Jeder hat Anspruch auf die in dieser Erklärung verkündeten Rechte und Freiheiten ohne irgendeinen Unterschied, etwa nach Rasse, Hautfarbe, Geschlecht, Sprache, Religion, politischer oder sonstiger Überzeugung, nationaler oder sozialer Herkunft, Vermögen, Geburt oder sonstigem Stand. […]
Artikel 3: Jeder hat das Recht auf Leben, Freiheit und Sicherheit der Person.
Artikel 4: Niemand darf in Sklaverei oder Leibeigenschaft gehalten werden; Sklaverei und Sklavenhandel sind in allen ihren Formen verboten.
Artikel 5: Niemand darf der Folter oder grausamer, unmenschlicher oder erniedrigender Behandlung oder Strafe unterworfen werden.
Artikel 6: Jeder hat das Recht, überall als rechtsfähig anerkannt zu werden.
Artikel 7: Alle Menschen sind vor dem Gesetz gleich und haben ohne Unterschied Anspruch auf gleichen Schutz durch das Gesetz. Alle haben Anspruch auf gleichen Schutz gegen jede Diskriminierung, die gegen diese Erklärung verstößt, und gegen jede Aufhetzung zu einer derartigen Diskriminierung.

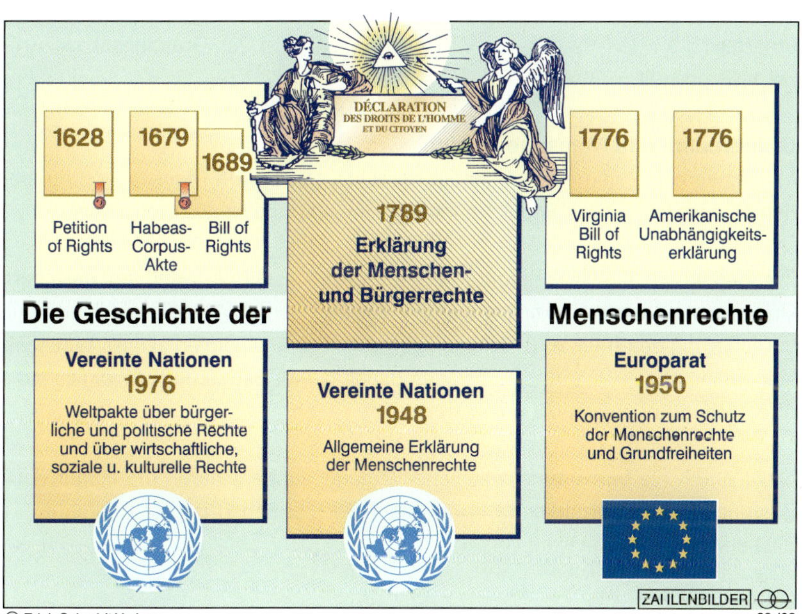

AUFGABEN

1. Werten Sie vierzehn Tage lang Zeitungen und Nachrichten aus. Sammeln Sie Berichte über Menschenrechtsverletzungen und fertigen Sie daraus eine Wandzeitung an.
2. a) Fertigen Sie eine Weltkarte an, auf der Sie die Orte markieren, die in den von Ihnen gesammelten Berichten erwähnt werden.
   b) Vermerken Sie in einer kurzen Beschreibung, welche Vergehen in den Berichten für die einzelnen Orte dargestellt werden, und heften Sie Ihre Beschreibung an den Rand der Weltkarte. Verbinden Sie dann die jeweilige Beschreibung mit dem dazugehörigen Ort mit einer Linie oder einem Faden.
3. Versuchen Sie mithilfe des Internets weitere, detailliertere Informationen zu einem einzelnen Bericht zu finden (siehe „Handeln – aktiv sein", S. 98 f.).

Die Entwicklung der Menschenrechte:

1628 Petition of Rights
Für alle Briten werden gewisse Rechte gefordert, z. B. Schutz vor willkürlicher Verhaftung.

1679 Habeas-Corpus-Akte
Das englische Parlament setzt eine wirksame Garantie für die persönliche Freiheit der Bürger durch. Eine Verhaftung wird an feste Regeln geknüpft. Die Gründe für eine Verhaftung müssen innerhalb von 24 Stunden durch einen ordentlichen Richter geprüft werden.

1689 Bill of Rights
Es wird der Grundsatz anerkannt, dass jeder Engländer bestimmte Rechte hat, über die seine Regierung nicht ohne Zustimmung des Parlaments verfügen darf.

1776 Bill of Rights von Virginia
Thomas Jefferson formuliert für die Verfassung der Kolonie Virginia die Grundrechte auf Leben, Freiheit und Eigentum.

1776 Unabhängigkeitserklärung der Vereinigten Staaten von Amerika
„Wir halten die Wahrheit für selbst einleuchtend, dass alle Menschen gleich geschaffen sind, dass sie von ihrem Schöpfer mit gewissen Rechten ausgestattet sind, darunter Leben, Freiheit und Streben nach Glück; dass zur Sicherung dieser Rechte Regierungen unter den Menschen eingesetzt sind, die ihre gerechten Vollmachten von der Einwilligung der Regierten ableiten."

1789 Erklärung der Menschen- und Bürgerrechte
In Frankreich werden die Menschen- und Bürgerrechte ähnlich wie in der Unabhängigkeitserklärung der USA festgelegt (siehe Abschnitt 3.1.3).

3.1.5 Die Grundrechte sichern die Freiheit

Blickpunkt: *Thorben sucht eine Lehrstelle. Er hat bereits 32 Bewerbungen verschickt und 25 Absagen erhalten. Von sieben Firmen gab es nicht einmal eine Antwort. Dabei gibt es doch Artikel 12 im Grundgesetz: „Alle Deutschen haben das Recht, Beruf, Arbeitsplatz und Ausbildungsstätte frei zu wählen." Thorben fragt sich, ob er dieses Grundrecht einfordern kann. Müsste der Staat nicht aktiv werden und ihm helfen, eine Lehrstelle zu bekommen?*

Die Grundrechte werden als die Grundlage der Staatsverfassung der Bundesrepublik Deutschland angesehen. Alle staatlichen Einrichtungen und Handlungsgrundsätze sollen dazu dienen, die Freiheit des Einzelnen, sein Streben nach einem zufriedenen und erfüllten Leben sowie das friedliche und menschenwürdige Zusammenleben aller Menschen zu gewährleisten und zu unterstützen. Der Schutz dieser Rechte wird durch die Grundrechte garantiert.

Ein Staat, der diese Rechte nicht mehr verwirklichen kann oder will, verliert seine Berechtigung. Die Grundrechte wurden wegen der ihnen zugewiesenen Bedeutung gleich an den Anfang der Verfassung, den Teil I des Grundgesetzes, Artikel 1–19, gestellt.

Einteilung der Grundrechte
Grundrechte lassen sich nach ihren Bezugsfeldern unterscheiden. Es gibt dabei viele Überschneidungen.

Menschenrechtscharakter haben die folgenden Grundrechte unserer Verfassung:
- die Würde des Menschen (Artikel 1)
- das Recht auf die Freiheit der Person, auf Leben und körperliche Unversehrtheit (Artikel 2)
- die Gleichheit aller Menschen (Artikel 3)
- die Glaubens- und Bekenntnisfreiheit (Artikel 4)
- das elterliche Erziehungsrecht (Artikel 6)
- die Unverletzlichkeit der Wohnung (Artikel 13)

Grundrechte und Menschenrechte

Menschenrechte sind ein Teil der Grundrechte. Der Begriff Menschenrechte bedeutet, dass jeder diese Rechte innehat, allein aufgrund seines Menschseins.

Die Bedeutung der Grundrechte wird durch politische Anwendung gesichert. Grundrechte mussten erkämpft werden. Sie sind immer in der Entwicklung und Veränderung begriffen, d.h., sie sind interpretierbar und können in ihrer Wirksamkeit gefährdet sein. Grundrechte sollten daher in ihrer Bedeutung ständig zu einer öffentlichen Angelegenheit gemacht werden.

Nicht durch die Verwaltung staatlicher Organe, sondern durch die immer neue Bestätigung und Verteidigung durch die Bürger beziehen die Grundrechte ihre gestaltende politische Kraft.

Nicht nur einzelne Bürger, sondern z.B. auch Unternehmen oder Vereine können die Grundrechte in Anspruch nehmen.
Die Fähigkeit, **Träger von Grundrechten** zu sein, bezieht sich auf:

a) natürliche Personen (Einzelpersonen)	b) juristische Personen (z.B. Unternehmen, Vereine)
Menschenwürde	Gewerbefreiheit
Entfaltung der Persönlichkeit	Eigentumsrecht
Recht auf Leben	Freiheit der Wissenschaft, Forschung
informationelle Selbstbestimmung	Lehre (bei Universitäten)

Das Recht auf die Grundrechte

Grundrechte verlangen vom Staat vor allem die Unterlassung bestimmter grundrechtswidriger Verhaltensformen und können nicht unter allen Umständen eingefordert werden. Positive Leistungen zugunsten des Bürgers lassen sich nicht einfach aus den Grundrechten ableiten.

Bezogen auf das Beispiel von Thorben bedeutet dies:
Das Recht auf freie Berufswahl und die freie Wahl der Ausbildungsstätte beinhaltet zunächst einmal die Tatsache, dass der Staat niemanden zur Ausübung eines bestimmten Berufs oder zur Annahme irgendeiner Lehrstelle zwingen kann.
Allerdings ist der Staat verpflichtet, durch sein politisches Handeln die Rahmenbedingungen für eine freie Wahl der Ausbildungsstätte zu schaffen. Sind zu wenige Ausbildungsstellen vorhanden, könnte das Parlament durch ein Gesetz alle Unternehmen, die nicht ausbilden, verpflichten, eine finanzielle Ersatzleistung, z. B. eine Ausbildungsabgabe, zu zahlen.
Mit diesen Einnahmen könnten dann in den Berufsschulen staatlich organisierte Ausbildungsplätze finanziert werden oder Unternehmer, die ausbilden, unterstützt werden.

Gleiche Rechte für Frauen

MENSCHENRECHTE – GRUNDRECHTE – BÜRGERRECHTE

Menschenrechte
z. B.
- Meinungsfreiheit
- Bekenntnisfreiheit
- Glaubensfreiheit
- Gleichheitsgrundsatz

Bürgerrechte
z. B.
- Berufsfreiheit
- Freizügigkeit
- Versammlungsfreiheit

GRUNDRECHTE

Freiheitsrechte
z. B.
- Recht auf Leben
- Glaubensfreiheit
- Meinungsfreiheit
- Pressefreiheit
- Berufsfreiheit
- Postgeheimnis
- Recht auf Teilnahme an Wahlen

Gleichheitsrechte
z. B.
- Diffamierungsverbot
- Gleichberechtigungsgebot
- Wahlstimmengleichheit
- Willkürverbot

Abwehrrechte
z. B.
- Unantastbarkeit der Rechte auf Leben und körperliche Unversehrtheit
- Unverletzlichkeit der Wohnung

Verfahrensrechte
z. B.
- Rechtsschutzgarantie
- Garantie des rechtlichen Gehörs
- Rechtsgarantie bei Freiheitsentzug

Die Funktion der Grundrechte

1. Grundrechte sind Abwehrrechte

Hierbei geht es darum, dass sich der Staat nicht zu sehr in die Angelegenheiten der Bürger einmischt. Der Freiheitsraum des Einzelnen soll vor Übergriffen der staatlichen Gewalt geschützt werden. Der Staat hat die Aufgabe zu gewährleisten, dass die Bürger untereinander die festgelegten Spielregeln einhalten. Typisch für diese Aufgabe ist das in Artikel 2 des Grundgesetzes festgelegte Recht auf freie Entfaltung der Persönlichkeit.

2. Grundrechte sind Leistungsrechte

Über eine Grundsicherung hinaus lassen sich aus den Grundrechten keine einklagbaren Ansprüche ableiten. Der Einzelne kann nicht mit Verweis auf die freie Entfaltung seiner Persönlichkeit vom Staat Leistungen fordern bzw. gerichtlich erzwingen. Solche Grundrechte, die sich auf soziale Angelegenheiten beziehen, bilden keine Anspruchsgrundlage des Einzelnen gegenüber staatlichen Einrichtungen. Sie werden als allgemeine Entscheidungs- und Handlungsverpflichtung des Gesetzgebers bzw. des Staates gesehen. In vielen Gesetzen, z. B. der Sozialgesetzgebung, findet diese Verpflichtung ihren Niederschlag.

Grundrechte schützen und sichern verschiedene Lebensbereiche und Personengruppen. Geschützt werden u. a.:
- die individuelle Existenz
- die informationelle Selbstbestimmung
- die Meinungsfreiheit
- die Pressefreiheit
- die religiöse und weltanschauliche Überzeugung
- die Ehe
- die Wohnung
- das Brief-, Post- und Fernmeldegeheimnis
- die Versammlungsfreiheit
- die Vereinigungsfreiheit
- die politische Teilhabe
- die Berufs- und Gewerbefreiheit

Beispiele für Grundsatzentscheidungen zu „mehr bzw. weniger Staat“:
- Daseinsvorsorge, Alterssicherung
- Gesundheitssystem
- Bildungssystem
- Kultureinrichtungen
- Wasser- und Energieversorgung
- Abfallentsorgung
- Verkehrs- und Kommunikationseinrichtungen

Soziale Sicherheit durch den Staat:
- Anspruch auf Sicherung des Existenzminimums (Sozialhilfe, Besteuerung von Einkommen)
- Recht auf Teilhabe an staatlichen Leistungen
- Gewährung der Chancengleichheit

Obhut: fürsorglicher Schutz, Aufsicht

3. Grundrechte sind Ordnungs- und Verfahrensgrundsätze

Die Grundrechte stellen in einer zunehmend komplexer und unübersichtlicher werdenden Gesellschaft Leitlinien dar. Sie sind ein politischer Kompromiss, der immer wieder verändert und ergänzt wird. In den Grundrechten finden sich daher Grundsätze, die auf politischen Kompromissen beruhen, so z.B. die Werte Freiheit und Gleichheit.

Stärkt der Gesetzgeber beispielsweise die Freiheit unverhältnismäßig, fördert er die Position der Stärkeren und verletzt möglicherweise das Sozialstaatsprinzip (siehe hierzu Abschnitt 4.1.2). Das Problem hierbei ist, inwieweit eine Grundrechtsverwirklichung durch „mehr Staat“ oder durch „weniger Staat“ zu gewährleisten ist.

Viele Bereiche von grundlegender Bedeutung für die Bürger sind heute in staatlicher Obhut, zum Teil sogar gesetzlich verpflichtend für alle Bürger (z.B. gesetzliche Sozialversicherungen, siehe Kapitel 1.6).

Die Entscheidung, welche Grundrechtswerte man bei der Lösung der genannten Probleme stärker zugrunde legt, ist Teil der politischen Auseinandersetzung. Sie wird in öffentlichen, parlamentarischen, manchmal auch gesetzgeberischen Verfahren entschieden.

HINWEIS
Im **Grundrechte-Report** wird die Lage der Bürger- und Menschenrechte in Deutschland untersucht. Der seit 1997 jährlich erscheinende Report wird häufig auch als „alternativer Verfassungsschutzbericht“ bezeichnet.

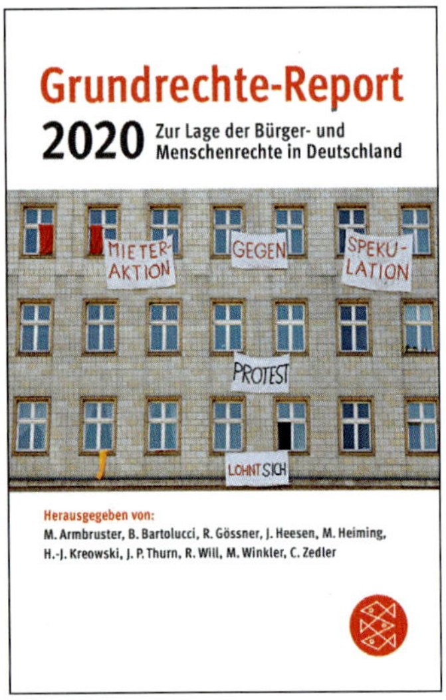

Grundrechte in der EU

In der Charta der Grundrechte der Europäischen Union sind die bürgerlichen, politischen, wirtschaftlichen und sozialen Rechte der europäischen Bürger sowie aller in ihrem Hoheitsgebiet lebenden Personen festgehalten. Seit Inkrafttreten des Vertrags von Lissabon am 01.12.2009 ist die Charta rechtskräftig. Die Rechte sind in sechs große Kapitel unterteilt:
- die Würde des Menschen
- Freiheiten
- Gleichheit
- Solidarität
- Bürgerrechte
- justizielle Rechte

Grundrechte 1848 und heute:

Grundrechte 1848	Grundgesetz für die Bundesrepublik Deutschland
§ 3 Jeder Deutsche hat das Recht, an jedem Orte des Reichsgebietes seinen Aufenthalt und Wohnsitz zu nehmen, […].	**Artikel 11** Abs. 1: Alle Deutschen genießen Freizügigkeit im ganzen Bundesgebiet.
§ 7 Vor dem Gesetz gilt kein Unterschied der Stände. Der Adel als Stand ist aufgehoben.	**Artikel 3** Abs. 1: Alle Menschen sind vor dem Gesetz gleich.
§ 8 Die Freiheit der Person ist unverletzlich.	**Artikel 2** Abs. 2: Jeder hat das Recht auf Leben und körperliche Unversehrtheit. Die Freiheit der Person ist unverletzlich […].
§ 10 Die Wohnung ist unverletzlich.	**Artikel 13** Abs. 1: Die Wohnung ist unverletzlich.
§ 13 Jeder Deutsche hat das Recht, durch Wort, Schrift, Druck und bildliche Darstellung seine Meinung frei zu äußern.	**Artikel 5** Abs. 1: Jeder hat das Recht, seine Meinung in Wort, Schrift und Bild frei zu äußern und zu verbreiten und sich aus allgemein zugänglichen Quellen ungehindert zu unterrichten […].
§ 14 Jeder Deutsche hat volle Glaubens- und Gewissensfreiheit.	**Artikel 4** Abs. 1: Die Freiheit des Glaubens, des Gewissens und die Freiheit des religiösen und weltanschaulichen Bekenntnisses sind unverletzlich.
§ 22 Die Wissenschaft und ihre Lehre sind frei.	**Artikel 5** Abs. 3: Kunst und Wissenschaft, Forschung und Lehre sind frei. Die Freiheit der Lehre entbindet nicht von der Treue zur Verfassung.
§ 29 Die Deutschen haben das Recht, sich friedlich und ohne Waffen zu versammeln.	**Artikel 8** Abs. 1: Alle Deutschen haben das Recht, sich ohne Anmeldung oder Erlaubnis friedlich und ohne Waffen zu versammeln.
§ 32 Das Eigentum ist unverletzlich.	**Artikel 14** Abs. 1: Das Eigentum und das Erbrecht werden gewährleistet […].

Reproduktionen aus dem Reichsgesetzblatt 1849 und aus der Urschrift des Grundgesetzes vom 23. Mai 1949.

(aus: Tilman Koops/Heinz Boberach, Erinnerungsstätte für die Freiheitsbewegungen in der deutschen Geschichte in Rastatt, Bundesarchiv Koblenz, 1964, S. 249 f.)

Grundrechte können eingeschränkt werden:
Die Grundrechte stehen im Spannungsfeld zwischen dem Einzelnen und der Gesellschaft. So befindet sich beispielsweise das Recht auf Unverletzlichkeit der Wohnung und der Wahrung des Brief-, Post- und Fernmeldegeheimnisses unter bestimmten Bedingungen im Widerspruch zum Interesse des Bürgers an der Verfolgung von organisierter Kriminalität. Gemeint sind damit

- die Durchsuchung der Wohnung,
- der „Lauschangriff" (das heimliche Anbringen von Abhörgeräten in Wohnungen durch staatliche Behörden)
- usw.

Einerseits soll der Gesetzgeber den Interessen der Allgemeinheit nachkommen, andererseits den Werten der Grundrechte gerecht werden. Dabei muss über wichtige Rechtsgüter entschieden werden (z. B. Freiheit, Schutz des Eigentums, Recht auf Leben). Dies ist häufig nur in Form von Einschränkungen möglich.

Der Einzelne, aber auch juristische Personen werden durch viele Gesetze zum Teil in einigen Grundrechten beschränkt. Diese Beschränkungen sind in den Grundrechtsartikeln jeweils mit dem Hinweis „Das Nähere regelt ein Bundesgesetz" gekennzeichnet. In diese Rechte darf nur mittels eines Gesetzes eingegriffen werden (Gesetzesvorbehalt).

Eine Einschränkung darf jedoch nicht das Grundrecht in seinem Wesensgehalt antasten. Zudem muss eine Grundrechtseinschränkung dem Grundsatz der Verhältnismäßigkeit entsprechen. Der Schutz der Grundrechte findet seine Grenze in der Verfassung selbst. So darf beispielsweise die Religionsfreiheit nicht zulasten der Menschenwürde gehen.

▶ AUFGABEN

1. Nehmen Sie Stellung zu Thorbens Überlegungen im Blickpunkt zu Beginn von Abschnitt 3.1.5. Sollte es möglich sein, ein Grundrecht auf Ausbildung einzuklagen? Erörtern Sie diese Problematik, indem Sie Pro- und Kontra-Argumente finden und gegenüberstellen.
2. Ergänzen Sie das Schaubild auf Seite 95 zu den Menschen-, Bürger- und Grundrechten. Ordnen Sie den aufgeführten Rechten die jeweiligen Artikel-Nummern des Grundgesetzes zu.

HANDELN AKTIV SEIN

Blickpunkt: *Helene ist politisch interessiert und möchte immer auf dem Laufenden sein – aber auch für sie ist es oft schwierig, alle aktuellen Geschehnisse im Blick zu behalten. Für ein Referat braucht sie jetzt, sofort, täglich und mindestens vierzehn Tage lang alle Neuigkeiten über die Situation der Menschenrechte in China. Was sie jetzt gut gebrauchen könnte, wäre ein Mitarbeiter, der für sie täglich die Presse auswertet.*

Datenschutz beim Umgang mit Suchmaschinen
Suchanfragen werden bei den meisten Anbietern zusammen mit der IP des Nutzers gespeichert. Außerdem werden von vielen Suchmaschinen Tracking-Cookies gesetzt, die Suchanfrage und Uhrzeit miteinander verknüpfen. Die so gesammelten Daten erlauben dem Betrachter Rückschlüsse und Vermutungen über das Leben des Nutzers. Eine Alternative, sich einer derartigen Kontrolle zu entziehen, wäre der Rückgriff auf Suchmaschinenanbieter, die auf die Speicherung nachvollziehbarer Daten verzichten (wie z. B. ixquick.de).

Der News-Scout – Nachrichten finden, auswerten, bewerten

Bei der Bedeutung der unterschiedlichen Medien für die Meinungsbildung hat sich gegenüber früher viel verändert. Als wichtigste Informationsquelle liegen Zeitungen in Deutschland noch ganz vorn. Auf Platz 2 kommt Radio und auf Platz 3 das Fernsehen. Alle drei aber inklusive ihrer Mobil- und Webangebote. Stark aufstreben sind Suchmaschinendienste und die sozialen Netzwerke (siehe Schaubild).

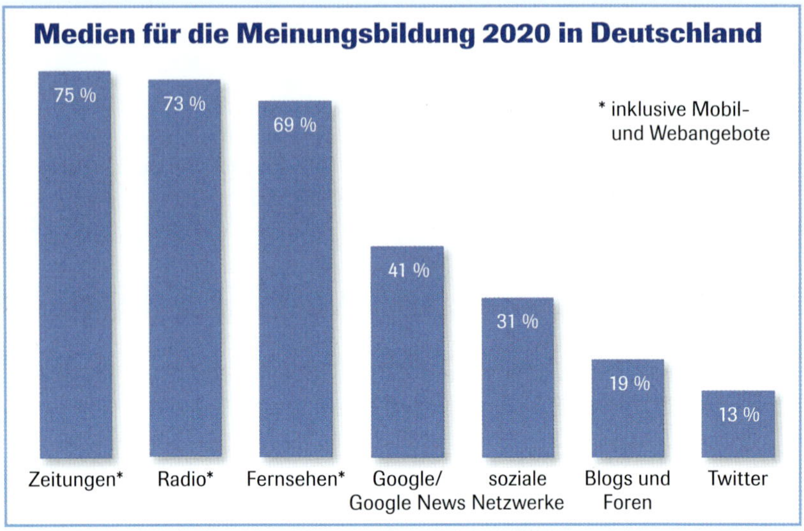

Viele, vor allem ältere Menschen, verlassen sich immer noch auf die Informationsmedien, die sie aus der alten analogen Welt kennen: TV, Radio und Zeitungen. Allerdings ist auch bei der älteren Generation das Internet im Kommen und für viele bereits nicht mehr wegzudenken.
Die jüngere Generation, die sogenannte Facebook-Generation oder auch die sogenannten Digital Natives, die mit dem Internet groß geworden sind, informiert sich wie selbstverständlich aus mehreren Quellen: TV, Chat, Smartphone, soziale Netzwerke und Messenger-Dienste. Die parallele Nutzung verschiedener Medien ist für sie normaler Alltag. Zeitungen und Zeitschriften werden zwar auch noch gelesen, spielen aber nicht mehr die herausragende Rolle.

Umgang mit eingehenden Informationen

Bei einer solchen Informationsflut wird es immer notwendiger, Arbeitsweisen und Mechanismen zu erlernen, um die Fülle an Informationen zu bewältigen. Eine Möglichkeit ist es, sich ganz gezielt auf einzelne Themen zu beschränken.

Dabei wird es auch immer wichtiger, die Informationsquellen zu beurteilen. Handelt es sich um einen bekannten und seriösen Anbieter?

Immer auf dem neuesten Stand – Nachrichten per E-Mail

Inzwischen gibt es auch die Möglichkeit, neueste Nachrichten zu einem bestimmten Thema per E-Mail zu erhalten (z.B. über Alert-Dienste). Ein solcher Dienst stellt ein sehr effektives Informationswerkzeug dar und eignet sich dazu, über eine bestimmte Thematik ständig oder zeitlich begrenzt auf dem Laufenden zu sein. Wichtig ist allerdings die sorgfältige Auswahl der Suchbegriffe.

Beispiel: Informationsrecherche mit Google Alerts

Das Google Alerts-Funktionsprinzip ist einfach und schnell einzurichten. Nach dem Aufrufen von Google News gibt man ein gewünschtes Stichwort ein, z. B. „Menschenrechte“ oder etwas spezieller „Menschenrechte China“:

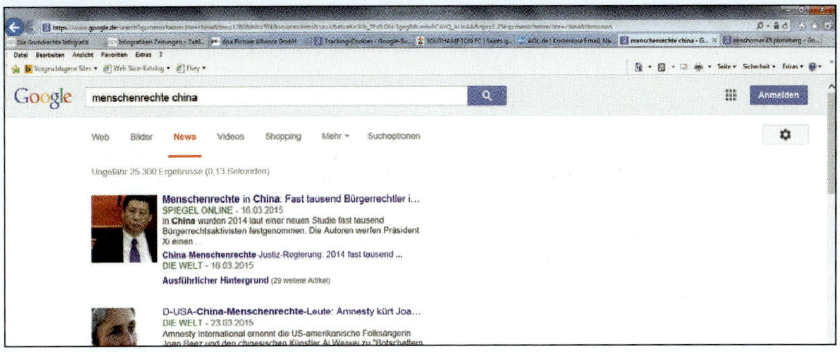

Im unteren Bereich der Seite finden Sie dann einen Link zum Einrichten einer E-Mail-Benachrichtigung zu dem gesuchten Thema: „Alert erstellen“.

Alternativ ist es auch möglich, über die Suchfunktion direkt zu Google Alerts zu gehen und dort einen Alert (engl. für Alarm, Alarmsignal) zu erstellen; d. h., der gewünschte Suchbegriff wird eingegeben und man erhält fortan regelmäßig E-Mails mit aktuellen Nachrichten zu diesem Thema:

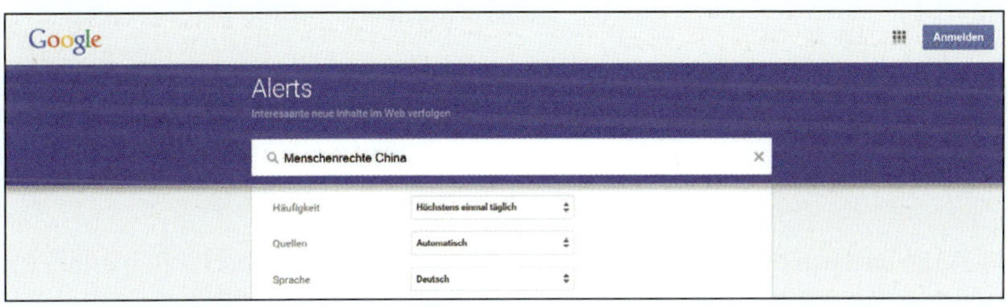

Aufwendige „Dauerrecherchen“ in Suchmaschinen entfallen. Bequem kann man die neuesten Nachrichten täglich oder einmal wöchentlich auswerten. Das Abbestellen der Funktion ist jederzeit möglich.

Selbstverständlich bieten auch andere Suchmaschinen einen ähnlichen Service an.

Die beliebtesten Suchmaschinen in Deutschland (mit Wortsuche):

Platz 1 Google

Platz 1 Bing

Platz 3 YAHOO!

Platz 4 DuckDuckGo

Platz 5 ECOSIA

Platz 6 AOL

AUFGABE

Beobachten Sie das Thema Menschenrechte über einen Zeitraum von vierzehn Tagen.

a) Nutzen Sie zu diesem Zweck die Recherche-Angebote der Suchmaschinen im Internet (siehe Randspalte).

b) Werten Sie die gefundenen Informationen nach Gehalt und Seriosität der Quellen aus. Tragen Sie anschließend alle relevanten Ergebnisse zusammen und wählen Sie ein Ihrer Meinung nach gravierendes Ereignis zum Thema „Verletzung der Menschenrechte“ aus.

c) Informieren Sie sich vertiefend zu diesem gefundenen Fall und bereiten Sie eine Präsentation für den Unterricht vor.

d) Vergleichen Sie parallel dazu die Berichterstattung in einer ausgewählten Tageszeitung.

Blickpunkt: *Mit dieser Schlagzeile begann eine Revolution in Deutschland:*

2. Extraausgabe Sonnabend, den 9. November 1918.

Vorwärts

Berliner Volksblatt.

Zentralorgan der sozialdemokratischen Partei Deutschlands.

Der Kaiser hat abgedankt!

Der Reichskanzler hat folgenden Erlaß herausgegeben:

Seine Majestät der Kaiser und König haben sich entschlossen, dem Throne zu entsagen.

Der Reichskanzler bleibt noch so lange im Amte, bis die mit der Abdankung Seiner Majestät, dem Thronverzichte Seiner Kaiserlichen und Königlichen Hoheit des Kronprinzen des Deutschen Reichs und von Preußen und der Einsetzung der Regentschaft verbundenen Fragen geregelt sind. Er beabsichtigt, dem Regenten die Ernennung des Abgeordneten Ebert zum Reichskanzler und die Vorlage eines Gesetzentwurfs wegen der Ausschreibung allgemeiner Wahlen für eine verfassunggebende deutsche Nationalversammlung vorzuschlagen, der es obliegen würde, die künftige Staatsform des deutschen Volk, einschließlich der Volksteile, die ihren Eintritt in die Reichsgrenzen wünschen sollten, endgültig festzustellen.

Berlin, den 9. November 1918. Der Reichskanzler.
Prinz Max von Baden.

Es wird nicht geschossen!

Der Reichskanzler hat angeordnet, daß seitens des Militärs von der Waffe kein Gebrauch gemacht werde.

Parteigenossen! Arbeiter! Soldaten!

Soeben sind das Alexanderregiment und die vierten Jäger geschlossen zum Volke übergegangen. Der sozialdemokratische Reichstagsabgeordnete Wels u. a. haben zu den Truppen gesprochen. Offiziere haben sich den Soldaten angeschlossen.

Der sozialdemokratische Arbeiter- und Soldatenrat.

MSPD: Mehrheitssozialisten; die deutsche Sozialdemokratische Partei von 1916/17 bis 1922, nach Abspaltung der Unabhängigen Sozialisten (USPD).

Fortschrittspartei: 1861 im preußischen Abgeordnetenhaus gebildete Partei. Sie erstrebte Demokratie und Parlamentarismus.

Zentrum: die Partei des politischen Katholizismus, genannt nach ihren Plätzen in der Mitte des Sitzungssaals des Parlaments.

Spartakusbund: während des Ersten Weltkriegs innerhalb der SPD entstandene Gruppe, die sich erst der USPD anschloss und 1918 die Kommunistische Partei Deutschlands (KPD) gründete.

TIPP

Unter der Internetadresse des **Deutschen Historischen Museums** Berlin findet sich eine sehr übersichtliche Darstellung der neueren deutschen Geschichte: **www.dhm.de/lemo**

3.2 Deutsche Geschichte – von 1918 bis 1945

3.2.1 Weimarer Republik – die erste Demokratie in Deutschland

Eine Revolution verändert Deutschland – die Entstehung der Weimarer Republik

Noch Anfang 1918 waren der deutsche Kaiser und seine Generäle der Überzeugung, den Ersten Weltkrieg gewinnen zu können. Dem kriegsmüden Volk wurde ein möglicher „Siegfrieden" versprochen. Aber schon im August war klar, dass der Krieg verloren war. Der Kronrat, bestehend aus Kaiser Wilhelm II., den Generälen Hindenburg und Ludendorff sowie der kaiserlichen Regierung, einigte sich in dieser ausweglosen Situation auf eine weitreichende Entscheidung: Erstmals sollte eine vom Reichstag gewählte Regierung ernannt werden. Der Kaiser erließ den „Parlamentarisierungserlass". So wurde am 03. 10. 1918 faktisch die erste parlamentarische Regierung gebildet. Der Kaiser ernannte Prinz Max von Baden zum Reichskanzler. Die Regierung, bestehend aus MSPD, Fortschrittspartei und Zentrum, richtete noch am gleichen Tag ein Waffenstillstandsgesuch an den amerikanischen Präsidenten Wilson.

In dieser Situation plante die Marine in Kiel eine letzte große Seeschlacht. Die deutsche Flotte sollte gegen England auslaufen. Diese völlig sinnlose Aktion hintertrieb die Friedensbemühungen der parlamentarischen Regierung. Die betroffenen Matrosen verhinderten ein Auslaufen der Kriegsschiffe. Daraufhin wurden über Tausend von ihnen verhaftet. Am 1. bis 3. November 1918 demonstrierten weitere Matrosen gegen die Fortsetzung des Krieges und für die Freilassung ihrer Kameraden. Als eine Militärpatrouille das Feuer auf die Demonstranten eröffnete, bewaffneten sich die Matrosen, entwaffneten die Offiziere und bildeten Soldatenräte. Unterstützt von den Industrie- und Werftarbeitern wurde Kiel besetzt.

Von Kiel aus breitete sich die Revolution schnell über ganz Deutschland aus. Bereits am 07. 11. 1918 erreichte sie mit der Abdankung des bayerischen Königs Ludwig III. einen ersten Höhepunkt.

In Berlin forderte die MSPD am gleichen Tag eine parlamentarische Regierung für Preußen. Am 09. 11. 1918 kam es zum Generalstreik und die Regierungsgebäude wurden besetzt. Gegen 12:00 Uhr forderte der MSPD-Politiker Friedrich Ebert den Reichskanzler Prinz Max von Baden zur Übergabe der Regierungsgeschäfte auf. Prinz Max von Baden verkündete daraufhin eigenmächtig die Abdankung von Kaiser und Kronprinz. Gegen 14:00 Uhr rief der Sozialdemokrat Philipp Scheidemann von einem Fenster des Reichstagsgebäudes die Deutsche Republik aus. Nur wenig später, gegen 16:00 Uhr, proklamierte Karl Liebknecht, der Führer des Spartakusbundes, vom Balkon eines Seitenportals des Berliner Schlosses die freie sozialistische Republik.

Diese beiden Modelle, parlamentarische Republik und Räterepublik, bestimmten fortan die Auseinandersetzungen über die politische Ordnung in Deutschland. Auf einem Kongress der Arbeiter- und Soldatenräte wurde der Streit zugunsten der parlamentarischen Demokratie entschieden und Wahlen zu einer verfassunggebenden Nationalversammlung beschlossen.

Vergleich der Grundprinzipien von parlamentarischer Demokratie und Rätemodell

Merkmal	Parlamentarische Demokratie	Rätemodell
Die Wählerschaft und die Willensbildung	• Die Gesellschaftsmitglieder (Bürger/-innen) in der Rolle des einzelnen „Staatsbürgers" • Die individuelle Meinungsbildung wird durch Parteien unterstützt • Die Repräsentanten (Abgeordneten) werden in „freien" Wahlen bestimmt	• Es gibt organisierte Basiseinheiten in allen gesellschaftlichen Bereichen (in Betrieben, Wohneinheiten, Dörfern, Schulen, usw.) • Es findet eine ständige öffentliche Diskussion politischer Probleme als herrschaftsfreier Dialog statt (dabei einheitliche Willensbildung des Kollektivs)
Die Repräsentation (Abgeordnete)	• Abgeordnete auf mehreren Ebenen (Bund, Länder, Gemeinden) werden von den Parteien nominiert, unter Einfluss von (organisierten) Interessen • Die Repräsentanten werden von Wahlberechtigten für bestimmte Perioden gewählt	• Die Räte fungieren als ein System von Delegationskörperschaften in Form von „Pyramiden" • Gewählt werden die Räte von den jeweils nachgeordneten Ebenen • Es gibt keine Parteien und Verbände • Alle öffentlichen Ämter werden durch Wahl besetzt
Das Mandat (der Repräsentanten)	• Das Mandat ist frei, nur dem Gewissen unterworfen aber mit taktischen Einengungen (z. B. durch die Fraktions- und Parteidisziplin)	• Das Mandat ist imperativ, d. h. jeder kann jederzeit abberufen werden • Die Beschlüsse der entsendenden Einheiten müssen vertreten werden (Rückkoppelung) • Es gibt eine Ämterrotation
Die Gewaltenteilung	• Gewaltenteilung ist zentrales Prinzip, insbesondere zwischen Regierung und Opposition (mit Minderheitenschutz) • Es gibt unabhängige Gerichte	• Gewaltenteilung ist unnötig (nach der Aufhebung der Klassenherrschaft) • Die Räte übernehmen exekutive, legislative und judikative Funktionen gleichzeitig
Das Menschenbild	• Der Mensch ist gekennzeichnet durch begrenzte Fähigkeiten und Möglichkeiten • Jeder kann nicht alles machen • Persönliches Machtstreben muss begrenzt werden • Es herrscht ein geringes Maß an sozialer Gleichheit • Es gibt eine Vielfalt von Interessen und Meinungen	• Der „neue Mensch" ist ausgestattet mit umfassenden analytischen, theoretischen und praktischen Fähigkeiten und kann verschiedene Funktionen wahrnehmen • Es gibt kein persönliches Machtstreben • Es herrscht ein hohes Maß an sozialer Gleichartigkeit

(nach: Carl Böhret u. a., Innenpolitik und politische Theorie, Opladen, 1987, 2. Auflage S. 431 f., vereinfacht)

AUFGABEN

1. Arbeiten Sie in wenigen Sätzen heraus,
   a) aus welchem Grund die Republik zweimal ausgerufen wurde und
   b) welche Ziele die beiden Redner jeweils verfolgten.
2. Listen Sie auf, welche Politiker auf diesen zwei Seiten genannt werden. Erstellen Sie dann mit Lexika und/oder dem Internet kurze Biografien dieser Politiker.
3. Vergleichen Sie die beiden politischen Modelle parlamentarische Demokratie und Rätemodell und erläutern Sie, welche Demokratiemodelle hinter den beiden Modellen stehen.
   Informationen dazu finden Sie auch auf Seite 87.

Philipp Scheidemann (MSPD) ruft die deutsche Republik aus: „Das deutsche Volk hat auf der ganzen Linie gesiegt. Das alte Morsche ist zerbrochen; der Militarismus ist erledigt! Die Hohenzollern haben abgedankt. [...] Sorgen wir dafür, dass die deutsche Republik, die wir errichten werden, nicht durch irgendetwas gefährdet werde! Es lebe die deutsche Republik!"

Karl Liebknecht (Spartakusbund) verkündet die freie sozialistische Republik: „Der Tag der Revolution ist gekommen. Wir haben den Frieden erzwungen. [...] Das Alte ist nicht mehr. [...] Wer von euch die freie sozialistische Republik Deutschland will und die Weltrevolution erfüllt sehen will, erhebe seine Hand zum Schwur."

Friedrich Ebert (1871–1925)
SPD-Politiker, wurde am 11.02.1919 zum ersten Reichspräsidenten gewählt.

Die Weimarer Verfassung
Wesentliche Elemente waren
- das demokratische Prinzip der Gewaltenteilung,
- die Festlegung auf eine parlamentarische, repräsentative Demokratie und
- der föderative Aufbau Deutschlands.

Wichtigster Bestandteil waren die Grundrechte, die jedoch nicht so unwiderruflich verankert waren wie in unserem Grundgesetz.

Der **Versailler Vertrag** war der Friedensvertrag zwischen den Siegermächten und Deutschland. Der Kriegsverlierer Deutschland wurde an den Verhandlungen nicht beteiligt. So sah sich der Reichstag gezwungen, die harten Bedingungen des Vertrages zu billigen. Deutschland wurde als Verursacher des Krieges bezeichnet und musste über Jahre hohe Wiedergutmachungszahlungen (Reparationsleistungen) an die Siegermächte zahlen. Es verlor zudem alle Kolonien und musste Teile seines Territoriums an Nachbarstaaten abtreten.

Inflation: anhaltender Anstieg des Preisniveaus, verbunden mit Geldentwertung und verminderter Kaufkraft

Die erste Demokratie in Deutschland

Die Zeiten für Deutschlands erste Demokratie waren unruhig und turbulent. Die Menschen hatten keine Erfahrungen mit einer demokratisch-parlamentarischen Demokratie. Lange Jahre wurde eine vom Parlament gewählte Regierung durch Kaiser und Adel abgelehnt. Erst als der von ihm ausgelöste Weltkrieg rettungslos verloren war, stimmte der Kaiser einer parlamentarischen Regierungsform zu.
Das Parlament und die vom Parlament gewählte Regierung sollten nun die Folgen der Kriegsniederlage bewältigen. Besonders die Verlierer dieser politischen Veränderung – Adel, Offiziere, Beamte, Richter, Professoren und die Mehrzahl der Unternehmer – standen der Republik ablehnend oder gar feindlich gegenüber.

Um dem Land möglichst schnell ein solides Fundament zu geben, wurde die Nationalversammlung einberufen. Sie tagte in Weimar und beschloss die sogenannte **Weimarer Verfassung**, die am 11.08.1919 in Kraft trat.
Durch den verlorenen Krieg war der Start besonders schwer. Die Rückzahlung der Kriegsanleihen und der aufgenommenen Schulden, mit denen der Weltkrieg finanziert worden war, und die hohen Wiedergutmachungszahlungen, die die Siegermächte den Deutschen im **Versailler Vertrag** auferlegt hatten, sowie eine stetig steigenden Staatsverschuldung belasteten den Staatshaushalt stark. Hinzu kam eine hohe Inflationsrate, die 1921 bis 1923 in einer Hyperinflation gipfelte. Die Ersparnisse der kleinen Leute zerrannen, immer mehr Menschen verarmten. Erst eine Währungsreform brachte Stabilität. Die darauf folgende Zeit, von 1924 bis 1928, wird deshalb auch als die „Goldenen Zwanziger" bezeichnet. Diese Jahre waren durch einen wirtschaftlichen Aufschwung und durch soziale Verbesserungen der Lebensverhältnisse gekennzeichnet. Trotzdem gab es selbst noch in dieser Zeit eine Arbeitslosenquote von ungefähr 9 Prozent.

1929 beendete die Weltwirtschaftskrise diesen relativ ruhigen Zeitabschnitt. Nun begannen die Gegner der Republik Krise und Unsicherheit zu nutzen:
- Auf der politisch rechten Seite agierten Adel, Offiziere, Unternehmer und die Nationalsozialistische Deutsche Arbeiterpartei (NSDAP) mit dem erklärten Ziel, die Demokratie zu beseitigen.
- Auf der politisch linken Seite bekämpfte die kommunistische Partei das Staatsmodell.

Für die gemäßigten Parteien war es äußerst schwierig, zwischen diesen beiden Blöcken solide politische Arbeit zu leisten.

Das Scheitern der Weimarer Republik

Da sich die Parteien im Reichstag bekämpften und zu keiner gemeinsamen Arbeit bereit waren, sahen viele Menschen als Ausweg nur noch eine über den Parteien stehende Regierung. Der Artikel 48 der Weimarer Verfassung bot Paul von Hindenburg, der nach dem Tode Eberts zum Reichspräsidenten gewählt wurde, die Möglichkeit, ohne Unterstützung des Parlaments zu regieren. In dieser Krisensituation ernannte Hindenburg am 30.03.1930 Heinrich Brüning zum Reichskanzler. Dieser konnte sich aber auf keine politische Mehrheit im Parlament stützen und war gezwungen, durch Notverordnungen zu regieren. Die Probleme konnte er dadurch nicht lösen. Dies schadete dem Ruf der Republik. Die Bevölkerung hatte kaum Erfahrung mit parlamentarischen Regierungsformen und viele konnten sich eine Lösung der Probleme durch solch ein politisches System nicht mehr vorstellen. Dies nutzten die linken und rechten radikalen Parteien aus, deren erklärtes Ziel

die Abschaffung der parlamentarischen Demokratie war. Im Parlament stellten sie kaum realisierbare Anträge und legten die Arbeit durch endlose Debatten lahm.
Um die Finanz- und Wirtschaftskrise zu überwinden, hatte Reichskanzler Brüning ein radikales Einsparprogramm vorgelegt. Als das Parlament dieses Programm ablehnte, löste der Reichspräsident den Reichstag auf. Brüning erhoffte sich durch die Neuwahlen im September 1930 eine ihn unterstützende Mehrheit. Das Gegenteil trat ein: Die radikalen Parteien gewannen beträchtlich hinzu. Die Kommunisten verdoppelten die Zahl ihrer Sitze, die NSDAP konnte die Anzahl der Sitze von 12 auf 107 steigern. Durch die Stärkung der radikalen Parteien waren diese erst recht zu keiner konstruktiven Arbeit mehr bereit. Das Parlament – als gesetzgebende Institution – war lahmgelegt und die Reichsregierung musste weiter mit Notverordnungen regieren.
Auch im Ausland wirkten sich die Wahlen aus. An den internationalen Börsen verlor man das Vertrauen in deutsche Unternehmen. Weitere Kredite und Investitionen in deutsche Unternehmen wurden verweigert. Firmen gingen dadurch in Konkurs, die Arbeitslosigkeit stieg weiter.
Im Oktober 1931 schlossen sich die deutschnationalen und rechten Parteien zu einem taktischen Bündnis zusammen. Dieser „Harzburger Front" genannte Zusammenschluss hatte die Abschaffung der Republik zum Ziel.

Obwohl sich die wirtschaftliche Lage leicht verbesserte, erreichten einflussreiche Kreise aus dem Lager der Harzburger Front, dass Hindenburg Reichskanzler Brüning entließ. Nachfolger wurde Franz von Papen. Sein politisches Ziel war eine „Staatsreform", durch die das Parlament entmachtet wird. Dieses Ziel wollte er zur Not auch mit Gewalt durchsetzen. Reichswehrminister Schleicher versagte ihm aber die Unterstützung. Da von Papen auch im Reichstag für seine Politik keine Mehrheit fand, ließ er den Reichstag auflösen. Bei den Wahlen am 31.07.1932 erhielt die Kommunistische Partei Deutschlands (KPD) 89 und die NSDAP 230 Mandate. Von Papen hatte erneut keine Mehrheit, versuchte aber dessen ungeachtet weiter zu regieren. Erneut wurde der Reichstag aufgelöst. Bei den Wahlen am 06.11.1932 errang die KPD 100 und die NSDAP 196 Mandate. Nach der Entlassung von Reichskanzler von Papen am 17.11.1932 wurde General von Schleicher neuer Reichskanzler.
Dieser versuchte vorhandene Spaltungstendenzen in der NSDAP auszunutzen und strebte eine Zusammenarbeit mit dem eher gemäßigten NSDAP-Flügel um Gregor Strasser an. Durch die gleichzeitige Einbindung der Gewerkschaften und mittels eines großen Arbeitsbeschaffungsprogramms hoffte von Schleicher, eine Kanzlerschaft Hitlers verhindern zu können. Weil jedoch die Gewerkschaften eine Mitarbeit verweigerten und sich Strasser in der NSDAP nicht gegen Hitler durchsetzen konnte, scheiterten diese Pläne.

AUFGABEN

1. Führen Sie die grundlegenden Probleme auf, mit denen die Weimarer Republik zu kämpfen hatte.
2. Erstellen Sie eine stichwortartige Übersicht über die wichtigsten Ereignisse während der Weimarer Republik.
3. Stellen Sie in eigenen Worten dar, welchen Einfluss die radikalen Parteien auf die parlamentarische Arbeit hatten.

Paul von Hindenburg (1847–1934)
Generalfeldmarschall im Ersten Weltkrieg, Reichspräsident ab April 1925

Die Macht des Reichspräsidenten
Durch Artikel 48 der Weimarer Verfassung hatte der Reichspräsident weitreichende Möglichkeiten, in die Politik von Regierung und Parlament einzugreifen. Er konnte das Parlament auflösen und sogar die Grundrechte außer Kraft setzen lassen.
Durch das Notverordnungsrecht war es dem Reichspräsidenten möglich, mit einem ihm genehmen Reichskanzler am Reichstag vorbei zu regieren.

Weimarer Verfassung Artikel 48 (Notverordnungsrecht)
[...] Der Reichspräsident kann, wenn im deutschen Reich die öffentliche Sicherheit und Ordnung gestört oder gefährdet ist, die zur Wiederherstellung der öffentlichen Sicherheit und Ordnung nötigen Maßnahmen treffen, erforderlichenfalls die in den Artikeln 114 (Freiheit der Person), 115 (Unverletzlichkeit der Wohnung), 117 (Postgeheimnis), 118 (Recht auf freie Meinungsäußerung), 123 (Versammlungsfreiheit), 124 (Koalitionsfreiheit) und 153 (Sicherung des Eigentums) festgesetzten Grundrechte ganz oder zum Teil außer Kraft setzen. [...]

Blickpunkt: *Ein brennendes Parlamentsgebäude – der Reichstag in Berlin – lieferte den Anlass für die Abschaffung von Demokratie und Grundrechten. Heute tagt in dem Gebäude der Deutsche Bundestag.*

27.02.1933: Der Reichstag brennt

NSDAP: Nationalsozialistische Deutsche Arbeiterpartei

KPD: Kommunistische Partei Deutschlands

3.2.2 Diktatur in Deutschland – ein schwerer Rückschlag für die Demokratie

Mit der Wiederwahl des 85-jährigen Paul von Hindenburg zum Reichspräsidenten war der Zerfall der Weimarer Republik vorprogrammiert. Hindenburg war im tiefsten Herzen ein Gegner der parlamentarischen Demokratie. Eine Rückkehr zur Monarchie und zu autoritären Regierungsformen wurde von ihm nicht grundsätzlich abgelehnt. Seine stark konservativen Berater, darunter sein Sohn, nutzten seine Altersschwäche aus und berieten ihn entsprechend.

Am 28.01.1933 trat Reichskanzler von Schleicher zurück. Hinter seinem Rücken hatte der ehemalige Reichskanzler von Papen bereits mit einflussreichen Kräften auf den greisen Reichspräsidenten Hindenburg eingewirkt, um eine Regierung unter Beteiligung der NSDAP zu bilden. Am 30.01.1933 wurde Adolf Hitler zum Reichskanzler ernannt.

Sofort nach der Machtergreifung begannen die Verfolgungen und Verhaftungen der politischen Gegner. Zahllose Menschen wurden willkürlich festgenommen und schwer gefoltert. Die ersten Sammellager für politische Gegner wurden eingerichtet.

Am 23.03.1933 befreite sich Hitler mit dem **Ermächtigungsgesetz** von allen Verpflichtungen und Bindungen der Weimarer Verfassung. Die Zentrumspartei und die bürgerlichen Parteien stimmten diesem Gesetz zu. Die 81 KPD-Abgeordneten konnten an der Reichstagssitzung schon nicht mehr teilnehmen, da sie entweder bereits verhaftet, untergetaucht oder auf der Flucht waren. Ihr Abgeordnetenmandat bot ihnen keinerlei Schutz mehr. Lediglich die SPD stimmte im Reichstag gegen das Gesetz.

Das Ermächtigungsgesetz hob die Trennung von Legislative und Exekutive auf. Die Regierung konnte fortan Gesetze erlassen und durchsetzen – eine Kontrolle durch das Parlament war nicht mehr möglich.

STATIONEN AUF DEM WEG IN DIE DIKTATUR

10.04.1932	Wiederwahl Hindenburgs zum Reichspräsidenten. Gegenkandidat Hitler erhält 36,8 % der Stimmen.
04.06.1932	Der Reichstag wird aufgelöst.
20.07.1932	Reichskanzler von Papen setzt die preußische Regierung ab. Obwohl das ein klarer Verfassungsbruch ist, greift der Reichspräsident nicht ein.
31.07.1932	Bei den Reichstagswahlen erringen die Kommunisten 89 Sitze und die NSDAP 230 Sitze (von insgesamt 608 Sitzen).
12.09.1932	Erneute Auflösung des Reichstags.
06.11.1932	Bei den Reichstagswahlen erringen die Kommunisten 100 Sitze und die NSDAP 196 Sitze (von insgesamt 584 Sitzen).
17.11.1932	Reichskanzler von Papen tritt zurück, sein Nachfolger wird General von Schleicher. Hinter dessen Rücken verhandeln von Papen und Hitler über eine Regierungsbeteiligung der NSDAP.
28.01.1933	Reichskanzler von Schleicher tritt zurück.
30.01.1933	Hindenburg ernennt Hitler zum Reichskanzler und von Papen zu seinem Stellvertreter.
01.02.1933	Hitler erreicht bei Hindenburg die erneute Auflösung des Reichstags. Im Wahlkampf wird die SA als Hilfspolizei eingesetzt. Sie verschleppt und foltert politische Gegner.
27.02.1933	Der Reichstag brennt. Wer hinter der Brandstiftung steht, ist bis heute ungeklärt. Trotzdem nutzt die neue Regierung den Brand als Vorwand zur Verhaftung von Kommunisten und Sozialdemokraten.
05.03.1933	Bei der Reichstagswahl erhält die NSDAP nur 43,9 % der Sitze und verfügt über keine Mehrheit im Parlament.
23.03.1933	Der Reichstag, an dessen Sitzungen die widerrechtlich verhafteten Abgeordneten von KPD und Teilen der SPD nicht teilnehmen können, verabschiedet gegen die Stimmen der SPD, aber mit den Stimmen aller bürgerlichen Parteien, das Ermächtigungsgesetz.

Als Folge wurde das föderale System der Länder abgeschafft, alle politischen Organisationen wurden beseitigt und Justiz, Wirtschaft und Kultur wurden unter die direkte Aufsicht des Staates gestellt.

Mit der Zustimmung zum **Ermächtigungsgesetz** entmachtete der Reichstag sich selbst. Die öffentliche parlamentarische Kontrolle der Regierung wurde damit abgeschafft.

Die NSDAP und der Parlamentarismus

Aus einer Rede von Joseph Goebbels, 1934

„[...] Wenn die Demokratie uns in Zeiten der Opposition demokratische Methoden zubilligte, so musste dies ja in einem demokratischen System geschehen. Wir Nationalsozialisten haben aber niemals behauptet, dass wir Vertreter eines demokratischen Standpunktes seien, sondern wir haben offen erklärt, dass wir uns demokratischer Mittel nur bedienen, um die Macht zu gewinnen, und dass wir nach der Machteroberung unseren Gegnern rücksichtslos alle die Mittel versagen würden, die man uns in Zeiten der Opposition zugebilligt hatte. [...]"

(aus: Hofer, Walther (1957): *Der Nationalsozialismus. Dokumente 1933–1945.* Frankfurt a. M.: S. Fischer Verlag, S. 27)

Gesetz zur Behebung der Not von Volk und Reich

Vom 24. März 1933.

Der Reichstag hat das folgende Gesetz beschlossen, das mit Zustimmung des Reichsrats hiermit verkündet wird, nachdem festgestellt ist, dass die Erfordernisse verfassungsändernder Gesetzgebung erfüllt sind:

Artikel 1

Reichsgesetze können außer in dem in der Reichsverfassung vorgesehenen Verfahren auch durch die Reichsregierung beschlossen werden. Dies gilt auch für die in den Artikeln 85 Absatz 2 und 87 der Reichsverfassung bezeichneten Gesetze.

Artikel 2

Die von der Reichsregierung beschlossenen Reichsgesetze können von der Reichsverfassung abweichen, soweit sie nicht die Einrichtung des Reichstags und des Reichsrats als solche zum Gegenstand haben. Die Rechte des Reichspräsidenten bleiben unberührt.

Artikel 3

Die von der Reichsregierung beschlossenen Reichsgesetze werden vom Reichskanzler ausgefertigt und im Reichsgesetzblatt verkündet. Sie treten, soweit sie nichts anderes bestimmen, mit dem auf die Verkündung folgenden Tage in Kraft. Die Artikel 68 bis 77 der Reichsverfassung finden auf die von der Reichsregierung beschlossenen Gesetze keine Anwendung.

Auflösung der demokratischen Parteien 1933

01.05.1933	Erster „Feiertag der nationalen Arbeit"
02.05.1933	Auflösung der Gewerkschaften – Bildung der Deutschen Arbeitsfront
10.05.1933	Beschlagnahme des Vermögens der SPD und des Reichsbanners
22.06.1933	Verbot der SPD
26.06.1933	Verhaftung von Abgeordneten der Bayerischen Volkspartei (BVP), des Zentrums und der Deutschnationalen Volkspartei (DNVP)
27.06.1933	Selbstauflösung der DNVP und der Deutschen Volkspartei (DVP)
28.06.1933	Verbot der Deutschen Demokratischen Partei (DDP)
04.07.1933	Selbstauflösung der Bayerischen Volkspartei (BVP)
05.07.1933	Selbstauflösung des Zentrums
11.07.1933	Frick: „Gleichschaltung vollzogen" – Hitler: „Nationale Revolution beendet"
14.07.1933	Gesetz gegen Neubildung von Parteien – NSDAP einzige Partei (Staatspartei)
01.12.1933	Gesetz zur „Sicherung der Einheit von Partei und Staat" – die Partei wird „Trägerin des deutschen Staatsgedankens"

Wilhelm Frick: Jurist und Politiker (NSDAP), 1933–43 als Reichsinnenminister verantwortlich für die Durchführung der Rassengesetze. 1946 in Nürnberg als Kriegsverbrecher hingerichtet.

AUFGABEN

1. Beschreiben Sie, welche Folgen das Ermächtigungsgesetz für das demokratische Prinzip der Gewaltenteilung hatte.
2. Finden Sie – mit Blick auf die deutsche Geschichte – Gründe für die Immunität von Parlamentariern (Immunität = Schutz der Abgeordneten vor Verfolgung durch Justizbehörden).

Adolf Hitler (1889–1945) vereinigte alle wichtigen Aufgaben im Staat in seiner Person. Das demokratische Prinzip der gegenseitigen Kontrolle für Inhaber von wichtigen Staatsämtern galt nicht.

Unumschränkter Herrscher

Hitler war …
- Präsident
- Regierungschef
- oberster Richter
- oberster Militärchef
- Parteivorsitzender

Hitler regierte mit Dekreten, den Führerbefehlen. Sie hatten Gesetzeskraft und mussten nicht vom Parlament genehmigt werden.

Der Führerstaat – alle Macht in einer Person vereint

Im „Dritten Reich" vereinigte Hitler die uneingeschränkte Macht in seiner Person. Er war Inhaber der wichtigsten Staats- und der obersten Parteiämter. Er war Reichskanzler und nahm nach dem Tod des Reichspräsidenten Hindenburg am 02.08.1934 auch die Aufgaben des Reichspräsidenten war. Gleichzeitig war er „Oberster Kriegsherr" und „Oberster Gerichtsherr".

Zwar gab es den Reichstag offiziell noch, aber er trat kaum zusammen, höchstens, um Hitler Gelegenheit zu einer umjubelten Rede zu geben. Die 741 Abgeordneten, ausschließlich NSDAP-Mitglieder, wurden vom Führer vorgeschlagen. Dann fand zwar eine Wahl statt, aber es konnten nur die NSDAP und die vorgeschlagenen NSDAP-Mitglieder gewählt werden. Gesetze wurden vom Reichstag nicht mehr verabschiedet. Zwar erlaubte das Ermächtigungsgesetz der Regierung auch weiterhin den Erlass von Gesetzen, doch die Reichsregierung wurde zu einem reinen Verwaltungsorgan degradiert.

Ab 1937 gab es bis zum Kriegsende 1945 keine Sitzungen der Reichsregierung mehr. Gesetze und Verordnungen wurden nun „Führerbefehle" genannt und allein von Hitler erlassen. Eine Debatte über den Sinn und Zweck, die Richtigkeit oder Notwendigkeit von Gesetzen wurde nicht mehr geführt. Es galt der von der Propaganda geprägte Satz: „Führer befiehlt – wir folgen." Auch eine nur leise geäußerte Missbilligung an diesen Zuständen konnte die Verhaftung, Folterung oder gar Ermordung des Kritikers bedeuten.

Mit dem Gesetz zur Gleichschaltung der Länder wurden nach dem 07.04.1933 Reichsstatthalter in den Ländern eingesetzt, die die Länderregierungen ernannten. Die Landesparlamente wurden aufgelöst.

 50 088

Die Herrschaft der Partei

Die NSDAP wurde 1933 zur Staatspartei erhoben. Konkurrierende Parteien waren nicht erlaubt. Es galt das Motto „Die Partei befiehlt den Staat". Wie der Staat, so war auch die Partei nach dem Führerprinzip aufgebaut. An der Spitze stand Adolf Hitler.

Er wurde dabei von seinem Stellvertreter Rudolf Hess, seinem „Leiter der Reichskanzlei“ Martin Bormann und von 20 Reichsleitern unterstützt. Diese gaben ihre Anweisungen an 32 Gauleiter weiter, diese wiederum an ihre Kreisleiter. Die Kreise waren gegliedert in Ortsgruppen, die von den Ortsgruppenleitern angeführt wurden und ihre Anordnungen an die Zellenleiter und Blockleiter (Leiter der Wohnblocks) weitergaben. So bestand eine lückenlose Befehlskette und Überwachung bis in die Siedlungen und Wohnhäuser hinein.

Die Zellenleiter und Blockleiter und deren Helfer betätigten sich fast immer als Spitzel, die jeden denunzierten, der Kritik an der Regierung äußerte. Von den Parteiführern wurden sie aufgefordert, jede Unregelmäßigkeit zu melden.

Dass die Befehle auch befolgt und die angezeigten Menschen verhaftet wurden, dafür sorgten die Sicherheitsorgane: die Schutz-Staffel (SS), die Schutz- und Kriminalpolizei, der Sicherheitsdienst (SD) und die Geheime Staatspolizei (Gestapo). Sie alle unterstanden der Leitung von Heinrich Himmler, dem „Reichsführer SS und Chef der Polizei“.

Das „Gesetz gegen heimtückische Angriffe auf Staat und Partei und zum Schutz der Parteiuniformen“ vom 20.12.1934 – das sogenannte **Heimtückegesetz** – brachte in den folgenden Jahren Tausende von Menschen in die Gefängnisse und Zuchthäuser, nur weil sie sich kritisch gegen die Regierung oder die Zustände im nationalsozialistischen Deutschland geäußert hatten.

denunzieren: jemanden (aus persönlichen, niedrigen Beweggründen) anzeigen

Die gleichgeschaltete Justiz

Auch die Richter konnten nicht mehr unabhängig ohne Beeinflussung arbeiten. Bei vielen, vor allem politisch motivierten Prozessen standen die Urteile schon vorher fest oder wurden von den Parteiführern vorgegeben. 1936 wurde der berüchtigte Volksgerichtshof geschaffen. Unter seinem Vorsitzenden Roland Freisler wurde nicht (Un-)Recht gesprochen, sondern dem „Willen des Führers“ entsprochen. Tausende Todesurteile wurden gefällt.

Roland Freisler (1893–1945): Von 1934 bis 1942 im Reichsjustizministerium war er einer der radikalsten Verfechter nationalsozialistischer Strafrechtsprinzipien. Als Präsident des Volksgerichtshofs (1942 bis 1945) verkörperte er den nationalsozialistischen Terror, besonders bei der Verfolgung der deutschen Widerstandsbewegung nach dem 20.07.1944.

Leitsätze des Reichsrechtsführers Frank vom 14. Januar 1936

1. Der Richter ist nicht als Hoheitsträger des Staates über den Staatsbürger gesetzt, sondern er steht als Glied in der lebendigen Gemeinschaft des deutschen Volkes. Es ist nicht seine Aufgabe, einer über der Volksgemeinschaft stehenden Rechtsordnung zur Anwendung zu verhelfen oder allgemeine Wertvorstellungen durchzusetzen, vielmehr hat er die konkrete völkische Gemeinschaftsordnung zu wahren, Schädlinge auszumerzen, gemeinschaftswidriges Verhalten zu ahnden und Streit unter Gemeinschaftsgliedern zu schlichten.
2. Grundlage der Auslegung aller Rechtsquellen ist die nationalsozialistische Weltanschauung, wie sie insbesondere in dem Parteiprogramm und den Äußerungen unseres Führers ihren Ausdruck findet.
3. Gegenüber Führerentscheidungen, die in die Form eines Gesetzes oder einer Verordnung gekleidet sind, steht dem Richter kein Prüfungsrecht zu. Auch an sonstige Entscheidungen des Führers ist der Richter gebunden, sofern in ihnen der Wille, Recht zu setzen, unzweideutig zum Ausdruck kommt.

(aus: Hohlfeld, Johannes (1951): *Dokumente der deutschen Politik und Geschichte von 1848 bis zur Gegenwart, Bd. IV + V.* Berlin: Dokumenten-Verlag)

AUFGABEN

1. Listen Sie stichpunktartig auf, welche Grundprinzipien von Demokratie im „Führerstaat des Dritten Reichs“ keine Gültigkeit mehr hatten.
2. Nennen Sie mögliche Gründe dafür, warum Menschen im „Dritten Reich“ den Führerstaat gut fanden. Welche Gründe und Lebensumstände könnten sie dazu bewogen haben, Hitler zuzujubeln?
3. Suchen Sie aus Zeitungen, Fernseh- und Radiosendungen und dem Internet einen Bericht über die Arbeit der Bundesregierung.
   a) Arbeiten Sie heraus, an welchen Stellen über Kritik an der Regierung berichtet oder die Regierung kritisiert wird.
   b) Überlegen Sie, wie eine solche Berichterstattung im „Dritten Reich“ ausgesehen hätte. Verfassen Sie einen kurzen Text hierzu.

3.2.3 Leben und Sterben für den Führer – Jugend zwischen Anpassung und Widerstand

Blickpunkt:

Die Nationalsozialisten glaubten, ihre Ziele nur erreichen zu können, indem sie die Jugend von früher Kindheit an erfassten und beeinflussten. Es wurde großer Einfluss auf die Jugendlichen genommen, damit sie sich in Organisationen wie der „Hitlerjugend" oder dem „Bund deutscher Mädel" eingliederten. Alle anderen Jugendorganisationen, z. B. die der Kirchen, waren verboten. Christliches Gedankengut sollte junge Menschen nicht mehr erreichen.

Das Leben im NS-Staat

Hitler in einer Ansprache 1938 in Reichenberg:

„Diese Jugend, die lernt ja nichts anderes als deutsch denken, deutsch handeln. Und wenn nun dieser Knabe und dieses Mädchen mit ihren zehn Jahren in unsere Organisationen hineinkommen [...], dann kommen sie vier Jahre später vom Jungvolk in die Hitlerjugend, und dort behalten wir sie wieder vier Jahre, und dann geben wir sie erst recht nicht zurück in die Hände unserer alten Klassen- und Standeserzeuger, sondern dann nehmen wir sie sofort in die Partei oder in die Arbeitsfront, in die SA oder in die SS, in das NSKK (= NS-Kraftfahr-Korps) und so weiter. Und wenn sie dort zwei Jahre oder anderthalb Jahre sind und noch nicht ganze Nationalsozialisten geworden sein sollten, dann kommen sie in den Arbeitsdienst und werden dort wieder sechs und sieben Monate geschliffen, alle mit einem Symbol, dem deutschen Spaten. Und was dann nach sechs oder sieben Monaten noch an Klassenbewusstsein oder Standesdünkel da oder da noch vorhanden sein sollte, das übernimmt dann die Wehrmacht zur weiteren Behandlung auf zwei Jahre. Und wenn sie dann nach zwei oder drei oder vier Jahren zurückkehren, dann nehmen wir sie, damit sie auf keinen Fall rückfällig werden, sofort wieder in SA, SS und so weiter. Und sie werden nicht mehr frei ihr ganzes Leben."

(aus: Ursachen und Folgen. Bd. XI, Berlin, o. J., S. 138)

Hitler über das Christentum:

„[...] Der Faschismus mag in Gottes Namen seinen Frieden mit der Kirche machen. Ich werde das auch tun. Warum nicht? Das wird mich nicht davon abhalten, mit Stumpf und Stiel, mit allen seinen Wurzeln und Fasern das Christentum in Deutschland auszurotten. [...] Was glauben Sie, werden die Massen jemals wieder christlich werden? Dummes Zeug. Nie wieder. Der Film ist abgespielt. Da geht niemand mehr herein. Aber nachhelfen werden wir. Die Pfaffen sollen sich selbst ihr Grab schaufeln. [...]"

(aus: Michalka, W. (1985): *Das Dritte Reich,* Bd. 1, München: dtv, S. 133)

Die Betroffenen erkannten oft die politischen Absichten der NSDAP nicht oder nur unterschwellig. In einer wirren Zeit wurden die gut organisierten Freizeitangebote meist dankbar angenommen, ohne zu wissen, dass diese nur dem Zweck der Indoktrination dienten.

Indoktrination: geistige Unterwerfung, Beeinflussung

Jugendlicher Widerstand gegen das NS-Regime

Nicht alle Jugendlichen haben sich dem NS-Regime angepasst. Es gab viele junge Menschen, die das System der Indoktrination durchschauten und sich ihm auf die verschiedenste Art und Weise widersetzten. Widerstand wurde in Form einfacher passiver Haltung bis hin zu organisierten Aktionen geleistet. Aber schon die Weigerung, einer NS-Jugendorganisation beizutreten, konnte weitreichende Folgen haben und wurde oftmals bestraft.

Bekanntestes Beispiel ist das Schicksal der Geschwister Hans und Sophie Scholl sowie von deren Freund Christoph Probst. Mit Flugblättern hatten die Mitglieder der Widerstandsgruppe „Weiße Rose" in München versucht, die Menschen über die verbrecherischen Taten der NSDAP aufzuklären. Hierfür wurden sie mit dem Tode bestraft.

Jugendliche leisten Widerstand – Zwei Beispiele

Der Klingenbeck-Kreis
„Ich weiß, wofür ich mein Leben lasse"

1941 fanden sich vier erst 16-jährige Lehrlinge zu einem Widerstandskreis zusammen. Trotz ihres fast noch kindlichen Alters hatten sie durchaus politische und ethische Motive. Initiator und treibende Kraft der Gruppe war Walter Klingenbeck, ein frühreifer Junge aus einem sehr katholischen Elternhaus, der schon in den 30er-Jahren die antikirchliche Politik des NS-Regimes bewusst miterlebt hatte. Klingenbeck teilte mit seinen Freunden eine große Leidenschaft für Technik, vor allem für das Radio. Gemeinsam experimentierten sie mit den verbotenen „Feindsendern" der Alliierten. Aus den abgehörten Sendungen gewannen sie die Überzeugung, dass Deutschland den Krieg niemals gewinnen könne und von Verbrechern regiert werde. So begannen sie eigene Widerstandsaktionen: Sie planten Flugblätter, malten V-Zeichen für das englische „Victory" an Hauswände und bastelten an einem Schwarzsender. Doch Klingenbeck verriet sich durch unvorsichtige Äußerungen. Im Januar 1942 wurde die Gruppe denunziert und verhaftet. Anderthalb Jahre später wurde Klingenbeck hingerichtet; seine Freunde saßen bis zum Kriegsende im Zuchthaus.

(aus: www.widerstand.musin.de, 11.03.2011)

Die Edelweißpiraten in Köln

Während des II. Weltkriegs gab es Tausende von Jugendlichen, die Widerstand gegen die Nazis leisteten. Eine dieser Gruppen waren die „Edelweißpiraten" in Köln. Es waren Jugendliche, die zunächst Mitglied in der Hitlerjugend waren. Sie verließen die Hitlerjugend, was allein schon ein Akt des Widerstandes und nicht ungefährlich war, und organisierten sich selbst. Ihre Aktionen begannen mit harmlosen Streichen, Prügeleien mit der Hitlerjugend und später auch kleinen Sabotageakten. Sie halfen Juden, Deserteuren und entflohenen Zwangsarbeitern. Diese Jugendlichen wollten sich von den Nazis befreien, sie waren nicht gut organisiert, hatten keine Anführer oder einen Plan. Die meisten Edelweißpiraten kamen aus Arbeiterfamilien. Am 01.10.1944 wurden viele von ihnen verhaftet.

(nach: www.edelweisspiraten.de, 02.10.2003)

„Sterben für den Führer"
Tausende Jugendliche wurden unmittelbar nach der Berufsausbildung oder nach dem Schulabschluss direkt an die Front geschickt und bedenkenlos geopfert.

Gefallene und erfrorene junge Soldaten in Russland

Edelweißpiraten:
Am 10.11.1944 wurden die Jugendlichen
Hans Steinbrück, geb. 1921;
Gunther Schwarz, geb. 1928;
Gustav Bermel, geb. 1927;
Franz Rheinberger, geb. 1927;
Adolf Schütz, geb. 1926;
Bartholomäus Schink, geb. 1927 und weitere sieben junge Erwachsene öffentlich in Köln erhängt.

Bartholomäus Schink | Wolfgang Schwarz | Gunther Schwarz

▶ AUFGABEN

1. a) Fassen Sie den Hauptgedanken Hitlers in seiner Reichenberger Rede über die „Erziehung der Jugend" zusammen.
   b) Erklären Sie, warum es den Nationalsozialisten wichtig war, die Jugendlichen von klein auf in ihren Organisationen zu haben.
2. Nennen Sie mögliche Gründe dafür, warum viele Jugendliche sich für die NS-Organisationen begeistern ließen.
3. Recherchieren Sie im Internet weitere Beispiele von jugendlichem Widerstand gegen das NS-Regime und stellen Sie diese in einer Übersicht zusammen. Notieren Sie dazu die jeweiligen Absichten dieser Jugendlichen und die Folgen.

3.2.4 Die nationalsozialistische Rassenideologie – menschenverachtend damals und heute

Charles Darwin (1809–1882): Begründer der Evolutionstheorie zur stammesgeschichtlichen Entwicklung aller Lebewesen. Seine Ideen wirkten umwälzend und regten eine Fülle von einschlägigen Untersuchungen an. Die Evolutionstheorie steht damals wie heute im Mittelpunkt der Biologie.

Anthropologie: Wissenschaft vom Menschen und seiner Entwicklung in natur- und geisteswissenschaftlicher Hinsicht.

Rassisten: nehmen natürlich-biologische Unterschiede auf und machen daraus eine Weltanschauung. Sie werten die angebliche eigene Rasse auf und angeblich andere Rassen gleichzeitig ab. Rassisten übersehen oder leugnen dabei, dass die Menschen bei ihrer Geburt zwar über erbliche Anlagen verfügen, diese aber immer durch ökonomische, soziale und politische Lebensumstände herausgebildet werden.

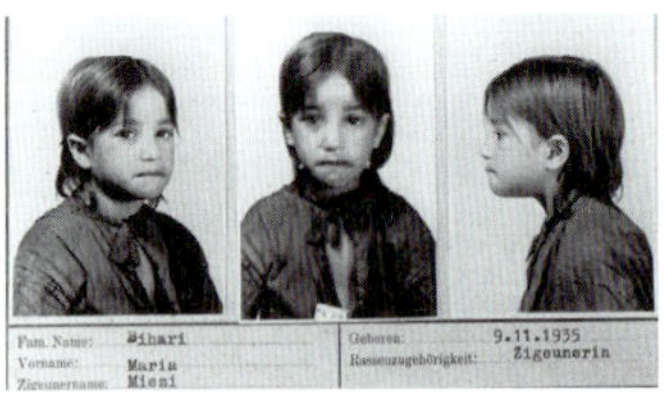

Auch viele Kinder waren Opfer der nationalsozialistischen Rassenideologie

Charles Darwins wissenschaftlich bahnbrechendes Buch „Über die Entstehung der Arten“ von 1859 markiert einen wesentlichen Einschnitt in der Entwicklung der Anthropologie. Die ursprüngliche Anthropologie wurde jedoch durch die Nationalsozialisten ideologisch umgedeutet und ausgenutzt, um aus ihr die sogenannte Rassenlehre abzuleiten.

Schautafel für die Schule

Die **Rassenlehre** bildete eine Grundlage der nationalsozialistischen Ideologie und diente dazu, das unmenschliche Vorgehen sowohl gegen die Bevölkerung in Osteuropa wie auch gegen die Juden und andere ethnische Gruppen in Deutschland zu rechtfertigen. Die in sich wissenschaftlich abwegige Rassenlehre erkennt eine „hoch stehende Rasse“, die Arier, an und stellt sie über andere, „minderwertige“ menschliche Rassen. Das deutsche Volk selbst setze sich aus „sechs verschiedenen arischen Rassen zusammen: nordisch, westisch, ostisch, dinarisch, fälisch und ostbaltisch“.

Laut der Rassenlehre galt die „nordische Rasse“ als die wertvollste dieser willkürlichen Einteilung – sie sollte durch eine bewusste Politik der „Rassenpflege und Rassenhygiene“ gefördert werden. In ihrer Gesamtheit wurden die Deutschen den „hochwertigen Rassen“ zugeordnet, um so eine Benachteiligung, ja sogar Vernichtung „minderwertiger Rassen“ rechtfertigen zu können. Auf der untersten Stufe dieser Skala standen für die NS-Rassenideologen die Juden. Entsprechend der Einteilung der Rassenlehre waren die Juden den härtesten Verfolgungen ausgesetzt.
Die **Bevölkerung in Osteuropa und Russland** galt gleichfalls als „minderwertig“. Daraus erklärt sich der oftmals gnadenlose Umgang mit Zivilisten und Kriegsgefangenen während des Krieges im Osten.
Ins Visier der Rassenfanatiker kamen aber auch **viele einfache Menschen** in Deutschland. So wies beispielsweise das Buch „Vererbungslehre“ aus dem Jahr 1937 darauf hin, dass insbesondere die einfacheren Volksschichten (Tagelöhner, Knechte, Fabrikarbeiter, ehemalige Hilfsschüler) besonders viele Kinder hätten, eine zu große Anzahl von Menschen aus diesen Bevölkerungsschichten jedoch die Vorherrschaft der nordischen Rasse gefährden könnte. Entsprechend schlug der Autor des Buches eine Politik der „Auslese und Selektion“ und die „Verminderung der Fruchtbarkeit der unterdurchschnittlich Befähigten“ vor.

Euthanasie:
Ein weiteres dunkles Kapitel ist der Euthanasiebefehl Hitlers. Die Rassenideologie betrachtete auch Menschen mit körperlichen oder geistigen Behinderungen als „lebensunwert“. Durch das „Gesetz zur Verhütung von erbkrankem Nachwuchs“ vom 14.07.1933 wurde die Zwangssterilisation der Betroffenen ermöglicht. Im Oktober 1939 ordnete Hitler dann in einem Geheimbefehl die Tötung von sogenanntem „lebensunwerten Leben“ an.

Der Leidensweg der jüdischen Bevölkerung

Während der nationalsozialistischen Herrschaft wurden die deutschen Staatsbürger jüdischen Glaubens und die Juden in den von der deutschen Wehrmacht besetzten Ländern von den Nationalsozialisten verfolgt, verschleppt und ermordet. Die systematische Verfolgung und Vernichtung der Juden ist das dunkelste Kapitel der deutschen Geschichte.

Die Verfolgung der jüdischen Bevölkerung durch Boykotte, Entrechtung etc. begann unmittelbar nach der Ernennung Adolf Hitlers zum Reichskanzler am 30. Januar 1933. Ziel der nationalsozialistischen Politik war es, die Juden aus allen Gesellschafts- und Lebensbereichen im Deutschen Reich auszugrenzen.
Der größte Teil der rund 525 000 Juden in Deutschland konnte sich zu diesem Zeitpunkt die später folgende brutale Verfolgung und Vernichtung nicht vorstellen. Insgesamt wurden im „Dritten Reich" etwa 2000 antijüdische Gesetze oder Ergänzungsverordnungen erlassen.

Jugendliche beim Transport ins KZ

Auszug aus der Chronik der Judenverfolgung

30.01.1938	Hitler prophezeit für den Fall des Krieges „die Vernichtung der jüdischen Rasse".
09.11.1938	Pogromnacht – Zerstörung vieler Synagogen. Geschäfte und Wohnungen jüdischer Bürger werden verwüstet.
10.–13.02.1940	Erste Deportationen aus Pommern.
22.10.1940	Deportation der Juden aus Elsass-Lothringen, Saarland, Baden nach Südfrankreich, 1942 dann in das Konzentrationslager Auschwitz.
20.01.1942	Auf der Wannsee-Konferenz beschließen hohe NSDAP-Funktionäre die systematische Ermordung der Juden in Deutschland und den eroberten Gebieten.
22.01.1942	Massaker in Rumänien.
Ab Februar 1942	Deportation von 72 000 Juden ins Warschauer Ghetto (Sammellager für Deportationen in das Vernichtungslager Treblinka).
04.07.1942	Beginn der Massenvergasungen in Auschwitz.
15.05.–08.07.1944	Deportation von 476 000 Juden aus Ungarn nach Auschwitz.
08.05.1945	Ende der Verfolgung durch die Nationalsozialisten im Zuge der bedingungslosen Kapitulation Deutschlands.

Systematischer, millionenfacher Mord an Kindern, Frauen und Männern in Konzentrations- und Vernichtungslagern

Alle Menschen jüdischer Herkunft – Männer, Frauen, und Kinder – mussten sich zu festgesetzten Zeiten an Sammelplätzen einfinden und wurden dann in die Konzentrations- und Vernichtungslager (Auschwitz, Treblinka, Belzec, Sobibor, Kulmhof, Majdanek) transportiert. Zusammengepfercht in Güterwagen und unzureichend oder gar nicht versorgt, starben viele schon während der Fahrt.
Nach der Ankunft entschieden SS-Ärzte, wer sofort umgebracht werden sollte („Sonderbehandlung" genannt) oder wer noch einige Zeit lang Sklavenarbeit („Tod durch Arbeit") leisten sollte.
Die Tötungen der Menschen in den Konzentrations- und Vernichtungslagern waren fabrikmäßig organisiert in eigens dafür eingerichteten Gaskammern. Die Leichen der Opfer wurden anschließend in Krematorien verbrannt. Viele Menschen, vor allem auch Kinder und Jugendliche, wurden vor ihrer Ermordung noch zu unvorstellbar grausamen medizinischen Experimenten missbraucht.

Boykott-Kommando der SA vor einem jüdischen Geschäft

Politischer Extremismus – Gefahr für die Demokratie heute

Meinungsfreiheit, Gleichheit, Chancengleichheit sowie Demokratie und Gewaltenteilung sind wesentliche Kennzeichen unserer politischen Ordnung (siehe Abschnitte 3.1.5 und 4.1.1). Gegner dieser Werte sind politische Extremisten wie Rechtsradikale, Linksradikale und religiöse Fanatiker. Die Verfassungsschutzberichte der letzten Jahre informieren über die wesentlichen Erkenntnisse und Analysen zu diesen gewaltbereiten, demokratiefeindlichen Organisationen. Demnach ist zurzeit der islamistische Terrorismus die größte Gefahr für die innere Sicherheit. Die mit Abstand meisten Straftaten werden aber von Rechtsextremisten begangen.

AUFGABEN

1. Nehmen Sie unser Grundgesetz zur Hand und listen Sie auf, gegen welche Grund- und Menschenrechte zur Zeit der Nationalsozialisten in Deutschland verstoßen wurde.
2. a) Recherchieren Sie in der Presse, welche aktuellen Straftaten einen rassistischen Hintergrund haben und was die jeweiligen Täter bezwecken.
   b) Ermitteln Sie, gegen welche Gesetze dabei verstoßen wurde.

HANDELN AKTIV SEIN

HINWEIS
Weitere Anregungen finden Sie im Internet. Geben Sie in einer Suchmaschine die Stichworte „Zeitleiste“ oder „Zeitleiste erstellen“ ein und Sie stoßen auf eine Fülle von Anregungen. Natürlich kann man auch völlig ohne PC arbeiten und seinem künstlerischen Talent freien Lauf lassen.

Eine Zeitleiste erstellen

Wichtige Ereignisse einer Zeitepoche lassen sich sehr schön als Zeitleiste oder Zeitstrahl darstellen. Mit ein wenig Fantasie und einer guten Arbeitsteilung kann so eine ausgewählte Geschichtsepoche, hier beispielhaft die Zeit des Nationalsozialismus, veranschaulicht werden.
Hier einige mögliche Varianten für das Erstellen einer Zeitleiste:

Einfache Zeitleiste mit dem PC erstellen

Die einfachste Form einer Zeitleiste kann z.B. mithilfe einer normalen Word-Tabelle erstellt werden. Mit unterschiedlichen „Autoformen“, z.B. Pfeilen, kann diese Leiste ausgeschmückt werden. Hier sind der Fantasie keine Grenzen gesetzt. Ein Beispiel hierzu sehen Sie links in der Randspalte und auf der nächsten Seite.

Eine Zeitleiste erstellen mit der DIN-A3-Methode

Jeder Schüler erhält nach Absprache in der Klasse ein wichtiges Datum des Themengebiets. Am PC wird nun diese Seite im Querformat DIN A4 gestaltet. Nach der Fertigstellung, kann die Seite auf DIN A3 vergrößert werden. Das Vergrößern ermöglicht es, in kleinerer Schrift zu arbeiten und dennoch lesbar, wesentlich mehr Informationen auf der Seite unterzubringen. Die Ergebnisse werden an einem Zeitstrahl angeordnet.

Die begehbare Zeitleiste

Sie erstellen eine Zeitleiste aus laminierten Einzeldarstellungen, z.B. nach der DIN-A3-Methode (s.o.). Entlang eines langen Strahls, der z.B. auf den Fußboden der Pausenhalle aufgeklebt wird, werden die Einzelergebnisse der Arbeitsgruppen angeordnet. Die Mitschülerinnen und Mitschüler können sich so die „Geschichte erlaufen“.

Eine waagerechte Zeitleiste erstellen – als Zeitstrahl

Der zeitliche Ablauf besonderer Ereignisse wird sehr häufig auch als Strahl dargestellt (siehe Abbildung unten). Längs einer waagerecht liegenden Zeitleiste, die mehr oder weniger (je nach Platz) genau ist, werden die einzelnen Ereignisse auf Karten oder wie hier in Kästchen beschrieben und durch Pfeile mit dem Zeitstrahl verbunden.

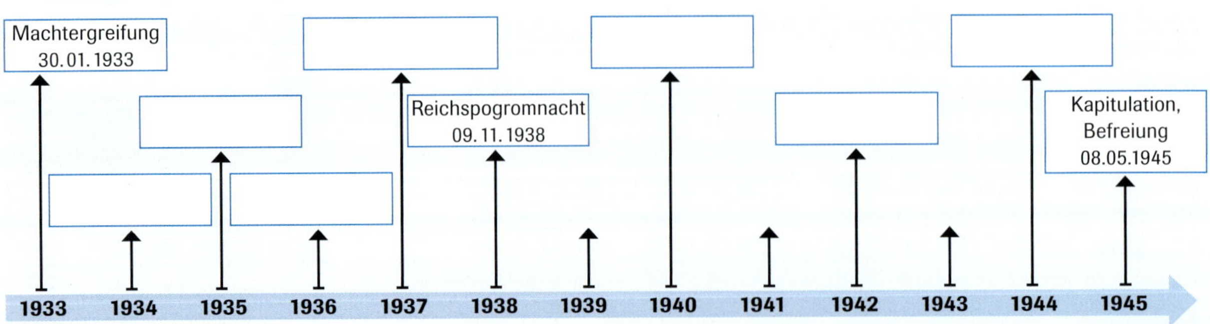

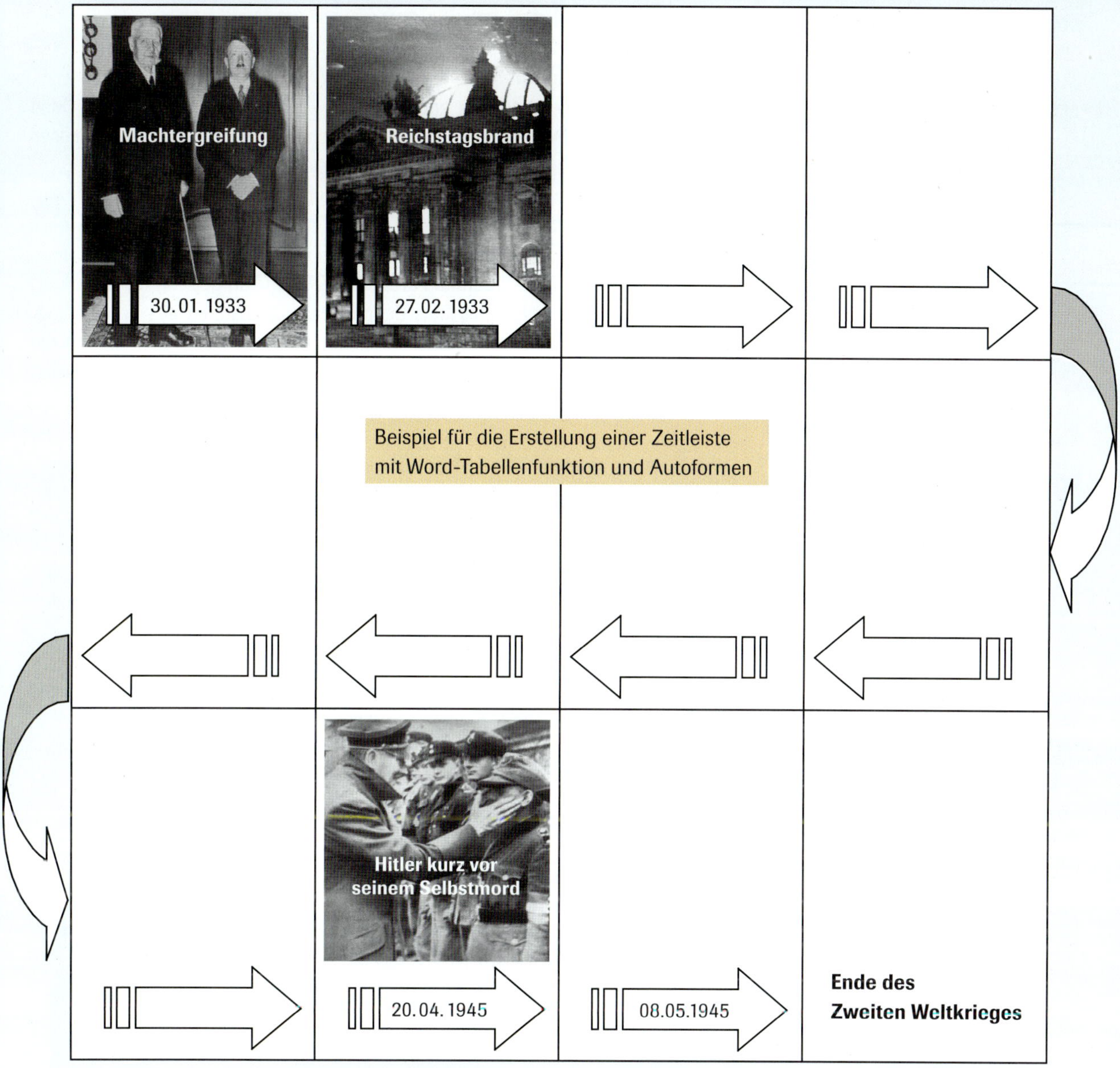

Beispiel für die Erstellung einer Zeitleiste mit Word-Tabellenfunktion und Autoformen

Eine **Zeitleiste** gibt es auch im **Bundeskanzleramt:** die „Leiste" der Bilder der Bundeskanzler/-innen. Als nach dem Regierungswechsel das Portrait von Altbundeskanzler Gerhard Schröder im Kanzleramt seinen Platz fand, meinte dieser zu seiner Nachfolgerin Angela Merkel, es sei ja noch Platz an der Wand. Irgendwann, „wann auch immer, werden wir beiden nebeneinander hängen." Dazu scherzte er, dass er jedoch nicht hoffe, dass sie dann am Ende gar „noch zum Traumpaar der deutschen Politik stilisiert" würden.

AUFGABE

Erstellen Sie eine Zeitleiste, in der Sie die wichtigsten Ereignisse der zwölf Jahre des Nationalsozialismus in Deutschland darstellen. Wählen Sie für Ihre Klasse eine der genannten Formen aus, oder lassen Sie sich durch weitere Beispiele im Internet anregen.

Blickpunkt: *Die Dresdner Frauenkirche nach dem Luftangriff in der Nacht vom 13. auf den 14.02.1945.*

In der DDR diente die Ruine als Mahnmal gegen den Krieg. 1996 bis 2005 erfolgte der Wiederaufbau der Frauenkirche.

Das nationalsozialistische Deutschland löste den **Zweiten Weltkrieg (1939 bis 1945)** aus. Dieser Krieg, der mit dem Überfall auf Polen am 01.09.1939 begann, war das zentrale Ereignis des 20. Jahrhunderts, an dessen Ende Deutschland vernichtend geschlagen war. Eine seiner Folgen war die deutsche Teilung. Gleichzeitig war dieser Krieg Ausgangsbasis für eine neue politische und wirtschaftliche Weltordnung mit zwei Supermächten an deren Spitze (USA und Sowjetunion).

Der Zweite Weltkrieg hatte katastrophale Folgen:
Weltweit starben etwa 55 Millionen Menschen - Soldaten und Zivilisten, unter ihnen 6 Millionen Opfer der Konzentrationslager. Deutschland selbst hatte circa 3,8 Millionen Soldaten und 1,65 Millionen Zivilisten, die damalige Sowjetunion insgesamt 21 Millionen Kriegsopfer zu beklagen. Im Verhältnis zur Gesamtbevölkerung hatte Polen mit 6 Millionen Toten den höchsten Blutzoll entrichtet.
Das internationale Ansehen Deutschlands war 1945 auf dem Nullpunkt angekommen.

3.2.5 Deutschland nach dem Zweiten Weltkrieg

Wie war das alles möglich?
„Wie sind die Erfolge Hitlers zu erklären? Wie konnte das Volk der Dichter und Denker, die Deutschen mit ihren großen Philosophen der Aufklärung, in diesen Strudel der Gewalt sinken?" Das fragten sich viele Menschen nach dem Krieg.
Die meisten konnten zu Beginn der 1930er-Jahre die NSDAP nicht wirklich einschätzen, da diese Partei noch in keiner Regierung gezeigt hatte, ob und wie sie die anstehenden Probleme lösen könne. Zudem war Hitler der einzige charismatische Führer im Lager der rechten Parteien. Der sorgfältig gepflegte „Führerkult" und ein ausgeprägter Nationalismus dienten dazu, Menschen aus unterschiedlichen Gesellschaftsgruppen unter der Hakenkreuzfahne zu versammeln. In der Kombination von Führerkult (= starker Mann, der „durchgreift") und Nationalismus gelang es Hitler, seine Partei in eine „Volkspartei" zu verwandeln.

Wenn es ein gemeinsames Motiv für die Wähler der NSDAP gab, dann war es die Erwartung, Hitler werde die parlamentarische Demokratie, die man für abgewirtschaftet hielt, zerschlagen und an ihrer Stelle ein zugleich strenges und gerechtes, nach außen selbstbewusstes und im Innern volkstümliches Regiment errichten. [...] Vor allem aber würden die Nationalsozialisten für „Arbeit und Brot" sorgen, waren sie doch die einzige Partei, die im Sommer 1932 mit einem groß angelegten Arbeitsbeschaffungsprogramm aufwartete. Die Demokratie als ein undeutsches, dem geschlagenen Land von den Siegern aufgezwungenes System zu verleumden war bei allen rechten Gruppen und Parteien üblich. Aber nur der NSDAP gelang es, sich zu einer wirklichen Massenbewegung gegen die Demokratie zu entwickeln.
(aus: Winkler, H.A. (1980): *Aus Politik und Zeitgeschichte,* 25, S. 3)

„Das Verhängnis" von Paul Weber, bereits 1932 gezeichnet

Das Potsdamer Abkommen
Am 08. Mai 1945 unterschrieben die Vertreter des Deutschen Reichs die bedingungslose Kapitulation. Der Zweite Weltkrieg war beendet und das nationalsozialistische Regime gestürzt. Von diesem Zeitpunkt an existierte weder eine deutsche Regierung noch eine funktionierende Verwaltung. Die Siegermächte USA, Sowjetunion, Großbritannien und Frankreich besetzten Deutschland. Vom 17.07. bis 02.08.1945 trafen sie sich in Potsdam, um über die Zukunft Deutschlands zu beraten. Das Ergebnis der Konferenz war das **Potsdamer Abkommen**.

Das Abkommen enthielt Bestimmungen zur Entmilitarisierung Deutschlands, zum Umgang mit den Kriegsverbrechern des NS-Regimes, zu den zu zahlenden Reparationsleistungen (Wiedergutmachungsleistungen) und zur politischen und geografischen Neuordnung des Landes. Deutschland wurde in vier **Besatzungszonen** aufgeteilt:

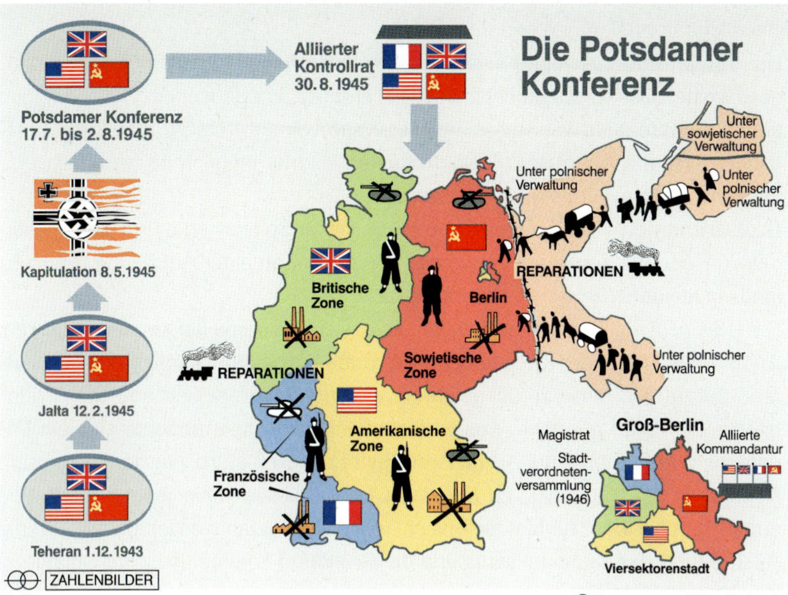

© Bergmoser + Höller Verlag AG

Gemeinsames Organ der Siegermächte war der **Alliierte Kontrollrat**, der die oberste Regierungsgewalt ausübte. Er sollte alle wichtigen Maßnahmen, die die Zukunft Deutschlands oder die Besatzungszonen betrafen, abstimmen. Der Alliierte Kontrollrat nahm am 08.08.1945 seine Arbeit auf. Aber schon bald zeigten sich unterschiedliche politische und wirtschaftliche Auffassungen, die zwischen den drei westlichen Siegermächten einerseits und der Sowjetunion andererseits bestanden. Bereits 1948 wurde die Arbeit des Kontrollrats faktisch eingestellt.

Die Lebenssituation der Menschen in Deutschland verschlechterte sich nach Kriegsende dramatisch. Die Städte und die Infrastruktur des Landes waren zerstört, es herrschte – besonders in den Großstädten – Lebensmittelknappheit und Wohnungsnot. Zu allem Unglück war der Winter von 1945 auf 1946 besonders kalt, was wiederum viele Opfer forderte. Verschärft wurden die Probleme durch Millionen Flüchtlinge aus den Ostgebieten, die im Westen Deutschlands Zuflucht suchten.

Churchill, Truman und Stalin (von links nach rechts) während der Potsdamer Konferenz

Der 08. Mai 1945:

Der ehemalige Bundespräsident **Richard von Weizsäcker** in einer Gedenkstunde zum 08. Mai 1945 vor dem Deutschen Bundestag: „Die meisten Deutschen hatten geglaubt, für die gute Sache des eigenen Landes zu kämpfen und zu leiden. Und nun sollte sich herausstellen: Das alles war nicht nur vergeblich und sinnlos, sondern es hatte den unmenschlichen Zielen einer verbrecherischen Führung gedient. [...] Der Blick ging zurück in einen dunklen Abgrund der Vergangenheit und nach vorn in eine ungewisse, dunkle Zukunft. Und dennoch wurde von Tag zu Tag klarer, was es heute für uns alle gemeinsam zu sagen gilt: Der 08. Mai war ein **Tag der Befreiung**. Er hat uns befreit von dem menschenverachtenden System der nationalsozialistischen Gewaltherrschaft. [...]"

(aus: Ansprachen zum vierzigsten Jahrestag des Kriegsendes, Presse- und Informationsamt, Bonn, 1985, S. 64)

▶ AUFGABEN

1. Betrachten Sie das Bild von Paul Weber. Es wurde bereits 1932 gezeichnet. Überlegen Sie stellvertretend für den Künstler, wie er seine düstere Vision 1932 begründet hätte.
2. Immer wieder wird die Frage gestellt, ob die Barbarei der Nationalsozialisten nicht hätte verhindert werden können. Stellen Sie dar, warum die Nationalsozialisten an die Macht kommen konnten.
3. Versetzen Sie sich in die Lage der Menschen des Jahres 1945 und beantworten Sie die Frage: 08. Mai 1945 – Niederlage oder Befreiung? Beachten Sie auch die Aussage von Richard von Weizsäcker in der Randspalte.
4. Recherchieren Sie im Internet Informationen über das Potsdamer Abkommen. Erstellen Sie eine tabellarische Übersicht darüber, welche grundlegenden Beschlüsse für Deutschland damals getroffen wurden.

Theodor Heuss (1884–1963): erster Bundespräsident der Bundesrepublik Deutschland

Konrad Adenauer (1876–1967): erster Bundeskanzler der Bundesrepublik Deutschland

Grundgesetz der Bundesrepublik Deutschland vom 23. Mai 1949:
Artikel 1 [Menschenwürde und Menschenrechte]
(1) Die Würde des Menschen ist unantastbar. Sie zu achten und zu schützen ist Verpflichtung aller staatlichen Gewalt.
(2) Das deutsche Volk bekennt sich darum zu unverletzlichen und unveräußerlichen Menschenrechten als Grundlage jeder menschlichen Gemeinschaft, des Friedens und der Gerechtigkeit in der Welt.
(3) Die nachfolgenden Grundrechte binden Gesetzgebung, vollziehende Gewalt und Rechtsprechung als unmittelbar geltendes Recht.

3.3 Deutsche Geschichte – von der Teilung bis zur Wiedervereinigung

3.3.1 Die doppelte Staatsgründung

Über die staatliche Zukunft Deutschlands gab es bei den Siegermächten unterschiedliche Vorstellungen und Interessen:

- Die **Sowjetunion** verfolgte einerseits ihre Sicherheitsinteressen, da sie verhindern wollte, dass von Deutschland aus ein erneuter kriegerischer Angriff erfolgen könne. Andererseits war Stalins Ziel die „Weltrevolution". Der Aufbau kommunistischer Systeme war aber in kleinen Staaten leichter möglich als beispielsweise in einem großen, vereinigten Deutschland.
- **Großbritannien** – mit Winston Churchill an seiner Spitze – erkannte die Expansionswünsche der Sowjetunion und war daher nicht an einer Aufteilung Deutschlands in kleine Einzelstaaten interessiert.
- Die **USA** beabsichtigten ursprünglich nicht, sich in Europa länger zu engagieren. Andererseits hatte der Krieg in den USA große Produktionskapazitäten geschaffen – hätte man diese zurückgefahren, wären Arbeitslosigkeit und Umsatzeinbrüche die Folge gewesen. Aus wirtschaftlichen Gründen machte also ein Engagement in Europa Sinn. Als im April 1945 Roosevelt starb, wurde Truman sein Nachfolger. Im Gegensatz zu Roosevelt traute dieser Stalin jedoch nicht. Wie auch Churchill war Truman der Ansicht, dass alles getan werden müsse, um die Ausbreitung des Kommunismus und die Gründung kommunistischer Staaten in Westeuropa zu verhindern.

Die Gegensätze zwischen den Siegermächten wurden immer deutlicher. 1947 schlossen sich die britische und die amerikanische Zone zur Bi-Zone zusammen. 1948 kam die französische Besatzungszone hinzu (Tri-Zone). Durch die am 20.06.1948 in den Westzonen durchgeführte Währungsreform wuchs die politische Kluft weiter. Daraufhin blockierte die Sowjetunion alle Zufahrtswege nach Westberlin. Die Westmächte richteten eine Luftbrücke ein, um Berlin nicht vollständig zu verlieren. Die Gegensätze zwischen Ost und West wurden fast unüberwindlich, der „Kalte Krieg" hatte begonnen (siehe hierzu auch Abschnitt 3.3.5).

Die Gründung der Bundesrepublik Deutschland

In den westlichen Besatzungszonen wurden einzelne Länder gegründet und in den Jahren 1946 und 1947 Landtagswahlen durchgeführt. Aus diesen neuen Landtagsparlamenten wurden 65 Mitglieder in einen **Parlamentarischen Rat** berufen. Zum Vorsitzenden wurde Konrad Adenauer (CDU) gewählt. Eine Kommission des Parlamentarischen Rates erarbeitete, abgeschieden auf der Insel Herrenchiemsee in Bayern, einen Verfassungsentwurf. Er orientierte sich an der Paulskirchenverfassung, der Weimarer Verfassung, aber auch an den parlamentarischen Systemen der USA und Großbritanniens. Ebenso wurden die Erfahrungen aus den Schwachpunkten der Weimarer Verfassung analysiert und fanden so ihren Niederschlag in der neuen Verfassung. Aus diesem Grunde hat beispielsweise der heutige Bundespräsident nicht die Machtfülle des damaligen Reichspräsidenten. Am 23. Mai 1949 wurde das Grundgesetz verkündet. Im August 1949 fanden im Westen die ersten Bundestagswahlen statt.

Die Gründung der Deutschen Demokratischen Republik (DDR)

Schon früher als im Westen Deutschlands hatte es in der sowjetischen Besatzungszone (SBZ) Vorbereitungen für die Gründung eines Staates gegeben. Am 26.11.1947 wurde in der Ostzone zur Gründung einer parlamentsähnlichen Versammlung aufgerufen – dem „Deutschen Volkskongress". Der 1. Volkskongress tagte am 06. und 07.12.1947 in Berlin. Teilnehmer waren Mitglieder der Parteien, Massenorganisationen und Mitarbeiter großer Betriebe, aber auch einzelne Teilnehmer aus Westdeutschland.
Die westdeutschen Parteien – mit Ausnahme der KPD – lehnten eine Teilnahme ab. Die CDU der Ostzone nahm erst teil, nachdem ihr Vorsitzender Jakob Kaiser von der sowjetischen Militärverwaltung politisch ausgeschaltet worden war – er stand dem Volkskongress skeptisch gegenüber.

Auf dem 2. Volkskongress am 18.03.1948 wurde ein Volksbegehren zur Frage der deutschen Einheit beschlossen. Es wurde ein „Volksrat" eingerichtet, der bereits nach zehn Sitzungen einen Entwurf für eine Verfassung vorlegte – für eine „Deutsche Demokratische Republik" auf Basis eines Verfassungsentwurfs der SED aus dem Jahre 1946.
Dieser Entwurf wurde am 22.10.1948 vom Volksrat verabschiedet.

Am 19.03.1949 beschloss der Volksrat allgemeine Wahlen zum 3. Volkskongress, die am 14. und 15.05.1949 stattfanden. Der Stimmzettel war eine Einheitsliste, auf der es keine Wahlmöglichkeiten zwischen Parteien oder Personen gab. Auf die Aussage „Ich bin für die Einheit Deutschlands und einen gerechten Friedensvertrag" konnte nur mit Ja oder Nein geantwortet werden. Die Verteilung der Mandate lag schon vor der Wahl fest, wobei die SED über eine Mehrheit an Mitgliedern in den Massenorganisationen verfügte.

Als am Abend des 15.05. bei den ersten Auszählungen deutlich wurde, dass keine Mehrheit zustande kommen würde, wurden die durchgestrichenen und leeren Stimmzettel kurzerhand als Ja-Stimmen gewertet. Am Abend des 16.05.49 wurde dann bekannt gegeben, dass 66,1 Prozent der Wähler mit Ja gestimmt hätten. Der so gewählte 3. Volkskongress bestätigte am 30.05.1949 nochmals die Verfassung und setzte einen neuen Volksrat ein.

Nachdem Stalin am 27.09.1949 die Vorschläge zur Staatsgründung genehmigt hatte, erklärte sich der Volksrat am 7. Oktober 1949 zur „Provisorischen Volkskammer der DDR". Die Deutsche Demokratische Republik war gegründet.

AUFGABEN

1. Stellen Sie die Interessen der einzelnen Siegermächte bezüglich der künftigen Entwicklung in Deutschland und Europa gegenüber.
2. Erstellen Sie eine Tabelle, die den zeitlichen Ablauf der zwei Staatsgründungen nebeneinander stellt.
3. Im Internet können Sie den Stimmzettel zur Wahl des 3. Volkskongresses finden. Bewerten Sie diesen Stimmzettel hinsichtlich der vorgegebenen Wahlmöglichkeiten.

Wilhelm Pieck (1876–1960): erster Präsident der DDR

Otto Grotewohl (1894–1964): erster Ministerpräsident der DDR

SED: Sozialistische Einheitspartei Deutschlands (siehe auch die Abschnitte 3.3.3 und 3.3.4)

Verfassung der DDR vom 7. Oktober 1949:
Artikel 1 [Republik und Länder]
(1) Deutschland ist eine unteilbare demokratische Republik; sie baut sich auf den deutschen Ländern auf.
(2) Die Republik entscheidet alle Angelegenheiten, die für den Bestand und die Entwicklung des deutschen Volkes in seiner Gesamtheit wesentlich sind; alle übrigen Angelegenheiten werden von den Ländern selbstständig entschieden.
(3) Die Entscheidungen der Republik werden grundsätzlich von den Ländern ausgeführt.
(4) Es gibt nur eine deutsche Staatsangehörigkeit.

Blickpunkt:

3.3.2 Die ersten Jahre der Bundesrepublik Deutschland – die westdeutsche Demokratie

Die Jahre nach dem Krieg waren geprägt von enormer Not. Insbesondere in den großen Städten waren die Lebensumstände sehr schlecht. Die Menschen lebten in Notunterkünften, in Kellern oder mit vielen Personen in sehr kleinen Wohnungen.

Das Wirtschaftswunder

Von 1949 bis zum Ende der Sechzigerjahre vollzog sich in Westdeutschland ein außerordentlich schneller wirtschaftlicher und gesellschaftlicher Aufschwung. Vielen Menschen erschien dies wie ein Wunder. Ursachen dieses sogenannten „Wirtschaftswunders“ waren

- die Entscheidung für eine freie und soziale Marktwirtschaft (siehe Abschnitt 6.1.2),
- die Währungsreform von 1948,
- hohe Steuervergünstigungen für Unternehmen,
- staatliche Investitionsprogramme und
- eine hohe Produktivität durch neue Produktionsanlagen.

Aufbauhilfe durch den Marshallplan

Leben in der Notunterkunft 1945

In den Fünfzigerjahren genoss man den neuen, wenn auch oft bescheidenen Wohlstand

Eine weitere wichtige Hilfe beim Wiederaufbau Westdeutschlands war der **Marshallplan**. Dieses amerikanische Hilfsprogramm für Europa ging auf eine Initiative des amerikanischen Außenministers George C. Marshall zurück.
Ziel war es, in Europa die politischen und vor allem wirtschaftlichen Verhältnisse systematisch und planmäßig wiederaufzubauen: Hunger und Elend sollten beseitigt werden. Europa – und später vor allem Westeuropa – sollte zu einem leistungsfähigen Handelspartner der USA werden. Auch sollte durch eine Einigung in Europa das weitere Vordringen des Kommunismus verhindert werden.

Aus diesen Gründen investierten die USA die – für die damalige Zeit – riesige Summe von 12 Milliarden Dollar in dieses Wiederaufbauprogramm. Davon flossen 1,7 Milliarden Dollar nach Westdeutschland. Die Gelder wurden für Rohstoffe und Maschinen für den Wiederaufbau der Produktionsanlagen verwendet. Da diese in den USA eingekauft wurden, war der Marshallplan gleichzeitig auch ein gigantisches Wirtschaftsprogramm für die amerikanische Industrie.

Die **Währungsreform** trat am 20.06.1949 in den Westzonen in Kraft. Die alte Reichsmark verlor ihren Wert und wurde durch die Deutsche Mark (DM) ersetzt. Jeder Westdeutsche erhielt 40 DM und später nochmals 20 DM.
Bargeld wurde von Reichsmark in DM im Verhältnis 10:1, Sparguthaben im Verhältnis 15:1 umgetauscht. Die Gewinner dieser Währungsreform waren die Besitzer von Grundstücken, Häusern und Fabriken. Dieses Eigentum wurde nicht abgewertet. Gleichzeitig gab es keine Rationierungen von Lebensmitteln und Gebrauchsgütern mehr. Schlagartig füllten sich die Geschäfte wieder mit Waren. Viele Händler hatten für den Tag der Währungsreform ihre Waren gehortet. Staunend standen die Menschen vor den Schaufenstern.

HINWEIS
Der durchschnittliche Monatslohn betrug 1950 150,00 DM.

Schule und Lernen in Westdeutschland

Viele Jugendliche, die erst in den 50er-Jahren geboren wurden, hatten noch die einfachen Lebensverhältnisse ihrer Eltern und Großeltern erlebt. Ein Leben in kleinen Wohnungen, zusammen mit den Geschwistern in einem Zimmer, ein Haushalt ohne Waschmaschine, Fernseher, Auto oder Telefon.
In der Schule war es ähnlich: In den Klassenräumen drängten sich oft bis zu 40 Schülerinnen oder Schüler, denn bis weit in die 60er-Jahre waren die Klassen noch nach Jungen und Mädchen getrennt. Auch war die Ausstattung der Klassenzimmer nicht vergleichbar mit dem heutigen Standard in den Schulen. Wichtigste Arbeitsmittel waren die Tafel, Landkarten und Schautafeln, das Schulbuch (oft nur schwarz-weiß bebildert) sowie ein Heft für das entsprechende Unterrichtsfach. Höhepunkte im Unterricht waren die Vorführung von Dias oder 8mm-Filmen.

Volksschulklasse 1963: 42 Schüler, eine Lehrerin

Das Schulsystem in Westdeutschland war gegliedert. Alle Kinder gingen zunächst in die Volksschule, die spätere Grundschule. Danach musste man sich für eine weitergehende Schulform entscheiden: die Hauptschule, die Realschule oder das Gymnasium. Ein späterer Wechsel, z. B. von der Realschule auf das Gymnasium, war nur bedingt möglich.

Hinter der dreiteiligen Gliederung der Schule stand eine bestimmte Vorstellung von den Zukunfts- und Entwicklungschancen der Jugendlichen. Die Hauptschule sollte die künftigen Arbeiter, Handwerker und Facharbeiter und die Realschule die guten Facharbeiter, Meister und Kaufleute auf ihre Berufsausbildung vorbereiten. Gymnasiasten sollten studieren, um sich so auf Führungsaufgaben vorzubereiten. Entsprechend dieser Vorstellung war es oftmals nicht üblich, auch sehr intelligenten Kindern aus Handwerkerfamilien den Zugang zu höherer Bildung zu ermöglichen. Handwerker schickten ihre Kinder wie selbstverständlich in die Hauptschule, gegebenenfalls auch in die Realschule. Akademiker schickten ihre Kinder in das Gymnasium.

Erst die Bildungsreformen der 70er-Jahre durchbrachen diese althergebrachten Vorstellungen. Damit wurde vielen Kindern aus einfachen Verhältnissen der Zugang zum Abitur und zum Studium ermöglicht.

AUFGABEN

1. Führen Sie ein Interview z. B. mit Ihren Großeltern oder recherchieren Sie im Internet zu Berichten über das Leben in den 50er- und 60er-Jahren. Versuchen Sie dabei, die damaligen Lebensumstände möglichst genau zu erfassen. Berichten Sie dann vor Ihrer Klasse.
2. Viele Berufsschulklassen haben heute ungefähr 20 bis 24 Schülerinnen und Schüler. Wagen Sie ein Experiment und laden Sie eine zweite Klasse Ihrer Schule dazu ein, gemeinsam mit Ihnen eine Unterrichtsstunde abzuhalten. Sie werden staunen und sich fragen, wie Unterricht mit 42 bis 44 Schülerinnen und Schülern möglich war, denn die Klassenräume waren damals nicht größer als heute.

Dr. Konrad Adenauer (CDU), Bundeskanzler von 1949–1963, hier bei seiner Vereidigung

Statut: Satzung, (Grund-)Gesetz

souverän: unabhängig, eigenständig

Dr. Kurt Schumacher (SPD) war von 1949–1952 der bekannteste Oppositionsführer im ersten Deutschen Bundestag

Die politische Entwicklung in Westdeutschland

Im August 1949 fanden in Westdeutschland die ersten Bundestagswahlen statt. Konrad Adenauer (CDU) wurde in der ersten Sitzung des neu gewählten Parlaments mit nur einer Stimme Mehrheit zum Bundeskanzler gewählt. Im gleichen Jahr wurde Theodor Heuss der erste Bundespräsident der Bundesrepublik Deutschland. Vorrangiges Ziel der neuen Regierung war es, Deutschland möglichst schnell von den Besatzungsmächten unabhängig zu machen.

Das **Petersberger Abkommen von 1949** war ein erster Erfolg der neuen Regierung zu mehr Handlungsfreiheit. Es erlaubte der Bundesrepublik Deutschland, internationalen Organisationen beizutreten und konsularische Beziehungen mit anderen Ländern aufzunehmen.

1955 trat der zwischen den Westmächten (USA, Großbritannien, Frankreich) und der Bundesrepublik Deutschland ausgehandelte **Deutschlandvertrag** in Kraft. Durch diesen Vertrag wurde das Besatzungsstatut aufgehoben und Westdeutschland war nun ein souveräner Staat. Im gleichen Jahr wurde die Bundesrepublik Deutschland Mitglied in der **NATO** und war Gründungsmitglied der **Europäischen Union**.

Die Sowjetunion reagierte auf diese westdeutsche Politik der Integration in das westliche Staaten- und Verteidigungsbündnis mit der Ostintegration der DDR. Der sowjetische Staats- und Parteichef Chruschtschow verkündete die **Zweistaatentheorie**, die die beiden deutschen Staaten nun als zwei voneinander unabhängige, selbstständige Staaten ansah.

Wirtschaftlich ging es in Westdeutschland stetig bergauf. Dem ersten Wirtschaftsminister Ludwig Erhard (CDU) gelang es, mit der Einführung der sozialen Marktwirtschaft (siehe Abschnitt 6.1.2) den Menschen Hoffnung zu machen und durch vielfältige Unterstützungen und Steuererleichterungen die Investitionsbereitschaft der Unternehmer zu wecken. Die Wahlergebnisse der folgenden zwei Bundestagswahlen zeigen deutlich die Zustimmung der Bevölkerung zur Politik der Regierung.

Ergebnisse der Bundestagswahlen 1949 bis 2017

	CDU/CSU	SPD	FDP	B90/GRÜNE	Die Linke	AFD
1949	31,0	29,2	11,9			
1953	45,2	28,8	9,5			
1957	50,2	31,8	7,7			
1961	45,3	36,2	12,8			
1965	47,6	39,3	9,5			
1969	46,1	42,7	5,8			
1972	44,9	45,8	8,4			
1976	48,6	42,6	7,9			
1980	44,5	42,9	10,6	1,5		
1983	48,8	38,2	7,0	5,6		
1987	44,3	37,0	9,1	8,3		
1990	43,8	33,5	11,0	3,8	2,4	
1994	41,4	36,4	6,9	7,3	4,4	
1998	35,2	40,9	6,2	6,7	5,1	
2002	38,5	38,5	7,4	8,6	4,0	
2005	35,2	34,2	9,8	8,1	8,7	
2009	33,8	23,0	14,6	10,7	11,9	
2013	41,5	25,7	4,8	8,4	8,6	
2017	32,9	20,5	10,7	8,9	9,2	12,6

Angaben in Prozent. Aufgeführt sind nur Parteien, die auch im Bundestag vertreten waren bzw. sind.

Die Teilung Deutschlands verfestigt sich

Die Deutschland- und Außenpolitik der Bundesrepublik wurde wesentlich durch den Bundeskanzler Adenauer bestimmt und beruhte auf folgenden Grundsätzen und Zielen:

- Deutschland solle nur als freier, unabhängiger Staat wiedervereinigt werden. Die DDR wurde nicht als Partner einer möglichen Vereinigung zweier Staaten akzeptiert.
- Der Frieden könne nur gesichert werden, wenn die Bundesrepublik fest in Westeuropa und im Verteidigungsbündnis der NATO eingebunden werde.
- Eine freie und zugleich soziale Marktwirtschaft sei für wirtschaftliche Stärke und Wohlstand unumgänglich.
- Wichtigste Aufgabe für Westdeutschland sei zunächst die Aussöhnung mit Frankreich und eine enge Zusammenarbeit dieser beiden Staaten in der neu gegründeten Europäischen Gemeinschaft (EG).

Der Ruf nach Wiedervereinigung der beiden deutschen Staaten ist sowohl in der Bundesrepublik wie auch in der DDR in den 50er- und 60er-Jahren ein politisches Dauerthema, jedoch ohne Aussicht auf eine realistische Lösung (siehe auch die Randspalte).

Am Sonntag, dem 13. August 1961, wird unter Aufsicht von Volkspolizei und Nationaler Volksarmee der DDR die Sektorengrenze nach West-Berlin hermetisch abgeriegelt. Überall werden Straßen aufgerissen, Panzersperren und Stacheldrahtverhaue errichtet. Die Mauer entsteht und teilt Deutschland endgültig (vergleiche auch Abschnitt 3.3.5).

Westberliner blicken fassungslos auf die neu errichtete Mauer

> **AUFGABEN**
>
> 1. Stellen Sie die Wahlergebnisse der Bundestagswahlen als Liniendiagramm dar.
> 2. Nennen Sie die wesentlichen Gründe, die einer Wiedervereinigung des geteilten Deutschlands damals entgegenstanden.

Zwei völlig gegensätzliche Standpunkte über den völkerrechtlichen Status Deutschlands kennzeichneten das Verhältnis der beiden deutschen Staaten zueinander.

Standpunkt der Bundesrepublik Deutschland:

Deutschland besteht immer noch in den Grenzen von 1937. Die Bundesrepublik ist einziger rechtmäßiger Rechtsnachfolger des Deutschen Reichs.
Die DDR wird nicht als Staat anerkannt. Zu Staaten, die die DDR anerkennen, werden die diplomatischen Beziehungen abgebrochen.
Westberlin gehört zur Bundesrepublik. Ostberlin darf nicht die Hauptstadt der DDR sein.

Standpunkt der Deutschen Demokratischen Republik:

Es gibt zwei eigenständige deutsche Staaten. Die Grenzen dieser zwei ergeben sich aus den Verträgen des Potsdamer Abkommens.
Die Ostgrenze der DDR ist die Oder-Neiße-Linie. Somit gehören die ehemaligen deutschen Ostgebiete zu Polen bzw. zur Sowjetunion.
Westberlin ist eine eigenständige politische Einheit und gehört nicht zur Bundesrepublik.

Durch diese völlig gegensätzlichen Standpunkte wurde eine Wiedervereinigung der zwei deutschen Staaten unmöglich. Höhepunkt dieser Spaltung war der Bau der Berliner Mauer und der Grenzbefestigungen durch die DDR-Regierung im Jahr 1961.

Blickpunkt: *Viele Kommunisten in der DDR waren der festen Überzeugung, für eine gute Sache zu arbeiten. Allerdings waren nicht wenige auch völlig anderer Meinung oder flüchteten sogar aus ihrem Staat.*

KPD: Kommunistische Partei Deutschlands

LDPD: Liberal-Demokratische Partei Deutschlands; am 05.07.1945 gegründet. Bei den letzten freien Wahlen 1946 konnte die LDPD noch vor der CDU zweitstärkste Partei hinter der SED werden.

NDPD: National-Demokratische Partei Deutschlands; 1948 von der SED mit dem Ziel gegründet, ehemalige Soldaten und Mitglieder der NSDAP sowie Angehörige des Bürgertums in das staatssozialistische System zu integrieren.

LITERATURTIPP
Wolfgang Leonhard:
Die Revolution entlässt ihre Kinder. Das Buch beschreibt u. a. die Arbeit der „Gruppe Ulbricht" (siehe rechte Randspalte).

3.3.3 Die ersten Jahre der DDR – die sozialistische „Demokratie"

Mit der Gründung der zwei deutschen Staaten schien die Teilung Deutschlands für immer besiegelt. In der DDR hegte man die Hoffnung, durch den Aufbau einer sozialistischen Gesellschaft einen friedlichen, gerechten und wohlhabenden Staat zu schaffen. Diese Gesellschaftsordnung sollte eine für die Menschen erstrebenswerte Alternative zum kapitalistischen Staat in Westdeutschland sein. Die Gründe für das Scheitern dieses Gesellschaftsmodells sind vielfältig (siehe hierzu Abschnitt 3.3.4).

Für den Aufbau der sozialistischen Gesellschaftsordnung wurden tief greifende Veränderungen in Politik und Wirtschaft durchgesetzt:

Politische Umgestaltung
Sehr schnell gestattete die sowjetische Besatzungsmacht die Gründung von Parteien. So wurden bereits 1945 die **CDU** und die **LDPD** gegründet. Die ebenfalls 1945 wieder gegründeten Parteien **KPD** und **SPD** wurden kurz darauf zur Sozialistischen Einheitspartei Deutschlands (**SED**) vereinigt. Später erlaubte die SED die Gründung der **NDPD** und der **DBD**. Zu Massenorganisationen wurden der Freie Deutsche Gewerkschaftsbund (**FDGB**) und die Freie Deutsche Jugend (**FDJ**).

© Bergmoser + Höller Verlag AG 555 460

Wirtschaftliche Umgestaltung
Noch vor der Staatsgründung der DDR wurden wirtschaftliche Veränderungen durchgesetzt und die im Herbst 1945 durch die sowjetische Militärverwaltung begonnene Bodenreform durchgeführt. Durch sie wurden Großgrundbesitzer entschädigungslos enteignet und ihr Land an Landarbeiter und Kleinbauern verteilt. Diese mussten später ihren neuen Besitz jedoch in die neuen „Landwirtschaftlichen Produktionsgenossenschaften" (LPG) überführen. 1946 wurden die industriellen Großbetriebe verstaatlicht und gingen in „Volkseigentum" über.

Von Anfang an hatte die DDR erhebliche Probleme
Die im Potsdamer Abkommen (siehe Abschnitt 3.2.5) vereinbarten Wiedergutmachungsleistungen (Reparationen) an die Sowjetunion waren enorm. Tausende Schienen, Maschinen, Geräte usw. wurden demontiert und in die Sowjetunion gebracht. Hierdurch entstanden große Probleme beim Aufbau und der Versorgung des Landes. Die politischen und wirtschaftlichen Veränderungen trafen in der Zeit der Nachkriegsnot in weiten Teilen der Bevölkerung auf großes Unverständnis. Vielen Menschen konnte – trotz aufwendiger Propaganda – der Sinn dieser Maßnahmen nicht vermittelt werden. Sie lehnten das ihnen aufgezwungene neue System ab. Hunderttausende flüchteten nach Westdeutschland.

Der 17. Juni 1953 – ein deutscher Aufstand

Im Juli 1952 verkündete Walter Ulbricht auf der II. Parteikonferenz der SED unter dem Beifall der Delegierten den „planmäßigen Aufbau des Sozialismus" in der DDR. Die Folgen dieser konsequenten Politik der Sowjetisierung der DDR waren eine schwere Ernährungskrise und ein andauernder Rückgang der industriellen Produktion. Die großen wirtschaftlichen und gesellschaftlichen Probleme waren unübersehbar. Viele Menschen in der DDR entschlossen sich zur Flucht in den Westen.

Im Mai 1953 beschloss die DDR-Führung in einem Gesetz die Erhöhung der Arbeitsnormen um 10,3 Prozent. Diese Maßnahme verbitterte insbesondere die Arbeiter, die unter schlechten Lebensbedingungen und vorherrschender Materialknappheit nun noch höhere Leistungen erbringen sollten. Am 15. und 16. Juni kam es auf den Baustellen der Ost-Berliner Stalinallee zu ersten Arbeitsniederlegungen. Schnell ging es den Arbeitern nicht mehr nur um die Rücknahme der Arbeitsnormen, sie forderten

- freie Wahlen,
- die Entmachtung Ulbrichts und
- die Wiedervereinigung.

Am 17. Juni 1953 hatte diese Protestaktion mehr als 400 Orte und rund 600 Betriebe erfasst. Landesweit beteiligten sich über 500 000 Menschen an den Demonstrationen. Die SED-Führung nannte den Aufstand einen „faschistischen Putschversuch, der von Westdeutschland aus gesteuert werde". Der Aufstand wurde vom sowjetischen Militär und der Volkspolizei blutig niedergeschlagen.

Straßenschlacht am 17. Juni 1953, Potsdamer Platz

AUFGABEN

1. Nennen Sie mögliche Gründe dafür, warum die DDR-Führung so weitreichende politische und wirtschaftliche Veränderungen in so kurzer Zeit durchsetzen wollte, obwohl große Teile der Bevölkerung offensichtlich dagegen waren.
2. Ermitteln Sie den Wissensstand Ihrer Mitschülerinnen und Mitschüler über den 17. Juni 1953. Führen Sie eine Befragung in Ihrer Schule durch. Entwerfen Sie hierfür einen Fragebogen (vgl. „Handeln – aktiv sein", S. 262 f.).
3. Erstellen Sie anhand der Daten in der Randspalte ein Balkendiagramm über den Flüchtlingsstrom aus der DDR.

Walter Ulbricht (1893–1973) war der richtungsweisende Politiker der ersten Jahre der DDR. Bereits in der Weimarer Republik war er einer der führenden Politiker der KPD. Während des Nationalsozialismus lebte er in der Sowjetunion und wurde dort mit der Zustimmung Stalins zum wichtigsten Mann der Exil-KPD. Sofort nach Kriegsende begann die „Gruppe Ulbricht" mit dem Wiederaufbau einer kommunistischen Partei.

Flucht aus der DDR

Jahr	Flüchtlinge
1950	197 788
1951	165 648
1952	182 393
1953	331 390
1954	184 198
1955	252 870
1956	279 189
1957	281 622
1958	204 092
1959	143 914
1960	199 188
1961	207 026

(aus: www.dhm.de/lemo, 15. 10. 03)
(aus: Herman Weber, Kleine Geschichte der DDR, Köln, 1980, S. 104)

In Westdeutschland wurde der Aufstand in der DDR als Ausdruck des Freiheitswillens der Bevölkerung gesehen. Der 17. Juni wurde als **Tag der deutschen Einheit** zum nationalen Gedenktag erhoben. Mit dem Einigungsvertrag 1990 wurde der 3. Oktober, der Tag des Inkrafttretens des Vertrages, zum gesetzlichen Feiertag „Tag der Deutschen Einheit". Der 17. Juni ist aber bis heute nationaler Gedenktag.

3.3.4 Der sozialistische Staat DDR – Traum oder Trauma?

Blickpunkt: *Vom Leben in der DDR haben heute viele Menschen kaum noch eine Vorstellung. Viele ältere, ehemalige DDR-Bürger denken mit Grausen an die Zeit ihrer Jugend zurück. Andere schwärmen von den schönen alten Zeiten. Wie war die DDR? Wie war sie politisch organisiert, wie lebte es sich dort?*

Kommunismus: Ziel ist eine Gesellschaftsordnung, die auf möglichst gleichen Lebensbedingungen aller Mitglieder und einer umfassenden Gütergemeinschaft basiert.

Karl Marx (1818–1883) war der Begründer des Marxismus. In seinen Augen entwickelte sich die Welt langsam, aber stetig hin zu einer kommunistischen Gesellschaftsordnung. Sein Hauptwerk, das Kommunistische Manifest, wurde zum wichtigsten Buch für die kommunistischen Bewegungen.

Friedrich Engels (1820–1895), Freund und Förderer von Marx.

Wladimir I. Lenin (1870–1924), Marxist und kommunistischer Politiker.

Viele Kommunisten waren lange Jahre überzeugt, dass ein sozialistischer, kommunistischer Staat das beste politische System für die Menschen wäre. Viele opferten ihre Freizeit und arbeiteten aus tiefster Überzeugung für den „Aufbau des sozialistischen Staates DDR". Die DDR sollte ein Staat werden, dessen gesellschaftliches Leben von den Vorstellungen des Philosophen Karl Marx und dem Marxisten und russischen Revolutionär Lenin geprägt sein sollte. Der Marxismus-Leninismus war das Gedankengebäude der Kommunisten und der Führungsschicht in der DDR. Entsprechend dieser Theorie hatten die Kommunisten auch eine andere Vorstellung von Demokratie, von der Verfassung eines Staates und von den Aufgaben der Menschen im Staat.

Proletarier aller Länder vereinigt euch!

NEUES DEUTSCHLAND

ORGAN DES ZENTRALKOMITEES DER SOZIALISTISCHEN EINHEITSPARTEI DEUTSCHLANDS

Berlin, Montag 31. Juli 1961

Programmentwurf der KPdSU verkündet die wahren Menschenrechte

Kommunismus bringt der Welt Frieden, Arbeit, Freiheit, Gleichheit und Glück

Die kommunistische Gesellschaft wird der größte Sieg der Menschheit in ihrer Geschichte
Die heutige Generation der Sowjetmenschen wird im Kommunismus leben

Alles im Namen des Menschen, alles zum Wohle des Menschen

Die welthistorischen Ziele des Kommunismus

Höchste Produktion, höchster Lebensstandard, reichste Kultur, allseitige harmonische Entwicklung der menschlichen Persönlichkeit

Klassenlose Gesellschaftsordnung mit voller sozialer Gleichheit aller Mitglieder

Jeder nach seinen Fähigkeiten!
Jedem nach seinen Bedürfnissen!

Die führende Rolle der SED

Die Kommunistische Partei, in der DDR die SED, hatte in dieser Staatsordnung eine herausragende, führende Rolle. Unter ihrer uneingeschränkten Führung sollte sich die sozialistische Demokratie als innige, vertrauensvolle Partnerschaft zwischen Staat und Bürger entwickeln. Es wurde eine politische Übereinstimmung zwischen SED, Arbeiterklasse und Volk vorausgesetzt.

Von der Gründung bis zur Wiedervereinigung war das politische System der DDR durch den Führungsanspruch der SED geprägt. Alle anderen Parteien und Massenorganisationen hatten sich diesem zu beugen und dienten nur der Verschleierung des totalitären Herrschaftsanspruchs der „Einheitspartei" SED. Diese war Kader- und Massenpartei zugleich. Sie folgte in ihrem Aufbau und ihrer Führungsstruktur dem Vorbild der Kommunistischen Partei der Sowjetunion (KPDSU) und damit Lenins Vorstellungen einer Partei als „Eliteorganisation".

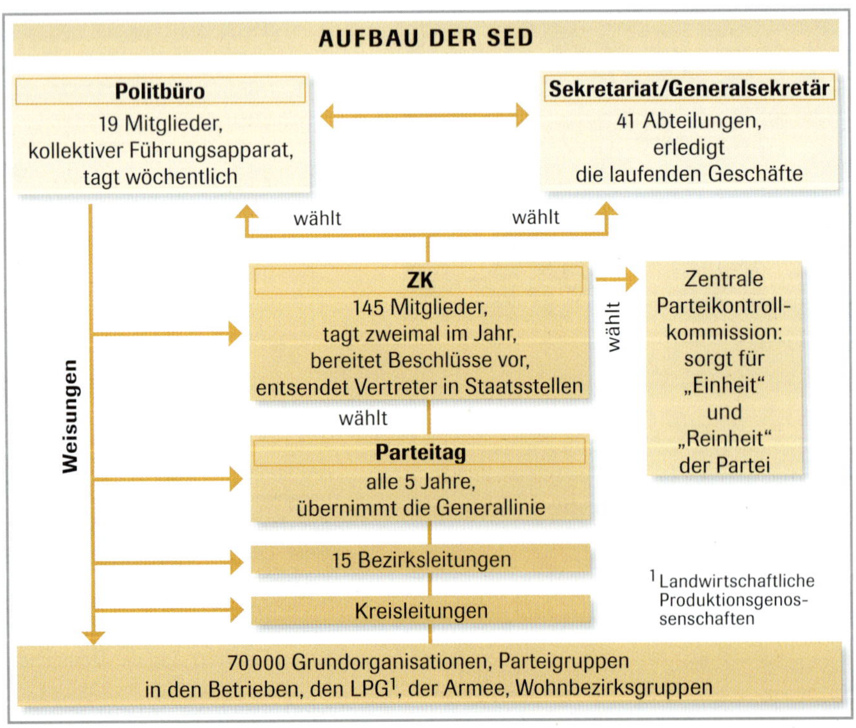

Das Machtzentrum der SED war das Politbüro mit dem Generalsekretär bzw. Ersten Sekretär an der Spitze. Es entschied alle Fragen, die Staat, Wirtschaft und Gesellschaft der DDR betrafen. Der Generalsekretär war seit 1960 zumeist auch Staatsoberhaupt der DDR.

Die Volkskammer – das Parlament der DDR

Die 500 Abgeordneten der Volkskammer 1988

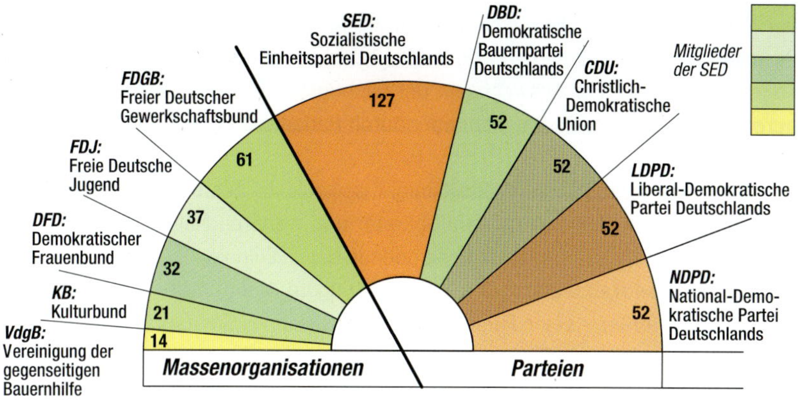

Die Volkskammer, das Parlament der DDR, war nominell das höchste Verfassungsorgan. Diesem Parlament gehörten 500 Abgeordnete an. Sie wurden alle vier Jahre (später fünf) nach Einheitslisten gewählt. Schon vor der Wahl stand fest, wer Abgeordneter in der Volkskammer wird.

Nach einem festgelegten Schlüssel wurden die Abgeordneten auf die Parteien (siehe Abschnitt 3.3.3) und Massenorganisationen verteilt. So ergaben sich immer die gleichen Fraktionsstärken in der Volkskammer. Zwar hatte die SED-Fraktion nicht die Mehrheit der Stimmen, aber über die von ihr beherrschten Massenorganisationen übte sie den alles bestimmenden Einfluss aus. Auch die vier weiteren Parteien verpflichteten sich in ihren Parteiprogrammen, den Führungsanspruch der SED anzuerkennen.

Die Abstimmungen in der Volkskammer fielen immer einstimmig aus. Die Volkskammer tagte nur selten. Gesetze wurden in den Gremien von SED und Regierung ausgearbeitet und ohne große Diskussionen in der Volkskammer beschlossen.

Eine für demokratische Parlamente übliche intensive Ausschussarbeit fand nicht statt. Entsprechend schlecht war das Ansehen der Volkskammerabgeordneten, die nicht zur obersten, führenden Schicht der DDR-Politiker gezählt wurden.

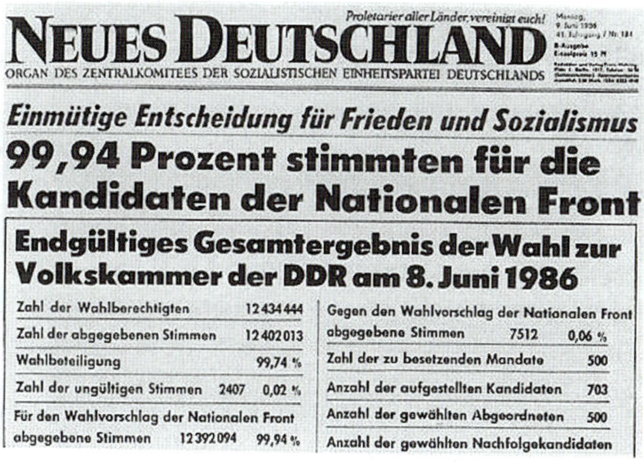

Proletarier aller Länder, vereinigt euch!

NEUES DEUTSCHLAND

ORGAN DES ZENTRALKOMITEES DER SOZIALISTISCHEN EINHEITSPARTEI DEUTSCHLANDS

Einmütige Entscheidung für Frieden und Sozialismus

99,94 Prozent stimmten für die Kandidaten der Nationalen Front

Endgültiges Gesamtergebnis der Wahl zur Volkskammer der DDR am 8. Juni 1986

Zahl der Wahlberechtigten	12434444		Gegen den Wahlvorschlag der Nationalen Front abgegebene Stimmen 7512	0,06 %
Zahl der abgegebenen Stimmen	12402013		Zahl der zu besetzenden Mandate	500
Wahlbeteiligung		99,74 %	Anzahl der aufgestellten Kandidaten	703
Zahl der ungültigen Stimmen	2407	0,02 %	Anzahl der gewählten Abgeordneten	500
Für den Wahlvorschlag der Nationalen Front abgegebene Stimmen	12392094	99,94 %	Anzahl der gewählten Nachfolgekandidaten	

Wahlen zur Volkskammer
Alle fünf Jahre wurden die Einheitswahlen zur Volkskammer durchgeführt. Die in der Volkskammer vertretenen Parteien und Massenorganisationen kandidierten nur auf einer Liste, der Einheitsliste der Nationalen Front. Jeder Bürger konnte aber nur die Kandidaten im eigenen Wahlkreis „wählen".
Die Benutzung der Wahlkabine galt als verdächtig und als Indiz für eine gegnerische Haltung gegenüber der Regierung. Das konnte Nachteile, z. B. im Beruf, zur Folge haben. Die Bürger gingen zur Wahl, nahmen den Wahlzettel entgegen, falteten ihn öffentlich und steckten ihn ohne Umschlag in die Wahlurne. Im Volksmund hieß es: „Ich gehe falten."
Eine Abwahl der Regierungspartei war somit unmöglich. Die Ergebnisse der Wahlen lagen entsprechend immer bei 99 Prozent Zustimmung. Eine demokratische Kontrolle der Auszählung gab es nicht. Daher wurden nach der Wende 1989 hohe Funktionäre der SED auch wegen Wahlbetrugs angeklagt.

AUFGABE

Lassen Sie sich auf ein Gedankenspiel ein:
a) Übertragen Sie die führende Rolle der SED auf unser Parteiensystem. Beschreiben Sie, welche Macht die größte Regierungspartei hätte und ob die Verhältnisse dann so wie in der damaligen DDR wären.
b) Übertragen Sie das Wahlrecht der DDR auf unsere Bundestagswahlen. Entwerfen Sie einen Wahlzettel und skizzieren sie die mögliche Zusammensetzung im Bundestag.

Erich Honecker (1912–1994): Nach dem Sturz Walter Ulbrichts wurde Erich Honecker zum mächtigsten Mann der DDR. Bis zu seinem erzwungenen Rücktritt 1989 hatte er die wichtigsten und einflussreichsten Positionen im Staat und in der SED inne.

Das Regierungssystem der DDR

Laut DDR-Verfassung standen die Parteiorgane der SED und die Staatsorgane getrennt nebeneinander. Die Praxis aber sah anders aus: Die SED lenkte und leitete die staatlichen Organe und überwachte die Einhaltung und Verwirklichung der Parteibeschlüsse. Die wichtigsten Ämter im Staat waren durch die obersten Parteimitglieder besetzt. Die Partei selbst konnte nicht durch Parlamentswahlen abgesetzt werden. Ein Auswechseln der wichtigsten Personen im Staat war nur durch Beschlüsse der Partei, nicht aber durch Parlamentswahlen möglich.

Der **Staatsrat** wurde in der Volkskammer gewählt. Er bestand aus dem Vorsitzenden, seinen Stellvertretern, dem Sekretär und weiteren Mitgliedern. Viele der Mitglieder hatten auch führende Positionen in der SED inne.
Der **Staatsratsvorsitzende** galt als der mächtigste Mann in der DDR. Er vertrat die DDR nach außen – seine Funktion war somit die eines Staatspräsidenten. Auch übte der Staatsrat die Aufsicht über die Armee, das oberste Gericht und die Generalstaatsanwaltschaft aus. Nicht das Parlament, sondern der Staatsrat entschied über Verträge mit anderen Staaten.

Volkskammertagung

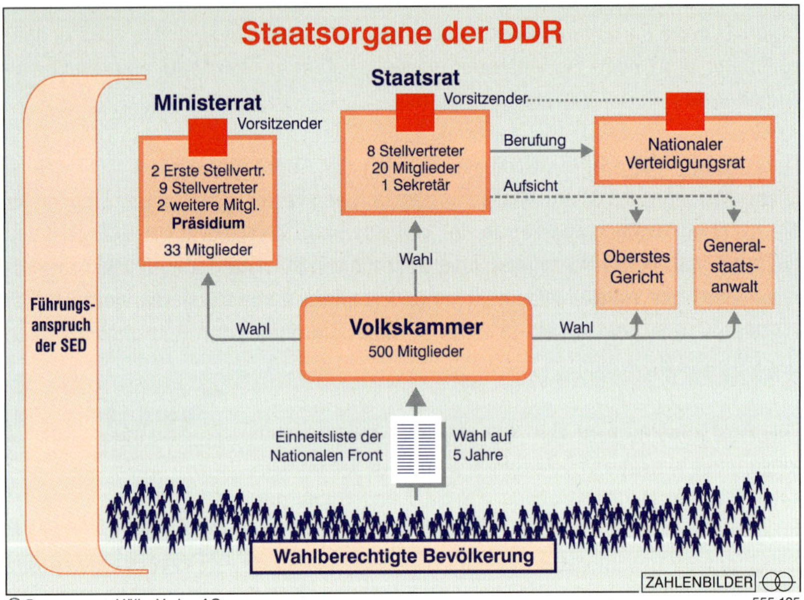

© Bergmoser + Höller Verlag AG 555 125

Leben in der DDR

Für viele Menschen in der DDR war die „Rundum-Versorgung" durch SED und Staat von Vorteil. Miete, Heizung, Strom, Wasser, Grundnahrungsmittel und ärztliche Versorgung waren preiswert bzw. kostenlos. Arbeitslosigkeit gab es nicht, denn beschäftigt wurden alle. Auch wenn der Betrieb nicht genügend Arbeit hatte, wurde keiner entlassen. Der Staat trug die Kosten.

Der **Ministerrat** war die Regierung der DDR. Er war oberstes Verwaltungsorgan und für die Umsetzung und Verwirklichung der Beschlüsse der Volkskammer und insbesondere der SED verantwortlich. Mitglieder waren der Vorsitzende des Ministerrats (Regierungschef), sein Stellvertreter und die Minister. Sie wurden auf Vorschlag der SED von der Volkskammer für fünf Jahre gewählt.

Der **Nationale Verteidigungsrat** wurde vom Staatsrat berufen. Sein Vorsitzender wurde von der Volkskammer gewählt. Der Vorsitzende war im Verteidigungsfall der Oberbefehlshaber der Armee.

Jugend in der DDR

Jugendliche in der DDR hatten relativ junge Eltern. Wer heiratete und Kinder hatte, bekam schnell eine eigene Wohnung und war so etwas unabhängiger.

Die Mütter waren in der Regel berufstätig. Ihre Kinder wurden oft sehr früh, schon mit wenigen Monaten, in der Kinderkrippe betreut. Danach kam der Kindergarten und mit sechs Jahren gingen alle Schüler von der 1. bis zur 10. Klasse in die Polytechnische Oberschule (POS).
Viele Kinder wurden im ersten Schuljahr Jungpioniere. Sie erhielten ein blaues Halstuch und das Pionierkäppi. Einmal in der Woche wurde auf dem Pioniernachmittag gebastelt und gespielt.
Anders als im Westen gingen die Schüler nach der Schule nicht nach Hause sondern in den Hort. Die Ganztagsbetreuung der Schüler war üblich.

Die Jugendlichen in der DDR mussten sich früh überlegen, welche berufliche Richtung sie einschlagen wollten. Nach der POS durften innerhalb eines Jahrgangs nur etwa zehn Prozent an der Erweiterten Oberschule (EOS) Abitur machen. Dabei war neben den schulischen Leistungen auch die soziale Herkunft ein Auswahlkriterium. Ein Schüler mit „Arbeitereltern" hatte gegenüber einem Kind, dessen Eltern studiert hatten, bessere Chancen.
Wer kein Abitur machte, erlernte sofort einen Beruf. Nach der erfolgreich absolvierten Facharbeiterausbildung konnte man sich weiterbilden und nachträglich Abitur machen und studieren.

Mit 14 Jahren wurden viele Jugendliche Mitglied der FDJ (Freie Deutsche Jugend). Sie erhielten einen Ausweis, zahlten Beiträge und trugen zu besonderen Anlässen das blaue FDJ-Hemd mit den FDJ-Abzeichen.
Die FDJ, schon 1946 gegründet, war die einheitliche sozialistische Massenorganisation der Jugend der DDR. Die Mitgliedschaft war zwar freiwillig, wer jedoch nicht Mitglied war, hatte später oft berufliche Nachteile. Bei der Bewerbung für das Abitur (Aufnahme in die EOS) oder auf einen Studienplatz half eine gute Beurteilung aus der FDJ-Zeit.

Jugendkultur in der DDR-Zeit

Wie jede Generation hatten auch die Jugendlichen in der DDR ihre Idole, ihre Trends und musikalischen Vorlieben. Sie hörten das Jugendradio DT64. Angesagte Bands waren „Silly", „City" und die „Puhdys".
Um systemkritischen Einflüssen vorzubeugen, hatte die SED u.a. auch auf die Musikszene ein wachsames Auge: zahlreiche Bands (wie z.B. in den 60er-Jahren die Beatles) wurden verboten, alle anderen Musiker unterlagen einer strengen Zensur, ihre Auftritte wurden streng beobachtet.
Die Jugendlichen trugen Jeans und Turnschuhe aus dem Westen, sofern sie beides ergattern konnten. Hilfreich waren da oft Verwandte in Westdeutschland, wenn es sie gab. Viele Jugendliche, die ein kritisches Verhältnis zum DDR-Staat hatten, standen der Kirche nahe.

Die Stasi
Das Ministerium für Staatssicherheit, kurz MfS oder Stasi genannt, war der Auslands- aber auch der Inlandsgeheimdienst der DDR. Gleichzeitig war das MfS zuständig für die Verfolgung politischer Straftaten. Demokraten, aber auch nicht linientreue Kommunisten wurden überwacht. Keiner war vor der Bespitzelung durch die Stasi sicher.

Junge FDJlerin

Schulmuseum Leipzig

Viele Menschen leiden noch heute unter den **Folgen der DDR-Diktatur:**
„Die Schatten der Diktatur sind lang", sagte Marianne Birthler (ehemalige Bürgerrechtlerin in der DDR und bis März 2011 Leiterin der Stasiunterlagenbehörde) auf einer Veranstaltung der Stuttgarter Zeitung im Oktober 2010.
Sie berichtete von einer Frau, die nach Einsicht in ihre Stasiakten sehr erleichtert war, weil sie herausgefunden hatte, dass „nicht meine Leute mich verraten haben". Die Spitzel waren Fremde.

AUFGABEN

1. Erich Honecker war der wichtigste Politiker in der DDR. Er konnte nicht durch eine Parlamentswahl abgelöst werden. Überlegen Sie, wie diese „Sicherheit" den Politiker Honecker in seinem Tun und Handeln beeinflusst haben mag.
2. Bewerten Sie die vom DDR-Staat geforderte starke Einbindung der Jugendlichen in die politischen Organisationen der DDR. Stellen Sie mögliche Vor- und Nachteile gegenüber.

__Blickpunkt:__ Es ist heute kaum noch vorstellbar: Ein Besuch z. B. des eigenen Bruders in der DDR war damals nur schwer möglich. Dass der Bruder zur Familienfeier in den Westen kam – undenkbar. Die Grenze zwischen den beiden Teilen Deutschlands war ein hochgesicherter Todesstreifen, die unerlaubte Grenzüberschreitung endete oft tödlich.

Warschauer Pakt (1955–1991): Militärbündnis des Ostblocks unter Führung der Sowjetunion als Gegengewicht zur **NATO**, dem Militärbündnis des Westens

Als **„Kalter Krieg"** wurde die Auseinandersetzung zwischen dem Machtblock des Westens (Westblock) und dem des Ostens (Ostblock) bezeichnet. Grundsätzlich verschiedene ideologische Ansichten wurden zum Ausgangspunkt einer erbitterten Auseinandersetzung. Auf den Einsatz militärischer Mittel wurde zwar verzichtet, es wurde aber damit gedroht.

Berlinultimatum: Im November 1958 stellte Chruschtschow den Vier-Mächte-Status der Stadt Berlin in Frage und forderte Verhandlungen mit dem Ziel, West-Berlin in eine „Freie Stadt" umzuwandeln und die westlichen Alliierten zum Abzug zu bewegen. Die Gespräche hierüber sollten innerhalb von sechs Monaten beginnen. Andernfalls werde die Sowjetunion „einseitige Maßnahmen" ergreifen und z. B. einen Friedensvertrag mit der DDR abschließen.

3.3.5 Deutschland im Ost-West-Konflikt (1945–1968)

Die Konfrontation der beiden Atommächte USA und Sowjetunion teilte die Welt in zwei Lager: den „antikommunistischen" Westen und den „antikapitalistischen" Osten. Die deutsche Geschichte von 1945 bis 1990 ist eng mit dieser Konfrontation verbunden, ging doch die Grenze dieser beiden Bündnissysteme mitten durch Deutschland und mitten durch Berlin.

Das politische Verhältnis der beiden deutschen Staaten zueinander entwickelte sich im Verlauf von 44 Jahren nur langsam und mühsam – von der Phase absoluter Konfrontation über eine Zeit der Entspannung hin zur Annäherung und Wiedervereinigung.

Die deutsch-deutsche Entwicklung von 1945 bis 1990		
1. Phase 1945–1949 Die Teilung Deutschlands	Westliche Besatzungszone	Westdeutschland grenzt sich von Ostdeutschland ab. Gründung der Bundesrepublik Deutschland
	Östliche Besatzungszone	Ostdeutschland grenzt sich von Westdeutschland ab. Gründung der DDR
2. Phase 1949–1966/68 Die Phase des Kalten Krieges. Konfrontation der beiden Militärblöcke	• Westintegration der Bundesrepublik Deutschland in das Bündnissystem der NATO. • Ostintegration der DDR in das Bündnissystem des Warschauer Pakts. • 1952: Die DDR wandelt sich zum Einheitsstaat mit einer Zentralregierung und einem Zentralparlament. • 1953: Arbeiteraufstände in der DDR • 1958: Berlinultimatum • 1961: Mauerbau • 1962: Kubakrise (Konfrontation zwischen den USA und der Sowjetunion durch die Stationierung russischer Atomraketen auf Kuba)	
3. Phase 1966/69–1981 Annäherung und Phase der friedlichen Koexistenz	• 1963–1966: Verträge mit der DDR, Passierscheinabkommen und Rentnerbesuchserlaubnis ermöglichen die Einreise Westdeutscher in die DDR. • 1970–1973: Ost-West-Verträge • 1971: Transitabkommen und Viermächteabkommen über Berlin • 1972: Grundlagenvertrag	
4. Phase 1975/1982–1989 Politik der teilweisen Kooperation	• Hauptanliegen der Politik ist Stabilität und Gleichgewicht im Ost-West-Verhältnis. • Dialoge zwischen den blockführenden Mächten, Konferenzen und Gespräche im Dienste der Friedenssicherung, Städtepartnerschaften. • Die ersten Milliardenkredite für die DDR sollen für ein entspanntes Verhältnis zwischen den beiden deutschen Staaten sorgen.	
5. Phase 1990–2000 Wiedervereinigung und Annäherung	• Beitritt der DDR zum Geltungsbereich des Grundgesetzes. • Gründung der fünf ostdeutschen Bundesländer. • Berlin wird wieder Hauptstadt und Sitz des Bundestages. • Deutschland ist ein wichtiger Partner im veränderten Europa.	

In der 2. Phase der deutsch-deutschen Beziehungen (siehe Tabelle) standen sich die beiden deutschen Staaten feindlich gegenüber. Üble Verleumdungen des jeweiligen Gegners auf der anderen Seite der Grenze waren an der Tagesordnung.

Der Bau der Mauer

Aus der DDR flüchteten jährlich Hunderttausende von Menschen (siehe Abschnitt 3.3.3). Bis 1961 waren es bereits 2,6 Millionen. Die DDR wies dadurch einen erheblichen Mangel an qualifizierten Arbeitnehmerinnen und Arbeitnehmern auf. Dies war wohl auch der entscheidende Grund für die Errichtung von Grenzbefestigungen, von der DDR-Regierung antifaschistischer Schutzwall genannt. Diese bestanden aus einem ausgeklügelten System von Sperren, Zonen, Mauern, Metallplatten, Wachhunden und Wachtürmen.
Ein besonderes Ereignis war der Bau der Berliner Mauer am 13. August 1961. Sie trennte die drei Westsektoren Berlins von Ost-Berlin und der restlichen DDR.

Walter Ulbricht, Staatsratsvorsitzender der DDR, leugnete noch am 15.06.1961 die Pläne zum Bau einer Berliner Mauer

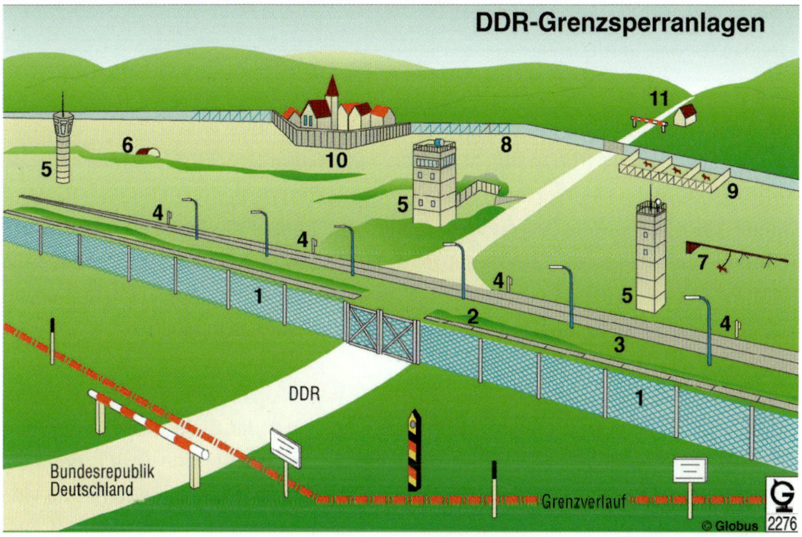

1 Einreihiger Metallgitterzaun (ca 3,2 m hoch)
2 Kfz-Sperrgraben (mit Betonplatten befestigt)
3 Spurensicherungsstreifen
4 Anschlußsäule für das erdverkabelte Grenzmeldenetz
5 Beobachtungstürme aus Beton
6 Beobachtungsbunker
7 Hundelaufanlage
8 Zaun mit elektronischen und akustischen Signalanlagen
9 Hundefreilaufanlage
10 Betonsperrmauer/Sichtblende
11 Kontrollpassierpunkt für Sperrzone

Der Bau der Berliner Mauer und die starken, unüberwindbaren Grenzbefestigungen zur Bundesrepublik machten deutlich, dass ein großer Teil der DDR-Bevölkerung das dortige sozialistische Gesellschaftsmodell ablehnte. Die Menschen mussten an der Flucht gehindert werden. Bis Mai 1989 wurde auf Flüchtlinge scharf geschossen. Ungefähr 466 Menschen starben bei Fluchtversuchen an der Grenze.

Die Westmächte USA, Großbritannien und Frankreich konnten und wollten den Bau der Mauer nicht verhindern, hatten sie doch lediglich ein Interesse an der Einbindung der Bundesrepublik in das westliche Bündnis. Zwischen den Supermächten USA und Sowjetunion gab es eine stillschweigende Übereinkunft darüber, sich nicht in die inneren Angelegenheiten des anderen Bündnissystems einzumischen. So griffen die USA weder beim Bau der Mauer noch beim Einmarsch sowjetischer Truppen in die damalige Tschechoslowakei ein.

Die letzten Maueropfer

Der letzte direkt an der Mauer in Berlin getötete Flüchtling war der junge Chris Gueffroy.
Er wurde am 06.02.1989 bei einem Fluchtversuch erschossen.
Am 08.05.1989 kam Winfried Freudenberg ums Leben, als er versuchte, mit einem Ballon nach West-Berlin zu fliehen.

Bau der Mauer in Berlin

HINWEIS
Weitere Informationen im Internet finden Sie auf den Seiten:
www.berliner-mauer.de
www.dhm.de/lemo

▶ AUFGABEN

1. Nennen Sie mögliche Gründe dafür, warum die westlichen Besatzungsmächte den Bau der Mauer nicht verhindert haben. Recherchieren Sie hierfür auch im Internet.
2. Durchdenken und besprechen Sie die Situation einer Familie, die je zur Hälfte in Ost- und West-Berlin lebt und plötzlich für Jahre durch den Mauerbau getrennt wird. Was mag in den Köpfen dieser Menschen vorgegangen sein?

DEUTSCH-DEUTSCHE WEGMARKEN

- **1949**
  Gründung von Bundesrepublik Deutschland und DDR
- **1953**
  Volksaufstand in der DDR
- **1955**
  Bundesrepublik in die Nato; DDR in den Warschauer Pakt
- **1961**
  Mauerbau in Berlin
- **1964**
  Zwangsumtausch und Besuchserlaubnis für Rentner
- **1970**
  Brandt besucht die DDR, Ostverträge
- **1971**
  Viermächteabkommen
- **1972**
  Grundlagenvertrag und Verkehrsvertrag
- **1973**
  Beginn des grenznahen Verkehrs
- **1974**
  Ständige Vertretungen
- **1981**
  Bundeskanzler H. Schmidt besucht die DDR
- **1984**
  Kredite für die DDR
- **1987**
  Honecker besucht die Bundesrepublik
- **1989**
  Öffnung der Grenzen; Massenflucht aus der DDR
- **1990**
  Freie Wahlen in der DDR; Wirtschafts-, Währungs- und Sozialunion
- **03.10.1990**
  Wiedervereinigung

3.3.6 Ziel Wiedervereinigung – die Friedens- und Entspannungspolitik von 1969–1989

Blickpunkt: *Zwei deutsche Staaten. Kaum jemand glaubte damals an die Chancen einer Wiedervereinigung. War es möglich, diese nicht durch Konfrontation sondern durch eine Politik des Friedens und der Entspannung zu erreichen? Damals für viele unvorstellbar.*

Mit dem Regierungswechsel in der Bundesrepublik 1969 wurde durch Bundeskanzler Willy Brandt (SPD) und Außenminister Walter Scheel (FDP) eine radikale Kehrtwende in der Deutschlandpolitik vollzogen. Brandt, der beim Bau der Berliner Mauer 1961 Bürgermeister von West-Berlin war, kannte die Sorgen und Nöte der durch die innerdeutsche Grenze getrennten Menschen und Familien. Bereits 1964 hatte er – noch als Bürgermeister – in Verhandlungen mit der DDR-Regierung Besuche von West-Berliner Bürgern im Ostteil der Stadt ermöglicht.

Ziel der Politik der neuen Bundesregierung war es, das starre Gegeneinander durch Annäherung und Entspannung abzulösen. Aus der Sicht Brandts konnten sich die festgefahrenen politischen Verhältnisse nur durch eine Politik der Verständigung, des gegenseitigen Respekts und einer allmählichen Annäherung verbessern. Brandt wurde für diese Ostpolitik von der damaligen Opposition (CDU) heftig kritisiert und konnte 1972 nur knapp ein Misstrauensvotum (Versuch der Abwahl des Bundeskanzlers) überstehen.

Wandel der Positionen in der Ostpolitik

Regierung Adenauer (1949–1963)	Regierung Brandt (1969–1974)
• bestehender Zustand muss geändert werden • Bundesrepublik ist einzig legitimer deutscher Staat • Politik der Stärke • Wiedervereinigung als Voraussetzung für Entspannung • gegenseitiges Ignorieren • endgültige Grenzen in einem Friedensvertrag	• Akzeptieren des bestehenden Zustandes • zwei deutsche Staaten – eine Nation • Politik des Ausgleichs • Entspannung als Voraussetzung für die Vereinigung • miteinander sprechen • gegenseitige Achtung der Grenzen

(nach: F. R. Pfetsch, Die Außenpolitik der Bundesrepublik Deutschland, München, 1981, S. 177)

Wesentliche Eckpunkte der neuen Ostpolitik

Die **Ostverträge** waren das Ergebnis von Verhandlungen mit der Sowjetunion und Polen und ein entscheidender Schritt in Richtung Entspannungspolitik. In diesen Verträgen wurden eine bessere Zusammenarbeit der Staaten und die gemeinsame Förderung der Schaffung von Friedensstrukturen vereinbart. Wichtigster Vertragspunkt aber war die Anerkennung der Oder-Neiße-Linie als die westliche Staatsgrenze Polens.

Der **Grundlagenvertrag** regelte die Beziehungen der beiden deutschen Staaten zueinander. In ihm verpflichteten sich die Bundesrepublik und die DDR, „normale gutnachbarliche Beziehungen auf der Grundlage der Gleichberechtigung" zu entwickeln. Beide Staaten erklärten ihre Bereitschaft, die bestehenden Grenzen anzuerkennen und praktische und humanitäre Fragen friedlich zu lösen. Am Sitz der Regierungen wurden statt Botschaften sogenannte ständige Vertretungen eingerichtet.

Der **Vertrag über den kleinen Grenzverkehr** ermöglichte es den Menschen im Grenzbereich, Verwandte ohne große Wartezeiten auf ein Einreisevisum zu besuchen. Auf Seiten der DDR wurde dies aber in der Regel nur älteren Menschen erlaubt.

Auch zwischen den Supermächten USA und Sowjetunion kam es in diesen Jahren zu einer Entspannungspolitik, in deren Rahmen nach langen Verhandlungen das **Viermächteabkommen** beschlossen wurde. Es bildete die rechtliche Voraussetzung für den Grundlagenvertrag.

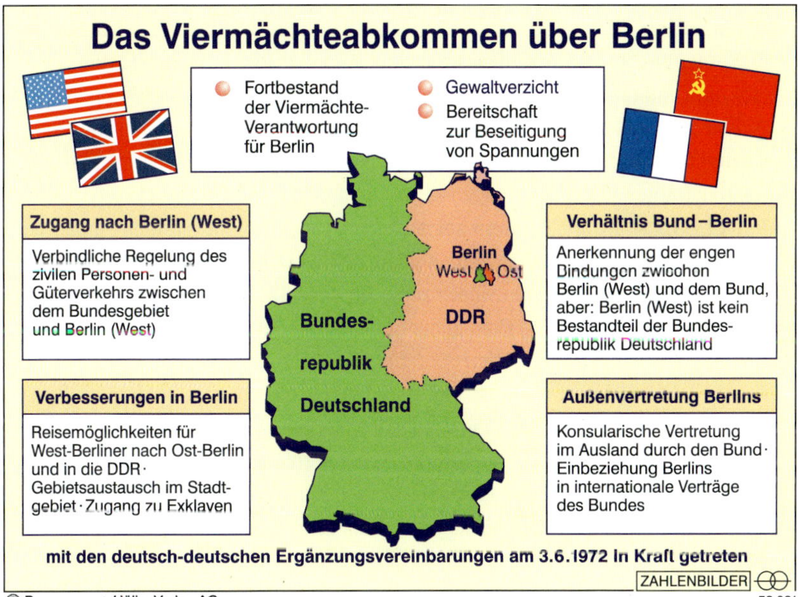

Die deutsch-deutschen Beziehungen waren – nach dem Regierungswechsel 1982 – auch unter Bundeskanzler Helmut Kohl weitere sieben Jahre von Normalität gekennzeichnet. Ihr Höhepunkt war der Besuch Honeckers 1987 in Bonn. Die DDR wurde mit Krediten in Milliardenhöhe unterstützt.

AUFGABEN

1. Stellen Sie die wesentlichen Unterschiede in der Deutschlandpolitik der Bundeskanzler Adenauer und Brandt in einem Kurzvortrag gegenüber.
2. Beurteilen Sie die Deutschland- und Ostpolitik der Regierung Brandt/Scheel. Können Sie der Behauptung folgen, dass diese Politik die Umwälzungen 1989 in der DDR und den Fall der Mauer mit ermöglicht hat?

Willy Brandt (1913–1992): SPD-Vorsitzender; Bundeskanzler von 1969 bis 1974. Er erhielt für seine Friedenspolitik 1972 den Friedensnobelpreis.

Walter Scheel (1919–2016): FDP-Vorsitzender, Bundesaußenminister von 1969 bis 1974, Bundespräsident von 1974 bis 1979

Die Sichtweise der Regierung Brandt /Scheel:
Wandel durch Annäherung – dies war das Schlagwort der neuen Ostpolitik. Brandt und Scheel gingen davon aus, dass die Teilung auf lange Zeit bestehen bleiben würde. Zu ihrer Überwindung wurde nicht mehr auf Konfrontationspolitik gesetzt, sondern durch die Anerkennung der Grenzen und Staaten der Versuch unternommen, die Menschen einander näherzubringen. Diese Politik, so die Annahme, könne zu einer Liberalisierung in den Ostblockländern führen. Langfristig würden sich die beiden Blöcke näherkommen, ihre Feindschaft beenden und den Menschen mehr Freiheiten – auch Reisefreiheit – erlauben.

HAMBURGER MORGEN POST

Die Sensation ist perfekt

Die MAUER ist weg!

DDR-Bürger dürfen ab sofort direkt in die Bundesrepublik und nach West-Berlin ausreisen

Drei Tote auf der Fähre „Hamburg“

Stur auf Kurs ins Unglück

Im Bundestag sangen sie die Nationalhymne

Riesenansturm wird heute in Berlin erwartet

DFB-Pokal: Köln und Bayern raus/ab S. 27

Schlagzeile der Hamburger Morgenpost am 10. 11. 1989

(nach: G. Meyer, Die Wende in der DDR, Bonn 1990)

Parolen auf Transparenten bei Demonstrationen in der DDR

3.3.7 Die Wiedervereinigung 1989/1990 – Demokratie in ganz Deutschland

Blickpunkt: *„Die Mauer ist weg – Im Bundestag sangen sie die Nationalhymne – Riesenansturm in Berlin erwartet“. Das waren am 10. November 1989 die Schlagzeilen der Hamburger Morgenpost. Was war geschehen? Vierzig Jahre lang war es lebensgefährlich, einfach so die Westgrenze der DDR in Richtung Bundesrepublik zu überschreiten. Und dann, in dieser Nacht? Tausende schieben sich freudig erregt über die Grenzstationen Richtung Westen. Ganz Berlin ist eine Party!*

Die friedliche Revolution in der DDR war kein spontanes Ereignis. Schon Mitte der 80er-Jahre hatte es – vor allem in Ungarn und Polen – Demonstrationen und Opposition gegen die kommunistischen Regierungen gegeben. Aber erst die Reformpolitik des sowjetischen Parteichefs Gorbatschow führte zu einer allgemeinen öffentlichen Diskussion und zur Bereitschaft größerer Bevölkerungsteile, sich kritisch zu äußern.

„Die Wende“: Chronik der Ereignisse in der DDR 1989–1990

- Im September 1989 gründen sich die Oppositionsgruppen „Neues Forum“, „Demokratie Jetzt“ und „Demokratischer Aufbruch“.
- Am **02., 03., 07.** und **08. 10. 1989** kommt es zu großen Demonstrationen in Leipzig und Dresden. Die Staatssicherheit und die Volkspolizei gehen brutal gegen die Demonstranten vor.
- Am **11. 09. 1989** öffnet Ungarn seine Grenzen und beginnt mit dem Abbau der Grenzbefestigungen. Dies nutzen ungefähr 25 000 DDR-Bürger, um über Ungarn in den Westen zu gelangen. Gleichzeitig flüchten DDR-Bürger, zum Teil ganze Familien, in Warschau und Prag in die Botschaften der Bundesrepublik. Allein in der Prager Botschaft halten sich 6 500 Botschaftsflüchtlinge auf.
- Am **07. 10. 1989** begeht die DDR den 40. Jahrestag der Staatsgründung. Im „Palast der Republik“ in Berlin feiert die Staatsführung, gleichzeitig demonstrieren Tausende Menschen rund um den Berliner Alexanderplatz. Während Erich Honecker immer noch fest an die Zukunft der DDR glaubt, muss er sich von Gorbatschow den berühmt gewordenen Satz sagen lassen: „Wer zu spät kommt, den bestraft das Leben.“
- Am **09.10.1989** entwickelt sich in Leipzig eine Demonstration zu einer friedlichen Massenbewegung mit 70 000 Teilnehmern. Neben den Parolen „Wir wollen raus“ und „Wir bleiben hier“ taucht hier erstmals auch die Parole „Wir sind das Volk“ auf. Die DDR-Führung erwägt den Einsatz der Armee. Besonnene SED- und Oppositionspolitiker können aber eine bürgerkriegsähnliche Eskalation der Situation verhindern.
- Die Ereignisse werden immer turbulenter. Am **18. 10. 1989** muss Honecker zurücktreten. Nachfolger wird der SED-Politiker Egon Krenz. Er wird aber nur einen knappen Monat Staats- und Parteichef sein.
- Die DDR-Regierung versucht, die Oppositionsbewegung zu verbieten und zu kriminalisieren. Am **20. 10. 1989** wird das „Neue Forum“ als staatsfeindlich verboten.
- In Leipzig finden jeden Montag große Demonstrationen statt. Am **23. 10. 1989** nehmen 300 000 Menschen an der Montagsdemonstration teil.

- Am **30.10.1989** verkündet Hans-Dietrich Genscher, der Außenminister der Bundesrepublik, die mit der DDR-Regierung ausgehandelte Ausreisemöglichkeit der Botschaftsflüchtlinge. Sonderzüge bringen sie über Dresden und Helmstedt nach Hof. Der Bahnhof von Dresden wird von der Volkspolizei abgeriegelt, um zu verhindern, dass Dresdner Bürger auf die Züge aufspringen.
- Die regelmäßigen Massendemonstrationen veranlassen am **07.11.1989** den Rücktritt der Regierung der DDR und des Politbüros der SED.
- In einer Sitzung des noch amtierenden Ministerrats der DDR wird am späten Nachmittag des **09.11.1989** ein Beschluss über die Ausreisemöglichkeiten von DDR-Bürgern gefasst. Diese Verordnung soll aber erst in den nächsten Tagen verwirklicht werden und eine geregelte Ausreise ermöglichen. Der Pressesprecher Schabowski, der nicht während der ganzen Sitzung anwesend sein konnte, gibt in einer Pressekonferenz gegen **18:57 Uhr** diesen Beschluss bekannt. Dabei unterläuft ihm ein historischer Fehler: Er erklärt, dass die Ausreisemöglichkeit ab sofort und auch für Berlin gelte. Die in den westdeutschen Nachrichtensendungen gesendete Mitteilung verbreitet sich in Ostberlin wie ein Lauffeuer. Gegen **22:00 Uhr** finden sich die ersten Menschen an den Berliner Grenzübergangsstellen ein und verlangen die Ausreise. In den darauffolgenden Stunden können die Grenzsoldaten den Massenansturm nicht aufhalten. Völlig überwältigt öffnen sie die Grenzen.

 552 800

- Am **13.11.1989** wird der SED-Reformpolitiker Hans Modrow zum neuen Regierungschef der DDR gewählt.
- Bundeskanzler Helmut Kohl legt am **28.11.1989** sein Zehn-Punkte-Papier zur Wiedervereinigung vor.
- Die Volkskammer beschließt am **01.12.1989** die Streichung des Führungsanspruchs der SED aus der Verfassung.
- In der DDR tritt am **07.12.1989** der „Runde Tisch" – ein Gesprächskreis der alten Parteien und der Oppositionsgruppen – zusammen. Hier soll die Zukunft der DDR beraten werden.
- In Leipzig gehen unterdessen die Montagsdemonstrationen weiter. Am **11.12.1989** taucht dabei erstmals die Parole „Deutschland, einig Vaterland" auf.

Ein „Fehler" verändert die Welt:

Günter Schabowski (1920–2015): Foto aus dem DDR-Fernsehkanal DDR 1

09.11.1989: Um 18:57 Uhr stellt sich Günter Schabowski, Mitglied des Politbüros, auf einer internationalen Pressekonferenz den Journalisten und verliest vor laufenden Kameras stockend – „von einem Zettel, den mir jemand zugesteckt hat", wie er später bekennt – einen Beschluss des Ministerrats, den dieser wenige Minuten zuvor gefasst habe: „Privatreisen nach dem Ausland können ohne Vorliegen von Voraussetzungen (Reiseanlässe und Verwandtschaftsverhältnisse) beantragt werden. Die Genehmigungen werden kurzfristig erteilt. Ständige Ausreisen können über alle Grenzübergangsstellen der DDR zur BRD beziehungsweise zu Berlin (West) erfolgen." Auf eine Nachfrage erklärt Schabowski, dies trete nach seiner Kenntnis „sofort, unverzüglich" in Kraft. Diese Nachricht ist von der DDR-Regierung so nicht autorisiert, verbreitet sich nun aber blitzartig im ganzen Land.

(aus: www.dhm.de/lemo, 10.01.2004)

Der Fall der Berliner Mauer

Dr. Helmut Kohl (1930–2017):
Bundeskanzler von 1982–1998

- Am **01.02.1990** legt die DDR-Regierung einen Stufenplan zur deutschen Einheit vor, der ein vereinigtes, aber völlig neutrales Deutschland vorschlägt.
- Unterdessen verhandelt Bundeskanzler Kohl intensiv mit den ehemaligen Besatzungsmächten. Der amerikanische Präsident George Bush hat kaum Bedenken gegen eine Wiedervereinigung, seine zwei Amtskollegen in Frankreich und Großbritannien können sich hingegen nur schwer mit einem vereinigten Deutschland abfinden, stimmen aber letztlich zu.
- Am **10.02.1990** reist Bundeskanzler Helmut Kohl nach Moskau. Dort erhält er von Gorbatschow die Zusage, dass sich die Sowjetunion einer Wiedervereinigung nicht widersetzen werde.
- Am **18.03.1990** finden in der DDR die ersten freien Volkskammerwahlen statt, die für die konservative „Allianz für Deutschland" eine klare Mehrheit erbringen.
- Am **01.07.1990** wird im Staatsvertrag zwischen der Bundesrepublik und der DDR die Wirtschafts-, Währungs- und Sozialunion vereinbart.
- Diesem Vertrag folgt am **31.08.1990** der Einigungsvertrag, in dem der Beitritt der DDR zur Bundesrepublik Deutschland geregelt wird.
- Abschließend wird am **12.09.1990** der „Zwei-plus-Vier-Vertrag" geschlossen: Die zwei deutschen Staaten und die vier Siegermächte des Zweiten Weltkriegs unterzeichnen den „Vertrag über die abschließende Regelung in Bezug auf Deutschland".
- Am **03.10.1990** tritt die DDR dem Geltungsbereich des Grundgesetzes bei. Mit einer großen Veranstaltung vor dem Berliner Reichstagsgebäude wird die Wiedervereinigung gefeiert.

Für die nach 1990 geborenen Jugendlichen und jungen Erwachsenen ist heute, über zwanzig Jahre nach der Wiedervereinigung, die Zeit der deutschen Teilung nur noch Geschichte. Wer heutzutage z. B. einen Wochenendtrip nach Berlin macht, kann sich kaum noch vorstellen, dass es vierzig Jahre lang nicht möglich war, gemächlich durch das Brandenburger Tor zu schlendern.

Vertrag über die Währungs-, Wirtschafts- und Sozialunion
Vereinbart am 01.07.1990 zwischen der Bundesrepublik Deutschland und der Deutschen Demokratischen Republik

Währungsunion	**Wirtschaftsunion**	**Sozialunion**	
Die Deutsche Mark ist einzige Währung. Die Deutsche Bundesbank ist alleinige Zentralbank. Die Umtauschkurse DDR-Mark zu D-Mark: • 1:1 für Löhne und Gehälter, Renten, Mieten, Pachten und Stipendien • 1:1 für Guthaben von natürlichen Personen bis zu bestimmten Höchstgrenzen • 2:1 für alle übrigen Forderungen und Verbindlichkeiten	Die DDR schafft die Voraussetzungen für die soziale Marktwirtschaft: • Privateigentum ist erlaubt. • Eine freie Preisbildung ist möglich. • Es herrscht Gewerbefreiheit. • Ein freier Verkehr von Waren, Kapital und Arbeit ist möglich. • Ein mit der Marktwirtschaft verträgliches Steuer-, Haushalts- und Finanzwesen wird eingeführt. • Die Landwirtschaft wird in das EU-Agrarsystem eingefügt.	Die DDR schafft und gewährleistet nach dem Vorbild der Bundesrepublik Deutschland: • Tarifautonomie • Koalitionsfreiheit • Streikrecht • Mitbestimmung • Betriebsverfassung • Kündigungsschutz	Die DDR schafft Einrichtungen entsprechend denen in der Bundesrepublik Deutschland: • Rentenversicherung • Krankenversicherung • Arbeitslosenversicherung • Unfallversicherung • Sozialhilfe

Vertrag zwischen der BRD und der DDR über die Herstellung der Einheit Deutschlands vom 31. August 1990 (Auszug):
Die Bundesrepublik Deutschland und die Deutsche Demokratische Republik entschlossen, die Einheit Deutschlands in Frieden und Freiheit als gleichberechtigtes Glied der Völkergemeinschaft in freier Selbstbestimmung zu vollenden, ausgehend von dem Wunsch der Menschen in beiden Teilen Deutschlands, gemeinsam in Frieden und Freiheit in einem rechtsstaatlich geordneten, demokratischen und sozialen Bundesstaat zu leben, in dankbarem Respekt vor denen, die auf friedliche Weise der Freiheit zum Durchbruch verholfen haben, [...] im Bewusstsein der Kontinuität deutscher Geschichte und eingedenk der sich aus unserer Vergangenheit ergebenden besonderen Verantwortung für eine demokratische Entwicklung in Deutschland, die der Achtung der Menschenrechte und dem Frieden verpflichtet bleibt, [...] – sind übereingekommen, einen Vertrag über die Herstellung der Einheit Deutschlands mit den nachfolgenden Bestimmungen zu schließen: [...]

Von 1961 bis 1989 stand das Brandenburger Tor mitten im Sperrgebiet und markierte die Grenze zwischen Ost- und West-Berlin. Heute kommen die Menschen hier zu zahlreichen Veranstaltungen zusammen.

Umfrage zu „25 Jahre Mauerfall“: Systemvergleich Bundesrepublik / DDR

25 Jahre nach dem Mauerfall sehen die Ostdeutschen die Wiedervereinigung wesentlich positiver als die Westdeutschen. In einer Umfrage von infratest dimap im Auftrag des MDR Projektes „Exakt – So leben wir!“ antworten 74 Prozent der Ostdeutschen, die Wiedervereinigung habe ihnen mehr Vorteile als Nachteile gebracht. In Westdeutschland findet das dagegen nicht einmal jeder zweite. Hier denkt sogar mehr als ein Viertel, die Wiedervereinigung habe ihm eher Nachteile gebracht.
Vor allem die 14- bis 29-Jährigen sehen die deutsche Vereinigung sehr positiv. Im Osten sagen 96 Prozent: „Das hat alles in allem für mich eher Vorteile gebracht.“ 66 Prozent der Westdeutschen sehen das genauso. In puncto Vor- und Nachteile (...) sind die 45- bis 59-jährigen am pessimistischsten: Etwa jeder fünfte Ostdeutsche und mehr als jeder Dritte Westdeutsche sprechen davon, dass Ihnen das historische Ereignis eher Nachteile gebracht hat.
Im Systemvergleich heutige Bundesrepublik und vergangene DDR verändert sich das Meinungsbild der Ostdeutschen langsam. Schon 1995 wurden persönliche Freiheit, Wirtschaftskraft und damit zusammenhängender Lebensstandard als besondere Stärken der BRD eingeschätzt. Neunzehn Jahre später schätzt die Mehrheit der Ostdeutschen auch die beruflichen Entwicklungsmöglichkeiten, das politische System und das Gesundheitssystem positiv ein.
Nach wie vor fallen die Urteile der Ostdeutschen zu den Stärken der (...) DDR beim Gesundheitssystem, (...) der sozialen Absicherung, der Gleichberechtigung (...), beim Schutz vor Kriminalität (...) und beim Schulsystem sehr positiv aus. Während sich bei den meisten genannten Bereichen das Denkverhalten langsam verändert und die positive Einschätzung abnimmt, gilt das (...) Schulsystem unverändert als besondere Stärke der DDR. (...).

(aus: Mitteldeutscher Rundfunk, www.mdr.de, 09.09.2014)

25 Jahre Mauerfall

AUFGABEN

1. Erstellen Sie eine tabellarische Aufstellung der Ereignisse in der DDR 1989/90. Wenn Sie mit PC und Internet arbeiten, können Sie diese Zeittafel mit Bildern anschaulicher gestalten. Oder:
2. Erstellen Sie arbeitsteilig eine Ausstellung über die Ereignisse der Wiedervereinigung (z. B. auf Wand- oder Stelltafeln). Möglich wäre es auch, die Zeitleiste als „roten Faden“ auf dem Fußboden in der Schule aufzukleben, z. B. in der Pausenhalle. Ihre Mitschülerinnen und Mitschüler „erlaufen“ sich dann die Stationen der Wiedervereinigung. Selbstverständlich sollte vorher die Schulleitung gefragt werden (siehe auch „Handeln – aktiv sein“, S. 112 f.).

Was Sie wissen sollten …

Die folgenden Begriffe zum Thema **Demokratie heute – ein langer Weg** sollten Sie erläutern können:

Wichtige Begriffe	Sie können mitreden, wenn …
DER LANGE WEG ZUR DEMOKRATIE – VON DER POLIS ZU DEN MENSCHENRECHTEN	
Demokratie, Monarchie, Aristokratie, Politie, Oligarchie, Tyrannis	• Sie die lange Geschichte der Demokratie erläutern und dabei auch den Begriff der Demokratie von Begriffen wie Monarchie, Aristokratie, Politie, Oligarchie und Tyrannis unterscheiden können.
Repräsentative Demokratie, Präsidialdemokratie, direkte Demokratie	• Sie imstande sind, diese drei Formen von Demokratie einander gegenüberzustellen und näher zu beschreiben. • Sie eine eigene Definition für den Begriff Demokratie aufstellen können.
Aufklärung und die Idee der „Freiheit und Gleichheit“	• es Ihnen leicht fällt, die Bedeutung der Epoche der Aufklärung für unser heutiges Verständnis von Freiheit, Gleichheit und Demokratie darzustellen.
Französische Revolution, Revolution von 1848	• Sie erklären können, warum ausgerechnet Revolutionen in Europa entscheidende Schritte zur Demokratie waren.
Menschenrechte, Grundrechte	• Sie in der Lage sind zu erklären, welche Bedeutung den Menschen- und den Grundrechten für ein friedliches Zusammenleben zukommt.
DEUTSCHE GESCHICHTE – VON 1918 BIS 1945	
Weimarer Republik	• Sie die Geschichte der Weimarer Republik – unter Berücksichtigung der Rolle der Reichspräsidenten Ebert und Hindenburg – in groben Zügen wiedergeben können.
Machtergreifung, Ermächtigungsgesetz, Führerstaat, Gleichschaltung	• es Ihnen möglich ist, die Entstehung und den Aufbau des willkürlichen Systems der Nationalsozialisten zu beschreiben, und Sie dabei Begriffe wie Machtergreifung, Ermächtigungsgesetz, Führerstaat und Gleichschaltung einfließen lassen können.
Jugend in der NS-Zeit, Indoktrination	• Sie den Begriff der Indoktrination erläutern können und wissen, mit welchen Methoden die Nationalsozialisten versuchten, bereits Kinder und Jugendliche für ihre Ziele zu gewinnen.
Rassenideologie, Rassisten, Euthanasie, Judenverfolgung, Konzentrationslager	• Ihnen die unmenschlichen, ideologischen Grundabsichten der Nationalsozialisten gegenüber Minderheiten und Andersdenkenden bekannt sind. • Sie die Chronologie und das Ausmaß der Verfolgung und Ermordung der Juden darstellen und Ihre Erläuterungen mit Beispielen und Fakten unterlegen können.
DEUTSCHE GESCHICHTE – VON DER TEILUNG BIS ZUR WIEDERVEREINIGUNG	
Potsdamer Abkommen, Westzonen, Ostzone	• Sie die Situation Deutschlands nach dem Krieg beschreiben und anhand von Kartenmaterial veranschaulichen können.
Bundesrepublik Deutschland, DDR, Teilung Deutschlands und Berlins	• Sie in der Lage sind, historische Hintergründe sowie den Ablauf der Teilung Deutschlands und Berlins wiedergeben zu können.
DDR, 17. Juni 1953, SED, Sozialistischer Staat, FDJ	• Sie das politische System der Deutschen Demokratischen Republik (DDR) erläutern können – und dabei nicht nur auf den Aufbau und die Ziele, sondern auch auf die Auswirkungen für die Bevölkerung eingehen können.
Zwei deutsche Staaten, Kalter Krieg, Entspannungspolitik, Wiedervereinigung	• Ihnen die Geschichte der beiden deutschen Staaten seit ihrer Gründung, während des Kalten Krieges und zur Zeit der Entspannungspolitik in den 70er-Jahren vertraut ist. • Sie die Umstände der Wiedervereinigung näher beschreiben können.

4

WIR IN DEUTSCHLAND – STAAT UND GESELLSCHAFT

4.1 Der Staatsaufbau der Bundesrepublik Deutschland

4.1.1 Grundlagen unseres Staates

Blickpunkt:

In der **Verfassung eines Staates** sind die geschriebenen oder ungeschriebenen rechtlichen Grundlagen über Organisation und Funktionsweise der Staatsgewalt und die Rechte und Pflichten der Staatsbürger niedergelegt. Daneben sind in die meisten Verfassungen die Menschenrechte aufgenommen worden.

Die **Verfassung der Bundesrepublik Deutschland** erhielt 1949 die Bezeichnung Grundgesetz, um deutlich zu machen, dass es sich nur um eine vorläufige Verfassung handeln sollte. Nach der Wiedervereinigung sollte dann eine neue Verfassung für das ganze deutsche Volk erarbeitet werden. Letztendlich wurde mit dem Beitritt der fünf ostdeutschen Bundesländer das Grundgesetz jedoch nur überarbeitet.

Die Entwicklung des Grundgesetzes

In den Jahren 1946 und 1947 fanden in allen westdeutschen Ländern Wahlen statt, aus denen Landtage und Landesregierungen hervorgingen. Deren Länderverfassungen und die alte Weimarer Reichsverfassung bildeten eine erste Grundlage für eine neue Verfassung.

Ein Parlamentarischer Rat wurde einberufen. Er bestand aus 65 stimmberechtigten Abgeordneten, die aus den jeweiligen Landtagen entsandt wurden (siehe hierzu auch Abschnitt 3.3.1).

Am 08. Mai 1949 stimmte der Parlamentarische Rat über das neue Grundgesetz ab. 53 Mitglieder stimmten dafür, 12 dagegen. Unter den Gegenstimmen waren

- die Vertreter der CSU, denen die Rechte der Bundesländer, speziell Bayerns, zu sehr beschnitten wurden, und
- die Abgeordneten der KPD, die die Teilung Deutschlands in zwei Staaten befürchteten, da das Grundgesetz nur für die Westzonen gelten sollte.

TIPP
Grundgesetze können kostenlos in Klassenstärke bestellt werden unter:
Deutscher Bundestag
Referat Öffentlichkeitsarbeit
Platz der Republik 1
11011 Berlin

Schlusssitzung des Parlamentarischen Rates, 23. Mai 1949

HINWEIS
Weitere Informationen erhalten Sie im Internet unter:
www.bundestag.de

Auch die Länderparlamente - mit Ausnahme Bayerns - stimmten zu. Die nötige Zweidrittelmehrheit war erreicht. Deshalb verkündete der Parlamentarische Rat am 23. Mai 1949 das Grundgesetz, das einen Tag später in Kraft trat. Damit war die Bundesrepublik Deutschland gegründet.

Das Grundgesetz galt während der ersten 40 Jahre nur für die zehn westlichen Bundesländer und für Westberlin. Nach dem Zusammenbruch der DDR traten die fünf ostdeutschen Bundesländer der Bundesrepublik bei (siehe auch Abschnitt 3.3.7). Seitdem gilt das Grundgesetz für ganz Deutschland.

Das Staatsgebiet der Bundesrepublik Deutschland, mit seinen deutlich markierten Grenzen, umfasst eine Fläche von 357 022 Quadratkilometern und setzt sich aus den 16 Bundesländern zusammen.
Auf diesem Staatsgebiet lebt das Staatsvolk nach Regeln und Gesetzen, die für alle verbindlich sind. Zum Staatsvolk gehören ca. 83,3 Millionen Einwohner.

Das Zusammenleben der vielen Menschen wird von der Staatsgewalt geregelt. In Deutschland geschieht dies durch die Parlamente, Regierungen und Gerichte des Bundes und der Länder. Auch die kommunalen Parlamente und Verwaltungen sind von entscheidender Bedeutung.

Einwohnerzahlen der deutschen Bundesländer

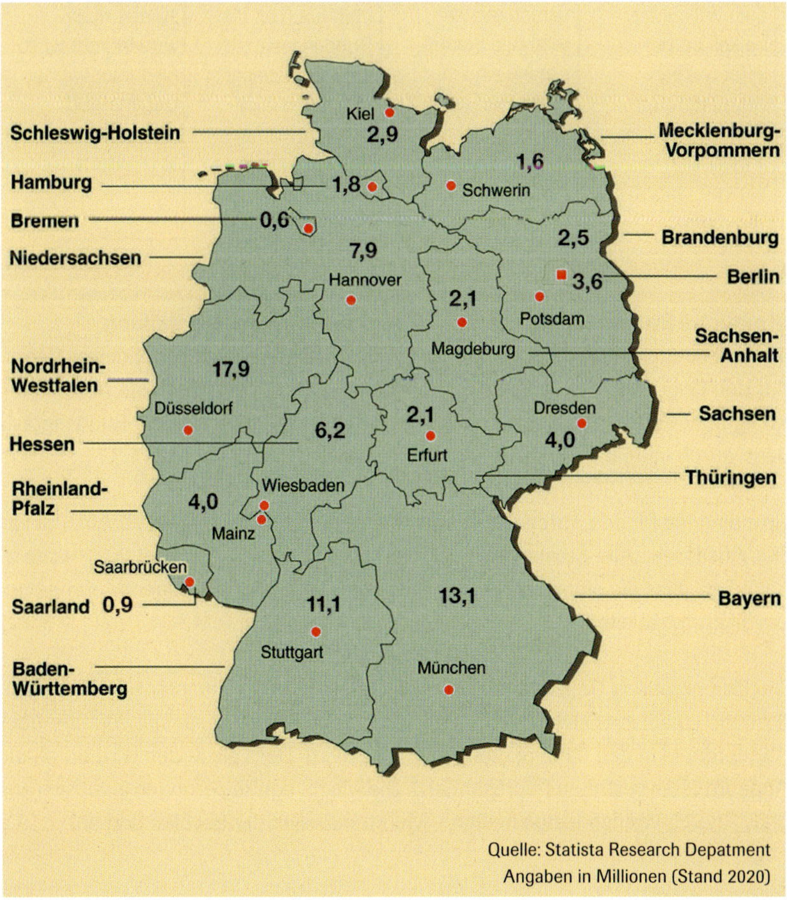

Bundesrepublik Deutschland

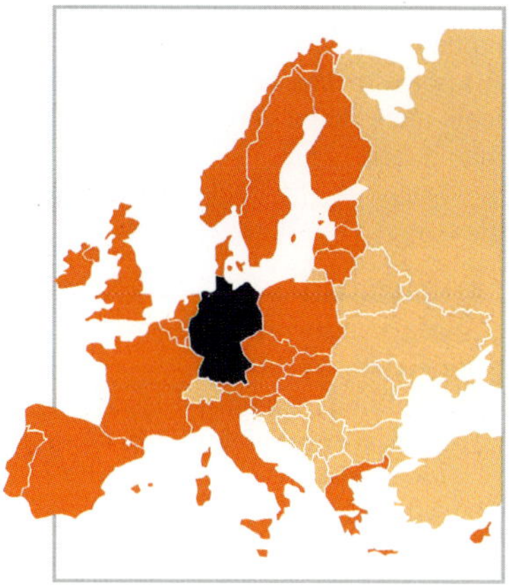

Deutschland liegt in der Mitte Europas, zwischen den natürlichen Grenzen
- der Alpen im Süden und
- der Nord- und Ostsee im Norden.

Die größten Städte
nach Einwohnerzahl in Mio. (gerundet) - Stand 2020

Berlin	3,6
Hamburg	1,8
München	1,4
Köln	1,0
Frankfurt a. M.	0,7
Stuttgart	0,6
Düsseldorf	0,6

Bevölkerung:
83,3 Mio. Einwohner (Stand: 2020). Zu den nationalen Minderheiten zählen im Norden die Dänen (ca. 50 000), im Osten um die Städte Bautzen und Cottbus die slawischen Sorben (ca. 60 000) mit eigenen Rechten (Schulen, Sprache, Kultur), die deutschen Sinti und Roma (bundesweit ca. 70 000) und außerdem die Friesen an der Nordsee (ca. 50 000–60 000).

Politisches System:
Demokratisch-parlamentarischer Bundesstaat seit 1949,
16 Bundesländer
Hauptstadt: Berlin
Mitgliedschaften in der EU, UN, Europarat, NATO, OECD, OSZE, G8, G20, WTO, IWF.

Ideal: jemand oder etwas als Verkörperung von etwas Vollkommenem; Idealbild. Auch: als eine Art höchster Wert erkanntes Ziel; Idee, nach deren Verwirklichung man strebt.

Artikel 20 GG
(Staatsstrukturprinzipien; Widerstandsrecht)

(1) Die Bundsrepublik Deutschland ist ein demokratischer und sozialer Bundesstaat.
(2) Alle Staatsgewalt geht vom Volke aus. Sie wird vom Volke in Wahlen und Abstimmungen und durch besondere Organe der Gesetzgebung, der vollziehenden Gewalt und der Rechtsprechung ausgeübt.
(3) Die Gesetzgebung ist an die verfassungsmäßige Ordnung, die vollziehende Gewalt und die Rechtsprechung sind an Gesetz und Recht gebunden.
(4) Gegen jeden, der es unternimmt, diese Ordnung zu beseitigen, haben alle Deutschen das Recht zum Widerstand, wenn andere Abhilfe nicht möglich ist.

Artikel 79 GG

(3) Eine Änderung dieses Grundgesetzes, durch welche die Gliederung des Bundes in Länder, die grundsätzliche Mitwirkung der Länder bei der Gesetzgebung oder die in den Artikeln 1 und 20 niedergelegten Grundsätze berührt werden, ist unzulässig.

Konrad Adenauer unterzeichnet das Grundgesetz

Die Verfassung in Kurzform – der Artikel 20 GG

Der Artikel 20 unseres Grundgesetzes (GG) wird häufig auch als die „Verfassung in Kurzform" bezeichnet. In diesem Grundgesetzartikel sind die tragenden Grundsätze unseres Staatsaufbaus enthalten. Diese können gemäß Artikel 79 Absatz 3 auch nicht durch eine Verfassungsänderung im Bundestag beseitigt oder wesentlich verändert werden.
Somit besitzt Artikel 20 so etwas wie eine „Ewigkeitsgarantie". Er entwirft das Ideal der „sozialen Demokratie in den Formen eines Rechtsstaates", man spricht auch von der freiheitlich-demokratischen Grundordnung.

Die vier Säulen unserer staatlichen Ordnung

Demokratie	Rechtsstaat	Bundesstaat	Sozialstaat
Alle Staatsgewalt geht vom Volk aus (Volkssouveränität). Der Herrschaftsanspruch der staatlichen Organe muss aus dem Willen des Volkes hergeleitet werden. Der politische Wille des Volkes äußert sich in Wahlen und Abstimmungen.	Durch Gewaltenteilung ist die staatliche Gewalt auf verschiedene Organe für Gesetzgebung, vollziehende Gewalt und Rechtsprechung verteilt. Alle Staatsorgane sind in ihrem Handeln an die Verfassung und die Gesetze gebunden.	Der Staat besteht aus verschiedenen Bundesländern. Die Länder unterstehen dem Recht des Bundes, sind aber auch an der Bundesgesetzgebung beteiligt. In einigen wichtigen Bereichen bestimmen die Bundesländer eigenständig.	Der Staat muss durch seine Politik, Gesetze und Verordnungen für soziale Gerechtigkeit sorgen. Wie dieses Sozialstaatsprinzip verwirklicht wird, ist immer wieder Gegenstand der politischen Diskussion.

Staatliche Bausteine: Republik – Demokratie – Gewaltenteilung

Deutschland ist eine Republik. Im heutigen Verständnis bezeichnet dieser Begriff nur den Gegensatz zur Monarchie, da es keinen durch eine Erbfolge bestimmten König oder Kaiser gibt. Vielmehr wird das Staatsoberhaupt, also der Bundespräsident, durch mittelbare Wahlen berufen (vergleiche auch Abschnitt 4.3.7).

Grundlegend für den Aufbau des deutschen Staates ist das demokratische Prinzip. Der Ausdruck „Alle Staatsgewalt geht vom Volke aus ..." (Artikel 20, Absatz 2) bedeutet, dass die staatliche Gewalt sich vom Willen der jeweiligen Mehrheit der Bevölkerung ableitet.

Die Demokratie in Deutschland ist repräsentativ und parlamentarisch. Das heißt, dass die staatliche Gewalt nicht unmittelbar vom Bürger bestimmt, sondern über Abgeordnete in den Parlamenten beeinflusst wird. Der Volkswillen wird durch die Abgeordneten vertreten (repräsentiert). Die Macht der Regierungen leitet sich aus dem – durch Wahlen festgestellten – Mehrheitswillen der Bevölkerung ab.

Ein wichtiger Aspekt der Demokratie ist die Idee der **Gewaltenteilung**, die auf den Philosophen Montesquieu zurückgeht. Seinen Überlegungen zufolge kann in einem Staat die Freiheit nur dann gesichert werden, wenn die Macht aufgeteilt wird in

- Legislative (gesetzgebende Gewalt, siehe Abschnitt 4.3.4),
- Judikative (richterliche Gewalt, siehe Abschnitt 4.3.6) und
- Exekutive (vollziehende Gewalt, siehe Abschnitt 4.3.8).

Diese drei Gewalten sollen streng voneinander getrennt sein, ihre Macht jedoch nicht allein, sondern nur in wechselseitiger Zusammenarbeit und Kontrolle ausgeübt werden.

Monarchie: Staatsform, in der die Staatsgewalt von einem König oder Kaiser ausgeübt wird, dessen Herrschaftsanspruch erblich festgelegt ist und der dauerndes Staatsoberhaupt ist.

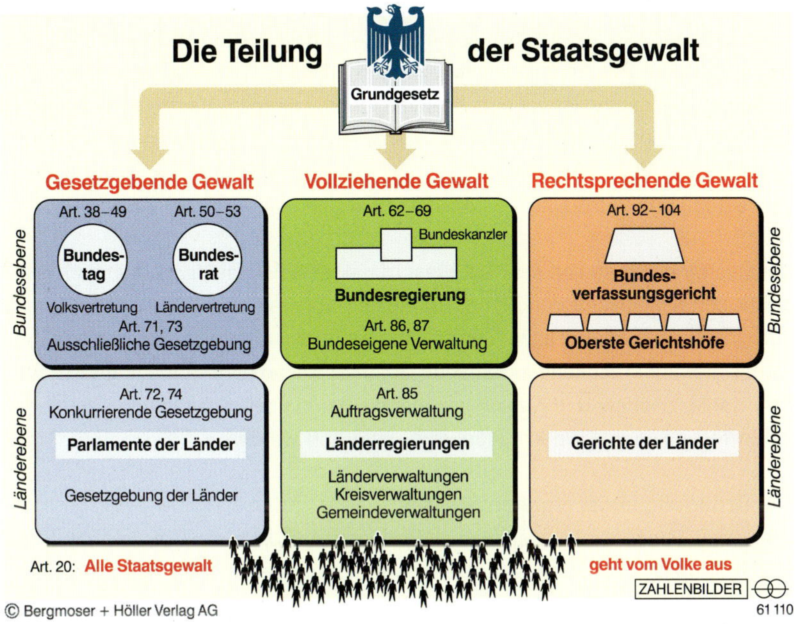

Charles de Montesquieu (1689–1755), französischer Staatsphilosoph; seinen Überlegungen nach kann die Freiheit in einem Staat nur geschützt werden, wenn die Macht durch Gewaltenteilung kontrolliert wird.

Montesquieu: Über Gewaltenteilung (Auszug aus dem 2. Buch, 6. Kapitel)

Sobald in ein und derselben Person oder derselben Beamtenschaft die legislative Befugnis mit der exekutiven verbunden ist, gibt es keine Freiheit. Es wäre nämlich zu befürchten, dass derselbe Monarch oder derselbe Senat tyrannische Gesetze erließe und dann tyrannisch durchführte.

Freiheit gibt es auch nicht, wenn die richterliche Befugnis nicht von der legislativen und von der exekutiven Befugnis geschieden wird. Die Macht über Leben und Freiheit der Bürger würde unumschränkt sein, wenn jene mit der legislativen Befugnis gekoppelt wäre; denn der Richter wäre Gesetzgeber. Der Richter hätte die Zwangsgewalt eines Unterdrückers, wenn jene mit der exekutiven Gewalt gekoppelt wäre.

(aus: Montesquieu, Charles-Louis de Secondat, Baron de la Brède et de, *Vom Geist der Gesetze, Auswahl,* Stuttgart, 1993, S. 216 ff.)

TIPP
Eine Textausgabe des Grundgesetzes als PDF-Datei finden Sie im Internet unter **www.bpb.de**

AUFGABEN

1. Sie haben nun die vier Säulen unserer staatlichen Ordnung kennengelernt. Sind diese Ihrer Meinung nach ausreichend oder müssten eine oder mehrere Säulen hinzugefügt werden? Notieren Sie Ihre Vorschläge und Ideen stichpunktartig und stellen Sie sie in Ihrer Klasse vor.
2. Beschreiben Sie anhand der obigen Grafik stichpunktartig, wie das Prinzip der Gewaltenteilung im Staatsaufbau der Bundesrepublik verankert ist.
3. Formulieren Sie den Textauszug aus Montesquieus Werk in eigenen Worten und stellen Sie dar, warum das Prinzip der Gewaltenteilung wichtig für den inneren Frieden und die Freiheit in einem Staat ist.

HANDELN AKTIV SEIN

Planspiel – das Schiffbrüchigenexperiment

Das Schiffbrüchigenexperiment ist ein gedankliches Rollenspiel. Dabei sollen die Geschichte einer Staatsgründung und die Entwicklung eines Staates nachvollzogen werden.

Der Sachverhalt

Nach einem schweren Sturm und dem Schiffbruch eines Auswandererschiffs, können sich die 221 Passagiere (vor allem jüngere Männer, Frauen und Kinder) und die 20 Besatzungsmitglieder auf eine einsame, unbewohnte Insel retten. Da das Schiff stark beschädigt und nicht mehr reparierbar ist, müssen die Auswanderer sich auf der einsamen Insel niederlassen und dort ihr Leben meistern. Noch vorhandene Ausrüstung und Vorräte helfen zunächst über den milden Winter hinweg.

Die Gestrandeten stellen sehr bald fest, dass sie Glück im Unglück haben. Denn außer den klimatischen und landschaftlichen Vorzügen verfügt die Insel, die sie nun „Visionien" nennen, auch über fruchtbare Böden und reiche Rohstoffvorkommen. Unter anderem können Bananen, Ananas, Kakao und Kaffee angebaut werden. Kohle, Eisenerz und Kupfer, ja sogar Gold und Edelsteine, können mit geeigneten Techniken und Werkzeugen leicht gefördert werden.

Die Gründung eines eigenen Staates

Die neuen Bewohner von Visionien bilden einen Inselrat, in dem alle 241 Schiffbrüchigen Mitglied sind. Man beschließt, einen Staat gleichen Namens zu gründen und ist sich schnell einig, eine Gesellschaftsordnung aufzubauen, die allen zu einem „entspannten Leben in Wohlstand" verhelfen soll.
Als jedoch die Wahl einer Staatsform für den neuen Staat auf der Tagesordnung steht, ist es mit der Einigkeit schnell vorbei: Es bilden sich drei Gruppierungen, die unterschiedliche Ansichten vertreten:

Gruppe 1	Gruppe 2	Gruppe 3
plädiert für eine basisdemokratische Gesellschaftsordnung. Alle für die Gemeinschaft wichtigen Beschlüsse müssen gemeinsam und im Konsens in einer Vollversammlung besprochen und beschlossen werden. Es wird zwar ein Präsident gewählt, dieser darf aber nur die Beschlüsse der Gemeinschaft verwirklichen. Er kann jederzeit abgewählt werden.	plädiert für ein System der strikten Gewaltenteilung. Alle drei Jahre wird ein Kanzler gewählt, der zu seiner Unterstützung drei Mitarbeiter ernennen darf. Der Kanzler hat die Aufgabe, die Beschlüsse einer Volksvertreterversammlung, bestehend aus 30 gewählten Abgeordneten, zu verwirklichen. Die Volksvertretung wird ebenfalls alle drei Jahre neu gewählt.	plädiert für eine Staatsform, in der ein auf zehn Jahre gewählter Präsident sehr große Macht- und Entscheidungsbefugnisse hat. Er darf weitere Mitarbeiter ernennen, die ihm bei der Bewältigung seiner Aufgaben helfen. Nach zehn Jahren kann der Präsident wieder gewählt werden. Eine Volksvertretung wird alle fünf Jahre gewählt, kann den Präsidenten aber nicht absetzen.
Streitigkeiten werden durch die Vollversammlung geschlichtet.	Streitigkeiten werden von ernannten Richtern geschlichtet.	Streitigkeiten werden vom Präsidenten geschlichtet.

Einige weitere Stichpunkte, die für Diskussionsstoff sorgen können:
- Erste Regeln (Gesetze) müssen nach der Rettung aufgestellt werden.
- Notwendige Arbeiten machen eine Arbeitsteilung unerlässlich, z. B. Hausbau, Landwirtschaft, Forstwirtschaft, Gefahrenabwehr.
- Streitigkeiten müssen geschlichtet werden. Wer soll schlichten?
- Straftaten sollen geahndet werden. Wer legt fest, was eine Straftat ist?
- Eine Währung soll eingeführt werden. Wie wird der erwirtschaftete Reichtum verteilt?
- Wie werden Alte und Kranke versorgt? Wer soll sich darum kümmern?

Die Inselbewohner

Alle Gruppen sehen die Notwendigkeit, möglichst grundlegende Beschlüsse zu fassen, denn der junge Staat Visionien soll noch viele Jahrzehnte bestehen. Die neue Staatsform soll auch dann noch gelten, wenn die Bevölkerungszahlen steigen und viele der jetzigen Einwohner bereits verstorben sind.

Visionien

Das Planspiel: Begriff, Bedeutung, Ablauf

In einem Planspiel werden Möglichkeiten eines vorstellbaren realen Geschehens nachgespielt. Die Spieler erfahren einen Sachverhalt, aus dem sich eine Problemstellung oder eine Meinungsverschiedenheit ergibt. Sie bilden Teams und nehmen die Rollen der Gruppierungen an, die in einem politischen Streit unterschiedliche Meinungen und Lösungsmodelle vertreten.

Die Spieler denken sich in die Rollen hinein, sammeln Argumente für die eigenen und gegen die anderen Positionen. Diese Argumente vertreten sie anschließend in einer Diskussion, die mit einer Entscheidungsfindung enden sollte. Bei der Entscheidung kann sich entweder eine der Gruppen mit überzeugenden Argumenten durchsetzen – oder es müssen Kompromisse geschlossen werden und Bündnispartner unter den anderen Gruppen gesucht werden, um bei der abschließenden Abstimmung eine Mehrheit zu bekommen.

Ist eine Entscheidung gefunden, lösen sich die Spieler wieder völlig von ihren Rollen und gehen zur Auswertung des Planspiels über, möglichst mithilfe eines oder mehrerer an der Diskussion unbeteiligter Beobachter.

Die Durchführung eines Planspiels

Stufe 1: Aufteilung der Mitspieler
Es werden ein Diskussionsleiter und zwei neutrale Beobachter ausgewählt. Letztere schalten sich erst in der Auswertung (siehe Stufe 4) aktiv ein, müssen aber die nachfolgende Diskussion genau beobachten und sich Notizen machen. Alle anderen Klassenmitglieder teilen sich in drei gleich große Gruppen auf – gemäß den drei Gruppierungen der Visionier.

Stufe 2: Sammeln von Argumenten
Jede Gruppe „schwört“ sich auf die jeweils vertretene Visionier-Gruppierung ein, macht sich also mit deren Standpunkt vertraut und nimmt diesen an. Sie sammelt Argumente für diesen Standpunkt, aber auch gegen die Ansichten der beiden anderen Gruppen. Diese Argumente müssen nicht der persönlichen Meinung der Mitspielerinnen und Mitspieler entsprechen, sie müssen nur zur jeweiligen Gruppe passen.

Stufe 3: Diskutieren und entscheiden
Der Diskussionsleiter eröffnet die Diskussion. Die Gruppen tragen zunächst ihre Standpunkte und Argumente vor. Anschließend werden von allen Teilnehmerinnen und Teilnehmern die Argumente der anderen Gruppen kontrovers diskutiert. Der Diskussionsleiter führt schließlich eine Abstimmung herbei. Um eine Mehrheit zu finden, müssen gegebenenfalls Kompromisse geschlossen werden.

Stufe 4: Auswertung des Planspiels
Um den besten Lerneffekt zu erzielen, gehen die Mitspieler nach der Abstimmung nicht auseinander. Sie wenden sich den Beobachtern zu, die über ihre Eindrücke vom Verlauf der Diskussion, also der Qualität der Argumente und Beiträge, berichten. Der Bericht der Beobachter mündet schließlich in eine allgemeine Auswertung ein, an der sich auch sämtliche Mitspielerinnen und Mitspieler beteiligen können.

AUFGABE

a) Bestimmen Sie einen Diskussionsleiter und zwei neutrale Beobachter. Die restlichen Teilnehmerinnen und Teilnehmer bilden die drei zuvor beschriebenen Gruppen, die die unterschiedlichen Staatsmodelle vertreten.
b) Bereiten Sie sich mit Ihrer Gruppe auf die bevorstehende Diskussion über die Zukunft von Visionien und die anstehende Entscheidung über eine zukünftige Staatsform intensiv vor. Wie soll die Verfassung des neuen Staates aussehen? (Zu allen drei skizzierten Staatsformen finden Sie im Buch genauere Beschreibungen in den Kapiteln 3 und 4.)
c) Führen Sie die Diskussion, Abstimmung und Auswertung des Planspiels wie oben beschrieben durch.

Blickpunkt:

Grundsätze des Rechtsstaats:

- **Der Grundsatz der Gewaltenteilung:** Die staatliche Macht wird durch Teilung geordnet, begrenzt, kontrolliert und gemäßigt.
- **Der Vorrang der Verfassung und der Gesetze:** Die Parlamente, Regierungen, Verwaltungen und die Justiz sind an die Verfassung und die daraus abgeleiteten Gesetze gebunden. Kollidieren Bundesgesetze mit Landesgesetzen, haben Bundesgesetze Vorrang.
- **Der Parlamentsvorbehalt:** Die Parlamente sollen möglichst alle wesentlichen Entscheidungen in Form von Gesetzen selbst treffen. Nicht das Bundesverfassungsgericht soll durch seine Urteilssprechung Gesetze vorgeben, sondern der Gesetzgeber, das Parlament als Repräsentant des Volkswillens, soll diese Arbeit leisten.
- **Der Vorbehalt des Gesetzes:** Staatliche Eingriffe in die Privat- und Freiheitssphäre des Einzelnen bedürfen einer Rechtsgrundlage.
- **Die Rechtsweggarantie:** Fühlt sich jemand durch die staatliche Gewalt in seinen Rechten verletzt, hat er die Möglichkeit einer gerichtlichen Klärung.
- **Die Haftung der staatlichen Gewalt:** Handelt der Staat bzw. seine Hoheitsträger (Beamte) rechtswidrig, so haftet er für die Folgen und Schäden.
- **Der Grundsatz der Verhältnismäßigkeit:** Der Staat muss bei Handlungen und Eingriffen immer die einzelnen betroffenen Interessen im Hinblick auf das Handlungsziel abwägen.

4.1.2 Rechtsstaat und Sozialstaat

Die Bundesrepublik Deutschland versteht sich nach Artikel 20 Absatz 1 und Artikel 28 Absatz 1 des Grundgesetzes als ein Rechts- und Sozialstaat. Diese beiden Grundprinzipien sind in dem Begriff sozialer Rechtsstaat vereint. Das Grundgesetz gibt somit das Ziel vor, die Freiheitsrechte des Einzelnen mit der sozialen Absicherung aller in Einklang zu bringen.

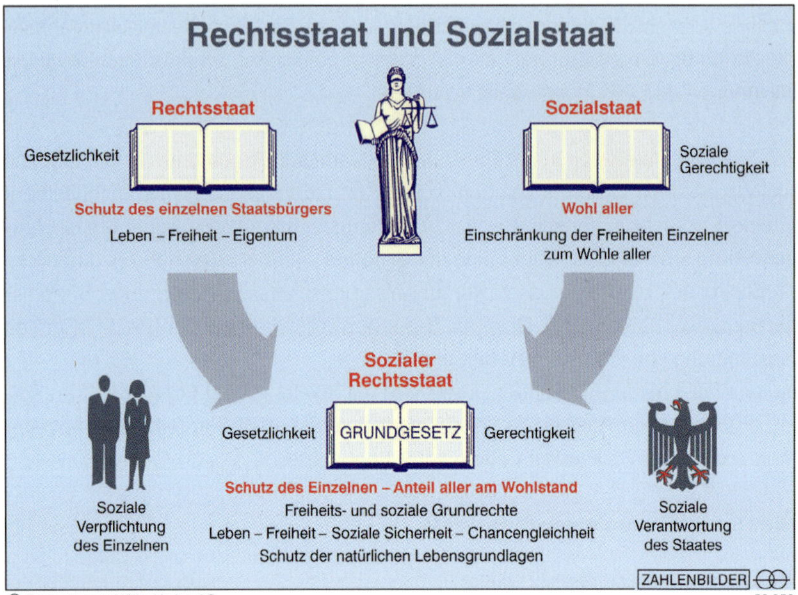

 60 050

Rechtsstaat

Wichtige Bestandteile des Rechtsstaats sind Rechtssicherheit und Gerechtigkeit. Ein Rechtsstaat zeichnet sich vor allem aus durch

- die Gewaltenteilung (vergleiche Seite 141 und Abschnitt 4.3.1),
- eine Gesetzgebung, die an die verfassungsmäßige Ordnung gebunden ist,
- die Gesetzmäßigkeit der Verwaltung; d. h., die Verwaltung darf in ihrem Handeln weder gegen ein Gesetz verstoßen noch etwas ohne Gesetzesgrundlage unternehmen.

Der sehr allgemeine Begriff Rechtsstaat wird als Oberbegriff für eine Anzahl von Grundsätzen verstanden. Nach diesen Grundsätzen ist unter anderem die staatliche Ordnung aufgebaut und werden die Rechte der Bürgerinnen und Bürger gesichert (siehe Randspalte).

Es gibt im Grundgesetz keine übergeordnete Idee der „Gerechtigkeit". Allerdings enthält das Grundgesetz in Artikel 28 die Begriffe Rechtsstaat und Sozialstaat. Zusammengenommen kann man sie als eine Zielvorgabe begreifen.

Gerechtigkeit und soziale Gerechtigkeit sind die übergeordneten Ziele allen politischen Handelns. Beide Begriffe können aber auch sehr unterschiedlich interpretiert werden. Wie diese beiden Ziele am besten verwirklicht werden können, ist strittig. Je nach politischem und wirtschaftlichem Standpunkt haben die verschiedenen Parteien und Interessengruppen unterschiedliche Vorstellungen darüber.

Sozialstaat

Die Bundesrepublik Deutschland versteht sich als ein Sozialstaat. Der Sozialstaatsgrundsatz ermächtigt und verpflichtet die Gesetzgeber in Bund und Ländern, für eine ausgleichende, gerechte Sozialordnung und für den sozialen Frieden zu handeln. In Verbindung mit den Grundrechten bedeutet dies, dass der Staat für ein menschenwürdiges, existenzgesichertes Dasein seiner Bürger zu sorgen hat.

Aus diesem Anspruch lassen sich aber keine individuellen Ansprüche ableiten. So sichert das Grundgesetz beispielsweise die freie Entfaltung der Persönlichkeit. Dies kann ein Einzelner aber z.B. nicht zum Anlass nehmen, für sich den Nulltarif im öffentlichen Nahverkehr zu fordern. Der Staat hat aber dafür zu sorgen, dass die Fahrpreise bezahlbar bleiben.

Weitere Beispiele für sozialstaatliche Gesetze sind der Kündigungsschutz im Miet- und im Arbeitsrecht, der Rechtsanspruch von Bedürftigen auf Sozialhilfe und die gesetzliche Garantie des Existenzminimums. Insgesamt verfügt der Staat über ein breites Spektrum möglicher sozialpolitischer Aktivitäten.

GRUNDPRINZIPIEN SOZIALER SICHERUNG

	Versicherungsprinzip	**Versorgungsprinzip**	**Fürsorgeprinzip**
Sicherungsvoraussetzung	Mitgliedschaft in Versicherung	speziell eingeräumter Rechtsanspruch	individuelle Notlage
Leistungsanspruch	bei Eintritt des Versicherungsfalls	bei Vorliegen gesetzlich bestimmter Merkmale	bei Bedürftigkeit
Leistungshöhe	standardisiert nach Art des Versicherungsfalls	standardisiert nach Art des Versorgungsfalls	individualisiert nach Art u. Umfang der Bedürftigkeit
Gegenleistung	ja, Versicherungsbeiträge	ja, nichtfinanzielle Sonderopfer (-leistungen) für Gemeinschaft	nein
Bedürftigkeitsprüfung	nein	nein	ja
Gliederung wichtiger Sicherungszweige nach dem überwiegenden Grundprinzip	Sozialversicherung (siehe Randspalte)	Kriegsopferversorgung, Beamtenversorgung usw.	Arbeitslosengeld II, Sozialhilfe, Wohngeld usw.

AUFGABEN

1. Erarbeiten Sie in Arbeitsgruppen kleine Vorträge zu den Themen:
   a) Was versteht man unter einem Rechtsstaat?
   b) Was versteht man unter einem Sozialstaat?
   c) Welche Bedeutung haben die Begriffe „Rechtsstaat“ und „Sozialstaat“ für die Arbeit der Parlamente und Regierungen in Bund und Ländern?
2. Erläutern Sie, welche Ansprüche sich nicht aus der Sozialstaatsforderung ableiten lassen, und finden Sie eigene Beispiele hierfür.

Prinzipien der sozialen Sicherung
Die soziale Sicherung wird auf der Grundlage von drei Prinzipien organisiert:

Versicherungsprinzip
Die Bürgerinnen und Bürger sind per Gesetz verpflichtet, sich gegen Gefahren (wie z.B. Armut im Alter, Krankheit, Arbeitslosigkeit, Unfall), die ihre menschenwürdige Existenz gefährden könnten, zu versichern. Daher werden sie Mitglied in einer Versicherungsgemeinschaft, den Sozialversicherungen, zahlen Beiträge und haben dadurch bei Eintritt des Versicherungsfalls Anspruch auf Unterstützung durch die Versicherung. Leistungen werden nur durch finanzielle Gegenleistungen erbracht.

Versorgungsprinzip
Den Bürgerinnen und Bürgern wird ein Anspruch auf Sicherungsleistungen eingeräumt, ohne dass sie dafür eine Gegenleistung erbringen müssen. Die Leistungen erhalten diese Gruppen für besondere Vorleistungen oder Opfer. Die Finanzierung erfolgt aus den öffentlichen Haushalten, also aus Steuermitteln. Ein wesentlicher Baustein der sozialen Absicherung der Bürgerinnen und Bürger sind die fünf Arten der gesetzlichen Sozialversicherung (siehe hierzu Kapitel 1.6).

Fürsorgeprinzip
Die Fürsorge durch den Staat tritt nur ein, wenn alle übrigen Auffangnetze (Familie, Sozialversicherungen usw.) versagen. Dem Grundsatz folgend, dass kein Mensch unterhalb eines Existenzminimums leben darf, wird Fürsorge z.B. in Form von Sozialhilfe geleistet. Leistungen der Fürsorge sind zeitlich unbegrenzt und nicht an Vorleistungen (Beitragszahlungen) gebunden.

__Blickpunkt:__ 17 Regierungen und Parlamente, hunderte Kommunalparlamente, tausende Gruppen und Verbände, und alle wollen mitentscheiden. Das klingt kompliziert, ist aber typisch für das pluralistische Deutschland.
Ein erster Blick ins Lexikon hilft: „Pluralismus: im weitesten Sinne die legitime Vielfalt von Meinungen und Interessen. Im eigentlichen Sinne eine Staats- und Gesellschaftstheorie, nach der unbegrenzt viele Gruppen in Koexistenz und freier Entfaltung die demokratische Ordnung tragen."

4.1.3 Bundesstaat – Föderalismus – Pluralismus

Bundesstaatlicher Aufbau

Deutschland ist ein Bundesstaat. In der Präambel des Grundgesetzes sind die einzelnen Mitgliedsländer aufgeführt. Ein Bundesstaat ist ein Zusammenschluss von Gliedstaaten (Bundesländer) zu einem Gesamtstaat. Die Gliedstaaten übertragen somit einen Teil ihrer staatlichen Kompetenzen dem Bund.

Nach Artikel 30 des Grundgesetzes üben die Bundesländer alle staatlichen Befugnisse aus und erfüllen alle Aufgaben, soweit das Grundgesetz keine andere Regelung trifft. Sie verfügen mit
- ihren Parlamenten,
- einer eigenen Gesetzgebung,
- eigenen Regierungen und
- einer eigenen Rechtsprechung

über die hierfür erforderliche Unabhängigkeit (Souveränität).

Die Bundesländer verfügen über große Eigenständigkeit in den Bereichen Finanzen, Bildung, Gesundheits- und Kulturpolitik, Wohnungsbauförderung, Polizei und kommunale Selbstverwaltung.

Präambel: Einleitung, feierliche Erklärung als Einleitung einer (Verfassungs-)Urkunde oder eines Staatsvertrages

Darüber hinaus weisen die Bundesländer über den Bundesrat eine starke Position in der Gesetzgebung auf, da die meisten Bundesgesetze die Zustimmung des Bundesrates benötigen. Jedes Bundesland ist durch Mitglieder seiner Landesregierung im Bundesrat vertreten und hat so die Möglichkeit, seine Interessen auf Bundesebene zu vertreten (siehe Abschnitt 4.3.5).

Das **Grundgesetz** enthält eine Vielzahl von Artikeln, die die bundesstaatliche Ordnung garantieren:
- **Artikel 20** konstituiert die Bundesrepublik Deutschland als einen demokratischen und sozialen Bundesstaat.
- **Artikel 79** legt fest, dass das bundesstaatliche Prinzip nicht aufgehoben oder geändert werden darf.
- **Artikel 30** garantiert die Eigenstaatlichkeit der Länder.
- **Artikel 23 und 50** regeln die Mitwirkung der Länder durch den Bundesrat an der Gesetzgebung des Bundes und in Angelegenheiten der Europäischen Union.
- **Artikel 70 bis 74** legen eine Aufteilung der Zuständigkeiten zwischen Bund und Ländern bei der Gesetzgebung fest.
- **Artikel 83 bis 87** ordnen die staatlichen Verwaltungsaufgaben dem Bund und den Ländern zu.
- **Artikel 104a bis 107** regeln die Finanzhoheit und die Verteilung des Steueraufkommens zwischen Bund und Ländern.

Föderaler Aufbau

Gleichzeitig ist die Bundesrepublik auch ein föderaler Staat. Ein solcher Staat ist in unterschiedlich kleine Einheiten (Länder) unterteilt, die wiederum eigene staatliche Aufgaben erfüllen.

Es werden oft zwei Arten von Föderalismus unterschieden:
- Staatenbund (Konföderation) und
- Bundesstaat.

In einem Staatenbund behalten die Mitgliedsstaaten ihre Selbstständigkeit in der Innen- und der Außenpolitik. Ein Vertrag regelt die gemeinsamen politischen Aufgaben. Staatenbünde sind z. B. die Gemeinschaft Unabhängiger Staaten (GUS) oder der Deutsche Bund von 1815 bis 1866.

Bundesstaaten sind z. B. die USA, die Schweiz und die Bundesrepublik Deutschland.

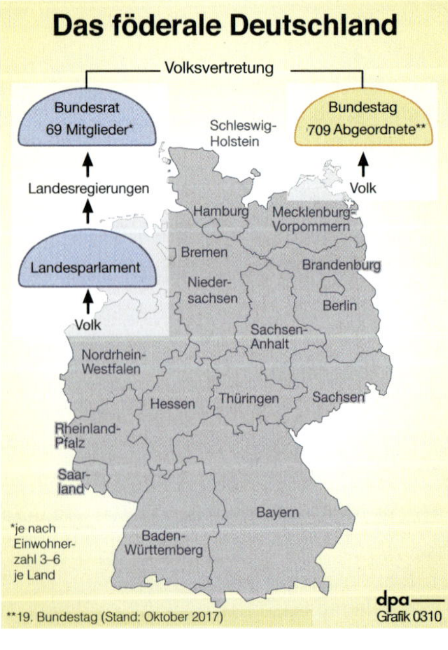

Vorteile des Föderalismus	Nachteile des Föderalismus
Vertikale Gewaltenteilung: Durch die in Deutschland arbeitenden 17 Regierungen und Parlamente sind die Politiker aufeinander angewiesen. Dadurch kontrollieren sie sich gegenseitig.	**Hohe Kosten:** Durch 16 Bundesländer mit Parlamenten und Verwaltungen entstehen hohe Kosten. Diese Mittel könnten anders genutzt werden.
Demokratie: Die Bürgerinnen und Bürger können nicht nur bei Bundestagswahlen Einfluss auf die Bundespolitik nehmen. Auch Landtagswahlen können vom Wähler genutzt werden, den Bundespolitikern deutliche Signale zu senden.	**Komplizierte Entscheidungsprozesse:** Die Entscheidungsprozesse sind lang und schwerfällig, da viele politische Vorhaben zwischen Bundesregierung und Ländern abgestimmt werden müssen.
Kulturelle Vielfalt: Die kulturelle Vielfalt in Deutschland kann in einer Vielzahl von Bundesländern besser gelebt und gepflegt werden.	**Unübersichtlichkeit:** Dadurch, dass viele politische Institutionen zusammenwirken müssen, werden Entscheidungsprozesse unübersichtlich und für den Bürger zum Teil schwer nachvollziehbar.
Politischer Wechsel: Durch den politischen Wettbewerb, nicht nur im Bund sondern auch in den Ländern, ist die Chance eines politischen Wechsels größer. Der Wettbewerb zwischen den Parteien wird dadurch gefördert.	**Uneinheitlichkeit:** In zentralen Politikbereichen, wie z. B. Bildung oder Innenpolitik, gibt es zum Teil große Unterschiede. Die Vielfalt der unterschiedlichen Schulformen ist hierfür ein gutes Beispiel.

Föderalismusreform

Aufgrund der Kritik an den langwierigen Entscheidungsprozessen im föderalen Staat wurde von Bundestag und Bundesrat angeregt, die bundesstaatliche Ordnung zu modernisieren. Die daraus hervorgegangene Föderalismusreform trat 2006 in Kraft.

Hier ihre wesentlichen Kernpunkte:

- Das **Gesetzgebungsverfahren** wurde beschleunigt und transparenter gemacht, da der Bundestag nun weniger oft auf die Zustimmung des Bundesrates angewiesen ist.
- Die **Bildungspolitik** ist nun weitgehend ausschließlich Ländersache.
- Die **innerstaatlichen Angelegenheiten:** Die Länder treten in Fällen, in denen eine länderübergreifende Gefahr vorliegt, Zuständigkeiten an das Bundeskriminalamt ab. Die Abwehr von terroristischen Gefahren fällt damit ausschließlich in den Zuständigkeitsbereich des Bundes.
- Das **Beamtenrecht.**
- Das **Umweltrecht.**

Pluralismus

Dem bundesstaatlichen, föderalen Aufbau der Bundesrepublik Deutschland liegt auch die Idee des Pluralismus zugrunde. In pluralistischen Gesellschaften gelten die Vielfältigkeit und die Gleichberechtigung unterschiedlicher Standpunkte und Normen. Dabei gilt die Annahme, dass es durch die Konkurrenz und die Vielzahl von Ideen, Interessen und Problemlösungsvorschlägen zu Kompromissen kommt, die für alle Teile der Gesellschaft akzeptabel sind.

Weiter wird unterschieden:

- **Parteienpluralismus:** Verschiedene Parteien wetteifern mit ihren unterschiedlichen Konzepten und politischen Programmen um die Gunst der Wähler. Parteienpluralismus verhindert die absolute Herrschaft nur einer Partei.
- **Verbändepluralismus:** Unterschiedliche Verbände (z. B. Gewerkschaften und Arbeitgeberverbände) versuchen, auf die Gestaltung der Gesellschaft Einfluss zu nehmen. Es ist die legitime Aufgabe dieser Verbände, die Interessen ihrer Mitglieder zu vertreten.
- **konfessioneller Pluralismus:** Verschiedene Religionsgemeinschaften und Glaubensrichtungen haben das Recht, ihre Überzeugungen zu artikulieren. Wichtig ist aber, die gegenseitige Toleranz der religiösen Überzeugung anderer.

▶ AUFGABEN

1. a) Arbeiten Sie zunächst die Bedeutung der Begriffe Pluralismus und Föderalismus in eigenen Worten heraus.
   b) Erklären Sie dann Ihrer Nachbarin bzw. Ihrem Nachbarn einen der beiden Begriffe.
   c) Ihre Nachbarin bzw. Ihr Nachbar erläutert Ihnen dann den zweiten Begriff.
2. Beschäftigen Sie sich mit den Vor- und Nachteilen des Föderalismus. Finden Sie je zwei weitere Argumente.

Blickpunkt: *„Stuttgart 21“ hat die politische Kultur in Deutschland verändert. Die Demonstrationen in der Hauptstadt Baden-Württembergs gegen bzw. für den Umbau des Stuttgarter Hauptbahnhofs haben eins deutlich gemacht:*
Die Bürgerinnen und Bürger wollen

- *besser informiert werden,*
- *mitreden und mitentscheiden,*
- *nicht mehr vor vollendete Tatsachen gestellt werden,*
- *...*

Nicht nur in Stuttgart zeigt sich dieses veränderte Selbstbewusstsein der „Regierten“. In zahlreichen Städten und Gemeinden setzen sich die Bürgerinnen und Bürger für größere Mitspracherechte ein.

Symbol der Gegner der Privatisierung der Wasserversorgung in Berlin

opponieren: widersprechen, sich widersetzen

4.2 Politische Beteiligung der Bürgerinnen und Bürger

4.2.1 Sich einmischen – politisch aktiv sein

Die parlamentarische Demokratie ist auf die Zustimmung ihrer Bürger angewiesen. Aus dieser Zustimmung erhalten die Demokratie, das Parlament und die jeweilige Regierung ihre Legitimation.

Die Teilnahme der Bürgerinnen und Bürger an der politischen Meinungsbildung ist von besonderer Bedeutung. Wer Zeitungen liest, Nachrichten und politische Berichterstattungen verfolgt sowie politische Diskussionen führt, nimmt an der politischen Meinungsbildung teil. Aktiv wird, wer Leserbriefe schreibt, in einer Bürgerinitiative arbeitet, Unterschriftenaktionen unterstützt, an Versammlungen teilnimmt, zur Wahl geht, z. B. bei Greenpeace mitmacht oder sich in einer Partei engagiert.

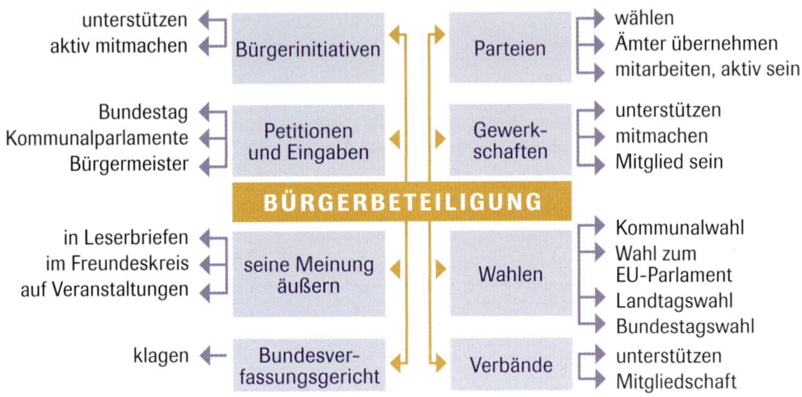

Bürgerinitiativen oder Bürgerbewegungen

Hierunter versteht man lose organisierte Gruppen von Bürgern, die aus einem aktuellen Anlass zusammenkommen, um gemeinsam gegen wirtschaftliche oder staatliche Vorhaben bzw. soziale Missstände zu opponieren. Meist handelt es sich bei diesen Anlässen um lokale Angelegenheiten. Es können jedoch auch übergeordnete Ziele betroffen sein, z. B. der Bau einer Magnetschwebebahn, eines Flughafens, Lärmbelästigung oder Abgasbelästigung durch ein Industrieunternehmen.

Im Rahmen von Bürgerinitiativen entwickelten sich zum Teil bundesweit organisierte Gruppierungen, so z. B. Umweltverbände oder die Gruppen der Friedensbewegung. Die Partei „Die Grünen“, ein Kind dieser Initiativbewegung, entstand Ende der 70er-Jahre aus verschiedenen sogenannten alternativen Bewegungen, hauptsächlich der Anti-Atomkraft-Bewegung. Oft wird in den Initiativen Protest artikuliert, man fordert mehr Mitsprache und möchte die eigenen Interessen bei den staatlichen, wirtschaftlichen oder betrieblichen Entscheidungen stärker berücksichtigt wissen.

Das zunehmende Engagement der Bürger ist ein Ausdruck ihres demokratischen Selbstbewusstseins. Die Arbeits- und Vorgehensweise der Initiativen ist vielfältig: Demonstrationen, Sit-ins, Go-ins, Publikationen, Menschenketten, ziviler Ungehorsam und Blockaden.

Aber auch Beteiligungsmöglichkeiten, die durch Gesetze festgelegt sind, werden genutzt: öffentliche Erörterungstermine zu Verwaltungsentscheidungen (z. B. zu Bebauungs- und Flächennutzungsplänen), Eingaben, Klagen, Klagegemeinschaften. Auch wird versucht, über Elemente einer direkten Demokratie (Volksbegehren, Volksbefragung, Volksentscheid) meinungsbildend zu wirken, die politische Öffentlichkeit zu mobilisieren und so eigene Positionen durchzusetzen bzw. in die Diskussion zu bringen.

Direkte Demokratie in der Bundesrepublik
„Alle Staatsgewalt geht vom Volke aus." Diese ist jedoch nur über gewählte Vertreter präsent, d. h. nur indirekt. Eine direkte Demokratie sieht das Grundgesetz nur mit einer Ausnahme vor: Bei einer Neuregelung des Bundesgebietes oder bei der Zusammenlegung von Bundesländern muss die Bevölkerung gefragt werden.
So wurde z. B. die Zusammenlegung der Bundesländer Berlin und Brandenburg von der Bevölkerung abgelehnt.

Eine Ausweitung der direkten Demokratie wird von vielen Initiativen gefordert. Wo Landesverfassungen dieses eingeschränkt zulassen (z. B. in Hamburg, Schleswig-Holstein oder Nordrhein-Westfalen), wird diese Einflussmöglichkeit auch zunehmend genutzt. Allerdings ist die Ausweitung der sogenannten plebiszitären Elemente in der politischen Diskussion umstritten. Ihre Kritiker meinen, sie höhle die repräsentative Demokratie aus und ebne den Weg hin zu einer „Betroffenheitsdemokratie".

In den Bundesländern gibt es mittlerweile eine Vielzahl von Initiativen, die sich für mehr Demokratie und für direktere Einflussmöglichkeiten der Bürgerinnen und Bürger einsetzen.

Plebiszit: Volksbefragung

Direkte Demokratie Pro und Kontra

Für mehr direkte Demokratie	Gegen mehr direkte Demokratie
▪ Eine repräsentative Demokratie wird durch mehr Bürgerbeteiligung nicht ausgehöhlt, sondern nur ergänzt. ▪ Volksabstimmungen können Abgeordnete zwingen, sich mit Problemen zu befassen, die der Bevölkerung wichtig sind. ▪ Durch sachliche Information und ausreichende Diskussionszeit können Manipulationen und „Bauchabstimmungen" verhindert werden. ▪ Bestimmte zentrale politische Bereiche wie Haushalt, Außenpolitik u. a. könnten einer Abstimmung entzogen werden, um langfristige Entscheidungssicherheit zu gewährleisten. ▪ Damit nicht Interessen von einflussreichen Minderheiten durchgesetzt werden können, sollte die Mindestbeteiligung sehr hoch gesetzt sein. ▪ Bisher hat man gute Erfahrungen mit Volksbegehren und -entscheiden auf Länder- und Kommunalebene gemacht. ▪ Das Interesse an der Politik und der Informationsgrad der Bevölkerung können durch direkte Demokratie erhöht werden.	▪ Mehr direkte Demokratie höhlt die Entscheidungsbefugnis der Parlamentarier aus. Sie sind als Interessenvertreter von der Bevölkerung gewählt und entscheiden auch in diesem Sinne – sie möchten schließlich wieder gewählt werden. ▪ Komplizierte Sachverhalte durch einfache Dafür-Dagegen-Alternativen entscheiden zu lassen ist der immer komplexer werdenden Wirklichkeit nicht angemessen. ▪ Einflussreiche, gut organisierte Minderheiten könnten leichter ihre Interessen durchsetzen. ▪ Die Gefahr einer Manipulation ist gegeben, da nicht sichergestellt werden kann, dass sich alle Abstimmenden aus seriösen Quellen informiert und die Sachverhalte ausreichend diskutiert haben, z. B.: Einführung der Todesstrafe. ▪ Die Mütter und Väter des Grundgesetzes (Parlamentarischer Rat) haben sich bewusst gegen mehr direkte Demokratie ausgesprochen. Die Erfahrungen aus der Weimarer Republik waren ihnen noch gut in Erinnerung.

TIPP
Informationen im Internet finden Sie unter:
www.direkte-demokratie.de

AUFGABEN

1. Arbeiten Sie die Pro- und Kontra-Argumente zum Thema „mehr direkte Demokratie" durch und finden Sie jeweils weitere Argumente.
2. Informieren Sie sich im Internet über die Aktivitäten der Initiative „Mehr Demokratie" und stellen Sie diese in Ihrer Klasse in einem Kurzreferat vor.

HANDELN – AKTIV SEIN

Demonstrationen – demonstrieren gehen

Eine häufig unterschätzte Form der Meinungsäußerung ist die Teilnahme an einer Demonstration. Das im Grundgesetz verankerte Recht, an Demonstrationen teilnehmen zu dürfen, ist eine wichtige Errungenschaft der Demokratie.

In vielen diktatorisch regierten Ländern hingegen ist das freie Demonstrieren mit hohen Risiken verbunden. Demonstranten werden geschlagen, verhaftet und gefoltert. So erstritten sich zu Beginn des Jahres 2011 in den arabischen Staaten Tunesien, Ägypten, Jemen, Syrien und Libyen vor allem die jungen Menschen dieses Recht zum Teil unter Einsatz ihres Lebens.
Mitunter werden die Menschen in Diktaturen aber auch gezwungen, an „Jubel-Demonstrationen" teilzunehmen, mit denen sich das Regime feiern lässt.

In Deutschland ist das Recht auf freie Meinungsäußerung im Grundgesetz verankert:

Erläuterungen zu Artikel 8 des Grundgesetzes
Politische Versammlungen und Aufzüge sind durch das Grundgesetz geschützt. Dazu gehören auch Demonstrationen, bei denen in plakativer und Aufsehen erregender Form vom Recht der Meinungskundgabe Gebrauch gemacht wird. Das Recht, selbst Ort, Zeitpunkt, Art und Inhalt der Kundgebung zu bestimmen, verbietet zugleich staatlichen Zwang, an öffentlichen Kundgebungen teilzunehmen oder ihnen fernzubleiben.
Das Recht, sich ungehindert und ohne Erlaubnis mit anderen zu versammeln, galt schon immer als besonderes Zeichen von Freiheit und Unabhängigkeit. Die Meinungsfreiheit wird schon lange als ein unentbehrliches und grundlegendes Recht in einer freiheitlichen Demokratie angesehen. Sie gilt als eines der vornehmsten Rechte der Menschen.

Indem der Demonstrant seine Meinung in physischer Präsenz, in voller Öffentlichkeit und ohne Zwischenschaltung von Medien kundgibt, entfaltet auch er seine Persönlichkeit in unmittelbarer Weise. [...] In einer Gesellschaft, in welcher der direkte Zugang zu den Medien und die Chance, sich durch sie zu äußern, auf wenige beschränkt ist, verbleibt dem Einzelnen neben seiner organisierten Mitwirkung in Parteien und Verbänden im Allgemeinen nur eine kollektive Einflussnahme durch die Inanspruchnahme der Versammlungsfreiheit für Demonstrationen. Das Grundgesetz schützt aber nur friedliche Versammlungen und Demonstrationen. Es gibt kein Recht zu gewaltsamen Aktionen. Wer Gewalt gegen Sachen oder Personen begeht, verhält sich auf jeden Fall unfriedlich.

Bei Versammlungen unter freiem Himmel kann das Grundrecht eingeschränkt werden. In der Regel müssen Demonstrationen 48 Stunden vorher angemeldet werden. Eine Ausnahme gilt für spontane Demonstrationen, die aus einem aktuellen überraschenden Anlass stattfinden und ihren Sinn verlören, wenn sie später stattfinden würden.

(aus: Hesselberger, Dieter (2002): *Das Grundgesetz. Kommentar für die politische Bildung.* Neuwied: Luchterhand Verlag, S. 127 ff.)

Mitmachen – was ist zu beachten?

Für Schülerinnen und Schüler stellt sich bei jeder Demonstration, zu der aufgerufen wird und die während der Schulzeit stattfinden soll, die Frage, ob man teilnehmen soll, darf oder möchte. Da Schulpflicht besteht, darf die Schule nicht einfach verlassen werden. Ebenso wenig dürfen Lehrer ihre Schülerinnen und Schüler auffordern, während der Unterrichtszeit an einer Demonstration teilzunehmen.

Schülerdemonstration

Artikel 8 GG (Versammlungsfreiheit)
(1) Alle Deutschen haben das Recht, sich ohne Anmeldung oder Erlaubnis friedlich und ohne Waffen zu versammeln.
(2) Für Versammlungen unter freiem Himmel kann dieses Recht durch Gesetz oder aufgrund eines Gesetzes beschränkt werden.

kollektiv: gemeinschaftlich

Hören „die da oben" auf uns?
Man sollte wissen, dass viele führende Politiker sich regelmäßig durch Meinungsforschungsinstitute beraten lassen und sehr sensibel auf öffentlich geäußerte Meinungen reagieren. In den Parteigremien werden diese Meinungsbekundungen der Bevölkerung oft heftig diskutiert und entsprechende Konsequenzen verlangt.

Es ist zudem für jeden Einzelnen wichtig herauszufinden, wer sich hinter den Veranstaltern der Demonstration verbirgt. Nur allzu leicht versuchen verfassungsfeindliche, z. B. rechtsradikale Organisationen, Schülerinnen und Schüler für ihre Zwecke auszunutzen.

Auch verlaufen nicht immer alle Demonstrationen friedlich. So eskalierte z. B. eine Demonstration gegen den Umbau des Stuttgarter Hauptbahnhofs (Bahnprojekt „Stuttgart 21") zu einer massiven Auseinandersetzung zwischen Demonstranten und Polizei. In der Presse wurde diese Eskalation heftig kritisiert, die verantwortlichen Politiker mussten sich der Diskussion stellen und wurden mit heftigen Vorwürfen konfrontiert.

Nicht immer verlaufen Demonstrationen wie geplant, Beispiel „Stuttgart 21"

Tausende Schüler bei erster internationaler „Fridays for Future"-Demo

In Aachen ist die bisher größte zentrale Fridays-For-Future-Demonstration gestartet. Zehntausende Teilnehmer aus mehreren europäischen Ländern gingen auf die Straße.

Mehrere Tausend Schüler haben sich am Freitag in Aachen zu einer „Fridays for Future"-Demonstration versammelt. Die Veranstalter sprachen von 40.000 Teilnehmern aus 16 Ländern, die Polizei meldete 10.000 bis 20.000 Demonstranten. Nach einem Sternmarsch, bei dem mehrere Gruppen verschiedene Routen laufen, gab es eine Kundgebung vor dem Aachener Fußballstadion Tivoli.

Die Demonstranten fordern einen stärkeren Einsatz der Politik für den Klimaschutz. Auf den Plakaten stehen Aufschriften wie „Das Klima ist aussichtsloser als unser Mathe-Abi" oder „Die Dinos dachten auch, sie hätten Zeit".

Nicht alle Schüler schwänzen dafür den Unterricht: An vielen Schulen ist heute ein Brückentag zwischen Fronleichnam und dem Wochenende. Unterstützung kommt auch von Greta Thunberg: „Woche 44 des Schulstreiks", postete die Initiatorin der Fridays-for-Future-Bewegung auf Twitter.

Mehrere Politiker, darunter die Landesvorsitzende der Grünen in Nordrhein-Westfalen, Mona Neubaur, haben laut „Aachener Zeitung" ihr Kommen angekündigt. Die Polizei ist mit einem großen Aufgebot vor Ort. Einige Demonstranten hätten ein Haus in Aachen besetzt, berichtete die Polizei auf Twitter.

Bereits am Morgen hatten die Beamten einen Sonderzug mit Schülern aus Basel am Aachener Bahnhof empfangen.

(aus: Spiegel online, www.spiegel.de, 21.06.2019)

Schülerdemonstration in Aachen 2019

Greta Thunberg, die Initiatorin der internationalen Schülerstreiks

AUFGABEN

1. Besprechen Sie in der Klasse, nach welchen Kriterien und unter welchen Bedingungen oder aus welchen Anlässen Sie an Demonstrationen auch während der Unterrichtszeit teilnehmen könnten. Eins sollte dabei aber immer gelten: Jegliche Teilnahme muss freiwillig sein.
2. Bitten Sie die Schulleitung Ihrer Schule zu einer Diskussion zu diesem Thema. Der Schulleiter soll Ihnen die rechtliche Situation aus der Sicht der Schulverwaltung darstellen. Bereiten Sie sich auf diese Diskussion gut vor, indem Sie eigene Argumente und Ansichten klar herausarbeiten.

Blickpunkt: *Gewerkschaften, Arbeitgeberverbände, Sportvereine, Lobbyisten, Innungen, Handelskammern, Handwerkskammern usw. dürfen Einfluss auf politische Entscheidungen nehmen:*

Grundgesetz Artikel 9

(1) Alle Deutschen haben das Recht, Vereine und Gesellschaften zu bilden.

(3) Das Recht, zur Wahrung und Förderung der Arbeits- und Wirtschaftsbedingungen Vereinigungen zu bilden, ist für jedermann und für alle Berufe gewährleistet. [...]

Einige ausgewählte Wirtschaftsverbände:

ZDH ZENTRALVERBAND DES DEUTSCHEN HANDWERKS

Zentralverband des Deutschen Handwerks (ZDH): fachliche und regionale sowie überregionale Vertretung des deutschen Handwerks. Innungen (Fachverbände), Kreishandwerkerschaften, Handwerkskammern, Landesfachverbände, Bundesvereinigung der Fachverbände

DIHK Deutscher Industrie- und Handelskammertag

Deutscher Industrie- und Handelskammertag (DIHK): Dachverband der deutschen Industrie- und Handelskammern

BDA DIE ARBEITGEBER

Bundesvereinigung der Deutschen Arbeitgeberverbände (BDA): Spitzenorganisation der Arbeitgeberverbände für Industrie, Handel, Handwerk, Finanzwirtschaft, Verkehr, Dienstleistungen, Landwirtschaft. Organisiert in Bundesfachverbänden und Landesvereinigungen

4.2.2 Interessenverbände und Lobbyisten nehmen Einfluss

Das Grundgesetz räumt in Artikel 9 ausdrücklich das Recht ein, Vereine und Gesellschaften (Verbände) zu bilden (siehe Blickpunkt). Verbände sind soziale Einrichtungen, die gegründet werden, um besondere Interessen zu vertreten und durchzusetzen. Sie haben die Funktion, als organisierte Interessenvertretungen gegenüber Staat, Wirtschaft und Gesellschaft aufzutreten.
Gleichzeitig üben sie – neben den politischen Parteien – einen großen Einfluss auf die politische Willensbildung sowie auf die soziale und kulturelle Gestaltung der Gesellschaft aus.

Möglichkeiten der Einflussnahme

Interessenverbände können auf unterschiedliche Weise Einfluss nehmen. So versuchen sie, sich sowohl auf formellen wie auch auf informellen Wegen Zustimmung zu ihren Positionen zu verschaffen. Sie wenden sich dabei an Parteien, Parlamente, Regierungsorgane und gesellschaftliche Einrichtungen. Folgende Einflusswege stehen hierbei zur Verfügung:

- **Öffentlichkeit:** Ihre Öffentlichkeitsarbeit läuft über Anzeigenkampagnen, Pressemitteilungen, die Mitwirkung in Rundfunkbeiräten und die Teilnahme an Demonstrationen.
- **Parteien:** Parteimitglieder gehören häufig bestimmten Verbänden an oder werden von ihnen unterstützt und gefördert. So ist eine parteiinterne Vertretung bei der Willens- und Entscheidungsbildung sowie bei der Erarbeitung von Parteivorlagen und -programmen möglich. Finanzkräftige Verbände versuchen zudem, über Parteispenden ihren Einfluss zu verstärken.
- **Parlamente:** Auch Abgeordnete sind oftmals Verbandsmitglieder oder haben engere Beziehungen zu Verbänden. So müssen beispielsweise die Abgeordneten des Deutschen Bundestages ihre Tätigkeit für einen Verband dem Präsidenten anzeigen.
  Da Abgeordnete laut Verfassung nur ihrem Gewissen verpflichtet sind, bleiben der Öffentlichkeit mögliche Konflikte zwischen ihrem Verbandsauftrag und ihrer Aufgabe als Repräsentant des Wählerwillens oftmals verborgen. Viele Abgeordnete sind entsprechend ihrer Verbandsmitgliedschaft spezialisiert und arbeiten in den besonderen parlamentarischen Ausschüssen mit. Ihr in die Ausschussarbeit eingebrachter Sachverstand setzt sich oftmals aus Informationen zusammen, die von den jeweiligen Verbänden stammen.
  Auch arbeiten Verbände selbst beratend in Beiräten, Kommissionen und Parlamentsausschüssen aufgrund von Sitz und Stimme mit. Sie müssen hierfür allerdings in der Lobbyliste des Deutschen Bundestages eingetragen sein.
- **Regierungen und Ministerialbürokratien:** Gesetzesvorlagen der Regierungen werden überwiegend in den zuständigen Ministerialbürokratien erarbeitet. Auf dieser Ebene versuchen die Verbände durch gezielte Informationen Einfluss auf Gesetzesformulierungen zu nehmen. Sie verhandeln auch mit der Regierung selbst.

Durch eine ständige Zunahme der staatlichen Aufgaben sind die Informationen der Verbände für eine Regierung von besonderer Bedeutung – durch sie können Planungen den gesellschaftlichen Bedingungen und Interessen angepasst werden. Häufig werden durch die Regierung selbst Gremien und Ausschüsse eingesetzt, um gegensätzliche Verbandsinteressen miteinander abzustimmen (z. B. der Deutsche Ethikrat zu ethischen Fragen der Lebenswissenschaften). Es besteht aber auch die Gefahr, dass sich über Entscheidungen in solchen Gremien die Einflussmöglichkeiten der Parlamente verringern. Auch können starke Verbände Regierungsmaßnahmen blockieren.

Verbände besitzen teilweise sogar die Möglichkeit der Rechtsetzung. So haben beispielsweise Tarifverträge, die zwischen Arbeitgeberverbänden und Gewerkschaften ausgehandelt werden, Gesetzescharakter (siehe Abschnitt 1.4.2).

Die Vielfalt der bestehenden Verbände dient jedoch nicht immer dem Interessenausgleich im Sinne des Gemeinwohls. Der politische Einfluss ist auch stark vom Vermögen eines Verbandes abhängig. So ist die Vertretung der Pharmaindustrie schlagkräftiger als die der Verbraucherverbände.

Kritiker sehen ein Problem darin, dass Interessenverbände über ihr Wirken zunehmend öffentliche Aufgaben steuern oder diese sogar übernehmen, ohne dass ihre Handlungen demokratisch legitimiert sind.

ADRESSATEN UND METHODEN DER VERBÄNDE

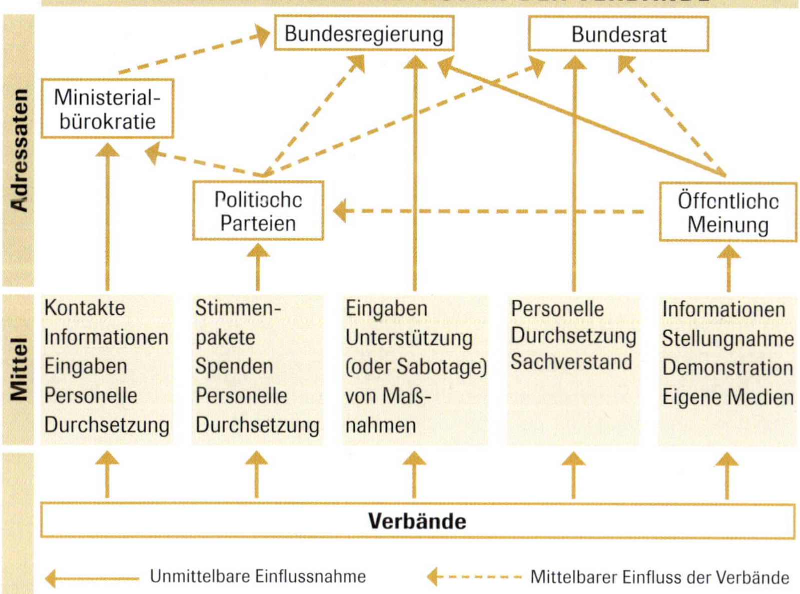

AUFGABEN

1. Erläutern Sie in eigenen Worten den Begriff „Verband" und beschreiben Sie, welche Funktion ein Verband erfüllt.
2. Nennen Sie Beispiele für Verbände aus Ihrem Berufsfeld.
3. Beschreiben Sie, auf welche Weise Verbände ihren Einfluss ausüben können.
4. Listen Sie Gründe dafür auf, warum staatliche Organe häufig auf Verbandsmitarbeit angewiesen sind und welche grundsätzliche Kritik dabei an der Arbeit der Verbände geübt wird.

Deutscher Gewerkschaftsbund (DGB)
Dachorganisation, in der 10 Einzelgewerkschaften organisiert sind

Bundesverband der Deutschen Industrie (BDI):
fachliche Zentralorganisation der Industrie in Deutschland

Deutscher Beamtenbund (DBB):
Organisation für die Beamten, Angestellten und Arbeiter im öffentlichen Dienst

Christlicher Gewerkschaftsbund Deutschlands (CGB):
Zusammenschluss der christlichen Gewerkschaften in der Bundesrepublik mit weltanschaulichem Bekenntnis

Kompetenz: Fähigkeit; Zuständigkeit, Befugnis

Lobby: Interessengruppe oder Verbandsmitglieder, die Parlamentarier oder Regierungs- und Behördenvertreter in ihrem Sinne zu beeinflussen versuchen. Ursprünglich war mit Lobby die „Vorhalle" des englischen Parlaments gemeint, in der die Lobbyisten Einfluss auf die Abgeordneten zu nehmen versuchten.

4.2.3 Was sind eigentlich politische Parteien?

Partizipation: Teilnahme

transformieren: umwandeln

selektieren: heraussuchen

Die **Gründung einer Partei** ist laut Verfassung jederzeit möglich – jeder Bürger könnte eine Partei gründen. Allerdings muss sie den im **Parteiengesetz** festgelegten Kriterien genügen.

Parteiengesetz (PartG)
§1 Verfassungsrechtliche Stellung und Aufgaben der Parteien
(1) Die Parteien sind ein verfassungsrechtlich notwendiger Bestandteil der freiheitlich demokratischen Grundordnung. [...]

§2 Begriff der Partei
(1) Parteien sind Vereinigungen von Bürgern, die dauernd oder für längere Zeit für den Bereich des Bundes oder eines Landes auf die politische Willensbildung Einfluss nehmen und an der Vertretung des Volkes im Deutschen Bundestag oder einem Landtag mitwirken wollen, wenn sie nach dem Gesamtbild der tatsächlichen Verhältnisse, insbesondere nach Umfang und Festigkeit ihrer Organisation, nach der Zahl ihrer Mitglieder und nach dem Hervortreten in der Öffentlichkeit eine ausreichende Gewähr für die Ernsthaftigkeit dieser Zielsetzung bieten. Mitglieder einer Partei können nur natürliche Personen sein.
(2) Eine Vereinigung verliert ihre Rechtsstellung als Partei, wenn sie sechs Jahre lang weder an einer Bundestagswahl noch an einer Landtagswahl mit eigenen Wahlvorschlägen teilgenommen hat.

***Blickpunkt:** Zwei Dinge über Parteien weiß eigentlich jeder:*
- *Man kann Mitglied in einer Partei werden und*
- *so auf die Politik Einfluss nehmen und eine politische Richtung unterstützen.*

Parteien sind ... – jetzt wird es etwas komplizierter:
„[...] auf Dauer angelegte, freiwillige Organisationen, die politische Partizipation für Wähler und Mitglieder anbieten, diese in politischen Einfluss transformieren, indem sie politisches Personal selektieren, was wiederum zur politischen Integration und zur Sozialisation beiträgt und zur Selbstregulation führen kann, um damit die gesamte Legitimation des politischen Systems zu befördern."

(aus: Alemann, Ulrich von et al (2000): *Das Parteiensystem.* Wiesbaden: Springer, S. 11)

Parteien im heutigen Verständnis haben ihren Ursprung im 19. Jahrhundert. Aber erst im 20. Jahrhundert bildeten sich in vielen parlamentarischen Demokratien die heutigen Volksparteien heraus – Gruppierungen, in denen verschiedene Interessengruppen um Einfluss auf die Gestaltung der Politik kämpfen.

Parteien spielen in einer Demokratie eine wichtige Rolle. Ohne Parteien ließen sich Interessen in einer Massendemokratie nicht wirksam organisieren und verfolgen. Ohne Parteien wäre eine repräsentative Demokratie nicht möglich.

Parteien sind Vereinigungen von Bürgern, die eine gleiche oder ähnliche politische und weltanschauliche Auffassung haben und in diesem Sinne Einfluss auf die politische Gestaltung der Gesellschaft nehmen wollen. Sie sind durch das Grundgesetz und durch das Parteiengesetz geschützt und ausdrücklich ein Bestandteil der demokratischen Ordnung Deutschlands.

Nur einzelne Bürger dürfen Mitglied in einer Partei werden. Eine Mitgliedschaft von Verbänden oder Initiativen ist nicht erlaubt, um so eine Unterwanderung von Parteien durch Interessengruppen zu verhindern.
Eine Partei muss deutlich machen, dass
- sie über einen längeren Zeitraum politisch aktiv sein will und
- sie die Absicht hat, die Interessen der Bevölkerung im Bundesparlament oder in einem Landesparlament wahrzunehmen – sie also nicht nur an einem Ort oder in einer Gemeinde als sogenannte „Rathauspartei" handelt.

Die politische Aktivität darf sich auch nicht nur auf einzelne Politikbereiche beziehen, sondern muss auf alle Gebiete des öffentlichen Lebens einwirken. Eine Partei hat über den Wahltermin hinaus ständig präsent zu sein. Hat sie sechs Jahre nicht an Wahlen teilgenommen, verliert sie den Parteistatus. Auch muss sie neben ihrem Erscheinungsbild in der Öffentlichkeit die tatsächliche Ernst- und Dauerhaftigkeit ihres Engagements beweisen.

Alle Parteien sollen gleich behandelt werden und gleiche Chancen haben. Eine rechtliche Unterscheidung zwischen großen Regierungsparteien und kleineren Oppositionsparteien ist vom Grundsatz her nicht zulässig, z.B. bei der Zuteilung von Sendezeiten in öffentlichen Medien oder der öffentlichen Raumvergabe für Veranstaltungen.

Das Bundesverfassungsgericht hat jedoch in einem Urteil eine Unterscheidung bezüglich der Bedeutung einer Partei zugelassen. Als Maßstäbe dienen das Ergebnis der vorherigen Wahl, das Alter einer Partei, ihre Mitgliederzahl sowie ihre Vertretung in Parlamenten und Regierungen.
Neben einer Einteilung in konservative, liberale, christliche, sozialdemokratische, sozialistische und kommunistische Parteien können weitere Partei-Typologien unterschieden werden:

- Eine **Wählerpartei** hat wesentlich mehr Wähler als Mitglieder. Die Bindung der Wähler an die Partei ist eher gering.
- Eine **Mitgliederpartei** ist eine gut durchorganisierte Partei mit einer sehr großen Mitgliederzahl. Die Partei wird hauptsächlich durch die Beiträge ihrer Mitglieder finanziert.
- Als **Volkspartei** werden Parteien bezeichnet, die die Interessen und Bedürfnisse aller Bevölkerungsgruppen zu berücksichtigen versuchen und in der Bürgerinnen und Bürger aller gesellschaftlicher Gruppen Mitglied sind.
- Eine **Interessenpartei** fühlt sich einer speziellen sozialen, wirtschaftlichen oder konfessionellen Gruppe verpflichtet. Sie hat nicht den Anspruch, für alle Teile der Bevölkerung zu sprechen.

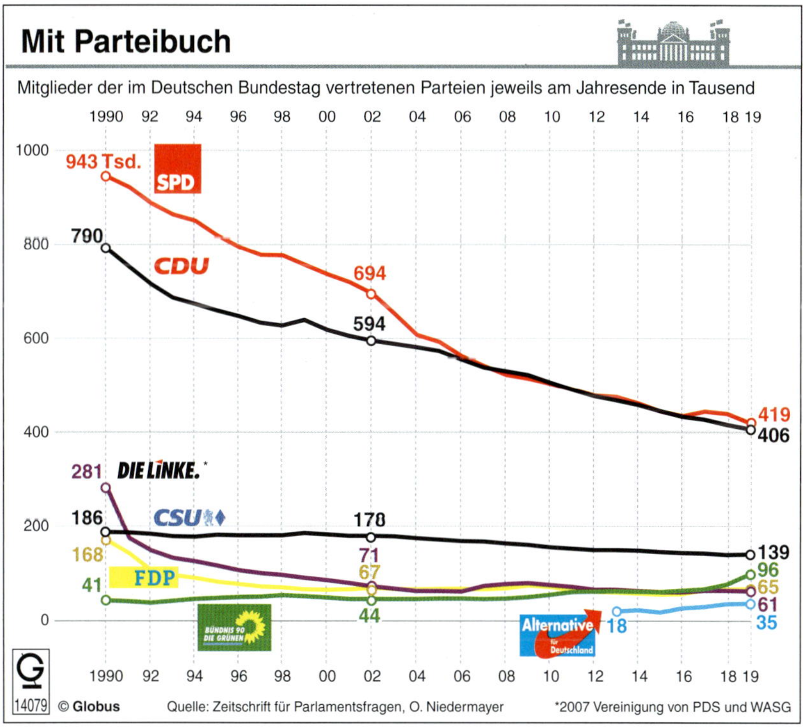

Typologie: Zuordnung zu einer Gruppe aufgrund von bestimmten Merkmalen

Die im 19. Deutschen Bundestag vertretenen Parteien:

CDU – Christlich-Demokratische Union: **www.cdu.de**

CSU – Christlich-Soziale Union: **www.csu.de**

SPD – Sozialdemokratische Partei Deutschlands: **www.spd.de**

Bündnis 90/Die Grünen: www.gruene.de

Die Linke: www.die-linke.de

FDP – Freie Demokratische Partei: **www.fdp.de**

AfD – Alternative für Deutschland: **www.afd.de**

AUFGABEN

1. Erläutern Sie, warum Parteien über die Wahlen hinaus ein wichtiger Bestandteil der politischen Ordnung sind.
2. Listen Sie auf, unter welchen Bedingungen es möglich ist, eine Partei zu gründen.
3. Begründen Sie, warum das Parteiengesetz bestimmte Anforderungen an die Gründung einer Partei stellt.
Weitere Informationen finden Sie auch auf den Seiten 156 bis 157.

Statut: Satzung, (Grund-)Gesetz

Delegierter: jemand, dem eine Aufgabe übertragen wurde; Abgesandter

Gremium: Gemeinschaft; beratender oder beschließender Ausschuss

Wie Parteien funktionieren und arbeiten

Nach den Statuten einer Partei ist das oberste Beschlussgremium der **Parteitag**. Dort besitzen alle aus den Untergliederungen der Partei entsandten Delegierten ein gleiches Stimmrecht. Ein Parteitag

- entscheidet über Grundsätze der Politik einer Partei,
- wählt die Vorstände und die Vorsitzenden,
- beschließt Partei- und Wahlprogramme und
- benennt die Kandidaten für die Parlamentswahlen.

Parteitage gibt es auf allen Organisationsebenen einer Partei.

Parteitage müssen mindestens alle zwei Jahre stattfinden. Die Vorstände sind verpflichtet, Tätigkeitsberichte vorzulegen. Beschlüsse werden in der Regel mit einfacher Mehrheit gefasst. Besonders in den großen Volksparteien wird es zu politischen Problemen nicht immer eine Meinungsgleichheit geben. Werden diese Differenzen öffentlich ausgetragen, muss das nicht als Führungsschwäche gewertet werden, sondern als Stärkung der innerparteilichen demokratischen Willensbildung. Auch Außenstehende profitieren davon. Sie verfolgen die Argumente und können sie mit denen anderer Parteien vergleichen.

Aufbau und Arbeitsweise einer Partei:

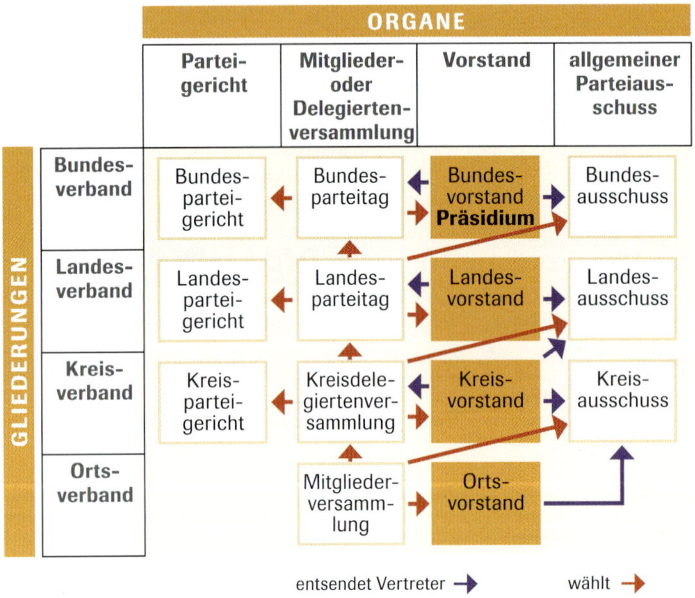

Das Parteiengesetz schreibt vor: Jede Partei muss eine Satzung und ein Parteiprogramm haben und in Gebietsverbänden organisiert sein. Die Organisation hat von unten nach oben strukturiert zu verlaufen. Die Beschlüsse der oberen Gremien müssen für die unteren Gremien verbindlich sein.

Die Mitglieder- und Delegiertenversammlungen (Parteitage) sind auf den jeweiligen Organisationsebenen die obersten Beschlussgremien. Hier werden die Vorstände und Kommissionen gewählt und grundsätzliche Beschlüsse zur Parteipolitik gefasst. Alle Mitglieder haben dabei gleiches Stimmrecht.

Parteieintritte müssen allen Bürgerinnen und Bürgern möglich sein. Ein Parteiaustritt ist jederzeit, ein Ausschluss aus der Partei nur nach einem regulären Verfahren möglich.

rekrutieren: zusammenstellen; sich bilden/zusammensetzen aus

Mandat: Amt eines (gewählten) Abgeordneten

introvertiert: nach innen gewandt

Kleine Gruppen machen die „Basis" der Parteien aus. Aus ihr rekrutieren sich normalerweise die politischen Aufsteiger. […] Diese Basis vergibt unter sich die Mandate und besetzt die politischen Funktionen in ihrer Partei. […] Die Basis der Parteien auf der Ebene der Ortsvereine und der Kreisverbände zeichnet sich durch ein hohes Maß an personeller Stabilität aus. […] Der abrupte Wechsel ist selten. Damit ist diese Basis in der Gefahr, den Blick mehr nach innen zu richten, als sich beweglich den sie umgebenden gesellschaftlichen Gruppen zu öffnen. […] Die Parteiaktivisten können so zu einer Gruppe von politisch introvertierten Menschen werden, die vor allem im eigenen Saft schmoren. […] Parteiaktivisten sind es, die als Delegierte ihrer Basis alle Parteimitglieder ihres Orts- oder Kreisverbandes auf der nächsthöheren Ebene ihrer Partei vertreten. Da sie sich dort allein und ausschließlich mit ihresgleichen wiederfinden, müssen sie nun nicht einmal mehr befürchten, dass sich die große Zahl ihrer Mitglieder in die politischen Geschäfte einschaltet. Nun, da sie unter sich sind, können sie umso ungenierter politisch auftrumpfen und personell kungeln. [...] Damit können in Parteien auch politische Forderungen „verpasst" werden, die weder den Überzeugungen der Parteimitgliedschaft entsprechen noch dem Willen der Parteiführung bei der Verfolgung des Ziels der Stimm-Maximierung. [...]

Es wäre allerdings falsch, aus dieser Analyse zu schließen, die Parteiführung sei letztendlich in der Hand der Delegierten auf den Parteitagen. Die finanzielle Stärke, die intellektuelle Kapazität, die organisatorische Kraft, die tägliche politische Auseinandersetzung mit dem politischen Gegner, der Bekanntheitsgrad der politischen Führung geben ihr stets die zentrale Position in der Willensbildung und der Formulierung der politischen Ziele der Partei.

(aus: Apel, Hans (1991): *Die deformierte Demokratie.* Stuttgart: Deutsche Verlagsanstalt, S. 51)

Grundsätze für Parteien:

- Ein demokratischer Staat soll politisch nicht durch undemokratische Parteien beeinflusst werden.
- Die innere Ordnung der Parteien muss den Grundsätzen der Demokratie entsprechen.
- Entscheidungen sollen von unten nach oben laufen.
- Das einzelne Mitglied muss, durch Statuten und Satzungen gesichert, an allen Entscheidungen beteiligt sein können.

intellektuell: betont verstandesmäßig

anonym: ungenannt, ohne Namen; nicht (namentlich) bekannt

Parteien brauchen Geld – Parteienfinanzierung

Ursprünglich war vorgesehen, dass sich politische Parteien ausschließlich über private Mittel aus Mitgliedsbeiträgen, Spenden und Einnahmen aus Vermögen finanzieren. So sollten sie unabhängig wirken können und sich nicht aus öffentlichen Kassen bedienen müssen.

Parteiapparate mit hauptamtlichen Funktionären, Mieten, Bürokosten usw., aber auch die immer professionelleren Wahlkämpfe, erforderten jedoch einen immer höheren finanziellen Einsatz und brachten die Parteien zunehmend in finanzielle Schwierigkeiten. Daher erklärte das Bundesverfassungsgericht 1966 eine Wahlkampfkostenerstattung für zulässig.

© Bergmoser + Höller Verlag AG 95 054

Die Verfassung und das Parteiengesetz fordern von den Parteien, über ihr Vermögen, ihre Mittel und deren Herkunft jährlich öffentlich Rechenschaft abzulegen. Dadurch soll verhindert werden, dass anonyme Finanzkräfte die Politik der Parteien zu stark beeinflussen. Der Bericht wird dem Bundestagspräsidenten zugeleitet, der seinerseits dem Bundestag Bericht erstattet.

Die Parteienfinanzierung war und ist immer wieder ein Problemfall. In dieser Angelegenheit ist das Parteiengesetz schon mehrfach verändert und verschärft worden. Berichte über Spendenaffären, schwarze Kassen und undurchschaubare Transaktionen über Parteistiftungen füllen immer wieder die Schlagzeilen der Medien.

AUFGABEN

1. Der Textauszug von Hans Apel weist auf mögliche Schwächen der politischen Parteien und einer damit verbundenen Politik hin. Arbeiten Sie stichpunktartig die genannten Schwächen heraus.
2. Auf der linken Seite finden Sie ein Schaubild sowie Hinweise zum Parteiengesetz, die die idealtypische Arbeitsweise einer Partei wiedergeben. Arbeiten Sie die wichtigsten Aspekte heraus und stellen Sie diese Ihren Ergebnissen aus Aufgabe 1 gegenüber.
3. Erstellen Sie eine Tabelle, in der Sie auf der einen Seite auflisten, welche Argumente für Parteien sprechen und stellen Sie diesen die häufig genannten Vorurteile über Parteien gegenüber.

Blickpunkt: *Bei der Bundestagswahl haben Sie zwei Stimmen. Die Zweitstimme ist entscheidend – ... aber was ist dann mit der ersten?*

4.2.4 Kampf um die Gunst der Wähler – Wahlkampf und Wahlen

Ohne Wahlen gäbe es keine Demokratie. Eine Demokratie verlangt die Zustimmung der Bevölkerung zu einer oder mehreren Parteien, die auf eine bestimmte Zeit regieren. Nur durch diese Zustimmung ist die Regierung legitimiert.
Wahlen beinhalten zudem den Grundsatz der Repräsentation. Ohne diese ließen sich in einem Land wie der Bundesrepublik Entscheidungen nicht sinnvoll organisieren. Daher überträgt der einzelne wahlberechtigte Bürger seinen politischen Willen sowie seine politischen Wünsche auf eine Vertretung bzw. auf Personen, die sich mit einem bestimmten politischen Programm zur Wahl stellen.

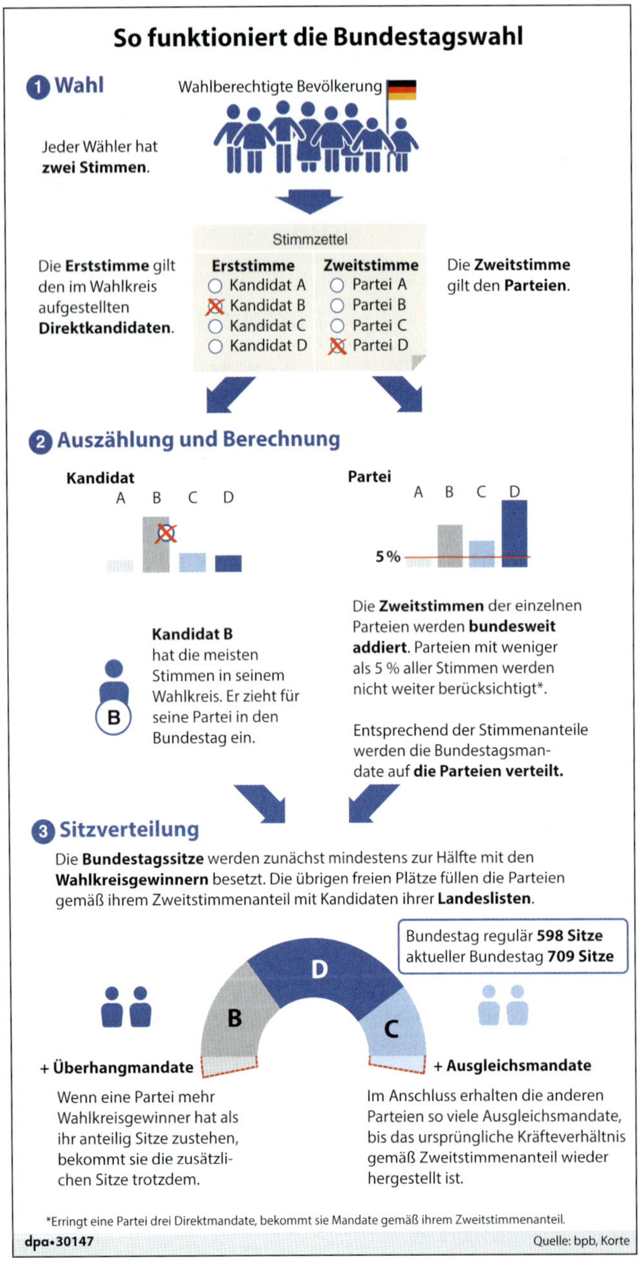

Merkmale demokratischer Wahlen

Gemäß der Wahlrechtsgrundsätze im Grundgesetz sollen Wahlen die folgenden Eigenschaften aufweisen:

- **Allgemein:** Alle Bürgerinnen und Bürger sind grundsätzlich berechtigt, an der Wahl teilzunehmen. Einzelne Gruppen, Schichten oder Einzelpersonen dürfen nicht aus wirtschaftlichen, politischen, rassistischen, religiösen oder anderen Gründen von der Wahl ausgeschlossen werden.
- **Gleich:** Jede Stimme ist gleichwertig. Dadurch haben alle Wählerinnen und Wähler gleiche Chancen.
- **Frei:** Der einzelne Wähler muss frei wählen können. Es darf auf ihn kein Zwang oder Druck ausgeübt werden, damit er eine bestimmte Person oder Partei wählt.
- **Geheim:** Jede Stimme muss so abgegeben werden können, dass nicht nachträglich überprüft werden kann, wie die Person abgestimmt hat. Die Wahl in einer Wahlkabine muss möglich sein und die Stimmzettel müssen so gestaltet sein, dass die Wahlentscheidung von unbefugten Personen nicht nachvollzogen werden kann.
- **Unmittelbar:** Parteien und Abgeordnete werden direkt gewählt. Es darf keine Zwischeninstanz mehr geben, etwa Wahldelegiertenversammlungen oder Wahlmänner, die dann wiederum nach ihrem Ermessen wählen können.

Absolut und relativ – unser Wahlsystem

Der Gesetzgeber (Bundestag) hat sich im Bundeswahlgesetz für ein **personalisiertes Verhältniswahlsystem** entschieden. Dabei handelt es sich um eine Kombination von Mehrheitswahl und Verhältniswahl.

Eine Hälfte der Abgeordneten des Deutschen Bundestages wird über das **Mehrheitswahlsystem** direkt in den Wahlkreisen gewählt.

Dies ist die personalisierte Wahl. Mit der **Erststimme** auf dem Stimmzettel entscheidet sich der Wähler für einen Kandidaten, wobei eine einfache Stimmenmehrheit die Wahl entscheidet. Hierfür wird das gesamte Wahlgebiet in eine genau festgelegte Anzahl von Wahlkreisen unterteilt, die der Anzahl der zu besetzenden Parlamentssitze entspricht.

In jedem Wahlkreis stellen sich in der Regel mehrere Kandidaten zur Wahl. Gewählt ist derjenige, der die meisten Stimmen auf sich vereinigt. Diese Person vertritt dann den Wahlkreis als Abgeordnete bzw. Abgeordneter.
Es wird dabei unterschieden zwischen
- **relativer Mehrheit:** Der gewählte Abgeordnete hat mehr Stimmen als jeder andere im Wahlkreis.
- **absoluter Mehrheit:** Der gewählte Abgeordnete hat mehr Stimmen als alle anderen Kandidaten zusammen.

Wird im Wahlgesetz eine absolute Mehrheit vorgeschrieben, muss ein zweiter Wahlgang in Form einer Stichwahl durchgeführt werden. In diesem ist dann in der Regel eine relative Mehrheit ausreichend.

Die zweite Hälfte der Abgeordneten rückt über die Kandidatenlisten der Parteien in den Bundestag ein. Dies ist die **Verhältniswahl**. Bei der Wahlauswertung (Stimmenzählung) wird dann ermittelt, wie viele Stimmen die jeweilige Partei erhalten hat. Die Summe der Stimmen für eine Partei bildet dann die Grundlage für die Berechnung der Sitze im Parlament. Auch eine kleinere Partei, die keine Direktmandate erzielt, kann so über die **Zweitstimmen** auf dem Stimmzettel im Bundestag vertreten sein.

Da die Reihenfolge der Kandidaten auf der Liste bereits vor der Wahl von den Parteien festgelegt wird, haben die Wähler hier keinen Einfluss darauf, welche Politiker in das Parlament einziehen werden.

Vor- und Nachteile der Wahlsysteme

Die Verhältniswahl	Die Mehrheitswahl
• begünstigt das Mehrparteiensystem • kann unsichere Mehrheiten zur Folge haben • zwingt häufig zur Bildung von Regierungskoalitionen • führt zu einer schwächeren Bindung zwischen Abgeordneten und Wählern • gewährleistet eine angemessene Vertretung unterschiedlicher Parteien • hat eine bessere Repräsentation der Wählerinteressen zur Folge • gibt „neuen“ Parteien bessere Chancen	• verstärkt die Tendenz zum Zwei-Parteien-System • führt in der Regel zu einer stabilen Regierungsmehrheit • erzeugt eine stärkere Bindung der Abgeordneten zum Wähler • führt dazu, dass die Interessen der gesamten Wählerschaft nicht angemessen repräsentiert werden • gibt „Neulingen“ und kleineren Parteien nur geringe Chancen • mindert das Interesse an den Wahlen

Im **Wahlkampf** werben die Parteien um die Gunst der Wähler und präsentieren ihre politischen Ziele und Vorstellungen. Er lässt sich in zwei Phasen unterteilen:
- den Vorwahlkampf und
- die heiße Phase, die sechs bis vier Wochen vor der Wahl beginnt.

Ziel ist es, eine möglichst breite Zustimmung bei den Wählerinnen und Wählern zu gewinnen, um am Wahltag möglichst viele Stimmen zu erhalten.
Für den Wahlkampf werden von den Parteien spezielle Teams gebildet, die oft monatelang die Wahlkampfaktionen vorbereiten und durchführen.

Stimmensplitting: die Möglichkeit, bei der Bundestagswahl parteipolitisch mit der Erst- und der Zweitstimme unterschiedlich zu votieren. Manche Wählerinnen und Wähler machen von dieser Möglichkeit bewusst Gebrauch, um mit der Erststimme einen Direktkandidaten der einen Partei und mit der Zweitstimme eine andere Partei zu wählen.

Entwicklung der Wähler:
In früheren Zeiten waren viele Menschen oft jahrelang auf eine Partei hin orientiert – die Partei konnte sich auf diese **Stammwähler** verlassen. Das hat sich in den letzten Jahren geändert. Eine immer größer werdende Zahl von Wählern trifft erst während des Wahlkampfes eine Wahlentscheidung. Diese **Wechselwähler** sind nicht auf eine Partei festgelegt und werden von den Parteien besonders intensiv umworben. Für die Parteien selbst wird durch diese Entwicklung der Wahlausgang unvorhersehbarer.

AUFGABEN

1. Begründen Sie, warum es wichtig ist, dass Wahlen geheim sind.
2. Erläutern Sie, welche Gründe es Ihrer Meinung nach dafür geben könnte, dass es immer mehr Wechselwähler gibt.
3. Erläutern Sie, wie Bundestagswahlen im Rahmen einer reinen Mehrheitswahl ablaufen würden und welche Auswirkungen dies auf die Zusammensetzung des Bundestages hätte.
4. Welche Auswirkungen hätte es für die politische Kräfteverteilung, wenn in einem Bundesland nur nach dem Verhältniswahlrecht gewählt würde? Schreiben Sie einen kurzen Informationstext.

Blickpunkt: *Spannend oder auf Dauer doch eher langweilig? Jugendliche verfolgen eine Debatte im Deutschen Bundestag.*

Die **Opposition** soll die Regierung kritisieren, kontrollieren und Alternativen anbieten.

- **Kritik:** Die Politik der Regierung wird ständig von den Oppositionsfraktionen begutachtet und kritisiert. Natürlich kann die Opposition die Gesetzesvorhaben der Regierung nicht verändern, hat sie doch keine Mehrheit im Parlament. Trotzdem stellt die Opposition ihre Kritik medienwirksam dar, um sich beim Wähler als die bessere Alternative bei der nächsten Wahl zu präsentieren.
- **Kontrolle:** Mit Anfragen und Untersuchungsausschüssen versucht die Opposition, Fehler und Schwächen der Regierung aufzudecken.
- **Alternativen:** Die Opposition will die Regierung ablösen. Sie stellt neben den personellen Alternativen vor allem sachliche und politische Konzepte bereit. Auch bieten die Oppositionsparteien den Wählerinnen und Wählern – mit Blick auf die nächsten Wahlen – ihre Vorschläge zur Lösung gesellschaftlicher Probleme und einen politischen Richtungswechsel an.

Fraktion: Die Abgeordneten einer Partei im Bundestag bilden eine Fraktion (siehe auch die Randspalte auf Seite 163).

Legislative: gesetzgebende Gewalt (Parlament/Bundestag)

Exekutive: vollziehende Gewalt (Regierung, Verwaltung)

Judikative: richterliche Gewalt (Gerichte)

4.3 Die parlamentarische Demokratie und ihre Akteure

4.3.1 Die Staatsgewalt ist geteilt und verschränkt

Deutschland ist ein demokratischer und sozialer Bundesstaat. Die Idee der Gewaltenteilung sieht vor, dass die Ausübung der Staatsgewalt auf verschiedene, voneinander unabhängige Staatsorgane aufgeteilt ist (siehe auch Seite 141). Man spricht bei diesen Staatsorganen auch von **Verfassungsorganen**, weil ihre Aufgaben in der Verfassung, dem Grundgesetz, festgelegt sind.

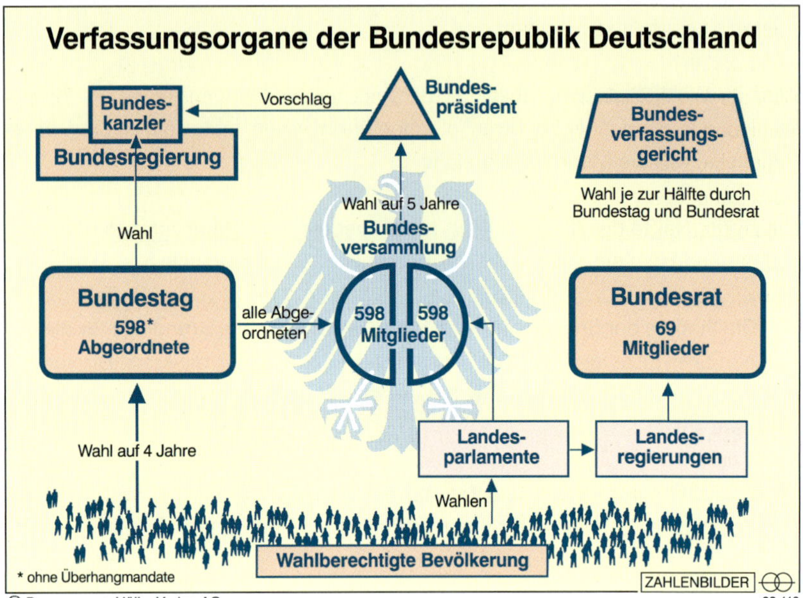

© Bergmoser + Höller Verlag AG 62 110

- Das oberste gesetzgebende Verfassungsorgan ist der **Deutsche Bundestag**. In ihm üben Regierungsfraktionen und Oppositionsfraktionen unterschiedliche Funktionen aus.
- Durch den **Bundesrat** haben die Bundesländer Einfluss auf die Gestaltung der Bundespolitik.
- Der **Bundespräsident** vertritt die Bundesrepublik nach außen.
- Die **Bundesregierung** – mit dem Bundeskanzler/der Bundeskanzlerin an der Spitze – bildet das eigentliche Machtzentrum in der deutschen Politik.
- Das **Bundesverfassungsgericht** gilt als Hüter des Grundgesetzes.

Die Gewaltenteilung ist eine Gewaltenverschränkung

Das Modell der Gewaltenteilung, wie es Montesquieu (siehe Seite 141) vorschlägt, sieht vor, dass die drei Gewalten Legislative, Exekutive und Judikative streng getrennt voneinander handeln, ihre Macht aber dennoch nicht allein, sondern nur in wechselseitiger Zusammenarbeit und Kontrolle ausüben.

In der parlamentarischen Demokratie der Bundesrepublik Deutschland hat sich eine besondere Form der Gewaltenteilung herausgebildet. Die Trennlinie verläuft nicht zwischen Parlament und Regierung, sondern zwischen

- Parlamentsmehrheit und Regierung einerseits und
- der Opposition andererseits.

Aus den Mehrheitsfraktionen des Parlaments geht die Regierung hervor – wobei die Mitglieder der Regierung in der Regel auch Mitglieder des Parlaments sind. Die Opposition ist somit die eigentliche Gegenspielerin von Regierung und Parlamentsmehrheit. Legislative und Exekutive sind dadurch miteinander verknüpft – nur die Rechtsprechung ist von ihnen getrennt.
Die parlamentarische Demokratie ist also nicht durch eine strikte Trennung der Gewalten gekennzeichnet, sondern vielmehr durch eine **Gewaltenverschränkung.**
In der Bundesrepublik Deutschland sind die Beschränkung und Kontrolle der Macht der Regierenden dennoch gewährleistet durch

- die Opposition im Bundestag,
- das föderale, bundesstaatliche System mit der Aufteilung der staatlichen Gewalt und der staatlichen Aufgaben auf Bund, Länder und Gemeinden,
- eine unabhängige Justiz, insbesondere durch die weitreichenden Befugnisse des Bundesverfassungsgerichts,
- die öffentliche Meinung (besonders in Presse, Funk und Fernsehen).

Bundestagsdebatte

Parlament: (aus dem Franz.: parler = sprechen) die Volksvertretung, die aus ein oder zwei Kammern bestehen kann. In der Bundesrepublik Deutschland ist der **Bundestag** das vom Volk gewählte Parlament. Der Bundesrat ist kein Parlament, sondern Vertretungsorgan der Länder. Die Parlamente der Länder heißen Landtag, Abgeordnetenhaus (Berlin) oder Bürgerschaft (Hamburg und Bremen).

GEWALTENVERSCHRÄNKUNG UND GEWALTENKONTROLLE IN DER BUNDESREPUBLIK

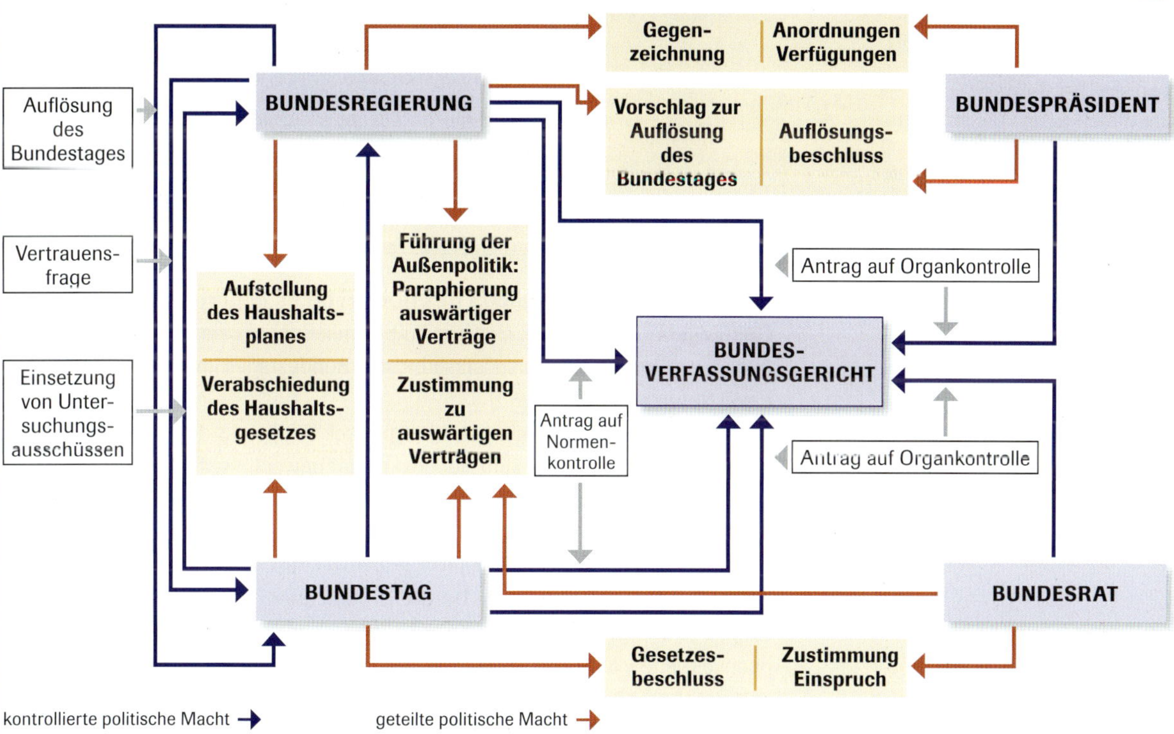

AUFGABEN

1. Klären Sie zunächst für sich die zwei Begriffe „Gewaltenteilung" und „Gewaltenverschränkung". Erläutern Sie dann Ihrer Tischnachbarin bzw. Ihrem Tischnachbarn, wie diese Begriffe im System der Bundesrepublik zueinander stehen. Verwenden Sie hierfür auch das Schaubild.
2. Listen Sie Gründe auf, die für eine Gewaltenverschränkung sprechen.

paraphieren: abzeichnen; einen Vertrag(sentwurf), ein Verhandlungsprotokoll als Bevollmächtigter unterzeichnen

Blickpunkt: *Der Deutsche Bundestag hat seinen Sitz im Berliner Reichstagsgebäude.*

Plenarsaal des Bundestages

4.3.2 Der Deutsche Bundestag in Berlin

Der Bundestag ist die Volksvertretung der Bundesrepublik (Artikel 38–48 GG). Er wird auf vier Jahre gewählt. Die Wahlperiode endet mit dem Zusammentritt des neuen Bundestages.

Der Bundestag kann sich selbst nicht auflösen, hierzu ist – unter bestimmten Voraussetzungen – nur der Bundespräsident befugt.

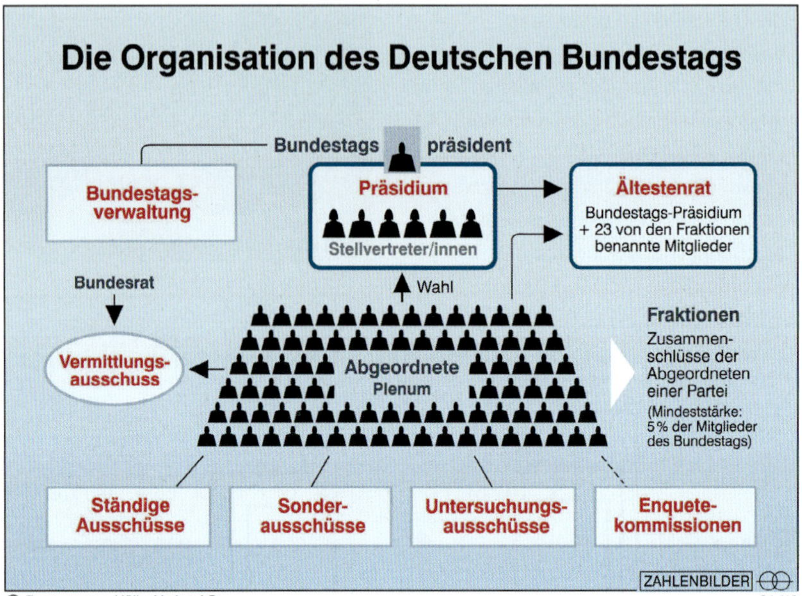

© Bergmoser + Höller Verlag AG

Sitze im Bundestag: Der Bundestag hat 598 Sitze, jedoch kann sich die Zahl durch Überhangmandate erhöhen (vergleiche Seite 158).

Opposition: Das ist die Gesamtheit der an der Regierung nicht beteiligten Parteien.

Koalition: ein Zusammenschluss oder Bündnis von Fraktionen zum Zwecke einer Regierungsbildung und zur Unterstützung der Regierung

Zu den wichtigsten Aufgaben des Bundestages gehören:

- **Gesetzgebungsfunktion:** Gesetze zu beschließen ist eine der zentralen Aufgaben, denn ohne eine Beschlussfassung des Bundestages kommen keine Bundesgesetze zustande.
- **Wahlfunktion zur Regierungsbildung:** Nach Artikel 63 des Grundgesetzes ist zur Bundeskanzlerin bzw. zum Bundeskanzler gewählt, wer von der Mehrheit des Bundestages bestimmt wird. Der Bundestag kann einen Bundeskanzler auch abwählen, indem er mit seiner Mehrheit einen Nachfolger bestimmt (konstruktives Misstrauensvotum, Artikel 67 GG – siehe auch Abschnitt 4.3.8).
- **Willensbildungsfunktion:** Die Bürger werden über gesellschaftlich bedeutende Angelegenheiten informiert. Komplexe Sachverhalte werden in den Debatten in nachvollziehbarer Weise vermittelt, die unterschiedlichen Positionen dargelegt und begründet kritisiert.
- **Repräsentationsfunktion:** Die Bürger sollen ihre eigenen Positionen in der Parlamentsdebatte wiederfinden. So soll sichergestellt werden, dass ihre Interessen bei der Entscheidungsfindung berücksichtigt werden.
- **Kontrollfunktion:** Eine wesentliche Aufgabe im Sinne der Gewaltenteilung ist die Kontrolle der Regierung. Sie wird heute in der Regel nur von der Opposition wahrgenommen.

HINWEIS
Weitere Informationen finden Sie im Internet unter:
www.bundestag.de

Zur Kontrolle der Regierung stehen folgende Instrumente zur Verfügung:

- Das **Budgetrecht** ist das klassische Kontrollrecht des Parlaments. Der Haushaltsplan (Budget) wird vom Bundestag jährlich als Gesetz verabschiedet (Artikel 110 GG). Er ist die Regierungspolitik in Zahlen – Einnahmen und Ausgaben. Die Haushaltsdebatte bietet der Opposition die Möglichkeit, die Regierung zu kritisieren und ihre Alternativen vorzustellen.
- Die **große Anfrage** muss von einer Fraktion oder mindestens 5 % aller Abgeordneten schriftlich eingereicht werden. Die Regierung muss schriftlich antworten. Die Antwort ist Grundlage einer Parlamentsdebatte. Durch Anfragen kann das Parlament – in der Regel die Opposition – die Regierung zwingen, zu strittigen Fragen Position zu beziehen.
- Die **kleine Anfrage** wird von mindestens 5 % aller Abgeordneten eingebracht, um von der Regierung Informationen zu einem bestimmten Sachverhalt zu bekommen. Sie wird schriftlich beantwortet; es gibt aber keine öffentliche Debatte.
- Die **Fragestunde** findet regelmäßig am Beginn einer Plenarsitzung statt; höchstens dreimal pro Woche. Jeder Abgeordnete darf pro Sitzungswoche bis zu zwei Fragen an die Bundesregierung stellen. Beantwortet werden sie vom zuständigen Minister bzw. vom Parlamentarischen Staatssekretär. Jeder andere Abgeordnete darf bei der Beantwortung noch eine Zusatzfrage stellen.
- Die **aktuelle Stunde** wird von mindestens 5 % aller Abgeordneten beantragt, um ein umstrittenes Thema zu erörtern. Jeder Diskussionsbeitrag darf nicht länger als fünf Minuten dauern.
- Die **Untersuchungsausschüsse** werden von mindestens einem Viertel der Mitglieder des Bundestages beantragt (siehe aber Randspalte), um Missstände, Affären u. a. aufzuklären. Die Untersuchungsausschüsse sind entsprechend der Fraktionsstärke besetzt, die Regierungsfraktionen haben deshalb die Mehrheit.
- Die **Enquete-Kommissionen** werden von Abgeordneten und Sachverständigen gebildet. Sie haben das Ziel, Informationen zu einem bestimmten Sachverhalt zu sammeln, um eine Entscheidung des Bundestages zu erleichtern.
- Die **Petitionen** sind das Recht des Bürgers, sich mit Beschwerden und Bitten an seine Abgeordneten zu wenden. Der Petitionsausschuss prüft den Sachverhalt und hat die Möglichkeit, Mitglieder der Bundesregierung, Behörden (mit Akteneinsicht) und Sachverständige zu befragen.
- Der **Wehrbeauftragte** wird für fünf Jahre vom Bundestag gewählt und soll die Personalführung der Bundeswehr kontrollieren. Er kann angerufen werden, wenn Grundrechte der Soldaten oder Grundsätze der inneren Führung missachtet werden. Jeder Soldat kann sich unter Umgehung des Dienstweges direkt an den Wehrbeauftragten wenden.

Die **Ausschüsse des Bundestages** leisten die eigentliche Parlamentsarbeit. Hier werden Gesetzesentwürfe und -initiativen erörtert, um die Beschlussfassung im Plenum vorzubereiten und zu erleichtern. Die Ausschussarbeit ist in der Regel nicht öffentlich, die Diskussionen bleiben dadurch sachlicher.

Fraktion: Der Zusammenschluss von Abgeordneten einer Partei wird als Fraktion bezeichnet. Mindeststärke: 5 % = 32 Abgeordnete in der 18. Wahlperiode. Fraktionen besetzen entsprechend ihrer Stärke Präsidium, Ausschüsse und Ältestenrat des Bundestages.

Gruppe: Hat eine Partei weniger als 32 Abgeordnete im Bundestag, kann sie eine Gruppe, aber keine Fraktion bilden.

Fraktionszwang: Darunter versteht man den Druck der Fraktion auf einen ihrer Abgeordneten, im Sinne seiner Fraktion abzustimmen, auch wenn er eine andere Position vertritt.

Enquete: (französisch) Untersuchung

„Mini-Opposition"
Die Bildung der außerordentlich großen Koalition aus CDU/CSU und SPD führte im Herbst 2013 zu einer „Mini-Opposition" im Bundestag: Vertreter von Grünen und Linken stellten nicht einmal 21 Prozent der Abgeordneten. Um ihnen die Chance zu geben, ihre Kontrollrechte wahrzunehmen, wurde u. a. die Zahl der notwendigen Antragsteller zur Einsetzung eines Untersuchungsausschusses in der Geschäftsordnung eigens für diese Wahlperiode gesenkt: Statt 25 Prozent der Abgeordneten (158) sind nur 120 Abgeordnete nötig.

Ständige Ausschüsse werden zu den typischen Arbeitsgebieten der Bundesministerien gebildet. Beispiele hierfür:
- Haushaltsausschuss
- Finanzausschuss
- Auswärtiger Ausschuss
- Innenausschuss
- Verteidigungsausschuss

AUFGABEN

1. Erstellen Sie eine Tabelle, die die Aufgaben des Parlaments übersichtlich zusammenfasst.
2. Recherchieren Sie in Tageszeitungen und im Internet und finden Sie ein Beispiel, in dem die Opposition durch eines der oben aufgeführten Kontrollinstrumente die Regierung zur Stellungnahme zwingt.

4.3.3 Die Abgeordneten des Bundestages

Blickpunkt:

freies Mandat: Die bzw. der Abgeordnete ist Repräsentant der Allgemeinheit und nicht an Aufträge und Weisungen gebunden.

imperatives Mandat: Die bzw. der Abgeordnete ist Vertreter seiner Wählerinnen und Wähler und an ihre Weisungen gebunden.

Indemnität: Ein Abgeordneter kann aufgrund von Äußerungen oder Abstimmungen im Bundestag oder in den Ausschüssen nicht gerichtlich oder beruflich belangt werden. Dies gilt auch nach Beendigung seines Mandats. Eine Ausnahme erfolgt nur bei verleumderischen Beleidigungen (Artikel 46 GG).

Immunität: Ein Abgeordneter ist vor Strafverfolgung sowie vor jeder anderen Beschränkung seiner persönlichen Freiheit geschützt. Er kann bei einer Handlung, die gesetzeswidrig scheint bzw. ist, nur mit Genehmigung des Parlaments zur Verantwortung gezogen werden. Eine Ausnahme hiervon besteht nur, wenn er bei Begehung einer Tat oder im Laufe des folgenden Tages festgenommen wird. Darüber hinaus besitzen Abgeordnete ein Zeugnisverweigerungsrecht. Sie müssen über Personen, die ihnen in ihrer Eigenschaft als Abgeordneter Informationen anvertraut haben, nicht aussagen.

Laut Verfassung sind Abgeordnete Vertreter des ganzen Volkes. Da sie ein freies – und kein imperatives – Mandat besitzen, sind sie nicht an Aufträge und Weisungen gebunden, sondern nur ihrem Gewissen verantwortlich. Ihr Mandat gilt für die gesamte Wahlperiode. Die Aufgabe eines Mandats kann nur freiwillig erfolgen und einem Abgeordneten auch bei Konflikten mit der eigenen Fraktion nicht entzogen werden. Auch sind Abgeordnete durch Indemnität und Immunität geschützt.
Bundestagsabgeordnete sind Berufspolitiker. Sie beziehen daher ein Einkommen vom Staat, die Diäten. Das Einkommen hat sich an der Belastung, Verantwortung und Bedeutung des Amtes zu orientieren („Diätenurteil" des Bundesverfassungsgerichts von 1975). Zusätzlich bekommen sie noch Entschädigungen für den Bürounterhalt, die Zweitwohnung usw.

Die Arbeit von Abgeordneten ist sehr vielfältig. Neben der Arbeit im Parlament und den vielen Sitzungen in Fraktion und Ausschüssen, müssen sie auch in ihrem Wahlkreis aktiv sein. Sie sind Ansprechpartner für viele Menschen mit häufig völlig unterschiedlichen Anliegen.

So könnten zwei Tage im Terminkalender einer/eines Abgeordneten aussehen:

KW **28**	Montag	Dienstag
07:00	*Post erledigen Brief an Klaus*	*Post*
		und
08:00		*Wahlkreisbüro anrufen*
	Fraktionssitzung	
09:00	*vorbereiten*	*Sitzung*
		Innenausschuss Geburtstagsbriefe
10:00	*Arbeitsgruppe*	*bis ca. 12 Uhr*
	Inneres	
11:00	*bis 11:30 Uhr*	
12:00		
	Deutsch-polnische + Mittag	
13:00	*Parlamentariergruppe*	*Befragung Fragestunde 13 Uhr*
		Bundesregierung
14:00		
	Fraktionssitzung	
15:00	*(bis 17:30 Uhr)*	*Mitarbeiterbesprechung*
		bis
16:00		*ca. 16 Uhr*
17:00		*Pressegespräch*
	Interview ZDF	
18:00		
19:00		
20:00	*Treffen mit Vertretern des*	*Rede schreiben*
	Max-Planck-Instituts	*für Plenarsitzung*
21:00	*Landesvertretung Bayern*	
	bis ca. 23 Uhr	
22:00		

JULI 2020

Mo	Di	Mi	Do	Fr	Sa	So
29	30	1	2	3	4	5
6	7	8	9	10	11	12
13	14	15	16	17	18	19
20	21	22	23	24	25	26
27	28	29	30	31	1	2

AUGUST 2020

Mo	Di	Mi	Do	Fr	Sa	So
27	28	29	30	31	1	2
3	4	5	5	7	8	9
10	11	12	13	14	15	16
17	18	19	20	21	22	23
24	25	26	27	28	29	30
31	1	2	3	4	5	6

SEPTEMBER 2020

Mo	Di	Mi	Do	Fr	Sa	So
31	1	2	3	4	5	6
7	8	9	10	11	12	13
14	15	16	17	18	19	20
21	22	23	24	25	26	27
28	29	30	1	2	3	4

OKTOBER 2020

Mo	Di	Mi	Do	Fr	Sa	So
28	29	30	1	2	3	4
5	5	7	8	9	10	11
12	13	14	15	16	17	18
19	20	21	22	23	24	25
26	27	28	29	30	31	1

Diäten: Was ist die Arbeit eines Abgeordneten wert?
Ist sie so viel wie die eines Kaufmännischen Leiters (9 435 €), die eines Fondmanagers (6 105 €) oder die eines Automobilverkäufers (3 046 €) wert? Ist die derzeitige Vergütung der Bundestagsabgeordneten in Höhe von 10 083,47 € angemessen?

Immer wieder wird öffentlich über die Höhe der Diäten diskutiert. Um ein Urteil fällen zu können, hilft ein Blick auf die Bruttoeinkommen anderer Berufsgruppen (siehe Tabelle rechts unten). Gleichwohl darf aber auch die tatsächliche Arbeitszeit eines Bundestagsabgeordneten bei der Beurteilung nicht unberücksichtigt bleiben.

AUFGABEN UND FUNKTIONEN EINES MITGLIEDS DES DEUTSCHEN BUNDESTAGES

- Teilnahme an Plenarsitzungen des Deutschen Bundestages
- Wahl des Bundeskanzlers, des Wehrbeauftragten und auch des Bundespräsidenten (als Mitglied der Bundesversammlung)
- Mitarbeit in europäischen und internationalen Gremien; Delegationsreisen ins Ausland
- Betreuung von Besuchergruppen; Medien- und Pressearbeit
- Besuch von Tagungen und Kongressen; Vortragstätigkeiten; Teilnahme an Podiumsdiskussionen
- Fraktionsarbeit; vor allem in Arbeitskreisen und -gruppen der Fraktion
- Mitarbeit in der Regel in mindestens einem Fachausschuss des Bundestages
- Betreuung des heimatlichen Wahlkreises; Beantwortung von Anfragen und Briefen aus dem Wahlkreis; Vertretung der Interessen des Wahlkreises in Berlin; Besuche im Wahlkreis
- Parteiarbeit; Wahrnehmung von Parteifunktionen auf lokaler und regionaler Ebene; Teilnahme an Parteitagen

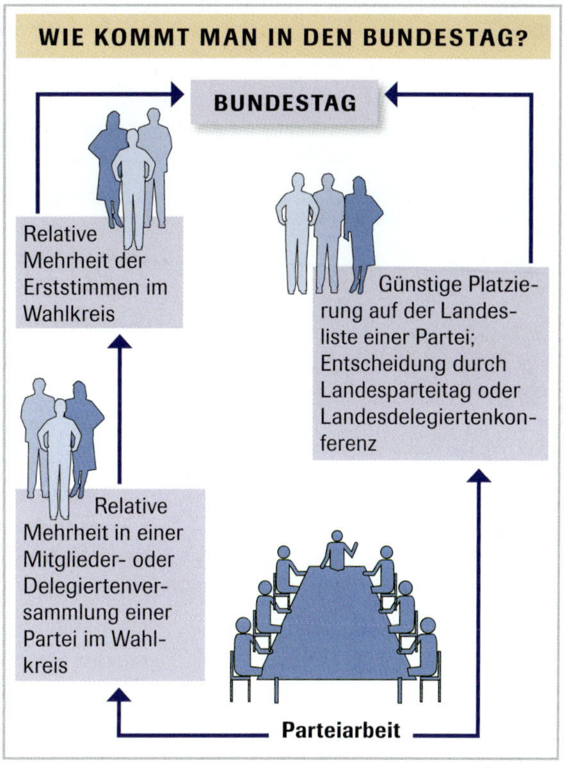

Ein Vergleich: Was wer verdient
Durchschnittliche Brutto-Monatsgehälter in Euro 2020 inkl. Sonderzahlungen, Prämien, Boni

Geschäftsführer/in	11.318
Kaufmännischer Leiter/in	9.435
Oberarzt/Oberärztin	8.401
Filialleiter/in (Bank)	6.952
Fondsmanager/in	6.105
Unternehmensberater/in	5.266
Rechtsanwalt/Rechtsanwältin	4.547
Lehrer/in (öffentliche Schule)	4.032
Automobilverkäufer/in	3.046
Elektroniker/in	2.880
Erzieher/in	2.500
Kfz-Mechatroniker/in	2.414
Altenpfleger/in	2.168

AUFGABEN

1. Finden Sie heraus,
   a) welche Abgeordneten Ihres Wahlkreises im Bundestag vertreten sind.
   b) wer die bzw. der in Ihrem Wahlkreis direkt gewählte Bundestagsabgeordnete ist.
2. Ergänzen Sie die Tabelle zu den Einkommen der verschiedenen Berufe um weitere, Ihnen bekannte Beispiele und beurteilen Sie, inwieweit Sie die Vergütungen für gerechtfertigt halten.
3. Listen Sie mögliche Kriterien auf, die für eine angemessene Bezahlung der Bundestagsabgeordneten sprechen.

Blickpunkt: *Gesetze bestimmen unser Leben. Sie schützen unsere Rechte und sind häufig kompliziert. Die Gesetzgebung ist die wichtigste Aufgabe des Bundestages.*

Reichstagsgebäude in Berlin – Sitz des Bundestages

Es wird unterschieden in
- **ausschließliche Gesetzgebung** (Artikel 71 GG), hier muss der Bundesrat nicht zustimmen; Beispiele: auswärtige Angelegenheiten, Verteidigung, Staatsangehörigkeit, Zoll- und Währungsfragen.
- **konkurrierende Gesetzgebung** (Artikel 72 GG), hier muss der Bundesrat zustimmen. Sie betrifft Gesetze die
  - verfassungsändernd sind, z.B. das Versammlungsrecht;
  - Finanzierungsfolgen für die Länder haben, z.B. Mehrwertsteuer, öffentliche Fürsorge, Sozialversicherung;
  - von Ländern ausgeführt werden müssen, also für welche die Länder haften, z.B. Verwaltungsvorschriften.

Rahmengesetzgebung des Bundes (Artikel 75 GG):
Sie betrifft Gesetze zur Herstellung gleichwertiger Lebensverhältnisse oder Wahrung der Rechts- und Wirtschaftseinheit in Deutschland, z.B. Hochschulrahmengesetz und Berufsbildungsgesetz.

4.3.4 Der Bundestag beschließt die Gesetze – die Legislative

Gesetze bestimmen unser Zusammenleben und sind verbindliche Richtlinien für öffentliche und private Angelegenheiten. Da in einer komplexen Gesellschaft vieles in Bewegung ist oder sich ändert, müssen auch die Gesetze daraufhin ausgerichtet werden. Neue Gesetze werden aber nicht einfach so verkündet, sondern weisen in der Demokratie eine vielschichtige Entstehungsgeschichte auf.

Der Werdegang eines Gesetzes:
- In der Regel werden die Vorlagen zu einem Gesetz (Referentenentwurf) in den zuständigen Ministerien erarbeitet. An diesem Ort sitzen die Fachleute, hier werden Informationen und Stellungnahmen ausgewertet, die Positionen mit den Ländern und den betroffenen Bereichen abgestimmt.
- Die Gesetzesvorlage wird innerhalb der Bundesregierung abgestimmt und beschlossen (von der Kabinettsvorlage zum Kabinettsentwurf).
- Der Kabinettsentwurf geht an den Bundesrat. Dieser ist aufgefordert, eine Stellungnahme zu erarbeiten.
- Der Kabinettsentwurf mit der Stellungnahme des Bundesrates und der anschließenden Stellungnahme der Bundesregierung wird dem Bundestag als Gesetzesvorlage zugeleitet.
- Gesetze werden vom Bundestag in drei Lesungen beraten und abgestimmt.
  - 1. Lesung: Eine Aussprache erfolgt im Bundestagsplenum nur bei strittigen Vorlagen, nämlich dann, wenn eine Partei für die Öffentlichkeit nochmals Position beziehen möchte. Die Vorlage wird anschließend an die entsprechenden Ausschüsse weitergegeben. In diesem Rahmen findet die eigentliche Detailarbeit statt. Die Beratung erfolgt unter Einbeziehung des speziellen Fachwissens von Wissenschaftlern und Verbandsvertretern. In öffentlichen Anhörungen machen sich die Abgeordneten sachkundig und vergleichen die Vorstellungen der verschiedenen Experten.
  - 2. Lesung: Der so überarbeitete Entwurf wird wieder dem Bundestag als Beschlussempfehlung übergeben, diskutiert und abgestimmt. Die Oppositionsparteien nehmen diese Station für Änderungsanträge wahr. Diese sind aber eher für die Öffentlichkeit gedacht, da sie in der Regel keine Mehrheit im Parlament hinter sich haben.
  - 3. Lesung: Sie erfolgt oft direkt im Anschluss an die 2. Lesung. Politiker aus den Fraktionsführungen beziehen nochmals grundsätzlich Position zu dem Gesetzesvorhaben. Auch dies ist mehr für die Öffentlichkeit gedacht, denn das Abstimmungsverhalten der Parlamentarier steht gewöhnlich fest. Danach erfolgt die Schlussabstimmung.
- Alle Gesetze müssen nach der dritten Lesung dem Bundesrat zur Überprüfung vorgelegt werden. Der Bundesrat kann zustimmen, dann geht das Gesetz an die Bundesregierung zur Ausfertigung und Verkündung weiter.
- Ist das Gesetz strittig, kann der Bundesrat den Vermittlungsausschuss anrufen. Kommt dieser zu keiner Einigung, unterscheidet sich das weitere Verfahren danach, ob das Gesetz zustimmungspflichtig (konkurrierend) oder nicht zustimmungspflichtig (ausschließlich) ist.
- Bei ausschließlichen Gesetzen kann der Bundestag – sollte es zu keiner Einigung im Vermittlungsausschuss kommen – einen Einspruch des Bundesrates überstimmen (Artikel 77(4) GG).

- Bei konkurrierenden Gesetzen ist ein Gesetz dann gescheitert, wenn es zu keiner Einigung im Vermittlungsausschuss kommt und der Bundesrat nicht zustimmt.
- Findet ein Gesetz die Zustimmung, wird es vom Bundeskanzler oder Minister gegengezeichnet und dem Bundespräsidenten zur Ausfertigung überreicht.
- Das Gesetz wird im Bundesgesetzblatt verkündet. Damit ist es wirksam.

HINWEIS
Weitere Informationen finden Sie im Internet unter:
www.bundestag.de

Ein Gesetz entsteht – vom Entwurf bis zur Verkündung im Bundesgesetzblatt

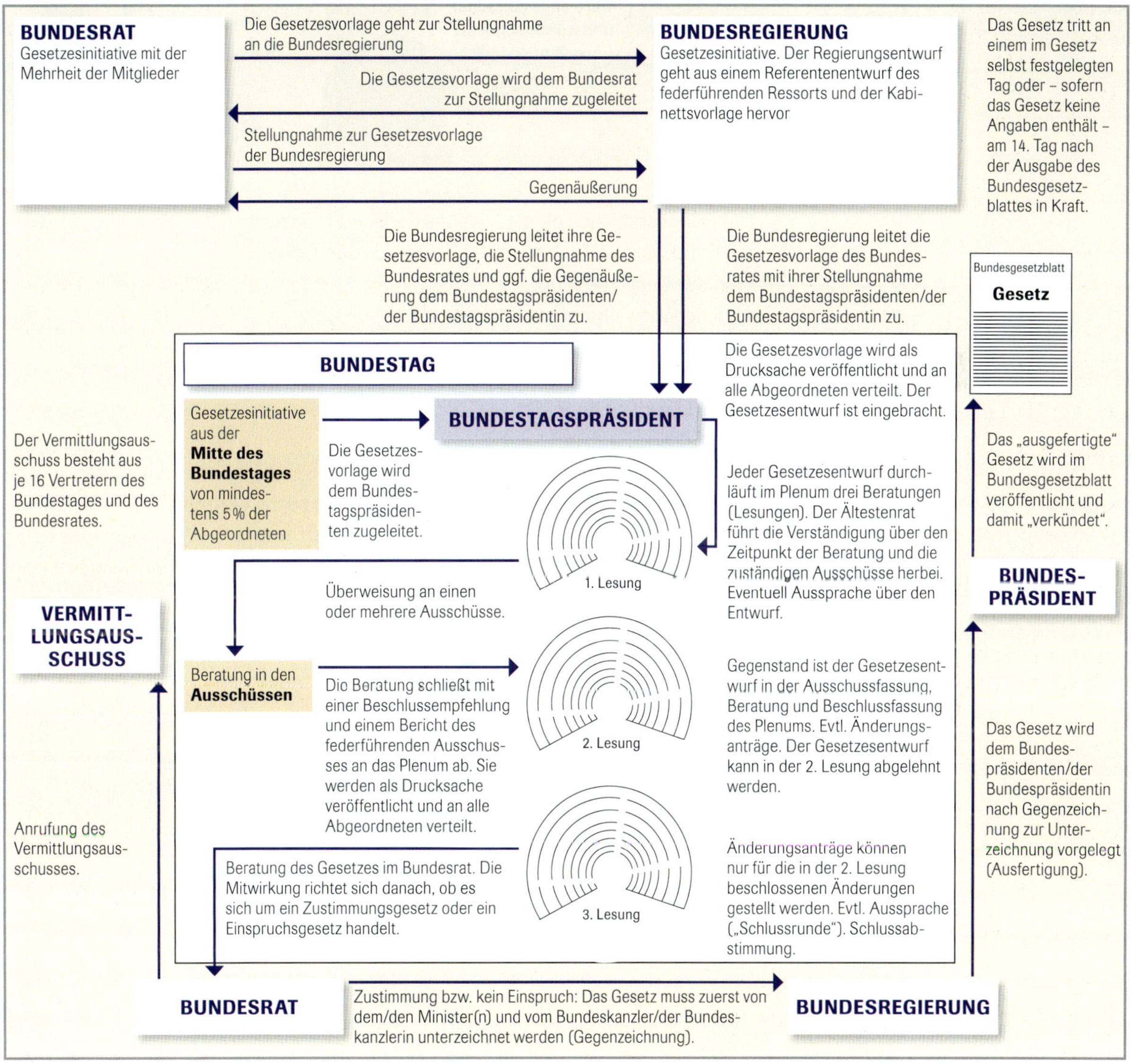

AUFGABEN

1. Nennen Sie die Beteiligten, die neben den Bundestagsabgeordneten an der Entstehung eines neuen Gesetzes mitwirken.
2. Erläutern Sie, wie sich die Abgeordneten bei der Diskussion neuer Gesetze sachkundig machen.
3. Der Werdegang eines Gesetzes ist sehr langwierig und kompliziert. Listen Sie Gründe auf, die für solch einen komplexen Prozess sprechen.

4.3.5 Der Bundesrat – die Vertretung der Bundesländer

Das ehemalige Preußische Herrenhaus in Berlin – Sitz des Bundesrates

Der Bundesrat, auch oft als „zweites Parlament“ bezeichnet, ist ein weiteres oberstes Bundesorgan. In ihm wirken die Bundesländer mit

- bei der Gesetzgebung,
- bei der Verwaltung des Bundes und
- in Angelegenheiten der Europäischen Union.

Er ist das deutlichste Kennzeichen für den föderalen Aufbau des politischen Systems in Deutschland.

HINWEIS
Weitere Informationen finden Sie im Internet unter:
www.bundesrat.de

Der Bundesrat besteht aus 69 Mitgliedern. Die 16 Bundesländer entsenden je nach der Größe der Einwohnerzahl zwischen drei und sechs Vertreter in den Bundesrat. So hat beispielsweise Mecklenburg-Vorpommern, obwohl ein großflächiges Land, durch die Höhe seiner Einwohnerzahl genauso viele Vertreter im Bundesrat wie Hamburg oder Bremen.

Die Vertreter der Länder sind Mitglieder der jeweiligen Landesregierung. Die Ministerpräsidenten der Länder sind automatisch Mitglied im Bundesrat, ebenso die Landesminister für Bundesangelegenheiten und die Fachminister.

Der Präsident des Bundesrates wird im festen Turnus jeweils für ein Jahr aus den Reihen der Ministerpräsidenten gewählt. Er ist auch der Stellvertreter des Bundespräsidenten. Der Bundesratspräsident bekleidet somit das zweithöchste Staatsamt in Deutschland.

Der Bundesrat kennt keine Wahlperioden, sondern kontinuierliche Sitzungen. Er tagt alle drei Wochen im Plenum. Beschlüsse werden mit der Stimmenmehrheit gefasst. Die Entscheidungshaltung der einzelnen Länder wird vorher festgelegt. Die Länder geben ihre Stimmen geschlossen ab.

Die Hauptarbeit erfolgt in den Ausschüssen. Hier werden die Beschlussvorlagen für das Plenum vorbereitet. Der Bundesrat hat 16 Fachausschüsse, in die jedes Land ein Mitglied entsendet und bei Abstimmungen auch nur eine Stimme hat. Ausschussmitglieder sind die jeweiligen Fachminister oder deren Vertreter.

Die Interessenvertretung und Kontrollfunktion des Bundesrates

Fast alle wichtigen Gesetze sind ohne Zustimmung des Bundesrates nicht gültig. Insofern besitzt der Bundesrat eine entscheidende Veto-Position. Über sie kann er Einfluss auf den Bundestag und die Bundesregierung ausüben. Dies hat sich auch nach der Föderalismusreform nicht wesentlich geändert (siehe hierzu Abschnitt 4.1.3).

Der Bundesrat bringt im Interesse der Länder beim Gesetzgebungsverfahren eine Reihe von Änderungswünschen ein – mit stetem Blick darauf, dass die Kompetenzen der Länder und ihre Belastbarkeit genügend berücksichtigt werden.

Die Mehrheitsverhältnisse können im Bundesrat andere sein als im Bundestag. Die Opposition hat dann die Chance, über die Mitwirkungsmöglichkeiten des Bundesrates nochmals Einfluss auf die Ausgestaltung von Gesetzen zu nehmen. Bei politisch besonders strittigen Gesetzesvorlagen versucht man über den Vermittlungsausschuss zu einem Kompromiss zu gelangen (siehe Abschnitt 4.3.4).
Über die Mitwirkung des Bundesrates bei der Gesetzgebung kommt nochmals zusätzlicher Sachverstand zum Zuge.

Plenarsaal des Bundesrates

Das Herzstück der parlamentarischen Tätigkeit im Bundesrat ist die **Arbeit in den Ausschüssen**. Der Bundesrat verfügt über 16 Ausschüsse. Die Aufgabenverteilung entspricht im Wesentlichen der Zuständigkeitsverteilung der Bundesministerien:

- Agrarausschuss
- Ausschuss für Arbeit und Sozialpolitik
- Ausschuss für Auswärtige Angelegenheiten
- Ausschuss für Fragen der Europäischen Union
- Ausschuss für Familie und Senioren
- Finanzausschuss
- Ausschuss für Frauen und Jugend
- Gesundheitsausschuss
- Ausschuss für Innere Angelegenheiten
- Ausschuss für Kulturfragen
- Rechtsausschuss
- Ausschuss für Umwelt, Naturschutz und Reaktorsicherheit
- Ausschuss für Verkehr
- Ausschuss für Verteidigung
- Wirtschaftsausschuss
- Ausschuss für Städtebau, Wohnungswesen und Raumordnung

AUFGABEN

1. Die Mitglieder des Bundesrates sind Minister der Länderregierungen. Legen Sie dar, ob der Bundesrat somit eher der Legislative (Gesetzgebung) oder eher der Exekutive (ausführende Gewalt) zuzurechnen ist. Beachten Sie zur Beantwortung dieser Aufgabe auch Abschnitt 4.3.4.
2. Auch der Bundesrat wirkt an der Gesetzgebung mit. Beschreiben Sie, wie viele Stationen ein Gesetzesentwurf durchläuft, bevor er vom Bundespräsidenten/der Bundespräsidentin unterschrieben und verkündet wird. Weitere Informationen finden Sie in Abschnitt 4.3.4.
3. Erläutern Sie, warum es für den Bundesrat keine Wahlperioden gibt, sich seine politische Zusammensetzung aber trotzdem häufig verändern kann.
4. Betrachten Sie die Zeichnung am Anfang des Abschnitts und erläutern Sie, warum der Bundesrat ein wichtiger Bestandteil unseres föderalen Systems ist.

Blickpunkt: *Hüter der Verfassung: das Bundesverfassungsgericht in Karlsruhe.*

Mitglieder eines Senats des Bundesverfassungsgerichts

Das Bundesverfassungsgericht erklärt seine Aufgabenstellung auf seiner Homepage so:

Das Bundesverfassungsgericht in Karlsruhe wacht über die Einhaltung des Grundgesetzes für die Bundesrepublik Deutschland. Seit seiner Gründung im Jahr 1951 hat das Gericht dazu beigetragen, der freiheitlich demokratischen Grundordnung Ansehen und Wirkung zu verschaffen. Das gilt vor allem für die Durchsetzung der Grundrechte.

Zur Beachtung des Grundgesetzes sind alle staatlichen Stellen verpflichtet. Kommt es dabei zum Streit, kann das Bundesverfassungsgericht angerufen werden. Seine Entscheidung ist unanfechtbar. An seine Rechtsprechung sind alle übrigen Staatsorgane gebunden.

Die Arbeit des Bundesverfassungsgerichts hat auch politische Wirkung. Das wird besonders deutlich, wenn das Gericht ein Gesetz für verfassungswidrig erklärt. Das Gericht ist aber kein politisches Organ. Sein Maßstab ist allein das Grundgesetz. Fragen der politischen Zweckmäßigkeit dürfen für das Gericht keine Rolle spielen. Es bestimmt nur den verfassungsrechtlichen Rahmen des politischen Entscheidungsspielraums. Die Begrenzung staatlicher Macht ist ein Kennzeichen des Rechtsstaats.

(aus: www.bundesverfassungsgericht.de, 2018)

4.3.6 Das Bundesverfassungsgericht – die Judikative

Das Bundesverfassungsgericht (BVG) ist das oberste deutsche Verfassungsorgan und hat seinen Sitz in Karlsruhe. Es ist ein allen anderen Verfassungsorganen gegenüber selbstständiger und unabhängiger Gerichtshof des Bundes. Als „Hüter der Verfassung" kann es die Gesetzgebung, die Handlungen von Regierung und Verwaltung sowie die Entscheidungen von Gerichten auf ihre Verfassungsmäßigkeit überprüfen. Gleichzeitig interpretiert es bei dieser Überprüfung – für alle rechtsverbindlich – die Verfassung. Es entscheidet aber ausschließlich nur verfassungsrechtliche Streitfragen. Alle anderen Rechtsstreitigkeiten verbleiben bei den ordentlichen und besonderen Gerichten.

Das Bundesverfassungsgericht wird nicht von sich aus aktiv, sondern muss von einer Person oder Institution angerufen werden. Da Gesetze nicht immer eindeutig sind, sind auch Auslegungen innerhalb des Bundesverfassungsgerichts umstritten. Auch wenn ein Urteil nicht einhellig zustande gekommen ist, wird es dennoch von allen als bindend akzeptiert.

© Bergmoser + Höller Verlag AG

Alle Bürger haben grundsätzlich das Recht, gegen Entscheidungen des Staates zu klagen. Jeder kann durch eine Verfassungsbeschwerde versuchen, seine Grundrechte durchzusetzen. Dabei müssen jedoch bestimmte Verfahrensregeln eingehalten werden.

Verfassungsbeschwerden dürfen nur schriftlich eingereicht werden. Dabei muss die Bürgerin bzw. der Bürger zunächst bei den normalen Gerichten Klage einreichen. Sind die dort gefällten Urteile nicht in seinem Sinne, bleibt ihm als letzte Möglichkeit die Klage vor dem Bundesverfassungsgericht. In besonderen Fällen darf auch sofort beim Bundesverfassungsgericht Klage eingereicht werden.

AUFGABE

Die Richterinnen und Richter des Bundesverfassungsgerichts werden von den Politikern aus Bundesrat und Bundestag für zwölf Jahre gewählt. Diskutieren Sie, wie unabhängig diese dann urteilen können.

4.3.7 Der Bundespräsident – oberster Repräsentant Deutschlands

Schloss Bellevue in Berlin – Sitz des Bundespräsidenten

Bei der Gründung der Bundesrepublik Deutschland wurde die Macht des Bundespräsidenten bewusst geschwächt. Grund hierfür waren die negativen Erfahrungen aus der Zeit der Weimarer Republik, als der Reichspräsident noch über weitreichende politische Kompetenzen verfügte (siehe Abschnitt 3.2.1).

Der Bundespräsident ist zwar das Staatsoberhaupt der Bundesrepublik Deutschland, die Verfassung hat ihm aber eine repräsentative Rolle zugewiesen. Seine politischen Einflussmöglichkeiten sind gering, sodass seine Funktion eher mit der der Königin von Großbritannien oder der des Königs von Schweden vergleichbar ist.

Der Bundespräsident ist der oberste Repräsentant Deutschlands. Er greift nicht in die aktuelle Tagespolitik ein, sondern nimmt in seinen Reden eher zu grundsätzlichen Fragen des gesellschaftlichen Zusammenlebens Stellung.
Es wird von ihm erwartet, dass er sich nicht wie ein Parteipolitiker verhält, sondern sich als überparteilicher Präsident aller Deutschen versteht. Ein Bundespräsident hat deshalb auch keine Ämter in seiner Partei.

© Bergmoser + Höller Verlag AG

Bei der Wahrnehmung seiner Aufgaben ist der Bundespräsident den Vorgaben der anderen Verfassungsorgane verpflichtet. In Extremfällen kann er sich weigern, Gesetze zu unterschreiben oder Minister zu ernennen.

Im Verlauf der über 70-jährigen Geschichte der Bundesrepublik Deutschland wurde bisher noch keine Frau in das höchste Staatsamt gewählt.

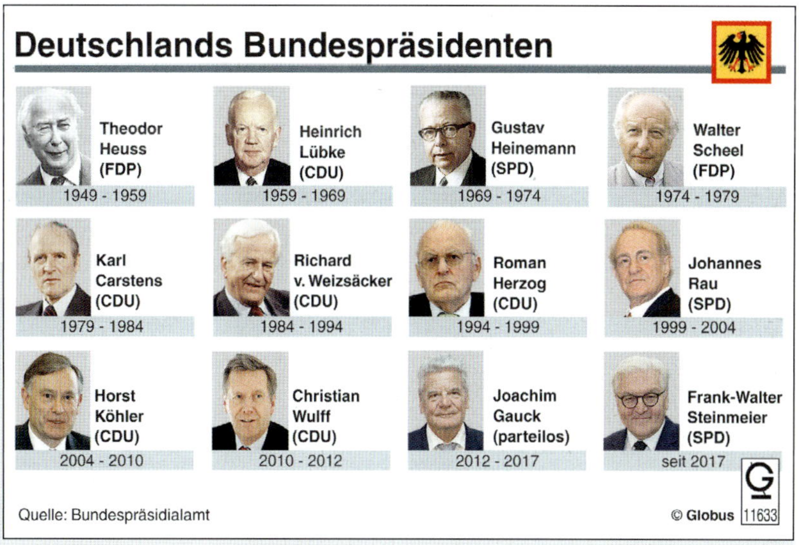

AUFGABEN

1. Listen Sie Gründe auf, die für die Rolle des Bundespräsidenten als überparteilicher Präsident aller Deutschen sprechen.
2. Vergleichen Sie die politische Macht des Bundespräsidenten mit der des Bundeskanzlers anhand der folgenden Beispiele und stellen Sie die Unterschiede in einer Tabelle stichpunktartig gegenüber:
   - Einfluss auf neue Gesetze oder Gesetzesveränderungen,
   - Einfluss auf aktuelle, tagespolitische Diskussionen,
   - Einfluss auf die Zusammensetzung der Regierung,
   - Handlungsmöglichkeiten bei plötzlich auftretenden Notsituationen (z. B. Hochwasserkatastrophen),
   - Einfluss auf den vom Bundestag zu verabschiedenden Haushalt.

Blickpunkt: *Das Machtzentrum in Deutschland ist das Bundeskanzleramt. Hier steuert die Bundeskanzlerin mit ihrem Team die Regierungspolitik.*

Sitz der Bundesregierung – das Bundeskanzleramt in Berlin

4.3.8 Das Zentrum der Macht – die Bundesregierung

Die Bundesregierung ist die oberste vollziehende Gewalt (Exekutive) der Bundesrepublik Deutschland. Sie leitet die gesamte Innen- und Außenpolitik Deutschlands. Ihr sind alle Bundesministerien und Bundesbehörden unterstellt.

Der **Bundeskanzler** (seit 2005 erstmalig in der deutschen Geschichte: die **Bundeskanzlerin**) hat in der Bundesregierung eine herausragende Stellung. Als einziges Mitglied der Regierung wird sie/er vom Bundestag gewählt. Sie/er kann im Bundestag den Antrag stellen, ihm das Vertrauen auszusprechen, und bei Ablehnung der Vertrauensfrage Neuwahlen herbeiführen. Er selbst kann in einer Wahlperiode nur durch ein konstruktives Misstrauensvotum (siehe rechte Randspalte) abgewählt werden. Der Bundeskanzler/ die Bundeskanzlerin hat das Recht, dem Bundespräsidenten Minister und Ministerinnen zur Ernennung, aber auch zur Entlassung vorzuschlagen. Die wichtigste Befugnis aber ist die **Richtlinienkompetenz**. Nach Artikel 65 des Grundgesetzes übernimmt der Bundeskanzler die Führungsrolle in der Bundesregierung. Sie/er gibt der Regierung die Richtung der Politik vor. Dabei kann sie/er auch einzelnen Ministern Anweisungen erteilen. Es ist nicht möglich, sie/ihn mit einer Mehrheit im Bundeskabinett zu überstimmen.
Insbesondere in einer Koalitionsregierung muss der Kanzler natürlich auf die – zwischen den Regierungsparteien ausgehandelten – Koalitionsverträge Rücksicht nehmen. Vizekanzler ist in der Regel ein Mitglied des Koalitionspartners.

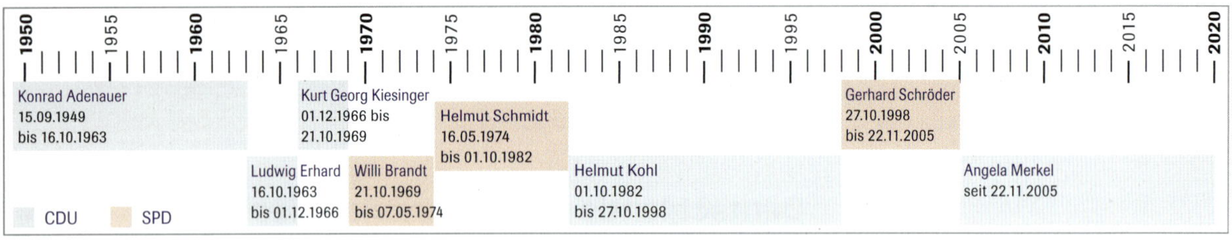

Koalitionsregierung: Verbindung selbstständiger Parteien zur gemeinsamen Führung einer Regierung, die so die Mehrheit im Parlament aufweist

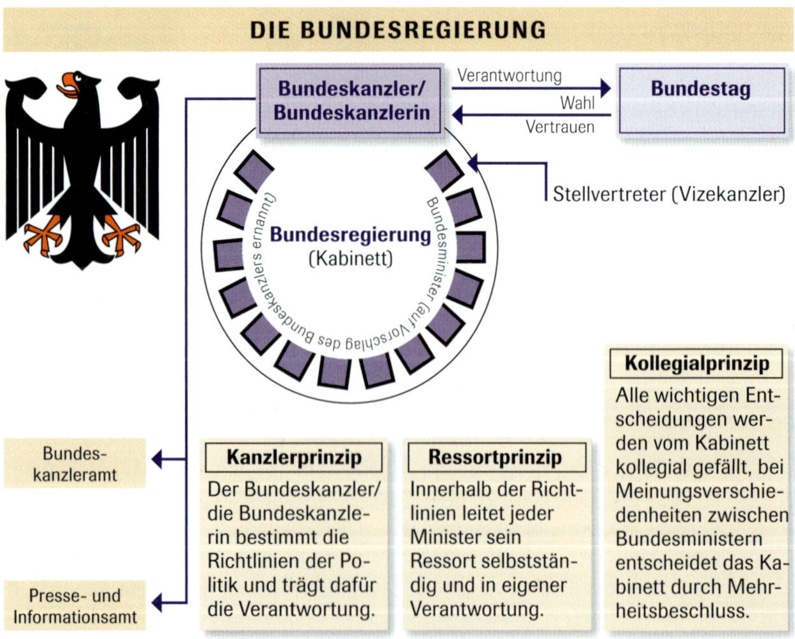

Die Wahl der Bundesregierung erfolgt in zwei Schritten:

1. Nach der Bundestagswahl beabsichtigt eine oder beabsichtigen mehrere im Bundestag vertretene Parteien die Regierungsbildung. Sie schlagen dem Bundespräsidenten einen Kandidaten für die Wahl zum Bundeskanzler vor. Der Bundespräsident hat dann die Möglichkeit, diesen abzulehnen. Im Normalfall schlägt der Bundespräsident nun dem Bundestag den Kandidaten zur Wahl zum Bundeskanzler vor. Der Bundestag wählt mit seiner Mehrheit den neuen Bundeskanzler, der daraufhin vom Bundespräsidenten ernannt wird.
2. Der Bundeskanzler schlägt dem Bundespräsidenten die Ernennung der Minister und Ministerinnen vor. Der Bundespräsident ernennt diese dann. Tritt ein Bundeskanzler zurück, müssen auch die Minister und Ministerinnen entlassen werden. Die Amtsdauer einer Bundesregierung endet spätestens mit dem Zusammentritt des nächsten neu gewählten Bundestages.

Angela Merkel (*1954): deutsche Bundeskanzlerin

Die Arbeit der Bundesregierung

Die Organisation und die Arbeit der Bundesregierung sind durch drei Grundsätze bestimmt (Artikel 64 Grundgesetz):

- Das **Kanzlerprinzip:** Der Bundeskanzler/die Bundeskanzlerin entscheidet letztlich die Richtung der Politik und ist für sie verantwortlich.
- Das **Ressortprinzip:** Die Bundesminister entscheiden selbstständig und eigenverantwortlich über die Arbeit ihrer Ministerien.
- Das **Kollegialprinzip:** Meinungsverschiedenheiten zwischen den Bundesministern und politische Zielkonflikte werden im Bundeskabinett besprochen und geklärt. Grundsätzlichere Meinungsverschiedenheiten können bei Koalitionsregierungen auch in einer erweiterten Koalitionsrunde erörtert werden. Die Fraktionsvorsitzenden und einflussreiche Abgeordnete werden dann zur Kabinettssitzung hinzugezogen.

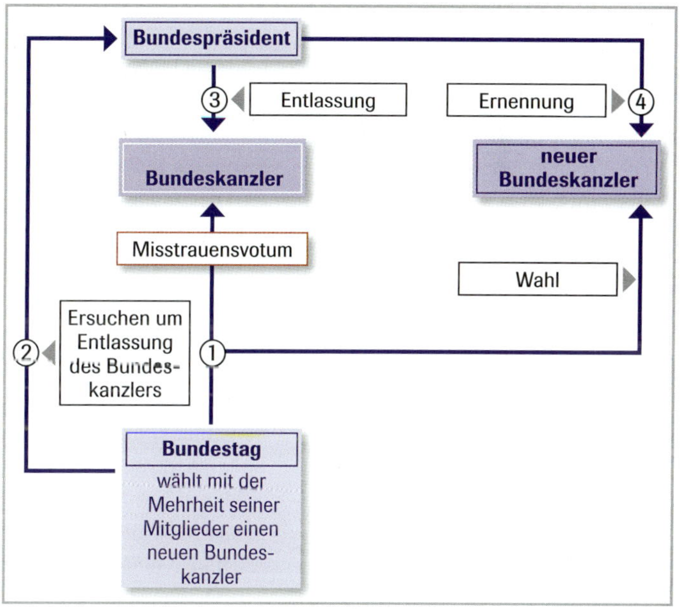

Misstrauensvotum: Mehrheitsbeschluss des Parlaments, der der Regierung, dem Regierungschef oder einem Minister das Vertrauen entzieht und damit den Rücktritt erzwingt. Wird kein Nachfolger genannt, spricht man von einem **destruktiven Misstrauensvotum**. In der Bundesrepublik Deutschland ist nur das **konstruktive Misstrauensvotum** gegenüber dem Bundeskanzler vorgesehen (Artikel 67 GG). Hierbei kann der Bundestag dem Bundeskanzler das Misstrauen nur dadurch aussprechen, dass er mit der Mehrheit seiner Mitglieder einen Nachfolger wählt. Vor dem Votum muss ein Misstrauensantrag gestellt werden.

AUFGABEN

1. Legen Sie dar, was den Bundeskanzler über seine Ministerkollegen hinaushebt. Stellen Sie die Aufgaben und die Kompetenzen des Bundeskanzlers und die der Minister gegenüber.
2. Erläutern Sie, wie ein regierender Bundeskanzler abgewählt werden kann. Verfassen Sie hierzu eine schriftliche Darstellung über den Verlauf einer Abwahl durch das konstruktive Misstrauensvotum.
3. Informieren Sie sich über die aktuelle Zusammensetzung der Bundesregierung und führen Sie auf, welche Personen welche Ministerposten innehaben.
4. Im Internet können Sie Informationen über alle Bundeskanzler der Bundesrepublik Deutschland erhalten. Erstellen Sie ein Informationsblatt zu den Bundeskanzlern, auf dem Sie neben der Regierungszeit auch die Parteizugehörigkeit und einige wichtige persönliche Daten zusammentragen.

4.3.9 Massenmedien – die vierte Gewalt

Blickpunkt: *Max will immer auf dem Laufenden sein, wenn es um aktuelle Themen geht. Damit er keine wichtigen Neuigkeiten verpasst, nutzt er neben Tageszeitung, Fernsehen und Radio auch regelmäßig das Internet – dank seines Smartphones gerne auch mal unterwegs.*

Die Meinungs-, Informations- und Pressefreiheit ist eine wesentliche Grundlage der Demokratie. In den Verfassungen und den Pressegesetzen der Bundesländer wird diese Freiheit garantiert.

Fünf wichtige Aufgaben von Presse, Funk, Fernsehen und Internet

- **Information:** Die Bürgerinnen und Bürger wollen sachlich richtig, vollständig und verständlich informiert werden. Die Massenmedien versetzen die Bevölkerung in die Lage, das aktuelle, öffentliche Geschehen verfolgen zu können.
- **Mitwirkung bei der Meinungsbildung:** Im Vordergrund steht die Aufgabe der Massenmedien, politische, wirtschaftliche und kulturelle Probleme und deren Lösungsvorschläge öffentlich zu diskutieren. Die Bürgerinnen und Bürger sollen sich so umfassend informieren und sich ihre Meinung bilden können.
- **Kontrolle und Kritik:** Wie die parlamentarische Opposition, so übernimmt auch die Presse die wichtige Aufgabe der Kontrolle und der Kritik an den Regierenden. Presse, Funk und Fernsehen sollen Missstände aufspüren, darüber berichten, unterschiedliche Sichtweisen zu aktuellen Themen darstellen und Fakten kommentieren.
- **Unterhaltung:** Für viele ist der Unterhaltungswert der Massenmedien von vorrangiger Bedeutung. Dabei wird insbesondere bei den Privatsendern der Erfolg von Beiträgen an den Einschaltquoten gemessen. Als Folge werden oftmals kritische und informative Sendungen mit Bildungsanspruch aus dem Programm gestrichen, da sie keine hohen Einschaltquoten bringen.
- **Bildung:** Die Grenzen von Information, Unterhaltung und Bildung sind – beispielsweise im Fernsehen – oft fließend. Gut gemachte Sendungen über die Situationen in anderen Ländern sind
  - politische Information,
  - zum Nachdenken anregende Unterhaltung,
  - ein Beitrag zur Meinungsbildung,
  - fördern aber auch die Bildung im Allgemeinen.

Wie intensiv der Einzelne die umfangreichen Möglichkeiten der Massenmedien nutzt, hängt im Wesentlichen von den jeweiligen Interessen, den finanziellen und technischen Möglichkeiten, aber auch vom Bildungsniveau ab. In seiner Meinungsbildung ist der Bürger aber auch davon abhängig, welche Auswahl an Informationen die Medien anbieten.

Anforderungen an guten Journalismus

In den Pressegesetzen der Bundesländer werden die Journalisten zu wahrheitsgemäßer und umfassender Berichterstattung verpflichtet. Sie sollen ihre Informationsquellen überprüfen und Nachrichten mit Fakten und Zahlen ergänzen. Gleichzeitig sind sie angehalten, auch gegenteilige Darstellungen auszuwerten und die zum Teil widersprüchlichen Nachrichten angemessen zu präsentieren.

Artikel 5 Grundgesetz (Meinungs-, Informations-, Pressefreiheit; Kunst und Wissenschaft)

(1) Jeder hat das Recht, seine Meinung in Wort, Schrift und Bild frei zu äußern und zu verbreiten und sich aus allgemein zugänglichen Quellen ungehindert zu unterrichten. Die Pressefreiheit und die Freiheit der Berichterstattung durch Rundfunk und Film werden gewährleistet. Eine Zensur findet nicht statt.

(2) Diese Rechte finden ihre Schranken in den Vorschriften der allgemeinen Gesetze, den gesetzlichen Bestimmungen zum Schutze der Jugend und in dem Recht der persönlichen Ehre.

Nachrichtenagenturen haben ihre Berichterstatter an allen wichtigen Orten in der Welt platziert. Die Informationen dieser Berichterstatter werden gesammelt, bearbeitet und an die Redaktionen verkauft.

Pressestellen werden von Parteien, Kirchen, Vereinen, Verbänden oder Unternehmen eingerichtet. Sie geben Pressemitteilungen heraus, in denen ihre Sicht der Dinge dargestellt wird.

Kommunikationskanäle

Je nachdem, in welcher Form die Botschaft an die jeweilige Zielgruppe gesendet wird, unterscheidet man zwischen:

Massenkommunikation	Individualkommunikation
Presse, Funk, Fernsehen und Internet werden als Massenmedien bezeichnet. Sie wenden sich anonym an die breite Masse und präsentieren dem Publikum die neuesten Nachrichten.	Neuere Informationsmöglichkeiten, z. B. das Internet, wenden sich nicht anonym an die Massen. Der einzelne Bürger hat hier, je nach Interessenlage, die Möglichkeit, sich gezielt zu informieren.

Die tägliche Informationsflut – vom Ereignis zur Nachricht

In den Redaktionen der Zeitungen, Onlinemedien, Rundfunk- und Fernsehanstalten gehen täglich unzählige Informationen von Nachrichtenagenturen und Pressestellen ein. Die Masse an Information wird gefiltert, aussortiert, bewertet und bearbeitet. Wie umfangreich beispielsweise ein Zeitungsartikel ist, hängt auch von der Qualität und dem Anspruch einer Zeitung ab. Boulevardzeitungen berichten in der Regel knapper als überregionale Tageszeitungen (Qualitätszeitungen). Die einzelnen Redaktionen entscheiden, was beim Leser, Hörer oder Zuschauer ankommt, und sortieren, je nach Interessenlage, nochmals aus.

VOM EREIGNIS ZUR NACHRICHT

Ereignisse, Vorgänge, Erklärungen von Pressestellen, von Staat, Wirtschaft und Verbänden

werden wahrgenommen

Filter 1: Korrespondenten, Informanten

wählen aus und geben weiter

Filter 2: Nachrichtenagenturen
(internationale – nationale – regionale)
dpa = Deutsche Presseagentur GmbH
dapd = dapd Nachrichtenagentur GmbH
Thomson Reuters = Thomson Reuters Deutschland GmbH Frankfurt

wählen aus und geben weiter

Filter 3: Presse, Onlinemedien, Funk- und Fernsehanstalten
überregionale, regionale und lokale Presse, Onlinemedien, Funk- und Fernsehanstalten, Partei-, Verbands-, Fachpresse

wählen aus und geben weiter

Filter 4: Empfänger
von Nachrichten, Meldungen, Berichten, Kommentaren, Bildern = der Leser, Hörer, Zuschauer, aber auch der „Nichthin-" und der „Weg-Schauer"

Auszug aus dem Pressegesetz für Nordrhein-Westfalen

§ 1 Freiheit der Presse
(1) Die Presse ist frei. Sie ist der freiheitlichen demokratischen Grundordnung verpflichtet.

§ 3 Öffentliche Aufgabe der Presse
Die Presse erfüllt eine öffentliche Aufgabe insbesondere dadurch, dass sie Nachrichten beschafft und verbreitet, Stellung nimmt, Kritik übt oder auf andere Weise an der Meinungsbildung mitwirkt.

§ 6 Sorgfaltspflicht der Presse
Die Presse hat alle Nachrichten vor ihrer Verbreitung mit der nach den Umständen gebotenen Sorgfalt auf Inhalt, Herkunft und Wahrheit zu prüfen. Die Verpflichtung, Druckwerke von strafbarem Inhalt freizuhalten (§ 21 Abs. 2), bleibt unberührt.

Boulevardzeitungen sind Tageszeitungen, die direkt an der Straße (Boulevard) verkauft werden. Die bekannteste Boulevardzeitung in Deutschland ist die „Bild-Zeitung".

Qualitätszeitungen sind Tageszeitungen mit einem hohen Informationsgehalt und einer ausführlichen Berichterstattung. Bekannte Beispiele sind „Tagesspiegel", „Frankfurter Allgemeine Zeitung", „Frankfurter Rundschau", „Süddeutsche Zeitung".

AUFGABEN

1. a) Nehmen Sie einen sehr ausführlichen aktuellen Zeitungsartikel aus einer heimischen Zeitung. Verkürzen Sie diesen Artikel auf die Hälfte und verändern Sie die Überschrift. Verkürzen Sie diesen Artikel nun wieder um die Hälfte und verändern Sie erneut die Überschrift.
   b) Bewerten Sie nun den unterschiedlichen Informationsgehalt der drei Artikel. Was fällt Ihnen auf?
2. Listen Sie auf,
   a) aus welchen Informationsquellen Sie sich über Politik und Wirtschaft informieren und
   b) welche Informationsquellen Ihnen insgesamt zur Verfügung stehen.

Von **Medienkonzentration** spricht man dann, wenn immer mehr Verlage und Sender sich in den Händen von immer weniger Eigentümern befinden.
Der Konzentrationsprozess in der Medienbranche setzt sich in den letzten Jahren verstärkt fort. Die schwierige wirtschaftliche Lage, insbesondere bei den Qualitätszeitungen, fördert den Zusammenschluss der Medienunternehmen. Dadurch verlieren die Medien zunehmend an Selbstständigkeit, was im schlimmsten Fall zu Qualitätseinbußen und mangelnder Meinungsvielfalt führt.

Was sind Fake News?
Fake-News setzt sich aus zwei Begriffen zusammen. „Fake" heißt „gefälscht" und „news" heißt „Nachrichten". Es sind also gefälschte Nachrichten. Mit reißerischen Schlagzeilen, gefälschten Bildern und Behauptungen werden so Lügen und Propaganda verbreitet. Fake News erwecken den Eindruck, dass es sich um echte Nachrichten handelt.

Wieso gibt es Fake News?
Fake News sollen Menschen beeindrucken. Die Leser sollen die Fake News anklicken, liken und weiterleiten. Dadurch wird Geld verdient. Kriminelle nutzen Fake News für Betrügereien.

Gefährliche Fake News
[...] Fake News werden auch zur politischen Hetze eingesetzt. Falsche Behauptungen, erfundene Skandale sollen die Glaubwürdigkeit von Politikerinnen und Politikern erschüttern. In einem Wahlkampf ist das besonders gefährlich. Denn im Wahlkampf wollen die Menschen – wie sonst auch – ernsthaft und korrekt informiert werden. Politiker sind also darauf angewiesen, dass die Menschen ihnen glauben. Mit Fake News aber werden falsche Dinge behauptet. Es soll Stimmung gemacht werden. Menschen werden manipuliert.

(aus: Schneider, Gerd/Toyka-Seid, Christiane (2020): *Das junge Politik-Lexikon von www.hanisauland.de,* Bonn: Bundeszentrale für politische Bildung, 2020.)

Wie Meinung gemacht werden kann

Was letztendlich in den Nachrichten erscheint, ist oftmals schon verändert worden. Nicht jeder Journalist kann so schreiben, wie er es für richtig hält. Manipulationen und Veränderungen, politische Ausrichtung und der Versuch, der Bevölkerung eine bestimmte Meinung zu übermitteln, sind leicht möglich.
Im Folgenden finden Sie einige Beispiele dafür, wie auf die Art der Darstellung Einfluss genommen werden kann:

- **Staatliche Institutionen greifen ein**
  In Diktaturen reglementieren staatliche Stellen die Presse.
  Beispiel China: In der Volksrepublik China unterliegen alle Medien der Pflicht, die politischen Ziele der Kommunistischen Partei zu unterstützen. Sämtliche Presseinhalte werden nach Möglichkeit durch die Propagandaabteilung der Staatspartei kontrolliert und zensiert. Auch das Internet wird stark überwacht und unterliegt ebenfalls einer strengen Zensur. Immer wieder kommt es zu Verhaftungen von Kritikern und Andersdenkenden.

- **Der Eigentümer einer Nachrichtenagentur greift ein**
  In einer Demokratie garantiert die Freiheit der Presse eine verlässlichere Berichterstattung. Aber auch hier unterliegen die Journalisten oft einer Kontrolle. Besonders in Krisenzeiten laufen große Nachrichtenagenturen Gefahr, zu sehr die Interessen ihrer Regierung in den Vordergrund zu stellen. Im Unterschied zu totalitären Regimen nehmen staatliche Stellen in Demokratien keinen direkten Einfluss. Entscheidenden Einfluss können aber die Eigentümer von Nachrichtenagenturen auf die ihnen vertraglich verpflichteten Reporter nehmen.
  Beispiel CNN: Der US-Fernsehsender CNN hat ein eigenes System der Skript-Genehmigung. Reporter sind angewiesen, ihre Beiträge vor der Veröffentlichung zur Genehmigung vorzulegen:

Wie dieses [...] System funktioniert, zeigt eine Auseinandersetzung zwischen dem CNN-Reporter Michael Holmes und seinen Chefs in Atlanta. Es ging um eine Reportage über Ambulanzfahrer des Roten Kreuzes in Ramallah, die wiederholt von israelischen Truppen unter Beschuss genommen worden waren. Holmes beschwerte sich: „Wir riskierten unser Leben und begleiteten die Ambulanzfahrer [...] Wir haben auch durch das Fenster mitbekommen, wie Ambulanzen von israelischen Soldaten beschossen wurden [...] Die Reportage wurde genehmigt und lief zwei Mal auf Sendung, bis sie von Rick Davis (einem CNN-Manager) abgesetzt wurde, angeblich weil wir keine Stellungnahme der israelischen Armee dazu hatten. Tatsächlich aber hatten wir in unserer Reportage angegeben, dass die Israelis glaubten, die Palästinenser würden Waffen und gesuchte Männer in den Ambulanzen schmuggeln."
Zuvor hatten sich die Israelis geweigert, CNN ein Interview zu geben. Nur eine schriftliche Stellungnahme lag vor. Diese Stellungnahme wurde dann nachträglich in das CNN-Manuskript eingearbeitet, und trotzdem kam aus Atlanta erneut eine Ablehnung. Erst drei Tage später, nachdem die israelische Armee CNN ein Interview gegeben hatte, lief Holmes' Reportage wieder auf Sendung – aber dann mit dem wahrheitswidrigen Zusatz, dass die Ambulanzen in ein „Kreuzfeuer" verwickelt waren. Suggeriert wurde, dass auch Palästinenser auf ihre Ambulanzen gefeuert hätten.

(aus: Robert Fisk, Propaganda aus Atlanta – Das Zensursystem des US-Fernsehsenders CNN, 07.03.2003, in: der Freitag, www.freitag.de/2003/11/03110401.php)

- **Geldgeber und Besitzer greifen ein**
  Zeitungsverlage und Rundfunk- und Fernsehsender, insbesondere Privatsender, sind oft wirtschaftlich und finanziell abhängig von den Verkaufszahlen und den Einschaltquoten sowie den Aufträgen für Werbespots und Anzeigen. Sie haben neben diesen wirtschaftlichen Interessen oftmals auch eine politische Ausrichtung, die ihre Besitzer vorgeben. Journalisten sind ganz normale Arbeitnehmer mit Arbeitsvertrag in einem Verlag oder einem Sender. In den Arbeitsverträgen wird der Journalist in der Regel auf diese politische Ausrichtung verpflichtet.
  Nur durch die Vielfalt an Massenmedien kann also einer einseitigen Meinungsbildung in der Bevölkerung entgegengewirkt werden. Gerade die ständig zunehmende Medienkonzentration bietet hier die Gefahr der einseitigen Information.

Wie Bilder lügen können

Wie beispielsweise mit Bildern manipuliert werden kann, soll das folgende Foto demonstrieren. Schon immer wurde versucht, mit Bildern Einfluss auf die Sichtweise zu nehmen. So haben zum Beispiel die Maler im Mittelalter, die als Auftragsarbeiten Heiligengemälde für Kirchen hergestellt haben, als Vorlage für die Darstellung der Menschen die Auftraggeber und ihre Familie oder ihre eigenen Familien verwendet.

Mit den Möglichkeiten der digitalen Bildbearbeitung ist jedoch die Gefahr, dass Bilder verfälscht werden und völlig andere Inhalte zum Ausdruck kommen, um ein Vielfaches gestiegen. Ein Beispiel soll dies zeigen: Das folgende Foto aus dem Irakkrieg zeigt in der Mitte einen irakischen und zwei amerikanische Soldaten.

Ein Schnitt entscheidet über die Aussage des Bildes. Wenn der rechte Soldat nicht zu sehen ist, erscheint es als ein Dokument der Barbarei, fehlt der linke US-Soldat, erscheint es als ein Bild der Barmherzigkeit.

Informationsbeschaffung kann gefährlich sein

Getötete, inhaftierte und entführte Journalistinnen und Journalisten 2019
Zum Jahresende 2019 sitzen weltweit 389 Journalistinnen, Journalisten und andere Medienschaffende in direktem Zusammenhang mit ihrer Arbeit im Gefängnis, zwölf Prozent mehr als vor einem Jahr. Fast die Hälfte von ihnen ist auf nur drei Länder konzentriert: auf China, Ägypten und Saudi-Arabien. Das geht aus der Jahresbilanz der Pressefreiheit 2019 von Reporter ohne Grenzen hervor. Seit Jahresbeginn wurden weltweit mindestens 49 Medienschaffende getötet. Nur eine Minderheit von ihnen starb in Kriegsgebieten; die meisten wurden in Ländern getötet, in denen formal Frieden herrscht. Die gefährlichsten Länder für Medienschaffende waren 2019 Syrien, Mexiko, Afghanistan, Pakistan und Somalia. Mindestens 57 Medienschaffende sind derzeit entführt.
„Die hohen Zahlen inhaftierter Journalistinnen und Journalisten in China, Ägypten und Saudi-Arabien sind ein Beleg dafür, wie diese Regime die Schraube der Repression weiter angezogen haben", sagte ROG-Vorstandssprecher Michael Rediske. Mit Blick auf die Zahl getöteter Medienschaffender fügte er hinzu: „Selbst wenn 2019 deutlich weniger Medienschaffende in bewaffneten Konflikten getötet wurden als in früheren Jahren: Ein Land im Friedenszustand wie Mexiko ist für Journalistinnen und Journalisten ebenso gefährlich wie das Bürgerkriegsland Syrien."

(aus: Reporter ohne Grenzen – Jahresbilanz 2019, www.reporter-ohne-grenzen.de, 2020)

HINWEIS
Anregende Informationen zum Thema Journalismus und Pressefreiheit finden Sie z. B. unter:
- **www.reporter-ohne-grenzen.de**
- **www.freemedia.at**

AUFGABEN

1. Versuchen Sie herauszufinden, wer die Besitzer der in Ihrer Region bekannten Tageszeitungen bzw. der von Ihnen gelesenen Zeitungen sind und welche politische Richtung in diesen Zeitungen möglicherweise vertreten wird.
2. Schreiben Sie zu jedem der drei Teile des obigen Bildes einen kurzen Presseartikel: 3 Bilder – 3 Nachrichten.

HANDELN AKTIV SEIN

Themen selbstständig erarbeiten – Stationenlernen

Viele Schülerinnen und Schüler sind durchaus in der Lage, sich notwendiges Wissen selbstständig zu erarbeiten. Das **Stationenlernen** ist eine Form des eigenständigen Arbeitens.

An einzelnen, mit Informations- und Arbeitsmaterialien gut ausgestatteten „Stationen“ im Klassenraum, werden Teilaspekte eines Themenbereichs systematisch und auf eigene Faust erarbeitet.

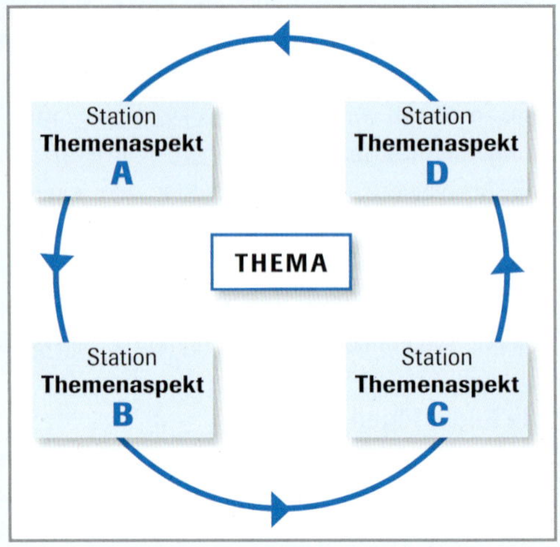

Die **Ziele** des Stationenlernens können von unterschiedlichem Schwierigkeitsgrad sein.

Die Schülerinnen und Schüler erarbeiten sich z. B.

- Basiswissen und bearbeiten vorgegebene Aufgaben,
- Basiswissen zu einem ganz bestimmten Themenaspekt oder
- ein vertieftes Wissen zu einem Teilaspekt und verfassen anschließend am PC eine entsprechende Ausarbeitung (z. B. einen KuK-A3-Beitrag, siehe „Handeln – aktiv sein“, S. 228 f.).

Weitere wichtige **Bedingungen** sind:

- Die Stationen sind deutlich thematisch ausgewiesen und bieten ausreichend Platz, damit auch mehrere Schülerinnen und Schüler gleichzeitig daran arbeiten können.
- Wenn an den Stationen gearbeitet wird, muss im Klassenraum eine ruhige Arbeitsatmosphäre herrschen (z. B. wie in einer Bibliothek).
- Jede Schülerin, jeder Schüler bestimmt das Arbeitstempo selbst. Über die Arbeit wird ein Protokoll in Form eines Laufzettels geführt. Auf ihm ist vermerkt, wann an der Station gearbeitet wurde, wie hoch der Zeitaufwand war, was bearbeitet wurde und welche Materialien genutzt wurden.
- Gegenseitiges Helfen ist erwünscht, manchmal sogar notwendig. Die Lehrperson sollte möglichst wenig um Rat gefragt werden, da diese Übung unter der Überschrift „selbstständig arbeiten“ läuft.

Der Ablauf gestaltet sich in 4 Phasen:

1. Phase	Es wird ein kurzer Überblick über das Thema gegeben. In diesem Zusammenhang werden auch die einzelnen Stationen vorgestellt.
2. Phase	Die Arbeitsgruppen werden gebildet. Bei Einzelarbeit ist dies nicht erforderlich.
3. Phase	Arbeiten an den Stationen. Je nach Aufgabenstellung ist die notwendige Zeit zu kalkulieren, der gesamte Zeitaufwand einzuschätzen und vorzuplanen.
4. Phase	Die Arbeitsergebnisse werden präsentiert.

Tipps zur Durchführung:
Wichtig für die Arbeit an den Stationen sind ausreichend zur Verfügung stehende **Informationsquellen und Materialien**, z. B.

- das vorliegende Lehrbuch,
- weitere Schul- und Lehrbücher,
- Geschichtsbücher,
- Politik- und Geschichtslexika,
- Wörterbücher,
- ggf. Internetzugang zu Recherchezwecken,
- Notizpapier,
- Arbeitsblätter,
- usw.

Es ist auch denkbar, eventuell sogar sinnvoll, dass dieser Unterricht in der **Schulbibliothek** stattfindet (sofern vorhanden).

Besprechung in der Arbeitsgruppe

Station 1
Der erste Mann im Staat – der Bundespräsident

Station 3
Das Zentrum der Macht – die Bundesregierung

Station 5
Die Judikative – das Bundesverfassungsgericht

die AKTEURE

Station 2
Die Gesetzgebung – der Deutsche Bundestag

Station 4
Die Vertretung der Länder – der Bundesrat

Station 6
Die vierte Gewalt – die Rolle der Massenmedien

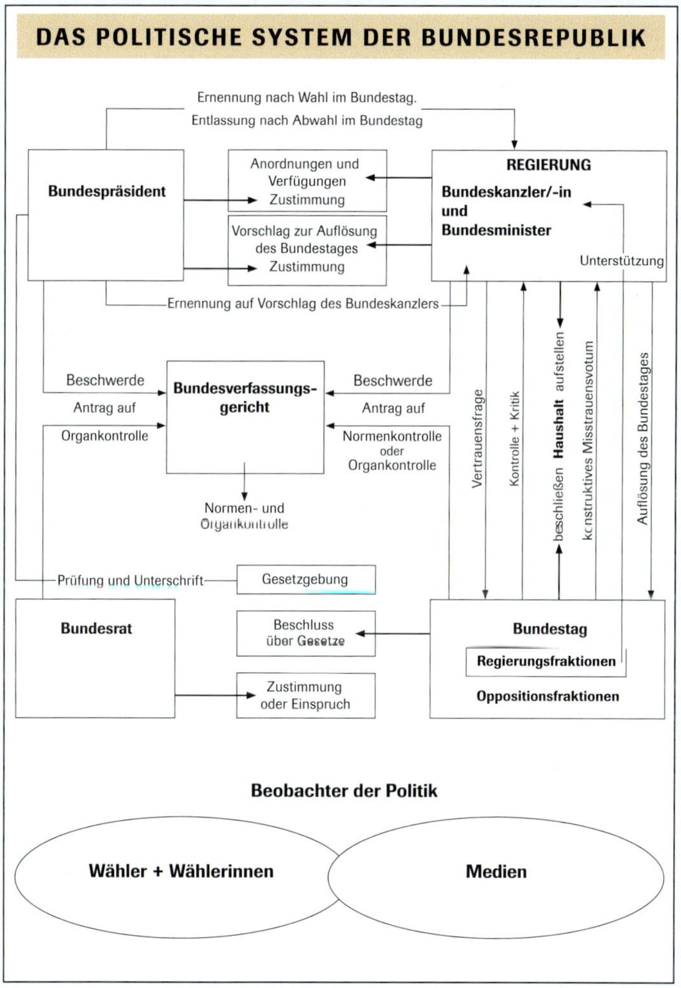

Das Zentrum der Macht – die Bundesregierung

Die Bundesregierung

Wahl und Wahlperiode:

Beschreibung der Aufgaben:

Lebenslauf der amtierenden Bundeskanzlerin/
Lebenslauf des amtierenden Bundeskanzlers:

Bisherige Bundeskanzler/-innen

Name:	Amtszeit:

▶ AUFGABE

Der Themenbereich 4.3 „Die parlamentarische Demokratie und ihre Akteure“ (siehe Seiten 160 bis 177) soll von Ihnen in einzelne „Stationen“ eingeteilt und selbstständig bearbeitet werden.

Erstellen Sie je Station ein einseitiges Merkblatt über die Tätigkeit der parlamentarischen und bundesstaatlichen Institutionen und über die Rolle der Massenmedien.

Die Ausarbeitung der Informationen könnte z. B. in Form eines Schaubildes (siehe oben links) oder eines Informationsblattes (siehe oben rechts) gestaltet sein. Möglich ist aber auch, mit den KuK-A3-Beiträgen zu arbeiten (siehe hierzu „Handeln – aktiv sein“, S. 228 f.). Bezüglich der Umsetzung sind Ihrer Fantasie keine Grenzen gesetzt.

Was Sie wissen sollten …

Die folgenden Begriffe zum Thema **Wir in Deutschland – Staat und Gesellschaft** sollten Sie erläutern können:

Wichtige Begriffe	Sie können mitreden, wenn …
DER STAATSAUFBAU DER BUNDESREPUBLIK DEUTSCHLAND	
Grundgesetz	▪ Sie die Entstehungsgeschichte unseres Grundgesetzes darstellen können.
Demokratie, Rechtsstaat, Bundesstaat, Sozialstaat	▪ es Ihnen gelingt, diese vier wesentlichen Begriffe aus Artikel 20 des Grundgesetzes zu erläutern. ▪ Sie erklären können, warum es sich um die wichtigsten Begriffe unserer Verfassung handelt.
Gewaltenteilung	▪ Sie wissen, was man unter Gewaltenteilung versteht, und dieses Grundprinzip der Demokratie mit Beispielen belegen können.
Föderalismus	▪ Sie das föderalistische staatliche System der Bundesrepublik Deutschland beschreiben können.
Pluralismus	▪ Sie in der Lage sind, die Idee des Pluralismus zu erklären und mit Beispielen aus der Politik, aber auch aus dem täglichen Miteinander zu ergänzen.
POLITISCHE BETEILIGUNG DER BÜRGERINNEN UND BÜRGER	
Bürgerbeteiligung	▪ Sie auflisten können, welche Möglichkeiten der Beteiligung die Bürger an politischen Entscheidungen haben.
Interessenverbände, Lobbyismus	▪ es Ihnen nicht schwer fällt, die Rolle von Interessenverbänden und Lobbyisten in der Politik darzustellen und dies anhand von Beispielen deutlich zu machen.
Parteien, Parteienfinanzierung	▪ Sie die Rolle der Parteien in der parlamentarischen Demokratie erläutern können. ▪ Sie die Arbeitsweise und die Organisation von Parteien beschreiben können. ▪ Sie die Möglichkeiten der Parteienfinanzierung aufführen können.
Wahlen, Wahlkampf, Wahlsystem, Überhangmandate	▪ Sie das Wahlsystem für die Wahlen zum Bundestag kennen und dabei den Unterschied zwischen Erst- und Zweitstimme erklären können. ▪ Sie darlegen können, warum in unserem Wahlsystem eine Partei zwar Wählerstimmen verlieren kann, aber trotzdem mehr Sitze im Parlament erhalten kann.
DIE PARLAMENTARISCHE DEMOKRATIE UND IHRE AKTEURE	
Bundestag, Gesetzgebung	▪ Sie in der Lage sind, die Aufgaben und die Arbeitsweise des Bundestages zu beschreiben. ▪ Sie den komplizierten Weg der Gesetzgebung – eventuell unter Zuhilfenahme eines Schaubildes – beschreiben können.
Bundesrat	▪ Sie die besondere Rolle des Bundesrates im föderalen System der Bundesrepublik Deutschland erläutern können.
Bundesverfassungsgericht	▪ Sie wissen, warum das Bundesverfassungsgericht eine so wichtige Rolle in der Politik spielt.
Bundespräsident/-in	▪ es Ihnen nicht schwer fällt, Rolle und Aufgaben der Bundespräsidentin/des Bundespräsidenten zu erklären. ▪ Sie nachvollziehen können, warum die Bundespräsidentin/der Bundespräsident entscheidend weniger Macht ausübt als beispielsweise der französische Präsident.
Bundeskanzler/-in, Bundesregierung	▪ Sie die Aufgaben der Bundesregierung und hierbei die besondere Rolle der Bundeskanzlerin/des Bundeskanzlers darstellen können. ▪ Sie beschreiben können, wie eine Bundeskanzlerin/ein Bundeskanzler gewählt und ernannt wird. ▪ Sie wissen, wie eine Bundeskanzlerin/ein Bundeskanzler wieder abgewählt werden kann.
Massenmedien	▪ Sie erläutern können, welche Funktion Massenmedien in einem Staat ausüben und Ihnen bewusst ist, wie Informationen manipuliert werden können.

5

TÄGLICHES HANDELN – WIRTSCHAFTLICHE UND RECHTLICHE GRUNDLAGEN

Blickpunkt: *Rein rechtlich gesehen sind Public-Viewing-Veranstaltungen Ansammlungen natürlicher Personen. Die Teilnehmer sind alle rechtsfähig und – je nach ihrem Alter – voll oder beschränkt geschäftsfähig.*

Für BMW, eine juristische Person, arbeiten tausende natürliche Personen.

5.1 Rechtsgeschäfte

5.1.1 Rechts- und Geschäftsfähigkeit

Das Zusammenleben in einem demokratischen Staat wird durch eine Vielzahl von Gesetzen und Verordnungen geregelt. Diese Rechtsordnung des Staates ist bindend und soll z.B. Streitfälle entscheiden und berechtigte Interessen und Ansprüche des Einzelnen erfüllen.

Der Einzelne, also jede Person, ist somit Träger von Rechten und Pflichten. Rechtsfähig sind grundsätzlich alle Personen (= Rechtssubjekte). Das Bürgerliche Gesetzbuch (BGB) unterscheidet jedoch weiter zwischen **natürlichen** und **juristischen** Personen.

Rechtsfähigkeit ist die Fähigkeit von natürlichen und juristischen Personen, Träger von Rechten und Pflichten zu sein

Juristische Personen
handeln durch Organe – z.B. den Vorstand einer AG, der wiederum aus natürlichen Personen besteht

des Privatrechts
z.B. Sportvereine, Stiftungen, GmbHs, OHGs

des öffentlichen Rechts
z.B. Körperschaften von Bund, Ländern und Gemeinden, z.B. Stadtreinigung

Natürliche Personen
sind alle Menschen von der Geburt bis zum Tod (BGB § 1). So hat z.B. ein Säugling schon das Recht zu erben und jeder Bürger die Pflicht, direkt oder indirekt Steuern zu zahlen

Die **Rechtsfähigkeit** entsteht bzw. erlischt durch

des Privatrechts	des öffentlichen Rechts	Natürliche Personen
eine Eintragung bzw. Streichung	ein Gesetz oder einen Verwaltungsakt	die Geburt bzw. den Tod

Die Stufen der Geschäftsfähigkeit natürlicher Personen

Jeder Mensch ist von Geburt an rechtsfähig. Von dieser **Rechtsfähigkeit** ist die Geschäftsfähigkeit klar abzugrenzen.

Die **Geschäftsfähigkeit** ist die Fähigkeit, Rechtsgeschäfte selbstständig und rechtlich wirksam abschließen zu können, z.B. einen Kaufvertrag. Da aber die Fähigkeit, die Folgen eines Rechtsgeschäftes überblicken zu können, u.a. von den Lebensjahren abhängig ist, wird im BGB der Umfang der Geschäftsfähigkeit in drei Stufen festgelegt:

Das Bürgerliche Gesetzbuch (BGB) trat bereits 1900 innerhalb des Gebietes des damaligen Deutschen Reiches in Kraft und überdauerte alle Wechsel der Verfassungen. Das BGB ist ein Teil des Privatrechts.

1. Geburt bis 7. Lebensjahr – Geschäftsunfähigkeit
Kinder unter sieben Jahren und Personen mit „Störung der Geistestätigkeit" können keine gültigen Rechtsgeschäfte abschließen. Von diesen Personen abgegebene Willenserklärungen haben keine rechtliche Bedeutung, das Geschäft ist ungültig (vgl. § 105 BGB). Wenn z.B. ein fünfjähriges Kind einen Comic kauft, können die Eltern die Rücknahme vom Verkäufer verlangen. Stellvertretend für nicht geschäftsfähige Personen handelt der gesetzliche Vertreter – also die Eltern oder ein Vormund.

2. Vollendung des 7. bis zum 18. Lebensjahr – beschränkte Geschäftsfähigkeit

Schließt ein Jugendlicher ein Rechtsgeschäft ab, so ist dieses nur mit Einwilligung des gesetzlichen Vertreters gültig. Man bezeichnet den geschlossenen Vertrag als „schwebend unwirksam". Das Schweigen der Eltern gilt hier als eine Zustimmung. Ratenkäufe oder Verträge mit Folgezahlungen benötigen immer die besondere Zustimmung der Eltern. Wenn z. B. ein 17-Jähriger gegen den Willen der Eltern ein teures Mountainbike gekauft hat, muss der Verkäufer das Rad zurücknehmen. Zum Schutz des Minderjährigen gibt es aber auch Ausnahmen, die ebenfalls im BGB verankert sind:

- Gültig sind generell Willenserklärungen, die nur Vorteile bringen, z.B. die Annahme eines Geschenks, ohne dass dadurch Verpflichtungen folgen.
- Verpflichtungen, die der Minderjährige im Rahmen des Taschengelds bestreiten kann, z.B. der Kauf einer CD (vgl. § 110 BGB).
- Mit dem grundsätzlichen Einverständnis der Erziehungsberechtigten alle Rechtsgeschäfte, die im Rahmen eines geschlossenen Dienst- oder Arbeitsverhältnisses anfallen (z.B. Festlegung des Jahresurlaubs oder rechtswirksame Kündigung und Annahme eines anderen Arbeitsverhältnisses im gleichen Berufsfeld).

§ 105 BGB (Nichtigkeit der Willenserklärung)
(1) Die Willenserklärung eines Geschäftsunfähigen ist nichtig.
(2) Nichtig ist auch eine Willenserklärung, die im Zustande der Bewusstlosigkeit oder vorübergehenden Störung der Geistestätigkeit abgegeben wird.

§ 110 BGB (Taschengeldparagraf)
Ein von dem Minderjährigen ohne Zustimmung des gesetzlichen Vertreters geschlossener Vertrag gilt als von Anfang an wirksam, wenn der Minderjährige die vertragsmäßige Leistung mit Mitteln bewirkt, die ihm zu diesem Zwecke oder zu freier Verfügung von dem Vertreter oder mit dessen Zustimmung von einem Dritten überlassen worden sind.

3. Vollendung des 18. Lebensjahres – volle Geschäftsfähigkeit

Mit dem Erreichen der Volljährigkeit sind alle abgegebenen Willenserklärungen rechtsgültig, d.h. aber auch, dass die eingegangenen Verpflichtungen erfüllt werden müssen. Kauft sich z.B. eine 18-Jährige einen Neuwagen auf Raten, so muss sie diesen auch bezahlen. Kommt sie den Verpflichtungen nicht nach, haftet sie rechtlich voll.

Volljährigkeit
Aus rechtlicher Sicht war der 21. Geburtstag lange Zeit die Stufe zum Erwachsensein. 1970 wurde jedoch das Wahlalter und 1975 das Volljährigkeitsalter auf 18 Jahre herabgesetzt. Allerdings kann ein junger erwachsener Täter noch bis zum Alter von 21 Jahren nach dem Jugendstrafrecht verurteilt werden, wenn das Gericht dies entscheidet.

Rechtsfähigkeit – der Mensch als Träger von Rechten und Pflichten

BGB § 1: Die Rechtsfähigkeit des Menschen beginnt mit der Vollendung der Geburt.

Für uns ist der Inhalt dieses Paragrafen heute selbstverständlich. Das war aber nicht immer so: Die Sklaven in der Antike waren z.B. rechtlos und hatten keine Rechtsfähigkeit, ebenso erkannten die Nationalsozialisten ganzen Menschengruppen die Rechtsfähigkeit ab.

Die Rechtsfähigkeit ist auf Menschen beschränkt und endet mit dem Tod. Tiere, auch wenn sie noch so geliebt werden, sind und bleiben aus rein rechtlicher Sicht Sachen.

▶ AUFGABEN

1. Bestimmen Sie, ob es sich im Folgenden um juristische Personen des öffentlichen oder des Privatrechts oder um natürliche Personen handelt: Rathaus, Fußballverein, Konzertbesucher, städtische Bibliothek.
2. Entscheiden Sie bei folgenden Fällen die Rechtslage und begründen Sie Ihre Ansicht:
   a) Melanie (16) bekommt von ihrem Onkel 150 Euro geschenkt und kauft sich davon eine Digitalkamera. Ihre Mutter verlangt, dass sie den Kauf rückgängig macht.
   b) Paul (6) geht in ein Spielzeuggeschäft und kauft sich eine große Wasserpistole für 6 Euro. Die Mutter verlangt vom Ladenbesitzer die Rücknahme der Pistole.

Blickpunkt: *Rechtsgeschäfte sind tägliche Praxis. Hier ein paar Beispiele:*
- *Per Internet bestellt sich Thore neue Turnschuhe.*
- *Vanessa schließt in einem Handyshop einen Handyvertrag ab.*
- *Sophie kauft im Supermarkt Brot, Milch und Saft.*
- *Goran bestellt beim Pizzaservice eine Pizza mit frischen Tomaten und Mozzarella.*

5.1.2 Rechtsgeschäfte – wirtschaftliches Handeln in unterschiedlichen Situationen

Rechtsgeschäfte entstehen durch die Abgabe von Erklärungen durch rechts- und geschäftsfähige Personen (z. B. Schreiben eines Testaments oder Abschluss eines Mietvertrages). Im Rechtsdeutsch bezeichnet man dies als abgegebene Willenserklärung.

Rechtsgeschäfte können grundsätzlich formfrei abgeschlossen werden

Je nachdem, ob bei einem Rechtsgeschäft eine oder mehrere Personen Willenserklärungen abgeben, unterscheidet man einseitige und mehrseitige Rechtsgeschäfte.

Empfangsbedürftige Rechtsgeschäfte sind erst dann gültig, wenn der Betroffene darüber in Kenntnis gesetzt wurde (z. B. wenn die Kündigung des Mietvertrages dem Vermieter zugestellt wurde).

Abgeben können die beteiligten Personen ihre Willenserklärung grundsätzlich
- mündlich,
- schriftlich (z. B. Käufe im Geschäft, Schenkungsvertrag) oder
- durch schlüssiges Handeln (z. B. das Heranwinken eines Taxis).

Das geschlossene Rechtsgeschäft ist gültig. Aus Beweisgründen ist es bei Verträgen jedoch meistens ratsam, sie schriftlich abzuschließen. Nur bei einigen wichtigen Rechtsgeschäften ist eine Form gesetzlich vorgeschrieben, damit sie gültig sind. So müssen z. B. Ratenkaufverträge, Kündigungen von Miet- und Arbeitsverträgen sowie die Übernahme einer Bürgschaft schriftlich vorgenommen werden. Anmeldungen zum Vereinsregister müssen öffentlich beglaubigt, Grundstückskäufe und Eheverträge notariell beurkundet werden.

Formvorschriften bei bestimmten Rechtsgeschäften sind:
- **Schriftform:** eigenhändige Unterschrift der beteiligten Personen oder ihrer gesetzlichen Vertreter, z. B. Kündigung eines Mietvertrages.
- **Öffentliche Beglaubigung:** Bestätigung der Echtheit der Unterschrift der beteiligten Personen durch einen Notar oder eine Behörde, z. B. Ausschlagung einer Erbschaft.
- **Notarielle Beurkundung:** Beurkundung der Echtheit der Unterschrift und der Richtigkeit des Inhaltes durch einen Notar, z. B. Grundstücksverkäufe, Schenkungsversprechen.

Nichtige und anfechtbare Rechtsgeschäfte

Einmal geschlossene Rechtsgeschäfte mit voll geschäftsfähigen Personen sind grundsätzlich gültig und müssen eingehalten werden. Der Gesetzgeber hat aber zum Schutz der beteiligten Personen bestimmte Fälle vorgesehen, in denen abgeschlossene Rechtsgeschäfte von vornherein ungültig (nichtig) bzw. fragwürdig und damit anfechtbar sind.

Nichtig sind grundsätzlich alle Rechtsgeschäfte,
- die von nicht geschäftsfähigen Personen geschlossen werden (vgl. Abschnitt 5.1.1),
- die gegen die guten Sitten verstoßen, z. B. ein Kreditvertrag mit Wucherzinsen (§ 138 BGB),

- die gesetzeswidrig sind, z. B. ein Geschäft mit unverzollten Zigaretten,
- bei denen eine vorgeschriebene Form nicht beachtet wird, z. B. ein mündlicher Grundstückskaufvertrag,
- sogenannte Scherzgeschäfte, z. B. die Äußerung eines durstigen Gastes, für ein Glas Wasser alles zu geben, was er besitze,
- sogenannte Scheingeschäfte, z. B. der Kaufpreis für einen Luxuswagen wird mit einem Euro festgelegt, um Steuern zu sparen.

Anfechtbar sind Rechtsgeschäfte,
- die durch arglistige Täuschung oder widerrechtliche Drohung zustande gekommen sind, z. B. der Kauf eines Gebrauchtwagens, der als unfallfrei bezeichnet wurde, tatsächlich aber ein Unfallwagen ist.
- die durch einen Irrtum zustande gekommen sind, z. B. wenn eine Aushilfe ein Sofa mit der Angabe verkauft, der Bezug sei aus echtem Leder. Es stellt sich dann jedoch heraus, dass es sich um ein Imitat handelt.

Werden solche Rechtsgeschäfte unter den gesetzlich vorgeschriebenen Bedingungen angefochten, sind sie ebenfalls ungültig. Werden sie jedoch nicht angefochten, haben sie Gültigkeit.

Vorsicht bei Rechtsgeschäften im Internet:

> **Abofalle: Nicht zahlen!**
> Dass irgendjemand (vielleicht gar nicht Sie!) von Ihrem Computer aus irgendein Häkchen gesetzt oder Ihre Daten eingegeben hat – dafür sind Sie nicht verantwortlich.
> Zwar kann man wirksam Verträge über das Internet abschließen. Doch im Internet gilt das Gleiche wie im „wirklichen" Geschäftsleben: Nur wenn beide Parteien sich einig sind über Preis und Inhalt der Leistung, wenn beide „ja" sagen, kommt ein Vertrag zustande. Dann muss die eine Seite die Leistung erbringen und die andere zahlen. [...]
> Ist Ihnen auf der Internetseite „kostenlos" und „gratis" allerlei versprochen worden und erhalten Sie dennoch eine Rechnung, prüfen Sie zunächst, ob die Button-Lösung beachtet wurde. Das bedeutet: Zum Abschluss der Bestellung muss es eine Schaltfläche geben, die gut lesbar und nur mit den Worten „zahlungspflichtig bestellen" oder einer anderen eindeutigen Formulierung beschriftet ist (§ 312 j III BGB). Nicht ausreichend sind zum Beispiel die Formulierungen „bestellen" oder „anmelden". Fehlt es an einem korrekt bezeichneten Button, so kommt gar kein Vertrag zustande.
> (aus: Homepage der Verbraucherzentrale Hamburg, www.vzhh.de, Stand: 19.07.2017)

AUFGABEN

1. Geben Sie zwei Beispiele für Rechtsgeschäfte, die, um gültig zu sein, nicht formfrei abgeschlossen werden können.
2. Geben Sie ein Beispiel für ein empfangsbedürftiges Rechtsgeschäft und zählen Sie Gründe auf, die für die gesetzlichen Vorschriften zu diesem Rechtsgeschäft sprechen.
3. Geben Sie bei folgenden Rechtsgeschäften an, ob sie gültig, anfechtbar oder nichtig sind, und begründen Sie Ihre Entscheidung:
   a) Familie Meyer kauft ein Grundstück von den Nachbarn und besiegelt den Vertrag „traditionell per Handschlag".
   b) Ein Gastwirt bestellt bei seiner Brauerei telefonisch 30 Fässer Bier. Als die Ware geliefert wird, erklärt er, dass er sich versprochen habe und wie gewöhnlich nur drei Fässer Bier bestellen wollte.
   c) Ihre Großeltern haben auf Anraten der Familie „todsichere Aktien" gekauft. Die Kurse fallen jedoch in den Keller.

Besitz ist die tatsächliche Herrschaft über eine Sache (§§ 854-872 BGB).
Beispiel: Herr Meyer ist als Mieter einer Wohnung der Besitzer der Wohnung, aber nicht der Eigentümer.

Eigentum ist die rechtliche Verfügungsgewalt über eine Sache.
Beispiel: Frau Kramer ist die Eigentümerin der Wohnung, hat sie aber an Herrn Meyer vermietet.

Aus dem Bürgerlichen Gesetzbuch (BGB):

§ 854 Erwerb des Besitzes
(1) Der Besitz einer Sache wird durch die Erlangung der tatsächlichen Gewalt über die Sache erworben.
(2) Die Einigung des bisherigen Besitzers und des Erwerbers genügt zum Erwerb, wenn der Erwerber in der Lage ist, die Gewalt über die Sache auszuüben.

§ 903 Befugnisse des Eigentümers
Der Eigentümer einer Sache kann, soweit nicht das Gesetz oder Rechte Dritter entgegenstehen, mit der Sache nach Belieben verfahren und andere von jeder Einwirkung ausschließen. Der Eigentümer eines Tieres hat bei der Ausübung seiner Befugnisse die besonderen Vorschriften zum Schutz der Tiere zu beachten.

5.1.3 Angebot bleibt Angebot? Der Kaufvertrag – Antrag und Annahme

Blickpunkt:

Einen Fahrschein lösen, wortlos Geld gegen die Tageszeitung austauschen, im Supermarkt einkaufen, Bücher im Internet bestellen usw. – im Bürgerlichen Gesetzbuch ist rechtlich genau festgelegt, was wir tagtäglich wie selbstverständlich tun: Verträge abschließen.

Antrag und Annahme
Für den Abschluss eines gültigen Vertrags sind grundsätzlich zwei übereinstimmende Willenserklärungen erforderlich. Beim Zustandekommen eines Kaufvertrages handelt es sich dabei um
- das Angebot (Antrag) und
- dessen Annahme.

Rechtlich spricht man hier von:

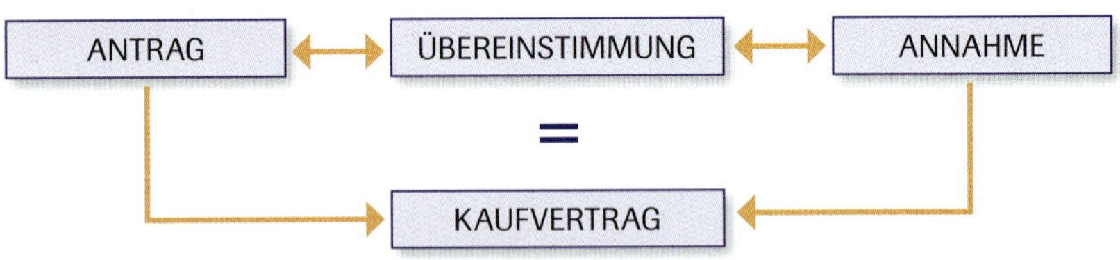

Ob mündlich, schriftlich oder sogar wortlos, bei einer Übereinstimmung zwischen Antrag und Annahme ist der Vertrag gültig.

Wichtig ist es, den Unterschied zwischen einem Angebot und einer Aufforderung zu einem Angebot (Anpreisung, Offerte) zu erkennen.
Im Falle eines „echten" Antrags muss der konkrete Wille, ein Geschäft abzuschließen, erkennbar sein. Verkaufsangebote in Zeitungen und Katalogen sowie Preisauszeichnungen in Schaufensterauslagen sind dagegen keine Angebote im rechtlichen Sinne, sondern lediglich Anpreisungen an die Allgemeinheit.

Der Kunde hat hier keinen Anspruch auf den tatsächlichen Abschluss eines Vertrages, sondern wird nur aufgefordert, seinerseits einen Antrag abzugeben.

Ein **Kostenvoranschlag** ist eine ganz spezielle Art des Angebots mit besonderen rechtlichen Bedingungen. Vergleiche hierzu Abschnitt 5.1.7 zum Werkvertrag.

Eine Bestellung aus einem Katalog oder im Internet ist hingegen ein Antrag durch den Käufer, an den er rechtlich gebunden ist. Der Verkäufer dagegen kann die Bestellung ablehnen oder annehmen, er ist rechtlich aber nicht an die vorherige Anpreisung gebunden. Erst wenn der Verkäufer die eingegangene Bestellung annimmt, liegen zwei übereinstimmende Willenserklärungen vor und der Vertrag ist rechtsgültig.

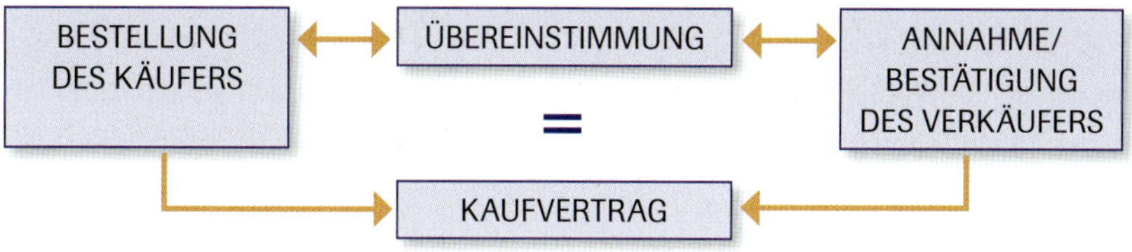

Erfolgt eine Bestellung aufgrund eines vorher eingeholten Angebotes, z. B. wenn eine Firma bei einem Lieferanten bestellt, dann handelt es sich bei dem eingeholten Angebot um einen Antrag des Lieferanten. Die Bestellung ist hier die Annahme des Antrages, der Vertrag ist somit rechtsgültig.

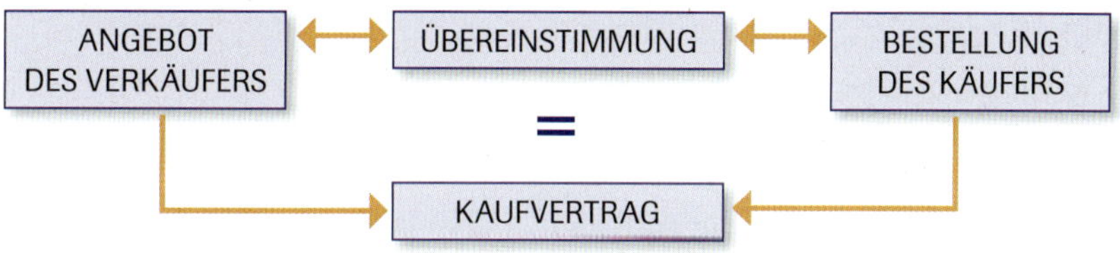

§ 433 BGB (Vertragstypische Pflichten beim Kaufvertrag)

(1) Durch den Kaufvertrag wird der Verkäufer einer Sache verpflichtet, dem Käufer die Sache zu übergeben und das Eigentum an der Sache zu verschaffen. Der Verkäufer hat dem Käufer die Sache frei von Sach- und Rechtsmängeln zu verschaffen.

(2) Der Käufer ist verpflichtet, dem Verkäufer den vereinbarten Kaufpreis zu zahlen und die gekaufte Sache abzunehmen.

Pflichten von Käufer und Verkäufer

Durch den Abschluss eines Kaufvertrages verpflichtet sich der Verkäufer, die Ware zu übergeben und dem Käufer das Eigentum daran zu verschaffen. Der Käufer ist verpflichtet, den vereinbarten Kaufpreis zu bezahlen und die Ware anzunehmen – man spricht bei einem Kaufvertrag auch von einem Verpflichtungsgeschäft. In § 433 BGB sind diese Grundpflichten des Verkäufers und Käufers rechtlich festgelegt (siehe Randspalte).

AUFGABEN

1. Betrachten Sie die Illustration am Beginn des Abschnitts: Der Kunde ist davon überzeugt, dass er ein Anrecht auf die CDs zum in der Werbung angegebenen Preis hat. Erklären Sie ihm die Rechtslage.
2. Entscheiden Sie bei den folgenden Fällen, ob ein Vertrag zustande gekommen ist. Geben Sie jeweils an, wer den Antrag gemacht hat und ob er angenommen wurde.
   a) Carl (Azubi) vergleicht die angeforderten Angebote von verschiedenen Lieferanten und bestellt dann per Fax beim günstigsten Anbieter.
   b) Bei einer weiteren Bestellung entdeckt Carl beim nochmaligen Überfliegen des Angebots den Zusatz „befristet bis 15.08.“. „Oh je“, denkt Carl, „heute ist ja schon der 17.08.“.
   c) Auf dem Weg zur Arbeit kommt Monika täglich an einem Kiosk vorbei. Sie legt wortlos das abgezählte Geld für die ausgelegte Tageszeitung hin. Die Verkäuferin nimmt das Geld zerstreut vom Verkaufstresen.
3. Imke möchte einen gebrauchten PC kaufen. In der Zeitung findet sie ein passendes Angebot einer Privatperson. Am Telefon jedoch nennt der Mann ihr einen viel höheren Preis. Erläutern Sie, ob Imke auf diesen schriftlich angegebenen Preis bestehen kann.

5.1.4 Der Haken mit dem Kleingedruckten – allgemeine Geschäftsbedingungen

Blickpunkt: *Svenja hat endlich eine eigene Wohnung und sich eine neue Waschmaschine gekauft. Nach der zweiten Wäsche ist die Waschmaschine defekt. Svenja überlegt: „Wie hieß das noch gleich ... Gewährleistungsrechte? Genau, steht ja alles im BGB. Ich will sofort eine neue Maschine!" Als sie den schriftlichen Kaufvertrag zum ersten Mal genauer durchliest, entdeckt sie überrascht Folgendes im letzten Absatz vor ihrer eigenen Unterschrift: Der Käufer erklärt sich damit einverstanden, dass die umstehenden Verkaufs- und Lieferungsbedingungen Bestandteil dieses Vertrags sind ...*

Bei diesen Verkaufs- und Lieferungsbedingungen handelt es sich um die allgemeinen Geschäftsbedingungen (AGB), die umgangssprachlich als das „Kleingedruckte" bezeichnet werden.

Immer mehr Geschäfte benutzen solche vorgedruckten Kaufvertragsformulare mit ihren eigenen Bedingungen, um die Abwicklung von Kaufverträgen zu beschleunigen.

Rechtlich ist diese Vorgehensweise möglich, da im BGB der Grundsatz der Vertragsfreiheit verankert ist: Jede geschäftsfähige Person kann
- frei entscheiden, mit wem sie Verträge abschließt und
- welchen Inhalt der Vertrag haben soll.

Dabei müssen allerdings die bestehenden Gesetze beachtet werden.

Gewährleistungsrechte:
vgl. Abschnitt 5.1.6

Allgemeine Geschäftsbedingungen (AGB) sind vorformulierte Vertragsbedingungen, die in vielen Verträgen verankert sind.

Wichtige Bestimmungen für AGB sind:
- Die AGB erlangen nur Gültigkeit, wenn
  - der Käufer bei Vertragsabschluss ausdrücklich auf sie hingewiesen wurde,
  - sie deutlich lesbar sind und
  - vom Käufer zur Kenntnis genommen wurden.
- Überraschende Klauseln sind unwirksam. Wenn z. B. die Laufzeit eines Vertrages (Zeitschriftenabonnement, Wartungsvertrag usw.) befristet ist, in den AGB jedoch eine automatische Verlängerung der Laufzeit festgeschrieben wird, ist diese Klausel ungültig.
- Absprachen zwischen den Vertragspartnern haben Vorrang. Allerdings sollten mündlich getroffene Einzelvereinbarungen, die von den AGB abweichen, stets schriftlich festgehalten werden, um sie später im Bedarfsfall auch beweisen zu können.
- Die Gewährleistungspflicht kann von einem Vertragspartner nicht auf andere geschoben werden. Folgende Klausel ist z. B. verboten: Die Garantiepflicht des Herstellers tritt an die Stelle der gesetzlichen Gewährleistungspflicht der Verkaufsfirma.
- Die Gewährleistungsrechte dürfen bei Vertragsschluss mit einem Verbraucher nicht vollständig ausgeschlossen werden.
- Dem Käufer dürfen keine Kosten für eine eventuelle Nachbesserung berechnet werden.
- Unangemessen lange Nachfrist-Klauseln bei Lieferverzug sind ungültig.

Insbesondere auch bei Bestellungen über das Internet, sollten die Allgemeinen Geschäftsbedingungen beachtet werden.

Allgemeine Geschäftsbedingungen (AGB) für Bestellungen im Online-Shop des Verlages Handwerk und Technik

§ 1 Geltung der Allgemeinen Geschäftsbedingungen

(1) Diese Allgemeinen Geschäftsbedingungen (im Folgenden: „AGB") gelten für alle im Online-Shop des Verlages Handwerk und Technik GmbH (im Folgenden auch: „wir" oder „uns") getätigten Bestellungen. Die AGB gelten – mit Ausnahme der Bestimmungen über das Widerrufsrecht (§ 10) – unabhängig davon, ob Sie als Verbraucher, Unternehmer, Kaufmann oder z. B. juristische Person des öffentlichen Rechts bestellen.

(2) Wir liefern nur innerhalb Deutschlands.

(3) Entgegenstehende Bedingungen von Kunden werden nicht Vertragsinhalt, und zwar auch dann nicht, wenn wir der Einbeziehung nicht widersprechen.

(4) Der Online-Shop sieht keine Rabattierung vor. Bestellungen von B2B-Kunden sowie Sammelbestellungen für den Schulunterricht bitten wir deshalb über einen anderen Bestellweg (z. B. E-Mail, Fax oder Telefon) vorzunehmen.

§ 2 Vertragsschluss und Speicherung des Vertragstextes

(1) Die Produktdarstellungen im Online-Shop sind keine verbindlichen Angebote unsererseits, sondern sollen Ihnen die Abgabe einer Bestellung ermöglichen.Mit dem Anklicken des Buttons "zahlungspflichtig bestellen" geben Sie eine verbindliche Bestellung ab.

AGB des Verlags Handwerk und Technik

Wenn keine allgemeinen Geschäftsbedingungen vorliegen und man z.B. selbst einen schriftlichen Kaufvertrag aufsetzen will, sollten die folgenden Punkte unbedingt in den Vertrag aufgenommen werden:

- **Art und Güte, Menge und Beschaffenheit der Ware:**
  Beispiel: Schuhschrank mit 4 Klappfächern, schwarz, Metall, Maße (BTH): 64x15x112 cm.
- **Preis:** Angabe des Nettokaufpreises und des Gesamtkaufpreises (= Nettopreis zuzüglich der Mehrwertsteuer in %).
  Beispiel: Nettokaufpreis 86,15 Euro, + 19% MwSt. (= 16,37 Euro), Gesamtkaufpreis = 102,52 Euro.
- **Zahlungsbedingungen:** Mit Angaben von Preisnachlass (Skonto, Rabatt), Zahlungsweise (Barzahlung, per Nachnahme, Rechnungskauf usw.), Zahlungszeitpunkt (z.B. 14 Tage nach Rechnungsdatum).
- **Lieferbedingungen:** Mit Angabe des Liefertermins (z.B. bis zu 4 Wochen nach Bestellung oder am 15.03.), Lieferart (z.B. per Post) und Lieferkosten (z.B. Lieferung frei Haus).
- **Erfüllungsort:** Wenn kein anderer Ort vereinbart ist, gilt der gesetzliche Erfüllungsort (Wohn- bzw. Firmensitz des Schuldners). Beim Kaufvertrag ist der Verkäufer der Warenschuldner und der Käufer der Geldschuldner.

Warenschulden sind gesetzlich **Holschulden**, d.h., der Verkäufer hat seine Pflicht erfüllt, wenn er dem Käufer die Ware an seinem Wohn- bzw. Geschäftsort übergibt.

Geldschulden sind immer **Bringschulden** (bzw. Schickschulden), d.h., der Käufer ist verpflichtet, dem Verkäufer das Geld rechtzeitig an dessen Wohn- bzw. Geschäftsort zu übermitteln.

Skonto ist ein Preisnachlass, der bei vorzeitiger Zahlung einer Rechnung gewährt werden kann.

Rabatt ist ein Preisnachlass.

Beim **gesetzlichen Gerichtsstand** handelt es sich immer um den Ort des Schuldners, der seinen Pflichten nicht nachkommt:
- bei Geldschulden um den Wohnort des Käufers,
- bei Warenschulden um den Firmensitz des Verkäufers.

AUFGABEN

1. Erörtern Sie, welche Gewährleistungsrechte Svenja im Blickpunkt laut BGB zustehen und welche Einschränkungen Sie in dem „Kleingedruckten" des Kaufvertrags vermuten.
2. Besorgen Sie sich allgemeine Geschäftsbedingungen (z.B. in einem Möbelgeschäft oder eines Internetanbieters) und übersetzen Sie deren Inhalt allgemein verständlich. Überprüfen Sie auch, ob sich für den Käufer Nachteile aus den Geschäftsbedingungen ergeben.

Blickpunkt:

Handwerksbetrieb Bieber
Rosenstr. 3
63067 Offenbach

02.11.20..

Frau
Mechthild Bleier
Münzenweg 7
63067 Offenbach

RECHNUNG

Sehr geehrte Frau Bleier,

für die von uns durchgeführten Renovierungsarbeiten berechnen wir 235,00 Euro. Bitte benutzen Sie den beiliegenden Zahlschein. Der Rechnungsbetrag muss spätestens am 10. Tag nach Zugang der Rechnung auf unserem Konto gutgeschrieben werden.

Mit freundlichen Grüßen
Ihr Handwerksbetrieb Bieber

P. Bieber

5.1.5 Vertragsstörungen – Nicht-rechtzeitig-Zahlung

Die Zahlung des vereinbarten Preises für erhaltene Waren oder durchgeführte Dienstleistungen gehört zu den Pflichten des Käufers. Im Falle von Zahlungsverzögerungen gilt: Der Schuldner (Käufer) gerät spätestens 30 Tage nach Fälligkeit und Zugang der Rechnung in **Zahlungsverzug** (vgl. BGB § 286 Abs. 3). Ein schriftliches Mahnen ist nicht mehr erforderlich.

Nach Ablauf der gesetzlichen Zahlungsfrist muss der Käufer mit zusätzlichen Kosten **(Verzugszinsen)** rechnen.

- Für den Verkäufer soll durch diese gesetzliche Regelung ein langes Herauszögern der Bezahlung fälliger Rechnungen verhindert werden.
- Für den Käufer ist es ratsam, Rechnungen sofort nach deren Erhalt auf ihre Richtigkeit hin zu überprüfen.

§ 268 BGB (Verzug des Schuldners)

(1) Leistet der Schuldner auf eine Mahnung des Gläubigers nicht, die nach dem Eintritt der Fälligkeit erfolgt, so kommt er durch die Mahnung in Verzug. […]

(2) Der Mahnung bedarf es nicht, wenn 1. für die Leistung eine Zeit nach dem Kalender bestimmt ist, […]

(3) Der Schuldner einer Entgeltforderung kommt spätestens in Verzug, wenn er nicht innerhalb von 30 Tagen nach Fälligkeit und Zugang einer Rechnung oder gleichwertigen Zahlungsaufstellung leistet; dies gilt gegenüber einem Schuldner, der Verbraucher ist, nur, wenn auf diese Folgen in der Rechnung oder Zahlungsaufstellung besonders hingewiesen worden ist. […]

Der gesetzlich festgeschriebene **Verzugszinssatz** liegt bei maximal 5 % über dem Basiszinssatz der Europäischen Zentralbank.

Das **gerichtliche Mahnverfahren** gilt auch grenzüberschreitend für alle EU-Staaten.

Gerichtliches Mahnverfahren und Zwangsvollstreckung

Werden ausstehende Rechnungen nach Ablauf der Frist nicht bezahlt, kann der Gläubiger (Verkäufer) ein **gerichtliches Mahnverfahren** einleiten, indem er beim Amtsgericht einen Mahnbescheid beantragt. Nach Zustellung des Mahnbescheids hat der Schuldner 14 Tage Zeit, Widerspruch einzulegen oder die Rechnung zu bezahlen.

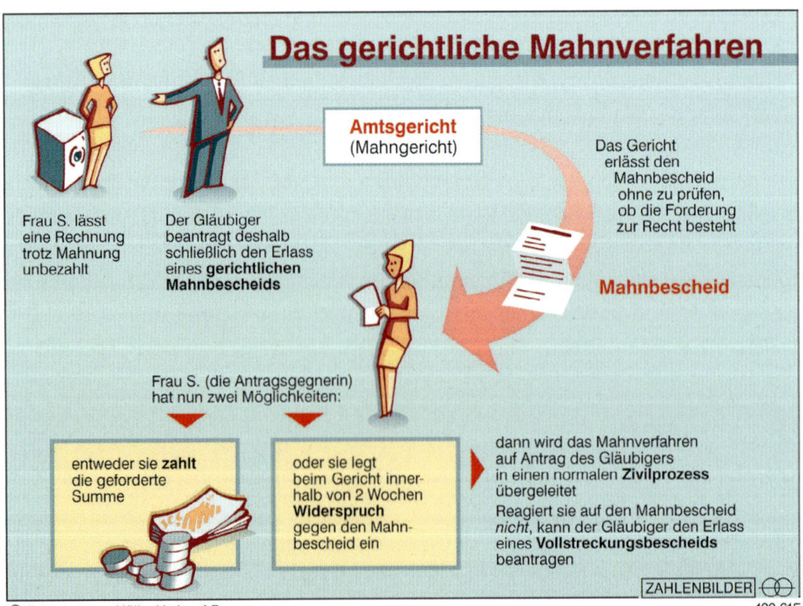

 129 615

Reagiert der Schuldner dennoch nicht, beantragt der Gläubiger in einem nächsten Schritt einen **Vollstreckungsbescheid**. Wird die Rechnung immer noch nicht beglichen, kommt es im letzten Schritt zu einer Pfändung von Gegenständen, Werten oder des Gehalts durch den Gerichtsvollzieher **(Zwangsvollstreckung)**.
Die Gegenstände werden abtransportiert und öffentlich versteigert.
Der Schuldner muss außerdem mit einem Eintrag bei der SCHUFA rechnen. Solange ein solcher Eintrag besteht,
- gewährt keine Bank Kredite,
- ist keine Warenlieferung auf Rechnung möglich.

SCHUFA - Schutzgemeinschaft für allgemeine Kreditsicherung
SCHUFA Holding AG
Kormoranweg 5
65201 Wiesbaden

© Bergmoser + Höller Verlag AG 129 616

Das wohl bekannteste Dienstsiegel ist das Pfandsiegel, umgangssprachlich **„Kuckuck"** genannt – nach dem im damaligen Preußen darauf abgebildeten Adler, der als Kuckuck verballhornt wurde.

Die Gerichtskosten für das gesamte Mahnverfahren muss der Schuldner zahlen. Gleiches gilt für die Anwaltskosten, wenn es zu einem Gerichtsverfahren kommt und der Schuldner den Prozess verliert.

Pfändbar ist alles, was einen materiellen Wert hat, z. B. Schmuck, Computer, teure Sportgeräte etc. Schwer bewegliche Gegenstände werden mit einem Siegel („Kuckuck") versehen.

Unpfändbar ist alles, was zur Berufsausübung benötigt wird, z. B. der Fotoapparat eines Fotografen. Lebensnotwendige Dinge dürfen ebenfalls nicht gepfändet werden, dazu zählt z. B. das Bett, aber auch ein einfacher Fernseher. Immobilien können mit einer Hypothek belastet oder zwangsversteigert werden.

▶ AUFGABEN

1. Erläutern Sie, welche gesetzliche Frist der Käufer beim Bezahlen der im Blickpunkt abgebildeten Rechnung einhalten sollte und welche Konsequenzen eine verspätete Zahlung hätte.
2. Legen Sie dar, welche Konsequenzen die Regelungen in § 286 BGB für den Käufer haben.
3. Zahlungsunfähige Käufer werfen häufig zugestellte Rechnungen ungeöffnet weg. Nennen Sie Möglichkeiten, die Sie sehen, um in einer solchen Situation eine Zwangsvollstreckung zu verhindern. Stellen Sie stichpunktartig eine Reihe von Ratschlägen für die betroffene Person auf.

5.1.6 Vertragsstörungen – mangelhafte Lieferung und Nicht-rechtzeitig-Lieferung

Blickpunkt:

Bei den vielen tagtäglich stattfindenden Kaufverträgen läuft nicht immer alles so, wie es sollte. Es kann vorkommen, dass einer der beiden Vertragspartner seinen Pflichten nicht oder nur unzureichend nachkommt.
Kaufvertragsstörungen, die der Verkäufer zu verantworten hat, können eine **mangelhafte Lieferung** oder eine **Nicht-rechtzeitig-Lieferung** sein.

Was kann der Käufer tun, wenn eine gekaufte Ware Mängel aufweist?
Im BGB ist festgeschrieben, dass der Verkäufer grundsätzlich für Sachmängel haftet. Der Käufer hat sogenannte **Gewährleistungsansprüche**. Hierfür muss er zunächst den entdeckten Mangel anzeigen.

Auf Kassenbons findet sich häufig der Zusatz „Umtausch nur innerhalb von 14 Tagen“. Bei dieser Umtauschfrist handelt es sich um ein freiwilliges Angebot des Händlers, die gekaufte Ware umtauschen zu können. Ware mit Mängeln kann bis zu einem Zeitraum von 2 Jahren reklamiert werden.

Entscheidend für den Rechtsanspruch ist der Umfang des Mangels. Es zählen nur Mängel, die nicht völlig unerheblich sind. So ist z. B. ein geliefertes Möbelstück, das als Ausstellungsstück diente, nicht mangelhaft, wenn es fabrikneu aussieht. Das Ausmaß eines Mangels zu bewerten, schafft deshalb häufig Unstimmigkeiten zwischen den Vertragspartnern.

Eine Reklamation nimmt man direkt beim Händler vor, denn mit dem Hersteller der Ware hat der Käufer nichts zu tun. Diese Beanstandung des Kaufs wird **Mängelrüge** genannt.

Verjährung der Mängelansprüche
Ein Verkäufer kann die Erfüllung der Rechte, die dem Käufer zustehen, verweigern, wenn sie verjährt sind. Hier gelten laut BGB (§§ 195 und 438) folgende Fristen:
- **2 Jahre:** übliche kaufrechtliche Verjährungsfrist für Mängel
- **3 Jahre:** arglistig verschwiegene Mängel
- **5 Jahre:** Bauwerksmängel und Mängel an in Gebäuden eingebauten Sachen
- **30 Jahre:** Rechte, die im Grundbuch eingetragen sind

Eine **Mängelrüge** sollte
- schriftlich erfolgen und
- eine Schilderung der Mängel (z. B. defekter Schalter),
- Ihre rechtlichen Ansprüche sowie
- eine zeitliche Frist (z. B. innerhalb von 14 Tagen) aufweisen.

Beachte: Wurden beim Kauf allgemeine Geschäftsbedingungen (AGB) vereinbart, sind die Rechte des Käufers häufig eingeschränkt (vgl. Abschnitt 5.1.4).

Nach dem Anzeigen eines „echten Mangels" hat der Käufer folgende Rechte bzw. **Gewährleistungsansprüche:**

Zunächst

1. Nacherfüllung, wahlweise
   - Beseitigung des Mangels: Der Verkäufer beseitigt den Mangel der Ware durch Nachbesserung.
   - Lieferung einer mangelfreien Ware: Der Käufer gibt die beschädigte Ware zurück und erhält eine Ersatzware.

Erst dann

2. Minderung: Der Käufer fordert bei beschädigter Ware einen angemessenen Preisnachlass.
3. Rücktritt: Der Käufer gibt die Ware zurück und erhält den bezahlten Kaufpreis zurückerstattet.
4. Schadensersatz: Der Käufer fordert die Erstattung aller angefallenen Kosten, die durch den fehlgeschlagenen Kauf entstanden sind.

Beachte: Der Gewährleistungsanspruch kann bei rein privaten Zweite-Hand-Geschäften ausgeschlossen werden.

Was kann der Käufer tun, wenn die Ware nicht bzw. zu spät geliefert wird?

Ein Käufer hat ein Sofa bei einem Möbelhaus bestellt. Der Verkäufer hat sich laut Vertrag verpflichtet, die bestellte Ware zu liefern. Ist ein fester Liefertermin vereinbart (z. B. 30. Juni), so gerät der Verkäufer mit Ablauf dieses Tages (im Beispiel also am 1. Juli) in Verzug.
Ist dagegen kein bestimmter Liefertermin vereinbart, so bedarf es einer Mahnung des Käufers an den Verkäufer, damit Verzug eintritt.

Unvollständige Lieferung:
Häufig kommt es vor, dass der Vertrag nicht vollständig erfüllt wird und die Restlieferung zu einem späteren Termin angekündigt wird. Auch in diesem Fall sollte man immer eine Nachfrist setzen, um bei Nichterfüllung auf seinem Recht bestehen zu können.

Auch wenn es keine Formvorschriften gibt, sollte die Mahnung schriftlich und per Einschreiben erfolgen. Der Verzug tritt erst nach dem Zugang der Mahnung beim Verkäufer ein.

Bei Lieferverzug kann der Käufer zwischen folgenden Rechten wählen:

- **Erfüllung des Vertrags:** Der Käufer besteht nach wie vor auf der Lieferung.
- **Erfüllung des Vertrags und Berechnung eines Verzugsschadens:** Schadensersatz kann nur berechnet werden, wenn er tatsächlich entstanden ist, z. B. wenn eine Firma nicht weiter produzieren konnte, weil die benötigten Einzelteile nicht rechtzeitig geliefert wurden.
- **Ablehnung der Lieferung und Rücktritt vom Vertrag:** Der Käufer kann dem Verkäufer eine Frist mit der Androhung setzen, dass er nach deren Ablauf die Annahme der Lieferung verweigere. Die Fristsetzung sollte wie die Mahnung schriftlich erfolgen. Nach Ablauf der Frist entfällt der Anspruch des Käufers auf Lieferung. Er kann dann entweder vom Vertrag zurücktreten oder
- **Schadensersatz statt Leistung** verlangen. Schadensersatz kann z. B. berechnet werden, wenn die Ersatzware nach Ablauf der Frist anderweitig, aber zu einem höheren Preis gekauft wurde.

▶ AUFGABEN

1. Geben Sie drei Beispiele für eine mangelhafte Lieferung und begründen Sie jeweils, von welchem Gewährleistungsrecht Sie Gebrauch machen würden.
2. Erläutern Sie, welcher Gewährleistungsanspruch stets Vorrang hat.

5.1.7 Wichtige Vertragsarten: Werkvertrag, Mietvertrag und Dienstvertrag

Blickpunkt:

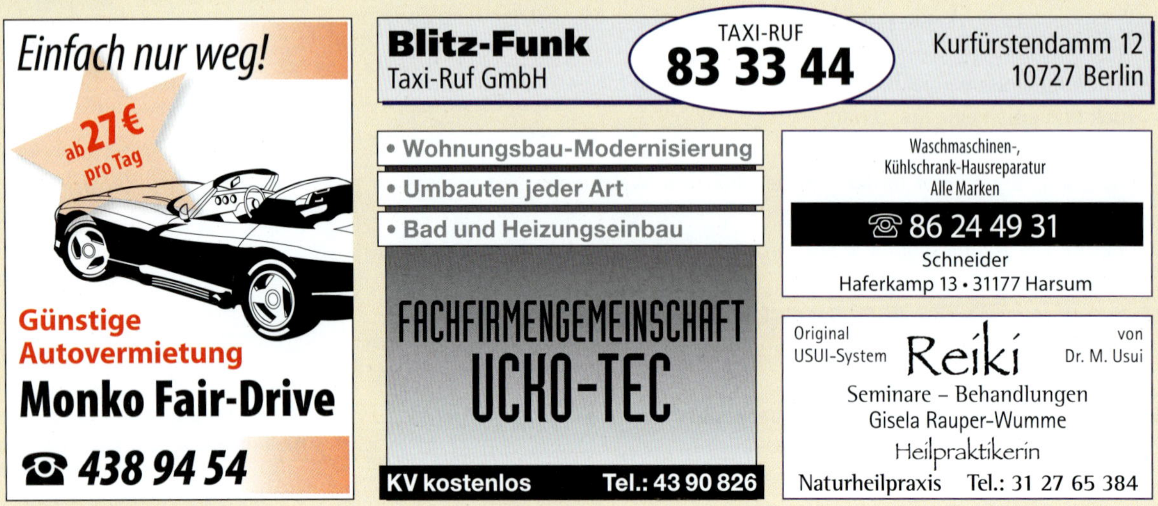

§ 631 BGB
(Vertragstypische Pflichten beim Werkvertrag)
(1) Durch den Werkvertrag wird der Unternehmer zur Herstellung des versprochenen Werkes, der Besteller zur Entrichtung der vereinbarten Vergütung verpflichtet.
(2) Gegenstand des Werkvertrags kann sowohl die Herstellung oder Veränderung einer Sache als auch ein anderer durch Arbeit oder Dienstleistung herbeizuführender Erfolg sein.

Bei Reparaturaufträgen, Änderungsarbeiten, Dienstleistungen unterschiedlichster Art und Vermietungen werden Verträge zwischen mindestens zwei Vertragspartnern abgeschlossen. Man spricht hier von mehrseitigen Rechtsgeschäften (vgl. Abschnitt 5.1.2). Der Inhalt der Verträge kennzeichnet die unterschiedlichen Vertragsarten, z. B. Werkvertrag, Dienstvertrag und Mietvertrag. Die rechtlichen Regelungen sind im BGB festgeschrieben.

Der Werkvertrag

Der Werkvertrag wird bei den unterschiedlichsten Reparaturen und der Vergabe von Arbeiten gegen Bezahlung, z. B. an Maler-, Dachdecker- und Renovierungsfirmen, abgeschlossen.

Der Auftraggeber überlässt hier sein Eigentum – Dinge und auch nötige Materialien – dem Auftragnehmer. Entscheidend ist, dass

- der Unternehmer sich verpflichtet, die in Auftrag gegebenen Arbeiten erfolgreich und termingerecht (rechtzeitig) durchzuführen, und
- der Auftraggeber diese Arbeit dementsprechend bezahlt.

Bezahlt der Kunde die erfolgreich durchgeführte Arbeit nicht, kann der Unternehmer die bearbeitete Ware zunächst einbehalten **(Pfandrecht)**. Wird die Arbeit nicht erfolgreich durchgeführt, hat der Kunde das Recht auf

- Nacherfüllung,
- eigene Beseitigung des Mangels und Ersatz für die Aufwendungen,
- Rücktritt,
- Minderung,
- Schadensersatz.

Allerdings verwenden die meisten Betriebe allgemeine Geschäftsbedingungen, die diese Rechte häufig eingrenzen (vgl. Abschnitt 5.1.4).

Der Mietvertrag

Ein Mietvertrag kann für bewegliche (z.B. Auto, Musikanlage) oder unbewegliche Sachen (z.B. eine Wohnung oder ein Grundstück) abgeschlossen werden. Der Vermieter überlässt dem Mieter die Sache zur Nutzung, der Mieter zahlt im Gegenzug eine Mietgebühr. Der Vermieter ist verpflichtet, die Sache in einem benutzbaren Zustand zu erhalten, d.h. angezeigte Mängel müssen durch den Vermieter behoben werden. Der Mieter muss dem Vermieter umgehend aufgetretene Mängel mitteilen.

Grundsätzlich gibt es keine gesetzliche Vorschrift, einen Mietvertrag in schriftlicher Form abzuschließen. Wird ein Mietvertrag für längere Zeit als ein Jahr nicht in schriftlicher Form abgeschlossen, so gilt er für unbestimmte Zeit.
Empfehlenswert ist aber die schriftliche Form, um bei Streitigkeiten eine eindeutige Rechtsgrundlage zu haben.

Das neue Wohnungsmietrecht stärkt grundsätzlich die Rechte des Mieters, z.B. in Bezug auf Kündigung und Mieterhöhung. Achten Sie daher immer auf bestimmte Klauseln im Mietvertrag.

Bei Aufträgen an Handwerksbetriebe empfiehlt es sich, vor der Vergabe einen **Kostenvoranschlag** (Kostenanschlag) für die Arbeit einzuholen. Allerdings ist die angegebene Summe nur eine Schätzung. Bei erheblichen Preisüberschreitungen (d.h. mehr als 20 % des veranschlagten Preises) hat der Kunde lediglich das Recht, den Vertrag zu kündigen. Der Unternehmer muss jedoch den Kunden informieren, sobald eine erhebliche Überschreitung der Kosten abzusehen ist. Kostenvoranschläge sind unentgeltlich anzufertigen.

Der Dienstvertrag

Dienstleistungen sind solche Arbeiten, die nicht der Güterproduktion dienen, sondern in persönlichen Leistungen bestehen. Beispiele für Dienstleistungsbranchen sind die Banken, die Versicherungen, Handelsbetriebe, Verkehrsbetriebe, der öffentliche Dienst, die medizinische Betreuung, die Gastronomie usw.

Der Dienstvertrag ähnelt dem Arbeitsvertrag (vgl. Abschnitt 1.3.7). Geht man z.B. zum Arzt, um seine Beschwerden behandeln zu lassen, oder nimmt man Musikunterricht, dann schließt man einen Dienstvertrag ab. Im Gegensatz zum Werkvertrag wird in einem Dienstvertrag der Erfolg der angebotenen Dienstleistung weder rechtlich festgeschrieben noch garantiert. Es wird nur das Bemühen des Anbieters bezahlt. Nimmt man Musikunterricht oder belegt einen Fremdsprachenkurs, so kann es sein, dass man nach einem Jahr immer noch nicht das Instrument beherrscht bzw. die Sprache spricht. Ein Lehrer erhält dennoch die festgelegte Bezahlung für seinen Unterricht.

§ 611 BGB
(Vertragstypische Pflichten beim Dienstvertrag)

(1) Durch den Dienstvertrag wird derjenige, welcher Dienste zusagt, zur Leistung der versprochenen Dienste, der andere zur Gewährung der vereinbarten Vergütung verpflichtet.
(2) Gegenstand des Dienstvertrages können Dienste jeder Art sein.

Im Gegensatz zum Werkvertrag ist der Dienstvertrag an Personen gebunden. Wenn man z.B. ein Paar Schuhe zur Reparatur gibt, bleibt es dem Betrieb freigestellt, wer die Arbeit durchführt. Bei einem Arztbesuch hingegen hat man den Anspruch, von einem bestimmten Arzt behandelt zu werden, und muss sich nicht darauf einlassen, beim nächsten Besuch von seinem Vertreter weiterbehandelt zu werden.

Bei Reparaturen und sonstigen Werkleistungen gilt eine **Gewährleistung** von zwei Jahren, bei Bauwerken von fünf Jahren (siehe auch Abschnitt 5.1.6).

AUFGABEN

1. Die Anzeigen im Blickpunkt bieten verschiedene Arbeiten an. Ordnen Sie jeweils zu, ob es sich um einen Werkvertrag, Mietvertrag oder Dienstvertrag handelt.
2. Erläutern Sie, welche Probleme bei einem Dienstvertrag für den Auftraggeber entstehen könnten. Überlegen Sie sich ein Fallbeispiel dazu.
3. Stellen Sie die Pflichten des Mieters und Vermieters in einem übersichtlichen Schema dar.
4. Recherchieren Sie, in welchen Bereichen es häufig zu Streitigkeiten zwischen Wohnungsvermietern und Mietern kommen kann und wie hier die Rechtslage ist. Tragen Sie ein Beispiel in der Klasse vor.

Blickpunkt: *Jeder Mensch hat Bedürfnisse. Aber hat auch jeder Luxusbedürfnisse?*

5.2 Der Verbraucher in der Marktwirtschaft

5.2.1 Bedürfnisbefriedigung durch Güter

Bedürfnisse sind Wünsche, die wir uns oft zunächst nicht oder nie erfüllen können, weil uns das Geld dazu fehlt. Um uns zumindest einen Teil der Wünsche zu erfüllen, arbeiten wir.

Die Bedürfnisse des Menschen sind unbegrenzt. Es gehört zur Natur des Menschen, dass sofort neue Bedürfnisse entstehen, wenn vorhergehende Bedürfnisse befriedigt wurden.

Arten von Bedürfnissen

Bedürfnisse lassen sich ihrer Dringlichkeit nach in Existenz-, Kultur- und Luxusbedürfnisse unterteilen:

- **Existenzbedürfnisse** sind lebensnotwendig, z. B. Atmung, Schlaf, Nahrung und Kleidung.
- **Kulturbedürfnisse** richten sich nach den jeweiligen Sitten und Gebräuchen des Einzelnen und der Gesellschaft. Hierzu zählen z. B. Autofahren, Kino- oder Theaterbesuche und Reisen.
- **Luxusbedürfnisse** übersteigen oft den normalen Rahmen der Lebensverhältnisse, wie z. B. ein teures Auto, eine Yacht oder eine Villa in Südfrankreich.

Maslow'sche Bedürfnispyramide

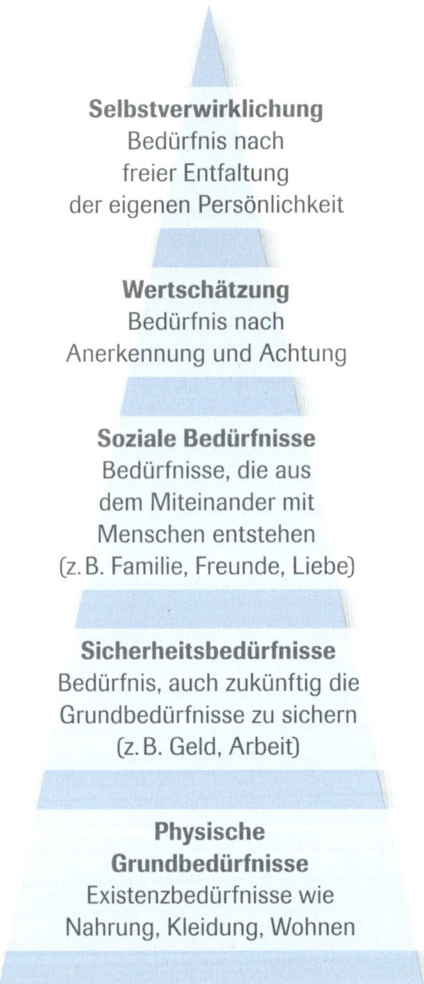

Der amerikanische Psychologe A. Maslow stellte die menschlichen Bedürfnisse als Pyramide dar

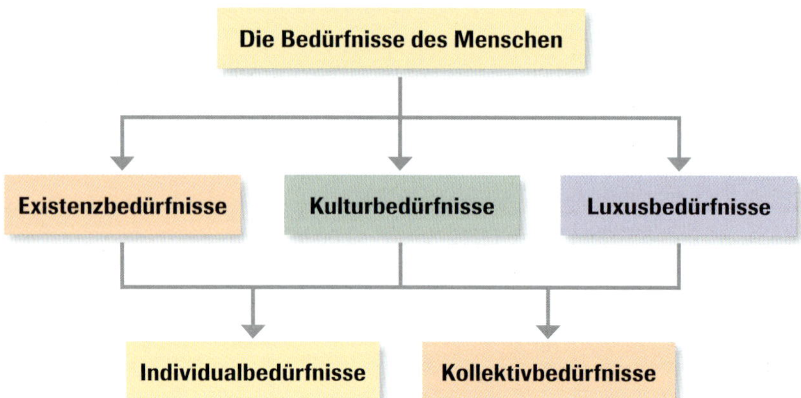

Je nachdem, ob Bedürfnisse durch eigene Initiative erfüllt werden können oder ob sie durch staatliche Einrichtungen zur Verfügung gestellt werden, unterscheidet man zwischen Individual- und Kollektivbedürfnissen:

- **Individualbedürfnisse** benötigt der Einzelne für sich selbst, z. B. eine Pizza, bequeme Möbel, das private Auto.
- **Kollektivbedürfnisse** stehen allen Gesellschaftsmitgliedern gleichermaßen zur Verfügung, z. B. öffentliche Verkehrsmittel, Krankenhäuser, Schulen, Kindertagesstätten.

Alle Dinge, die wir für unser tägliches Leben benötigen, werden unter der Bezeichnung **Güter** zusammengefasst. Güter sind Mittel, mit denen Bedürfnisse befriedigt werden.

Güterarten

Es gibt Güter, die von natur aus vorhanden sind, während andere erst hergestellt werden müssen. Man unterscheidet:

- **freie Güter:** Sie kommen in der Natur unbearbeitet vor (z.B. Luft, Meerwasser, Wüstensand).
- **wirtschaftliche Güter:** Sie müssen erst aus der Natur gewonnen werden und hergestellt werden. Wirtschaftliche Güter lassen sich unterteilen in
  - **materielle Güter** bzw. Sachgüter (z.B. Lebensmittel, Kleidung) und
  - **immaterielle Güter** wie Dienstleistungen (z.B. medizinische Betreuung) oder Rechte (z.B. Patente, Gebrauchsmuster).

Die meisten Güter sind knapp und stehen nur begrenzt zur Verfügung. Auch freie Güter können unter Umständen zu wirtschaftlichen Gütern werden. So z.B. der Kies, wenn er zur Herstellung von Beton benötigt wird.

materiell: stofflich, körperlich greifbar

Bei der Renovierung einer Wohnung benötigt man überwiegend Sachgüter. Diese lassen sich wieder unterteilen in

- **Produktionsgüter** (z.B. Tapeziermesser, Pinsel, Leiter) und
- **Konsumgüter** (z.B. Farbe, Klebstoffe).

In dem genannten Beispiel handelt es sich bei den Geräten um Gebrauchsgüter und bei den Farben und Klebstoffen um Verbrauchsgüter. **Gebrauchsgüter** sind über einen längeren Zeitraum hinweg nutzbar, **Verbrauchsgüter** sind dagen nach der Nutzung aufgebraucht.

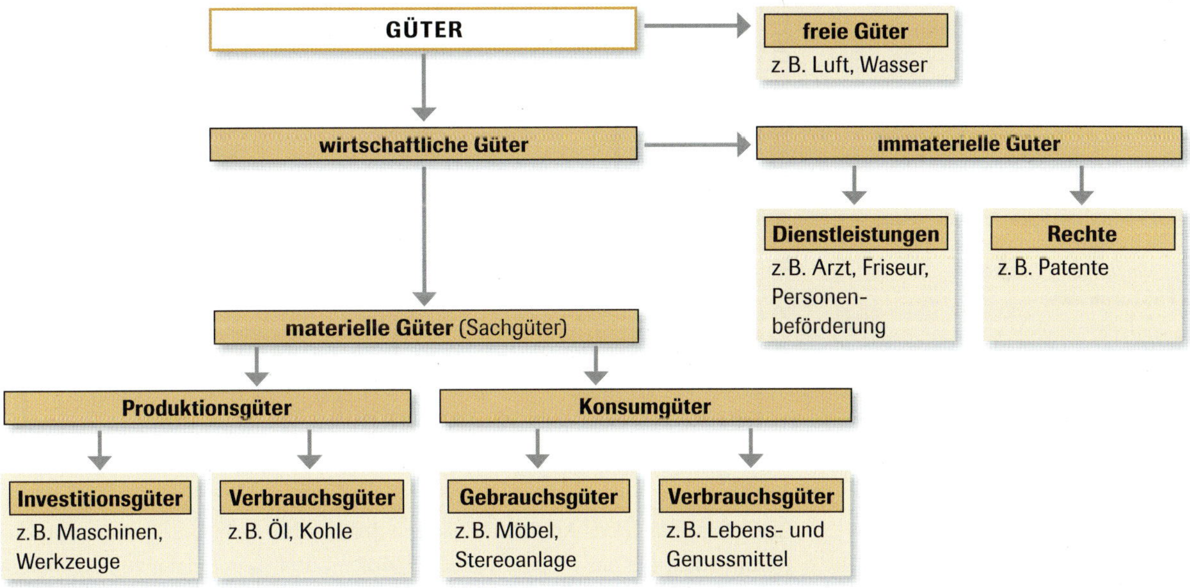

▶ AUFGABEN

1. Schauen Sie einige Jahre zurück und stellen Sie in einer Tabelle gegenüber, wie sich Ihre Bedürfnisse im Vergleich zu früher verändert haben.
2. Ordnen Sie die folgenden Bedürfnisse der Maslow'schen Bedürfnispyramide zu: Wohnung, Jeans, I-Phone, Fete mit Freunden, Kleinwagen, sicherer Arbeitsplatz, Lob vom Chef, Essen in der Kantine, Kurztrip nach Italien, Sportwagen.
3. Beurteilen Sie, ob die folgende Aussage zutreffend ist: „Wünsche sind der Antrieb für wirtschaftliches Handeln."

5.2.2 Markt und Märkte – Preis und Preisbildung

Blickpunkt: *Es gibt viele unterschiedliche Märkte:*
- *Wochenmärkte*
- *Baumärkte*
- *Flohmärkte*
- *Gebrauchtwagenmärkte*
- *Aktienmärkte*
- *Arbeitsmärkte*
- *Finanzmärkte*
- *Internetmärkte*
- *usw.*

Jeder Mensch als Verbraucher hat Bedürfnisse unterschiedlicher Art, die er befriedigen möchte. Hat er das nötige Einkommen und ist er gewillt, sein Geld für die Bedürfnisbefriedigung auszugeben, tritt er als Nachfrager auf dem **Markt** auf. Den Bedarf auf einem Markt geltend zu machen, nennt man **Nachfrage**. Die Güter und Dienstleistungen, die für einen bestimmten Preis auf dem Markt zur Verfügung stehen, bilden das **Angebot**.

Das Zusammenspiel von Nachfrage und Angebot

Auf den Märkten treffen Nachfrage und Angebot aufeinander. Hier werden Güter und Dienstleistungen vermittelt und zu Preisen bewertet.

Nach den gehandelten Gütern werden **Marktarten** unterschieden:
- **Gütermärkte**
  - Konsumgütermärkte handeln z.B. mit Autos, Kleidung, Lebensmitteln
  - Produktionsgütermärkte handeln z.B. mit Rohstoffen, Maschinen, Geräten
- **Faktormärkte**
  - Arbeitsmarkt
  - Finanz- und Kapitalmärkte
  - Immobilienmarkt

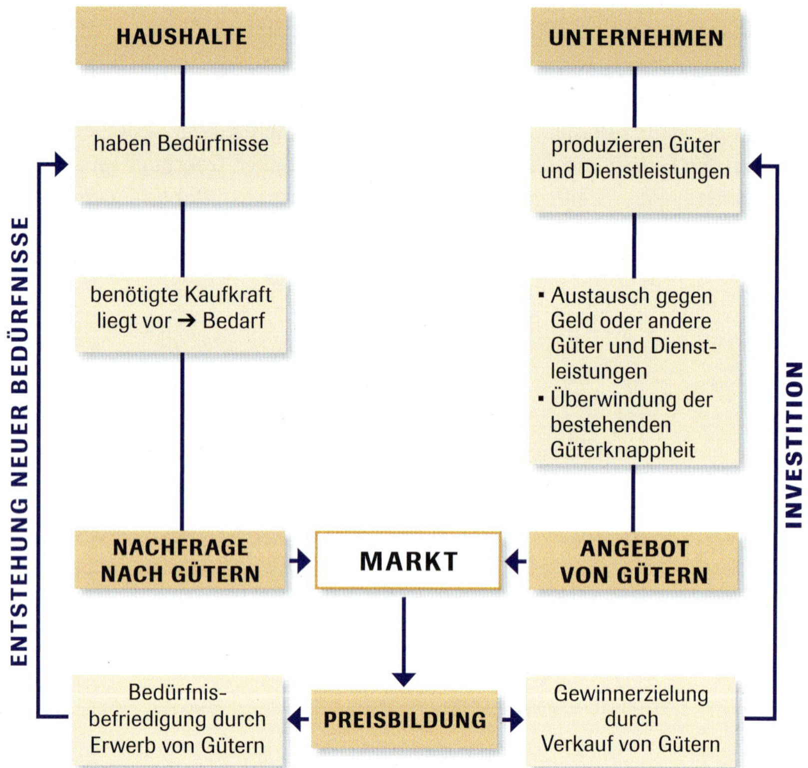

Bedürfnisse sind der Antrieb für wirtschaftliches Handeln. Unternehmen produzieren Güter, die diese Bedürfnisse befriedigen und die sie dann zu bestimmten Preisen auf dem Markt anbieten.

Ist eine entsprechende Nachfrage vorhanden, dann wird es auf dem Markt immer wieder zu einem Ausgleich zwischen Nachfrage und Angebot kommen. So erzielen die Unternehmen die notwendigen Einnahmen, um neue Güter zu produzieren und ihren Arbeitskräften das Einkommen zu zahlen. Eine wichtige Rolle spielt hierbei der Preis.

Preise und Preisbildung

Die Höhe der Preise die am Markt erzielt werden können, die Preisbildung, folgt in einer freien Marktwirtschaft dem Gesetz von Angebot und Nachfrage.

Eine Vielzahl von Faktoren beeinflusst die Höhe der Preise:

PREISBILDUNG DURCH ANGEBOT UND NACHFRAGE

Der Preis steigt
- große Nachfrage und geringes Angebot
- wenig Konkurrenz
- hohe Kaufkraft der Nachfrager
- Knappheit der Güter

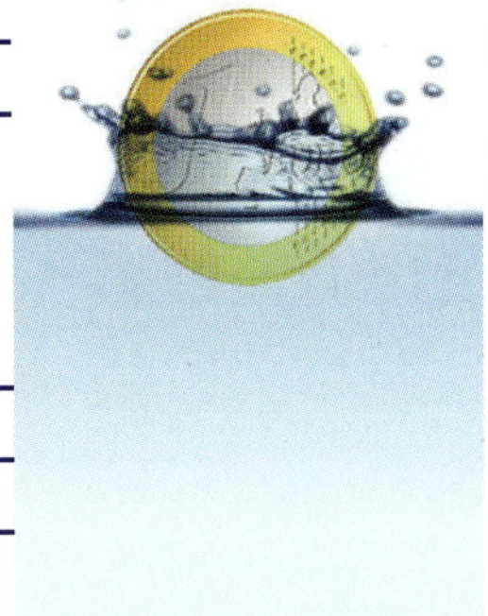

Der Preis fällt
- geringe Nachfrage und großes Angebot
- starke Konkurrenz
- kurze Haltbarkeit der Waren
- hoher Umsatz

Jedes Zusammentreffen von Angebot und Nachfrage wird in der Volkswirtschaftslehre als **Markt** bezeichnet. Auf Märkten vollzieht sich ein Ausgleich zwischen den Interessen der Anbieter und denen der Nachfrager.

Anbieter wollen einen möglichst hohen Preis erzielen, Nachfrager möglichst preisgünstig einkaufen. Die Güter werden am Markt getauscht, der Tauschwert drückt sich dabei in einem Geldbetrag aus, dem **Preis**.

Die Preise werden auch stark beeinflusst durch
- die Herstellungskosten der Unternehmen (z. B. Rohstoffkosten, Lohnkosten, Unternehmerleistung) und
- die Höhe der Steuern (z. B. Benzinsteuer, Biersteuer, Mehrwertsteuer).

Ob und in welchem Umfang der Mechanismus von Angebot und Nachfrage wirkt, hängt wesentlich von den **Marktformen** ab. Immer, wenn eine der beiden Seiten zu mächtig wird, ist die freie Preisbildung in Gefahr oder kann gar außer Kraft gesetzt werden. Sind z. B. nur wenige Anbieter am Markt, besteht die Gefahr der Preisabsprache. Alleinige Anbieter (Monopolisten) und marktbeherrschende Unternehmen haben z. B. die Möglichkeit, für ihre Branche den Preis vorzugeben. Handelt es sich um öffentliche, staatliche Monopole, z. B. die Wasserwerke, ist eine politische und öffentliche Kontrolle sehr wichtig.

Die Volkswirtschaftslehre unterscheidet folgende Marktformen:

		Nachfrager		
	Marktformen	**viele**	**wenige**	**einer**
Anbieter	**viele**	**Polypol** vollständige Konkurrenz, z. B. Wochenmarkt	**Nachfrageoligopol** z. B. Milchmarkt	**Nachfragemonopol** z. B. Müllabfuhr
	wenige	**Angebotsoligopol** z. B. Tankstellen	**zweiseitiges Oligopol** z. B. Autozuliefererindustrie	**beschränktes Nachfragemonopol** z. B. Bundesdruckerei
	einer	**Angebotsmonopol** z. B. Wasserwerke	**beschränktes Angebotsmonopol** z. B. Rüstungsindustrie	**zweiseitiges Monopol** z. B. Lkw-Maut

AUFGABEN

1. Listen Sie auf, welche Märkte in Ihrem Leben eine wichtige Rolle spielen.
2. Ordnen Sie die in Aufgabe 1 gefundenen Märkte den Marktformen zu. Erläutern Sie Ihre Entscheidung.
3. Die Benzinpreise steigen stetig. Listen Sie Möglichkeiten auf, Ihre Benzinkosten zu reduzieren und dadurch die Nachfrage zu senken.

5.2.3 Der Verbraucher im Wirtschaftskreislauf – die Rolle der privaten Haushalte

Blickpunkt: *Es gibt stetig mehr Privathaushalte. Waren es 1991 noch 35,3 Millionen, so werden es 2030 wohl bereits 41 Millionen Privathaushalte sein. Der Trend zum Ein- und Zweipersonenhaushalt ist dabei ungebrochen.*

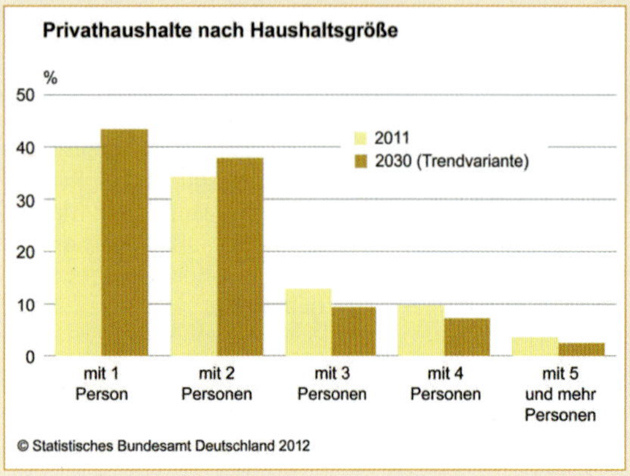

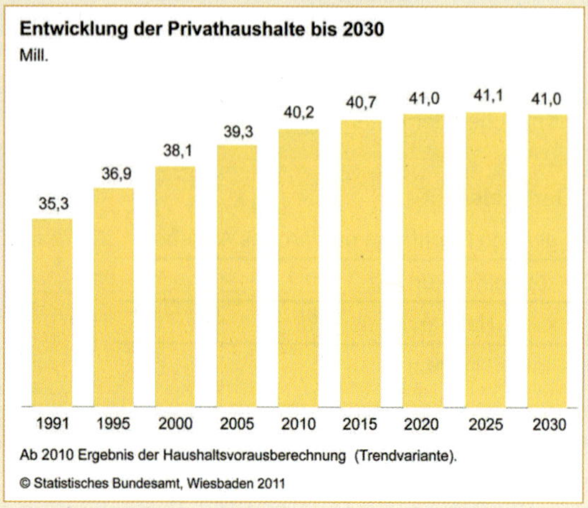

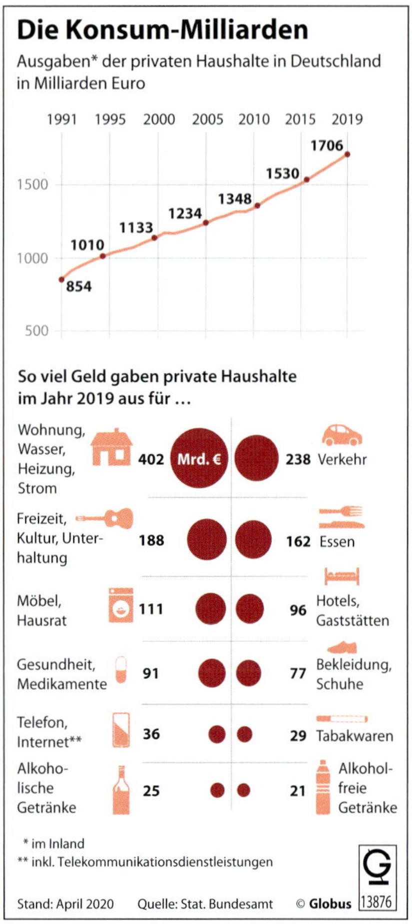

Als privater Haushalt werden sowohl Ein- als auch Mehrpersonenhaushalte bezeichnet. Im Hinblick auf das zur Verfügung stehende Einkommen, das die Haushaltsmitglieder erhalten, wirtschaften die Einpersonenhaushalte allein und die Mehrpersonenhaushalte gemeinsam. Die Mehrpersonenhaushalte werden wiederum unterschieden in 2-, 3-, 4-Personenhaushalte und weiter in Haushalte mit fünf und mehr Personen.

Der Privathaushalt als älteste Wirtschaftseinheit

Bis zum Anfang des 20. Jahrhunderts traten die Privathaushalte als Wirtschaftsfaktor kaum in Erscheinung. Sie basierten zumeist auf Großfamilien, die größtenteils Selbstversorger waren. Im Verlauf des 20. Jahrhunderts und insbesondere durch die Industrialisierung wandelte sich jedoch die wirtschaftliche Bedeutung der privaten Haushalte (siehe auch Abschnitt 2.2.1).

- Die steigende Arbeitsteilung im Verlauf der Industrialisierung,
- die zunehmende Notwendigkeit, in Wirtschaftsunternehmen zu arbeiten, um sein Einkommen zu verdienen, sowie
- der Wunsch nach mehr individueller Selbstentfaltung

führten zur Auflösung der traditionellen Großfamilie. Der private Haushalt verlor seine Bedeutung als familiäre Versorgungs- und Dienstleistungseinheit.

Der Privathaushalt im Wirtschaftskreislauf

Für die modernen Ein- und Mehrpersonenhaushalte ist die Inanspruchnahme von Dienstleistungen (z.B. die Kinderbetreuung im Hort, die Betreuung alter Menschen oder die Pflege der Wohnung) selbstverständlich geworden. Die Massenproduktion von Konsumartikeln ermöglicht den privaten Haushalten – je nach dem ihnen zur Verfügung stehenden Einkommen – einen relativ hohen Wohlstand.

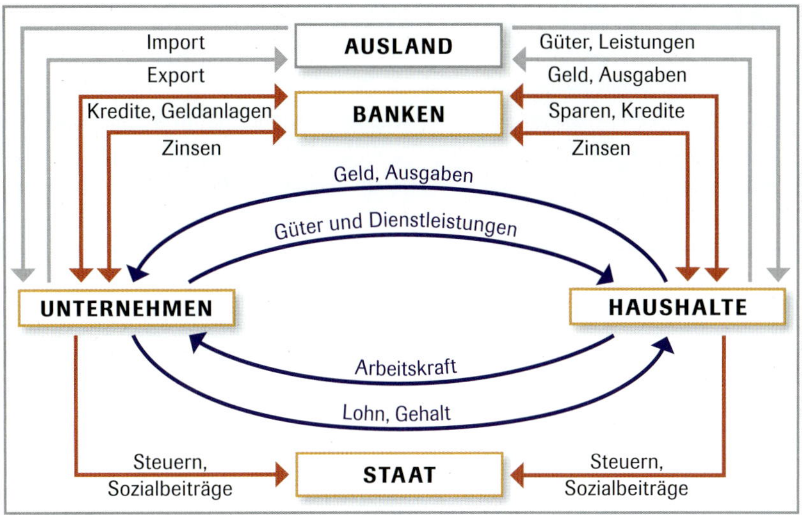

Durch diese Entwicklung sind die privaten Haushalte zu einem wesentlichen Wirtschaftsfaktor geworden. Als Nachfrager nach Konsumgütern und Dienstleistungen üben sie einen direkten Einfluss auf die volkswirtschaftlich wichtige Binnennachfrage aus. Durch den Austausch von Güter- und Geldströmen sind sie mit den Unternehmen, dem Staat und den Banken verbunden (siehe Schaubild).

Die **privaten Haushalte** zahlen an den Staat Steuern und Sozialversicherungsbeiträge. Gegenüber den Unternehmen treten sie zum einen als Nachfrager von Konsumgütern und Dienstleistungen auf, während sie gleichzeitig den Unternehmen ihre Arbeitskraft anbieten.

Erst die von den **Unternehmen** an die Haushalte gezahlten Arbeitsentgelte ermöglichen es den Menschen, ihre Bedürfnisse zu befriedigen. Die Unternehmen verbrauchen nicht alle produzierten Güter, sondern investieren diese zum Teil wieder in die Produktion, indem sie sie für die Erneuerung und den Ausbau der Betriebe einsetzen.

Die Haushalte wiederum geben ihr Einkommen nicht nur zu Konsumzwecken aus, sie bilden auch Ersparnisse. Hier kommen nun die **Banken** ins Spiel. Sie sammeln die großen und kleinen Spareinlagen, zahlen dafür Zinsen und vergeben die Einlagen wiederum als Kredite (zu höheren Zinsen) an Unternehmen, aber auch an die privaten Haushalte. Durch das Sparen und Investieren wird die Gütermenge im Kreislauf verändert, die Wirtschaft wächst.

Zusätzlich spielt der **Staat** in diesem Kreislauf eine wesentliche Rolle. Er erhält von den Unternehmen und den Haushalten Steuereinnahmen und Sozialbeiträge. Im Gegenzug gewährt der Staat Subventionen in Form von Zuschüssen, günstigen Krediten oder Steuererleichterungen. Darüber hinaus sorgt er für eine funktionierende Infrastruktur (z. B. Kindergärten, Schulen, Polizei) und unterstützt die Haushalte mit Transferleistungen (z. B. Kindergeld, Renten, BAföG, Wohngeld).

Zuletzt können bei der Betrachtung des Wirtschaftskreislaufs noch die wichtigen Austauschbeziehungen zum Ausland mit einbezogen werden (siehe hierzu auch Abschnitt 6.1.5).

HINWEIS
Daten zum Einkommen und zu den Konsumausgaben der privaten Haushalte werden vom Statistischen Bundesamt in Wiesbaden mit der sogenannten **Einkommens- und Verbrauchsstichprobe (EVS)** erhoben. Sie wird alle fünf Jahre durchgeführt, die Teilnahme der rund 60 000 befragten Haushalte ist freiwillig. Die letzten Befragungen erfolgten im Jahr 2013 und 2018. Weitere Informationen zur EVS unter: **www.destatis.de**

AUFGABEN

1. Schätzen Sie die wirtschaftliche Kraft der Ein- und Mehrpersonenhaushalte ein. Erläutern Sie Ihre Einschätzung und diskutieren Sie sie mit der Klasse.
2. Betrachten Sie das obige Schaubild. Erarbeiten Sie einen Vortrag, in dem Sie die Rolle der Haushalte im Wirtschaftskreislauf darstellen. Nutzen Sie zur Vorbereitung das Internet, dort finden Sie weitere, vertiefende Informationen.

Blickpunkt: *Beim Einkaufen fragt sich Meriem, woran sie die Qualität der angebotenen Produkte erkennen kann und wie man diese beurteilt. Sie hält Ausschau nach Warenkennzeichnungen und Gütesiegeln. Davon gibt es aber derart viele, dass ihre Zweifel wachsen. Wo kann sie sich als Verbraucherin zuverlässig informieren? Wie schützt die Politik den Verbraucher?*

5.2.4 Verbraucher – Verbraucherberatung – Verbraucherschutz

Der Verbraucher hat in der sozialen Marktwirtschaft einen schweren Stand. Gegenüber den Herstellern und Anbietern von Waren und Dienstleistungen ist er in einer schwachen Position. Ihm fehlen oftmals das Fachwissen, die Erfahrung und die Übersicht über die Produktvielfalt, um zufriedenstellende Kaufentscheidungen zu treffen.

Die Verbraucher sind zwar eine stark umworbene Zielgruppe, sie stehen der gut organisierten Wirtschaft aber zumeist schlecht organisiert gegenüber. Der sogenannte Verbraucherschutz soll dieses Ungleichgewicht ausgleichen.

VERBRAUCHERSCHUTZ IN DEUTSCHLAND

ist Aufgabe von …	Informationen erhältlich z. B. in …
Bundesregierung, Bundesministerium (BMELV)	Broschüren der Bundes- und Landesministerien
EU, Europäische Kommission	Zeitungen, Internet, Rundfunk, Fernsehen
Verbraucherzentralen der Bundesländer	Internet, Broschüren, Beratung vor Ort
Verbänden + Organisationen (z. B. Stiftung Warentest, Mieterbund, Mietervereine)	Zeitschriften + Magazinen (z. B. Stiftung Warentest, Verbraucherverbände)

Verbraucherschutzpolitik in Deutschland

Die Stärkung der Stellung der Verbraucher ist ein übergreifendes Anliegen der Politik. Die verbraucherschutzpolitischen Ziele der Bundesregierung und der Landesregierungen beinhalten:

- Information und Beratung der Verbraucher über das aktuelle Marktgeschehen und wirtschaftliche Zusammenhänge, z. B. durch die Verbraucherzentralen.
- Verbesserung der rechtlichen Stellung der Verbraucher, z. B. beim Abschluss von Verträgen.
- Gewährleistung von Sicherheit, z. B. durch Qualitätsnormen, Warenkennzeichnungen, Gesundheitskontrollen.

Wichtige gesetzliche Regelungen zum Schutz der Verbraucher

Gesetze zum Schutz der Rechte der Verbraucher	Wettbewerbsrechtliche Regelungen
• Verbraucherinformationsgesetz (VIG) • Produkthaftungsgesetz • Bürgerliches Gesetzbuch (BGB)	• Gesetz gegen den unlauteren Wettbewerb (UWG) • Kartellgesetz

Zwei staatlich unterstützte Institutionen leisten im Bereich des Verbraucherschutzes sehr gute Arbeit:

So hat z.B. die **Stiftung Warentest** eine herausragende Aufgabe bei der Aufklärung der Verbraucher. Als unabhängiges Institut hat sie sich seit ihrer Gründung im Jahr 1964 einen sehr guten Ruf erworben. Durch die Veröffentlichung der laufend stattfindenden Tests von Produkten und Dienstleistungen können sich die Verbraucher umfassend und zuverlässig informieren. Die Ergebnisse werden veröffentlicht

- in der Zeitschrift „test“,
- in den Sonderheften „test-spezial“,
- auf der Homepage der Stiftung „www.test.de“,
- in der Zeitschrift „Finanztest“.

TIPP
Eine Fülle an Informationen zum Thema Verbraucherschutz bietet die Homepage des Bundesministeriums der Justiz und für Verbraucherschutz (BMJV): **www.bmjv.de**

Die **Verbraucherzentralen** der Bundesländer sind im Dachverband Verbraucherzentrale Bundesverband e.V. (vzbv) organisiert. In rund 200 Beratungsstellen in allen Bundesländern können sich die Verbraucher umfassend beraten lassen.

Homepage der Verbraucherzentralen: **www.verbraucherzentrale.de**

AUFGABEN

1. Erstellen Sie eine Liste mit Fragen oder Themen, zu denen Sie sich eine vertiefende und neutrale Beratung wünschen würden.
2. Gehen Sie nun auf die Homepage der Verbraucherzentralen und prüfen Sie, ob Sie erste Informationen zu Ihren Fragestellungen erhalten können.
3. Listen Sie in einer Übersicht zusätzlich auf, über welche Themenbereiche die Verbraucherzentrale Ihres Bundeslandes auf ihrer Homepage informiert.

Blickpunkt: *Christopher, der eine Ausbildung zum Medienkaufmann macht, ist oft knapp bei Kasse. Da seine Eltern ihn kaum unterstützen können, muss er seinen Lebensunterhalt weitestgehend selbst finanzieren. Nur die Miete für sein kleines WG-Zimmer bekommt er von den Eltern. Spätestens am Monatsende wird es bei ihm immer ziemlich eng. Kommt es ihm nur so vor, oder ist alles schon wieder irgendwie teurer geworden?*

Inflation ist die Bezeichnung für einen andauernden Preisanstieg (siehe auch Abschnitt 6.1.4).

5.3 Ohne Moos nichts los – mit Geld umgehen

5.3.1 Inflation: was vom Lohn bleibt – gerechte Einkommens- und Vermögensverteilung

Löhne und Einkommen werden in Deutschland in der Regel in Tarifverhandlungen zwischen Arbeitgebern und Gewerkschaften ausgehandelt (siehe Kapitel 1.4). Vorrangiges Ziel der Gewerkschaften ist es, die Einkommen der Arbeitnehmer zu steigern. Insbesondere bei hohen Preissteigerungsraten (Inflation) sollen die Lohn- und Einkommenssteigerungen mindestens ebenso hoch sein, um Einkommensverluste aufseiten der Arbeitnehmer zu verhindern. Diese Verluste wirken sich negativ auf die Binnennachfrage aus.

Mit dem **Binnenwert des Geldes** wird gemessen, was wir uns für eine bestimmte Geldeinheit kaufen können. Man spricht auch von der Kaufkraft des Geldes. Ein gutes Einkommen oder gar Nettoeinkommenssteigerungen verbessern die Gesamtkaufkraft der Arbeitnehmer. Die Menschen sind konsumfreudiger und fördern so die Binnennachfrage.
Eine Verringerung der Nettoeinkommen hat hingegen negative Auswirkungen auf die Nachfrage nach Gütern und Dienstleistungen. Die Binnennachfrage sinkt und die Unternehmen machen weniger Umsatz. Dies kann zu Entlassungen und einer höheren Arbeitslosigkeit führen. Bei steigender Arbeitslosigkeit, werden in die Kassen der gesetzlichen Sozialversicherungen weniger Beiträge eingezahlt. Der Staat muss dann stützend eingreifen und z. B. die Rentenkasse aus Steuergeldern bezuschussen.

Wie konsumfreudig die Menschen sind, hängt nicht nur vom monatlichen Einkommen ab, sondern auch vom Vermögen. **Einkommen und Vermögen** waren in Deutschland immer ungleich verteilt. Bis zum Jahr 2000 wurden die Reichen zwar reicher, die Armen aber nicht ärmer. Das hat sich in den vergangenen Jahren allerdings geändert (siehe hierzu auch Abschnitt 6.3.1).

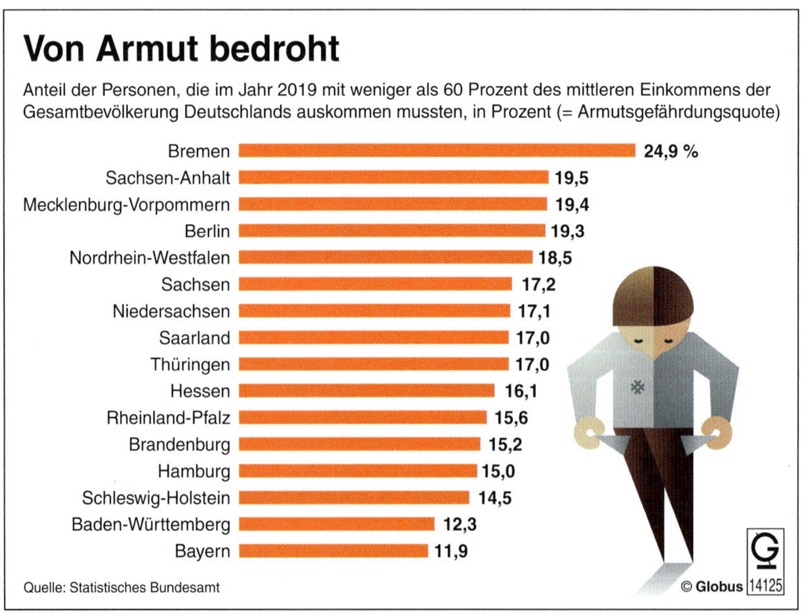

Was bleibt vom Lohn? Lohnsteigerungen kritisch betrachten

Ein nur geringer Anstieg der tariflichen Löhne und Gehälter reicht oft nicht aus, um eine teurer werdende Lebenshaltung (Inflation) auszugleichen. Wenn z. B. die Löhne der Arbeiter um durchschnittlich 1,5 % steigen, die Inflationsrate aber bei 1,7 % liegt, erleiden die Arbeitnehmer einen Einkommensverlust.
Zudem müssen bei Lohnsteigerungen die zu zahlenden höheren Sozialversicherungsbeiträge berücksichtigt werden.

Alles wird teurer – Preisentwicklung

Die Kaufkraft des verdienten Geldes ist abhängig von der allgemeinen Preisentwicklung. Das Statistische Bundesamt erforscht monatlich die Geldwertentwicklung, indem es den sogenannten **Verbraucherpreisindex** (VPI) ermittelt. Dieser wird auf der Basis der Einkaufspreise eines „Warenkorbes" ermittelt, der die aktuell für Deutschland maßgeblichen Güter und Dienstleistungen erhält.

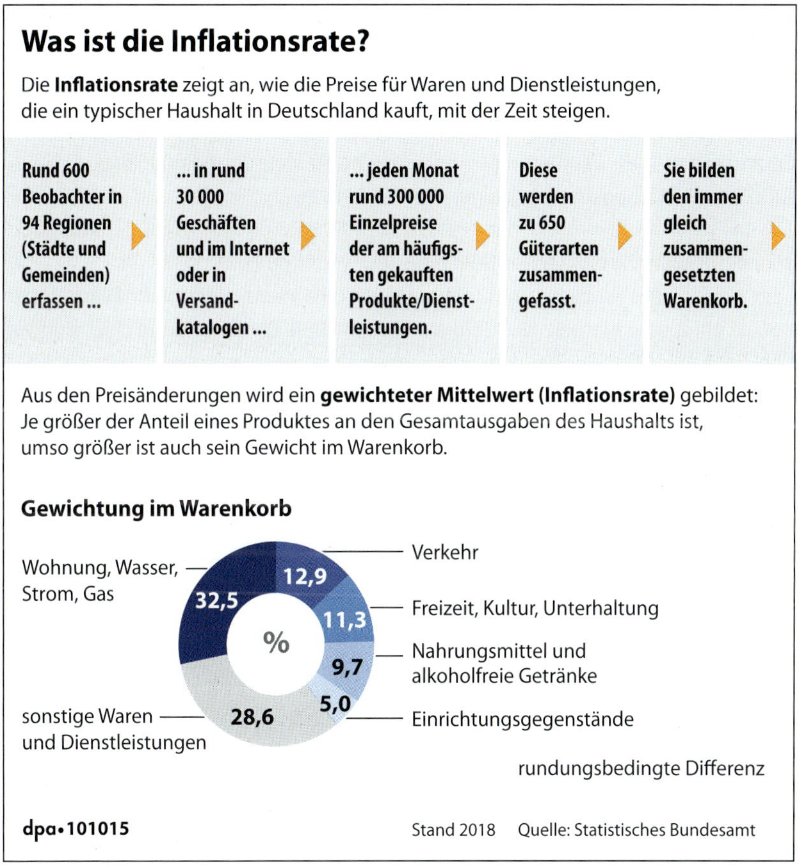

Bruttomonatsverdienste und Arbeitszeit im 2. Quartal 2020 gesunken

Die Bruttomonatsverdienste der Voll- und Teilzeitbeschäftigten in Deutschland sind im 2. Quartal 2020 durchschnittlich um 2,2 % gegenüber dem Vorjahresquartal gesunken. Wie das Statistische Bundesamt (Destatis) nach vorläufigen Ergebnissen der Vierteljährlichen Verdiensterhebung weiter mitteilt, reduzierte sich die bezahlte Wochenarbeitszeit der Beschäftigten im Durchschnitt um 4,7 %. Der verbreitete Einsatz von Kurzarbeit aufgrund der Corona-Pandemie hatte negative Effekte auf die Höhe und Entwicklung der Bruttomonatsverdienste sowie der Arbeitszeit, wenngleich das Kurzarbeitergeld die Einkommensverluste für die Beschäftigten zum Großteil abfederte. Die Bruttostundenverdienste wurden hingegen nicht durch die Kurzarbeit beeinflusst. Sie stiegen um durchschnittlich 2,6 % im Vergleich zum Vorjahresquartal.

(aus: www.destatis.de, Pressemitteilung Nr. 303 vom 11.08.2020)

HINWEIS
Aktuelle Werte für die rund 700 Güterarten des Warenkorbes erhalten Sie unter:
www.destatis.de

AUFGABEN

1. Recherchieren Sie im Internet die aktuellen Zahlen zur Inflation in Deutschland und schätzen Sie die gegenwärtige Situation ein.
2. Täuscht sich Christopher (siehe Blickpunkt) oder wird wirklich alles immer teurer? Diskutieren Sie über die Preis- und Geldwertentwicklung in Deutschland.
3. Seit es Gewerkschaften gibt, fordern Gewerkschaftsvertreter höhere Lohnabschlüsse. Erläutern Sie, welche Folge sich aus steigenden Löhnen für die Binnennachfrage und für den Außenhandel ergeben.

Blickpunkt: *Wie heißt es so schön? Geld allein macht nicht glücklich. Richtig, denn Aktien, Gold und Immobilien gehören auch noch dazu. Aber Spaß beiseite: Wer mit Geld nicht umgehen kann, wird schnell unglücklich.*

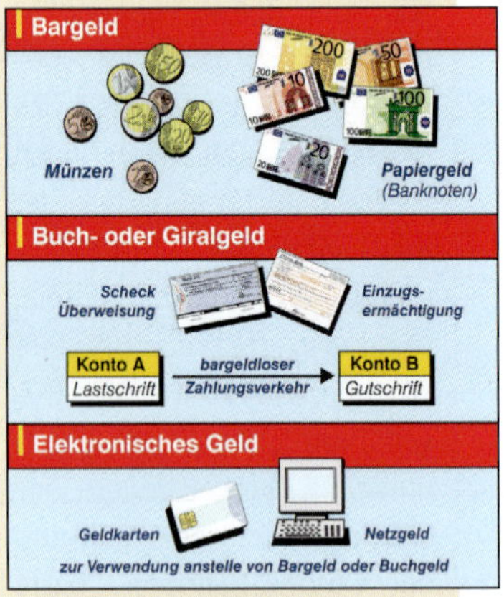

 445 105

5.3.2 Mit Geld umgehen – bargeldloser Zahlungsverkehr

Geld ist ein höchst komplexer Begriff, er hängt zusammen mit Begriffen wie gelten und abgelten. Geld wurde schon vor Jahrhunderten als Tausch- und Zahlungsmittel eingeführt.

Geld – Begriff und Funktion

Das **Bargeld** bestimmt nach wie vor unser tägliches Leben. Als gesetzliches Zahlungsmittel muss es zur Begleichung einer Forderung angenommen werden.
Neben dem Bargeld gibt es noch das Buch- oder Giralgeld und das elektronische Geld (Kredit- oder Geldkarten und Netzgeld).

Das **Buch- oder Giralgeld** sind jederzeit verfügbare Guthaben bei den Banken. Diese Guthaben hat der Bankkunde bei seinem Geldinstitut „hinterlegt“. Es handelt sich jedoch um Geld, das nur in den Vermögensaufstellungen (Büchern) der Banken erscheint. Um Rechnungen zu begleichen, wird der Rechnungsbetrag bargeldlos zwischen den Konten verrechnet.

Elektronisches Geld kann anstelle von Bargeld oder Buchgeld für Zahlungen genutzt werden (z. B. Zahlung mit Kreditkarte im Restaurant oder Online-Überweisung des Rechnungsbetrages einer Kfz-Werkstatt).

In unserer Volkswirtschaft hat Geld eine sehr wichtige **Funktion**. Es ist

- ein universelles Tausch- und Zahlungsmittel: Es muss nicht mehr Ware gegen Ware getauscht werden. Mit Geld als Tausch- und Zahlungsmittel lässt sich viel flexibler und schneller handeln und wirtschaften.
- ein Wert- und Vergleichsmittel: Der Wert aller Güter und Dienstleistungen kann mittels Geld festgelegt oder auch verhandelt werden.
- ein Wertaufbewahrungsmittel: Teile der Einkünfte und des Vermögens können gespart, gesammelt und angelegt werden.

Geld muss immer knapp bleiben. Gibt es zu viel Geld, drohen hohe Preissteigerungen (Inflation) und das Geld verliert dadurch an Wert.

Mit Geld umgehen: Vermögen bilden

Die Deutschen sind ein Volk der Sparer, mit steigender Tendenz. Seit Jahren steigt die Sparquote, was zunächst einmal Konsumverzicht bedeutet. Aber es kann natürlich nur Geld gespart werden, wenn es das Einkommen erlaubt.
Familien, deren monatliches Einkommen gering ist, haben kaum die Möglichkeit, Geld anzulegen.

Sparen ist notwendig, um die Existenz zu sichern. Stehen darüber hinaus Mittel zur Verfügung, kann Sparen zum Aufbau eines Vermögens genutzt werden:

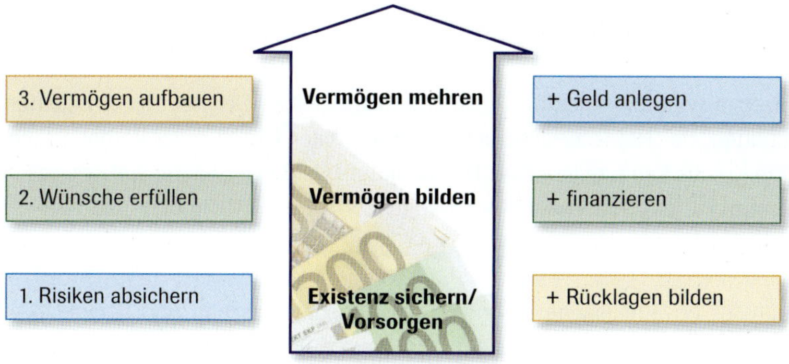

Es gibt die unterschiedlichsten Möglichkeiten, sein Geld anzulegen. Bei der Entscheidung für die geeignete Sparform sind folgende Aspekte zu berücksichtigen:

- der **Ertrag (Rendite)**, also die Zinsen, die man für die Geldanlage erhält.
- die **Verfügbarkeit (Liquidität)**, also die Bedingungen, unter denen man das angelegte Geld wieder verwenden kann.
- die **Sicherheit**, gemeint ist hier das Risiko, durch die Anlageform Geld zu verlieren.

Jede Anlageform hat unterschiedliche Vor- und Nachteile, die sich aus den genannten Aspekten ergeben. Der Anleger muss sich also genau überlegen, welche Prioritäten er bei der Auswahl der geeigneten Anlageform setzt. Bei dieser Entscheidung ist die persönliche Vermögenssituation besonders zu beachten.
Um die Vor- und Nachteile unterschiedlicher Anlageformen zu nutzen, ist eine Streuung des anzulegenden Vermögens die beste Möglichkeit. Betrachtet man die unterschiedlichen Anlageformen, so wird grundsätzlich zwischen dem Kontensparen und dem Wertpapiersparen unterschieden.

Merkmale des **Kontensparens** sind relativ niedrige Zinsen und kaum ein Risiko in der Geldanlage. Die Verfügbarkeit ist unterschiedlich und erstreckt sich von

- der ständigen Verfügbarkeit bei Sichteinlagen (Geld auf dem Girokonto) über
- die gesetzliche Kündigungsfrist von 3 Monaten bei Spareinlagen (Sparkonto) bis
- zur festgeschriebenen Bindung, z.B. bei Bausparverträgen und Termingeldern (mit Ausnahmeregelungen).

Die Anlage des Geldes über Sparbücher (Spareinlagen) ist in Deutschland nach wie vor sehr beliebt – dies trotz der geringen Zinsen, die oft unter der Inflationsrate liegen und damit das Gesparte langfristig an Wert verlieren lassen.

Das **Wertpapiersparen** als Anlageform hat dagegen in der Beliebtheit stark abgenommen. Die Sparer, die eine solche Anlage bevorzugen, entscheiden sich oftmals für die Geldanlage in Investmentzertifikaten.

Investmentzertifikate: verbriefen ein Miteigentum an einem Sondervermögen einer Kapitalanlagegesellschaft.
Aktien: Anteil an einem Unternehmen
Pensionsfonds: eine Form der betrieblichen Altersvorsorge, die hohe Renditechancen bietet. Mit Unterstützung des Arbeitgebers wird so eine zusätzliche Rente aufgebaut.
Festverzinsliche Wertpapiere: Unternehmensanleihen, Pfandbriefe, Staatsanleihen, Länderanleihen von Bundesländern, Zertifikate usw.
Sparbriefe: sind Wertpapiere, die von einem Kreditinstitut ausgestellt werden und der Geldanlage dienen.

Anlageformen
beim **Kontensparen** sind:

- Sichteinlagen
- Bausparkonten
- Spareinlagen
- Termingelder

Anlageformen
beim **Wertpapiersparen** sind:

- Investmentzertifikate
- Aktien
- Pensionsfonds
- Festverzinsliche Wertpapiere
- Sparbriefe

Sparen und Inflation
Eine Inflation liegt dann vor, wenn die Preise aller Leistungen und Güter stark steigen (siehe auch Abschnitt 5.3.1). Für einen Sparer, der sein Geld z.B. zu einem Zins von 2 % auf der Bank liegen hat, ist dieser Sparzins nutzlos, wenn die Teuerungsrate z.B. bei 5 % liegt.

AUFGABEN

1. Erarbeiten Sie in Gruppen die einzelnen Etappen der Entstehung des Geldes. Erstellen Sie hierzu arbeitsteilig eine Zeitleiste (siehe „Handeln – aktiv sein", S. 112f.). Einen ersten Überblick zu diesem Thema finden Sie z.B. auf der Homepage des Geldgeschichtlichen Museums der Kreissparkasse Köln: www.ksk-koeln.de/geldgeschichte.
2. „Das Sparkonto – für Geldanlage ungeeignet". Beurteilen Sie diese Aussage. Stellen Sie Vor- und Nachteile dieser Sparform gegenüber.
3. Informieren Sie sich über den Kursverlauf von ausgesuchten Aktien über mehrere Wochen in Zeitungen oder über das Internet. Dokumentieren Sie die Ergebnisse und vergleichen Sie die Entwicklung der ausgewählten Aktien.

Blickpunkt: *Die Wunschlisten von Melanie und ihrer Freundin Marisa sind lang. Sie gehen gerne zusammen in die Innenstadt, um dort alle möglichen Klamotten anzuprobieren, die sie sich gerne kaufen würden. Nur schade, dass Ihnen oft das nötige „Kleingeld" fehlt.*

Kredit (lat. credere = glauben): Bevor der Kreditgeber an den Kreditnehmer Geld verleiht, muss er daran glauben, das Geld plus Zinsen zurückzubekommen. Die Bezeichnungen „Darlehen" und „Kredit" werden häufig gleichbedeutend verwendet.

Vor einer Kreditaufnahme sollte Folgendes beachtet werden:

- Ist der Konsumwunsch wirklich so dringlich, dass ein Kredit aufgenommen werden muss?
- Wenn ja, welche Kreditform ist die geeignete?
- Was muss beachtet werden?

TIPP
Beratung in allen Geldangelegenheiten erhalten Sie z. B. auch bei den Verbraucherzentralen (siehe auch Abschnitt 5.2.4). Näheres erfahren Sie unter:
www.verbraucherzentrale.de

5.3.3 Kaufen auf Pump – Verbraucherkredite

Wirtschaft ohne Kredite, das erscheint unvorstellbar. Der Kauf einer Eigentumswohnung, der Hausbau oder die Gründung einer Firma, diese Vorhaben wären ohne Kredite kaum realisierbar. Das benötigte Geld muss häufig auf Zeit geliehen werden. Für die Überlassung des Kapitals erhält der Kreditgeber (die Bank oder auch eine Privatperson) entsprechende Zinsen.

Auch für Privathaushalte stellt sich bei Konsumwünschen und Dringlichkeiten häufig die Frage der Finanzierung (z. B. beim Autokauf). Grundsätzlich bestehen hierbei folgende Möglichkeiten: so lange zu sparen, bis das benötigte Geld vorhanden ist, oder einen Kredit aufzunehmen.

Die wichtigsten Kreditarten für den Privathaushalt sind der Dispositionskredit und der Ratenkredit.

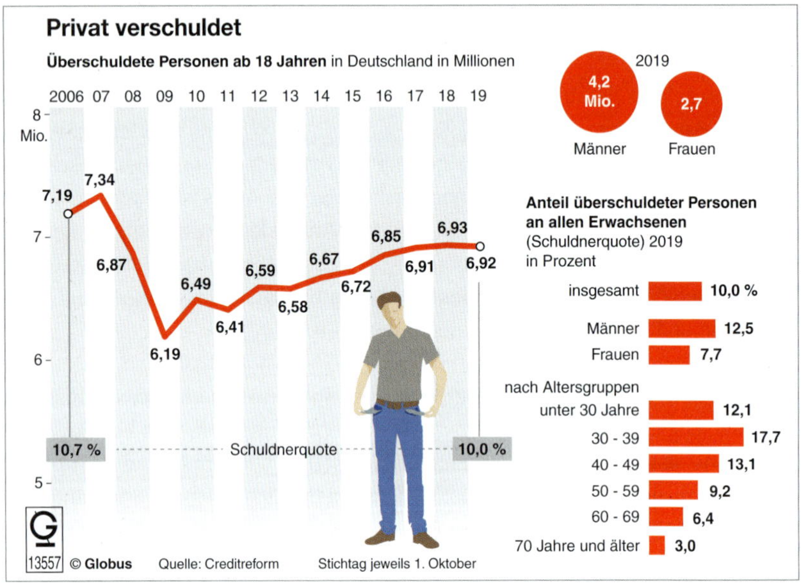

Der Dispositionskredit

Der Dispositionskredit kann Inhabern eines Girokontos gewährt werden. Bei Inanspruchnahme eines Dispositionskredits hebt der Kontoinhaber mehr Geld ab, als er eigentlich hat (Haben). Der Kontostand (Saldo) rutscht so in den Minusbereich (Soll). Ein Dispositionskredit wird von den Geldinstituten in der Regel jedem Kontoinhaber

- mit einem regelmäßigen Einkommen,
- ohne besonderen Antrag und
- ohne zusätzlichen Nachweis von Sicherheiten gewährt.

Der Dispositionsrahmen beträgt in der Regel die zwei- bis dreifache Höhe des monatlichen Einkommens. Wird die Höhe des gewährten Dispositionskredites weiter überschritten, müssen zusätzliche Überziehungszinsen gezahlt werden. Diese fallen vergleichsweise hoch aus und sollten daher nur für eine kurzfristige Kreditnutzung gewählt werden. Zudem besteht bei einer Nutzung des Überziehungskredites über einen längeren Zeitraum die Gefahr, den Überblick über seine tatsächliche finanzielle Situation zu verlieren (siehe auch Abschnitt 5.3.4).

Der Ratenkredit

Ein Ratenkredit wird in der Regel zur Anschaffung von Konsumgütern in Anspruch genommen. Er bietet dem Kreditnehmer die Möglichkeit, den Kredit über einen längeren Zeitraum hinweg in kleineren Raten abzubezahlen. Hierzu schließt der Kreditnehmer mit dem Kreditgeber einen schriftlichen Vertrag über Kredithöhe, Laufzeit und Höhe der monatlichen Raten ab.
Die Länge der Laufzeit richtet sich nach den Rückzahlungsmöglichkeiten des Kreditnehmers und der Höhe des Kredits.

Dispositionskredit: wird auch als Überziehungs-, Kontokorrent-, Giro- oder Dispokredit bezeichnet.

Ratenkredit: wird auch als Anschaffungsdarlehen, Konsumentenkredit oder Allzweckdarlehen bezeichnet.

HINWEIS
Auch die von zahlreichen Autohäusern, Möbelgeschäften, Kauf- und Versandhäusern angebotenen Ratenkäufe sind vom Wesen her Ratenkredite. Hier ist lediglich der Kreditvertrag in den Kaufvertrag eingebunden.

Kreditangebote vergleichen – der effektive Jahreszinssatz

Vom Gesetzgeber ist vorgeschrieben, dass alle Kosten des Kredits im „effektiven Jahreszinssatz" angegeben werden müssen, d. h. Zinsen, Bearbeitungsgebühren und evtl. die Vermittlungsprovision. Der Effektivzinssatz wird für unterschiedliche Zinssätze und Laufzeiten in Tabellen ausgewiesen.

Daten zum Kredit	Kreditinstitut A	Kreditinstitut B
Kreditbetrag	10 000 €	10 000 €
Laufzeit	12 Monate	12 Monate
durchschnittl. Monatsrate	871,83 €	878,83 €
Effektivzins* pro Jahr	4,62 %	5,46 %
Zinsen	162 €	446 €
Bearbeitungsgebühr	3,00 % (300,00 €)	1,00 % (100,00 €)
Gesamtaufwand	10 462 €	10 546 €

* Die Angabe von Effektivzinssätzen bei Krediten entspricht der Endpreis-Angabe bei sonstigen Waren oder Dienstleistungen

Laut Preisangabenverordnung ist die Angabe des **effektiven Jahreszinssatzes** in einem Kreditvertrag vorgeschrieben. Im Effektivzins sind alle Kreditkosten eingerechnet. Der effektive Jahreszinssatz gibt dem Verbraucher die Möglichkeit, Kreditbedingungen verschiedener Geldinstitute zu vergleichen.

Eine **Bürgschaft** umfasst die Kreditsicherung durch eine weitere Person.

Kreditwürdigkeit und Kreditsicherheit

Bevor ein Kreditvertrag zustande kommt, wird das Geldinstitut Auskunft über die Kreditwürdigkeit des Kreditnehmers verlangen. Neben der Selbstauskunft des Kreditnehmers über weitere Verpflichtungen ist eine Anfrage bei der Schutzgemeinschaft für allgemeine Kreditsicherung (SCHUFA) üblich (siehe auch Abschnitt 5.1.5).

Die SCHUFA speichert alle Daten, die von den angeschlossenen Unternehmen über Kreditnutzung und Zahlungszuverlässigkeit eines Kunden zur Verfügung gestellt werden. Für die SCHUFA-Auskunft muss der Kreditnehmer schriftlich sein Einverständnis geben.

Weitere Kreditsicherheiten, je nach Kreditart und Kreditnehmer, sind Gehaltsabtretungen, Bürgschaften oder Sicherungsübereignungen.
Bei einer Sicherungsübereignung ist der Kreditnehmer bis zur vollständigen Kredittilgung lediglich Besitzer der gekauften Sache, Eigentümer ist der Kreditgeber.

TIPP
Grundsätzlich Kreditangebote verschiedener Kreditgeber vergleichen. Gegebenenfalls von der zweiwöchigen Widerrufsfrist Gebrauch machen. Vorsicht bei Lockangeboten durch Kreditvermittler!

AUFGABEN

1. Stellen Sie in einer Tabelle stichpunktartig die Gründe gegenüber, die für oder gegen eine Kreditaufnahme sprechen.
2. Vergleichen Sie die Werbung von verschiedenen Geldinstituten. Stellen Sie dar: Mit welchen Mitteln wird sprachlich und bildlich geworben? Welche Versprechen werden gemacht? Welche Wünsche werden angesprochen?
3. Erklären Sie die Bedeutung der SCHUFA-Auskunft.

__Blickpunkt:__ Ohne Moos nichts los. Dieser Spruch über den Stellenwert des Geldes spiegelt sich in der Auffassung vieler wider. Durch Medien und Werbung unterstützt, können sich auch viele Jugendliche den Konsumzwängen nicht entziehen. Alles, was Spaß macht und „in" ist, kostet: Shopping, Handy, MP3-Player, Computer, Führerschein, Kino, Kleider usw.

5.3.4 Verschuldung

Das Verhältnis zwischen Konsumwünschen und tatsächlichen finanziellen Mitteln klafft häufig auseinander. Immer mehr Jugendlichen fällt es heutzutage schwer, den richtigen Umgang mit dem Geld zu finden.

Angeregt werden der spontane Konsum und das erste Schuldenmachen auch durch das gezielte Jugendmarketing der verschiedenen Geldinstitute. Der Einstieg ist bei vielen Jugendlichen das stark beworbene Girokonto. Von den Geldinstituten wird darauf verwiesen, den Jugendlichen so den Umgang mit dem Geld beibringen zu wollen. Tatsächlich geht es aber wohl mehr um die frühzeitige Kundenbindung.

Manche Kreditinstitute räumen sogar Minderjährigen schon Möglichkeiten der Kontoüberziehung ein. Rechtlich bedürfen Kreditverträge von Minderjährigen jedoch der Einwilligung der gesetzlichen Vertreter.

Der Weg in die Schuldenfalle

Bei Volljährigkeit und eigenem Einkommen steht einem ersten Kredit zwar nichts mehr im Wege, allerdings kann dies der erste Schritt in eine dauerhafte Verschuldung sein. Bei einer Kreditaufnahme – z. B. für das eigene Auto – wird häufig viel zu knapp kalkuliert. Die monatlich anfallenden Kosten für Steuern, Zinsen, Versicherung und Benzin, zusätzlich zu Handygebühren usw. übersteigen so schnell das Einkommen. Schleichend wird dann häufig zunächst der Dispositionskredit immer weiter ausgeschöpft. Anschaffungen mit der Bank- oder Kreditkarte werden bargeldlos bezahlt. Gleiches gilt z. B. für Bestellungen bei Versandhäusern oder im Internet.

Trotz SCHUFA-Auskunft (vgl. Abschnitt 5.3.3) gelingt es den Betroffenen, Ratenkäufe in unterschiedlichen Läden zu tätigen oder zunächst mit der Kreditkarte zu bezahlen. Der Rechnungsbetrag fällt so erst im nächsten Monat an. Passiert dann noch etwas Unvorhergesehenes – z. B. der Verlust der Lehrstelle oder ein Unfall –, schnappt die Schuldenfalle zu.
Werden die ausstehenden Rechnungen nicht bezahlt, vergrößern sich die Schulden immer weiter: es drohen Mahngebühren, Lohnpfändung, Gerichts- und Räumungskosten.

Den Überblick behalten dank Haushaltsplan

Damit es nicht so weit kommt, sollte ein realistischer Finanzplan erstellt werden. Mithilfe eines **Haushaltsplanes** können alle anfallenden Ausgaben geplant bzw. erfasst werden. Dabei sind die monatlich anfallenden fixen Kosten, aber auch die variablen Ausgaben zu berücksichtigen. Bei einer vorausschauenden Planung müssen außerdem die halbjährlich bis jährlich anfallenden Ausgaben – z. B. für Versicherungsbeiträge – berücksichtigt werden (siehe „Handeln – aktiv sein", S. 212 f.).

Was tun bei Schulden?

Im Falle einer **Überschuldung** ist es für die Betroffenen wichtig, ihre Situation realistisch einzuschätzen. Auch hier ist der erste Schritt die Gegenüberstellung der Einnahmen und Ausgaben, um so einen Überblick über den Umfang der gesamten Schulden zu erhalten.

TIPP
Tipps zur Schuldenprävention speziell für Jugendliche und Möglichkeiten der Haushaltsplanung findet man u. a. bei:
www.fit-fuers-geld.de

Eine Schuldnerberatungsstelle in Ihrer Wohnortnähe finden Sie auf:
www.forum-schuldnerberatung.de

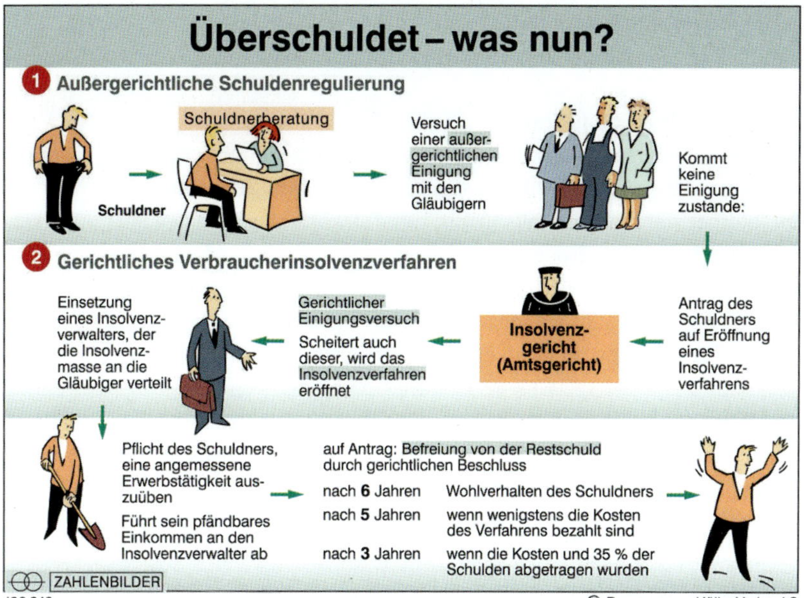

129 640 © Bergmoser + Höller Verlag AG

Haushaltsplan (Einpersonenhaushalt/junger Erwachsener)	
Einnahmen	
Erwerbstätigkeit (netto):	1 100,00 €
Zinsen, Kapitalanlagen:	25,00 €
Gesamtnettoeinkommen:	1 125,00 €
Planung der Gesamtausgaben in Euro monatlich	
Feste (fixe) Kosten	
Miete	310,00 €
Nebenkosten (Strom, Gas, Wasser)	100,00 €
Durchschnittliche Telefonkosten (inkl. Handygebühren)	30,00 €
TV/Radio, Kabelgebühren	18,50 €
Versicherungen (Haftpflicht, Hausrat)	18,00 €
Monatskarte öffentliche Verkehrsmittel	56,00 €
Monatsbeitrag Fitnessstudio	29,00 €
Sparbeitrag	20,00 €
Variable (veränderliche) Kosten	
Ernährung	180,00 €
Kleidung	75,00 €
Kosmetik, Hygieneartikel	15,00 €
Freizeit (Kino, Disco, Kneipe etc.)	50,00 €
Genussmittel	30,00 €
Ausbildung (Bücher, Hefte etc.)	35,00 €
Sonstiges	65,00 €
Summe der Ausgaben	**1 031,50 €**
Überschuss oder Fehlbetrag	+ 93,50 €

Stellen die Betroffenen fest, dass sie die ausstehenden Raten nicht mehr zahlen können, sollten sie sich umgehend mit den Kreditgebern bzw. Vertragspartnern in Verbindung setzen. Gemeinsam sollte dann versucht werden, eine vernünftige Schuldenregelung zu finden. Wichtig ist, dass die Betroffenen die Bereitschaft zeigen, ihre Schulden bezahlen zu wollen. Auch kleinere Ratenbeträge sind eine Möglichkeit.

Für Betroffene, die keine Möglichkeit sehen, die Schulden zu bezahlen, gibt es das **Verbraucherinsolvenzverfahren**. Die Insolvenzrechtsordnung gibt einer überschuldeten Privatperson unter bestimmten Voraussetzungen die Chance, von ihrer Restschuld befreit zu werden.

Hilfestellung dann, wenn man selbst nicht mehr durchsieht, kann man bei den **Schuldnerberatungsstellen** erhalten. Eine Anlaufadresse, um eine seriöse Schuldnerberatung zu erhalten, sind auch der Bundesverband der Verbraucherzentralen (vzbv) sowie die Verbraucherzentralen in vielen Städten Deutschlands (siehe auch Abschnitt 5.2.3).

AUFGABEN

1. Sammeln Sie in der Klasse weitere Sprüche zum Thema „Geld“ (siehe Blickpunkt) auf einer Wandzeitung und diskutieren Sie über deren Bedeutung.
2. Führen Sie eine Umfrage durch, wie viel und wofür Jugendliche ihr Geld ausgeben und wie hoch das (monatliche) Einkommen ist (siehe hierzu auch „Handeln – aktiv sein“, S. 262 f.).
3. Marie und Lukas wollen in eine gemeinsame Wohnung ziehen. Um sich schicke Möbel leisten zu können, schließen sie einen Ratenkaufvertrag ab. Da Lukas kurz vor dem Ende seiner Ausbildung steht und sein Chef ihm zugesagt hat, ihn zu übernehmen, leistet er sich endlich einen eigenen Wagen auf Kredit. Doch dann passieren Dinge, mit denen beide nicht gerechnet haben, und eine Finanzkrise droht. Welche unvorhergesehenen Dinge könnten den beiden zustoßen? Erstellen Sie eine Liste und tauschen Sie eigene Erfahrungen aus.

HANDELN AKTIV SEIN

Die Finanzen im Griff halten – Haushaltsführung und Versicherungscheck

Ein Haushaltsbuch führen

Wer seine Finanzen nicht im Griff hat, verschuldet sich über kurz oder lang. Um dem vorzubeugen, empfiehlt sich das Führen eines Haushaltsbuches.

Im Internet werden Haushaltsbücher zum Teil kostenlos, zum Teil aber auch kostenpflichtig zum Download angeboten. Ihnen gemeinsam ist jedoch der folgende Nachteil: Sie sind in der Regel aufwendig und kompliziert.

Für den Beginn geht es jedoch auch einfacher und für jeden nachvollziehbar. Man muss es nur machen und wird erstaunt sein, wo das sauer verdiente Geld bleibt.

Aufgabe: Legen Sie ein Haushaltsbuch an. Es gibt drei Möglichkeiten:

1. handschriftlich in einem Heft (nur für kleine Haushalte sinnvoll),
2. mit dem PC als Word-Tabelle oder
3. sehr komfortabel als eine Excel-Datei mit Rechenfunktionen.

Hier ein einfaches Beispiel. So könnte Ihr Vorschlag für ein Haushaltbuch aussehen. Doch bleiben Sie kreativ und entwickeln Sie Ihr persönliches Haushaltsbuch. Diskutieren Sie Ihren Vorschlag in der Klasse.

1. Einnahmen	**Person 1** Euro pro Monat	**Person 2** Euro pro Monat	**Bemerkungen**
Nettolohn/Nettogehalt	*1 652,00*	*560,00*	
Zinsen, Zuwendungen, sonstige Einnahmen	*0,00*	*125,00*	*125,00 = Zuwendung der Eltern*
Summe der Einnahmen	***1 652,00***	***685,00***	
Summe der Einnahmen beider Personen	***2 337,00***		

2. Planung der Ausgaben		**Euro pro Monat**		
Unterkunft, Telefon etc.	Miete			
	Nebenkosten (Strom, Wasser, Gas …)			
	TV-Anschluss			
	Internet-/Telefonanschluss			
	Handy-Gebühren …			
	Summe			
Sparen, Versicherungen etc.	Sparbeitrag Sparkonto			
	Sparbeitrag Bausparvertrag			
	Auto: Geld ansparen für Neukauf			
	Hausratversicherung			
	Haftpflichtversicherung			
	Berufsunfähigkeitsversicherung			
	Auto: Kfz-Steuern + Versicherung …			
	Summe			
Beiträge, Abonnements etc.	Beitrag Sportverein			
	Beitrag Gewerkschaft			
	Monatskarte öffentl. Verkehrsmittel			
	Abo Fernsehzeitschrift …			
	Summe			
Sonstige Ausgaben	Lebensmittel			
	Kleidung			
	Freizeit/Genussmittel			
	Hygiene/Körperpflege			
	Benzinkosten …			
	Summe			
	Summe der Ausgaben			
	Summe der Ausgaben beider Personen			

3. Bilanz				
	Einnahmen pro Person			Bemerkung zur Bilanz
	minus Ausgaben pro Person			
	= Ergebnis pro Person			
	= Ergebnis insgesamt			

Wenn Sie sich über die Kosten Ihrer Lebens- und Haushaltsführung klar geworden sind, stellen sich schnell einige Fragen, z. B.:
- Zahle ich eventuell zu viel Miete?
- Sind meine Mietnebenkosten (Strom, Wasser, Gas) zu hoch?
- Soll ich das Auto abschaffen, oder einen preiswerteren Wagen fahren?
- Bin ich überversichert bzw. brauche ich eigentlich diese Versicherungen?

Am Beispiel der Versicherungen kann schnell deutlich werden, dass man falsch beraten wurde, unwichtige Versicherungen abgeschlossen hat oder dringend notwendige Versicherungen fehlen. Das kann teuer werden.

Der Versicherungscheck

Versicherungen sind ein großes Geschäft. Insbesondere junge Berufseinsteiger werden heftig umworben. Für alle möglichen Risiken und Eventualitäten werden Versicherungen angeboten. Doch Vorsicht, nicht jede Versicherung ist unbedingt notwendig.
Viele Versicherungen sind nur in bestimmten Lebenssituationen sinnvoll. Wer eine wertvolle E-Gitarre für 5000 Euro besitzt, hat natürlich eine Musikinstrumentenversicherung, wer nur eine einfache Blockflöte besitzt, nicht.

Notwendige Privatversicherungen

Einige Versicherungen sind gesetzlich vorgeschrieben:
- Ein Auto kann nur anmelden, wer eine **Kfz-Haftpflichtversicherung** abgeschlossen hat.
- Wer Immobilien besitzt, ist zum Abschluss einer **Feuerversicherung** verpflichtet.

Darüber hinaus gibt es diverse weitere notwendige und sinnvolle Privatversicherungen:
- Eine **Haftpflichtversicherung** sollte unbedingt abschließen, wer einen eigenen Hausstand gründet. Nur unter bestimmten Bedingungen, z. B. während der Ausbildung, kann man über die Haftpflichtversicherung der Eltern abgesichert bleiben. Eine Haftpflichtversicherung schützt, wenn man ungewollt Schäden bei anderen anrichtet.
- Eine **Hausratversicherung** deckt die Schäden ab, die z. B. durch Einbruch mit Vandalismus oder durch Blitzeinschlag entstanden sind. Die Höhe der Prämie ist abhängig vom geschätzten Wert der Wohnungseinrichtung.
- Eine **Berufsunfähigkeitsversicherung** ist ebenfalls sehr ratsam. Denn für alle, die nach dem 1. Januar 1961 geboren sind und ihren Beruf wegen einer Erkrankung oder eines Unfalls nicht mehr ausüben können, gibt es durch die gesetzlichen Rentenversicherungsträger keinen Schutz in Sachen Berufsunfähigkeit mehr.

Das System der Privatversicherungen

1. Personenversicherungen sind z. B.:
   - private Unfallversicherung
   - Lebensversicherung
   - Berufsunfähigkeitsversicherung
   - Auslandskrankenversicherung

2. Vermögensversicherungen sind z. B.:
   - Privat-Haftpflichtversicherung
   - Kfz-Haftpflichtversicherung
   - Rechtsschutzversicherung
   - Reiserücktrittsversicherung

3. Sachversicherungen sind z. B.:
   - Kfz-Kaskoversicherung
   - Feuerversicherung
   - Hausratversicherung
   - Musikinstrumentenversicherung

Bei Versicherungen lohnen eine kritische Prüfung und der genaue Vergleich

TIPP
In der Broschüre **„Gut versichert … in Ausbildung und Studium“** erhalten Sie Informationen darüber, welche Versicherungen Auszubildende und Studenten wirklich brauchen. Auf der Homepage des Bundes der Versicherten können Sie diese Broschüre kostenlos bestellen oder herunterladen: **www.bundderversicherten.de**

AUFGABE

Informieren Sie sich vertiefend über die für Sie notwendigen Versicherungen. Recherchieren Sie hierzu auch im Internet (z. B. auf den Homepages der Verbraucherzentralen). Arbeiten Sie dann die Versicherungen in Ihren Haushaltsplan ein.

Was Sie wissen sollten …

Die folgenden Begriffe zum Thema **Tägliches Handeln – wirtschaftliche und rechtliche Grundlagen** sollten Sie erläutern können:

Wichtige Begriffe	Sie können mitreden, wenn …
RECHTSGESCHÄFTE	
Rechtsfähigkeit, Geschäftsfähigkeit	• Sie sich der juristischen Folgen Ihrer Rechts- und Geschäftsfähigkeit bewusst sind und erläutern können, was das im Einzelnen für Sie bedeutet.
Juristische und natürliche Personen	• Sie erklären können, was der Unterschied zwischen einer juristischen und einer natürlichen Person ist und warum diese Unterscheidung sinnvoll ist.
Rechtsgeschäfte, Nichtigkeit, Anfechtbarkeit	• es Ihnen nicht schwer fällt zu erklären, was Rechtsgeschäfte sind, wie sie zustande kommen können und wann sie anfechtbar oder gar nichtig sind.
Kaufverträge, Vertragsstörungen, Nicht-Rechtzeitig-Zahlung, SCHUFA	• Sie auflisten können, wie Kaufverträge zustande kommen, worauf man dabei achten sollte, was Vertragsstörungen sind, welche Folgen eine Nicht-Rechtzeitig-Zahlung hat und welche Rolle die SCHUFA bei alledem spielt.
Verträge, Werkvertrag, Kaufvertrag, Dienstvertrag	• Sie die verschiedenen Vertragsarten unterscheiden und Arbeitsverträge, Kaufverträge, Werkverträge, Mietverträge und Dienstverträge beschreiben können.
DER VERBRAUCHER IN DER MARKTWIRTSCHAFT	
Bedürfnisbefriedigung durch Güter	• Sie die Bedürfnisse des Menschen am Beispiel der Maslow'schen Bedürfnispyramide unterscheiden können und wissen, welche verschiedenen Güterarten es gibt.
Markt und Preisbildung	• es Ihnen leicht fällt, die Mechanismen der Preisbildung in der Marktwirtschaft zu erklären.
Private Haushalte im Wirtschaftskreislauf	• Sie die Rolle der privaten Haushalte in der Marktwirtschaft kennen und das wirtschaftliche Geschehen in einer Volkswirtschaft mithilfe des Schaubildes in Abschnitt 5.2.3 erläutern können.
Verbraucher, Verbraucherschutz	• Ihnen die Aufgaben und Ziele des Verbraucherschutzes bekannt sind und Sie wissen, wo Sie im Bedarfsfall Informationen zu diesem Thema erhalten können.
OHNE MOOS NICHTS LOS – MIT GELD UMGEHEN	
Einkommens- und Vermögensverteilung	• Sie die in den letzten Jahren sich verschärfende Problematik der ungleichen Verteilung von Einkommen und Vermögen darstellen können.
Sparen, Kredit, Dispositionskredit, Ratenkredit, effektiver Jahreszinssatz, Kreditzinsen	• Sie wissen, was bei Geldanlagen zu beachten ist und darüber informiert sind, wie man sicher mit Krediten umgeht. • Sie den Unterschied zwischen Ratenkrediten und Dispositionskrediten erklären können und Kreditzinsen richtig abschätzen und berechnen können.
Überschuldung, Haushaltsführung, Versicherungscheck	• Ihnen bewusst ist, wie Schulden entstehen können und welche Konsequenzen eine Überschuldung haben kann. • Sie wissen, wie man ein Haushaltsbuch führt und welche Versicherungen Sie wirklich benötigen.

6

UNSERE GESELLSCHAFT IM WANDEL – WIRTSCHAFTS- UND SOZIALPOLITIK

__Blickpunkt:__ Benny hat gleich ein Bewerbungsgespräch in einem Wirtschaftsunternehmen. Während er sich zu Hause dafür umzieht, träumt er: Wohlstand und soziale Sicherheit für alle – ein schönes Ziel. Stattdessen hat er gerade seine Ausbildung abgeschlossen und weiß noch nicht so genau wie es weitergeht. Aber wie organisiert man überhaupt eine Volkswirtschaft, damit man diesem Ziel sehr nahe kommt? Wo es im eigenen Leben doch schon nicht immer einfach ist ...

Als **Wirtschaftssystem** bezeichnet man eine ideale, gedachte wirtschaftliche Ordnung, also ein Modell.
Real lassen sich diese Wirtschaftssysteme meist nicht verwirklichen, sondern müssen mehr oder weniger stark abgewandelt und an die wirklichen Verhältnisse der jeweiligen Gesellschaft angepasst werden. Dann spricht man von einer **Wirtschaftsordnung**.

6.1 Starke Wirtschaft als Ziel – Wirtschaftsordnungen und Wirtschaftspolitik

6.1.1 Grundmodelle der Wirtschaftsordnungen

In der heutigen Zeit ist niemand mehr in der Lage, alle für seine Bedürfnisbefriedigung notwendigen Güter oder Dienste selbst herzustellen bzw. zu leisten. Um dies zu erreichen, müssen die Menschen arbeitsteilig arbeiten.
Jeder Einzelne steht zwangsläufig in wirtschaftlichen Beziehungen mit anderen Personen oder Institutionen:
- die Käufer mit den Anbietern,
- die Arbeitnehmer mit den Arbeitgebern,
- die Banken mit den Sparern,
- die Kommune, das Land und der Staat mit ihren Bürgern usw.

Die wirtschaftlichen Verflechtungen sind dabei so kompliziert und vielfältig, dass sie für den Einzelnen nicht mehr überschaubar sind. Es gilt z. B. zu entscheiden,
- welche Produkte in welchen Mengen zu welchem Zeitpunkt hergestellt werden sollen,
- welche Preise die Produkte haben sollen,
- wer der Besitzer der Produktionsmittel sein soll.

Auf all diese Fragen können unterschiedliche Antworten gefunden werden, deren Kombinationen zu verschiedenen Wirtschaftsordnungen führen.

Dabei stehen sich zwei sehr unterschiedliche, idealtypische und theoretische Grundmodelle von Wirtschaftssystemen gegenüber:

	Freie Marktwirtschaft	Zentralverwaltungswirtschaft
Wirtschaftsplanung	Dezentrale Planung und Lenkung der Wirtschaft	Zentrale Planung und Lenkung der Wirtschaft
Eigentum an Produktionsmitteln	Privateigentum an Produktionsmitteln	Produktionsmittel in staatlichem Eigentum
Ziele der Unternehmen	Gewinnerzielung steht im Vordergrund	Planerfüllung steht im Vordergrund
Preisbildung	Preisbildung durch Angebot und Nachfrage	Staatliche Preisfestsetzung
Lohnfestsetzung	Lohnfestsetzung durch Tarifpartner	Staatliche Lohnfestsetzung
Theoretischer Hintergrund/Geistige Väter	Liberalismus Adam Smith	Sozialismus Karl Marx (s. auch S. 120)

Die Theorie der **freien Marktwirtschaft** geht davon aus, dass der freie Wettbewerb auf dem Markt von allein für ein optimales Funktionieren der Wirtschaft sorgt. Werden Güter angeboten, die niemand haben möchte, oder sind die Preise zu hoch, müssen die Anbieter den Preis senken oder die Produktion einstellen. Andererseits werden Güter, die viele Menschen kaufen möchten, teurer angeboten oder stärker produziert, da die Anbieter möglichst viel Gewinn erzielen möchten. Die Produktion und die Preise werden also durch Angebot und Nachfrage gesteuert. Der Staat sollte auf jeden Eingriff in das Wirtschaftsgeschehen verzichten und lediglich für den Schutz von Person und Eigentum, Rechtspflege und Bildung sorgen („Nachtwächterstaat").

Kritiker dieser Theorie weisen jedoch darauf hin, dass die freie Marktwirtschaft schnell zu einer Monopolbildung und einer Verelendung der Arbeitnehmer führe.

Monopol: z. B. ein marktbeherrschendes Unternehmen, das als alleiniger Anbieter oder Nachfrager die Preise diktieren kann.

Karl Marx, einer dieser Kritiker, forderte daher eine neue Wirtschaftsform, in der die Steuerung der Wirtschaft durch eine Verstaatlichung der Produktionsmittel und durch eine zentrale Planung gänzlich vom Staat übernommen wird. In dieser **Zentralverwaltungswirtschaft** werden von einer Planungsbehörde ein- oder mehrjährige Wirtschaftspläne aufgestellt (häufig für 5 Jahre).
So wird festgelegt,
- welcher Betrieb welche Güter in welcher Menge herstellt,
- von wem die Rohstoffe dafür gekauft werden,
- an wen die fertigen Produkte verkauft werden,
- welche Löhne und Preise gezahlt werden.

Adam Smith (1723–1790): Verfechter der freien Marktwirtschaft

Auch dieses Wirtschaftssystem hat jedoch erhebliche Mängel. Je mehr geplant wird, umso mehr Fehler treten auf, die die Wirtschaft schwer schädigen können. Wurde z. B. eine falsche Anzahl von Schrauben eingeplant oder kann der herstellende Betrieb seinen Plan nicht erfüllen, kann dies die Produktion vieler weiterer Produkte – von der Küchenlampe bis zum Flugzeug – negativ beeinträchtigen.

In der ehemaligen **DDR** wurde nach dem 2. Weltkrieg eine Zentralverwaltungswirtschaft eingeführt (siehe auch Abschnitt 3.3.4). Im Gegensatz zur Marktwirtschaft in Westdeutschland beruhte sie im Wesentlichen auf der weitgehenden Abschaffung des privaten Eigentums an Produktionsmitteln und damit auf der Möglichkeit, die Produktion zentral zu planen. In mehreren Schritten wurde nach sowjetischem Vorbild Privateigentum zum großen Teil in sozialistisches Eigentum überführt.
Letztendlich unterschied man bei den Produktionsmitteln vier verschiedene Eigentumsformen:
- volkseigene staatliche Betriebe (VEB),
- genossenschaftliche Betriebe mit starker staatlicher Einflussnahme,
- Privatbetriebe mit starker staatlicher Beteiligung,
- Privatbetriebe, bei denen es sich im Allgemeinen um Kleinbetriebe mit überwiegend selbstständiger Arbeit handelte (z. B. Handel, Handwerk, Gaststätten).

Karl Marx (1818–1883): Verfechter der Zentralverwaltungswirtschaft

Die **heutigen Wirtschaftsordnungen** basieren zwar alle auf diesen beiden Grundmodellen, haben diese aber mehr oder weniger abgewandelt und an die wirtschaftlichen und politischen Erfordernisse angepasst. Heute existieren also nur noch Mischformen unterschiedlichster Art.

Die Zentralverwaltungswirtschaft wird häufig auch als **zentrale Planwirtschaft** bezeichnet.

AUFGABEN

1. Erläutern Sie in eigenen Worten die wesentlichen Unterschiede zwischen freier Marktwirtschaft und Zentralverwaltungswirtschaft.
2. Die Wirtschaftsordnungen aller Länder basieren auf einem der beiden genannten Grundmodelle. Dabei ist das Wirtschaftssystem in der Regel eng mit dem jeweiligen politischen System verknüpft. Beschreiben Sie stichpunktartig diesen Zusammenhang.
3. Führen Sie auf, welche Vor- und Nachteile die beiden Grundmodelle von Wirtschaftssystemen Ihrer Meinung nach haben. Stellen Sie diese in einer Liste gegenüber und diskutieren Sie die Ergebnisse in der Klasse.

6.1.2 Die soziale Marktwirtschaft und ihre Probleme

Blickpunkt: *Ludwig Erhard (Bundeswirtschaftsminister von 1949–1963) hatte eine faszinierende Idee:*

– Wohlstand für Alle –

Buch: L. Erhard, Wohlstand für alle, 1957

Nach dem 2. Weltkrieg musste nahezu die gesamte Gesellschafts- und Wirtschaftsordnung Deutschlands neu aufgebaut werden. In den westlichen Besatzungszonen entschied man sich auf Betreiben der USA und des späteren Wirtschaftsministers und Bundeskanzlers Prof. Dr. Ludwig Erhard für eine „soziale Marktwirtschaft".

Die **soziale Marktwirtschaft** basiert auf den Grundsätzen der freien Marktwirtschaft. Gleichzeitig sollen jedoch Prinzipien wie soziale Sicherung und soziale Gerechtigkeit verwirklicht werden. Zu diesem Zweck werden staatliche Eingriffe in den Wirtschaftsablauf zugelassen.

Das **Grundgesetz** schreibt zwar keine bestimmte Wirtschaftsordnung vor, aber einige Artikel geben Hinweise auf die Art der Ausgestaltung der Wirtschaftsordnung:

- Artikel 9 GG garantiert das Recht, zur Wahrung und Förderung der Arbeits- und Wirtschaftsbedingungen Vereinigungen zu bilden.
- In Artikel 14 GG wird das Recht auf Eigentum garantiert. Eigentum verpflichtet aber auch, das Allgemeinwohl nicht außer Acht zu lassen.
- In Artikel 20 GG wird festgelegt, dass die Bundesrepublik Deutschland ein demokratischer und sozialer Rechtsstaat ist.

Artikel 9 (Vereinigungsfreiheit), GG

(1) Alle Deutschen haben das Recht, Vereine und Gesellschaften zu bilden.

(2) Vereinigungen, deren Zwecke oder deren Tätigkeit den Strafgesetzen zuwiderlaufen oder die sich gegen die verfassungsmäßige Ordnung oder gegen den Gedanken der Völkerverständigung richten, sind verboten.

Artikel 14 (Eigentum, Erbrecht, Enteignung), GG

(1) Das Eigentum und das Erbrecht werden gewährleistet. Inhalt und Schranken werden durch die Gesetze bestimmt.

(2) Eigentum verpflichtet. Sein Gebrauch soll zugleich dem Wohle der Allgemeinheit dienen.

(3) Eine Enteignung ist nur zum Wohle der Allgemeinheit zulässig. [...]

Artikel 15 (Sozialisierung), GG

Grund und Boden, Naturschätze und Produktionsmittel können zum Zwecke der Vergesellschaftung durch ein Gesetz, das Art und Ausmaß der Entschädigung regelt, in Gemeineigentum oder in andere Formen der Gemeinwirtschaft überführt werden. [...]

Die wichtigsten Ziele und Maßnahmen der sozialen Marktwirtschaft:

- Verringerung der Abhängigkeit des Arbeitnehmers von seinem Arbeitgeber durch Arbeitsschutz- und Mitbestimmungsgesetze.
- Sicherung von Minimallöhnen durch die Zulassung von Gewerkschaften und deren Tarifautonomie (vgl. Kapitel 1.4).
- Erhalt des freien Wettbewerbs, damit gute Leistungen sich lohnen. Der Missbrauch wirtschaftlicher Macht, z. B. durch Preisabsprachen, Monopolbildung und ähnliche wettbewerbsverzerrende Aktivitäten, soll durch Gesetze verhindert werden.
- Gewährung von Vertragsfreiheit, d. h., jeder soll kaufen bzw. verkaufen können, was, wo und so viel er möchte, solange es sich nicht um gesundheitsgefährdende oder moralisch und ethisch verwerfliche Güter oder Dienstleistungen handelt.
- Offenheit der Märkte gegenüber dem Ausland, d. h., prinzipiell sollen keine Einfuhrverbote bzw. -beschränkungen bestehen (Freihandel).
- Unterstützung von Unternehmen und Branchen in Krisenzeiten durch eine der Konjunktur angepasste Beschäftigungspolitik, um Arbeitsplätze zu erhalten oder zu schaffen (z. B. durch Kredite, steuerliche Förderung, Subventionen).
- Milderung sozialer Ungerechtigkeiten, die durch Lohn- und Besitzunterschiede zwangsläufig entstehen, z. B. durch die Einkommensbesteuerung, das Kinder- und Wohngeld, BAföG, Sozialhilfe.

Probleme der sozialen Marktwirtschaft

Nach der Einführung der sozialen Marktwirtschaft erfolgte in den 50er- und 60er-Jahren zunächst ein enormer Wirtschaftsaufschwung (westdeutsches Wirtschaftswunder). Dagegen waren die 70er-Jahre durch eine hohe Inflation geprägt. Seit den 80er- und 90er-Jahren waren Arbeitslosigkeit und die dadurch zunehmenden Kosten der sozialen Sicherung die zentralen Probleme. Heute spricht man daher häufig davon, dass das Modell der sozialen Marktwirtschaft „tot" sei.

Zur Zeit des Wirtschaftswunders war die Bundesrepublik der modernste Standort in Europa. Die asiatischen und lateinamerikanischen Länder waren keine ernst zu nehmenden Konkurrenten, die osteuropäischen Staaten standen wegen des „eisernen Vorhangs" nicht im Wettbewerb mit den westlichen Industrienationen.

Heute ist die Konkurrenz auf dem Weltmarkt riesig. Während – auch aufgrund der sozialen Errungenschaften – die Produktionskosten in der Bundesrepublik deutlich höher sind als in Osteuropa oder Südostasien, werden die Qualitätsunterschiede immer geringer. Viele Unternehmen verlagern ihre Produktion in sogenannte „Billiglohnländer".

Kritiker dieser Entwicklung behaupten, das Resultat sei ein geringer Absatz deutscher Produkte auf dem Weltmarkt, damit verbunden seien weniger Beschäftigung und auch weniger Steuereinnahmen. Das „Soziale" unserer Marktwirtschaft würde damit immer weniger bezahlbar. Allerdings ist diese wirtschaftspolitische Sicht sehr strittig, da viele Volkswirtschaftler die internationale Arbeitsteilung als einen möglichen Beitrag sehen, inländische Arbeitsplätze zu sichern.

In der sozialen Marktwirtschaft hat der Staat die Aufgabe ...	▪ für eine gerechte Einkommensverteilung zu sorgen, ▪ durch seine Politik den Wettbewerb zu fördern und Monopolbildungen zu verhindern, ▪ für einen hohen Beschäftigungsstand zu sorgen.

In der sozialen Markwirtschaft betreibt der Staat aktive Wirtschafts-, Konjunktur-, Sozial- und Beschäftigungspolitik.

Staatliche Maßnahmen wie die Änderung der Steuergesetze und der Umbau des Sozialstaates sollen die wirtschaftliche Entwicklung fördern. Gleichzeitig gilt es, den Unternehmen wieder die Vorteile des „Standorts Deutschland" bewusst zu machen, wie z.B. politische und soziale Stabilität, Rechtsstaatlichkeit, eine gute Infrastruktur und gut ausgebildete Mitarbeiter.

Artikel 20 (Grundlagen staatlicher Ordnung, Widerstandsrecht), GG

(1) Die Bundesrepublik Deutschland ist ein demokratischer und sozialer Bundesstaat.

(2) Alle Staatsgewalt geht vom Volke aus. Sie wird vom Volke in Wahlen und Abstimmungen und durch besondere Organe der Gesetzgebung, der vollziehenden Gewalt und der Rechtsprechung ausgeübt.

Ludwig Erhard (1897–1977): Hochschullehrer, Bundeswirtschaftsminister, Bundeskanzler. Er gilt als der „Vater der Sozialen Marktwirtschaft" in Deutschland.

AUFGABEN

1. Suchen Sie aus Abschnitt 6.1.1 noch einmal die vier ersten Merkmale der freien Marktwirtschaft heraus. In welchen Bereichen werden sie durch staatliche Maßnahmen und/oder Gesetze eingeschränkt?
2. Ordnen Sie die folgenden Vorgänge den Bereichen „staatlicher Eingriff" oder „Wirkungen am freien Markt" zu: ein Händler erhöht die Preise – Werbung für eine Automarke – Erhöhung der Mehrwertsteuer – Streik der IG Metall – Importbeschränkungen – Konkurs eines Betriebes – Stiftung Warentest beurteilt eine Fahrradmarke mit Note 4 – ein Kunde kauft beim Anbieter mit dem besseren Service.
3. Sollte sich die Bundesrepublik von dem Modell der „sozialen Marktwirtschaft" lösen? Sammeln Sie Gründe, die dafür und/oder dagegen sprechen, und vertreten Sie Ihre Meinung.

Blickpunkt: *Was hat ein Fenster im Kölner Dom mit Wirtschaftspolitik zu tun?*
Die Redewendung von den „sieben fetten und den sieben mageren Jahren" stammt aus der Bibel. Joseph deutet den Traum des Pharaos, der erst sieben fette und dann sieben magere Kühe sah, so, dass nach sieben wirtschaftlich fetten Jahren sieben magere Jahre mit großer Not folgen würden. Er riet ihm, Vorräte für die mageren Jahre anzulegen. So betrachtet, war Joseph der Wirtschaftsberater des Pharaos.

Fenster im Kölner Dom

6.1.3 Gute Zeiten – schlechte Zeiten: Staatliche Konjunkturpolitik

Die wirtschaftliche Entwicklung in den Industrieländern läuft nicht gleichmäßig, planmäßig und störungsfrei ab. Sie ist gekennzeichnet durch Wellen guter und schlechter Zeiten. Es lässt sich ein stetes Auf und Ab z.B. bei Preisen, Löhnen, Beschäftigung und in der Produktion beobachten. Diese ständige Veränderung der wirtschaftlichen Lage wird als **Konjunktur** bezeichnet, die über mehrere Jahre betrachtet, einen wellenförmigen Konjunkturverlauf zeigt. Diese Schwankungen sind eine typische Erscheinung in einer Marktwirtschaft.

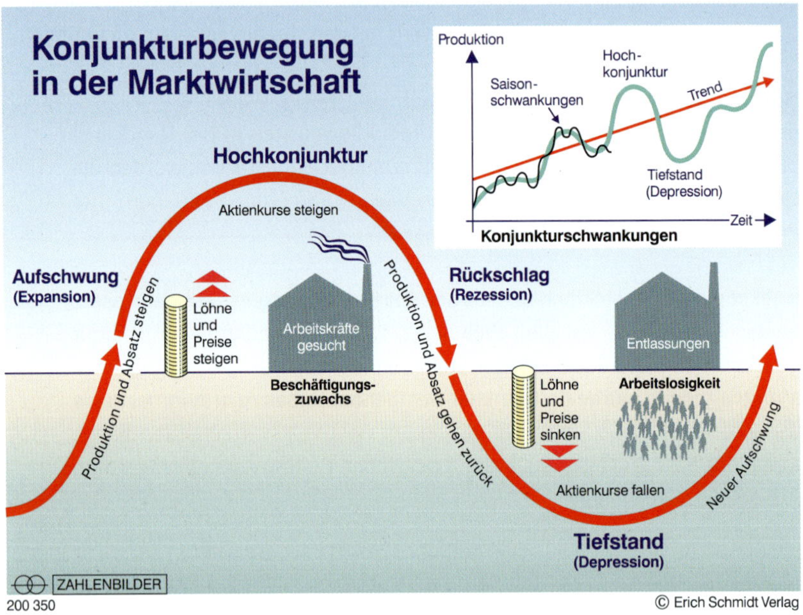

200 350 © Erich Schmidt Verlag

In früheren Zeiten nahmen die Konjunkturschwankungen einen mehr oder weniger regelmäßigen Verlauf, der Markt fand immer wieder selbstständig zu seinem Gleichgewicht zurück. Durch die starken Veränderungen in der Weltwirtschaft, gekennzeichnet durch die zunehmende internationale Konkurrenz, die teilweise Sättigung im Bereich der Konsumgüter, die Automatisierung und ähnliche Einflüsse, können die altbekannten konjunkturellen Zusammenhänge jedoch immer weniger verlässlich erkannt und vorhergesagt werden.

Parallel zu diesen eher langfristigeren Schwankungen gibt es die kurzfristigen saisonalen Konjunkturschwankungen. Sie finden permanent statt, egal in welcher Phase sich die Konjunktur befindet. Ein typisches Beispiel sind u.a. die wetterabhängigen Schwankungen in der Bauwirtschaft.

Der Staat hat die Aufgabe, die wirtschaftliche und konjunkturelle Entwicklung ständig zu begutachten und bei wirtschaftlichen Krisen in das Wirtschaftsgeschehen einzugreifen. In der Konjunkturpolitik gibt es zwei miteinander konkurrierende Ansätze: die **Angebotspolitik** und die **Nachfragepolitik**.

Bei der Beurteilung der wirtschaftlichen Lage wird mithilfe des **Bruttoinlandsprodukts (BIP)** eingeschätzt, wie sich die wirtschaftliche Leistung einer Volkswirtschaft

Konjunkturphasen: Die Konjunktur verläuft in vier verschiedenen Phasen, deren Intensität nie völlig gleich ist:
- Aufschwung (Erholung, Expansion)
- Hochkonjunktur (Boom)
- Abschwung (Rezession)
- Tiefstand (Krise, Depression)

Konjunkturzyklus: Zeitraum, in dem die wirtschaftliche Entwicklung die einzelnen Konjunkturphasen einmal komplett durchläuft: von einem Aufschwung bis zum nächsten Aufschwung.

Wirtschaftspolitische Strategien

Die **angebotsorientierte Wirtschaftspolitik** geht davon aus, dass der Staat günstige Rahmenbedingungen für unternehmerische Investitionen schafft. Sind diese vorhanden, erhöht sich die Neigung der Unternehmen zu investieren (z. B. Schaffung von Arbeitsplätzen, Zahlung höherer Löhne).

Maßnahmen des Staates sind z. B.:
- die Verbesserung der Produktionsbedingungen durch Modernisierung, Deregulierung und die Privatisierung staatlicher Aufgaben sowie durch eine gute Berufsausbildung der Facharbeiter,
- die Verbesserung des Investitionsklimas z. B. durch niedrige Zinsen/Steuern,
- die stetige Beseitigung von Angebotshemmnissen z. B. durch Bürokratieabbau, die Senkung von Steuern und Lohnnebenkosten.

Schlagwort „Mehr Markt und weniger Staat“

Die **nachfrageorientierte Wirtschaftspolitik** geht davon aus, dass das Auf und Ab der Konjunktur hauptsächlich durch die Schwankungen der privaten Nachfrage nach Konsum- und Investitionsgütern hervorgerufen wird. Fehlt es den Unternehmen an Nachfrage, produzieren sie weniger und entlassen Arbeitskräfte. Der Staat muss dann dafür sorgen, dass die Nachfrage wieder steigt.

In der **Rezession** reagiert der Staat dann z. B. mit:
- der Erhöhung der Staatsausgaben (Verschuldung),
- der Senkung der Steuern und Zinsen.

Ist die Nachfrage sehr stark, besteht die Gefahr einer Inflation. In der **Hochkonjunktur (Boom)** reagiert der Staat z. B. mit:
- der Senkung der Staatsausgaben,
- der Erhöhung der Steuern und Zinsen und
- dem dann möglichen Schuldenabbau.

Schlagwort: Antizyklische Wirtschaftspolitik

gegenüber den Vorjahren verändert hat. Das BIP misst den finanziellen Wert aller Waren und Dienstleistungen, die innerhalb des Berechnungszeitraums im Inland hergestellt wurden. Waren und Dienstleistungen, die wiederum in die Produktion anderer Waren und Dienstleistungen eingehen – sogenannte Vorleistungen –, dürfen jedoch nicht mitberechnet werden, da sie sonst doppelt in die Rechnung eingehen würden.

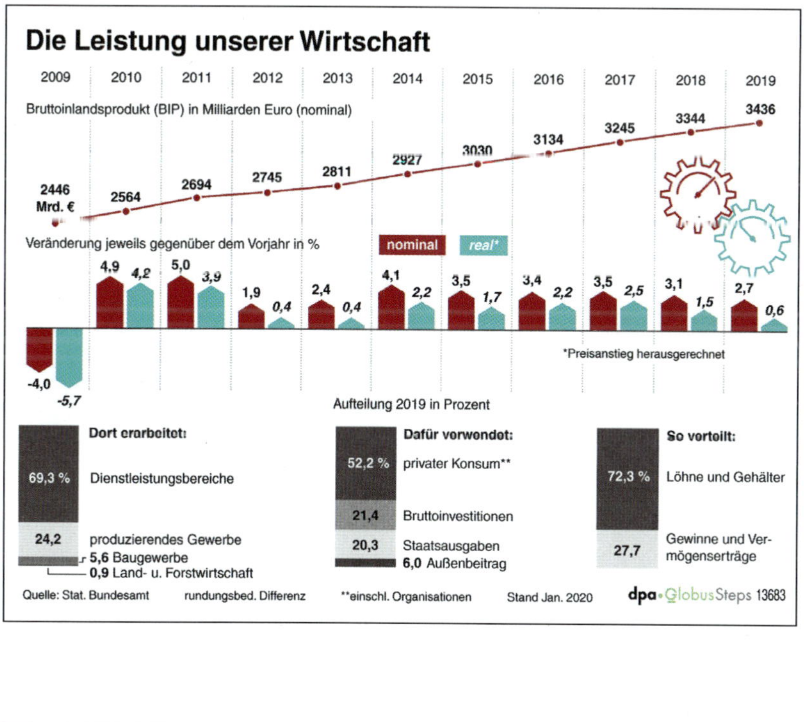

Ermittlung des BIP
In Deutschland wird das BIP über die Entstehungs- und Verwendungsseite ermittelt:

Entstehungsrechnung
(Produktionsansatz): Es wird die Differenz zwischen den erzeugten Waren und Dienstleistungen und den Vorleistungen errechnet. Zusätzlich müssen Gütersteuer (Mehrwert-, Mineralölsteuer usw.) hinzu-, Gütersubventionen hingegen abgerechnet werden.

Verwendungsrechnung
(Ausgabenansatz): Hier werden die Konsumausgaben der Privathaushalte und des Staates, die Investitionen und der Außenbeitrag (= Exportüberschuss) aufsummiert.

Wird das BIP nach den zum Zeitpunkt der Berechnung gültigen Preisen ermittelt, erhält man das **nominale Bruttoinlandsprodukt**. Sein Index würde aber auch dann größer werden, wenn lediglich die Preise steigen. Um eine tatsächliche Vergleichsgröße zu erhalten, muss das BIP daher um die Inflationsrate bereinigt werden. Auf diese Weise erhält man das **reale Bruttoinlandsprodukt**, das als Gradmesser für den Wohlstand eines Landes herangezogen werden kann.

AUFGABEN

1. Analysieren Sie das Schaubild zur Entwicklung des Bruttoinlandsprodukts.
   a) Beschreiben Sie, welche Entwicklung das BIP in den letzten Jahren genommen hat.
   b) Nennen Sie mögliche Gründe, die hierfür verantwortlich sein könnten.
2. Erörtern Sie die aktuelle wirtschaftliche Lage. Diskutieren Sie, welche wirtschaftspolitischen Strategien der Staat gegenwärtig verfolgen sollte.

Blickpunkt: *Ist es nur ein Traum oder ist es wirklich machbar?*

Der Exportmeister Deutschland bietet seinen Bürgern
- *ein hohes Wirtschaftswachstum,*
- *eine geringe Arbeitslosenquote,*
- *niedrige und stabile Preise,*
- *hohe Löhne,*
- *eine saubere Umwelt und*
- *eine gerechte Einkommensverteilung.*

6.1.4 Das magische Sechseck staatlicher Wirtschaftspolitik

Insbesondere in wirtschaftlich schlechten Zeiten wird von der Regierung erwartet, dass sie ihre wirtschaftspolitischen Aufgaben erfüllt. Deutet sich eine steigende Arbeitslosigkeit oder ein Konjunktureinbruch an, muss der Staat gegensteuern. Gleichzeitig soll er in der sozialen Marktwirtschaft aber nicht übermäßig in das Wirtschaftsgeschehen eingreifen.

1967 hat der Bundestag das „Gesetz zur Förderung der Stabilität und des Wachstums der Wirtschaft" (**Stabilitätsgesetz**) beschlossen. In ihm wurden die vier wichtigsten wirtschaftspolitischen Ziele (siehe unten) für die Bundesregierung festgelegt: das sogenannte **magische Viereck**.
Diese wurden in den folgenden Jahren durch die zwei Ziele „Schutz der Umwelt" (siehe Kapitel 8) und „Gerechte Einkommens- und Vermögensverteilung" (siehe Abschnitt 6.3.1) zum **magischen Sechseck** ergänzt.

Im **Stabilitätsgesetz** werden die Ziele der Wirtschaftspolitik von Bund und Ländern definiert. Um das Ziel eines gesamtwirtschaftlichen Gleichgewichts zu sichern, sind im § 1 des Gesetzes die wirtschaftspolitischen Grundlagen mit den zur Verfügung gestellten Maßnahmen festgelegt. Danach sollen gleichzeitig
- die Stabilität des Preisniveaus,
- ein hoher Beschäftigungsgrad und
- ein außenwirtschaftliches Gleichgewicht bei
- stetigem und angemessenem Wirtschaftswachstum

erreicht werden. Diese vier Ziele werden als das „magische Viereck" bezeichnet.

Ziel 1: Angemessenes Wachstum
In wirtschaftlich schlechten Zeiten haben die Verbraucher, Unternehmen und Politiker fast nur einen Wunsch: das Wirtschaftswachstum soll steigen. Gemessen wird das Wachstum mit dem BIP, dem Bruttoinlandsprodukt (siehe Abschnitt 6.1.3). Steigt das BIP, sprechen wir von Wirtschaftswachstum; bleibt es gleich, sprechen wir von Nullwachstum; sinkt es, haben wir ein negatives Wachstum. Als ein gutes, angemessenes Wirtschaftswachstum gilt eine jährliche **Wachstumsrate von 2,5 %**. Wirtschaftswachstum bedeutet immer eine Steigerung von Angebot und Nachfrage, d.h. mehr Güter werden produziert und auch nachgefragt. Dadurch werden vorhandene Arbeitsplätze gesichert und neue geschaffen. Nachteile dieser Entwicklung sind Preissteigerungen, bedingt durch die

höhere Nachfrage, und eine stärkere Belastung der Umwelt durch die höhere Produktion.

Ziel 2: Vollbeschäftigung
Arbeitslosigkeit ist eines der größten Probleme moderner Industriegesellschaften (siehe auch Abschnitt 6.3.3). Als arbeitslos gelten alle, die arbeitsfähig und arbeitswillig sind, aber trotzdem keinen Arbeitsplatz haben. Ein hoher Beschäftigungsgrad bedeutet jedoch nicht absolute Vollbeschäftigung. Auch in einer wirtschaftlich hervorragenden Situation, wird es immer Arbeitslose geben. Kündigungen, Insolvenzen (Konkurse) von Firmen, oder ein Wohnungswechsel führen oft zu Arbeitslosigkeit. Liegt die **Arbeitslosenquote bei 2 %**, spricht man von einem ausgeglichenen Beschäftigungsstand.

Ziel 3: Preisniveaustabilität
Gleichen sich die Preissteigerungen der einen Produkte mit den Preissenkungen anderer Produkte aus, besteht Preisniveaustabilität. Das Preisniveau bezieht sich wohlgemerkt auf einen gewichteten Durchschnitt aller Güterpreise, nicht auf Einzelpreise. Absolut stabile Preise, also keinerlei Veränderungen bei den Preisen kann es in einer Volkswirtschaft nicht geben und gab es auch noch nie. Preise ändern sich ständig, das ist ein typisches Zeichen für eine freie Marktwirtschaft. Liegt die Teuerungsrate, auch **Inflationsrate** genannt, **bei maximal 2 %**, spricht man von Preisniveaustabilität. In den vergangenen Jahren, auch nach der Einführung des Euros, lag die Inflationsrate immer bei 1 bis 2 %.

Ziel 4: Außenwirtschaftliches Gleichgewicht
Ohne den Handel mit dem Ausland könnte die deutsche Wirtschaft nicht überleben. Waren wie z. B. Erdöl, Erdgas, Steinkohle, Eisenerz, Südfrüchte, Kleidungsstücke und Digitalkameras werden aus dem Ausland importiert. Ohne diese Importe wäre unser heutiger Lebensstandard nicht haltbar. Um all diese Importe aus dem Ausland bezahlen zu können, müssen im Inland hergestellte Waren in großen Mengen ins Ausland verkauft werden. Exporte und Importe sollten in einer gesunden Volkswirtschaft ausgeglichen sein. Wird ständig mehr importiert als exportiert, besteht die Gefahr, dass neue Kredite aufgenommen werden müssen und die Volkswirtschaft immer stärker vom Ausland abhängig wird. Besteht hingegen ein ständiger Exportüberschuss, fließt zu viel Geld ins Land, es droht eine hohe Inflation. In Deutschland strebt die Politik einen **Exportüberschuss von 1 %** an, um bestehende Zahlungsverpflichtungen problemlos einlösen zu können.

Ziel 5: Schutz der natürlichen Umwelt
Eine unkontrolliert wachsende Volkswirtschaft kümmert sich zunächst einmal nicht so sehr um die Umwelt. Bodenverseuchungen, Luftverschmutzung, Überschwemmungen und Lebensmittelskandale sind dann häufig die Folge. Deshalb ist der Schutz der Natur und Umwelt ein weiteres Ziel der Wirtschaftspolitik geworden. Zwar verursacht der Umweltschutz enorme Kosten, schafft aber auch Arbeitsplätze und sichert der Umwelttechnikindustrie einen Wissensvorsprung gegenüber ausländischen Konkurrenten (siehe auch Kapitel 8).

Ziel 6: Gerechte Einkommens- und Vermögenspolitik
Auch in einer freien und sozialen Marktwirtschaft gibt es große Unterschiede bei Einkommen und Vermögen. Oft werden allzu große Unterschiede als ungerecht empfunden. Daher hat der Staat in der sozialen Marktwirtschaft die Aufgabe, für eine gerechtere Verteilung der Reichtümer zu sorgen. Hierfür stehen ihm eine Reihe von Möglichkeiten zur Verfügung. Das wichtigste Instrument ist die sogenannte progressive Einkommensbesteuerung, bei der höhere Einkommen stärker besteuert werden als geringere. Wer unter einer bestimmten Grenze liegt, muss keine Steuern zahlen. Weitere Instrumente sind z. B. die Zahlungen von Wohngeld, Kindergeld oder Ausbildungsförderung (siehe auch Abschnitt 6.3.1).

Was ist das „magische“ an diesen Zielen?
Es gibt viele Möglichkeiten, die insgesamt sechs Ziele der Wirtschaftspolitik zu erreichen. Da sie sich jedoch teilweise widersprechen, ist es nicht möglich alle Ziele gleichzeitig zu erreichen. Stellt die Politik z. B. ein hohes Wirtschaftswachstum in den Vordergrund investieren die Unternehmen, Arbeitsplätze werden geschaffen und die Löhne steigen. Die Tatsache, dass nun mehr Menschen wieder über mehr Geld verfügen, lässt jedoch am Markt die Preise steigen, was wiederum die Preisniveaustabilität gefährdet.

▶ AUFGABEN

1. Zeichnen Sie in Anlehnung an das Schaubild des magischen Vierecks eines des magischen Sechsecks.
2. Beurteilen Sie die derzeitige wirtschaftliche Lage, indem Sie die aktuellen Daten zu den vier Kriterien des magischen Vierecks beschaffen und bewerten.

6.1.5 Der Außenhandel – Quell unseres Reichtums

Blickpunkt: *Per Lkw, Schiff, Flugzeug oder Bahn werden täglich Waren aus aller Welt nach Deutschland importiert oder ins Ausland exportiert.*

Containerschiff im Hamburger Hafen

Der Handel mit dem Ausland ist für das vergleichsweise rohstoffarme Deutschland lebenswichtig. Einige wenige Rohstoffe, wie z. B. Kohle, sind zwar vorhanden, können aber nur mit enormen Kosten gewonnen werden. Andere wichtige Rohstoffe, wie z. B. Erdöl, Kupfer, Erze, gibt es in Deutschland nicht in ausreichender Menge. Deshalb ist der Import von Rohstoffen für uns von sehr großer Bedeutung. Dies auch aus dem Grund, da die Rohstoffe hierzulande veredelt werden und aus den so gewonnenen Produkten (z. B. Stahl, Kunststoffe) eine Vielzahl von Exportartikeln hergestellt und mit Gewinn wieder exportiert werden kann.

Ähnlich wie Deutschland, sind auch alle anderen Länder auf die Einfuhr von Gütern aus dem Ausland angewiesen – zumindest sofern sie diese benötigen und diese in ihrem eigenen Land nicht ausreichend zur Verfügung stehen. Auch Güter, die im eigenen Land zu teuer sind, werden häufig aus dem Ausland importiert.
Exportiert werden hingegen Güter, deren produzierte Menge höher als der eigene Bedarf ausfällt. Kann ein Land bestimmte Güter in besonders guter Qualität oder besonders preisgünstig produzieren, können diese auf ausländischen Märkten gewinnbringend gehandelt werden.

Der Begriff **Außenhandel** bezieht sich auf den Teil des Handels, bei dem Güter über die Grenzen eines Landes hinweg gehandelt werden. Die Ausfuhr von Waren ins Ausland wird dabei als **Export**, die Einfuhr von Waren als **Import** bezeichnet.

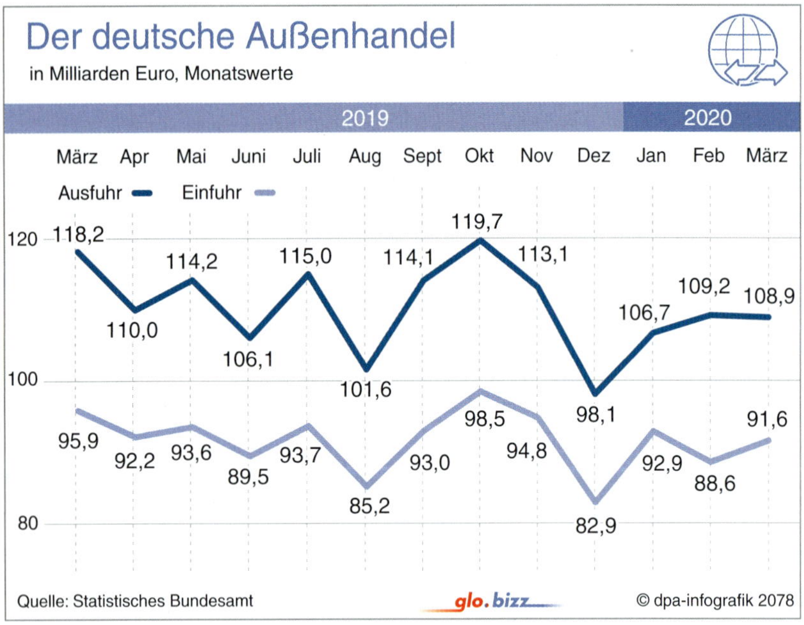

Die Handelsbilanz
In der Handelsbilanz wird der Wert aller Güter, die von einem Staat pro Jahr ausgeführt werden (Export), dem Wert der eingeführten Güter (Import) gegenübergestellt. Übersteigen in einer Volkswirtschaft die Importe die Exporte über längere Zeit, droht die Verschuldung des Staates gegenüber den ausländischen Gläubigern.

Deutsche Import- und Exportgüter
Neben Rohstoffen importiert Deutschland auch zahlreiche Waren des täglichen Gebrauchs, z. B. Jeans, Hemden oder Lebensmittel. Ins Ausland exportiert werden insbesondere Kraftfahrzeuge, Maschinen, chemische Produkte, Metallerzeugnisse und Medizintechnik, aber auch Lebensmittel und Bekleidung.

Deutschland ist eine der führenden Exportnationen, und war viele Jahre sogar Exportweltmeister, noch vor China und den USA. Entsprechend weist die deutsche Handelsbilanz seit Jahren einen Handelsbilanzüberschuss aus. Eine Folge dieses Überschusses ist u. a. auch, dass Deutschland keine ernstzunehmende Verschuldung gegenüber dem Ausland hat.

Die Zahlungsbilanz

Alle in einem Jahr anfallenden wirtschaftlichen Handlungen zwischen Deutschland und dem Ausland werden in der Zahlungsbilanz abgebildet. Diese setzt sich aus der Leistungsbilanz, in die die Handelsbilanz eingeht, und der Kapitalbilanz zusammen (siehe Schaubild).

Mit der Zahlungsbilanz wird überprüft, ob das Ziel „außenwirtschaftliches Gleichgewicht“ des magischen Sechsecks (siehe Abschnitt 6.1.4) erreicht wird.

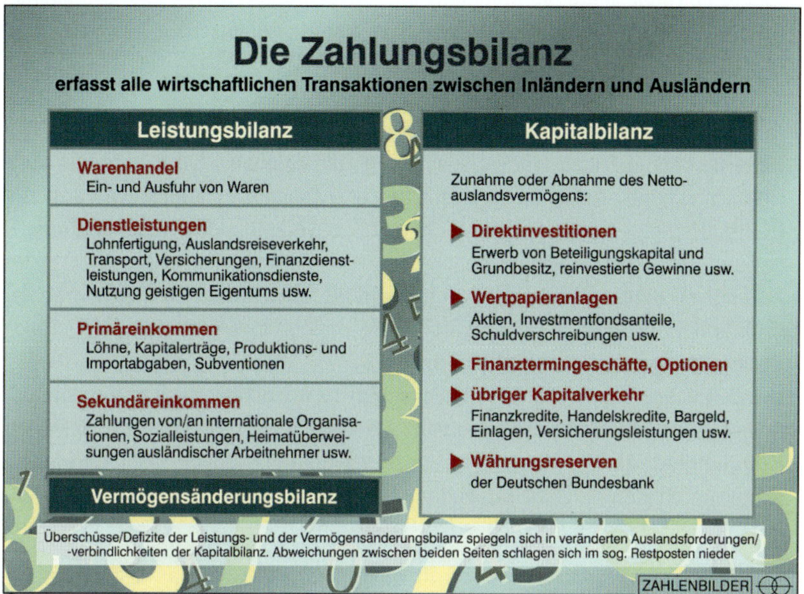

 218 001

Deutsche Exporte im Jahr 2019: +0,8 % zum Jahr 2018

WIESBADEN – Die deutschen Exporte und Importe haben im Jahr 2019 die bisherigen Höchstwerte aus dem Jahr 2018 übertroffen. Allerdings verlor das Wachstum im Vergleich zu den Vorjahren an Dynamik: 2019 wurden von Deutschland Waren im Wert von 1 327,6 Milliarden Euro exportiert und Waren im Wert von 1 104,1 Milliarden Euro importiert. Wie das Statistische Bundesamt (Destatis) anhand vorläufiger Ergebnisse weiter mitteilt, waren die Exporte im Jahr 2019 damit 0,8 % höher als 2018. Die Importe stiegen um 1,4 %. 2018 waren die Exporte noch um 3,0 % und die Importe um 5,6 % gegenüber dem Vorjahr gestiegen.

(aus: Statistisches Bundesamt, Pressemitteilung Nr. 039 vom 07.02.2020)

Die Kehrseite – nicht nur Export ist wichtig

Deutschland behauptet sich seit Jahren erfolgreich am hart umkämpften Weltmarkt. Die durch den Außenhandel erzielten Exportüberschüsse mehren zum einen den Wohlstand Deutschlands, bergen zum anderen aber auch die Gefahr, von den Verhältnissen im Inland abzulenken.

So sind die **Binnenwirtschaft** und die **Binnennachfrage** durch den angenehmen Blick auf die guten Exportzahlen in den vergangenen Jahren leicht aus dem Blickfeld geraten. Viele hierzulande von der Binnennachfrage abhängige Unternehmen, haben im Gegensatz zur Exportwirtschaft mit Problemen zu kämpfen. Deshalb macht es Sinn, wie dies z. B. von Politikern aller Parteien auch immer wieder gefordert wird, die Menschen durch höhere Löhne wieder mehr am Wohlstand teilhaben zu lassen. Höhere Einkommen stärken die Binnennachfrage und sichern dadurch Arbeitsplätze (siehe hierzu auch Abschnitte 5.2.3 und 5.3.1).

HINWEIS

Im Juni 2020 wurden Waren im Wert von 96,1 Milliarden Euro aus Deutschland ausgeführt; damit ist der Wert der Exporte gegenüber dem Vorjahresmonat aufgrund der Corona-Krise um 9,4 Prozent eingebrochen. Der Wert der Einfuhren belief sich auf 80,5 Milliarden Euro, dies war ein Rückgang gegenüber dem Mai des Vorjahres um 10 Prozent.

(aus: Statista Research Department, 13.08.2020)

AUFGABEN

1. Wie wichtig sind für Sie Importwaren? Erstellen Sie eine Übersicht, in der Sie fünf Produkte, die Ihr tägliches Leben bestimmen bzw. beeinflussen und ganz offensichtlich Importe sind, auflisten. Vergleichen Sie Ihre Ergebnisse.
2. Erörtern Sie, welche wirtschaftspolitischen Maßnahmen die Bundesregierung forcieren bzw. veranlassen sollte,
   a) damit Deutschland weiterhin eine der führenden Exportnationen bleibt und
   b) gleichzeitig die Binnennachfrage gestützt und gefördert wird.

Blickpunkt:

Deutschland – ein Gewinner der Globalisierung

Deutschlands Industrie gehört nicht zuletzt aufgrund ihrer dichten internationalen Verflechtung zu den Globalisierungsgewinnern. Zu diesem Schluss kommt eine Studie des Instituts der Deutschen Wirtschaft (IW) für den Bundesverband der Deutschen Industrie (BDI).

So stieg die Bruttowertschöpfung der deutschen Industrie zwischen 1995 und 2013 um rund 45 Prozent auf 561,3 Milliarden Euro. Frankreich (9 Prozent) und Großbritannien (3 Prozent) mussten sich demgegenüber mit vergleichsweise geringen Zuwächsen begnügen. Japan hatte sogar Verluste von 3 Prozent hinzunehmen.

Größter Sieger der Globalisierung ist dagegen China, dessen Anteil an der globalen industriellen Bruttowertschöpfung 2013 bei 24,4 Prozent liegt (zum Vergleich Deutschland: 6,3 Prozent).

6.1.6 Wirtschaftspolitik in Zeiten der Globalisierung

Globalisierung ist die Bezeichnung für die ständig zunehmende weltweite Verflechtung fast aller Lebensbereiche. Diese Verdichtung der globalen Vernetzung betrifft das einzelne Individuum genauso wie die Unternehmen und staatlichen Organisationen.

Als wesentliche Ursache der Globalisierung wird der technische Fortschritt, insbesondere im Hinblick auf die Kommunikationssysteme gesehen. Weitere Ursachen sind die Liberalisierung der Wirtschaft und die enge politische Zusammenarbeit vieler Staaten.

Kennzeichen der Globalisierung sind:

- **Gesellschaft:** die Welt wächst zusammen zum „globalen Dorf", Informationen sind schnell und oft allgemein zugänglich, die Mobilität ist nahezu unbegrenzt.
- **Politik:** Regierungen können oft nicht mehr souverän handeln, sie sind auf Partner und Verbündete angewiesen.
- **Menschenrechte:** werden weltweit verstärkt eingefordert. Menschenrechtsverletzungen werden angeprangert, die verantwortlichen Staaten können sich diesen Anklagen immer weniger entziehen.
- **Umwelt:** länderübergreifender Umweltschutz ist dringender denn je, z. B. internationale Zusammenarbeit im Klimaschutz, Gewässerschutz, beim Schutz der Meere.
- **Kommunikation:** die Kommunikationsnetzwerke entwickeln sich permanent weiter und bieten den Nutzern zahlreiche Möglichkeiten. Diktaturen fällt es zunehmend schwerer, Informationen zu unterdrücken.
- **Sicherheit:** die Welt wird zur Risikogemeinschaft. Globale Gefahren bedrohen die gesamte Menschheit, z. B. Terrorismus, Klimawandel.
- **Wirtschaft:** durch sinkende Transportkosten und den Abbau von Handelshemmnissen entsteht ein „Weltbinnenmarkt".

Globalisierung – Chance oder Gefahr?

Der freie Austausch von Gütern, Dienstleistungen, Informationen und die Möglichkeit zu unbegrenzter Mobilität sind für viele heute selbstverständlich geworden und aus dem Alltag nicht mehr wegzudenken. Allerdings bietet die weltweite Vernetzung vieler Lebensbereiche auch Risiken.

global: weltumspannend; die gesamte Erde umfassend

Für Deutschland ist die Globalisierung von großer Bedeutung, da die Güter des Exportlandes auf dem Weltmarkt angeboten und verkauft werden. Um international konkurrenzfähig zu bleiben, müssen erstklassige und zukunftsfähige Produkte (z. B. Maschinen, Autos) zu konkurrenzfähigen Preisen angeboten werden. Somit zwingt die Globalisierung die deutsche Wirtschaft zu permanenter Innovation, Rationalisierung und Kosteneinsparung.

liberalisieren: von Einschränkungen frei machen;
wirtschaftl.: stufenweise Beseitigung von Einfuhrverboten und festgelegten Import- und Exportmengen im Außenhandel

Risiken der Globalisierung – 2 Beispiele	
Alle Lebensbereiche werden zunehmend ökonomisiert. Der schnelle, kostengünstige Erfolg steht im Mittelpunkt. Lebensbereiche wie Kultur, Bildung, Musik oder soziale Kontakte werden unter rein wirtschaftlichen Gesichtspunkten betrachtet und gewertet.	Viele Arbeitnehmer fühlen sich ausgeliefert, wenn in ihren Unternehmen aufgrund weltweiter Zusammenhänge umstrukturiert und rationalisiert wird. So waren z. B. die Arbeitsplätze von 26 000 Opel-Mitarbeitern gefährdet, weil der Eigentümer General Motors in den USA durch die Finanzkrise in Not geriet.

IWF, Weltbank, WTO und OECD – im Zentrum der Weltwirtschaft

Der seit 1947 existierende **Internationale Währungsfonds** (IWF) hat 188 Mitgliedsstaaten und ist eine Sonderorganisation der Vereinten Nationen (UNO, siehe Abschnitt 9.2.2) mit Sitz in Washington. Seine Hauptaufgabe ist die Förderung eines ausgewogenen Welthandels auf der Grundlage internationaler Zusammenarbeit. Der IWF soll:

- weltweit stabile Währungsbeziehungen gewährleisten,
- Handelsbeschränkungen beseitigen und
- Kredite vergeben (bei Währungskrisen, für den Wiederaufbau nach Krisen und als Finanzhilfe für Entwicklungsaufgaben in Entwicklungsländern).

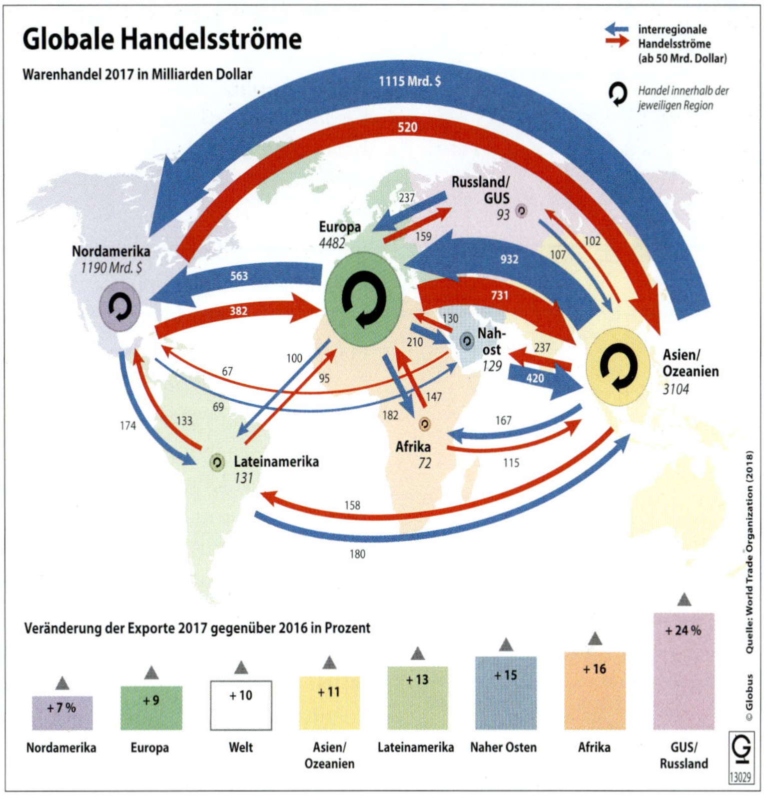

Die **Weltbank** ist ebenfalls eine Organisation der UNO. Sie hat maßgeblich die Aufgabe, die wirtschaftliche Entwicklung und die Förderung des Lebensstandards in den wirtschaftlich schwächeren Mitgliedsstaaten zu fördern. Sie

- vergibt Kredite in Milliardenhöhe nach Afrika, Asien, Süd- und Mittelamerika,
- finanziert die technische Hilfe bei Entwicklungsprojekten,
- koordiniert die Entwicklungshilfe mit anderen Entwicklungshilfeorganisationen.

Die **Welthandelsorganisation** (World Trade Organization – WTO) ist eine weitere Sonderorganisation der UNO mit Sitz in Genf. Ihr gehören 164 Mitgliedsstaaten an. Neben der Liberalisierung des Welthandels durch den Abbau von Zöllen und Handelshemmnissen widmet sich die WTO

- der Organisation und Überwachung des Welthandels auf der Grundlage internationaler, verbindlicher Handelsabkommen,
- der Schaffung von Handelsgerechtigkeit und
- der Streitschlichtung bei Handelskonflikten zwischen den Mitgliedsstaaten.

Die **OECD** (Organisation für wirtschaftliche Zusammenarbeit und Entwicklung) ist eine internationale Organisation mit Sitz in Paris. Sie plant, organisiert und koordiniert die wirtschaftliche Zusammenarbeit zwischen ihren 34 Mitgliedern – mit dem Ziel, das Wirtschaftswachstum dort und in den Entwicklungsländern zu fördern.

Die **G8** ist ein Zusammenschluss der wichtigsten Industrienationen: USA, Kanada, Großbritannien, Deutschland, Frankreich, Italien, Japan und Russland. Die Regierungschefs treffen sich jährlich zu einem Wirtschaftsgipfel. Wegen der Ukraine-Krise wurde Russland im März 2014 aus dem Kreis ausgeschlossen – die G8 wurde zur G7.

AUFGABEN

1. Listen Sie fünf Merkmale auf, wie sich die Globalisierung in Ihrem Alltag bemerkbar macht.
2. Stellen Sie gegenüber, welche weiteren Vor- und Nachteile der Globalisierung Sie sehen.
3. Stellen Sie dar, auf welche Weise in der Presse darüber berichtet wird, wie die WTO ihre Aufgabe zur Liberalisierung der Wirtschaft wahrnimmt. Recherchieren Sie hierzu im Internet.

HANDELN AKTIV SEIN

Papierformate
Die Formate in der Papier- und Druckindustrie werden ausschließlich als Breite x Höhe angegeben. Dadurch lässt sich eindeutig festlegen, ob es sich um ein Hoch- oder ein Querformat handelt.

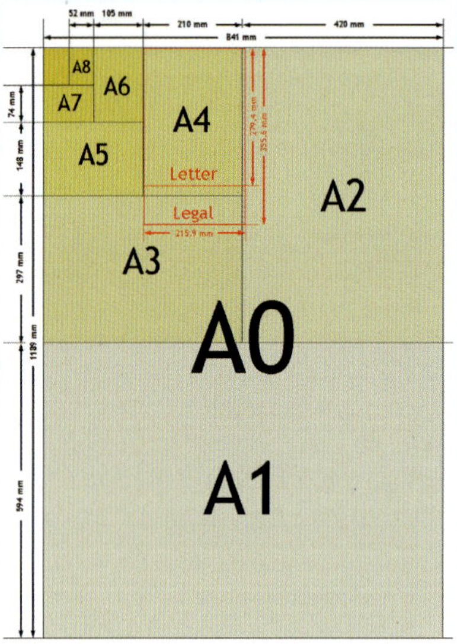

Ausgangsformat ist DIN A0. Jeweils einmal gefaltet ergibt sich das nächst kleinere Format. Das wichtigste Format in der Druckindustrie ist das DIN-A4-Format. Eine Ausarbeitung auf einer DIN-A4-Seite kann sehr leicht auf allen heute gängigen Kopierern auf DIN A3 vergrößert werden. DIN-A3-Formate werden oft genutzt für Zeichnungen, Plakate, Zeitschriften.

HINWEIS
Informationen zum Schutz von Urheberrechten im Internet finden Sie z. B. unter:
https://www.urheberrecht.de/urheberschutz/

Kurz und Klar – der KuK-A3-Beitrag

Blickpunkt: *„The length of this document defends it well against the risk of its being read." Diese Aussage wird dem britischen Staatsmann Winston Churchill zugeschrieben. Sie lautet frei übersetzt: „Die Länge dieses Dokuments ist der beste Schutz gegen die Gefahr, dass es gelesen wird."*

Viele Entscheidungsträger in Wirtschaft und Politik legen großen Wert auf gute, präzise und übersichtlich ausgearbeitete Informationen. Denn längere Berichte mit beispielsweise 10 bis 25 Seiten werden schnell zur Seite gelegt mit der Begründung: „das lese ich dann später".

Es ist eine sehr hohe Kunst, wichtige Daten, Fakten und Informationen so aufzubereiten und auf übersichtliche Art darzustellen, dass sich ein Leser anschließend gut informiert fühlt. Hier bietet sich der KuK-A3-Beitrag an, wobei das KuK schon sagt, worum es dabei geht: **Kurz und Klar.**

Die Erstellung eines KuK-A3-Beitrags

Am PC wird der Bericht als einseitige Worddatei im Querformat entworfen, geschrieben und gestaltet. Der fertige Beitrag wird anschließend auf einem Kopierer auf DIN A3 vergrößert und kopiert. In der Entwurfsphase kann mit kleineren Schriften gearbeitet werden und auch Bilder, Tabellen und Zeichnungen können in geringerer Größe eingebaut werden. Durch die Vergrößerung am Ende wird alles wieder gut lesbar.

Beispiel: Format DIN A4 quer
Für die Gestaltung einer Seite (im Querformat) bieten sich z. B. die Tabellenfunktionen von Word und deren vielfältige Gestaltungsmöglichkeiten an. Eine Tabelle mit drei Spalten und sieben Zeilen ist als Basis zunächst einmal ausreichend und bietet viele Möglichkeiten:

Zusätzliche Gestaltungsspielräume eröffnen sich, wenn Sie dann noch auf die grafischen Elemente und Programme des PCs zurückgreifen (z. B. Autoformat, WordArt, ClipArt).

Achtung: Bei der Nutzung von Texten, Schaubildern, Tabellen, Statistiken oder anderen Materialien Dritter, z. B. aus dem Internet, müssen immer die entsprechenden Quellen angegeben werden.

Bevor Sie Ihre Ausarbeitungen eventuell auf der Schul-Homepage veröffentlichen, sollten Sie unbedingt die **Urheberrechte** beachten und sich eine Genehmigung des Rechteinhabers einholen. Auch die unbeabsichtigte Verletzung von Urheberrechten kann eine Anzeige und Strafverfolgung nach sich ziehen.

Beispiel für den Aufbau eines KuK-A3-Beitrags

Überschrift	Schaubild
Fotos/Bilder	Tabelle
Problemsituation	
Problemanalyse	Hinweise auf weitere Informationsquellen

KuK-A3-Beiträge eignen sich z. B. auch:

- für die Erstellung von Zeitleisten (siehe S. 112 f.),
- als zusätzliche Ausarbeitung beim Stationenlernen (siehe S. 178 f.),
- zur Sicherung von bereits erlerntem, notwendigem Grundwissen,
- als Lernmaterialien, die, z. B. durch eine Laminierung geschützt, häufig weiter im Unterricht genutzt werden.

Ein sehr anschauliches, aber auch umfangreiches Beispiel sind die Datenkarten der Hans Böckler Stiftung zur wirtschaftlichen und sozialen Situation in den Bundesländern:

Nordrhein-Westfalen

Bevölkerung/Beschäftigung

	2016	2015	1995	Veränderungsrate p.a. zu 2015	zu 1995*
Bevölkerung (31.12)	**17.911.000**	17.666.000	17.893.000	1,4%	0,0%
darunter weiblich	**9.111.000**	9.039.000	9.208.000	0,8%	-0,1%
Erwerbstätige (MZ[1])	**8.619.000**	8.361.000	7.244.000	3,1%	0,8%
darunter Frauen	**3.999.000**	3.884.000	2.875.000	3,0%	1,6%

Abh. Erwerbstätige im Alter von ... (MZ[1])	2016	2015	1995	Veränderung im Vergleich zu 2015	zu 1995
unter 25 Jahren	**10,4%**	10,5%	12,7%	-0,1 PP	-2,3 PP
25 - unter 45 Jahren	**42,1%**	42,6%	55,1%	-0,5 PP	-13,0 PP
45 Jahre und älter	**47,5%**	46,9%	32,2%	0,6 PP	15,3 PP

Erwerbsquote[2] (MZ[1])					
Frauen	**69,5%**	69,2%	51,9%	0,3 PP	17,6 PP
Männer	**79,7%**	80,0%	77,0%	-0,3 PP	2,7 PP

Sozialversicherungspflichtig Beschäftigte Arbeitnehmer*innen (30.6.)	2016	2015	1995	Veränderungsrate p.a. zu 2015	zu 1995*
insgesamt	**6.532.721**	6.407.112	5.845.738	2,0%	0,5%
darunter Frauen	**2.955.835**	2.890.929	2.397.188	2,2%	1,0%

Atypische Beschäftigung (30.6.)[3]	2016	2015	2008	Veränderungsrate p.a. zu 2015	zu 2008*
insgesamt	**3.177.375**	3.115.485	2.557.353	2,0%	2,8%
darunter Frauen	**2.206.030**	2.173.921	1.813.312	1,5%	2,5%
Teilzeitbeschäftigte[4]	**1.724.693**	1.648.559	1.064.570	4,6%	6,2%
darunter Frauen	**1.361.607**	1.311.854	875.179	3,8%	5,7%
Leiharbeiter[5]	**235.184**	222.224	159.836	5,8%	4,9%
darunter Frauen	**68.186**	64.010	40.301	6,5%	6,8%
Geringfügig Besch. ausschl.	**1.221.029**	1.235.911	1.332.947	-1,2%	-1,1%
darunter Frauen	**778.524**	795.161	897.832	-2,1%	-1,8%
Kurzfristig Besch. ausschl.	**51.072**	59.184	54.585	-13,7%	-0,8%
darunter Frauen	**26.140**	29.497	26.105	-11,4%	0,0%

Wirtschaft/Finanzen

Bruttoinlandsprodukt (Mrd. €, in jeweiligen Preisen)[6]	2016	2015	1995	Veränderungsrate p.a. zu 2015	zu 1995*
Bruttoinlandsprodukt	**668,7**	648,7	420,8	3,1%	2,2%
Landeshaushalt Gesamtausgaben (Mrd. €)[7]	**72,7**	71,1	44,0	2,3%	2,4%
Landeshaushalt Schulden (Mrd. €)	**179,8**	185,0	61,7	-2,8%	5,2%

Arbeitsmarkt/Soziale Sicherheit[8]

	2017	2016	1995	Veränderungsrate p.a. zu 2016	zu 1995*
Arbeitslose (30.6.)	**697.630**	718.457	756.195	-2,9%	-0,4%
darunter Frauen	**314.085**	323.573	314.369	-2,9%	0,0%
Ausländer*innen	**214.315**	201.154	127.798	6,5%	2,4%
Teilzeitarbeit Suchende[9]	**104.613**	114.394	64.312	-8,6%	2,2%
davon Frauen	**89.224**	92.006	62.709	-3,0%	1,6%
Jüngere unter 20	**10.922**	11.580	19.246	-5,7%	-2,5%
Jüngere unter 25	**61.931**	64.253	87.083	-3,6%	-1,5%
Ältere über 55 Jahre	**131.666**	135.274	183.255	-2,7%	-1,5%
1 Jahr u. länger arbeitslos	**294.643**	313.905	292.209	-6,1%	0,0%
Kurzarbeiter*innen (31.3.)	**37.045**	45.447	28.208	-18,5%	1,2%
Teilnehmer*innen an beruflicher Weiterbildung	**41.657**	39.558	90.453	5,3%	-3,5%

	2016	2015	2008	Veränderungsrate p.a. zu 2015	zu 2008*
Ein-EURO-Jobs (30.6.)[10]	**20.342**	20.803	42.448	-2,2%	-8,8%
darunter Frauen	**7.790**	7.761	21.027	0,4%	-11,7%
Aufstocker (30.6.)	**278.785**	283.846	252.311	-1,8%	1,3%
darunter Frauen	**152.393**	157.683	151.173	-3,4%	0,1%

Empfänger*innen von	2017	2016	2005	Veränderungsrate p.a. zu 2016	zu 2005*
Arbeitslosengeld I	**181.243**	186.419	326.097	-2,8%	-4,8%
darunter Frauen	**77.936**	78.889	138.628	-1,2%	-4,7%
Arbeitslosengeld II	**1.213.051**	1.172.716	1.113.908	3,4%	0,7%
darunter Frauen	**609.182**	595.486	547.483	2,3%	0,9%
Sozialgeld	**491.738**	459.605	428.272	7,0%	1,2%
darunter Weiblich	**238.411**	224.472	209.900	6,2%	1,1%
darunter unter 15 J.	**471.578**	439.601	415.057	7,3%	1,1%

SGB II – Hilfequote[11]	2017	2016	2005	Veränderung im Vergleich zu 2016	zu 2005
leistungsber. Pers. (0–65 Jahre)	**12,0%**	11,7%	10,7%	0,3 PP	1,3 PP
erwerbsf. Frauen (15–65 Jahre)	**10,4%**	10,2%	9,3%	0,2 PP	1,1 PP
erwerbsf. Männer (15–65 Jahre)	**10,1%**	9,8%	9,5%	0,3 PP	0,6 PP
Kinder (Sozialgeld; Bev. u. 15 Jahre)	**19,5%**	18,6%	15,6%	0,9 PP	3,9 PP

Arbeitslosenquote[12] (Juni)

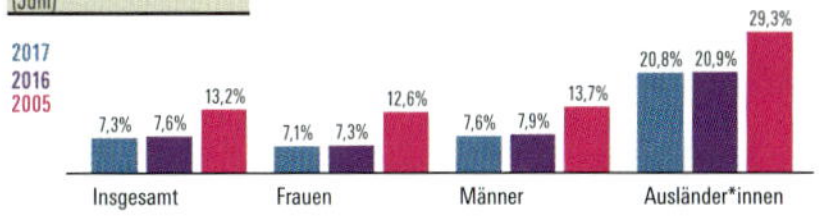

Ausbildungsmarkt (Ende Sept.)

Neu abgeschlossene	2016	2015	2010	Veränderungsrate p.a. zu 2015	zu 2010*
Ausbildungsverträge	**114.732**	116.772	122.310	-1,7%	-1,1%
freie Ausbildungsstellen	**6.964**	6.123	2.787	13,7%	16,5%

Noch nicht vermittelte Bewerber*innen um Berufsausbildungs-					
stellen	**23.078**	23.251	22.462	-0,7%	0,5%
darunter Frauen	**9.323**	9.668	10.009	-3,6%	-1,2%

Ausbildungsstellen: Angebots-Nachfrage-	2016	2015	2010	Veränderung im Vergleich zu 2015	zu 2010
Relation[13]	**88,3**	87,7	85,8	0,6 PP	2,5 PP

Gewerkschaftliche Daten

Gewerkschaftsmitglieder-DGB	2016	2015	2014	2013	2012
insgesamt	**1.444.716**	1.468.011	1.481.726	1.496.324	1.508.471
darunter Frauen	**444.167**	448.664	445.058	445.214	443.298

Anmerkungen

* Die Veränderungsrate gibt die durchschnittliche jährliche Veränderung (p. a.) im Vergleich zum Basisjahr an.
1. Aufgrund einer Neukonzeption bei der Ziehung des Mikrozensus sind die Werte ab 2016 nur noch eingeschränkt mit den Vorjahreswerten vergleichbar.
2. Erwerbsquoten der 15- bis 65-Jährigen; ab 2005 Jahresdurchschnitt.
3. Addition von Teilzeitbeschäftigten (ohne Teilzeit in Leiharbeit), Leiharbeitern (ohne geringf. Besch. in Leiharbeit) und ausschließlich geringfügig sowie kurzfristig Beschäftigten.
4. Daten für 2008 geschätzt (Methodenbericht der Bundesagentur für Arbeit).
5. Mit der Einführung eines gesonderten personenbezogenen Kennzeichens der Arbeitnehmerüberlassung wird diese, auch Leih- oder Zeitarbeit genannte Form der Beschäftigung über das Meldeverfahren zur Sozialversicherung erfaßt. Dadurch wird Leih- oder Zeitarbeit besser und differenzierter abgebildet und vor allem in die Beschäftigtenstatistik integriert. Die revidierten Daten stehen ab 2013 zur Verfügung.
6. AK Volkswirtschaftliche Gesamtrechnung der Länder.
7. Ausgaben der Kern- und Extrahaushalte.
8. Der Erhebungsstichtag der Statistiken der Bundesagentur für Arbeit wurde ab 2005 in den Juni verlegt; Vergleiche mit Jahren vor 2005 sind nach Aussage der Bundesagentur nur eingeschränkt möglich.
9. Ohne Daten der zugelassenen kommunalen Träger.
10. Arbeitsgelegenheiten mit Mehraufwandsentschädigung.
11. Anteil der Arbeitslosengeld II - und Sozialgeldempfänger*innen (SGB II-Hilfequote) bzw. der Sozialgeldempfänger (Sozialgeldquote) an der Bevölkerung im relevanten Alter.
12. Arbeitslose in %, bezogen auf alle zivilen Erwerbspersonen.
13. Ausbildungsplätze je 100 Bewerber*innen.

Abkürzungen:

MZ	Mikrozensus
p. a.	per annum
PP	Prozentpunkte
SGB II	Sozialgesetzbuch II
zkT	zugelassene kommunale Träger

Die Herausgeberin und die Bearbeiter danken allen Beteiligten, insbesondere dem Statistischen Bundesamt und der Bundesagentur für Arbeit für die freundliche Unterstützung.

WSI Wirtschafts- und Sozialwissenschaftliches Institut

Das WSI ist ein Institut der Hans-Böckler-Stiftung

AUFGABE

Bilden Sie in Ihrer Klasse ca. sieben Arbeitsgruppen und erstellen Sie aktuelle KuK-A3-Beiträge zu den folgenden Themen:

- Armut in Deutschland – die aktuelle Situation
- Kinderarmut – die große Ungerechtigkeit
- Chancengleichheit durch Bildung – die Situation in Deutschland
- Soziale Gerechtigkeit – wie gerecht ist Leiharbeit?
- Arbeitslosigkeit in Deutschland – die aktuelle Situation
- Wie reich sind die Krankenkassen – wird Gesundheit unbezahlbar?
- Die Staatsverschuldung Deutschlands – die aktuelle Situation

TIPP

Informationen für Ihre Themenrecherche im Internet erhalten Sie z. B. hier:

- **https://www.boeckler.de/de/index.htm**
- **www.bundesregierung.de**

Siehe auch „Handeln – aktiv sein", S. 252 f.

6.2 Alles kostet Geld: Finanz- und Steuerpolitik

6.2.1 Der Wert des Geldes – Binnenwert und Außenwert

Blickpunkt: *Jörn und Matthias wollen Urlaub in Kanada machen. Schnell stellt sich die Frage: „Was ist mein Geld im Ausland wert? Wird der Urlaub billig oder teuer?". Dass Auslandsurlaube durch einen starken Euro billiger werden, wissen die beiden. Aber warum ist das eigentlich so? Und wie hängt das alles zusammen?*

Was und wie viel wir uns in Deutschland für einen Euro kaufen können, darüber gibt der sogenannte **Binnenwert des Geldes** Auskunft (siehe auch Abschnitt 5.3.1). Für die deutsche Wirtschaft und für viele Unternehmen ist die Binnennachfrage sehr wichtig.

Mindestens genauso wichtig ist der **Außenwert des Geldes**, der durch die Wechselkurse des Euros mit anderen ausländischen Währungen gemessen wird. Aus dem Verhältnis Euro zu ausländischer Währung errechnet sich

- einerseits, welchen Preis wir für Importe, z. B. einen Laptop aus den USA, bezahlen müssen,
- andererseits, welche Preise wir für unsere exportierten Waren im Ausland erzielen können, z. B. für einen Pkw.

Urlauber wie z. B. Jörn und Matthias fragen sich, wie viele Einheiten in ausländischer Währung sie für ihr Geld erhalten. Wird der Urlaub billig oder teuer?

Beispiel: Das Verhältnis Euro (€) zu kanadischem Dollar (CAD) am ...	
Der Devisenkurs ist der Preis in inländischer Währung für eine Einheit ausländischer Währung, z. B.: 1 CAD = 0,76 €. Das heißt: Ich habe einen kanadischen Dollar in der Tasche und erhalte dafür bei der Bank 0,76 Euro.	**Der Wechselkurs** ist der Preis in ausländischer Währung für eine Einheit inländischer Währung, z. B.: 1 € = 1,31 CAD. Das heißt: Ich habe einen Euro in der Tasche und erhalte dafür bei der Bank 1,31 kanadische Dollar.

Mit der **Einführung des Euros** am 01.01.1999 galt das besondere Interesse der Entwicklung des Euro-Wechselkurses gegenüber dem **US-Dollar**, der führenden internationalen Währung.
Der Einstiegskurs von 1 Euro zu 1,1747 US-Dollar konnte nicht lange gehalten werden. Bis zum Ende des Jahres 1999 verlor der Euro gegenüber dem US-Dollar kräftig an Wert. Anfang 2000 stand das Verhältnis bei 1 Euro gleich etwa 1 US-Dollar. Im Verlauf der folgenden Jahre veränderte sich dieses Wechselkursverhältnis ständig.

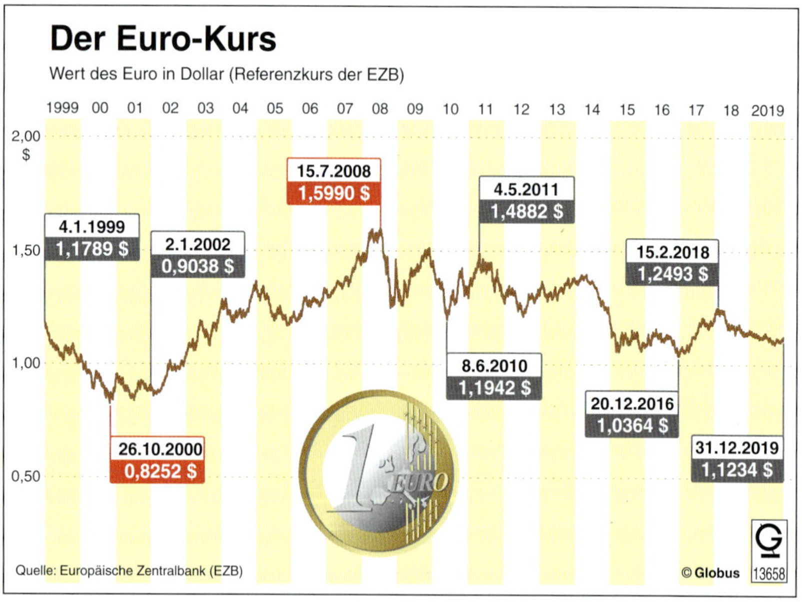

Die Stabilität des Euros, günstige Wechselkurse und der Außenhandel sind für den Wirtschaftsstandort Deutschland und für jeden einzelnen Bürger von großer Bedeutung. Denn der Staat ist durch Steuereinnahmen immer an den Umsätzen beteiligt, z. B. durch die Mehrwert-, die Einkommens- oder die Unternehmenssteuern (vergleiche Abschnitt 6.2.2).

HINWEIS
Aktuelle Wechselkurse erhalten Sie im Internet, z. B. unter:
www.finanzen.net/waehrungsrechner

Auswirkungen von Wechselkursschwankungen

Wechselkursschwankungen können gravierende Folgen für die inländische Wirtschaft eines Landes haben. Wird die eigene Währung gegenüber ausländischen Währungen zu stark, werden die exportierten Produkte in diesen Ländern teurer und es drohen Absatzverluste. Warenimporte aus den entsprechenden Ländern werden hingegen billiger.
Innerhalb der Eurozone der Europäischen Gemeinschaft wurden derartige Währungsschwankungen durch die Einführung des Euros aufgehoben (siehe auch Abschnitt 7.2.5). Die Einführung der europäischen Währung hat für Deutschland erhebliche Vorteile gebracht, da ca. 60 Prozent aller deutschen Exportwaren in die Länder der EU exportiert werden.

Für den Import von Waren aus einem anderen Land innerhalb der Eurozone zählen die Preise der Herkunftsländer, z. B. der Preis für Weintrauben aus Spanien. Bei allen übrigen Ländern sind die jeweils aktuellen Wechselkurse für die Preisgestaltung zu beachten. Wie genau sich die Wechselkurse auf die eigene Währung auswirken, merken Urlauber oft direkt in den Banken oder Wechselstuben, wenn sie die Fremdwährung kaufen.

Kaufkraft des Euro im Ausland

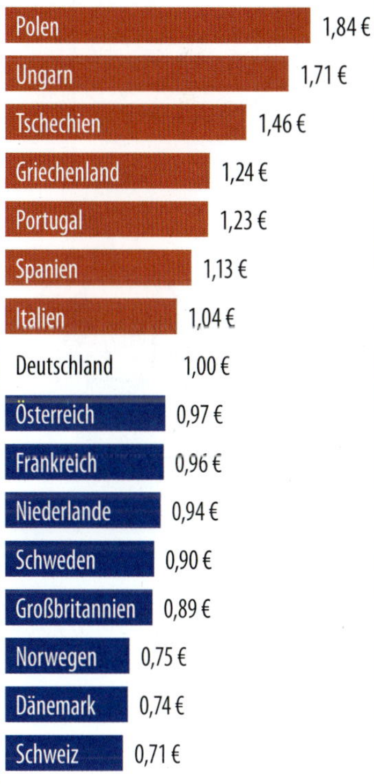

(Quelle: OECD, Stand April 2018)

Bei den Wechselkursen wird unterschieden in:

- **Freie Wechselkurse** bilden sich durch Angebot und Nachfrage an den Devisenmärkten. Sie können zu erheblichen Schwankungen führen und bergen Risiken für den Außenhandel einer Volkswirtschaft. Importeure und Exporteure sichern sich deshalb durch Devisentermingeschäfte ab oder vereinbaren in den Verträgen, dass die Bezahlung in ihrer Heimatwährung erfolgt.
- **Feste Wechselkurse** entstehen durch eine Verabredung der beteiligten Staaten über einen Leitkurs. Deutschland und die EU-Partnerländer haben sich bereits 1979 im Rahmen des **Europäischen Währungssystems (EWS)** auf feste Wechselkurse mit einem System von Bandbreiten bis zu +/– 15 % verständigt. Dadurch sollte eine stabile europäische Währungszone geschaffen werden.
  Mit der Einführung des Euros wurde das EWS durch den **Wechselkursmechanismus II (WKM II)** ersetzt. Dadurch soll nicht nur in der Eurozone sondern in der gesamten EU die Stabilität der Währungen und damit die wirtschaftliche Sicherheit der EU-Staaten gesichert werden. Grundlage ist dabei der Leitkurs, von dem der Kurs jeder Währung gegenüber dem Euro nur um einen vereinbarten Prozentsatz abweichen darf. So darf z. B. der Kurs der dänischen Währung nur um 2,25 % und der Kurs der anderen Nicht-Euro-Länder um 15 % nach oben und unten vom Leitkurs abweichen. Diesen Bereich nennt man Bandbreite. Besteht die Gefahr, dass ein Land diese überschreiten muss, sind die nationalen Notenbanken und die Europäische Zentralbank (EZB) verpflichtet, einzugreifen.

▶ AUFGABEN

1. Für einen Urlaub in Kanada nehmen Sie 1 200,00 Euro Bargeld mit. Der Wechselkurs liegt bei Ihrer Einreise bei 1,00 € = 1,31 CAD. Stellen Sie dar, welche Auswirkungen es für Ihre Reisekasse hätte, wenn der Euro während Ihres Urlaubs schwächer würde und der Wechselkurs dadurch bei 1,00 € = 1,23 CAD landen würde.
2. Erläutern Sie anhand folgender Rechenbeispiele, wie die Geschäftsbilanz für einen Automobilkonzern aussähe, der sich nicht gegen Wechselkursschwankungen abgesichert hat:
   a) Welche Auswirkungen hätte ein starker Euro (1,00 € = 1,31 CAD) für einen Automobilkonzern, der von einem in Kanada gefragten Pkw 5 500 Stück verkaufen will? In Deutschland kostet dieser Pkw 35 000 Euro.
   b) Wie würde sich die Geschäftsbilanz für diesen Konzern bei einem Wechselkurs von 1,00 € = 1,32 CAD entwickeln?

Blickpunkt: *Theresas Berufsschule geht mit der Zeit. Damit die Schülerinnen und Schüler schon früh mit den neuesten technologischen Möglichkeiten und den entsprechenden Medien vertraut sind, gibt es Computerkurse und interaktive Whiteboards in den Klassenzimmern. Theresa findet das gut, da sie so ihre Medienkompetenz im Unterricht trainieren kann. Aber einige Fragen stellt sie sich dennoch ...*

6.2.2 Steuereinnahmen und Steuerausgaben

Steuern sind die wichtigste Finanzierungsquelle des Staates. Alle Bürger und Unternehmen müssen – nach den in den Steuergesetzen festgehaltenen Regeln – Steuern zahlen. Zwar erhält der Bürger keine genau festgelegten Gegenleistungen, es fallen einem aber schnell viele Beispiele dafür ein, wie unser Staat Leistungen erbringt, auf die man nicht ohne Weiteres verzichten möchte. Ein Beispiel ist die kostenlose Schulbildung in gut eingerichteten Schulen.

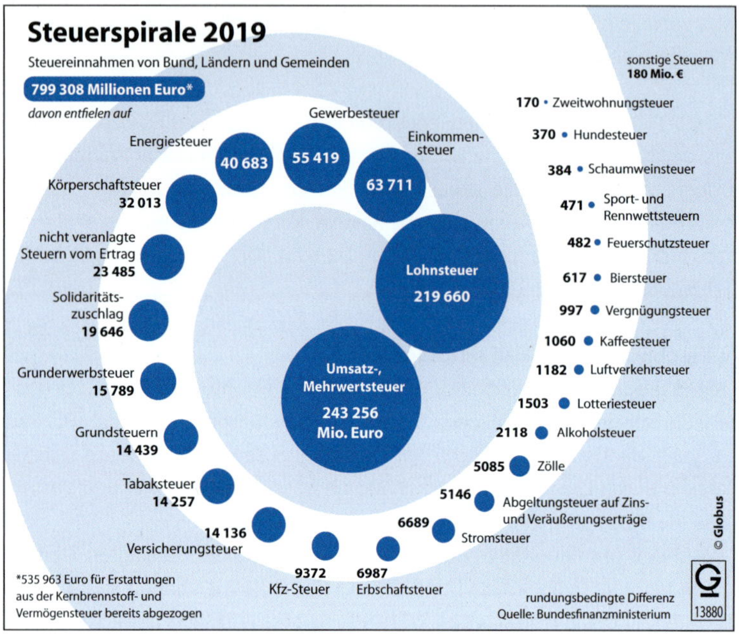

Zusätzlich zu den Steuern müssen von den Bürgerinnen und Bürgern auch noch Gebühren und Abgaben für spezielle Leistungen gezahlt werden, so z. B. für das Ausstellen eines Personalausweises, für die Abwasser- oder Müllbeseitigung usw. Weiterhin erzielt der Staat auch Einnahmen aus Eintrittsgeldern, der Holzverwertung in Staatsforsten usw.

Die Liste der Steuereinnahmen in Deutschland umfasst über dreißig Steuerarten. Der größte Teil von ihnen entfällt jedoch auf wenige Steuerarten. So ergeben die Umsatz-, die Mehrwert- und die Lohnsteuer zusammen schon mehr als die Hälfte aller Steuereinnahmen.

Ein Staat will, anders als ein Unternehmen, keine Gewinne machen. Mit der Ausgabe der eingenommenen Gelder sollen wirtschafts-, sozial-, bildungs- und umweltpolitische Ziele verfolgt werden. **Der Staat will mit den Steuergeldern steuern.**

HINWEIS
Die aktuellsten Zahlen zur Steuerentwicklung erhält man aus der Tagespresse, z. B. über die Internetseite des Bundesministeriums der Finanzen.

Aus diesem Grunde wird in der politischen Diskussion oftmals heftig über den Sinn von politischen Projekten gestritten. Je nach Partei gibt es auch über kleinere staatliche Ausgaben sehr unterschiedliche Vorstellungen.
Sollen z. B. alle Schülerinnen und Schüler bzw. deren Eltern in Zukunft die Schulbücher selbst kaufen oder die Lernmittel von der Schule und damit vom Staat kostenlos erhalten?

Die sehr unterschiedlichen Steuertypen lassen sich nach drei verschiedenen Kriterien einteilen:

Die Einteilung der Steuern

Was wird besteuert? (der Steuergegenstand)	**Wer besteuert?** (die Erhebungshoheit)	**Wie wird besteuert?** (nach der Erhebungsart)
Besitzsteuern Besteuert werden der Besitz oder das Einkommen: ▪ Lohn- und Einkommenssteuern ▪ Kapitalertragssteuer ▪ Körperschaftssteuer ▪ Gewerbesteuer ▪ Grundsteuer	**Bundessteuern** beansprucht der Bund für sich allein, z. B.: ▪ Mineralölsteuer ▪ Tabaksteuer ▪ Versicherungssteuer	**Direkte Steuern** werden von den Steuerpflichtigen direkt an das Finanzamt gezahlt: ▪ Lohn- und Einkommenssteuer ▪ Vermögenssteuer ▪ Grundsteuer ▪ Hundesteuer
Verkehrssteuern Besteuert werden rechtliche und wirtschaftliche Vorgänge: ▪ Grunderwerbssteuer ▪ Kfz-Steuer ▪ Vergnügungssteuer ▪ Hundesteuer ▪ Versicherungssteuer	**Ländersteuern** erhalten die Bundesländer, z. B.: ▪ Vermögenssteuer ▪ Kfz-Steuer ▪ Lotteriesteuer ▪ Biersteuer ▪ Grunderwerbssteuer	**Indirekte Steuern** Werden in den Warenpreis einkalkuliert; der Unternehmer zahlt die Steuer, „wälzt" sie aber über den Preis auf die Kunden ab. ▪ Umsatzsteuer ▪ Mineralölsteuer ▪ Tabaksteuer
Verbrauchssteuern Besteuert wird die Höhe des Verbrauchs bestimmter Waren im Inland ▪ Mineralölsteuer ▪ Tabaksteuer ▪ Kaffee-/Teesteuer ▪ Biersteuer ▪ Getränkesteuer	**Gemeindesteuern** ▪ Grundsteuer ▪ Hundesteuer ▪ Getränkesteuer ▪ Gewerbesteuer	**Hinweis:** Nur die wichtigsten Steuerarten wurden aufgelistet.
	Gemeinschaftssteuern Die ergiebigsten Steuern werden nach einem Prozentschlüssel auf die drei Gebietskörperschaften verteilt ▪ Lohn- u. Einkommenssteuer ▪ Umsatzsteuer ▪ Körperschaftssteuer	**Erklärung der verwendeten Farben:** Gemeinschaftssteuern (weiß) Bund (orange) Länder (gelb) Gemeinden (grau)
	Kirchensteuern Werden vom Staat für die Kirchen einbehalten und an diese abgeführt.	

Was kostet das?
Vielen Menschen ist oft nicht bewusst, wofür der Staat die eingenommenen Steuern ausgibt. Wussten Sie, was die folgenden staatlichen Leistungen kosten?

Beispiele aus der Bauunterhaltung einer Berufsschule:
- Einbau einer Stahltür, zwei Flügel mit Oberlicht, Aluminiumrahmen und Sicherheitsglas, nach den Vorschriften für Brandsicherheit: ca. 6 000 €,
- zerstörtes Toilettenbecken ersetzen: ca. 300 €,
- neuer Fußboden in einem Klassenraum – alten Belag entfernen, neuen Belag verlegen: ca. 3 800 €,
- jährliche Wartung von zwei Hebebühnen und zwei Laufkränen in der Kfz-Werkstatt der Schule: ca. 800 €.

Weitere Beispiele aus dem Schulalltag:
- Monatsgehalt für einen Lehrer, z. B. Studienrat, 50 Jahre, verheiratet, 2 Kinder mit der Besoldungsgruppe A 13 (Grundgehalt plus gesetzliche Zulagen): ca. 4 200 € brutto,
- ein Klassensatz neuer Politikschulbücher: ca. 550 €,
- ein neuer PC für den Klassenraum: ca. 600 €,
- Verkabelung einer ganzen Schule, um in allen Klassenräumen „ans Netz gehen zu können": ca. 80 000 bis 150 000 € (je nach Umfang),
- ein neuer Tisch und zwei Stühle für den Klassenraum: ca. 150 €,
- ein interaktives Whiteboard, je nach Ausführung 1 500,00 bis 4 500,00 €.

AUFGABEN

1. Recherchieren Sie, wofür die Steuergelder ausgegeben werden. Ergänzen Sie die Liste in der rechten Randspalte, indem Sie weitere Beispiele aus Ihrer Schule finden: Was kosten z. B. einzelne Einrichtungsgegenstände in einer Werkstatt oder in einem Chemielabor usw.?
2. Stellen Sie die Kosten zusammen, die für eine Ihrer Meinung nach gute Ausstattung im Klassenraum (Bücher, Zeichengeräte, Ordner, Laptops, interaktives Whiteboard usw.) entstehen.
3. Stellen Sie sich vor, Ihr Bundesland will keine Neuverschuldung mehr zulassen und gleichzeitig Schulden abbezahlen. Nun sollen an Ihrer Schule 10 % der Kosten eingespart werden. Berechnen Sie, was der jährliche Betrieb Ihrer Berufsschule kostet. Lassen Sie sich dazu Zahlen und Daten von der Schulleitung geben. Vergessen Sie die (geschätzten) Personalkosten nicht.
   a) Wo könnte eingespart werden?
   b) Welche Folgen hätten die Sparmaßnahmen?

Blickpunkt:
Der Generationenvertrag einmal anders – wer bezahlt die Schulden?

6.2.3 Staatsverschuldung

Deutschland lebt schon seit Jahrzehnten über seine Verhältnisse. Kaum jemand weiß, wie man die Zahl zwei Billionen Euro schreibt. Wie viele Stellen hat die Zahl – 10 oder 12? Es sind insgesamt dreizehn!

Rund 2.315.739.000.000 € (Stand Ende 2017) beträgt die Gesamtschuldenlast in Deutschland. Diese Zahl steht für alle Schulden zusammen, denn es gibt nicht nur den einen Staatshaushalt, sondern die Haushalte des Bundes, der 16 Bundesländer, der Gemeinden, Kreise, Bezirke, Städte und Zweckverbände (z. B. Abwasserzweckverbände). Sie alle haben sich im Lauf von Jahrzehnten verschuldet. Nur einige wenige Gemeinden sind schuldenfrei.

Finanzpolitiker haben stets versucht, die Schuldenlast einzudämmen – aber erst in den letzten Jahren mit gewissem Erfolg. Selbst wenn ab sofort keine Schulden mehr gemacht würden und der Staat jeden Monat eine Milliarde Euro tilgen könnte, würde es rund 170 Jahre dauern, bis der Schuldenberg abgetragen wäre.

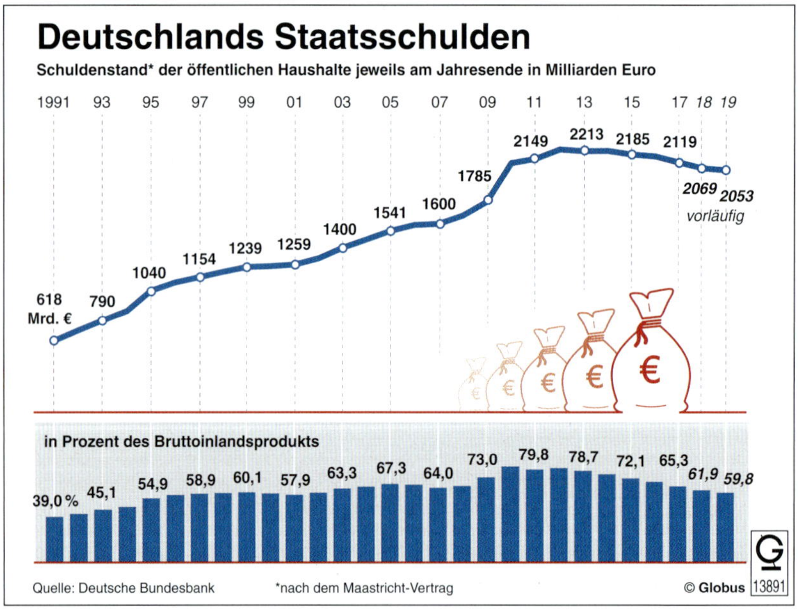

Andererseits kann es für einen Staat – im Gegensatz zu einem Privathaushalt – sinnvoll sein, Schulden zu machen. Besonders dann, wenn das Geld auch den kommenden Generationen zugute kommt. Es ist z. B. dringend notwendig, Geld für Schulen und Universitäten, für Straßenbau und neue Verkehrssysteme auszugeben. Allein für die Sicherung der Rentenzahlungen ist Jahr für Jahr ein staatlicher Zuschuss von ungefähr 91 Milliarden Euro (Stand 2017) nötig.

Würde ein Staat immer nur das ausgeben, was er an Steuern einnimmt, läge die Wirtschaft oftmals lahm. Eine Regierung gibt daher ihre Gelder aus, um mit staatlichen Aufträgen die Wirtschaft anzukurbeln. Besonders in weltwirtschaftlichen

Öffentliche Schulden zum Ende des 3. Quartals 2019 um 0,7 % höher als Ende 2018

Der Öffentliche Gesamthaushalt (Bund, Länder, Gemeinden/Gemeindeverbände und Sozialversicherung einschließlich aller Extrahaushalte) war beim nicht-öffentlichen Bereich (Kreditinstitute sowie sonstiger inländischer und ausländischer Bereich, zum Beispiel private Unternehmen im In- und Ausland) zum Ende des 3. Quartals 2019 mit 1 930,4 Milliarden Euro verschuldet. Wie das Statistische Bundesamt (Destatis) auf Basis vorläufiger Ergebnisse weiter mitteilt, stieg der Schuldenstand damit gegenüber den Jahresergebnissen 2018 um 0,7 % beziehungsweise 13,7 Milliarden Euro. Gegenüber dem 2. Quartal 2019 stieg der Schuldenstand um 0,6 % (11,2 Milliarden Euro), gegenüber dem 3. Quartal 2018 um 0,1 % (+1,7 Milliarden Euro). [...]

Mit Ausnahme der Länderebene haben alle Ebenen des Öffentlichen Gesamthaushalts ihre Schulden zum Ende des 3. Quartals 2019 verringern können. Ende September 2019 war der Bund mit 1 212,7 Milliarden Euro verschuldet. Damit war die Verschuldung um 0,5 Milliarden Euro geringer als zum Jahresende 2018.

Die Länder waren zum Ende des 3. Quartals 2019 mit 587,8 Milliarden Euro verschuldet. Das entspricht einem Anstieg um 3,0 % beziehungsweise 17,2 Milliarden Euro gegenüber dem Jahresende 2018.

(aus: Statistisches Bundesamt: Pressemitteilung Nr. 496 vom 19.12.2019)

Krisenzeiten kann der Staat mit einer Neuverschuldung die durch Steuerausfälle entstandenen Finanzierungslücken schließen und durch die Vergabe von Aufträgen die Wirtschaft in Gang bringen (siehe auch Abschnitt 6.1.3).

Gibt es Wege aus der Verschuldung?
Die Finanzpolitiker des Bundes, der Länder und Gemeinden versuchen, die Einnahmen und Ausgaben eines Jahres ins Gleichgewicht zu bringen, um so einen ausgeglichenen Haushalt („Neuverschuldung = Null") zu erhalten. Die Zahlen in den Schaubildern machen jedoch deutlich, wie gewaltig die Steuererhöhungen und Sparmaßnahmen sein müssten, wenn dieses Ziel erreicht werden soll.

Der Mahnbrief aus Brüssel: Probleme mit der EU
Will man die Staatsschulden Deutschlands mit denen anderer Staaten vergleichen, so kann man nicht einfach die Euro-Summen gegenüberstellen. Verschiedene Volkswirtschaften sind verschieden groß und unterschiedlich organisiert. Deshalb werden sie an ihren verkauften Gütern und Dienstleistungen gemessen. Staatsschulden werden in Beziehung zum Bruttoinlandsprodukt (BIP) gemessen. Im EU-Vertrag von Maastricht wurde festgelegt, dass die Staatsschulden eines EU-Mitgliedslandes 60 Prozent des BIP nicht übersteigen dürfen (siehe hierzu auch Abschnitt 7.2.5). Übersteigt ein Land diese Grenze, darf die EU das Land mahnen und Abhilfe fordern.

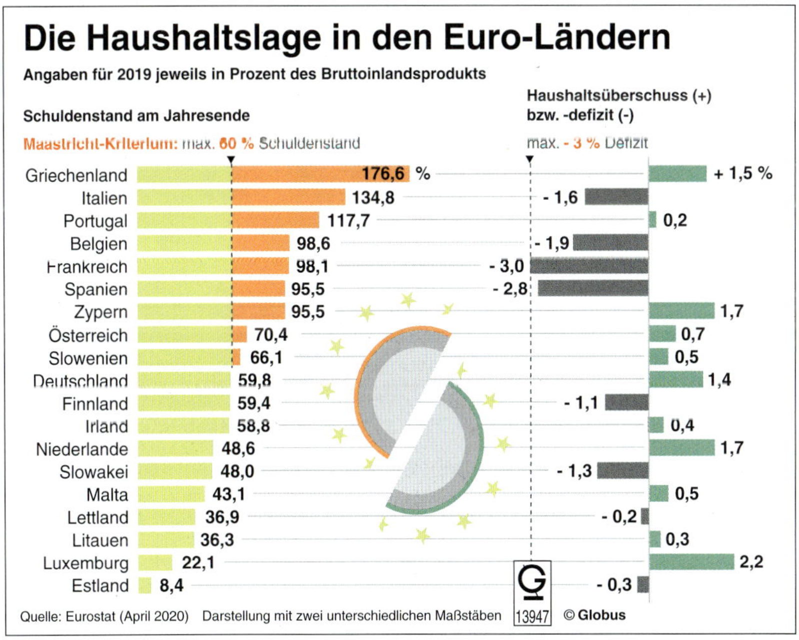

Als **Gesamtverschuldung** bezeichnet man die Summe der in den vergangenen Jahrzehnten insgesamt angehäuften Schulden.

Die **Neuverschuldung** ist der Betrag, der in einem Haushaltsjahr an neuen Schulden aufgenommen wird. Um diesen erhöht sich wiederum die Gesamtverschuldung.

Die **Nettokreditaufnahme** bezeichnet den Betrag der Neuverschuldung. Dagegen umfasst die Bruttokreditaufnahme den Betrag der Nettokreditaufnahme plus den Betrag, der aufgenommen wurde, um alte Schulden abzulösen.

Auch der Staat muss **Zinsen** zahlen, wenn ihm Geld geliehen wird. So wird ungefähr jeder siebte Steuer-Euro für Zinsen ausgegeben.

Das **Defizit (Finanzierungssaldo)** in Abgrenzung der Finanzstatistik ist der Betrag, um den in einem Haushaltsjahr die Ausgaben die Einnahmen übersteigen.

Bruttoinlandsprodukt: siehe Abschnitt 6.1.3

HINWEIS
Den aktuellen Stand der Staatsverschuldung Deutschlands kann man jederzeit im Internet auf einer Schuldenuhr nachlesen.

AUFGABEN

1. Recherchieren Sie in den Medien (Fernsehen, Zeitung und Internet), wie sich die aktuelle Haushaltslage in Bezug auf die Neuverschuldung des Staates entwickelt. Tragen Sie Ihr Ergebnis in der Klasse vor.
2. Formulieren Sie eine kurze Aussage aus den Daten der obigen Grafik zur Schuldenbilanz einiger ausgesuchter EU-Länder hinsichtlich der Position Deutschlands.
3. Diskutieren Sie die Karikatur im Blickpunkt auf der vorhergehenden Seite.

Blickpunkt:

Alle müssen Steuern zahlen.
- *Aber warum zahlt ein Ehepaar eigentlich weniger Steuern als ein Single?*
- *Warum gelten für Reiche höhere Steuersätze?*
- *Sollten z. B. alle 25 % Steuern zahlen?*
- *Gibt es überhaupt gerechte Steuern?*

Zu versteuerndes Einkommen:
Die Steuergesetze sehen vor, dass Teile vom Einkommen steuerfrei bleiben. So können z. B. Teile der Beiträge zu Haftpflichtversicherungen oder den Krankenversicherungen, die Fahrtkosten zur Arbeit usw. abgezogen werden:

Bruttoeinkommen
– Werbungskosten
= **Einkünfte**
– Sonderausgaben
– außergewöhnliche Belastungen
= **Einkommen**
– Kinderfreibetrag
= **zu versteuerndes Einkommen**

6.2.4 Steuern und Steuerreformen – ein Dauerthema

In einem Rechtsstaat gilt der Grundsatz der Steuergerechtigkeit. Das Bundesverfassungsgericht hat dazu folgendermaßen geurteilt: „Es ist ein grundsätzliches Gebot der Steuergerechtigkeit, dass die Besteuerung nach der wirtschaftlichen Leistungsfähigkeit ausgerichtet wird."

Aus diesem Urteil leitet sich ab, dass hohe Einkommen prozentual stärker belastet werden sollen als kleine Einkommen. Gleichzeitig ist vorgesehen, dass ein Grundfreibetrag überhaupt nicht besteuert wird, um ein Existenzminimum zu sichern. Dabei gilt es, unterschiedliche soziale und familiäre Lebensverhältnisse zu berücksichtigen. Entsprechend soll z. B. ein verheirateter Facharbeiter mit Ehefrau und drei Kindern erheblich weniger Steuern zahlen als ein Alleinstehender. Diese unterschiedlichen Belastungen und Anforderungen gilt es bei Steuerreformplänen zu beachten.

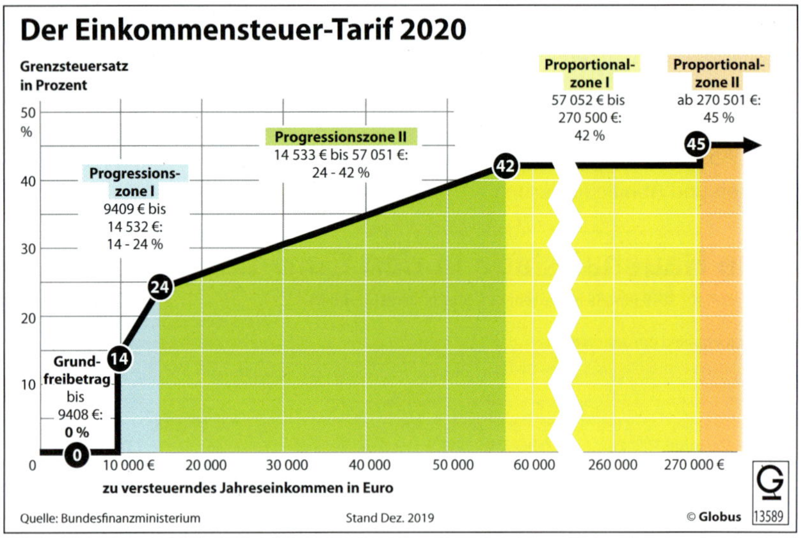

Je nach Höhe des zu versteuernden Einkommens werden unterschiedlich hohe Steuersätze angewendet. Ehepaare werden dabei durch das Ehegattensplitting bevorzugt. In der Diskussion steht die Abschaffung des Ehegattensplittings bzw. ersatzweise die Einführung eines Familiensplittings (siehe nächste Seite).

So funktioniert das **Ehegattensplitting***
Steuerlast: **4692 €**

(1) Das zu versteuernde Einkommen (zvE) beider Ehepartner wird addiert

Ehemann	15 000 €
Ehefrau	+ 25 000 €
	40 000 €

(2) dann halbiert zu je 20 000 €

(3) und jeder Partner mit seinem Anteil zur Steuer herangezogen

nach Tarif 2020 je	2 346 €
	+ 2 346 €
Steuerlast	4 692 €

So könnte das **Familiensplitting** funktionieren*
Steuerlast: **344 €**

(1) Das Einkommen der Familie wird auf die Köpfe der Ehepartner und der Kinder verteilt.

(2) Ein Ehepaar mit zwei Kindern und einem gemeinsam zu versteuernden Einkommen (zvE) von 40 000 € versteuert dann
4 x 10 000 €
nach Tarif 2020 **Steuerlast** 4 x 86 € = 344 €

Bei diesem Beispiel wurde auf der Basis der Steuertabellen 2020 (s. u.) die günstigste Variante berechnet. Beim Familiensplitting sind auch andere Varianten in der Diskussion, z. B. kann das Gesamteinkommen durch 3 geteilt werden, jedes Kind zählt mit dem Faktor 0,5.

*Basis dieser Berechnungen sind die Einkommenssteuer-Grundtabelle 2020 und die Einkommenssteuer-Splittingtabelle 2020.

(K. Brinkmann, Verlag Handwerk und Technik GmbH, Hamburg; vereinfachte Berechnung; Stand 2020)

Die Einkommenssteuererklärung des Arbeitnehmers

Ehepaare, die die Steuerklassenkombination III/IV oder IV/IV haben, oder die einkommenspflichtige zusätzliche Einkünfte erhalten, z. B. Zinserträge aus Kapitalvermögen, Vermietung und Verpachtung, haben die Verpflichtung zur Abgabe einer Einkommenssteuererklärung. In der Regel fordert das Finanzamt den Steuerpflichtigen auf, bis zum 31. Mai des folgenden Jahres einen Antrag einzureichen.

Einkommensteuerklassen	
Steuerklasse	Anwendung
I	für unverheiratete Arbeitnehmer, dauernd getrennt lebende, geschiedene oder verwitwete Arbeitnehmer ohne Kinder
II	in Steuerklasse I aufgeführte Arbeitnehmer, wenn diese für mindestens ein Kind einen Kinderfreibetrag erhalten
III	für den besser verdienenden Ehepartner die bevorzugte Steuerklasse
IV	für Ehepartner, die beide annähernd gleich hohe Einkommen haben
V	für den Ehepartner, der wesentlich weniger als sein Partner verdient
VI	für jedes zusätzliche Arbeitsverhältnis

Einkommensteuertarif – Reformvorhaben der Parteien

Die Parteien favorisieren beim Einkommensteuer-Tarif die **Stufen-** oder die **Linearmodelle**:

- **Stufenmodelle** (siehe Schaubilde links) sehen vor, dass der Steuersatz bei festgelegten Tarifen springt.
- **Linearmodelle** sehen vor, dass die Steuerbelastung gleichmäßig ansteigt. Je höher das Einkommen, desto höher die prozentuale Steuerbelastung des Einzelnen.

Subventionen sind Begünstigungen, die der Staat einer bestimmten Gruppe von Empfängern außerhalb des staatlichen Bereichs und ohne marktwirtschaftliche Gegenleistung zukommen lässt. Die beiden Subventionsarten Finanzhilfe und Steuervergünstigung gibt es in Deutschland seit Jahrzehnten in vielen Formen. Ob Mieter oder Bauherr, Manager oder Schichtarbeiter, Sparer oder Investor, fast jeder Bürger profitiert von Subventionen. Vielen ist dies nur nicht bewusst. Subventionen fließen in Form von Investitionszulagen bei Firmengründungen, als Steuerfreiheit von Lohnzuschlägen bei Nacht- und Feiertagsarbeit, bei der Arbeitnehmersparzulage oder durch die Fahrtkostenpauschalen für Pendler. Finanzhilfen und Steuervergünstigungen entziehen – je nach Berechnungsmethode – dem Bundeshaushalt mehrere Zehnmilliarden Euro pro Jahr.

Einkommensteuer – Steuerreformpläne der Parteien

Steuer- und sozialpolitische Vorstellungen der Parteien (nach den Parteiprogrammen der Parteien zur Bundestagwahl 2017)				
	Steuertarif – Spitzensteuersatz	**Steuern auf Vermögen**	**Familien**	**Hartz IV / Mindestlohn**
CDU/ CSU	• keine Steuererhöhungen; Spitzensteuersatz 42 % ab 60.000 €	• keine Veränderung der Erbschaftssteuer, keine Vermögenssteuer	• Kindergeld und Kinderfreibetrag stark erhöhen	• schrittweise abschaffen; Mindestlohn einführen
SPD	• untere Einkommen entlasten, Spitzensteuersatz 45 % ab 76.200 € (Singles) 152.400 € (Ehepaare)	• Einführung einer Reichensteuer • Einkommen aus Vermögen besteuern wie normale Einkommen • Erbschaftssteuer verschärfen	• Einführen eines Familientarifs mit Kinderbonus und Einführung des Familiensplittings	• Hartz IV reformieren, Schonvermögen verdoppeln, Sanktionen entschärfen • Mindestlohn einführen
B90/ Grüne	• untere Einkommen entlasten • Spitzensteuersatz erhöhen	• Erbschaftssteuer erhalten • Vermögensteuer für Superreiche • Einkommen aus Vermögen besteuern wie normale Einkommen	• Einführung eines Familien-Budgets und eines einkommensabhängigen Kindergeldbonus	• Hartz IV reformieren, Mindestlohn einführen
Die Linke	• untere Einkommen entlasten, hohe Einkommen stärker belasten • Spitzensteuersatz 53 % ab 70.000 €	• Reichensteuer – hohe Erbschaften und Vermögen hoch besteuern	• Einführung einer Kindergrundsicherung	• Hartz IV ersetzen durch eine Mindestsicherung von 1.050 Euro
FDP	• Steuerentlastungen unabhängig vom ZVE • Spitzensteuersatz max. 50 %	• keine Verschärfung der Erbschaftssteuer, keine Vermögenssteuer	• Ehegattensplitting erhalten und ergänzen mit Kinderfreibeträgen	• Einführung eines (nicht bedingungslosen) Bürgergeldes
AfD	• einfaches Stufensystem der Besteuerung	• keine Erbschaftssteuer • keine Vermögenssteuer	• Ehegattensplitting durch Familiensplitting ersetzen	• Einführung eines Mindestlohns

zvE = zu versteuerndes Einkommen

▶ AUFGABEN

1. Diskutieren Sie, ob wie von einigen Parteien gefordert, das Ehegattensplitting abgeschafft werden sollte. Beziehen Sie auch die Idee des Familiensplittings in die Diskussion mit ein.
2. Finden Sie Beispiele dafür, inwieweit Sie und Ihre Familie gegebenenfalls bereits von Subventionen profitiert haben.
3. Stellen Sie die aktuellen Steuerreformpläne der Parteien in einem Kurzreferat dar. Arbeiten Sie in Ihren Vortrag zusätzliche Informationen über die Position einzelner Parteien ein. Nutzen Sie hierzu auch die Homepages der jeweiligen Parteien.

Blickpunkt: *Ludmilla weiß, dass Deutschland eines der reichsten Länder der Welt ist. Kritisch wie sie ist, macht sie sich jedoch darüber Gedanken, wie es eigentlich dem „Otto Normalverbraucher" in diesem reichen Land so geht.*

6.3 Soziale Gerechtigkeit ist das Ziel – Sozialpolitik

6.3.1 Immer mehr Reichtum, immer mehr Armut?

Armut und Reichtum entwickeln sich immer weiter auseinander. Die Einkommen und Vermögen sind heute ungleicher verteilt als noch vor etwa 15 Jahren. Bis zum Jahr 2000 wurden die Reichen stetig reicher, die Armen aber nicht ärmer. Das hat sich jedoch geändert. Seit einigen Jahren nimmt die Zahl der Bezieher kleiner und unterer Einkommen wieder zu. Die Schere zwischen arm und reich geht weiter auseinander.

Zwar hat es immer schon arme und reiche Menschen gegeben, die Frage aber, wie solidarisch Menschen mit höherem oder sehr hohem Einkommen die weniger Reichen unterstützen sollen, ist umstritten.

solidarisch: füreinander einstehend, eng verbunden; gemeinsam

- Sollen beispielsweise alle – unabhängig vom Einkommen – den gleichen Prozentsatz an Lohn- und Einkommensteuer zahlen?
- Sollen alle den gleichen Krankenkassenbeitrag aufbringen?
- Wird ein Unternehmer, der viel Verantwortung trägt und viel arbeitet, gerecht behandelt, wenn er 42 % Einkommensteuer bezahlen muss, während sein Geselle mit 20 % belastet wird?

Was ist eigentlich ein gerechter Lohn? Sind Kriterien wie Ausbildung, Qualifikation, Belastung, Übernahme von Verantwortung, Erfolg und Arbeitszeit hilfreich, um einen hohen oder weniger hohen Lohn zu rechtfertigen?

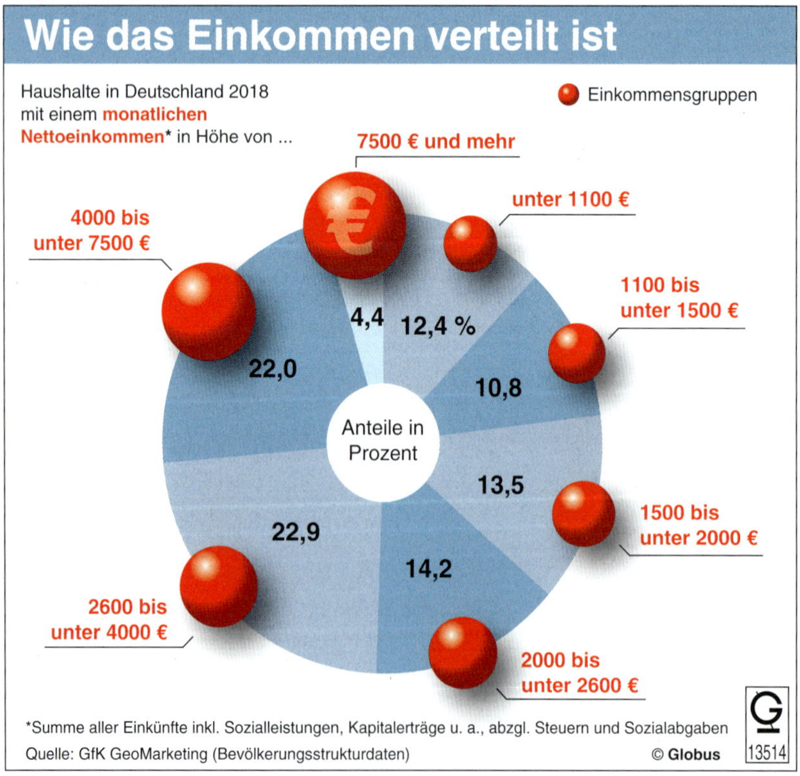

Beschäftigte, die viel arbeiten und trotzdem wenig verdienen, kennt man aus Osteuropa und den USA. Es gibt sie aber auch immer häufiger in Deutschland. So bezogen mitte 2019 in Deutschland ca. 2,4 Millionen Personen Arbeitslosengeld II (Grundsicherung für Arbeitssuchende), ohne arbeitslos zu sein. Dies waren insbesondere Teilnehmer an arbeitsmarktpolitischen Maßnahmen, aber auch Erwerbstätige, die den Lebensunterhalt ihrer Bedarfsgemeinschaft aus eigenen Mittel nicht oder nicht in vollem Umfang decken können (vgl. www.statistik.arbeitsagentur.de, Monatsberichte). Auch Arbeitnehmer mit einer festen Beschäftigung arbeiteten häufig für einen sehr geringen Tarifstundenlohn.

In Deutschland wurde nach jahrelangen Diskussionen zum Jahresbeginn 2015 ein flächendeckender gesetzlicher Mindestlohn von 8,50 Euro pro Stunde eingeführt (Stand 2020: 9,35 €). Für eine Prognose, ob hiermit das Ziel einer insgesamt gerechteren Entlohnung und als erwünschte Folge auch mehr soziale Gerechtigkeit erreicht werden kann, ist es allerdings noch zu früh.

Die Einführung des **gesetzlichen Mindestlohns** in Deutschland war und ist unter Parteien und Verbänden seit vielen Jahren umstritten. Während sich insbesondere die SPD und der DGB seit jeher dafür aussprachen, ließ sich die CDU erst durch Ausnahmen und Sonderregelungen (siehe Schaubild auf dieser Seite) zur Zustimmung motivieren. Arbeitgeberverbände und die FDP sehen dagegen die Gefahr des Abbaus von Arbeitsplätzen in Branchen, in denen die Löhne aufgrund des Mindestlohns per Gesetz ansteigen.

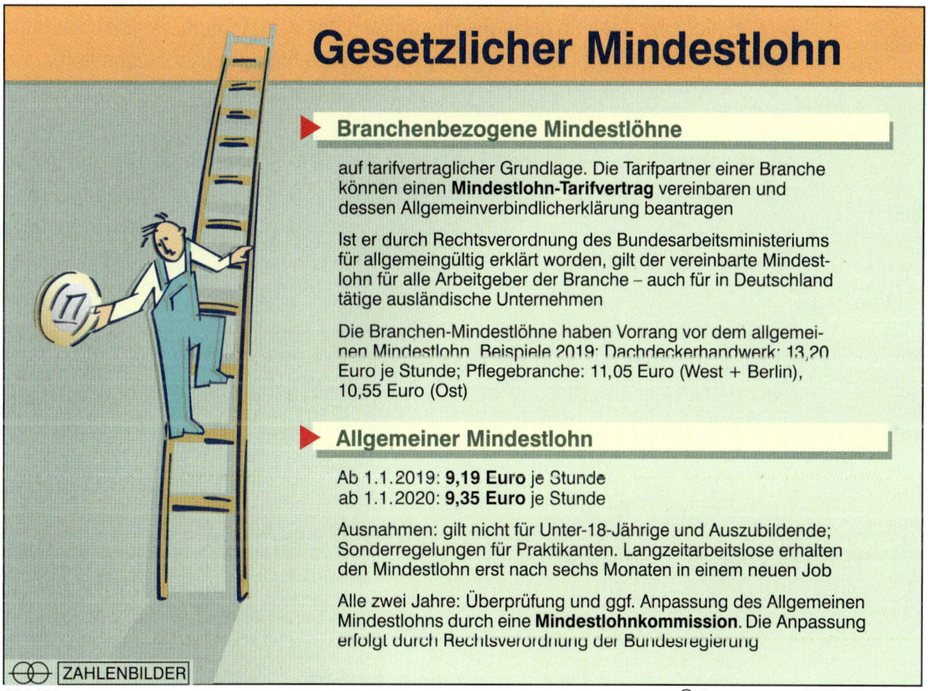

287 121 © Bergmoser + Höller Verlag AG

Top-Manager in Deutschland: Jahresgehälter 2017 in Millionen Euro

Name	Unternehmen	ca. in Mio. €
Matthias Müller	VW	9,6
Dieter Zetsche	Daimler	7,7
Joe Kaeser	Siemens	7,1
Harald Krüger	BMW	7,6

(aus: Süddeutsche.de, 04.07.2017)

AUFGABEN

1. Was ist ein gerechter Lohn? Erstellen Sie in Arbeitsgruppen ein Raster für die Bewertung von Lohnhöhen.
2. Besprechen und bewerten Sie mit dem gefundenen Bewertungsraster den seit 2015 geltenden gesetzlichen Mindestlohn und die Top-Gehälter für Manager.

Blickpunkt: *Ann-Christin wohnt in Köln. Mit der U-Bahn braucht sie ca. eine halbe Stunde bis zu ihrer Ausbildungsstätte. Auch heute wird sie unterwegs wieder mit der Armut und Hilfsbedürftigkeit anderer Menschen konfrontiert: Eine ärmlich aussehende Frau, die ein Foto ihrer zwei Kinder in der Hand hält, spricht sie an und bittet sie um Geld. So etwas erlebt Ann-Christin in der Stadt fast täglich und weiß dann nie, was sie tun soll. Gibt sie nichts, plagt sie später oft das schlechte Gewissen. Doch sie besitzt ja selbst gerade genug, ihren eigenen Lebensunterhalt zu bestreiten. Aber wie sonst könnte dieser Frau und all den anderen Menschen in Notsituationen geholfen werden?*

Was ist Armut?

Unter Armut wird eine wirtschaftliche Situation verstanden, in der es einem Einzelnen, einer Familie oder einer Gruppe nicht möglich ist, ein angemessenes, die Existenz sicherndes Leben zu führen. Um aber eine genaue Definition von Armut zu finden, müssen die Lebensumstände genau beschrieben werden.

Arm ist nicht nur, wer ein geringes Einkommen hat, arm ist auch, wer sich wichtige Dinge des Lebens nicht leisten kann. Deshalb wird häufig zwischen absoluter und relativer Armut unterschieden.

Als **absolute Armut** wird eine Lebenssituation bezeichnet, in der es jemandem nicht möglich ist, die zur Sicherung seiner Existenz und der seiner Familienmitglieder notwendigen Güter wie Wohnung, Kleidung und Nahrung zu finanzieren. Das Überleben ist gefährdet.

Bei der **relativen Armut** ist zwar die physische Existenz gesichert und das Überleben nicht gefährdet, aber die Teilnahme der Betroffenen am sozialen und kulturellen Leben der Gesellschaft ist nicht möglich oder zumindest sehr stark eingeschränkt.

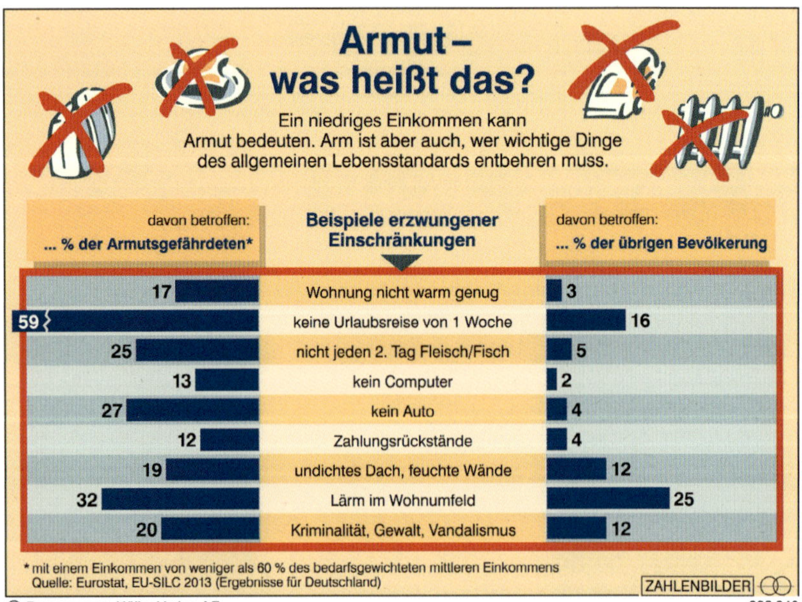

 286 340

Was Kinder kosten

Es gibt verschiedene Modellrechnungen, die auf unterschiedlichen Berechnungsgrundlagen basieren. Am leichtesten nachzuvollziehen ist die des Statistischen Bundesamts, sie stellt die laufenden Konsumausgaben in den Mittelpunkt ihrer Berechnungen.
Demnach kostet ein Kind im Monat durchschnittlich 584 Euro. Das macht, hochgerechnet bis zum 18. Lebensjahr, Kosten von knapp 130.000 Euro.

Alter	Konsumausgaben/Jahr
Von der Geburt bis zur Schule:	6.200 €
Schulkinder bis 12 Jahre:	7.200 €
Teenager bis 18 Jahre:	8.400 €
Gesamt bis zum 18. Lebensjahr:	**130.000 €**

Eine Summe von 230.000 Euro hat die Verbraucherzentrale Bayern einmal ausrechnen lassen, die ein Kind bis zum Abschluss des Studiums kostet.

Ziele und Leistungen nach dem **Sozialgesetzbuch – Zwölftes Buch (SGB 12)** in der Fassung vom 27. 12. 2003, zuletzt geändert am 24. 03. 2011

§ 1 Aufgabe der Sozialhilfe

Aufgabe der Sozialhilfe ist es, den Leistungsberechtigten die Führung eines Lebens zu ermöglichen, das der Würde des Menschen entspricht. Die Leistung soll sie so weit wie möglich befähigen, unabhängig von ihr zu leben; darauf haben auch die Leistungsberechtigten nach ihren Kräften hinzuarbeiten. [...]

§ 2 Nachrang der Sozialhilfe

(1) Sozialhilfe erhält nicht, wer sich vor allem durch Einsatz seiner Arbeitskraft, seines Einkommens und seines Vermögens selbst helfen kann oder wer die erforderliche Leistung von anderen, insbesondere von Angehörigen oder von Trägern anderer Sozialleistungen, erhält.

§ 9 Sozialhilfe nach der Besonderheit des Einzelfalles

(1) Die Leistungen richten sich nach der Besonderheit des Einzelfalles, insbesondere nach der Art des Bedarfs, den örtlichen Verhältnissen, den eigenen Kräften und Mitteln der Person oder des Haushalts bei der Hilfe zum Lebensunterhalt.

§ 10 Leistungserbringung

(1) Die Leistungen werden erbracht in Form von 1. Dienstleistungen, 2. Geldleistungen und 3. Sachleistungen.

§ 19 Leistungsberechtigte

(1) Hilfe zum Lebensunterhalt ist Personen zu leisten, die ihren notwendigen Lebensunterhalt nicht oder nicht ausreichend aus eigenen Kräften und Mitteln bestreiten können.

(2) Eigene Mittel sind insbesondere das eigene Einkommen und Vermögen. Bei nicht getrennt lebenden Ehegatten oder Lebenspartnern sind das Einkommen und Vermögen beider Ehegatten oder Lebenspartner gemeinsam zu berücksichtigen. Gehören minderjährige unverheiratete Kinder dem Haushalt ihrer Eltern oder eines Elternteils an und können sie den notwendigen Lebensunterhalt aus ihrem Einkommen und Vermögen nicht bestreiten, sind (...) auch das Einkommen und das Vermögen der Eltern oder des Elternteils gemeinsam zu berücksichtigen. (...)

Die Leistungen der Sozialhilfe umfassen:

1. Hilfe zum Lebensunterhalt (§§ 27 bis 40),
2. Grundsicherung im Alter und bei Erwerbsminderung (§§ 41 bis 46),
3. Hilfen zur Gesundheit (§§ 47 bis 52),
4. Eingliederungshilfe für Menschen mit Behinderungen (§§ 53 bis 60),
5. Hilfe zur Pflege (§§ 61 bis 66),
6. Hilfe zur Überwindung besonderer sozialer Schwierigkeiten (§§ 67 bis 69),
7. Hilfe in anderen Lebenslagen (§§ 70 bis 74).

Welche Leistungen im Einzelnen unter diese Hilfen fallen, wird in den jeweiligen Paragrafen des SGB 12 geregelt.

Bildungs- und Teilhabepaket der Bundesregierung

Seit 2011 können für Kinder und Jugendliche aus einkommensschwachen Familien zusätzliche staatliche Leistungen in Anspruch genommen werden. Hierzu gehören:

- gemeinschaftliches Mittagessen in Schulen, Kindertagesstätten und Horten,
- individuelle Lernförderung und Schulbedarf,
- Schülerbeförderung mit öffentlichen Verkehrsmitteln,
- eintägige Schul- und Kindertagesstättenausflüge (als Ergänzung zu den bisher schon bestehenden Leistungen bei mehrtägigen Klassenfahrten),
- Teilhabe am sozialen und kulturellen Leben für Kinder und Jugendliche bis zur Vollendung des 18. Lebensjahres (z. B. Unterricht in künstlerischen Fächern, Mitgliedsbeiträge für Sport, Teilnahme an Freizeitaktivitäten).

Diese Leistungen müssen einzeln beantragt werden.

Kostenlose Essenausgabe

AUFGABEN

1. Beschreiben Sie, was Armut ist. Versuchen Sie eine möglichst genaue Definition zu formulieren, die alle Ihrer Meinung nach wichtigen Aspekte berücksichtigt.
2. Frage: *„Machen Kinder arm?"* Finden Sie Argumente, die für und die gegen diese Aussage sprechen.
3. Das Bildungs- und Teilhabepaket der Bundesregierung gewährt Zuschüsse, die individuell beantragt werden müssen. Diskutieren Sie, ob es nicht sinnvoller wäre, das Kindergeld in ein Kinder- und Schulgeld umzuwandeln und pauschal für alle auf z. B. 350 Euro zu erhöhen.

6.3.2 Was ist soziale Gerechtigkeit?

Blickpunkt:

Staatsquote: Bezeichnung für die gesamten Ausgaben eines Staates (einschließlich der Ausgaben für die Sozialversicherungen) in Prozent vom Bruttoinlandsprodukt. 2020 betrug die Staatsquote in Deutschland z. B. 54,2 %.

Freiheitsgüter: körperliche Unversehrtheit, Erwerbsarbeit, Mobilität usw.

Institutionen: hier: Bildungswesen, Arbeitsmarkt usw.

Verteilungsgerechtigkeit:
Wie gerecht in einem Staat die materiellen und die immateriellen Güter verteilt werden, ist ein Maßstab für die soziale Gerechtigkeit. Drei wesentliche Bestandteile kennzeichnen die Verteilungsgerechtigkeit:

- **Leistungsgerechtigkeit**
  Werden die Menschen, die viel leisten, dafür belohnt? Leistung muss sich lohnen. Wer viel leistet, sollte auch gut verdienen. Das beginnt schon in Schule und Ausbildung. Wer gute Leistungen bringt, hat gute Chancen am Arbeitsmarkt.
- **Chancengleichheit**
  Haben alle Bürger die gleichen Chancen, ihr Leben zu gestalten? Haben z. B. alle Kinder in der Grundschule die gleichen Möglichkeiten? Chancengleichheit herzustellen ist für den Staat eine besonders schwierige Aufgabe.
- **Bedarfsgerechtigkeit**
  Werden die Benachteiligten und Bedürftigen unterstützt? Bedürftige, vor allem unschuldig in Not geratene Menschen, benötigen die Hilfe des Staates.

In den vergangenen Jahrzehnten ist der finanzielle Aufwand der Bundes- und Landesregierungen sowie der Städte und Gemeinden für soziale Leistungen ständig angehoben worden. Auch die Staatsquote ist in den vergangenen Jahrzehnten kontinuierlich gestiegen. Trotzdem haben viele das Gefühl, vom Staat ungerecht behandelt zu werden. Je mehr Geld die Regierungen zum Wohle der Bürger ausgeben, desto größer scheinen die Zweifel darüber zu werden, ob es auch gerecht verteilt wird.

In öffentlichen Diskussionen wird häufig davon ausgegangen, dass es eine eindeutige Definition für soziale Gerechtigkeit gibt. Aber schon drei weitere Begriffe, die mit dem Begriff soziale Gerechtigkeit in Verbindung stehen, stiften Verwirrung:

- **Chancengleichheit,**
- **materielle Gleichheit,**
- **Leistungsgerechtigkeit.**

Viele verbinden mit sozialer Gerechtigkeit den Begriff der Chancengleichheit. Als **Chancengleichheit** wird der ungehinderte Zugang aller Bürger zu den bürgerlichen Freiheitsgütern und Institutionen bezeichnet – ohne Berücksichtigung des Ansehens der Person, ihres Geschlechts oder ihrer Rasse. Eine wichtige Voraussetzung für Chancengleichheit stellen gleiche Lebensverhältnisse und gleiche Bildungschancen dar.

Andere verstehen unter sozialer Gerechtigkeit eher eine **materielle Gleichheit**, bei der alle gleich behandelt werden, keiner zu wenig und keiner zu viel bekommt. Dementsprechend soll der Staat durch seine Steuer- und Wirtschaftspolitik dafür sorgen, dass überall im Staat gleiche Lebensverhältnisse bestehen. Zu hohe Einkommensunterschiede sind nicht erwünscht.

Die Forderung nach weitgehend gleichen Einkommen führt aber sofort zu Problemen mit einem weiteren, für viele Menschen wichtigen Begriff: der **Leistungsgerechtigkeit**. Leistung muss sich lohnen. Wer viel leistet, will dafür entsprechend belohnt werden.

Es gibt aber auch Menschen, die unverschuldet in Not geraten und trotz guter Leistungen arbeitslos werden, oder Menschen, die sich durch die Lage ihres Wohnortes in einer benachteiligten Region Deutschlands nicht gerecht behandelt fühlen. Auch ihnen soll der Staat helfen und sie in ihren Bedürfnissen unterstützen **(Bedarfsgerechtigkeit).**

Der aktivierende Sozialstaat

In den Reformdiskussionen spielt immer wieder der Begriff vom „aktivierenden Sozialstaat“ eine wichtige Rolle. Dabei wird von der Grundannahme ausgegangen, dass der Staat in den vergangenen Jahren zu viele Aufgaben übernommen hat. Dadurch ist bei vielen Bürgern die Bereitschaft, etwas für die Gesellschaft zu tun und selbst Leistungen zu erbringen, gesunken. Stattdessen haben sie sich zu sehr auf den Staat verlassen, ihre Ansprüche an den Staat steigen ständig.

Der „aktivierende Sozialstaat“ will eine neue Form von sozialer Gerechtigkeit herstellen. Werte wie Leistung, Eigenverantwortung, Unternehmergeist und Gemeinsinn sollen stärker betont werden. Der Staat hingegen soll weniger kontrollieren und dafür mehr fördern und fordern. Ansprüche ohne Gegenleistung werden abgeschafft. Wer z. B. Arbeitslosengeld II erhält, muss auch bereit sein, dafür einen Ein-Euro-Job zu übernehmen.

Der englische Soziologie-Professor Anthony Giddens hat diese Ideen entwickelt und sie als die **Politik des dritten Weges** bezeichnet.

> Die Institutionen des Wohlfahrtsstaates müssen von Grund auf umgestaltet werden, damit sie den Herausforderungen der Zeit gewachsen sind. Ein reformierter Wohlfahrtsstaat hat auch weiterhin die Aufgabe, die soziale Gerechtigkeit zu fördern, er muss aber auch Talente, Fähigkeiten und Ideen unterstützen und fördern. Die meisten Sozialdemokraten wollen die hohen Wohlfahrtsausgaben beibehalten, während die Neoliberalen sich für ein minimales Sicherheitsnetz aussprechen. Ich bevorzuge einen Mittelweg. Die Politik des dritten Weges will ein neues Verhältnis von Individuum und Gesellschaft herbeiführen, Rechte und Pflichten neu bestimmen. Das Individuum sollte genau wie die Gesellschaft angehalten werden, Verpflichtungen zu übernehmen. Keine Rechte ohne Pflichten lautet die Formel.
>
> (aus: Pongs, Armin (2000): *In welcher Gesellschaft leben wir eigentlich?* München: Dilemma Verlag, S. 75)

Kritiker dieser Vorstellungen behaupten, dass der „aktivierende Sozialstaat“ die Tendenz zur Entsolidarisierung in der Gesellschaft verstärke. Chancengleichheit und Teilhabe an den staatlichen Leistungen würden von der Teilnahme an der Erwerbsarbeit abhängig gemacht. Wer nicht in normalen Beschäftigungsverhältnissen arbeite, werde von den sozialen Leistungen des Staates abgekoppelt. Wurden viele Jahrzehnte lang Ungleiche unterschiedlich gefördert, um Gleichheit herzustellen, so werde der „aktivierende Sozialstaat“ künftig eher dem Einzelnen selbst die Schuld für seine schlechteren Lebensverhältnisse geben.

Neoliberale: Anhänger einer Wirtschaftsordnung, in der sich der Staat möglichst aus dem Wirtschaftsgeschehen heraushält. Die soziale Absicherung der Bürger beschränkt sich auf ein absolut notwendiges Maß. Der Einzelne soll sich hauptsächlich selbst um seine Lebensumstände kümmern und nur in Notfällen Unterstützung durch den Staat erhalten.

Individuum: der Mensch als Einzelwesen

entsolidarisieren: nicht mehr für jemanden oder etwas eintreten, sondern eigennützig handeln

AUFGABEN

1. a) Versuchen Sie in mehreren Gruppen, eine möglichst genaue Definition für den Begriff der sozialen Gerechtigkeit aufzuschreiben.
   b) Stellen Sie Ihre Definition in der Klasse vor.
   c) Vergleichen Sie Ihre Definition mit denen der anderen Gruppen und arbeiten Sie die Unterschiede heraus.
2. Diskutieren Sie die Vorstellungen zu einem aktivierenden Sozialstaat. Stellen Sie in den Vordergrund, was die konsequente Verwirklichung dieser Vorstellungen für Sie persönlich bedeuten würde.

Blickpunkt: *Der angehende Tischler Robin weiß, dass in den nächsten Jahren viele Arbeitnehmer in Rente gehen werden und es gleichzeitig wenig qualifizierten Nachwuchs zu geben scheint. Aber was bedeutet das für seine eigene Zukunft?*

HINWEIS
Die Arbeitslosenzahl ist von April auf Mai 2020 infolge der **Corona-Krise** erneut kräftig gestiegen, wenn auch nicht mehr so stark wie im Vormonat. Mit 2813000 liegt sie 169000 höher als im Vormonat. Saisonbereinigt entspricht das einem Zuwachs um 238000. Gegenüber dem Vorjahr hat sich die Arbeitslosenzahl um 577000 erhöht. Die Arbeitslosenquote steigt um 0,3 Prozentpunkte auf 6,1 Prozent.
(aus: www.arbeitsagentur.de, 2020)

TIPP
Aktuelle Daten zur Arbeitsmarktsituation finden Sie z. B. unter folgenden Internetadressen:
- **www.arbeitsagentur.de**
- **www.statistik.arbeitsagentur.de**
- **www.destatis.de**

6.3.3 Arbeitslosigkeit bekämpfen – aber wie?

Seit ungefähr 20 Jahren ist die Arbeitslosigkeit ein Dauerproblem in Deutschland. Je nach Jahreszeit schwankt die Zahl der Arbeitslosen. Im Grundsatz hat sich über viele Jahre an der Höhe der Arbeitslosigkeit nichts Wesentliches geändert: Mal steigt, mal sinkt sie.
In den letzten Jahren hat sich jedoch, insbesondere im Jahr 2010, die Situation auf dem Arbeitsmarkt verändert. Waren im Jahr 2005 noch 4,86 Millionen Menschen arbeitslos, sank die Arbeitslosigkeit im Juni 2007 sogar erstmals seit Jahren unter 4 Millionen, auf 3,69 Millionen. Trotz der Wirtschaftskrise 2007 bis 2009 hat sich dieser Trend weiter positiv fortgesetzt. So sank die Zahl der Arbeitslosen z. B. im Januar 2020 auf 2,45 Millionen (Arbeitslosenquote 5,3 %).

Trotz dieser positiven Entwicklungen sollte jeder Aufschwung jedoch mit Vorsicht bewertet werden, da die **Gründe für Arbeitslosigkeit** sehr vielfältig sind. Es sind sechs unterschiedliche **Kernursachen** erkennbar:

Demografische Arbeitslosigkeit	Ein Grund für Arbeitslosigkeit ist der Anstieg des Erwerbspotenzials z. B. durch geburtenstarke Jahrgänge oder Zuwanderung (Aussiedler, Übersiedler). Aktuell zeichnet sich aber durch die Überalterung der Gesellschaft eher ein Fachkräftemangel ab.
Mismatch-Arbeitslosigkeit	Eine schlechte Berufsausbildung kann sich auf dem Arbeitsmarkt schnell nachteilig auswirken. Bestimmte Problemgruppen, z. B. Geringqualifizierte, finden bei hoher Arbeitslosigkeit nur schwer eine Arbeitsstelle. Für viele offene Stellen werden ausschließlich hochqualifizierte Fachkräfte gesucht. Die Profile der gesuchten Arbeitskräfte und der Arbeitssuchenden passen nicht zusammen (Mismatch).
Strukturelle Arbeitslosigkeit	Ein rascher technologischer Wandel führt zu umfassender Rationalisierung. Neue Produkte und Materialien verändern die Nachfrage und führen zur Schrumpfung bisher beherrschender Branchen (z. B. Kohle und Stahl). Durch schlechtes Management und eine falsche Unternehmenspolitik ist eine Anpassung an den Strukturwandel unmöglich.
Konjunkturelle Arbeitslosigkeit	Durch zyklische Schwankungen des Wirtschaftsgeschehens, d. h. bei Rezession, geht die Nachfrage zurück, die Aufträge sinken, die Kapazitäten werden nicht mehr voll ausgelastet, Arbeitnehmer werden entlassen.
Saisonale Arbeitslosigkeit	Es kommt zu jahreszeitlich bedingten Ausfallzeiten in bestimmten Gewerbezweigen, z. B. kommt in schneereichen Wintermonaten die Arbeit im Baugewerbe zum Erliegen.
Friktionelle Arbeitslosigkeit	Kurzfristige Übergangsschwierigkeiten führen zu Arbeitslosigkeit, z. B. bei einem Arbeitsplatzwechsel oder bei einer räumlichen Verlagerung der Produktion durch den Arbeitgeber.

Einige Gruppen von Arbeitnehmern, sogenannte „Problemgruppen“, haben es auf dem Arbeitsmarkt besonders schwer:
- Langzeitarbeitslose bilden eine besondere Herausforderung für den Arbeitsmarkt. Vor allem ältere Erwerbstätige sind von Langzeitarbeitslosigkeit betroffen.

Aber auch Arbeitslose mit gesundheitlichen Problemen haben es schwer, den Weg zurück in die Arbeitswelt zu finden.

Die Arbeitslosenquote bei den Jugendlichen und jungen Erwachsenen (unter 25 Jahren) ist hingegen leicht rückläufig. Mit 4,5 Prozent lag sie im 2019 deutlich unter dem EU-Durchschnitt von 14,5 Prozent. Der positive Trend ist indes auch hier ohne Euphorie zu bewerten. Nach wie vor haben Jugendliche und junge Erwachsene oft Probleme, eine Lehrstelle zu finden. Hier erweisen sich insbesondere eine schlechte Schulbildung und eine unzureichende berufliche Qualifikation als großes Handicap bei der Arbeitsplatzsuche (siehe auch Abschnitt 1.1.2).

- Ältere Arbeitnehmerinnen und Arbeitnehmer besitzen aufgrund ihrer oft langjährigen Beschäftigung in einem Unternehmen den damit verbundenen Kündigungsschutz. Werden sie aber einmal arbeitslos, ist es häufig sehr schwer, erneut einen Arbeitsplatz zu finden.
- Schwierig erweist sich die Arbeitsmarktlage auch für Ausländer (Menschen, deren Staatsangehörigkeit nicht dem Staat entspricht, auf dessen Hoheitsgebiet sie sich befinden). Für sie ist das Risiko, arbeitslos zu werden, doppelt so hoch wie für deutsche Arbeitnehmer. Gründe hierfür sind vor allem die oftmals geringere berufliche Qualifikation und die häufig fehlenden Sprachkenntnisse.
- Kranke Menschen und Menschen mit Behinderungen stellen ebenfalls eine besondere Herausforderung für den Arbeitsmarkt dar. Geeignete Arbeitsstellen sind für sie oft nur schwer zu finden.

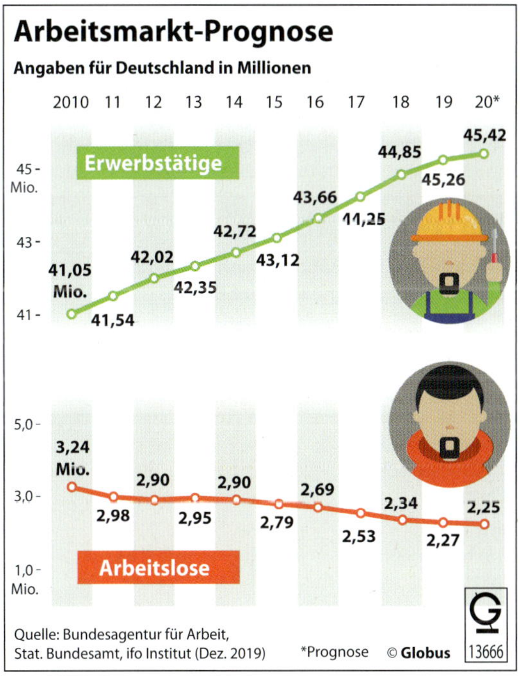

Arbeitslose sind Arbeitssuchende bis zur Vollendung des 65. Lebensjahres. Sie haben keine Arbeit oder arbeiten weniger als 15 Stunden pro Woche. Schüler, Studenten und Teilnehmer an Weiterbildungsmaßnahmen zählen nicht zu den Arbeitslosen.

Langzeitarbeitslose sind Personen, die am jeweiligen Stichtag der Bewertung länger als ein Jahr arbeitslos gemeldet waren.

Die **Arbeitslosenquote** wird in Prozent anhand der Gesamtheit aller zivilen Erwerbspersonen gemessen.

Erwerbspersonen sind alle Erwerbstätigen und Arbeitslosen.

Die „**stille Reserve**" muss eigentlich noch zur Zahl der Arbeitslosen hinzugerechnet werden. Hierunter fallen Personen, die zwar keine Arbeit haben, aber aus verschiedenen Gründen nicht in der Arbeitslosenquote erfasst sind (z. B. Teilnehmer an arbeitsmarktpolitischen Maßnahmen oder Personen, die erst auf eine günstigere Arbeitsmarktlage warten, bevor sie Arbeit nachfragen).

AUFGABEN

1. Beschaffen Sie sich die neuesten Zahlen zur Situation auf dem Arbeitsmarkt. Beachten Sie hierzu auch den Hinweis in der linken Randspalte. Beschreiben Sie, welche Tendenzen sich auf dem Arbeitsmarkt abzeichnen.
2. In der Tabelle auf der linken Seite sind sechs Kernursachen für Arbeitslosigkeit genannt. Finden Sie für jede Ursache ein möglichst zutreffendes oder auch aktuelles Beispiel.
3. Seit einiger Zeit wird in der Politik intensiv über einen sich abzeichnenden Fachkräftemangel diskutiert. Beurteilen Sie unter diesem Aspekt die Chancen der Jugendlichen und jungen Erwachsenen auf dem Arbeitsmarkt. Finden Sie hierzu im Internet aktuelle Zahlen und Daten. (Mögliche Recherchequellen finden Sie in der linken Randspalte. Recherchieren Sie außerdem mithilfe einer Suchmaschine zum Stichwort „Fachkräftemangel").

Agenda 2010 – die wesentlichen Kernpunkte der „Hartz-Gesetzgebung“:

- Die bisherige Arbeitslosenhilfe und die Sozialhilfeleistungen wurden als **Arbeitslosengeld II** zusammengelegt.
- **Job-Center:** Die Arbeits- und Sozialämter wurden zusammengelegt. Die Arbeitslosen können so effektiver betreut werden. Die Mitarbeiter in den Job-Centern sollen die Arbeitslosen motivieren, fördern und fordern.
- **Jugendliche** sollen von den Job-Centern gezielt gefördert und vermittelt werden. Vorrangige Ziele sind die Vermittlung von Ausbildungsplätzen und die Qualifizierung.
- **Minijobs:** Die ehemaligen 325-Euro-Jobs erhalten mehr Spielraum. Die Grenze für steuer- und abgabenbegünstigte Minijobs stieg über 400 auf aktuell 450 €.
  Privathaushalte können Kosten für Dienstleistungen von der Steuer absetzen.
- **Ich-AG:** Schwarzarbeit soll verhindert werden, indem man den einzelnen Arbeitslosen bei der Gründung einer Mini-Firma finanziell unterstützt. Die Einnahmen aus dieser selbstständigen Arbeit unterliegen bis 25 000 € einer Pauschalsteuer von 10 %. Am 01.08.2006 wurde das Modell der Ich-AG durch den Gründungszuschuss ersetzt.
- **Schnelle Vermittlung:** Wer eine Kündigung erhält, muss dies sofort dem Job-Center mitteilen. Noch während der laufenden Kündigungsfrist soll dann eine neue Arbeitsstelle gesucht werden. Im günstigsten Fall tritt dann keine Arbeitslosigkeit ein.

(Fortsetzung, siehe Randspalte nächste Seite)

Gibt es Lösungen der Arbeitslosenproblematik?

Die Lösung der Probleme am Arbeitsmarkt ist in der politischen Diskussion ein Dauerbrenner und zugleich ein heftig umstrittenes Thema. Die Parteien, die Gewerkschaften, die Arbeitgeberverbände und die Wissenschaft bieten vielfältige und oft sehr unterschiedliche Lösungsvorschläge an. Für den Laien ist es oftmals sehr schwer, hier noch den Überblick zu behalten oder gar mitzudiskutieren.

In den Jahren 2003 bis 2005 setzte die damalige Bundesregierung unter Bundeskanzler Gerhard Schröder im Rahmen des Reformpakets „Agenda 2010“ arbeitsmarktpolitische Reformen durch (Stichwort „Hartz IV“). Die entsprechenden Gesetze wurden im Bundestag (SPD/Grüne-Mehrheit) und im Bundesrat (CDU/CSU/FDP-Mehrheit) beschlossen. Schon kurz nach ihrem Inkrafttreten erfolgten zahlreiche Änderungen an den Gesetzen. Diese werden im Zweiten Sozialgesetzbuch (SGB II) aufgeführt.

Arbeitslosengeld I und II – die Regelungen für Arbeitslose

Nach diesen Gesetzen erhalten Arbeitslose zunächst für ein Jahr Arbeitslosengeld I in Höhe von 60 % des letzten Nettogehalts (bzw. mit Kind 67 %). Bei Personen, die über 50 Jahre alt sind und mehr als 24 Monate versicherungspflichtig gearbeitet haben, verlängert sich die Bezugsdauer unter bestimmten Voraussetzungen auf bis zu zwei Jahre.
Regulär jedoch erhalten alle Arbeitslosen nach einem Jahr das Arbeitslosengeld II. Arbeitsfähige Menschen beziehen somit – anders als zuvor nach Ablaufen des Anspruchs auf Arbeitslosenhilfe – keine Sozialhilfe, sondern ausschließlich Arbeitslosengeld II. Nicht arbeitsfähige Menschen haben weiterhin Anspruch auf Sozialhilfe.

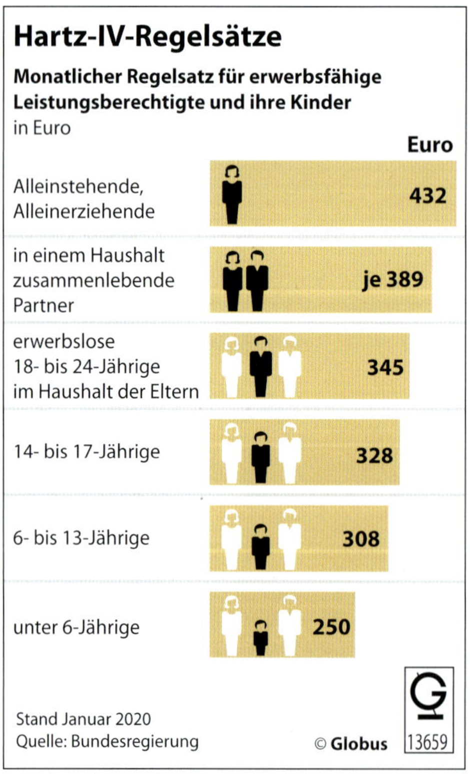

2018 bezogen laut Bundesagentur für Arbeit ca. 3,1 Millionen „Bedarfsgemeinschaften“ (Ein- oder Mehrpersonenhaushalte) Regelleistungen des Arbeitslosengeldes II. Mitte 2019 erhielten 2,4 Millionen Beschäftigte zusätzlich zu ihrem Einkommen Leistungen aus dem Arbeitslosengeld II, da das selbst erarbeitete Einkommen nicht für den Lebensunterhalt ausreichte (vergleiche Abschnitt 6.3.1).

Strategien zum Umgang mit Arbeitslosigkeit

Im Streit zwischen Arbeitgeberverbänden und Gewerkschaften über geeignete Maßnahmen zur Bekämpfung der Arbeitslosigkeit verfolgen beide Gruppen grundsätzlich unterschiedliche Positionen.

- **Zumutbarkeit:** Neue Zumutbarkeitsregeln sollen dafür sorgen, dass vor allem Ledige und kinderlose Arbeitslose schneller einen neuen Job erhalten. Künftig müssen auch geringer bezahlte Jobs oder Jobs in weiter entfernten Städten angenommen werden.

Arbeitsmarktpolitische Positionen zur Lösung der Arbeitslosigkeit

Position der Gewerkschaften	Position der Arbeitgeber
Ziel aller Wirtschaftspolitik muss es sein, den Konsum im Inland zu steigern. Nur bei einer sehr guten Binnennachfrage können die Unternehmen ihre Produkte verkaufen. Das führt dann zu einer Produktionssteigerung und somit zu mehr Beschäftigung.	**Ziel aller Wirtschaftspolitik** muss es sein, die Kosten für die Herstellung von Gütern zu senken. Nur wenn die Kosten niedrig sind, können deutsche Produkte günstig angeboten werden. Das führt wiederum zu mehr Nachfrage und dadurch zu mehr Beschäftigung.
Die **Lohnnebenkosten** müssen auf dem jetzigen Stand gehalten werden. Nur so kann der Standard der sozialen Absicherung der Arbeitnehmer gehalten werden.	Die **Lohnnebenkosten** sind zu hoch. Deshalb sind, um die Kosten zu senken, weitreichende Einschnitte bei den Leistungen der Sozialversicherungen notwendig.
Niedrigere Löhne bedeuten weniger Geld in der Hand der Konsumenten. Dies führt unweigerlich zu einer verminderten Nachfrage und damit zu Umsatzeinbrüchen in der heimischen Wirtschaft.	**Niedrigere Löhne** verbessern die internationale Wettbewerbssituation. Produkte können so besser angeboten und verkauft werden. Wird die Produktion erhöht, werden neue Arbeitnehmer eingestellt.
Die **Verlängerung der Arbeitszeiten** bei gleichem Lohn ist eine Reallohnsenkung. Um die Binnennachfrage zu stärken, müssten jedoch die Löhne erhöht werden.	**Längere Arbeitszeiten** verbessern die Wettbewerbsfähigkeit der Unternehmen, weil dadurch die Lohnkosten in der Produktion gesenkt werden.
Der **Kündigungsschutz** ist für die Arbeitnehmer ein hohes Gut. Er gibt ihnen Sicherheit. Wer einen sicheren Arbeitsplatz hat, ist auch eher bereit zu konsumieren und dadurch die Binnennachfrage zu stärken.	Der **Kündigungsschutz** muss weitestgehend gelockert werden. Unternehmen stellen Arbeitnehmer oft nicht ein, weil sie diese in einer Konjunkturflaute nur schwer wieder kündigen können.

Besucher vor der Agentur für Arbeit

AUFGABEN

1. Stellen Sie in einer Mind-Map alle Vorschläge zur Lösung der Arbeitsmarktprobleme übersichtlich und stichwortartig zusammen. Ergänzen Sie die Darstellung mit weiteren, eigenen Vorschlägen.
2. In Abschnitt 6.1.3 werden zwei unterschiedliche wirtschaftspolitische Strategien beschrieben. Ordnen sie die zwei oben beschriebenen Ansätze zur Bekämpfung der Arbeitslosigkeit diesen wirtschaftspolitischen Positionen zu. Begründen Sie Ihre Entscheidung.
3. Recherchieren Sie, welche Vorschläge zur Lösung der Arbeitsmarktprobleme in der Presse und in den Nachrichten aktuell diskutiert werden. Beurteilen Sie diese Vorschläge.

Blickpunkt:

2050 – Rente erst mit 70 ?!

6.3.4 Rente 2050 – wie sicher sind die Renten?

Die gesetzliche Rentenversicherung ist seit Langem das Sorgenkind im Sozialstaat Deutschland. Der Generationenvertrag (siehe auch Abschnitte 1.6.5 und 2.2.2) scheint nicht mehr zu funktionieren. Eine der Ursachen hierfür ist eine eigentlich erfreuliche Tatsache: Die Deutschen werden immer älter, ihre Lebenserwartung steigt. Es kommt jedoch hinzu, dass nur noch durchschnittlich 1,3 Kinder pro Frau geboren werden. Schon in absehbarer Zeit wird es mehr alte Menschen geben, die eine Rente benötigen, und immer weniger junge Arbeitnehmer, die in die Rentenkassen einzahlen. Durch diese Entwicklung wird die Finanzierung der Renten zum Problem. Schon ab 2020 werden wir erhebliche Probleme bekommen, wenn die geburtenstarken Jahrgänge aus den 50er- und 60er-Jahren in Rente gehen.

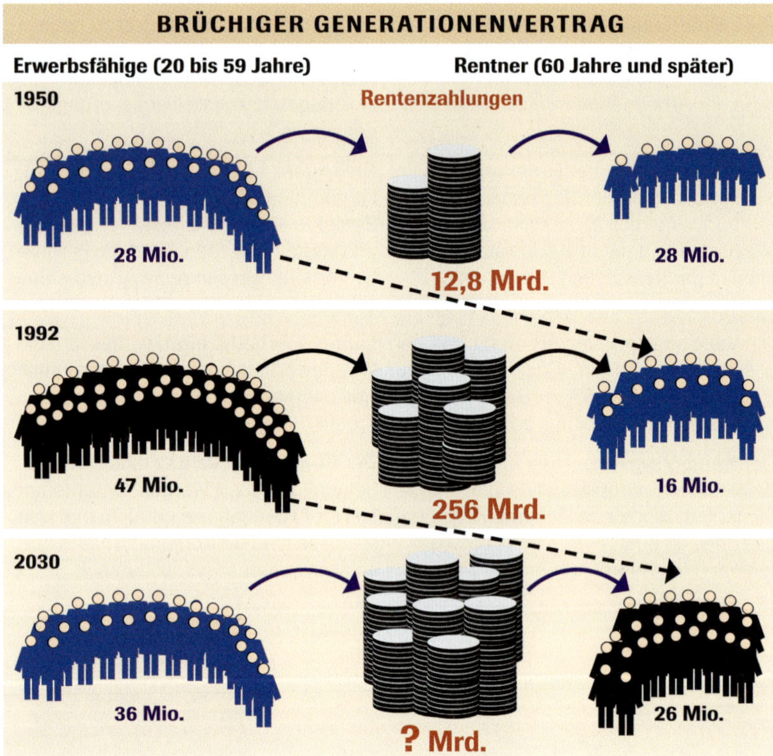

JUNG FINANZIERT ALT: Auf dieser einfachen Formel basiert das gesamte Rentensystem. Wer als Arbeitnehmer in die Versicherung einzahlt, hat im Alter Anspruch auf Leistungen. In den kommenden Jahren wächst die Zahl der über 60-Jährigen rapide: Ihr Nachwuchs wird es kaum noch schaffen, ihre Rente zu erwirtschaften.

Die Folgen dieser Entwicklung sind unbequem: Entweder zahlen die Jungen höhere Beiträge, was ihren Nettolohn schmälert, oder die Renten werden gekürzt – oder beides.

In den vergangenen 20 Jahren gab es verschiedene Ansätze für eine Reform der Rentenversicherung. 2001 beschlossen Bundestag und Bundesrat eine Rentenreform. Danach sollen die Renten nach und nach auf zwei Drittel des letzten Nettoeinkommens abgesenkt werden. Die heutigen Arbeitnehmer und Beitragszahler erhalten später einmal eine gesetzlich garantierte Rente, die aber niedriger als die heutige Rente ausfallen wird. Gleichzeitig wird gefordert, dass junge Menschen eine private Altersvorsorge treffen, um die Einbußen abzufangen.

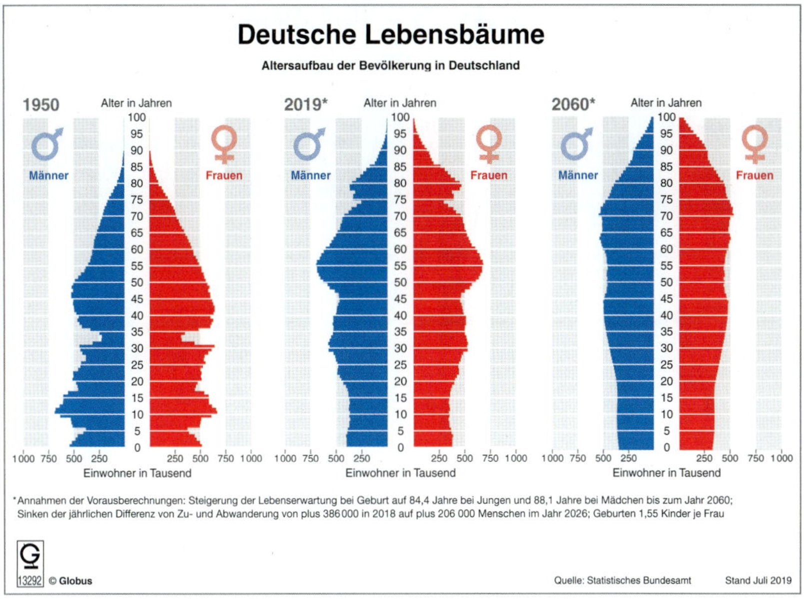

Private Altersvorsorge wird immer wichtiger

Im Rahmen der sich abzeichnenden Entwicklung und den damit verbundenen Kosten für den Einzelnen wird immer mehr Jugendlichen klar, dass sie zusätzlich zur gesetzlichen Rentenversicherung auch privat vorsorgen müssen. Für die zukünftige Altersvorsorge spielen drei Faktoren eine wichtige Rolle, um im Alter ausreichend abgesichert zu sein:

Drei Säulen der Altersvorsorge

Die **betriebliche Altersvorsorge** hat eine lange Tradition in Deutschland. In vielen, vor allem großen Betrieben erhalten die ehemaligen Mitarbeiter als Rentner zusätzlich zur gesetzlichen Rente eine betriebliche Rente.

Die **gesetzliche Rentenversicherung** ist weiterhin die zentrale Säule der Altersvorsorge. Auch zukünftig sollen diese Renten ausgezahlt werden. Die derzeitigen Rentenhöhen können aber nicht versprochen werden (siehe auch Abschnitt 1.6.5).

Die **private Altersvorsorge** wird vor allem von den Versicherungen in Form von Kapitallebensversicherungen, privaten Rentenversicherungen, fondsgebundenen Renten- oder Lebensversicherungen oder Berufsunfähigkeitsversicherungen angeboten. Hier sollte man sich auf alle Fälle sorgfältig beraten lassen.

Altersarmut nimmt in Deutschland drastisch zu

Den Ruhestand sorgenfrei genießen? Für immer mehr Senioren wird das unmöglich. Bis 2036 steigt die Altersarmut laut einer Studie deutlich – und die Reformpläne der Politik helfen kaum.

Altersarmut galt als etwas, das aus der Zeit gefallen schien. Ältere in Deutschland sind derzeit im Schnitt relativ selten arm. Doch seit den Neunzigerjahren kennen immer mehr Menschen auch das: Minijobs, Hungerlöhne und Arbeitslosigkeit. […]

Als armutsgefährdet gilt jemand, der weniger als 60 Prozent des mittleren Einkommens der Bevölkerung zur Verfügung hat. […]

Ursachen für drohende Altersarmut gibt es laut der Untersuchung viele – und sie liegen zumeist im Wandel des Arbeitsmarkts in den vergangenen 25 Jahren. Teilzeitarbeit oder ein später Einstieg ins Berufsleben, zählen etwa dazu. Befristete Verträge, Ich-AGs und manche Rentenreform der vergangenen Jahre befördern dies ebenfalls. Vor allem nennen die Autoren jedoch drei Gründe: Unterbrechungen des Berufslebens etwa bei Müttern, prekäre Arbeitsverhältnisse im Niedriglohnbereich sowie sinkende Renten durch eine alternde Gesellschaft.

(aus: www.spiegel.de, 26.06.2017)

▶ AUFGABEN

1. Versuchen Sie durch eine kleine Umfrage in der Schule herauszufinden, wie Ihre Mitschülerinnen und Mitschüler die Zukunft der Rente sehen. Entwerfen Sie hierfür einen Fragebogen mit zielgerichteten, eindeutigen Fragen.
2. Erstellen Sie aus den Zahlen in der Grafik „Brüchiger Generationenvertrag" (siehe linke Seite) ein Balkendiagramm. Bewerten Sie, in welchem Verhältnis Einzahlende, Geldbetrag und Rentenbezieher zu den verschiedenen Zeitpunkten zueinander stehen.
3. Listen Sie auf, welche weiteren Probleme der Altersvorsorge auf Sie persönlich zukommen könnten.

Gesundheitsausgaben im Jahr 2018 um 4 % gestiegen

Die Gesundheitsausgaben in Deutschland beliefen sich im Jahr 2018 auf 390,6 Milliarden Euro oder 4712 Euro je Einwohnerin bzw. Einwohner. Wie das Statistische Bundesamt (Destatis) weiter mitteilt, entspricht dies einem Anstieg um 4,0 % gegenüber 2017. Der Anteil der Gesundheitsausgaben am Bruttoinlandsprodukt lag 2018 bei 11,7 % und damit 0,1 Prozentpunkte höher als 2017. Für das Jahr 2019 wird auf Basis bereits vorliegender und fortgeschriebener Werte ein weiterer Anstieg auf 407,4 Milliarden Euro geschätzt, das wären 4,3 % mehr als im Jahr 2018.

Mit einem Ausgabenanteil von 56,9 % war die gesetzliche Krankenversicherung auch 2018 größter Ausgabenträger im Gesundheitswesen. Ihre Ausgaben beliefen sich auf 222,1 Milliarden Euro und lagen somit um 7,9 Milliarden Euro oder 3,7 % über denen des Jahres 2017. Die privaten Haushalte und privaten Organisationen ohne Erwerbszweck waren mit 52,1 Milliarden Euro oder 13,3 % der Gesundheitsausgaben zweitgrößter Ausgabenträger. Im Vorjahresvergleich wiesen sie einen Anstieg um 1,7 Milliarden Euro oder 3,5 % auf. Die soziale Pflegeversicherung hatte einen Anteil von 10,1 % an den Gesundheitsausgaben in 2018. Im Vergleich zum Jahr 2017 verzeichnete sie mit einem Plus von 2,3 Milliarden Euro oder 6,2 % auf 39,5 Milliarden Euro den stärksten Ausgabenanstieg. Die Ausgaben der privaten Krankenversicherung stiegen um 1,6 Milliarden Euro oder 5,0 % auf 33,3 Milliarden Euro. Auf sie entfielen 8,5 % der Gesundheitsausgaben im Jahr 2018.

(aus: Statistisches Bundesamt: Pressemitteilung Nr. 164 vom 12.05.2020)

6.3.5 Der Gesundheitsfonds – die Lösung für die Finanzierung des Gesundheitssystems?

Das Problem in der Gesundheitspolitik ist einfach und doch kompliziert. Einfach ist die Darstellung des Problems: Die auf dieser Seite aufgeführten Kosten für die Gesundheit müssen über die Krankenkassenbeiträge aller Arbeitnehmer finanziert werden. Sie steigen jedoch ständig.

Das große Problem der nahen Zukunft ist vor allem der demografische Faktor: Die Menschen werden immer älter, der Anteil der Älteren wird in den nächsten dreißig Jahren dramatisch ansteigen. Die Krankenkassenbeiträge müssen aber auch dann noch von den heute jungen Arbeitnehmerinnen und Arbeitnehmern aufgebracht werden.

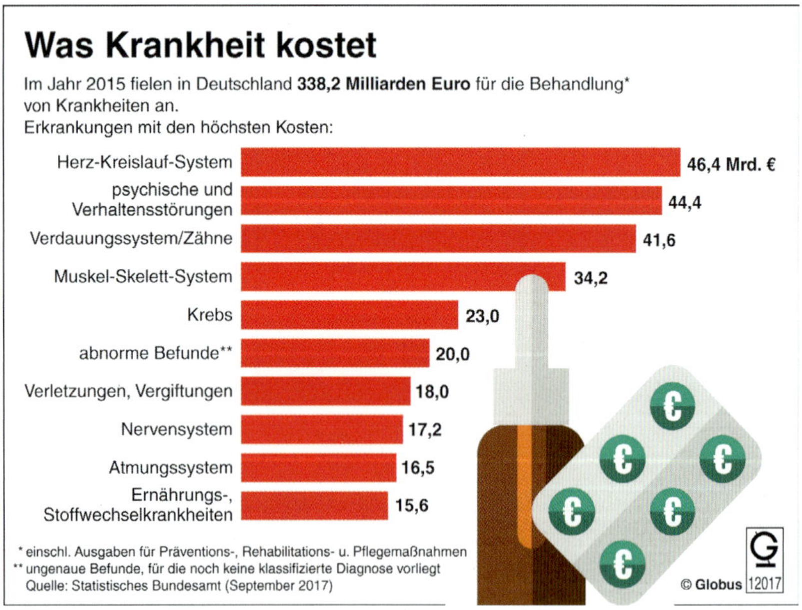

Zwei Lösungsvorschläge – ein Kompromiss

Kompliziert wird es, wenn nach Lösungen für dieses Problem gesucht wird. Im Vordergrund der Diskussion standen zwei unterschiedliche Vorschläge:

- die von der SPD und den Grünen vorgeschlagene Bürgerversicherung und
- die von der CDU/CSU und der FDP bevorzugte Versicherung mit einer pauschalen Gesundheitsprämie.

Beide Vorschläge waren teils heftiger Kritik aus dem jeweils anderen politischen Lager ausgesetzt. Die damalige Große Koalition aus CDU und SPD verständigte sich im Rahmen der Gesundheitsreform letztendlich auf einen Kompromiss zur Finanzierung des Gesundheitssystems: den **Gesundheitsfonds**, der am 01.01.2009 in Kraft trat. Wesentliche Merkmale des Gesundheitsfonds sind:

- Es gilt ein einheitlicher Beitragssatz: Alle Krankenkassen verlangen den gleichen prozentualen Beitragssatz, der von der Bundesregierung bestimmt wird.
- Darüber hinaus ist seit 2015 ein Zusatzbeitrag, dessen Höhe von der jeweiligen Krankenkasse festgelegt wird, jeweils zur Hälfte von Arbeitgeber und Arbeitnehmer zu zahlen. Er beträgt zwischen 0,3 und 1,3 Prozent vom Bruttolohn.
- Die Beiträge, die wie bisher nach dem beitragspflichtigen Einkommen berechnet werden, fließen gemeinsam mit Steuermitteln in den neuen Gesundheitsfonds.
- Aus diesem Fonds erhalten die Krankenkassen die notwendigen Finanzmittel (Kassen mit älteren und kränkeren Versicherten erhalten mehr).
- Kassen, die gut haushalten, können den Versicherten Prämien zurückerstatten. Die Kassen sollen so zu einer wirtschaftlichen Arbeitsweise motiviert werden.

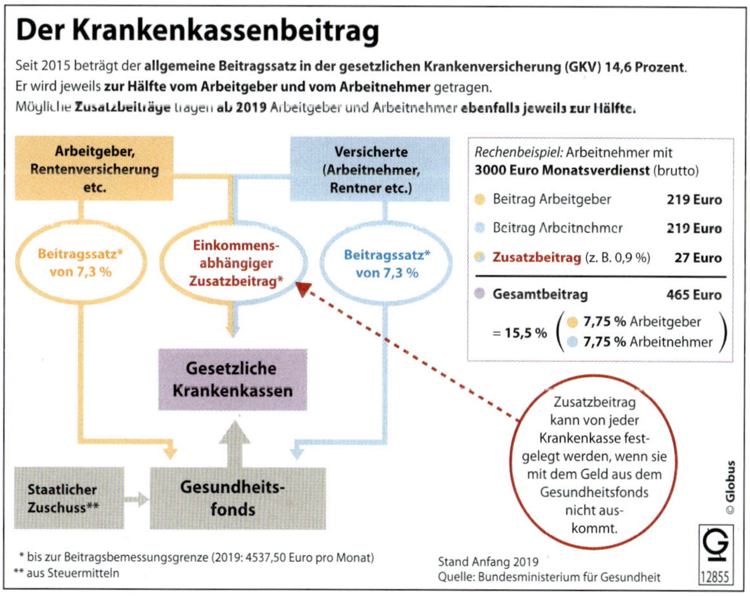

Eckpunkte der Bürgerversicherung
(von SPD und Grünen unterstützt):

1. Neben allen Arbeitnehmern müssen auch die Beamten, Selbstständigen und Landwirte in die Bürgerversicherung einzahlen.
2. Höhere Beitragsbemessungsgrenzen – für Kassenbeiträge maximal anrechenbares Einkommen: 5 100 Euro.
3. Zinsen, Dividenden und Mieten werden dem Einkommen hinzugerechnet.

Eckpunkte der Gesundheitsprämie
(von der CDU unterstützt):

1. Jeder Erwachsene, der bisher gesetzlich krankenversichert war, zahlt pauschal monatlich 210 Euro. Kinder, nicht aber Ehegatten, sind kostenlos mitversichert.
2. Der bisherige Arbeitgeberanteil wird dem Bruttolohn zugeschlagen und muss mit versteuert werden.
3. Geringverdiener (unter 1 580 Euro) zahlen 13,3 % des Einkommens. Die Differenz zu 210 Euro zahlt der Staat aus Steuergeldern.

AUFGABEN

1. In Abschnitt 2.2.2 auf S. 72 wird die demografische Entwicklung in Deutschland genauer beschrieben. Erläutern Sie – u. a. mit den dort gefundenen Informationen – die in der Pressemitteilung des Statistischen Bundesamtes dargestellte Kostenentwicklung im Gesundheitswesen.
2. Stellen Sie die Unterschiede zwischen dem Gesundheitsfonds und dem bisherigen Gesundheitssystem stichwortartig dar. Recherchieren Sie die benötigten Informationen im Internet.
3. Versuchen Sie, sich für eines der drei Modelle – Gesundheitsfonds, Bürgerversicherung oder Gesundheitsprämie – zu entscheiden. Begründen Sie Ihre Wahl.

HANDELN AKTIV SEIN

Suchen mit logischen Verknüpfungen:
Eine Suchmaschine arbeitet mit logischen Verknüpfungen. Manchmal steht diese Logik des PCs im Widerspruch zu unserem alltäglichen Sprachgebrauch.
„Ich komme heute oder morgen" bedeutet normalerweise, dass ich nur an einem der beiden Tage komme. Im Sinne der „Computerlogik" sind mit ODER aber drei Möglichkeiten gemeint:
a) ich komme heute,
b) ich komme morgen,
c) ich komme an beiden Tagen.

„A oder B oder C" bedeutet also in der Computersprache
- A oder B oder C
- A oder B
- B oder C
- C oder A
- A und B und C

Bei der Eingabe also sorgfältig überlegen. Suchbegriffe sollten mit den folgenden Operatoren verbunden sein:
- **Der „und"-Operator:** Begriff 1 und Begriff 2, eventuell auch Begriff 3 müssen enthalten sein.
- **Der „oder"-Operator:** Sie erreichen, dass entweder der eine oder der andere oder beide Begriffe im Dokument enthalten sind.
- **Der „nicht"-Operator:** Der genannte Begriff darf im Dokument nicht enthalten sein. Dies ist nur sinnvoll, wenn ein weiterer Begriff genannt wird.

Sich informieren – Recherche im Internet

Das Internet ist eine unerschöpfliche Quelle von Informationen und bietet die mit Abstand besten Möglichkeiten der Recherche. Die Anzahl der Webseiten liegt im zweistelligen Milliardenbereich. Wer hier aber ziellos und ohne System Informationen sucht, sucht die Stecknadel im Heuhaufen.

Eine Recherche ist die gezielte und systematische Suche nach Informationen zu einem bestimmten Thema. Sie ist der erste Schritt, um beispielsweise ein Referat oder einen Aufsatz zu schreiben.

Fünf Schritte zum Erfolg

1. Schritt: Das Thema eingrenzen und Fragen formulieren
Man muss sich über sein Thema und seine Fragen genau im Klaren sein, sonst verliert man im Internet schnell die Übersicht. Bevor im Internet recherchiert wird, listet man genau ausgesuchte Stichwörter und Fragen auf. Mit den Stichwörtern können dann die Suchmaschinen genutzt werden.
Oder man geht gezielt in eine bekannte, unter den Favoriten (siehe Randspalte auf der rechten Seite) vermerkte Webseite.

Die beliebtesten Suchmaschinen (am PC/Laptop)

Stand 2020

2. Schritt: Informationen suchen und sammeln
Hat man eine Information gefunden, wird diese einer ersten Bewertung unterzogen. Offensichtlich unbrauchbares Material wird gleich aussortiert. Gefundene verwertbare Webseiten können dann unter den Favoriten in einen speziell für das Thema angelegten Ordner gespeichert werden.

3. Schritt: Informationen bewerten und aussortieren
Die gefundenen Informationen müssen nun bewertet werden. Nützliche Dateien können dann z.B. im Format von Word-Dateien gespeichert werden. Dabei sollte gleich notiert werden, aus welcher Quelle oder von welcher Webseite die Information stammt.

4. Schritt: Die ausgesuchten Informationen durcharbeiten
Nun erst die ausgewählten Dateien und Informationen ausdrucken, bearbeiten und sich weiter sachkundig machen.

5. Schritt: Referat, PowerPoint-Vortrag oder Aufsatz erstellen
Jetzt beginnt die Ausarbeitung des eigenen Produkts. Auch bei der Arbeit mit dem PC und den Dateien aus dem Internet gelten die Regeln der sorgfältigen Arbeit:
- Zitate müssen immer als solche gekennzeichnet sein und die Quellen angegeben werden.
- Schaubilder und Bilder dürfen nur für den eigenen, ganz persönlichen Gebrauch genutzt werden, sonst müssen die Urheberrechte berücksichtigt und zum Teil hohe Gebühren gezahlt werden.

Informationsquellen
Sie sollten nur seriöse Homepages nutzen. Wirtschaftsverbände, Unternehmen, Parteien, Bürgerinitiativen, Ministerien, nichtstaatliche Organisationen, Kirchen, Verbände und behördliche Einrichtungen wie z. B. die Bundeszentrale für politische Bildung sind in der Regel hervorragende Informationsquellen.

Besonders interessant sind auch die **Zeitschriftenarchive**. Fast alle namhaften Tageszeitungen, Zeitschriften und Magazine verfügen über sehr umfangreiche und meist komfortabel zu bedienende Internetarchive. Viele dieser Seiten stehen kostenlos zur Verfügung, manche können gegen eine relativ geringe Gebühr genutzt werden. Auf vielen Zeitungswebseiten gibt es nicht nur Nachrichten, sondern zu besonders aktuellen Themen auch eine umfangreiche Sammlung von Artikeln mit Hintergrundinformationen. Ähnlich informativ sind die Webseiten der großen **Fernseh- und Radiosender**.

Länderspezifische Informationen
Wer Informationen sucht, die nur ein bestimmtes Land betreffen, sollte – statt mit einer weltweit operierenden Suchmaschine – mit einem speziellen nationalen Suchdienst arbeiten. Mit der Suchmaschine „Searchcode“ lassen sich solche nationalen Suchdienste leicht finden.

Suche nach aktuellen Daten und Nachrichten
Das unsystematische Herumstöbern auf Webseiten bringt nichts. Aktuelle Nachrichten kann man hervorragend mit Suchmaschinen wie beispielsweise Google erhalten. Google wertet circa 700 Zeitungen und andere Nachrichtenquellen aus und präsentiert die Sammlung unter der Rubrik News. Dort lassen sich durch die Eingabe von Stichwörtern gezielt Nachrichten zu einem Thema finden. Nutzt man den Alert Service, werden einem die neuesten Nachrichten zu einem ausgewählten Thema per E-Mail zugestellt (siehe „Handeln – aktiv sein“, S. 98 f.).

Arbeit mit Favoriten
Fortgeschrittene und Profis arbeiten mit der Rubrik Favoriten. Hier können alle wertvollen und interessanten Webseiten vermerkt werden. Auch können diese nach Fachgebieten und Themen in Ordnern und Unterordnern sortiert werden. Eine gut geführte Favoritenliste ist eine ausgezeichnete Hilfe und spart eine Menge Zeit.

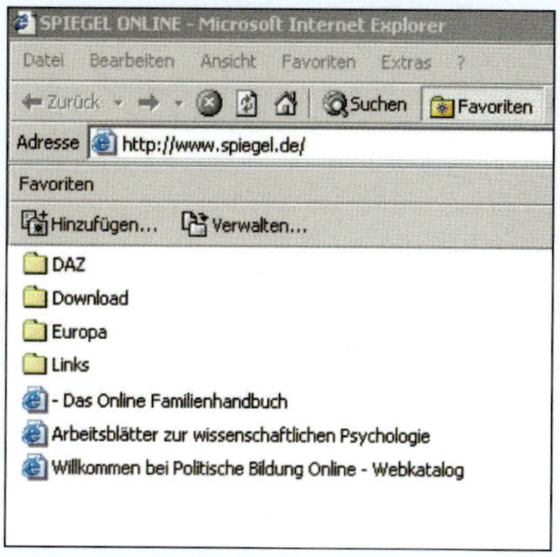

Was Sie wissen sollten …

Die folgenden Begriffe zum Thema **Unsere Gesellschaft im Wandel – Wirtschafts- und Sozialpolitik** sollten Sie erläutern können:

Wichtige Begriffe	Sie können mitreden, wenn …
STARKE WIRTSCHAFT ALS ZIEL – WIRTSCHAFTSORDNUNGEN UND WIRTSCHAFTSPOLITIK	
Wirtschaftsordnung, freie Marktwirtschaft, Zentralverwaltungswirtschaft, soziale Marktwirtschaft	• Sie erläutern können, was man unter einer Wirtschaftsordnung versteht. • Sie darstellen können, was die freie Marktwirtschaft von der Zentralverwaltungswirtschaft unterscheidet. • es Ihnen nicht schwer fällt, die Merkmale der sozialen Marktwirtschaft zu benennen.
staatliche Wirtschaftspolitik	• Sie die Möglichkeiten staatlicher Wirtschaftspolitik erläutern und dabei die wirtschaftspolitischen Strategien mit Beispielen belegen können.
Konjunktur, Konjunkturverlauf, Hochkonjunktur, Depression, Aufschwung	• Sie wissen, was man unter Konjunktur versteht und die Begriffe Hochkonjunktur, Depression und Aufschwung in den Konjunkturverlauf einordnen können. • Sie den aktuellen wirtschaftlichen Verlauf abschätzen und Ihre Einschätzung begründen können.
magisches Viereck, magisches Sechseck	• Sie erklären können, was man unter dem magischen Viereck versteht und warum manche Wirtschaftsexperten vom magischen Sechseck sprechen.
Außenhandel, Handelsbilanz	• Sie die Bedeutung des Außenhandels für den Wirtschaftsstandort Deutschland erläutern können und wissen, was die Handelsbilanz besagt.
Wirtschaftspolitik und Globalisierung	• Sie die Chancen und Probleme der Globalisierung gegeneinander abwägend darstellen können.
ALLES KOSTET GELD: FINANZ- UND STEUERPOLITIK	
Geldwertstabilität, Wechselkurse	• Sie erläutern können, was man unter dem Binnen- und dem Außenwert des Geldes versteht und Sie die Bedeutung der Wechselkurse für die deutsche Wirtschaft darlegen können.
Steuereinnahmen, Steuerausgaben, Steuerspirale	• es Ihnen gelingt, die Vielfalt der Steuerarten, die beispielsweise in der Steuerspirale abgebildet sind, zu benennen. • Sie an Beispielen darstellen können, wofür der Staat die eingenommenen Steuern ausgibt.
Staatsverschuldung	• Sie darstellen können, warum es für Bund, Länder und Gemeinden so schwer ist, die Schuldenlast zu reduzieren.
Steuerreform, Linearmodell, Stufenmodell	• Sie die Steuerreformmodelle der Parteien gegenüberstellen und die beiden Begriffe Linear- und Stufenmodell erklären können.
Subventionen, Finanzhilfen, Steuervergünstigungen	• Sie anhand von Beispielen erläutern können, was Subventionen sind. • Sie zwischen Finanzhilfen und Steuervergünstigungen unterscheiden können.
SOZIALE GERECHTIGKEIT IST DAS ZIEL – SOZIALPOLITIK	
gerechter Lohn, Niedriglohn, Einkommen	• Sie die unterschiedlichen Lohn- und Einkommenshöhen mit Beispielen belegen und dadurch an einer Diskussion über gerechten Lohn teilnehmen können.
Armut, absolute Armut, relative Armut	• Sie keine Probleme haben, die Begriffe absolute und relative Armut zu definieren, und dadurch den Begriff Armut genauer beschreiben können.
soziale Gerechtigkeit, Leistungsgerechtigkeit, Chancengleichheit, Bedarfsgerechtigkeit	• Sie in der Lage sind, einen kleinen Vortrag über den Begriff der sozialen Gerechtigkeit zu halten, und hierfür die Begriffe Leistungsgerechtigkeit, Chancengleichheit und Bedarfsgerechtigkeit in ihrer differenzierten Bedeutung verwenden können.
Arbeitslosigkeit, Arbeitsmarktreformen, Agenda 2010	• Sie demografische, strukturelle, konjunkturelle, saisonale, friktionelle und Mismatch-Arbeitslosigkeit unterscheiden können. • Sie die Kernpunkte des Reformpakets Agenda 2010 benennen können und zusätzlich in der Lage sind, die Positionen von Gewerkschaften und Arbeitgeberverbänden aufzuzeigen.
Rentenreform, demografische Entwicklung, Generationenvertrag	• Sie die Problematik der Rentenversicherung – insbesondere auf Grundlage der demografischen Entwicklung – erläutern können. • Sie den Begriff Generationenvertrag erklären und die sich hieraus abzeichnenden Probleme benennen können.
Gesundheitsfonds, Bürgerversicherung, Gesundheitsprämie	• Sie die Probleme des Gesundheitswesens darstellen und die beiden Reformansätze Bürgerversicherung und Gesundheitsprämie dem „Kompromiss“ Gesundheitsfonds vergleichend gegenüberstellen können.

7

DEUTSCHLAND – MITTEN IN EUROPA

Blickpunkt: *Deutschland 1945: Das Land war vielerorts komplett zerstört, Städte wie Köln und Hamburg lagen in Trümmern und waren bis zu 80 % unbewohnbar. Angesichts dieser Tatsachen stellt sich Frank folgende Frage:*

Zeittafel der europäischen Einigung:

- **1951 – EGKS:** Die sechs Staaten Belgien, Frankreich, Italien, Luxemburg, die Niederlande und die Bundesrepublik Deutschland gründen die Europäische Gemeinschaft für Kohle und Stahl (Montanunion). Das Ziel ist die Schaffung eines gemeinsamen Marktes für Kohle und Stahl. Durch die wirtschaftliche Zusammenarbeit soll der Grundstein für eine vertiefte Gemeinschaft der Völker gelegt werden.
- **1957 – EWG + Euratom (die „Römischen Verträge"):** Die sechs EGKS-Staaten gründen die Europäische Wirtschaftsgemeinschaft (EWG) und die Europäische Atomgemeinschaft (Euratom). Die Ziele sind:
  - ein gemeinsamer Markt und eine Zollunion
  - eine gemeinsame Agrarpolitik
  - politische Zusammenarbeit und die Schaffung eines Binnenmarktes
  - die Schaffung einer Währungsunion
  - die Zusammenarbeit in der Atomindustrie

7.1 Geschichte der Europäischen Union

7.1.1 Die Europäische Union entsteht – die Zeit von 1945 bis 1990

Nach den zwei Weltkriegen war den Menschen in Europa klar geworden, dass mit einem Festhalten an den alten Nationalstaaten auch in Zukunft Kriege nicht verhindert werden können. Aber kaum jemand wagte damals an ein gemeinschaftliches Bündnis der europäischen Staaten zu glauben. Freundschaftliche Beziehungen mit einem friedliebenden Deutschland waren für die meisten anderen Länder undenkbar.

Doch viele nachdenkliche Menschen und besonders die Jugendlichen forderten ein anderes, friedliches Europa. Ein neues Denken musste Einzug halten. Zwei erfahrene Politiker wagten diesen neuen Schritt.

Churchill (1874–1965)

Winston Churchills Vision

Der britische Premierminister Winston Churchill hatte schon kurz nach dem Zweiten Weltkrieg eine Vision vom zukünftigen Europa:

„Wenn Europa einmal einträchtig sein gemeinsames Erbe verwalten würde, dann könnten seine drei- bis vierhundert Millionen Einwohner ein Glück, einen Wohlstand und einen Ruhm ohne Grenzen genießen. […] Wir müssen etwas wie die Vereinigten Staaten von Europa schaffen. […] Ich spreche jetzt etwas aus, das Sie in Erstaunen versetzen wird. Der erste Schritt bei der Neugründung […] muss eine Partnerschaft zwischen Frankreich und Deutschland sein."

Schuman (1886–1963)

Robert Schumans Plan

Der französische Außenminister Robert Schuman verkündete am 09.05.1950, dass seine Regierung bereit sei, mit der deutschen Regierung im Montanbereich (Kohle und Stahl) zusammenzuarbeiten. Dies war für die damalige Zeit sensationell. Nur fünf Jahre nach dem Zweiten Weltkrieg erklärte sich Frankreich bereit, mit dem „Erbfeind" Deutschland eine gemeinsame Politik in den damals sehr wichtigen Wirtschaftsbereichen Kohle und Stahl zu gestalten. Der Schuman-Plan führte zur Gründung der Europäischen Gemeinschaft für Kohle und Stahl (EGKS, auch **Montanunion** genannt). So begann die europäische Einigung auf wirtschaftlichem Gebiet.

1951 – Die Europäische Gemeinschaft für Kohle und Stahl (EGKS)

Der Vertrag über die Gründung der Europäischen Gemeinschaft für Kohle und Stahl wurde am 18.04.1951 von sechs europäischen Staaten unterzeichnet. Kohle und Stahl waren damals die wichtigsten Wirtschaftsbereiche. Wie heute die Hochtechnologie hatten sie für die Wirtschaftskraft eines Landes eine herausragende Bedeutung. Sie begründeten den wirtschaftlichen Erfolg, den Reichtum des Landes. Kohle und Stahl waren auch wichtiger Bestandteil der Rüstungsindustrie. Die Gründung der EGKS sollte auch zeigen, dass Kriege zwischen Frankreich und Deutschland nicht mehr möglich seien.

Bundeskanzler Konrad Adenauer (2.v.l.) unterzeichnet die Römischen Verträge

1957 – EWG und Euratom: die „Römischen Verträge"

Am 25.03.1957 wurden in Rom
- der Vertrag über die Europäische Wirtschaftsgemeinschaft und
- der Euratom-Vertrag unterzeichnet.

Der Euratom-Vertrag war, wie der EGKS-Vertrag, auf die Zusammenarbeit in einem spezifischen Wirtschaftsbereich – der Atomindustrie – zugeschnitten.
Der EWG-Vertrag war für die weitere politische Entwicklung Europas richtungweisend. Sein vorrangiges Ziel war die Herstellung eines Binnenmarktes. Personen, Waren, Kapital und Dienstleistungen sollten sich in der Gemeinschaft frei bewegen bzw. ausgetauscht werden können. Diese „vier Freiheiten" – als Kennzeichen eines einheitlichen Marktes – konnten aber erst 1993 verwirklicht werden.
In einem ersten Schritt wurde eine Zollunion geschaffen. Seit dem 01.07.1968 waren somit die Zölle innerhalb der Gemeinschaft abgeschafft. Auch die Schaffung einer Währungsunion wurde schon in diesen Verträgen beschlossen.

1967 – Gründungsvertrag der Europäischen Gemeinschaft (EG)

Am 01.07.1967 trat der EG-Fusionsvertrag in Kraft, durch den die Verwaltungs- und Exekutivorgane der drei Europäischen Gemeinschaften (EWG, EGKS und Euratom) zusammengelegt wurden – die Europäische Gemeinschaft (EG) war geboren.

1987 – Einheitliche Europäische Akte (EEA)

Die Einheitliche Europäische Akte war eine erste große Reform der Römischen Verträge. Sie setzte fest, dass der Binnenmarkt bis Ende 1992 verwirklicht werden sollte. Auch erhielt das EU-Parlament mehr Einfluss. Gleichzeitig wurden nicht nur die vertraglichen Grundlagen für eine wirtschaftliche, sondern auch für eine politische Zusammenarbeit geschaffen.

- **1967 – EG:** Zusammenschluss von EGKS, EWG und Euratom zur Europäischen Gemeinschaft.
- **1968 – Zollunion:** Die Zollunion ist verwirklicht. Importe und Exporte zwischen den EG-Staaten sind zollfrei.
- **1972:** Die EG-Staaten beschließen eine Zusammenarbeit in der Energie-, der Regional- und der Umweltpolitik.
- **1973:** Dänemark, Irland und Großbritannien treten der EG bei.
- **1979 – 1. Europawahl:** Erste Direktwahl der Abgeordneten des Europaparlaments.
- **1981:** EG-Beitritt Griechenlands.
- **1986:** Beitritt Spaniens und Portugals zur EG.
- **1989 – Veränderungen in Osteuropa und Fall der Berliner Mauer:** Die revolutionären Veränderungen in Osteuropa von 1985 bis 1990 und die Wiedervereinigung Deutschlands bringen für den Gedanken eines vereinigten Europas völlig neue Dimensionen in die Diskussion. Weitere Veränderungen der Gründungsverträge und der Beitritt ehemaliger Ostblockländer stehen auf der Tagesordnung.
- **1990 – Wiedervereinigung Deutschlands:** Durch die Vereinigung der BRD und der DDR gehören auch die fünf neuen Bundesländer der EG an.

AUFGABEN

1. Erläutern Sie, warum ein freundschaftliches Verhältnis zwischen Deutschland und Frankreich die Voraussetzung für ein vereintes, friedliches Europa war.
2. a) Stellen Sie Churchills Vision und Schumans Plan in eigenen Worten dar.
   b) Erläutern Sie, inwieweit die Forderungen der beiden Politiker als ungewöhnlich weitsichtig aufgefasst werden können.
   c) Arbeiten Sie heraus, wie präzise die Vorstellungen der beiden Politiker von einem vereinten Europa waren. Ziehen Sie hierzu auch zusätzliche Quellen zurate – z.B. aus Ihrer Schulbücherei.
3. Erstellen Sie eine Zeittafel der europäischen Einigung, die Sie im Verlauf der nächsten Unterrichtsstunden erweitern können. Ergänzen Sie Ihre Zeittafel auch um Ereignisse, die nicht in der Zeittafel der Randspalten aufgelistet sind.

7.1.2 Die Europäische Union im 21. Jahrhundert – die EU wird reformiert

Blickpunkt: *Katja kommt es so vor, als würde in der EU ein Vertrag nach dem anderen abgeschlossen. Sie wundert sich darüber, dass anscheinend ständig etwas nachgebessert werden muss.*

Die Einigung Europas ist kein abgeschlossenes Kapitel der Geschichte. Sie entwickelt sich, indem die Mitgliedsstaaten untereinander Verträge schließen. Wenn diese sich dann im Verlauf der Jahre als nicht mehr zeitgemäß erweisen, werden die Verträge neu verhandelt und erneut - jedoch verändert - beschlossen. Dies ist gewollt, denn so kann sich der Einigungsprozess kontinuierlich weiterentwickeln. Ob dieser Prozess mit den „Vereinigten Staaten von Europa“ endet, steht nicht fest.

1992 – Der Vertrag von Maastricht – die EU entsteht

In der niederländischen Stadt Maastricht wurde der Vertrag über die Europäische Union beschlossen. Die damit gegründete EU ruht auf drei Säulen:

- **Säule – Europäische Gemeinschaften**

In Maastricht wurde der Wortteil „Wirtschaft“ aus dem Vertrag der EWG gestrichen. Fortan sollte sich die EG von einer Wirtschaftsgemeinschaft zu einer politischen Union entwickeln. Die Unionsbürgerschaft wurde eingeführt. Mehr Bürgernähe durch die Berücksichtigung der speziellen Anliegen einzelner Regionen gewährleistet nun der gegründete Ausschuss der Regionen. Das Europaparlament erhielt stärkere Mitentscheidungsrechte und ein Vetorecht (siehe Abschnitt 7.2.2).

- **2. Säule – Außen- und Sicherheitspolitik**

Mit dem Vertrag von Maastricht wurde die Gemeinsame Außen- und Sicherheitspolitik (GASP) eingerichtet, die auf der zwischenstaatlichen Kooperation der Mitgliedsstaaten basiert. Die Entscheidungsbefugnis bleibt jedoch bei den Nationalstaaten, weshalb wichtige Entschlüsse nur einstimmig beschlossen werden können.

- **3. Säule – Innere Sicherheit und Justiz**

In den wichtigen Bereichen der Innen- und Justizpolitik können seit 1993 Polizei und Justizbehörden in vielen wichtigen Bereichen effektiver zusammenarbeiten. Ein Beispiel ist Europol.

1997: Der Vertrag von Amsterdam – die dritte Veränderung der Grundlagenverträge

Im Amsterdamer Vertrag sollten die Grundlagen für eine bürgernahe, starke und handlungsfähige EU geschaffen werden. Ziel war es auch, die EU auf die Aufnahme weiterer Mitglieder vorzubereiten.

Stärkung der gemeinsamen Außen- und Sicherheitspolitik (GASP)
- Gewährleistung von Frieden und äußerer Sicherheit
- Handlungsmöglichkeiten bei humanitären und friedenserhaltenden Maßnahmen

Handlungsfähigkeit der Europäischen Union
- Vereinfachung der Mitentscheidungsverfahren
- Erweiterung der Mitentscheidung des Europäischen Parlaments
- Begrenzung der Zahl der Abgeordneten auf ca. 700

Grundrechtsschutz für die EU-Bürger
- Gemeinsame Beschäftigungs- und Arbeitsmarktpolitik
- Gemeinsame Europäische Sozialpolitik
- Stärkung des Umweltschutzes

Verbesserte Zusammenarbeit in den Bereichen Justiz und Inneres
- Bekämpfung von Kriminalität und Terrorismus
- Gemeinschaftliches Asyl- und Einwanderungsrecht

Die Unionsbürgerschaft ist mit konkreten Rechten verknüpft:

- **Reise- und Aufenthaltsrecht:** Unionsbürger, deren Länder das Schengener Abkommen unterschrieben haben, können überall in der EU leben und arbeiten.
- **Wahlrecht:** Unionsbürger können im Land ihres Wohnsitzes an den Kommunal- und Europaparlamentswahlen teilnehmen. Sie können sich auch als Kandidaten aufstellen lassen.
- **Diplomatischer Schutz:** Jeder EU-Bürger genießt in Drittländern den diplomatischen Schutz der Vertretungen der Mitgliedsstaaten.
- **Petitionsrecht:** EU-Bürger können Petitionen an das Europäische Parlament einreichen.
- **Beschwerderecht:** Jeder EU-Bürger kann eine Beschwerde beim Bürgerbeauftragten des Europäischen Parlaments einreichen.

Durch den Vertrag von Amsterdam wurde die Handlungsfähigkeit der europäischen Institutionen gestärkt – insbesondere die Rechte des Europaparlaments wurden weiter ausgedehnt.
Eine Flexibilitätsklausel wurde in die Verträge aufgenommen. Danach kann kein Mitgliedsstaat gezwungen werden, weitere Integrationsschritte mitzumachen. Die Mitgliedsländer dürfen selbst entscheiden, wie zügig sie an der Europäischen Zusammenarbeit teilnehmen. Ein Beispiel ist die Teilnahme an der Währungsunion.

2000/2001: Der Vertrag von Nizza – die Grundlagen der EU-Erweiterung werden beschlossen

Der Vertrag von Nizza reformierte die Institutionen der zu diesem Zeitpunkt aus 15 Staaten bestehenden EU. Kennzeichnend für diesen Vertrag waren:

- Die Neugestaltung der Größe und Zusammensetzung der EU-Kommission und der Stimmengewichtung im Rat der EU (Ministerrat) als
- Voraussetzung dafür, dass 2004 die Staaten Estland, Lettland, Litauen, Polen, Tschechien, Slowakei, Ungarn, Slowenien, Malta und Zypern sowie 2007 Bulgarien, Rumänien und 2013 Kroatin der EU im Rahmen der Osterweiterung beitreten konnten, und
- der Beschluss einer Charta der Grundrechte mit der Übereinkunft, eine europäische Verfassung auf den Weg zu bringen und möglichst bald Wirklichkeit werden zu lassen.

Trotz dieser Neuerungen konnten die bestehenden Defizite der Wirtschafts- und Währungsunion nicht beseitigt werden. Es fehlen auch heut noch eine gemeinsame Rechts-, Steuer- und Einwanderungspolitik sowie effiziente EU-Verwaltungen.

2004: Vertrag über eine EU-Verfassung

Mit der Unterzeichnung des Vertrages über eine Verfassung für Europa schien der europäische Einigungsprozess im Jahr 2004 auf einem Höhepunkt angekommen zu sein. Schon im Jahr 2006 sollte die EU-Verfassung in Kraft treten. Doch es erwies sich, dass die Staats- und Regierungschefs hier mehr beschlossen hatten, als die EU-Bürger wollten: Nach negativen Volksentscheiden in Frankreich und den Niederlanden war die Verfassung im Jahr 2005 bis auf Weites gescheitert.

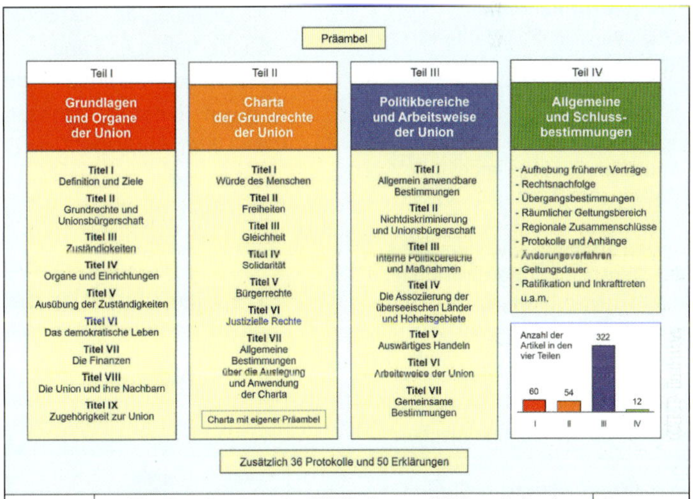

Stand: 01.08.2020 **Die Grundstruktur der EU-Verfassung (2005 gescheitert)** © richter-publizistik

2007: Der Vertrag von Lissabon - EU-Reformvertrag statt EU-Verfassung

Der Vertrag von Lissabon enthält die Grundzüge der gescheiterten Verfassung in einer Art „Light-Version" und sollte an deren Stelle zum 1.1.2009 wirksam werden. Auch hier sorgten die Bürger zunächst für einen herben Rückschlag: In Juni 2008 wurde der Vertrag in Irland abgelehnt und konnte demgemäß auch in den anderen Staaten zum Jahresbeginn 2009 in Kraft treten. Bei einer zweiten Abstimmung stimmten die Iren dem Vertrag im Oktober 2009 aber doch zu. Und nachdem zuletzt Tschechien den Vertrag ratifizierte, trat er zum 1. 12. 2009 in Kraft.

Um dem Eindruck entgegenzuwirken, bei der EU handele es sich um einen eigenen Staat, wird im Vertragswerk darauf verzichtet, auf Symbole wie die EU-Hymne und die EU-Flagge Bezug zu nehmen. In der Praxis dürfen diese Symbole jedoch weiterhin verwendet werden.

AUFGABEN

1. Erläutern Sie den Unterschied zwischen EG und der EU.
2. Arbeiten Sie weiter an der Zeittafel der europäischen Einigung. Heben Sie dabei besonders die wichtigen Veränderungen der 90-er Jahre hervor.
3. Diskutieren Sie in der Klasse die Vor- und Nachteile einer für alle Mitgliedstaaten verbindlichen Verfassung. Listen Sie zuvor die Pro- und Kontra-Argumente auf.

7.1.3 Die EU nach 2004 – Erweiterung versus Brexit

Nach der Osterweiterung hat sich die Diskussion über die Zukunft der EU verschärft. Weitere Länder wollen der EU beitreten. Derzeit führt die Europäische Union Beitrittsverhandlungen mit der Türkei, Serbien und Montenegro. Offizielle Beitrittskandidaten sind Albanien und Mazedonien. Island zog seinen Antrag auf einen Beitritt komplett zurück.

Die Europäische Union war von Anfang an auf Vergrößerung angelegt: „Jeder europäische Staat kann beantragen, Mitglied der Europäischen Union zu werden", heißt es im Vertrag der Europäischen Union. Beitrittswillige Länder müssen einen Antrag auf Aufnahme in die EU stellen. Danach wird intensiv über die Bedingungen der Aufnahme verhandelt. Beitrittsverhandlungen dauern in der Regel mehrere Jahre.

Voraussetzungen für eine Aufnahme in die EU sind:

- die Stabilität der staatlichen Institutionen als Garantie für eine rechtsstaatliche und demokratische Ordnung,
- die Wahrung der Menschenrechte sowie die Achtung und der Schutz von Minderheiten im Land,
- eine funktionierende Marktwirtschaft, um dem starken wirtschaftlichen Wettbewerb in der EU standzuhalten,
- die Übernahme der Ziele der politischen Union und der Wirtschafts- und Währungsunion,
- die Übernahme der gesamten rechtlichen Regelungen der EU.

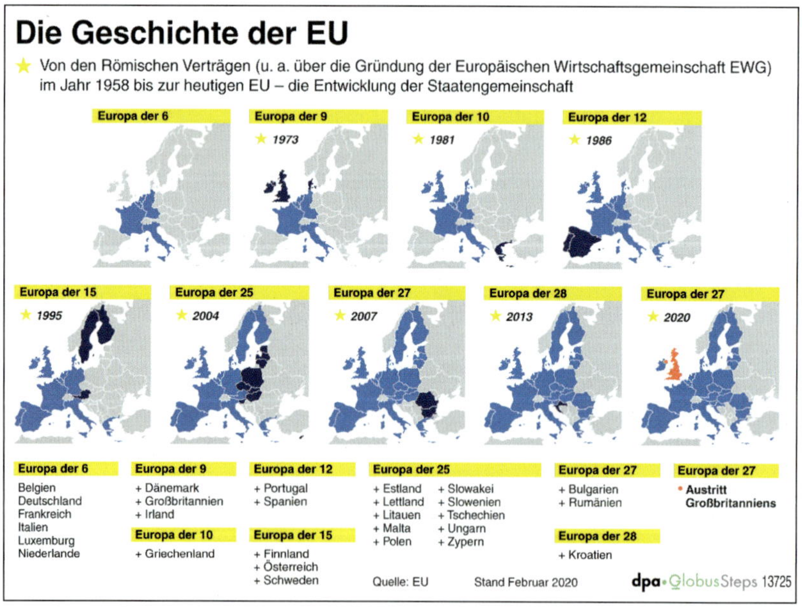

__Blickpunkt:__ Wie wird sich die EU, die Anfang 2017 noch aus 28 europäischen Staaten bestand, in den nächsten Jahren entwickeln?

- *Soll auch die Türkei in die EU aufgenommen werden?*
- *Sollen weitere Länder aufgenommen werden?*
- *Wie umgehen mit einer Regierung in Polen oder Ungarn? Sie erhalten Milliarden Euro an Fördermitteln, ignorieren aber wesentliche Standards der EU, z. B. die unumschränkte Pressfreiheit.*
- *Welche Folgen hat der Austritt von Großbritannien für die EU und deren Staaten?*

EU - Beitritt der Türkei
2005 nahm die EU Beitrittsverhandlungen mit der Türkei auf. Diese gerieten allerdings schon damals schnell ins Stocken, da sich hinsichtlich der beiderseitigen Vorstellungen von Demokratie, Menschenrechten und Gewaltenteilung beträchtliche Differenzen ergaben. Nachdem sich der damalige Ministerpräsident Recep Tayyip Erdogan 2014 zum Präsidenten und Staatsoberhaupt wählen ließ, sehen viele deutsche und europäische Politiker aller Lager die Türkei auf einem religiös geprägten, antidemokratischen Kurs. Insbesondere auch die vom Präsidenten angestoßene Diskussion über eine Wiedereinführung der Todesstrafe macht einen Beitritt der Türkei zur EU fast unmöglich

Brexit: Bei dem Referendum im Vereinigten Königreich am 23. Juni 2016 stimmten 51,89 % der Wähler (das entsprach 37,44 % der Wahlberechtigten) für den Austritt des Vereinigten Königreichs aus der Europäischen Union. Im Januar 2020 trat Großbritannien aus der EU aus.

Brexit – Turbulenzen in der EU – die ungewisse Zukunft der EU

Das Vereinigte Königreich hat 2016 für den Austritt aus der Europäischen Union gestimmt und im Januar 2020 die EU verlassen. Die knappe Mehrheit der Volksabstimmung kam durch das Votum der Menschen in England und Wales zustande. Die Schotten und Nordiren stimmten mit großer Mehrheit für den Verbleib in der Europäischen Union. Somit werden Spannungen nach dem EU-Austritt innerhalb des Vereinigten Königreichs erwartet.

Welche Folgen der Brexit hat, ist noch nicht wirklich vorhersehbar, zumal es keine Erfahrungen mit einem Staatsaustritt aus der EU gibt. Mitte 2017 ging es Großbritanniens Wirtschaft noch gut: Die Exportwirtschaft boomte, die Arbeitslosigkeit war niedrig. Aber die Zeichen stehen auf Sturm: Das Wirtschaftswachstum schwächelt, die Inflation steigt schneller als die Löhne und der Staatshaushalt scheint nicht solide finanziert.
Bis Ende 2020 gilt eine Übergangsfrist, in der Großbritannien alle bisherige Rechte, wie z.B. den Zugang zum Binnenmarkt, behält. Mitte 2020 zeichnete sich aber ab, dass Großbritannien eventuell auch ohne Vertrag mit der EU endgültig aus der EU austreten würde. Experten sagen für diesen Fall große wirtschaftliche Probleme für die EU-Staaten, vor allem aber für Großbritannien voraus.

Die EU wird angefeindet – raus aus der EU – raus aus dem EURO.

Politiker rechtspopulistischer Parteien fordern publikumswirksam den Austritt aus der EU, der Währungsunion oder mindestens einen stärkeren Nationalstaat und eine schwächere EU.
Vielfach werden diese Politiker von verunsicherten Menschen dafür bejubelt und gewählt. Fehlt es vielen Menschen in der EU an Selbstbewusstsein? Denn es gibt auch andere Zeichen.

Pulse of Europa: Für die EU – mehr EU – mehr Europa

Man spürt es in Berlin, Wien oder Lissabon. In vielen Stadten Europas gehen jeden ersten Sonntag tausende Menschen auf die Straße, um für dieses Europa zu demonstrieren. Sie fordern die friedliche und demokratische Weiterentwicklung der Europäischen Union.

Diverse Studien bezeugen: Die glücklichsten Menschen leben in Europa – z. B. in Dänemark (Platz 1). Die lebenswertesten Städte liegen in Europa – z. B. Münster. In Europa gibt es eine vorbildliche Gesundheitsversorgung – z. B. Deutschland. In Europa leben und trainieren die meisten Olympiasieger. Die Euro-Zone hat die USA beim Wirtschaftswachstum überholt und nimmt unter den großen Wirtschaftsblöcken der westlichen Welt Platz eins ein. In Europa gibt es die meisten börsennotierten Unternehmen. Die EU, eben noch abgeschrieben, ist plötzlich wieder die Zukunft – und eine echte Alternative zu den populistisch regierten USA und den autoritären Herrschern in Russland, China und der Türkei.

Wie kann ein Land die EU verlassen? (Beispiel Großbritannien)
Seit dem Vertrag von Lissabon (2009) können Länder die Europäische Union verlassen. Der Artikel 50 des Vertrages von Lissabon regelt den Austritt von Mitgliedsstaaten und räumt zwei Jahre Zeit für die Scheidungsgespräche ein. Er sieht folgende Schritte vor:

- Großbritannien hat dem Europäischen Rat mitgeteilt, dass es aus der Union austreten will.
- Der Europäische Rat hat Leitlinien festgelegt, nach denen über ein Austrittsabkommen verhandelt werden soll.
- Die EU-Kommission verhandelt dann über die Einzelheiten des Austrittsabkommens. Dabei wird auch festgelegt, wie die EU und Großbritannien nach dem endgültigen Austritt international rechtlich zueinander stehen werden.
- Das Europäische Parlament und eine qualifizierte Mehrheit der EU-Staaten (ohne Großbritannien) müssen dem Abkommen zustimmen.
- Wenn das Austrittsabkommen in Kraft tritt, gelten alle EU-Verträge nicht mehr für Großbritannien.
- Wenn sich die EU-Staaten und Großbritannien nicht auf ein Austrittsabkommen einigen können, verlieren die EU-Verträge spätestens zwei Jahre nach Einreichen des Austrittsgesuches für das Vereinigte Königreich automatisch ihre Gültigkeit.

AUFGABE

Legen Sie dar, wie Sie die Zukunft der EU einschätzen. Stellen Sie hierfür – Ihrer Meinung nach – positive und negative Aspekte gegenüber. Diskutieren Sie zwei entsprechend mögliche Szenarien.

HANDELN AKTIV SEIN

Eine Meinungsumfrage durchführen – Beispiel EU

Fast täglich werden uns in den Medien Ergebnisse von Meinungsumfragen zu allen möglichen Themen vorgestellt. In den Sozialwissenschaften ist die Meinungsumfrage ein fester Bestandteil der Forschung. In Talkshows sind Ergebnisse von Meinungsumfragen oft Ausgangspunkt von heftigen Diskussionen.

Die Methoden der Meinungsumfrage sind vielfältig: Interviews, Telefonbefragungen, mehr oder weniger umfangreiche Fragebögen und gezielte Befragungen sind üblich.

Soll in der Berufsschule eine Meinungsumfrage im Rahmen des Politik- oder Sozialkundeunterrichts stattfinden, kann dies nur im begrenzten Maßstab verwirklicht werden. Aber auch dann sollte sorgfältig gearbeitet werden.

Der Prozess einer Meinungsumfrage läuft in mehreren Schritten ab:

1. Entwicklung des Fragebogens

Zuerst muss festgelegt werden, was mit der Befragung erreicht werden soll. Zum Thema EU kann es eine Vielzahl von Fragen zu sehr unterschiedlichen Themen geben. Soll über die Zufriedenheit mit dem Euro, über die Geldpolitik der EZB, über die Politik der Regionen, über die Bedeutung des Europaparlaments oder über die Arbeit der Europaabgeordneten geforscht werden?
In einer Meinungsumfrage muss man sich auf einen genau umschriebenen und übersichtlichen Themenbereich beschränken. Wird schon in dieser ersten Phase das Thema zu weit gefasst, verwirrt der danach zu erstellende Fragebogen nicht nur die Befragten, sondern erschwert auch die Auswertung erheblich.

Zweitens muss überlegt werden, ob mit vorgegebenen (geschlossenen) Antworten oder mit freien (offenen) Antworten gearbeitet werden soll. Deutlich wird sehr schnell, dass offene Antworten sehr aufwendig auszuwerten sind. Das Arbeiten mit geschlossenen Antworten ist in der Auswertungsphase einfacher, macht aber eine sehr präzise Formulierung der Fragen und eventuell vorgegebenen Antworten nötig.

2. Festlegung der Untersuchungsgruppe und der Anzahl der Befragungen

Im zweiten Schritt muss festgelegt werden, welche Bevölkerungsgruppe befragt werden soll, denn allgemein bekannt ist, dass z. B. Jugendliche zu einem Thema eine völlig andere Meinung haben können als ältere Menschen. Will man aber die Meinung beider Gruppen erfahren, empfiehlt sich eine getrennte Befragung. Auch die Art und Weise, wie Befragungen durchgeführt werden, ist bei beiden Gruppen anders. Während Jugendliche sicherlich eine eher lockere Gesprächsatmosphäre akzeptieren, müssen beim Gespräch mit älteren Interviewpartnern andere Verhaltensregeln eingehalten werden.

Festgelegt werden muss neben der Untersuchungsgruppe außerdem, wie viele Personen insgesamt befragt werden sollen, um ein möglichst aussagekräftiges Ergebnis zu erhalten.

3. Vorbereitung auf die Befragungssituation

Profis von Meinungsinstituten werden systematisch darauf trainiert, z.B. Befragungen in einer Fußgängerzone durchzuführen. Es sollte also vor der eigentlichen Befragung im Klassenraum geübt werden, wie man sich bei der Befragung am besten verhält.

4. Wissenswertes zur Durchführung der Befragung

Für die eigentliche Befragung muss ein klar umrissener Zeitraum festgelegt werden. Die Auszubildenden sollten ihren Ausweis dabei haben und zusätzlich mit einem offiziellen Schreiben der Berufsschule ausgestattet sein, um sich bei kritischen Fragen legitimieren zu können.
Gut ist es auch, wenn jeder Interviewer mit einem Ansteckschild ausgerüstet ist, ein kleiner Stehtisch aufgebaut wird und ein Plakat über die Befragungsaktion informiert. Hierzu muss aber unbedingt bei der Stadtverwaltung eine Erlaubnis eingeholt werden und während der Aktion vorgezeigt werden können.
Es sollten nur Personen befragt werden, die auch wirklich dazu bereit sind.

5. Auswertung der Befragung

Die Auswertung sollte genauso sorgfältig geschehen wie die Vorbereitung. Je umfangreicher der Fragenkatalog war, desto besser und übersichtlicher müssen die Ergebnisse präsentiert werden.

In einer Berufsschule bietet sich die Präsentation im Pausenbereich an. Bei sehr guten und etwas umfangreicheren Meinungsumfragen kann eine Veröffentlichung in der Lokalpresse durchaus möglich sein. Lokalredakteure sind häufig froh, wenn sie von einer gut durchgeführten Aktion berichten können.

Beispiel für die Auswertung eines Fragebogens (Auszug):

	eher Vorteile	eher Nachteile	Vor- und Nachteile	keine Meinung
Hat die Mitgliedschaft in der EU für Deutschland eher Vor- oder Nachteile?				
Jugendliche männlich				
Jugendliche weiblich				
Jugendliche insgesamt				
Hat die Einführung des Euros für Deutschland eher Vor- oder Nachteile?				
Jugendliche männlich				
Jugendliche weiblich				
Jugendliche insgesamt				
Hat die Erweiterung der EU auf 27 Staaten eher Vor- oder Nachteile für die bereits bestehenden Mitgliedsstaaten?				
Jugendliche männlich				
Jugendliche weiblich				
Jugendliche insgesamt				

Wann ist eine Befragung repräsentativ?

Bei einer repräsentativen Umfrage muss die Untersuchungsgruppe ein verkleinertes Abbild der Gesamtbevölkerung sein.
Wenn z.B. in einer Kleinstadt der Anteil der Jugendlichen zwischen 14 und 20 Jahren ca. 14 % der Gesamtbevölkerung ausmacht, sollten auch 14 % der Jugendlichen dieser Stadt befragt werden.

Als Faustformel gilt für Befragungen, dass ca. 2000 Personen befragt werden müssen. Dann kann eine Befragung als repräsentativ gelten.

Das übersteigt aber die Kapazitäten im Rahmen des Unterrichtes. Deshalb muss bei der Veröffentlichung der Ergebnisse immer auch mit angegeben werden, wie viele Auszubildende wie viele Befragungen erfolgreich durchgeführt haben.

Als Anregung hier weitere Fragestellungen zum Thema EU:

- Sollte die Türkei der EU beitreten können?
- Muss es gemeinsame europäische EU-Streitkräfte unter einem europäischen Oberbefehl geben?
- Sollte sich die EU, ähnlich wie die USA, zu einem europäischen Staatenbund – den „Vereinigten Staaten von Europa" – entwickeln?
- Sollte sich die EU als Staatengemeinschaft mehr von den USA abgrenzen oder eher das bestehende Bündnis vertiefen?
- Ist es sinnvoll, die politischen und wirtschaftlichen Beziehungen der EU zu Russland auszubauen?

Blickpunkt: *Das Europäische Parlament tagt in Straßburg.*

7.2 So funktioniert Europa

7.2.1 Grundprinzipien der EU

Durch den Beitritt Kroatiens am 1. Juli 2013 und den Austritt Großbritanniens Anfang 2020 gehören gegenwärtig 27 Staaten zur EU.
Eine solche Gemeinschaft funktioniert nur mit gemeinsamen Institutionen, den sogenannten Organen der EU. In den verschiedenen Verträgen wurde genau festgelegt, wie ihr Zusammenspiel im Rahmen der EU funktionieren soll.

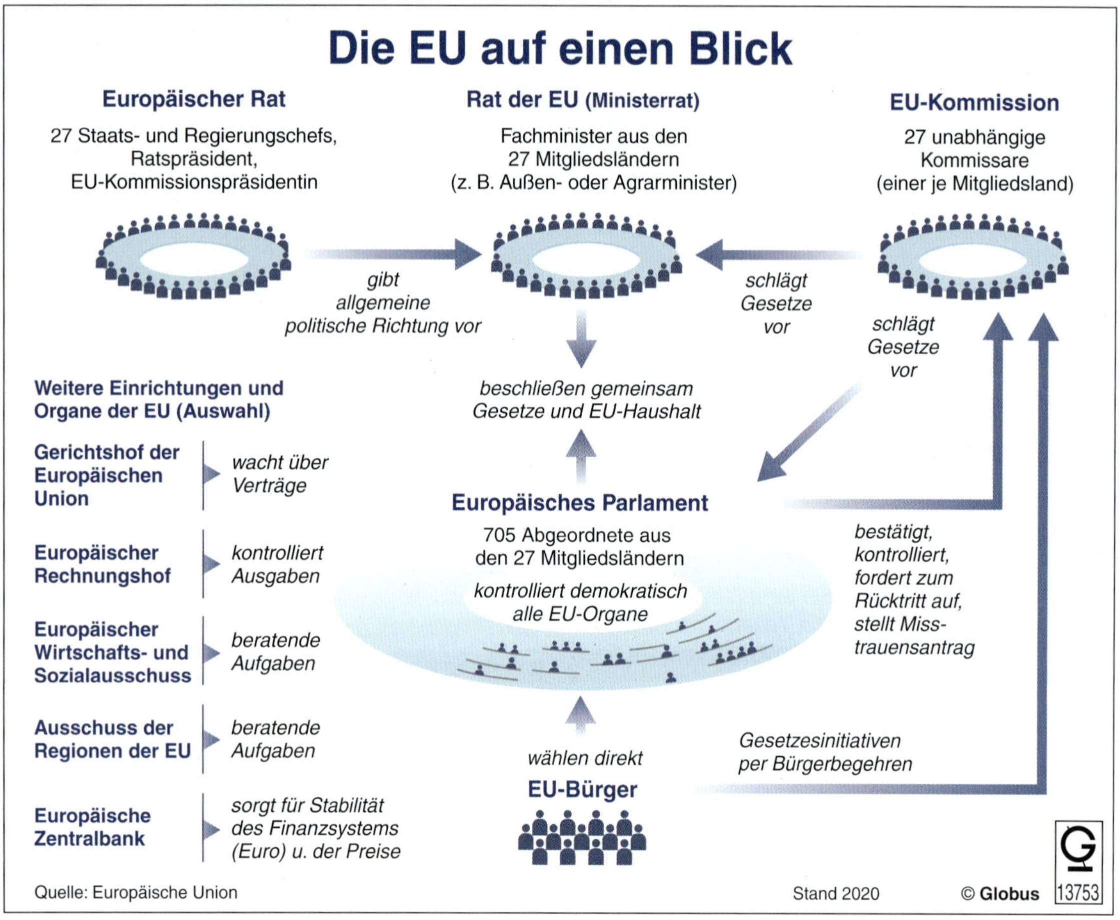

Hoheitsrechte sind die aus der Staatshoheit hervorgehenden Rechte zur Ausübung der Staatsgewalt, z. B. die Finanz-, Wehr- und Justizhoheit. Im demokratischen Rechtsstaat sind die Hoheitsrechte durch Gewaltenteilung in die Zuständigkeit mehrerer oberster Staatsorgane gegeben und ihre Ausübung durch Grundrechte beschränkt.

Demokratie und Rechtsstaatlichkeit in der EU

In den Verträgen der EU und im Entwurf für eine Verfassung der EU ist festgelegt, dass Demokratie und Rechtsstaatlichkeit Grundelemente der Europäischen Union sind. Auch die Mitgliedsstaaten sind demokratische Rechtsstaaten. Sie haben einen Teil ihrer Hoheitsrechte auf die EU übertragen.
Ein wesentliches Kennzeichen von demokratischen Staaten ist die Gewaltenteilung (siehe Abschnitt 4.1.1). Auch die EU kennt diese drei Gewalten:

Die drei Gewalten	in Deutschland	in der EU
Parlament (Legislative)	Deutscher Bundestag	Europäisches Parlament
Regierung (Exekutive)	Bundesregierung	Europäische Kommission
Gerichte (Judikative)	Bundesverfassungsgericht	Europäischer Gerichtshof

Insbesondere das Europäische Parlament (Europaparlament) hat sich von einer zunächst nur anhörenden Institution zu einem Parlament mit weitreichenden Befugnissen entwickelt. Ein Parlament im Sinne unseres Deutschen Bundestags ist es aber noch nicht. Hier setzt auch die Kritik vieler EU-Bürger an. Ein Parlament soll die Interessenvertretung der Bürgerinnen und Bürger sein und in eigener Verantwortlichkeit die notwendigen Gesetze beraten und beschließen. Gerade dieses Recht ist dem Europäischen Parlament jedoch bislang noch nicht zugestanden worden.

Da die **EU** kein eigenständiger Staat ist, sind die **drei Gewalten** unterschiedlich stark ausgeprägt. Erst im Verlauf der Entwicklung der EU haben sich die einzelnen Gewalten herausgebildet.

Das Subsidiaritätsprinzip

Neben den Prinzipien der Demokratie und der Rechtsstaatlichkeit gilt das Prinzip der Subsidiarität: Die EU soll sich nur mit den Dingen beschäftigen, die sie besser regeln kann als die jeweils einzelnen EU-Länder. Die Mitgliedsstaaten regulieren Probleme und Aufgaben so lange selbst, wie sie dazu ohne Hilfe der EU in der Lage sind. Artikel 5 Absatz 3 des Vertrags von Lissabon (EU-Vertrag) sieht vor, dass öffentliche Aufgaben möglichst bürgernah wahrgenommen werden.

EU-Vertrag, Artikel 5 Abs. 3
Nach dem Subsidiaritätsprinzip wird die Union in den Bereichen, die nicht in ihre ausschließliche Zuständigkeit fallen, nur tätig, sofern und soweit die Ziele der in Betracht gezogenen Maßnahmen von den Mitgliedsstaaten weder auf zentraler noch auf regionaler oder lokaler Ebene ausreichend verwirklicht werden können, sondern (...) auf Unionsebene besser zu verwirklichen sind.

Das Subsidiaritätsprinzip soll die Eigenständigkeit der Mitgliedsstaaten erhalten. Gleichzeitig soll ein Ausufern der EU-Bürokratie verhindert werden.

Subsidiarität
Dieser Begriff stammt aus der katholischen Soziallehre. Die Tätigkeit der Gesellschaft soll nicht die Tätigkeit der Mitglieder der Gesellschaft ersetzen oder aufheben, sondern lediglich fördern und ergänzen. Die jeweils kleinste gesellschaftliche Gruppe soll möglichst viele Aufgaben übernehmen.

Jeder Einzelne soll, solange er oder sie dazu in der Lage ist, seine Aufgaben selbst wahrnehmen und seine Probleme selbst lösen.

Bevor der Staat hilft, wird geprüft, ob die Menschen sich selbst helfen können. Nicht die staatliche Hilfe steht im Vordergrund dieser Idee, sondern die Fähigkeit des Einzelnen, seine Probleme selbst zu lösen. Der Staat soll diese Fähigkeiten fördern, z. B. durch Schulbildung.

© Bergmoser + Höller Verlag AG
714 025

▶ AUFGABEN

1. Finden Sie, z. B. per Internetrecherche, heraus, wer die Europaabgeordneten Ihres Bundeslandes sind.
2. Bringen Sie bei EU-Abgeordneten Ihrer Region in Erfahrung, unter welchen Bedingungen man an einer Besichtigung des Europäischen Parlaments teilnehmen kann.
3. Erläutern Sie den Begriff der „Subsidiarität“ mit eigenen Worten und finden Sie Beispiele zu diesem Begriff.

Blickpunkt: *Moment mal ...*
Ein Europäisches Parlament in Straßburg – und ein Europäisches Parlament in Brüssel!? Gibt es etwa zwei europäische Parlamente?

Das Europaparlament in Brüssel

Europawahl in Deutschland vom 23.–26. Mai 2019

Wahlbeteiligung: 61,38 %

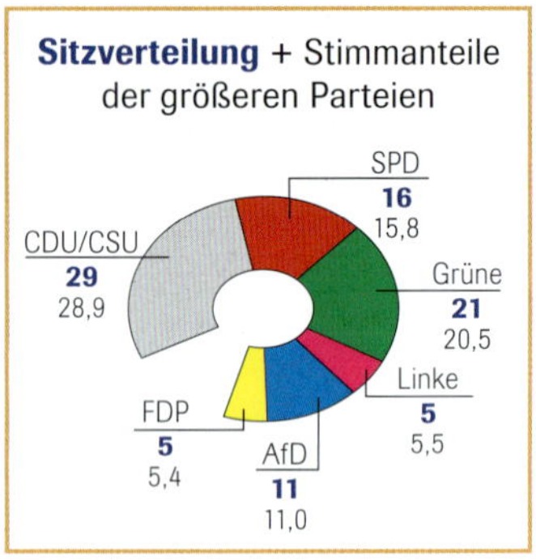

Bei der Europawahl gibt es keine 5-Prozent-Hürde wie bei der Bundestagswahl.

Bürger der Europäischen Union können im Land ihres Wohnsitzes an den Wahlen teilnehmen. Sie haben ein aktives und ein passives Wahlrecht.

Ein Beispiel: Liegt Meikes Wohnsitz in Emmen (Niederlande), dann kann sie auch dort an der Europawahl teilnehmen. Sie kann aber auch an den Gemeinderatswahlen in Emmen sowie – als Bürgerin mit deutschem Pass – an den Bundestagswahlen in ihrem Heimatland teilnehmen.

7.2.2 Das Europäische Parlament

Seit dem 10.06.1979 wird das Europäische Parlament (Europaparlament) direkt von der Bevölkerung gewählt. Durch den Vertrag von Amsterdam wurde die Rolle des zuvor eher schwachen Organs wesentlich gestärkt, da die Mitwirkungsrechte an Entscheidungen erheblich erweitert wurden.

Wahlen zum Europäischen Parlament

Die letzten Wahlen zum Europäischen Parlament fanden vom 23.–26. Mai 2019 statt. Ein einheitliches Wahlrecht existiert jedoch noch nicht. Die Wahlverfahren des jeweiligen Mitgliedsstaates gelten auch für die Europaparlamentswahlen. Erfolg und Misserfolg der politischen Parteien hängen also sehr stark von der Situation in den einzelnen Ländern ab.

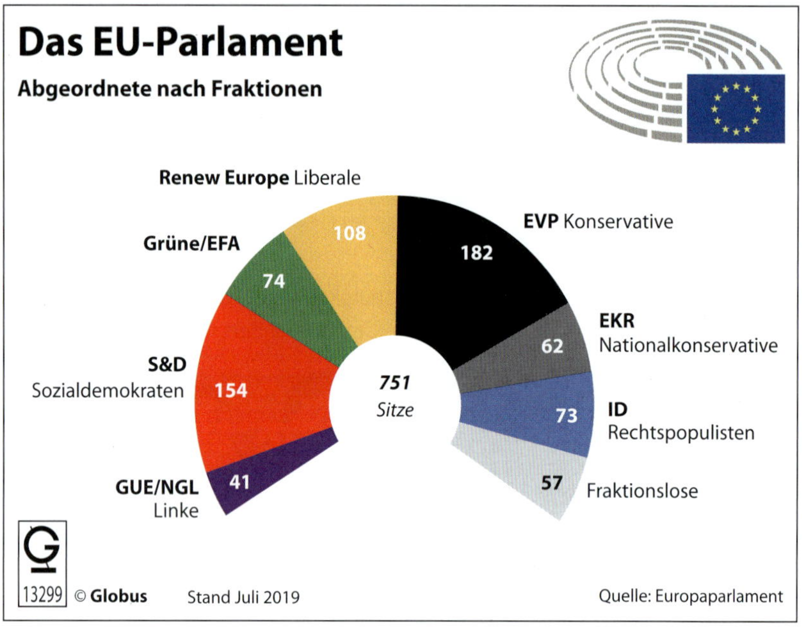

Die herausragenden Merkmale eines Parlaments sind das Recht der Gesetzgebung und das Recht der Kontrolle der Regierung.

Das Europäische Parlament verfügt bislang noch nicht über diese Rechte, da
- bei der Gesetzgebung noch immer die einzelnen Regierungen der Mitgliedsstaaten das letzte Wort haben,
- noch keine echte europäische Regierung existiert.

Das Europäische Parlament konnte seine Befugnisse in den letzten Jahren erweitern:
- Der Haushaltsentwurf der Europäischen Kommission kann vom Europäischen Parlament abgelehnt werden.
- Die Europäische Kommission und ihr Präsident können nicht ohne Zustimmung des Europäischen Parlaments vom Ministerrat berufen werden.
- Die gesamte Europäische Kommission kann mit einer Zweidrittelmehrheit vom Europäischen Parlament gestürzt werden.
- In der Zusammenarbeit der Organe der EU hat das Europäische Parlament drei mögliche Mitwirkungsrechte (siehe die folgende Seite).

Mitwirkungsrechte des Europäischen Parlaments

Folgende Mitwirkungsarten des Europäischen Parlaments lassen sich unterscheiden:

- Nur mit **Zustimmung** des Parlaments können Vorlagen und Vorhaben der EU verwirklicht werden. Das Europäische Parlament kann aber die Vorschläge der Europäischen Kommission nicht verändern.
- Bei der **Anhörung** muss das Parlament gehört werden und kann eigene Vorschläge einbringen. Diese Vorschläge müssen nicht übernommen werden.
- Die **Mitentscheidung** ist für das Europäische Parlament das umfangreichste Mitwirkungsinstrument. Vorlagen der Europäischen Kommission können nur vom Ministerrat und dem Parlament gemeinsam beschlossen werden. Will das Europäische Parlament eine Vorlage ablehnen oder verändern, ist hierfür die absolute Mehrheit erforderlich.

715 422 © Bergmoser + Höller Verlag AG

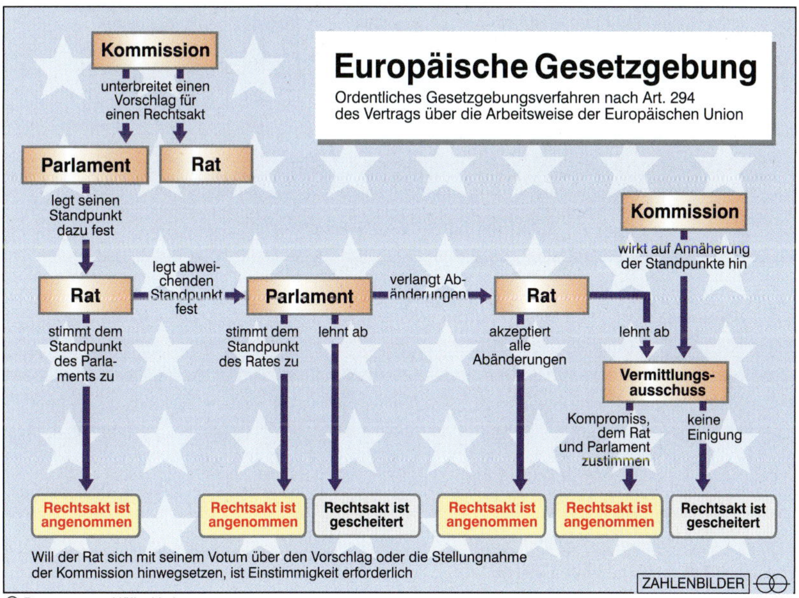

© Bergmoser + Höller Verlag 715 420

Vier Arten von europäischen Rechtsakten werden unterschieden:

Verordnungen sind allgemein gültig und geltendes Recht in den Mitgliedsstaaten.

Richtlinien setzen Ziele für die Mitgliedsstaaten fest. Die Staaten können frei darüber entscheiden, wie sie diese Ziele verwirklichen.

Entscheidungen richten sich direkt an eine Regierung oder an Unternehmen und sind verbindlich.

Empfehlungen und Stellungnahmen werden gegeben, haben aber keine rechtliche Wirkung.

AUFGABEN

1. Informieren Sie sich – z. B. mithilfe des Internets – über die genaue Zusammensetzung des Europäischen Parlaments und stellen Sie diese in einer Skizze übersichtlich dar.
2. Erstellen Sie eine Liste mit Fragen, die Sie bei einem Besuch im Europäischen Parlament gerne beantwortet hätten.
3. Finden Sie mithilfe des Internets heraus, warum das Europäische Parlament an zwei Orten tagt. Listen Sie die Gründe auf, die aus Sicht der Befürworter für die Beibehaltung dieses Zustandes sprechen. Stellen Sie Ihre eigene Meinung daneben.
4. Vergleichen Sie die Rechte und Aufgaben des Deutschen Bundestages (siehe Abschnitte 4.3.2 und 4.3.4) und des Europäischen Parlaments miteinander und benennen Sie die entscheidenden Unterschiede.

Blickpunkt: *Zurzeit 27 Flaggen, 27 Länder, 27 Regierungen und jede Menge Institutionen, Gremien, Parlamentsausschüsse, Abgeordnete etc. Wer behält da eigentlich noch den Überblick? Na, fragen wir doch einfach mal den Politiklehrer, wie das alles funktioniert …*

Das Europaparlament in Brüssel

7.2.3 Die Organe der EU

Europäische Kommission

Die Europäische Kommission besteht aus 27 Mitgliedern und übt ihre Tätigkeiten völlig unabhängig aus. Ihr Sitz befindet sich in Brüssel und Luxemburg. Die Kommissionsmitglieder selbst dürfen nicht anderweitig berufstätig sein. Die Kommission ist

- **Hüterin der Verträge:** Sie wacht über die Einhaltung der EU-Verträge und kann den Europäischen Gerichtshof anrufen, wenn ein Land gegen die Verträge verstößt. Sie kann auch Sanktionen gegen ein Land verhängen.
- **Motor der EU:** Sie soll durch Initiativen (hier als „Vorschläge" bezeichnet), Empfehlungen und Stellungnahmen zur verbesserten Zusammenarbeit der Mitgliedsstaaten beitragen.
- **Regierung der EU:** Sie verwirklicht die Beschlüsse der EU-Gremien und überwacht die Ausführung der Maßnahmen. Die Vorschläge der Europäischen Kommission müssen dem Rat und dem Europäischen Parlament zur Entscheidung vorgelegt werden.

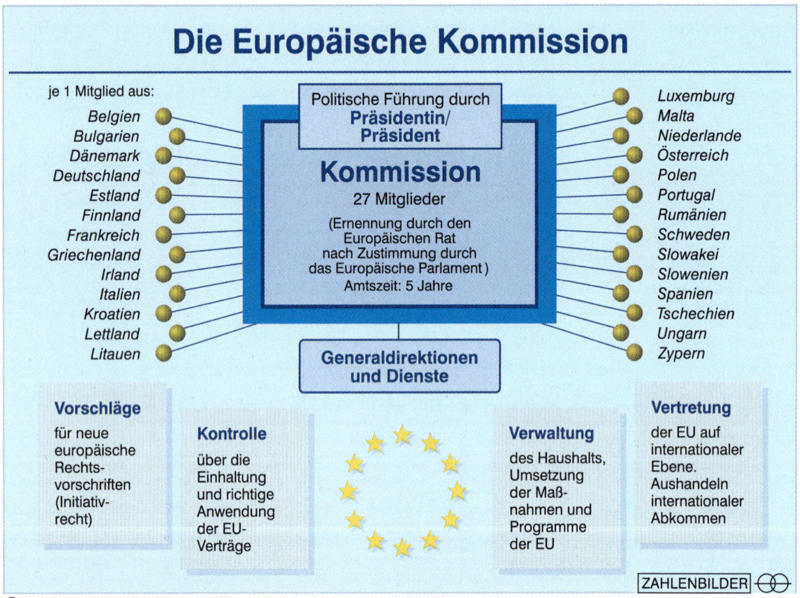

 714 040

Europäischer Gerichtshof (EuGH)

Europäische Verträge und Rechtsakte, die vom Rat und vom Europäischen Parlament erlassen werden, sind geltendes Recht. Über die Wahrung dieses Gemeinschaftsrechts wacht der Europäische Gerichtshof mit Sitz in Luxemburg. Er legt das geltende Recht aus und kann Urteile sprechen. Der Gerichtshof kann in Streitfällen von

- den Organen der EU, z. B. der Europäischen Kommission,
- den Regierungen und
- von Einzelpersonen

angerufen werden.

Europäischer Gerichtshof in Luxemburg

Rat der Europäischen Union

Der Rat der Europäischen Union, auch EU-Ministerrat oder einfach nur Rat genannt, ist das Gremium der Vertreter der Regierungen der Mitgliedsstaaten.

Alle Mitgliedsstaaten haben einen Sitz im Rat, der in Brüssel und Luxemburg tagt (siehe auch Schaubild auf S. 264). Der Rat beschäftigt sich mit grundlegenden Fragen und Problemen aus den verschiedenen Politikbereichen. Je nach Thema kommen die Fachminister der Mitgliedsstaaten im Rat zur Beratung zusammen. Die Beschlüsse des Rats sind für alle Mitgliedsstaaten verbindlich und müssen umgesetzt werden. Die Entscheidungen erfolgen mit einfacher Mehrheit (in reinen Verfahrensfragen), qualifizierter Mehrheit (z. B. Gesetzgebung) oder einstimmig (Außen- und Sicherheitspolitik). Der Vorsitz im Rat, die sogenannte Präsidentschaft, wird von den Mitgliedsstaaten nacheinander für je sechs Monate ausgeübt.

Qualifizierte Mehrheit: Mehrheit, die mehr als 50 % der abgegebenen Stimmen beträgt – meist 2/3, gelegentlich 3/4 der Stimmen.

Europäischer Rat

Der Europäische Rat ist das „Gipfeltreffen" der Staats- und Regierungschefs sowie der Außenminister der Mitgliedsstaaten („EU-Gipfel"). Ihm gehören auch der Präsident und ein Vizepräsident der Europäischen Kommission an. Als oberste Instanz der EU legt der Europäische Rat die allgemeinen Zielvorstellungen für die Weiterentwicklung der EU fest.

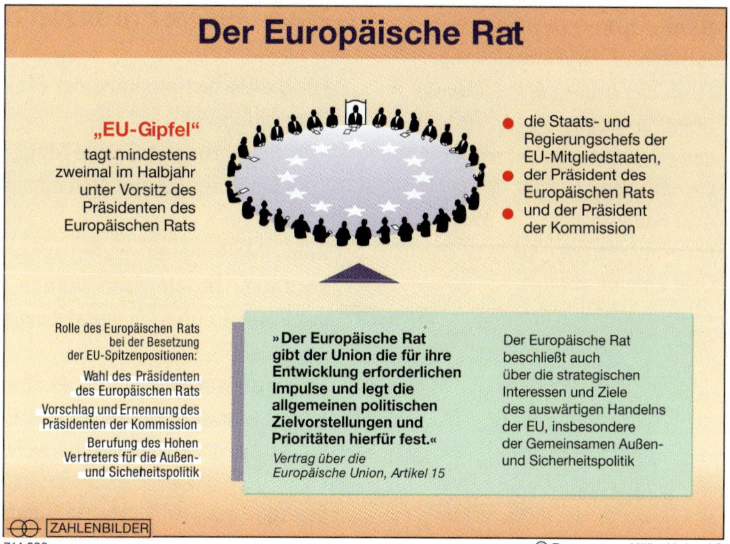

714 030 © Bergmoser + Höller Verlag AG

So hat der Europäische Rat im Dezember 2000 auf dem Gipfeltreffen in Nizza die Leitlinien für die Erweiterung der EU auf 27 Staaten festgelegt. Insbesondere dieser „Gipfel" kann als Beispiel für die harten Verhandlungen zwischen den Staats- und Regierungschefs betrachtet werden. Auf den Treffen des Europäischen Rates werden noch immer massiv die Einzelinteressen der Mitgliedsstaaten von den jeweiligen Regierungen vertreten.

Ausschuss der Regionen

Um die Besonderheiten der einzelnen Regionen Europas zu berücksichtigen, wurde der Ausschuss der Regionen installiert. In ihm sitzen die Vertreter der regionalen und lokalen Gebietskörperschaften Europas zusammen. Sie beraten die Organe der EU in rechtlichen, politischen, wirtschaftlichen und kulturellen Fragen. Der Ausschuss besteht aus höchstens 350 gewählten Kommunal- und Regionalpolitikern, wobei sich die Zahl der Vertreter je EU-Mitgliedsstaat in etwa nach der jeweiligen Einwohnerzahl richtet. Vor allen Entscheidungen auf EU-Ebene, die kommunale und regionale Bereiche betreffen (z. B. Gesundheitswesen, Umweltschutz, Bildung), muss der Ausschuss angehört werden. So werden z. B. die Belange der einzelnen Bundesländer berücksichtigt.

Europäischer Rechnungshof (EuRH)

Er prüft die Rechtmäßigkeit aller Einnahmen und Ausgaben der EU und legt dem Europäischen Parlament sowie dem Rat Jahresberichte und Sonderberichte vor.
Diese Berichte werden auch veröffentlicht.

Europäischer Wirtschafts- und Sozialausschuss

Im Europäischen Wirtschafts- und Sozialausschuss (EWSA) sitzen insgesamt 350 Vertreter wirtschaftlicher und sozialer Gruppen, z. B. Arbeitgeber, Gewerkschaften, Bauern und Verbraucher. Sie beraten den Rat und die Europäische Kommission zu wichtigen politischen Vorhaben (z. B. in den Bereichen Agrar- und Industriepolitik, Verkehr, Forschung und Entwicklung). Die Stellungnahmen des EWSA sind aber nur Empfehlungen und somit nicht verbindlich.

AUFGABEN

1. Bringen Sie Klarheit in die Begriffsvielfalt. Erarbeiten Sie einen Kurzvortrag, in dem Sie die verschiedenen Organe der EU vorstellen und deren unterschiedliche Aufgabenbereiche deutlich voneinander abgrenzen.
2. Recherchieren Sie, ob (und wenn, dann inwieweit) der Ausschuss der Regionen auch in Ihrer Region Projekte fördert.
3. Informieren Sie sich in den einschlägigen Medien (Zeitungen, Internet, Fernsehen usw.),
   a) für wann das nächste Gipfeltreffen des Ministerrates geplant ist und
   b) welche Ziele auf diesem Gipfel verfolgt werden sollen.

7.2.4 EU fast grenzenlos – der Binnenmarkt

Für die Wirtschaftskraft der EU waren zwei wesentliche Ereignisse von zentraler Bedeutung:

- die Einführung eines alle Mitgliedsstaaten umfassenden Binnenmarktes und
- die Einführung einer Gemeinschaftswährung – des Euros (siehe auch Abschnitt 7.2.5).

Beide Maßnahmen waren bereits bei der Gründung der EU, in den Römischen Verträgen, beschlossen worden. Dies zeigt auch, dass wichtige Veränderungen in der EU nicht übereilt, sondern erst nach langen Beratungen umgesetzt werden.

Durch die Verwirklichung des Binnenmarktes wurde ein wichtiger Schritt zur Einigung Europas vollzogen. Der europäische Wirtschaftsraum mit 28 Mitgliedsstaaten ist der größte gemeinsame Markt in der industrialisierten Welt.

Mit dem Beschluss der Einheitlichen Europäischen Akte (siehe Abschnitt 7.1.1) einigten sich die Mitgliedsstaaten 1987 darauf,

- den Binnenmarkt zu verwirklichen,
- die Warenkontrollen an den Binnengrenzen abzuschaffen und
- die vier Grundfreiheiten im Binnenmarkt einzuführen.

Die vier Freiheiten im Binnenmarkt

1. **Freier Personenverkehr:** Staatsbürger der Mitgliedsstaaten können sich in der EU frei bewegen. Sie können frei reisen, in jedem Mitgliedsstaat ihren Wohnsitz haben und eine Arbeit annehmen. Aber es gibt immer noch stichprobenartige Kontrollen an den Grenzen. Sie sind weiterhin notwendig, um den internationalen Formen der Kriminalität zu begegnen.
   Die Vereinheitlichung (Harmonisierung) der Waffen- und Drogengesetze wird vorangetrieben.

Blickpunkt: *Das war vor 30 Jahren noch undenkbar: Wenn ein EU-Bürger heute z. B. in Eschweiler wohnt, in Aachen zur Arbeit geht, bei einer österreichischen Versicherung versichert ist, in Maastricht shoppen geht, am Wochenende mal eben eine Kurzreise nach Gent unternimmt und sich von einem niederländischen Architekten und einem Kölner Bauunternehmer ein Haus bauen lässt, dann ist das heute kein Problem mehr.*

- **1957:** In den Gründungsverträgen wird das Ziel eines gemeinsamen Marktes, eines Binnenmarktes festgelegt.
- **1968:** Durch die Abschaffung aller Binnenzölle auf gewerbliche Erzeugnisse und die Einführung eines gemeinsamen Außenzolls gegenüber Drittstaaten wird die Zollunion verwirklicht.
- **1987:** In der Einheitlichen Europäischen Akte wird die Einführung eines Binnenmarktes genau geregelt und beschlossen.
- **01.01.1993:** Der europäische Binnenmarkt wird verwirklicht. Die Europäische Gemeinschaft wird ein Wirtschaftsraum ohne Binnengrenzen.

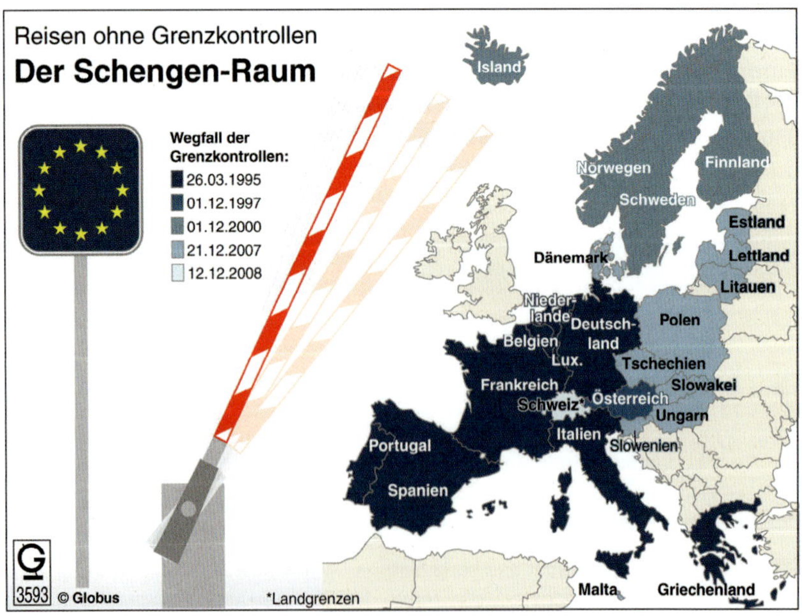

2. **Freier Warenverkehr:** Das deutlichste Zeichen für den Start des Binnenmarktes war der Wegfall der Grenzkontrollen für den Warenverkehr zwischen den Mitgliedsstaaten. Verbraucher können Waren für den privaten Verbrauch einkaufen und ohne Formalitäten über die Grenzen mitnehmen.
   Auch der Verzicht auf Zölle und Ein- und Ausfuhrbeschränkungen wirkte sich positiv auf den Warenhandel innerhalb der EU aus. Unterschiedliche Steuersätze und Normen, technische Standards – z. B. für elektrische Geräte – und Vorschriften für die Qualität und Beschaffenheit der Produkte wurden harmonisiert. Diese stellten zuvor große Hindernisse für den freien Warenverkehr zwischen den Mitgliedsstaaten dar.

3. **Freier Dienstleistungsverkehr:** Dienstleistungsunternehmen wie Versicherungen, Banken, Architekten, Gutachter und Softwarefirmen können ihre Dienstleistungen innerhalb des Binnenmarkts anbieten. Die Verbraucher haben dadurch eine größere Auswahl an Dienstleistungen, andererseits ist das Angebot aber auch unübersichtlicher geworden.
   Hier liegt auch der Grund für die Liberalisierung der Strom-, Telekommunikations-, Energie- und Verkehrsmärkte. So ist es bereits heute möglich, dass z. B. die DSB (dänische Staatsbahn) eine Zugverbindung in Schleswig-Holstein und Hamburg anbietet.

4. **Freier Kapitalverkehr:** Der Kapitalverkehr zwischen den Mitgliedsstaaten wurde von allen Beschränkungen befreit. Es gibt keine Beschränkungen im Zahlungsverkehr mehr. Auch die Mengenbegrenzungen bei der Ein- und Ausfuhr von Währungen sind entfallen.
   Die Bürger und Unternehmen der EU haben freien Zugang zu allen Finanzdienstleistungen in allen Mitgliedsstaaten.

Europäische Normen: Um z. B. Zement innerhalb der EU an andere Länder verkaufen zu können, mussten die unterschiedlichen nationalen Anforderungen an die Zementqualität eingehalten werden. Durch die Harmonisierung der Norm zur Zementherstellung wurde dieses Handelshemmnis abgeschafft.

Zollverein: Deutschland hat die Einführung eines Binnenmarkts bereits einmal erlebt. 1834 fielen nach langen Verhandlungen die Zollschranken zwischen den damals 18 deutschen Staaten. Dieser Schritt erfüllte die Forderungen der Kaufleute und Unternehmer nach einem einheitlichen Binnenmarkt. In Hamburg hergestellte Waren konnten nun ungehindert durch Grenzen und Zölle z. B. nach Frankfurt a. M. verkauft werden. Dies war vorher nicht möglich, sondern es wurden an den Grenzen jedes Kleinstaates Zölle erhoben.

Argumente für und gegen den EU-Binnenmarkt

PRO	KONTRA
• An den Grenzen finden keine Zollkontrollen mehr statt. • Arbeitnehmer haben die freie Arbeitsplatzwahl in der EU. • Bildungsabschlüsse werden in allen EU-Staaten anerkannt. • Zum privaten Verbrauch können Waren unverzollt eingeführt werden. • Banken und Versicherungen können europaweit tätig werden. Das bringt den Verbrauchern günstigere Tarife und Preise.	• Durch den Wegfall der Grenzkontrollen wird kriminelles Handeln über die Grenzen hinweg vereinfacht. • Arbeitnehmer aus anderen EU-Staaten nehmen den Einheimischen die Arbeitsplätze weg. • Weil die Mehrwertsteuer in allen Mitgliedsstaaten auf ein gleiches Niveau gebracht werden soll, wurde sie in Deutschland auf 19 % erhöht. • Durch ein vielfältigeres Angebot besteht für die Verbraucher die Gefahr, den Überblick zu verlieren und benachteiligt zu werden.

AUFGABEN

1. Beschreiben Sie die vier Freiheiten des Binnenmarktes und nennen Sie jeweils ein Beispiel.
2. Ergänzen Sie die obige Tabelle mit weiteren Argumenten, die Ihrer Meinung nach für bzw. gegen einen gemeinsamen Binnenmarkt sprechen.
3. Beschreiben Sie, ähnlich dem Beispiel im Blickpunkt, eigene „grenzüberschreitende" Erfahrungen in der EU. Tauschen Sie sich hierüber in der Klasse aus.

Blickpunkt: *Der Euro: herbeigesehnt – heiß begehrt – verflucht – in Gefahr ...?*

Der lange Weg zum Euro:

- **01.01.1958:** Schon in den Gründungsverträgen wird eine gemeinsame Währungspolitik vereinbart.
- **24.04.1972:** Gründung des Europäischen Währungsverbundes.
- **19./20.10.1972:** Der Zeitplan für die Verwirklichung einer Wirtschafts- und Währungsunion (WWU) wird beschlossen.
- **01.01.1979:** Errichtung des Europäischen Währungssystems (EWS).
- **01.07.1987:** In der „Einheitlichen Europäischen Akte" wird das Ziel einer WWU festgeschrieben.
- **01.07.1990:** Die 1. Stufe der WWU beginnt mit der vollständigen Liberalisierung des Geld- und Kapitalverkehrs zwischen den Mitgliedsstaaten.
- **07.02.1992:** Im Vertrag von Maastricht werden die Konvergenzkriterien beschlossen.
- **01.01.1993:** Der Europäische Binnenmarkt tritt in Kraft.
- **01.01.1994:** Die 2. Stufe der WWU tritt in Kraft. Das Europäische Währungsinstitut als Vorläufer der Europäischen Zentralbank nimmt seine Arbeit auf.
- **01.06.1998:** Die Europäische Zentralbank (EZB) nimmt ihre Arbeit in Frankfurt auf.
- **01.01.1999:** Die 3. Stufe der WWU tritt in Kraft. Der Euro wird als gemeinsame Währung eingeführt.
- **01.01.2002:** Der Euro wird in den ersten 12 EU-Staaten als Zahlungsmittel eingeführt.
- **01.01.2015:** Litauen ist das 19. Land der Eurozone und führt den Euro als offizielle Währung.

7.2.5 Die Europäische Währungsunion

Die Einführung des Euros wurde jahrelang vorbereitet. Er ist heute die Gemeinschaftswährung der 19 EU-Mitgliedsstaaten Belgien, Deutschland, Estland, Finnland, Frankreich, Griechenland, Irland, Italien, Lettland, Litauen, Luxemburg, Niederlande, Österreich, Portugal, Slowakei, Slowenien, Spanien, Malta und Zypern. Darüber hinaus haben einige Nicht-EU-Staaten, z. B. Monaco und San Marino, den Euro eingeführt.

Eingeführt wurde der Euro bereits mit Inkrafttreten der 3. Stufe der Europäischen Währungsunion (EWU) am 01. Januar 1999. Von diesem Zeitpunkt an wurden beispielsweise die Kurse an Devisen- und Wertpapiermärkten in Euro notiert.

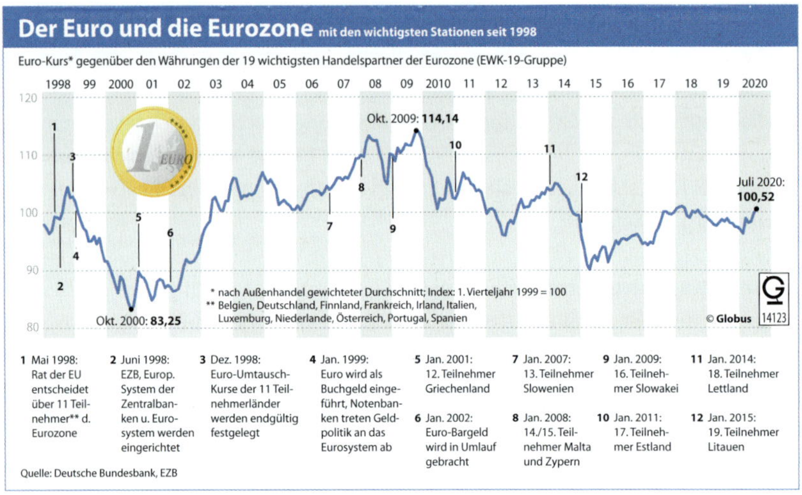

Wollen weitere Mitgliedsstaaten den Euro als Währung einführen, müssen sie sehr weitreichende stabilitätspolitische Auflagen erfüllen.
Diese sogenannten **Konvergenzkriterien** wurden 1992 durch den Vertrag von Maastricht festgelegt:

- **Schulden:** Die gesamte Staatsschuld des Beitrittskandidaten darf 60 % und die jährliche Nettoneuverschuldung 3 % des Bruttoinlandsproduktes nicht übersteigen.
- **Stabile Preise:** Die Inflationsrate darf nicht mehr als 1,5 % über dem Durchschnitt der drei preisstabilsten Länder liegen.
- **Zinsen:** Langfristige Zinssätze dürfen nicht mehr als 2 % über dem Durchschnitt der drei preisstabilsten Länder liegen.
- **Wechselkursstabilität:** Die Wechselkurse müssen mindestens zwei Jahre stabil gewesen sein. Dabei ist es den Mitgliedsstaaten nur erlaubt, in einer bestimmten Bandbreite vom Eurokurs abzuweichen.

Damit der Euro eine stabile Währung bleibt, wurden **„Stabilitätsanker"** beschlossen (siehe Schaubild).
Die Bestimmungen des „Stabilitäts- und Wachstumspakts" müssen auch **nach** der Euro-Einführung eingehalten werden, andernfalls drohen Sanktionen seitens der EU.

715 540 © Erich Schmidt Verlag

Währungsunion: ein Zusammenschluss von Staaten mit unterschiedlichen Währungen zu einem Staatenbund mit einheitlicher Währung. Der Wert des Geldes bleibt erhalten.
Hinweis: Erst am 01.01.1876 wurde durch eine Währungsunion der deutschen Staaten die erste einheitliche deutsche Währung, die Reichsmark, eingeführt.

Währungsreform: Der Wert der Währung wird verändert, z.B. 1948: Abschaffung der Reichsmark und Einführung der DM.

Die Europäische Zentralbank (EZB)

Die Europäische Zentralbank wurde im Juni 1998 nach dem Vorbild der Deutschen Bundesbank gegründet und hat ihren Sitz in Frankfurt am Main. Sie wacht über die Wirtschafts- und Währungspolitik der EU mit dem Ziel, die Stabilität der Währung zu erhalten.
Seit der Einführung des Euros am 01.01.1999 bestimmt sie die Richtlinien der Geldpolitik der 19 Mitgliedsstaaten im Europäischen Währungsverbund.

Die Europäische Zentralbank ist unabhängig in ihren geldpolitischen Entscheidungen und darf keine Weisungen von nationalen Regierungen oder den EU-Organen entgegennehmen.

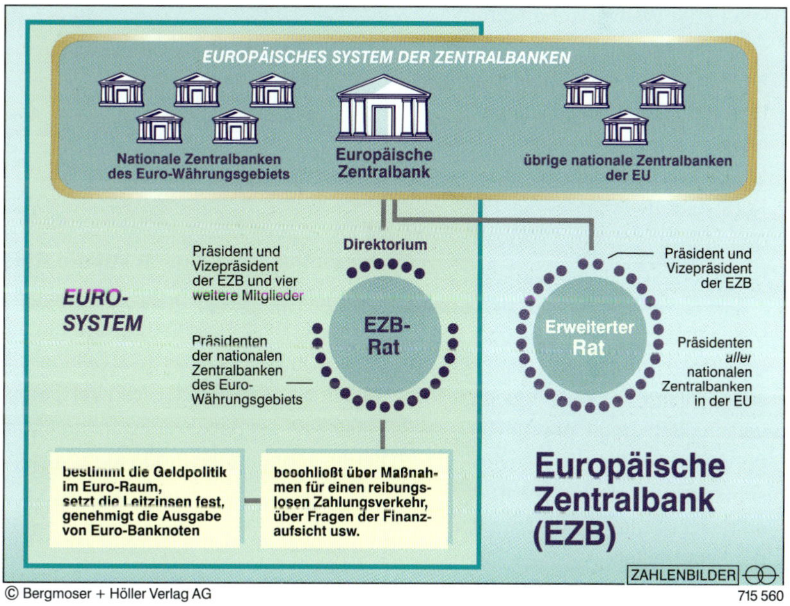

© Bergmoser + Höller Verlag AG 715 560

AUFGABEN

1. Erstellen Sie ein Schaubild, das übersichtlich die unterschiedlichen Vorschriften und Auflagen zeigt, mit denen die Stabilität des Euros gesichert werden soll (z. B. mit Karten auf einer Metaplanwand).
2. Erläutern Sie, welche Bedingungen Staaten erfüllen müssen, die der Währungsunion beitreten wollen.
3. Stellen Sie in einem Vortrag dar, wie die Arbeitsteilung zwischen der EZB und den nationalen Zentralbanken organisiert ist. Nutzen Sie hierzu auch die Homepages der beiden Banken.

Die Geldpolitik der EZB

Wichtigstes Ziel der Europäischen Zentralbank ist es, die Preisstabilität in der Eurozone zu sichern. Dabei wird nicht eine Inflationsrate von 0 %, sondern eine von ca. 2 % als Preisstabilität definiert (siehe Abschnitt 6.1.4). Um rechtzeitig auf auftretende Probleme der Preisstabilität reagieren zu können, untersucht die EZB die geldpolitische Lage ständig in zwei Schritten (zwei Säulen):

715 570 © Erich Schmidt Verlag

Der Einfluss der Zinsen auf die Geldmenge und die Preise

Durch eine Erhöhung oder Verminderung der Zinssätze der EZB verteuert oder verbilligt das Euro-Währungssystem die Refinanzierung der Kreditinstitute. Erhöht die EZB ihre Zinsen, wird die Geldbeschaffung für die Banken teurer, da nun höhere Zinsen zu zahlen sind. Diese Verteuerung geben die Banken in Form von höheren Zinsen auf die Bankkredite an ihre Kunden, z. B. die Unternehmen, weiter. Das wiederum verteuert die Produktionskosten und vor allem die Investitionskosten.

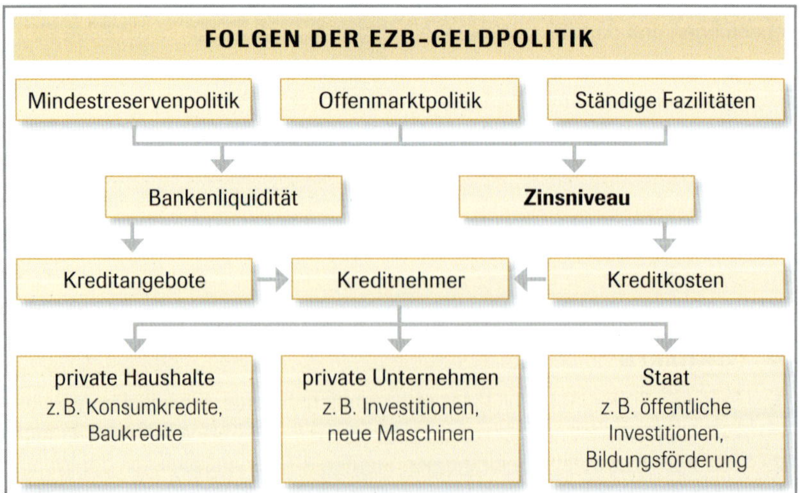

(nach: H. Adam, Bausteine der Volkswirtschaftslehre, Bund-Verlag, Köln, 2000, S. 93)

Fokus: Schuldenkrise – Eurokrise – Griechische Finanzkrise

Ab 2010 beherrschte eine Krise – mal „Eurokrise“, mal „Schuldenkrise“, mal „Griechenlandkrise“ genannt – die Schlagzeilen. Worum geht es? Im Oktober 2009 betrug das Staatsdefizit Griechenlands, also die Neuverschuldung in % des BIP, 15,4 % (Konvergenzkriterium: höchstens 3 %). Die Ursachen sind vor allem der aufgeblähte Staatsapparat, Steuerausfälle durch Schattenwirtschaft und das finanzielle Engagement bei der Rettung griechischer Banken in der Weltwirtschaftskrise 2008/2009.

Im April 2010 bat Griechenland die EU um Hilfe. Man einigte sich auf eine erste Zahlung von 110 Milliarden Euro. Kurz darauf spannte die EU den Rettungsschirm (EFSF) i. H. v. 750 Milliarden (später: 1 Billion) Euro auf, von dem u. a. auch Spanien, Portugal und Irland profitierten.

Deutschland, selbst hoch verschuldet, doch mit relativ geringer jährlicher Neuverschuldung, ist als wirtschaftsstärkster Staat Hauptgarant der Finanzhilfen.

Im Oktober 2012 löste der Eurostabilitätsmechanismus (ESM) den EFSF als Rettungsfonds ab. Dabei haftet Deutschland im Rahmen der ESM-Gesamtausstattung (700 Milliarden Euro) in Höhe von rund 190 Milliarden Euro. Das sind 27 % und pro Einwohner Deutschlands rund 2.300 Euro. Und angesichts der Entwicklung stellte sich die Frage: Bleibt es wirklich dabei?

Da es sich bei hohen Zinsen eher lohnt, sein Geld anzulegen, verzichten viele auf Investitionen. Dies gilt auch für Privatpersonen. So verschiebt z. B. mancher Bauherr wegen der hohen Hypothekenzinsen und der daraus folgenden hohen monatlichen Belastung den gewünschten Hausbau und legt sein Geld stattdessen an. Da viel Geld angelegt wird, lässt die Nachfrage nach Dienstleistungen und Waren nach, was wiederum eine Verlangsamung des Preisanstiegs und ein verzögertes Wachstum der Geldmenge zur Folge hat. Hohe Zinsen führen also zu einer Abschwächung der Inflation.

Senkt die EZB hingegen die Zinsen, werden die Bankkredite billiger. Manche Geschäfte und Investitionen werden nun rentabel, z. B. der Hausbau, der sich bei niedrigen Hypothekenzinsen lohnt, da die monatliche Belastung geringer wird. Die Geldmenge steigt, die Nachfrage wächst, die Preise steigen. Niedrige Zinsen führen also zu einer Verstärkung der Inflation.

Hohe Staatsschulden: Gefahr für den Euro?

Angesichts der Schuldenkrise mehrerer Staaten der Eurozone (insbesondere Griechenland) beschlossen die Länder der Eurozone 2012 einen Europäischen Stabilisierungsmechanismus (ESM, auch „Euro-Rettungsschirm", siehe Randspalte auf Seite 274). Dieser sieht vor, dass hoch verschuldete Euroländer in finanziellen Notsituationen freiwillige Kredite und Garantien von nicht überschuldeten Euro-Mitgliedsstaaten erhalten. Die Kredite werden zu vergünstigten Zinssätzen vergeben und müssen später zurückerstattet werden.

Die Vergabe der Kredite und Bürgschaften ist an hohe Auflagen gebunden, insbesondere an große Einsparanstrengungen im Haushalt des betroffenen Staates. Dies führt zu heftigen Protesten in der Bevölkerung – insbesondere in Griechenland, wo sich auch 2015 die Krise weiter verschärfte.

Auch in den ESM-Staaten, die für riesige Milliardenbeträge haften, regte sich Protest. So legten in Deutschland diverse Parteien, Verbände und Privatpersonen die größte Verfassungsbeschwerde der Geschichte gegen den ESM ein. Das Bundesverfassungsgericht bestätigte jedoch im Kern die Rechtmäßigkeit des ESM.

Geldpolitische Instrumente der EZB:

1. Offenmarktgeschäfte
Die EZB handelt am offenen Markt mit Wertpapieren. Kauft sie Wertpapiere von den Banken, kann sie in Krisenzeiten die Geldmenge erhöhen. Verkauft sie Wertpapiere an Geschäftsbanken, kann sie die Geldmenge senken.

2. Ständige Fazilitäten
Geschäftsbanken können ihr Konto zu einem bestimmten Zinssatz „überziehen" und somit über Nacht Liquidität erreichen (Spitzenrefinanzierungsfazilität) oder überschüssiges Geld bei den nationalen Zentralbanken verzinst anlegen (Einlagefazilität).

3. Mindestreserven
Die Geschäftsbanken müssen bestimmte Mindestreserven bei der EZB hinterlegen. Diese werden mit dem Leitzins verzinst.

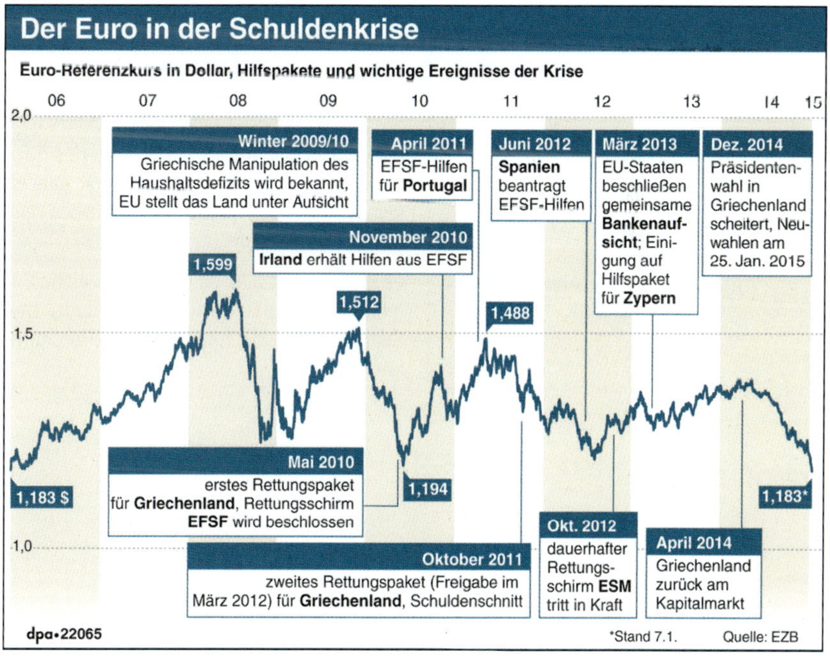

AUFGABEN

1. Erläutern Sie an weiteren Beispielen, wie sich hohe bzw. niedrige Zinsen auf die Konsum- und Investitionsentscheidungen von Unternehmen bzw. Privatpersonen (Privathaushalten) auswirken.
2. Wie schätzen Sie die aktuelle Währungsstabilität des Euros ein. Recherchieren Sie im Internet und untermauern Sie Ihre Einschätzung mit Fakten.

Was Sie wissen sollten …

Die folgenden Begriffe zum Thema **Deutschland – mitten in Europa** sollten Sie erläutern können:

Wichtige Begriffe	Sie können mitreden, wenn …
GESCHICHTE DER EUROPÄISCHEN UNION	
EWG, Euratom, Römische Verträge, Verträge von Maastricht, Amsterdam, Nizza und Lissabon	• Sie imstande sind, mithilfe dieses Buches einen Überblick über die Geschichte der EU – von der Gründung bis zur heutigen Situation – zu geben.
EU-Verfassung	• Sie die Bedeutung einer gemeinsamen Verfassung für die Mitgliedsstaaten der EU darstellen, die Gründe für ihr Scheitern erläutern und ihre Grundzüge als im Vertrag von Lissabon fortbestehend erkennen können.
EU-Erweiterung 2004, 2007 und 2013 Türkei-Beitritt	• es Ihnen leicht fällt, die 2004, 2007 und 2013 der EU beigetretenen neuen Mitgliedsstaaten aufzuzählen und eine Reihe von Pro- und Kontra-Argumenten zur EU-Erweiterung – insbesondere mit Blick auf die Türkei – gegenüberzustellen.
SO FUNKTIONIERT EUROPA	
Subsidiarität	• Sie den schwierigen, aber wichtigen Begriff der Subsidiarität mit einigen Beispielen erklären können.
Europäisches Parlament	• Sie die Bedeutung und die Aufgaben des Europäischen Parlaments darstellen und mit dem Deutschen Bundestag vergleichen können.
Europäische Kommission, Europäischer Rat	• Sie diese zwei wichtigen Gremien in der Politik der EU voneinander abgrenzen und ihre unterschiedlichen Aufgaben darstellen können.
Rat der Europäischen Union	• Sie erläutern können, welche Funktion der Rat der Europäischen Union (EU-Ministerrat) im politischen Gefüge der EU innehat.
Binnenmarkt	• Sie in der Lage sind, zu erklären, was man unter einem europäischen Binnenmarkt versteht und welche Vor- und Nachteile er für die Menschen in Deutschland hat.
Währungsunion	• Sie die Geschichte zur Einführung des Euros wiedergeben können. • Sie in der Lage sind, die Diskussion über die Vorteile des Euros sowie oft gegen seine Einführung geäußerte Bedenken nachzuvollziehen und in ihren Grundzügen in Worte zu fassen.
Konvergenzkriterien, Stabilitätsanker, Europäische Zentralbank	• es Ihnen leicht fällt, zu erklären, welche Funktion die Konvergenzkriterien und die Stabilitätsanker erfüllen und Sie für beide Beispiele nennen können. • Sie die geldpolitischen Möglichkeiten der Europäischen Zentralbank darstellen können.

8

FÜR EINE LEBENSWERTE WELT – UMWELTSCHUTZ

8.1 Umweltschutz geht alle an

8.1.1 Umweltprobleme und ihre Folgen

„Ich jedenfalls verleih' nie wieder etwas"

Blickpunkt: *„Stellen wir uns die Erde als ein riesiges Raumschiff vor. Mit Menschen an Bord rast es durch das Weltall. Die Verbindungen zum Heimatplaneten sind abgebrochen. Es gibt keine Rückkehr mehr. Die Passagiere müssen mit den vorhandenen Vorräten an Nahrung, Wasser, Sauerstoff und Energie auskommen. Während die Zahl der Menschen an Bord steigt, verringern sich die Vorräte. Gleichzeitig steigen Abfall- und Schadstoffmengen drastisch an. Das Leben wird immer schwieriger, die Luft zum Atmen immer knapper. Einige Bewohner des Raumschiffs geraten in Panik. Sie prophezeien einen baldigen Tod durch Ersticken, Verdursten, Verhungern oder Erfrieren. Andere beuten die zu Ende gehenden Vorräte aus, schlagen Warnungen in den Wind, maßvoller damit umzugehen. Sie vertrauen darauf, dass jemandem noch in letzter Minute etwas zur gemeinsamen Rettung einfallen werde."*

(aus: Herrnleben, Hans-Georg /Henrich, Jochen (1990): *Umweltschutz – die Schöpfung bewahren.* In: Thema im Unterricht 7/1997: Umweltfragen, Bundeszentrale für politische Bildung Bonn)

Einige Fakten zum Thema Umwelt:

- Etwa 42,1 % des Strombedarfs in Deutschland wurden 2020 aus erneuerbaren Energien gewonnen.
- Nach Schätzungen von Wissenschaftlern sterben weltweit in einer Stunde ein bis drei Tier- und Pflanzenarten aus.
- 2020 werden in Brasilien etwa 1.202 km² Regenwald abgeholzt. Dies entspricht ungefähr der 10- bis 11-fachen Fläche Berlins.

Den meisten von uns ist bewusst, dass sie die Umwelt täglich benutzen und belasten. Wir essen, kochen, fahren, werfen weg, verpacken, beleuchten, verbrennen, spülen, heizen, waschen, duschen, putzen, fräsen, spanen, polieren, streichen, transportieren usw. Natürlich sind wir alle für den Umweltschutz. Nur wenn es um konkretes Handeln geht, finden wir schnell viele Ausreden.

Große und kleine Umweltprobleme

Die achtlos weggeworfenen Abfälle auf der Straße sieht jeder, während man bei einem verschmutzten Bach oder See schon etwas genauer hinschauen muss. Dies sind eher kleine, für uns aber sehr deutliche Probleme.

Es gibt jedoch auch globale Umweltprobleme, z.B. die Klimaveränderung (siehe auch Abschnitt 9.1.8), die erhebliche Langzeitauswirkungen haben können, die wir aber im Augenblick nicht als eine echte Gefahr wahrnehmen. Erst allmählich erkennen wir, dass die Natur ein empfindliches Ökosystem ist, in das man nicht ohne Folgen eingreifen kann.

Die **Ökologie** (griech. oikos = Haus/Haushalt und logos = Lehre) befasst sich mit den Wechselbeziehungen zwischen den Lebewesen untereinander und ihrer belebten und unbelebten Umwelt.

Der Begriff **Ökosystem** bezeichnet das Beziehungsgefüge zwischen allen Organismen, die einen bestimmten Lebensraum besiedeln, und ihrer unbelebten Umwelt. Durch ihre Wechselwirkungen bilden diese ein gleichbleibendes System (z.B. See, Moor).

Die Zeichen für ein gestörtes Klimagleichgewicht sind bereits heute deutlich. Hier einige Beispiele:

- milde Winter ohne Schnee oder besonders strenge Winter,
- tropisch warme Sommer und Hitzewellen,
- höhere Sturmfluten an der Atlantik- und Nordseeküste,
- sintflutartige Regenfälle im Nahen Osten,
- große Dürren und Waldbrände im Mittelmeerraum,
- ständige Ausweitung der Wüste in Afrika,
- Zunahme von Überflutungen und „Jahrhunderthochwassern".

Im Vergleich zu den 60er-Jahren hat sich die Zahl der Naturkatastrophen verdreifacht. Etwa zwei Drittel dieser Naturkatastrophen sind Wetterphänomene wie Stürme oder Hochwasser.

Die Klimaveränderung – ein globales Problem

- Das jahrtausendealte Gletschereis auf dem Kilimandscharo ist nahezu abgetaut. Seit 1912 schrumpfte die Eiskappe um 85 %, in absehbarer Zeit ist sie wohl ganz verschwunden.
- Im Sommer 2000 bestaunten Urlauber auf einem Kreuzfahrtschiff, dass erstmals seit Jahrhunderten am Nordpol kein Eis, sondern Wasser zu sehen war. Der geplante Fußmarsch zum Nordpol fiel aus. Das Eis taut bis heute weiter.
- Schreitet der Klimawandel fort wie bisher, werden laut einer aktuellen Studie bis 2100 weltweit die Gebirge rund 21 % ihres Eises verlieren. Besonders betroffen sind die Alpen, mit einem Gletscherrückgang um 60 bis 90 %.

Kilimandscharo ohne Schneehaube

Der Meeresspiegel steigt jedes Jahr um etwa 3 mm und damit um ein Zehnfaches schneller als in den letzten Jahrtausenden. Durch das Abtauen der Pole und durch mehr Niederschläge ist ein weiterer Anstieg wahrscheinlich. Ganze Inselgebiete im Pazifik, z. B. die Malediven mit rund 1 200 Inseln, drohen im Meer zu versinken. Tief liegende Küstengebiete könnten in den nächsten Jahrzehnten bedroht sein, so auch die norddeutschen Küstengebiete. Durch das Abtauen von Süßwassereis könnten sich der Salzgehalt der Meere und dadurch auch die Strömungen in den Meeren verändern. Der warme Golfstrom würde sich abkühlen und uns in Nordeuropa eine Kälteperiode bringen. Mögliche Ursachen für den Klimawandel (siehe auch Abschnitt 9.1.8) zeigt das folgende Schaubild:

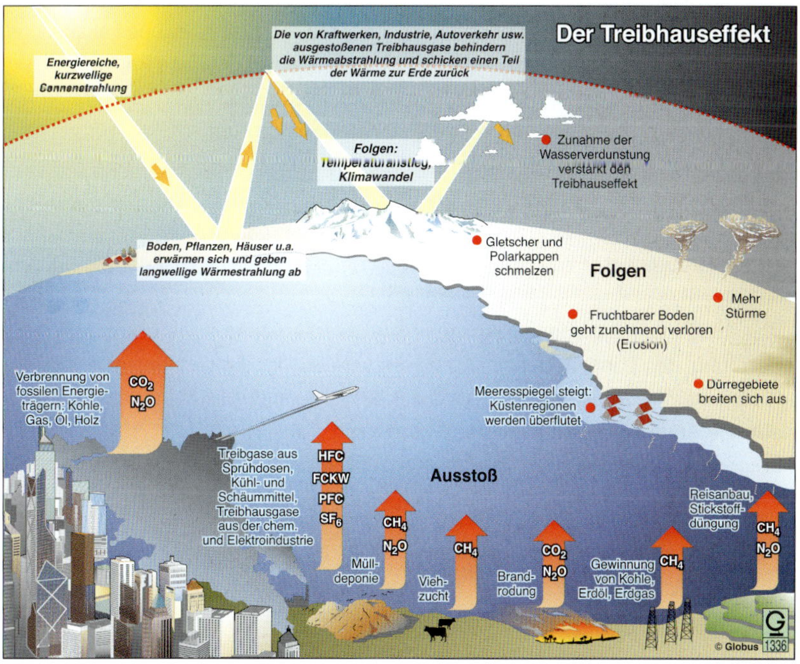

Ulf Merbold, deutscher Astronaut während der Weltraummission „Columbia 6“ 1983:
„Zum ersten Mal in meinem Leben sah ich den Horizont als eine gebogene Linie.
Sie war durch eine dunkelblaue Naht betont – unsere Atmosphäre.
Offensichtlich handelte es sich hierbei nicht um das Luftmeer, wie man mir oft in meinem Leben erzählte. Die zerbrechliche Erscheinung versetzte mich in Schrecken.“

(aus: Der Heimatplanet, Frankfurt a. M.: Verlag Zweitausendeins, 1989)

Schwimmender Eisberg

▶ AUFGABEN

1. Stellen Sie sich vor, Sie befinden sich auf dem Raumschiff Erde. Besprechen Sie in Ihrer Klasse die Lage auf dem Raumschiff. Welche Maßnahmen müssten ergriffen werden, um es zu retten?
2. Listen Sie stichpunktartig auf, welche Folgen die Klimaveränderung für Ihre Region haben könnte.
3. Erläutern Sie, was die Karikatur auf der linken Seite uns mitteilen möchte und benennen Sie Vorwürfe, die Ihnen Ihre Kinder und Enkelkinder einmal machen könnten.

8.1.2 Wasser nutzen, Wasser schützen

Blickpunkt: *Sophie macht Urlaub in Spanien. Nach einer langen Nacht steht sie um 10:00 Uhr eingeseift unter der Dusche. Plötzlich versiegt das Wasser. Sophie ärgert sich: „Was soll denn das? Wie soll ich jetzt die Seife abspülen? Ach ja, Wasser gibt es hier ja nur von 6:00 bis 10:00 Uhr, weil Wassermangel herrscht. Zum Glück haben wir in Deutschland ausreichend Wasser – oder?"*

70 % der Erdoberfläche sind mit Wasser bedeckt, insgesamt sind das ca. 1 400 Mio. km³ Wasser. Davon sind 97 % ungenießbares Salzwasser und nur ca. 0,7 % für den Menschen nutzbares Süßwasser – weltweit.

Deutschland ist ein regenreiches Land. Die jährlich notwendigen 41 Milliarden Kubikmeter Trinkwasser scheinen auf den ersten Blick ausreichend vorhanden zu sein. Doch dieser Wert ist nur ein Durchschnittswert. Im sehr trockenen Jahr 1959 betrug die Niederschlagsmenge in Deutschland nur 147 Mio. Kubikmeter. In Niedersachsen führte das z. B. zu einem Niederschlagsdefizit von 42 %. 1976 sahen die Probleme hierzulande ähnlich aus und auch in der jüngsten Vergangenheit hatten in sehr heißen und niederschlagsarmen Sommern einige Regionen immer wieder mit Trockenheit zu kämpfen.

Grundwassersituation in Deutschland

Wasser stand den Menschen in Mitteleuropa in der Vergangenheit unbegrenzt zur Verfügung. Doch die Voraussetzungen haben sich geändert: Industrie, Landwirtschaft und Privathaushalte verbrauchen immer mehr. Die Gewinnung sauberen Trinkwassers wird immer aufwendiger. Die zunehmende Belastung vieler Gewässer geht schleichend voran.

- Ein Großteil des Trinkwassers in Deutschland wird aus Grundwasser gewonnen. Grundwasserabsenkungen durch Trinkwasserförderung führen vielerorts – wie z. B. im „Hessischen Ried" – zu ökologischen Problemen.
- Die Nitratkonzentration des Grundwassers in Deutschland steigt jährlich um 1 bis 2 mg/l. Etwa 10 bis 20 % aller Grundwasservorkommen weisen einen Nitratgehalt von über 50 mg/l (Grenzwert) auf. In Hessen und Niedersachsen wurden in den letzten 20 Jahren über 150 Trinkwasserbrunnen wegen zu hoher Nitrat- und Pflanzenschutzmittelwerte aufgegeben.

Trinkwasser wird aus Grundwasser gewonnen

In Deutschland werden mehr als 70 % des Trinkwassers aus Grundwasser gewonnen. Dieses ist jedoch nicht nur durch die starke Nutzung Belastungen ausgesetzt, sondern darüber hinaus auch anderen Gefährdungen. Hier einige Beispiele:

- Pflanzenschutzmittel, Nitrate und Schadstoffe aus der Luft,
- unsachgemäßer Umgang mit wassergefährdenden Stoffen,
- undichte Abwasserkanäle,
- Altlasten, vergiftete Betriebsflächen.

Um das Grundwasser zu schützen, werden unterschiedliche Maßnahmen durchgeführt, z. B.:

- Wasserschutzgebiete im Einzugsgebiet der Wasserwerke,
- Beratung der Landwirte beim Gewässerschutz (die Anwendung von Dünger, Gülle und Pflanzenschutzmitteln soll auf das notwendige Maß begrenzt werden),
- strenge Anforderungen an die Abfalldeponien,
- Erkundung und Sanierung von Altlasten und wilden Deponien.

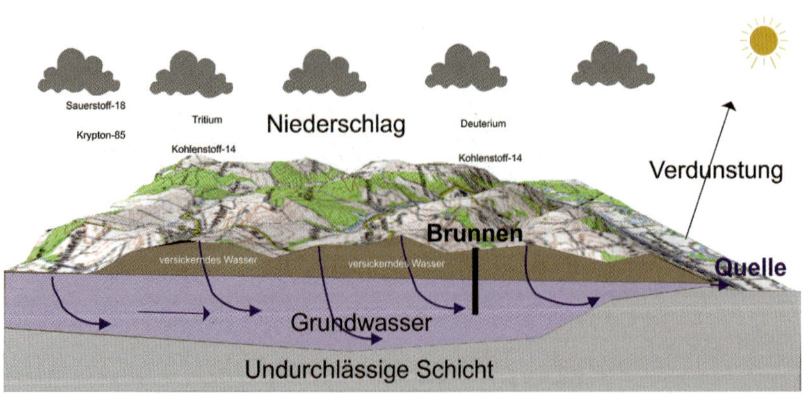

Die Bildung des Grundwassers

Gewässerschutz und Naturschutz – Beispiel Elbe

Die Elbe war noch 1989 sehr stark belastet. 140 000 Tonnen Stickstoff, 3 900 Tonnen Schwermetalle und 12 Tonnen Quecksilber spülte die Elbe jährlich in die Nordsee. Heute ist die Elbe nicht mehr so stark belastet. Durch den Neubau von Kläranlagen und die Schließung von Betrieben hat sich die Schadstoffkonzentration erheblich reduziert. 1990 wurde die Internationale Kommission zum Schutz der Elbe (IKSE) gegründet. Ihre Ziele sind u. a.

- die Wasserqualität so zu verbessern, dass eine Trinkwassergewinnung wieder möglich wird,
- ein möglichst natürliches Ökosystem mit einer großen Artenvielfalt zu erreichen,
- die Belastung der Nordsee aus dem Elbgebiet nachhaltig zu verringern.

Das **Gesetz zur Ordnung des Wasserhaushalts** (Wasserhaushaltsgesetz – WHG) beschäftigt sich mit dem Gewässerschutz und der nachhaltigen Bewirtschaftung von Gewässern.

§ 1: Zweck dieses Gesetzes ist es, durch eine nachhaltige Gewässerbewirtschaftung die Gewässer als Bestandteil des Naturhaushalts, als Lebensgrundlage des Menschen, als Lebensraum für Tiere und Pflanzen sowie als nutzbares Gut zu schützen.

Auenwälder sichern den Wasserhaushalt

Auenwälder im Flussgebiet dienen als riesige Wasserspeicher. Das Wurzelwerk der Bäume verhindert bei Regen den Abfluss des Wassers. Der Waldboden wirkt wie ein großer Schwamm. 30 % der Niederschläge versickern im Boden und reichern so das Grundwasser an. 70 % der Niederschläge in einem Waldgebiet verdunsten und verbessern so die Luftfeuchtigkeit der umliegenden Landflächen. Auenwälder können bei Hochwasser überflutet werden und mildern dadurch die Hochwassergefahr für die Anwohner.

HINWEIS
Weitere Informationen finden Sie im Internet unter **www.wasser-wissen.de** oder in den Broschüren **Grundwasser in Deutschland** und **Wasserwirtschaft in Deutschland**, die Sie auf der Homepage des Umweltbundesamtes kostenlos herunterladen können: **www.umweltbundesamt.de**

Gewässerschutz durch Abwassertechnik

Verschmutztes Wasser (Abwasser) muss gereinigt werden, bevor es in die Gewässer zurückfließt. In den Kläranlagen wird das Abwasser mechanisch, biologisch und physikalisch-chemisch gereinigt. Hier das Verfahren im Überblick:

- **1. Stufe:** Grober Unrat wie Äste, Plastikmüll oder Toilettenpapierreste werden über einen Rechen ausgesondert. Die schweren Sinkstoffe, z. B. Sand und Kies, setzen sich auf dem Grund eines Sandfangs ab.
- **2. Stufe:** Die biologische Klärstufe gleicht dem Abwasserreinigungsprozess der Natur. Millionen Bakterien und ständige Sauerstoffzufuhr zersetzen die Abwasserstoffe und trennen das Abwasser in Schlamm und Wasser.
- **3. Stufe:** Chemische Bestandteile wie Phosphate und Nitrate werden im chemisch-physikalischen Teil der Kläranlage ausgesondert.

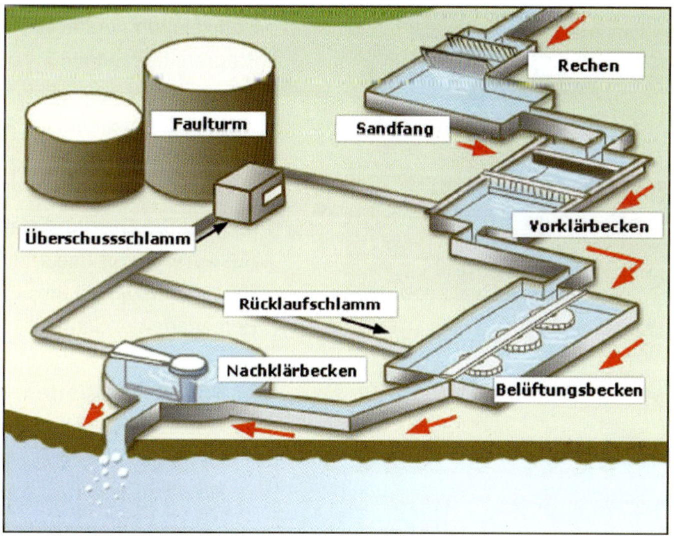

Abwasserreinigung in der Kläranlage

AUFGABEN

1. Wie nutzen Sie Wasser und Gewässer? Stellen Sie auf einem Plakat die verschiedenen Nutzungsarten gegenüber.
2. Entwerfen Sie ein Merkblatt, das die allgemeinen Verhaltensregeln zum Schutz von Gewässern darlegt.
3. Erstellen Sie für ein Gewässer in Ihrer Region einen Maßnahmenkatalog zu dessen Schutz. Berücksichtigen Sie dabei auch die besonderen vorherrschenden Bedingungen (Industriestandorte, Kläranlagen, natürliche Bedingungen, Nutzung etc.).

HANDELN

AKTIV SEIN

Planen und Organisieren – eine Klassenreise in den Nationalpark Wattenmeer

Wie wäre es mit einer Klassenreise an die Nordseeküste oder auf eine Hallig in einen der drei Nationalparks Wattenmeer? Langweilig? Muss nicht sein. Warum nicht die anstrengende Prüfungsvorbereitung mit einer Klassenreise verbinden? Morgens Unterricht und Prüfungsvorbereitung. Nachmittags Ausflüge, Wattwanderungen, Besichtigungen und Ausstellungen. Abends, na ja ...

Eine Klassenreise planen und organisieren

Im Folgenden einige Checkpunkte, die sicherlich noch ergänzt werden können:

Phase 1: Die Entscheidung

- Wollen wir überhaupt?
- Wer nimmt teil?
- Zeit und Ort klären
- Ziele und Zweck der Reise klären

Phase 2: Die Planung

- Unterkunft heraussuchen
- Kosten klären
- Verantwortlichkeiten klären
- Genehmigungen einholen

Phase 3: Die Vorbereitung

- Informationen beschaffen
- Detailplanung erstellen
- Programm festlegen
- Arbeitsaufgaben verteilen
- Zeitplan aufstellen
- Vorbereitung auf das Thema, z. B. Wattenmeer

Phase 4: Die Durchführung und Auswertung

- Auswertung der Reise
- Darstellung der Erfahrungen (z. B. Vortrag mit Fotos und Beamer, Schülerzeitung, Homepage der Schule)

Wattwanderung

Der Schutz des Wattenmeeres

Das **Wattenmeer** ist der dem Festland vorgelagerte flache Saum der Nordsee, der als Übergangszone zwischen Land und Meer dem ständigen Wechsel von Ebbe und Flut ausgesetzt ist. Entlang der dänischen, deutschen und niederländischen Nordseeküste erstreckt es sich in einer Breite von 10 bis 40 km.

Um das Wattenmeer mit seinen Salzwiesen, Sänden, Watten, Prielen, Vorständen und seiner typischen Tier- und Pflanzenwelt zu erhalten, wurde es in den drei Bundesländern Niedersachsen, Schleswig-Holstein und Hamburg (Insel Neuwerk) zum Nationalpark erklärt. Dadurch ist das Wattenmeer unter besonderem Schutz. Diese Maßnahme war nicht unumstritten. Tourismusindustrie, Fischer, Krabbenfischer und Landwirtschaft hatten erhebliche Einwände gegen die Einrichtung eines Nationalparks mit seinen strengen Umweltauflagen.

HINWEIS

Informationen zum Nationalpark Wattenmeer erhalten Sie z. B. auf folgenden Internetseiten:

- **www.nationalpark-wattenmeer.de**
- Verein Jordsand zum Schutze der Seevögel und der Natur e.V.: **www.jordsand.eu**
- Plattform für Umweltbildung im Weltnaturerbe und Nationalpark Wattenmeer: **www.iwss.org**

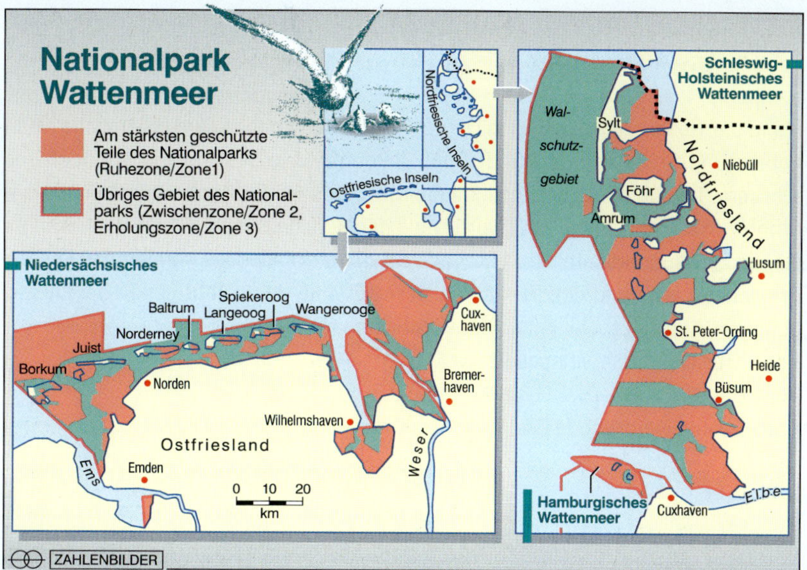

443 520
© Erich Schmidt Verlag

HINWEIS
Informationen zu preisgünstigen Unterkünften in einer Jugendherberge erhalten Sie unter:
DJH Service Center
Bismarckstr. 8
32756 Detmold
E-Mail: djh-service@jugendherberge.de
www.jugendherberge.de

Nationalparks in Deutschland

Insgesamt gibt es 16 Nationalparks in Deutschland (siehe auch nebenstehende Karte):

- Nationalpark Niedersächsisches Wattenmeer
- Nationalpark Hamburgisches Wattenmeer
- Nationalpark Schleswig-Holsteinisches Wattenmeer
- Nationalpark Vorpommersche Boddenlandschaft
- Nationalpark Jasmund
- Nationalpark Müritz
- Nationalpark Unteres Odertal
- Nationalpark Harz (Niedersachsen/Sachsen-Anhalt)
- Nationalpark Sächsische Schweiz
- Nationalpark Kellerwald-Edersee
- Nationalpark Hainich
- Nationalpark Bayerischer Wald
- Nationalpark Berchtesgarden
- Nationalpark Eifel
- Nationalpark Schwarzwald
- Nationalpark Hunsrück-Hochwald

Selbstverständlich können Sie Ihre Klassenreise auch in einen anderen Nationalpark planen, z.B. wenn dieser für Sie besser zu erreichen sein sollte. Dementsprechend müssen Sie sich in Ihrer Organisation und Vorbereitung dann auf die dortigen Besonderheiten beziehen.

▶ **AUFGABE**

1. Mit welchen Begründungen ist das Wattenmeer als besonders schutzwürdig ausgewiesen worden?
2. Welche Bedeutung haben die drei Zonen im Nationalpark?
3. a) Listen Sie mögliche Informationsquellen zu einem Nationalpark Ihrer Wahl auf. Wählen Sie die für die Planung einer Klassenreise relevanten Informationen aus und beschaffen Sie sich diese.
   b) Suchen Sie in einer Bibliothek oder Buchhandlung weitere Literatur zum Thema, die für Sie interessant sein könnte. Tauschen Sie sich über die Ergebnisse Ihrer Recherche in der Klasse aus.

Blickpunkt: *Zu Hause müssen wir uns selbst darum kümmern. Aber wer macht in der Schule eigentlich den Müll weg?*

8.1.3 Land unter … – unter Müll? Vom Umgang mit Abfällen

Bis in die 1970er-Jahre gab es in Deutschland häufig noch keine ordentliche Müllentsorgung. So entstanden rund 50 000 unkontrollierte Müllkippen, die Boden und Wasser z. T. noch heute belasten. Da die Müllberge weiter wuchsen und die Gefahr drohte, im Müll zu „ersticken", wurde bald deutlich, dass man nicht einfach weitere Deponien bauen konnte. Nur eine radikale neue Abfallpolitik konnte eine Lösung bringen. So entstand eine Reihe von Gesetzen, die heute sehr genau die Entsorgung der Abfälle regeln. Einige der wichtigsten Gesetze sind:

- das Kreislaufwirtschaftsgesetz (KrWG),
- das Batteriegesetz (BattG) und
- die Bioabfallverordnung (BioAbfV).

 126 595

Abfallwirtschaft – Was bedeutet das?

In Deutschland regelt heutzutage ein fünfstufiges Verfahren, die sogenannte **Abfallhierarchie**, wie mit Abfällen verfahren wird: Abfälle vermeiden – zur Wiederverwendung vorbereiten – recyceln – auf sonstige Art und Weise verwerten – beseitigen.

Während es früher schlicht darum ging, Abfälle zu beseitigen, hat man inzwischen erkannt, dass Abfälle wertvolle Rohstoffe sind, die effektiv genutzt werden können, um natürliche Ressourcen zu schonen. Abfall vermeiden heißt, weniger Rohstoffe zu verbrauchen und Umweltbelastungen zu verringern. Abfall verwerten bedeutet, dass Rohstoffe und Energie in den Wirtschaftskreislauf zurückgeführt werden. […] Ziele: Bis zum Jahr 2020 soll eine hochwertige und weitestgehende Verwertung zumindest der Siedlungsabfälle erreicht werden. Die klimaschädliche Deponierung von Abfällen soll damit überflüssig gemacht werden. Die Abfallwirtschaft soll in den nächsten Jahren auf europäischer und internationaler Ebene weiter ausgebaut werden in Richtung auf Ressourcen- und Klimaschutz, etwa durch die Minimierung klimaschädlicher Methan- und CO_2-Emissionen sowie durch die Substitution fossiler Energieträger.

(aus: Kurzinfo Abfallwirtschaft, www.bmu.de, Stand: September 2017)

Auszug aus dem **Kreislaufwirtschaftsgesetz:**

§ 1 Zweck des Gesetzes
Zweck des Gesetzes ist es, die Kreislaufwirtschaft zur Schonung der natürlichen Ressourcen zu fördern und den Schutz von Mensch und Umwelt bei der Erzeugung und Bewirtschaftung von Abfällen sicherzustellen.

§ 3 Begriffsbestimmungen
(1) Abfälle im Sinne dieses Gesetzes sind alle Stoffe oder Gegenstände, derer sich ihr Besitzer entledigt, entledigen will oder entledigen muss. Abfälle zur Verwertung sind Abfälle, die verwertet werden; Abfälle, die nicht verwertet werden, sind Abfälle zur Beseitigung.

§ 6 Abfallhirarchie
(1) Maßnahmen der Vermeidung und der Abfallbewirtschaftung stehen in folgender Rangfolge:
1. Vermeidung,
2. Vorbereitung zur Wiederverwendung,
3. Recycling,
4. sonstige Verwertung, insbesondere energetische Verwertung und Verfüllung,
5. Beseitigung.

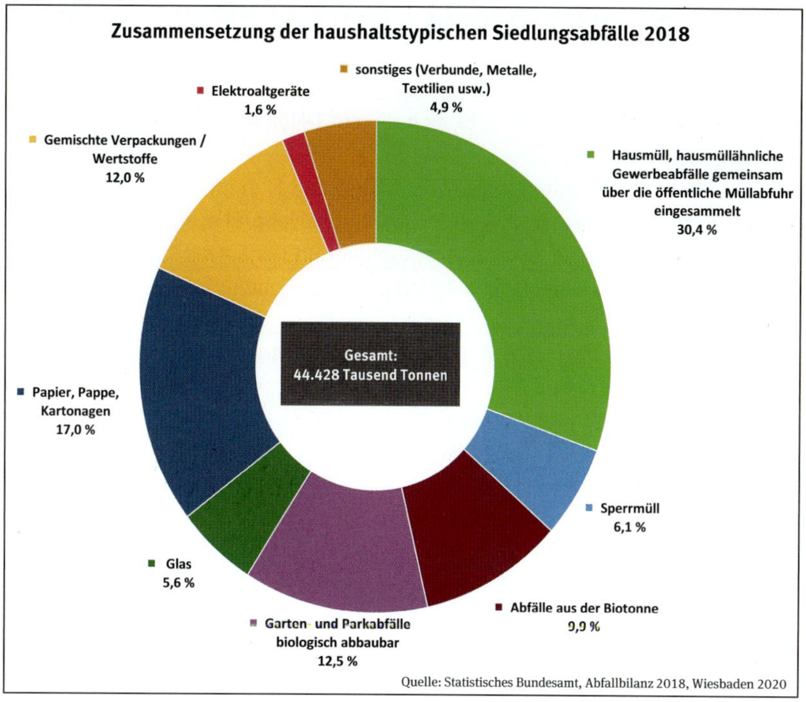

UMWELT-TIPP

Trennen Sie Ihren Hausmüll konsequent:

- Verpackungen aus Kunststoff, Verbundmaterialien oder Metall (gelbe Tonne/gelber Sack)
- Altpapier (blaue Tonne)
- Biomüll (braune Tonne)
- Restmüll (schwarze Tonne)
- Altglas (nach Farben getrennt in Container)
- alte Medikamente können Sie in Apotheken abgeben
- alte Elektrogeräte bringen Sie zum Recyclinghof
- für Batterien stehen in vielen Geschäften und auch in den Schulen Sammelboxen bereit
- Flaschenkorken zu speziellen Sammelstellen bringen

HINWEIS

Aktuelle Daten und Hintergründe zum Umweltzustand in Deutschland erhalten Sie im Internet auf:
www.umweltbundesamt.de

Wiederverwerten statt beseitigen – das Duale System

Laut Verpackungsverordnung (VerpackV) sind alle Hersteller und Händler verpflichtet, Verpackungen, die in Privathaushalten anfallen, zurückzunehmen und zu entsorgen. Die Verbraucher können Verpackungen, Folien, Kartonagen usw. im Geschäft zurücklassen. Zudem müssen sich Hersteller und Händler gegen Gebühr an einem flächendeckenden Rücknahmesystem (Duales System) beteiligen. Der anfallende Verpackungsmüll wird von den Vertragsfirmen des Dualen Systems (z. B. Duales System Deutschland – Der Grüne Punkt) eingesammelt, sortiert und verwertet.

Abfalltrennung z. B. in der Schule

Während in der Privatwirtschaft ein hartes Regelwerk für den Umgang mit Abfällen besteht, ist in vielen öffentlichen Einrichtungen die Abfalltrennung noch unzureichend geregelt. Das sollte Anlass sein, über die Organisation der Abfallentsorgung, z. B. in der Schule, nachzudenken.

AUFGABEN

1. Stellen Sie die Unterschiede zwischen den fünf Stufen der Abfallhierarchie dar.
2. Beschaffen Sie sich aktuelle Statistiken zum Müllaufkommen in Ihrem Bundesland. Nutzen Sie hierfür das Internet oder fordern Sie die Umweltberichte Ihrer Landesregierung an.
3. Untersuchen Sie, wie die Abfallentsorgung an Ihrer Schule aussieht.
   a) Stellen Sie dar, wie in Ihrer Schule mit Abfällen umgegangen wird. Erstellen Sie eine Dokumentation, z. B. als PowerPoint-Vortrag.
   b) Erarbeiten Sie in einem zweiten Schritt ein einfaches Konzept für die Organisation der Abfallentsorgung in Ihrer Schule und stellen Sie Ihre Ergebnisse vor – z. B. der Lehrerkonferenz.

HANDELN
AKTIV SEIN

Sehr gut lässt sich die 5-Phasen-Methode als Kreis darstellen:

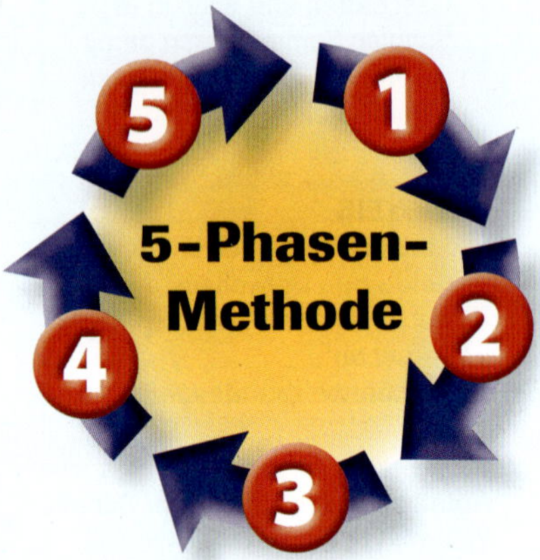

Auswertung der Ergebnisse
Besonders wichtig ist natürlich die Phase 5. Hier sollen die Ergebnisse der Arbeit dargestellt und die Früchte des Engagements geerntet werden. Dazu gehört auch eine kritische Überprüfung der Arbeit. Fehler werden deutlich, und können so bei der nächsten Aktion vermieden werden.

Öko-Check in der Schule – Beispiel Abfallentsorgung

Ein Projekt wie der „Öko-Check" in einer Schule kann eine sehr umfangreiche Arbeit werden. Es ist daher sinnvoll, sich nur auf Teilbereiche – z. B. die **Abfallentsorgung** – zu beschränken.

Auf alle Fälle ist eine sehr sorgfältige Planung und Durchführung der Aktion im Team erforderlich. Die Arbeit wird in unterschiedliche Phasen eingeteilt, wobei die einzelnen Schritte gemeinsam besprochen und systematisch geplant werden müssen. Dabei sollten die Teammitglieder darauf achten, sich in ihrer Planung nicht zu verzetteln.

Für die Durchführung bietet sich die sogenannte **5-Phasen-Methode** an:

Phase 1: Information und Planung
- Zielbestimmung: Was soll das Ziel unserer Aktion sein?
- Erstellen einer Liste mit Dingen, die überprüft werden sollen.
- Wie sollen die Informationen beschafft werden? Erkundungen, Befragungen, Besichtigungen usw.?
- Wo bestehen Optimierungsmöglichkeiten bei der Müllentsorgung?

Phase 2: Vorbereitung
- Zeitplan erstellen, wann welche Aufgaben zu erledigen sind.
- Weiteres Fachwissen erwerben: Wo müssen wir uns noch „schlau machen". Wer hilft uns dabei? Gibt es Beispiele im Internet?
- Eventuell themenbezogene Fragebögen zur Müllentsorgung ausarbeiten (siehe hierzu „Handeln – aktiv sein", S. 262 f.).
- Termine mit möglichen Gesprächspartnern (z. B. Schulleiter, Hausmeister) vereinbaren. Gespräche gut vorbereiten: Was wollen wir wissen?
- Klären, wer für welche Aufgaben verantwortlich ist.

Phase 3: Durchführung
- Die jeweils geplanten Aktionen durchführen.
- Während der Aktionen alles sorgfältig protokollieren und dokumentieren (z. B. fotografieren).
- Zwischenergebnisse sichern.

Phase 4: Auswertung und Darstellung
- Die Verantwortlichen berichten über ihre Arbeit.
- Die gewonnenen Informationen, Daten und Fakten sortieren und auswerten.
- Die gewonnenen Ergebnisse aufarbeiten und darstellen (z. B. Infomappe, Schautafeln, Schaukästen, Homepage der Schule).

Phase 5: Konsequenzen und Überprüfung
- Ergebnisse der Aktion in der Schule bekannt machen.
- Ergebnisse der örtlichen Presse mitteilen (eine Pressemitteilung erarbeiten und versenden).
- Anträge, Vorschläge und Forderungen in den Schülerrat einbringen.
- Anträge, Vorschläge und Forderungen der Lehrerkonferenz und den weiteren schulischen Gremien vorlegen.
- Kritische Überprüfung der Aktion: Was war gut und was war schlecht? Welche Fehler müssen wir in Zukunft vermeiden?

Ein „Dauerbrenner“ beim Thema „Umgang mit Ressourcen“ ist das Projekt „fifty/fifty“, hier mit Beispielen aus Halle. Weitere Informationen finden Sie auf der Homepage: fity-fifty.eu.

Energiesparen in Zeiten von Corona – auch in diesem Schuljahr sind Hallenser Schulen aktiv

Seit zwei Jahren läuft nun das Energiesparprojekt an drei halleschen Schulen. Ende Juni fand in der Saaleschule, einer der beteiligten Einrichtungen, das Auswertungstreffen des aktuellen Projektjahres statt.

Es gab viel zu berichten und auszutauschen – durch die Corona-bedingten Schulschließungen kamen die Zeitpläne etwas durcheinander. Dennoch konnten die E-Teams Aktionen durchführen und davon berichten:

In der **Saaleschule** wurden drei CO_2-Messgeräte angeschafft: Diese geben akustische Signale, wenn die Raumluft zu schlecht ist und die nächste Lüftung ansteht. Durch den täglichen Einsatz der Geräte ist das Lüften in den Klassenräumen nun viel selbstverständlicher geworden. Hier gehen Gesundheitsschutz und energieeffizientes Lüften Hand in Hand. Durch Stoß- und Querlüften wird auch die Virenlast der Luft rasch gesenkt – dies ist in der aktuellen Zeit besonders wichtig.

Temperaturmessungen im Winter ergaben Einsparpotentiale – das E-Team erstellte einen Maßnahmenkatalog, in dem alle wichtigen Punkte dargestellt sind, die die Schüler und das jeweilige Klassen-Energiesparamt umsetzen soll.

In der **Integrierten Gesamtschule am Steintor** nahm mit Beginn des Schuljahres das E-Team wieder seine Arbeit auf. Das beinhaltete auch eine Kontrollmessung der Temperaturen in den Klassenzimmern und Fluren. Diese zeigten im allgemeinen gute Werte. Das E-Team bereitete Kurzvorträge mit Infos zum Projekt und Vorschlägen zum Energiesparen vor, die in verschiedenen Klassen gehalten wurden. Zudem verblieb ein Plakat mit den Hinweisen im Klassenraum. Der Hausmeister unterstützt die Aktivitäten: Auf allen Fluren wurden die Heizungsventile fest auf Stufe zwei gestellt, so dass diese nicht zu warm werden können. Inzwischen hat die Schule auch eine neue Heizungsanlage erhalten, so dass die Schule nun effektiver beheizt werden kann. [...]

(aus: fifity/fifty – Energiesparen an Schulen. www.fity-fifty.eu, 03.08.2020)

FIFTY/FIFTY ENERGIESPAREN AN SCHULEN

Energie + Bares Geld sparen

… für Schulen, Schulträger, Kitas, Horte, Kommunen und Landkreise. Wenn sich Ihre Schule an einem Projekt wie Fifty/Fifty beteiligt, können Sie aktiv durch Energie- und Ressourceneinsparung zum Klimaschutz beitragen. Gleichzeitig werden teilnehmenden Schulen je nach Projekt Prämien ausgezahlt!

Blickpunkt: *Feierabendverkehr in einer mittelgroßen deutschen Stadt: Staus, stop-and-go, Abgase, Verkehrslärm, fluchende Autofahrer usw. Deshalb: Pole-Position für Fahrräder.*

Immer häufiger wird gefordert, das die Mobilität in der Stadt neu erfunden werden muss. In Großstädten könnten große Teile der Einwohner auf einen eigenen, privaten PKW verzichten. Viele, vor allem Jüngere, tun dies auch schon. Allein ein realistischer Blick auf die Kosten eines privaten PKW lässt nachdenklich werden. Alternative Verkehrskonzepte gibt es schon, wenn auch nur in der Entwicklung. In kleineren Städten sieht dies etwas anders aus. Hier findet man noch schnell Argumente für den privaten PKW. Im ländlich-dörflichen Raum geht ohne Auto allerdings oft nichts mehr.

8.1.4 Das Auto – des Deutschen liebstes Kind

Das Auto ist für viele Menschen nicht nur ein Gebrauchsgegenstand. Neben seiner Funktion als Transportmittel ist es auch ein Statussymbol und ein wichtiger Wirtschaftsfaktor – aber eben auch ein Umweltverschmutzer. Von Umweltschutz und Verkehr zu reden, heißt vor allem, sich mit dem Thema Auto zu beschäftigen.

Das Auto dominiert noch immer unser Denken. Fuhren 1925 im gesamten Deutschen Reich nur 171 000 Pkws, so hat sich deren Anzahl seit den 1950er-Jahren drastisch erhöht. So erreichte die Anzahl der in der Bundesrepublik gemeldeten Pkw am 1. Januar des Jahres 2020 mit rund 47,7 Millionen Fahrzeugen den höchsten Wert aller Zeiten. Gleichzeitig werden immer mehr SUV und kompakte Fahrzeuge gefahren. Zu den genannten Zahlen müssen noch ungefähr 2,6 Millionen Lkws, 3,8 Millionen Motorräder und 1,8 Millionen Schlepper gerechnet werden.

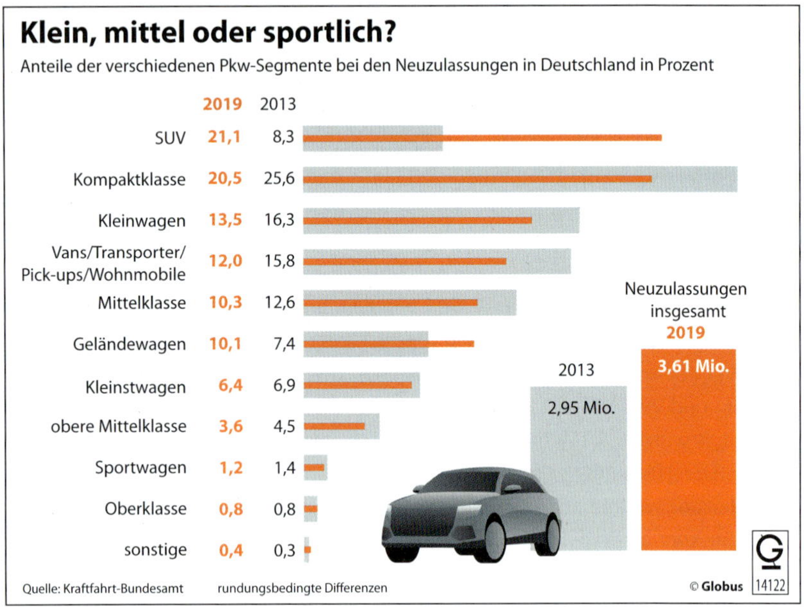

Städte ohne Autos, geht das?

Die gesamte Infrastruktur in vielen Städten ist in den vergangenen Jahrzehnten auf die Nutzung des Autos ausgerichtet worden, z. B. durch breite Straßen, Parkplätze, Einkaufszentren vor den Toren der Stadt und wenig Platz für Fuß- und Radwege. Mittlerweile hat jedoch ein Umdenken eingesetzt. Warum nicht die Autos aus den Innenstädten verbannen, eine City-Maut einführen, das Radwegenetz massiv ausbauen und den öffentlichen Nahverkehr stärken und modernisieren? Städte ohne Autos, geht das?

Fahrradparkplatz in Münster

Beispiele: Die Fahrradstädte Münster und Osnabrück

Münster ist die Fahrradstadt in Nordrhein-Westfalen. Das Radwegenetz der Stadt ist engmaschig und gut ausgebaut. Teile der Innenstadt sind für den Autoverkehr gesperrt. Von den ca. 275 000 Einwohnern in Münster nutzen mehrere Zehntausend täglich das Fahrrad, insbesondere die mehr als 80 000 Schüler und Studenten.

In **Osnabrück** gibt es auch mitten auf den mehrspurigen Straßen bevorzugte, rot markierte Radwege. Besondere Ampelschaltungen gewähren den Radfahrerinnen und Radfahrern an vielen Straßenkreuzungen Vorfahrt.

Maut: ein aus dem gotischen Wort mota abgeleiteter Begriff für Wegezoll.
Beispiele für die City-Maut:
- Stockholm: Nach einer langen Probephase und einer positiven Volksabstimmung wurde die City-Maut 2007 eingeführt.
- London: Hier wurde die City-Maut bereits 2003 eingeführt.
- Rom: Im historischen Zentrum gilt ein komplettes Fahrverbot für private Pkws.
- In Deutschland stand die Einführung einer City-Maut in mehreren Großstädten zur Diskussion. Stattdessen einigte man sich auf das Modell der Umweltzonen (nur für Fahrzeuge bestimmter Schadstoffgruppen). Die politische Diskusion über die City-Maut wird allerdings weiter geführt.

Autos raus aus der Stadt? Die City-Maut

Als City-Maut wird die Erhebung von Gebühren für das Nutzen der innerstädtischen Straßen durch Kraftfahrzeuge bezeichnet. Ziel der Maut ist es, die Lebensqualität der Innenstädte zu verbessern: durch weniger Verkehr, eine bessere Luftqualität, die Reduzierung von Verkehrslärm und weniger zugeparkte Wege. Stattdessen sollen der öffentliche Nahverkehr und das Radwegenetz ausgebaut und modernisiert werden.

Verkehrsminister erwägt City-Maut - Das Mittel gegen Pendlerströme?

Stuttgart - Minister Winfried Hermann sieht keine kurzfristige Strategie gegen das massive Pendeln in die Städte. Aber er denkt an eine Nahverkehrsabgabe, eine Reform der Pendlerpauschale sowie an eine stärkere Verpflichtung von Unternehmen.

Herr Minister Hermann, was sind die drei wichtigsten Schritte, um den Pendlerverkehr einzudämmen?

Eine jahrzehntelange Entwicklung oder Fehlentwicklung kann nicht schnell korrigiert werden, das ist ein langwieriger Prozess des Umsteuerns. Wir müssen erstens möglichst viele Arbeitsplätze im ländlichen Raum erhalten oder neu ansiedeln, damit nicht alle in die Ballungsräume strömen. Zweitens brauchen wir kostengünstigen Wohnraum in den Städten, damit die Leute nicht aufs Land ziehen, weil es da billiger ist und dann pendeln. Drittens brauchen wir Anreize, im Home-Office zu arbeiten. Neue Technologien ermöglichen vielfach das Arbeiten zu Hause oder das Erledigen eines gewissen Arbeitspensums daheim. Dann müssen Mitarbeiter nicht zur Stauzeit in die City, sondern vielleicht am Nachmittag, um persönliche Kontakte zu pflegen.

(aus: Stuttgarter Zeitung, www.stuttgarter-zeitung.de, 09.04.2017)

Vorfahrt für den öffentlichen Personennahverkehr (ÖPNV)

Immer mehr Menschen zieht es in die Städte – ein Trend, der sich in Zukunft noch verstärken wird. Gleichzeitig fordern die Menschen in den Städten mehr Lebensqualität.

Um die Verkehrsprobleme von Städten zu lösen, ist der weitere autogerechte Ausbau der städtischen Verkehrsnetze unrealistisch. Mehr Autos bedeuten weniger Lebensqualität für die Einwohner. Die Alternative ist der Ausbau und vor allem die Modernisierung des öffentlichen Personennahverkehrs. So kann die Mobilität innerhalb der Städte gewährleistet und am besten mit ökologischen Aspekten und den Anforderungen an eine höhere Lebensqualität in den Städten in Einklang gebracht werden.

Vorfahrt für den ÖPNV

AUFGABEN

1. Das Auto wird als Gebrauchsgegenstand in vielen alltäglichen Situationen genutzt.
   a) Nennen Sie Situationen, in denen auf ein Auto verzichtet werden kann oder sogar verzichtet werden sollte.
   b) Nennen Sie Situationen, in denen Ihrer Meinung nach unter keinen Umständen auf ein Auto verzichtet werden kann. Begründen Sie Ihre Ansicht.
2. Erörtern Sie die Zukunft des Automobilverkehrs und wie wird sich Ihrer Meinung nach die Nutzung von Pkws in Deutschland entwickeln wird.
3. Listen Sie auf, unter welchen Umständen Sie einer City-Maut zustimmen könnten. Welche Veränderungen der Verkehrsinfrastruktur in den Städten müssten zuvor verwirklicht werden?

Blickpunkt: *Vom Stromverbrauch der deutschen Privathaushalte entfielen im Jahr 2019 auf:*

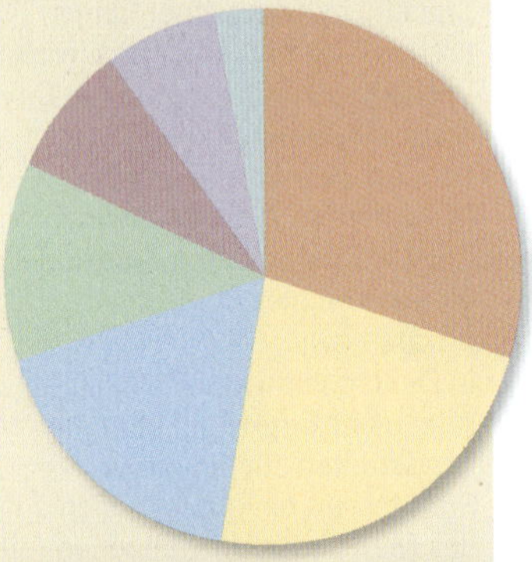

Kochen, Trocknen, Bügeln	**30 %**
Kühl- und Gefriergeräte	**23 %**
Information, Kommunikation	**17 %**
Warmwasserbereitung (inkl. Waschen):	**12 %**
Beleuchtung	**8 %**
Heizung	**7 %**
Mechanische Haushaltsgeräte	**3 %**

(Quelle: Bundesverband der Energie- und Wasserwirtschaft, 2019)

8.2 Energieversorgung

Unsere Zivilisation ist ohne den Einsatz von Energie nicht denkbar. Täglich sind wir auf die Nutzung von Energie angewiesen. Über Jahrhunderte waren Brennholz, Wasserkraft und Windenergie die wichtigsten Energieträger. In den vergangenen 200 Jahren sind die fossilen Energierohstoffe Kohle, Erdöl, Erdgas und die Kernbrennstoffe hinzugekommen.

Deutschland besitzt außer Kohle und den regenerativen Energieformen (z. B. Sonne, Wind) keine nennenswerten **Primärenergievorräte**, d. h. natürlich vorkommende Energiequellen. So müssen über 70 % des Primärenergiebedarfs aus dem Ausland eingeführt werden. Besonders groß ist die Abhängigkeit vom Erdöl. Primärenergie wird in die **Sekundärenergie** Wärme und Strom umgewandelt und dann – nach weiteren Umwandlungsprozessen – dem Verbraucher zur Verfügung gestellt.

Die **Energiebilanz** eines Landes gibt Auskunft über den gesamten Energiefluss eines Jahres. Sie zeigt auf, wie viel Primärenergie verbraucht wurde und wie viel Energie den Verbrauchern schließlich zur Verfügung gestellt werden konnte. Die Energieträger müssen z. B. in Kohlekraftwerken in Strom und Wärme umgewandelt werden, um an die Endverbraucher weitergeleitet werden zu können. Dies führt zu Umwandlungs- und Leitungsverlusten. Auch beim Endverbraucher entstehen nochmals Verluste. Eine Glühbirne erzeugt nicht nur Licht, sondern auch nutzlose Wärme. Von 100 % eingesetzter Primärenergie bleiben so nur noch 31 % Nutzenergie.

Die Probleme herkömmlicher Energiepolitik

Die fossilen Energieträger Kohle, Öl und Erdgas werden durch den stetig wachsenden Verbrauch knapp. Sie sind zudem nicht regenerierbar. Zwar konnten in den vergangenen Jahrzehnten immer neue Kohle-, Erdgas- und Ölvorkommen erschlossen werden, dies wird sich aber nicht unbegrenzt fortführen lassen. Die herkömmliche Energieerzeugung bringt zudem Probleme für die Umwelt mit sich – hier einige Beispiele:

- Durch die Verbrennung der fossilen Energieträger wird CO_2 freigesetzt und dadurch der Treibhauseffekt verstärkt (siehe auch Abschnitt 8.1.1).
- Der Transport fossiler Energieträger über See und durch Pipelines birgt enorme Risiken und hat weltweit schon mehrfach zu verheerenden Umweltkatastrophen geführt.
- In Bergbaugebieten besteht die Gefahr, dass Häuser oder ganze Straßenzüge absacken oder beschädigt werden.
- Für den Braunkohletagebau müssen ganze Dörfer weichen. Auch wird die ursprüngliche Landschaft zerstört und völlig verändert.

Deutschlands Energiemix

Primärenergieverbrauch im Jahr 2019 insgesamt
437,3 Mio. t SKE* (–2,3 % gegenüber 2018)
davon in Prozent

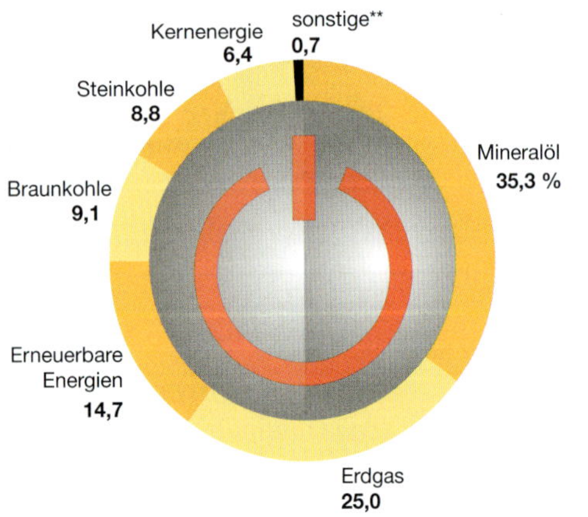

* Steinkohleneinheiten
** einschl. Strom-Außenhandel
Schätzung

Quelle: AG Energiebilanzen (Dez. 2019)
© Globus 13679

Deutschland steigt aus: Ausstieg aus der Kernenergie bis 2022

In der deutschen Politik wird seit Jahrzehnten über die Nutzung der Atomenergie heftig gestritten. Nachdem die rot-grüne Regierung unter Bundeskanzler Gerhard Schröder (SPD) den Atomausstieg bereits beschlossen hatte, wurde dieser 2010 von der Regierung aus CDU/CSU und FDP unter Bundeskanzlerin Angela Merkel (CDU) zunächst wieder rückgängig gemacht. Stattdessen wurden die Laufzeiten der Kernkraftwerke um 12 Jahre verlängert. Nach dem verheerenden Erdbeben im März 2011 in Japan und den daraus folgenden Störfällen im Kernkraftwerk Fukushima änderte sich jedoch alles.

Die Katastrophe machte deutlich, dass auch in hochentwickelten Ländern wie Japan, dessen Atomreaktoren als „extrem sicher“ galten, unvorhergesehene Ereignisse zu unkontrollierbaren atomaren Risiken führen können. Der Landstrich rund um die japanischen Unglücksreaktoren wird wohl auf Jahrhunderte zur Sperrzone erklärt werden müssen.
Laut dem Ende Juni 2011 im Bundestag beschlossenen „13. Gesetz zur Änderung des Atomgesetzes“ sollen die deutschen Atomkraftwerke (AKWs) nun stufenweise bis 2022 abgeschaltet werden. Für die sieben ältesten Reaktoren und den Pannenreaktor in Krümmel galt die Stilllegung bereits mit sofortiger Wirkung. Den verbleibenden neun AKWs wurde gestaffelt bis 2022 jeweils ein individuelles Abschaltdatum zugeordnet.
Kritiker des Atomausstiegs sagen für die notwendige Umstellung auf eine andere bzw. eine alternative Energieerzeugung hohe Kosten voraus, die sich in der Erhöhung der Strompreise niederschlagen wird.

Atomausstieg in Deutschland

Perspektiven einer neuen Energiepolitik

Die angeschnittenen Aspekte und Probleme verdeutlichen, dass es unerlässlich wird, nach immer neuen Wegen in der Energiepolitik zu suchen. Hier rücken die alternativen oder erneuerbaren Energien in den Vordergrund der Betrachtung und werden zunehmend von Politik und Wirtschaft als Zukunftsperspektive angesehen.

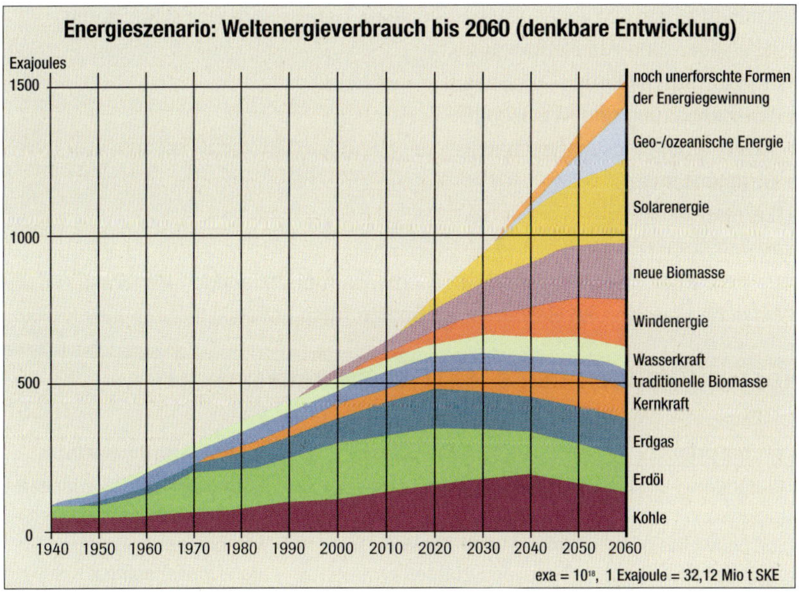

Stichwort Energiewende

Als Energiewende wird die Umsetzung politischer Maßnahmen bezeichnet, die auf die Energieerzeugung durch erneuerbare Energien setzen, z. B.:

- Windkraft
- Wasserkraft
- Sonnenenergie
- Bioenergie
- Geothermie
- Wellenenergie

Parallel dazu sollen verstärkt Maßnahmen wie

- die Energieeinsparung durch Wärmeisolierung von Gebäuden (energetische Sanierung) und
- die Erhöhung der Energieeffizienz durch Kraft-Wärme-Kopplung (KWK) gefördert werden.

AUFGABEN

1. Analysieren Sie Ihre persönliche Energienutzung. Listen Sie auf:
   a) Wann und wofür nutzen und verbrauchen Sie im Verlauf eines Tages Energie?
   b) Wie könnten Sie im Verlauf desselben Tages Energie durch bewusstes Verhalten einsparen (z. B. das Licht ausschalten, wenn Sie einen Raum verlassen, Stand-by-Funktionen ausschalten usw.)?
2. Diskutieren Sie, wie sich Ihrer Meinung nach der Energieverbrauch in den kommenden Jahren entwickeln wird. Untermauern Sie Ihre Prognosen mit Daten und Fakten, die Sie im Internet recherchieren.
3. Stellen Sie dar, welche Alternativen es zur herkömmlichen Energieerzeugung gibt. Erarbeiten Sie hierzu in Gruppen, was unter den in der Randspalte genannten Möglichkeiten einer alternativen Energieerzeugung genau verstanden wird. Tragen Sie die Ergebnisse der Gruppen in Form kurzer Vorträge zusammen.

Blickpunkt:

Erste umweltpolitische Leitlinien gab es bereits 1971:
Damals forderte die Regierung Brandt (SPD)/Scheel (FDP) u.a.
- dem Menschen eine Umwelt zu sichern, wie er sie für seine Gesundheit und für ein menschenwürdiges Dasein braucht,
- Luft, Wasser und Boden, Pflanzen- und Tierwelt vor nachteiligen Wirkungen menschlicher Eingriffe zu schützen und
- Schäden oder Nachteile aus menschlichen Eingriffen zu beseitigen.

(nach: Umweltprogramm der Bundesregierung, 1971)

8.3 Milliarden für den Umweltschutz – staatliche Umweltpolitik

Der Umweltschutz hat in den vergangenen 30 Jahren einen ständig wachsenden Stellenwert erhalten. Durch die Einführung von Artikel 20a des Grundgesetzes wurde der Umweltschutz zu einem Staatsziel mit Verfassungsrang:

Artikel 20a Grundgesetz:
Der Staat schützt auch in Verantwortung für die künftigen Generationen die natürlichen Lebensgrundlagen und die Tiere im Rahmen der verfassungsmäßigen Ordnung durch die Gesetzgebung und nach Maßgabe von Gesetz und Recht durch die vollziehende Gewalt und die Rechtsprechung.

Milliarden für den Umweltschutz

Wie wichtig ein Staat den Umweltschutz nimmt, wird aus dem finanziellen Aufwand und dem Umfang der Regelungen für den Umweltschutz ersichtlich. Nach Angaben des Statistischen Bundesamtes aus dem Jahr 2017 haben Wirtschaft, Staat und privatisierte öffentliche Entsorgungsunternehmen 2014 insgesamt 58,2 Milliarden Euro für den Umweltschutz ausgegeben.

Zum Umweltschutz zählen Maßnahmen, die der Beseitigung, Verringerung oder Vermeidung von Umweltbelastungen dienen. Dabei handelt es sich u.a. um
- Abwasser- und Abfallentsorgung,
- Schutz und Sanierung von Boden,
- Luftreinhaltung und Klimaschutz,
- Arten- und Landschaftsschutz,
- Strahlenschutz,
- Lärmschutz.

Aus dem Staatsziel „Umweltschutz" haben sich die folgenden Prinzipien für das politische Handeln und Gestalten der Regierungen entwickelt:

DIE VIER GRUNDLEGENDEN PRINZIPIEN DER STAATLICHEN UMWELTPOLITIK

Vorsorgeprinzip
Unterstützung einer vorsorgenden und vorausschauenden Umweltpolitik. Grundgedanke: Umweltschäden von vornherein zu vermeiden ist kostengünstiger, als Umweltschäden zu beseitigen.
Ziel: Umweltschäden erst gar nicht entstehen zu lassen.
Beispiel: Abfallvermeidung; eingeschränkte Nutzung von Gewässern.

Verursacherprinzip
Geht von folgendem Grundgedanken aus: Verursacher von Umweltverschmutzungen müssen für die entstehenden Kosten (Vermeidung und Beseitigung) aufkommen.

Ziel: Umweltverschmutzer mit Kosten belasten, Umweltschützer belohnen.
Beispiel: Altautos werden auf Kosten der Besitzer beseitigt.

Gemeinlastprinzip
Das Gegenstück zum Verursacherprinzip. Nicht immer kann der Verursacher von Schäden ermittelt werden, nicht immer kann der Verursacher die Schadensersatzleistungen bezahlen.
Ziel: Schäden trotzdem beseitigen, allerdings trägt die Allgemeinheit – der Steuerzahler – die Kosten.
Beispiel: Beseitigung einer Gewässerverschmutzung, deren Verursacher nicht zu ermitteln ist.

Kooperationsprinzip
Förderung der Bereitschaft zur Zusammenarbeit verschiedener Gruppen für den Umweltschutz. Grundgedanke: Zusammenarbeit ist effektiv und wird daher vom Staat belohnt.
Ziel: Durch Beteiligung verschiedener Gruppen Umweltschutz verbessern.
Beispiel: Abfallbeseitigungspläne werden gemeinsam von allen Beteiligten (Kommune, Betrieb, Mitarbeiter) beschlossen.

Um umweltpolitische Ziele zu verwirklichen, stehen der jeweiligen Bundesregierung und den politischen Parteien nicht nur Gesetzgebung und Steuereinnahmen zur Verfügung, sondern eine Vielzahl weiterer Instrumente:

Instrumente der Umweltpolitik		
Instrumente ohne Kosten	**Umweltpolitik mit öffentlichen Ausgaben**	**Umweltpolitik mit öffentlichen Einnahmen**
• Umweltauflagen, z. B. Emissionsgrenzwerte • umweltplanerische Instrumente, z. B. Bebauungspläne, Landschaftspläne • Benutzervorteile, z. B. Ausnahme vom Fahrverbot für lärmarme Lkws • umweltpolitische Kooperationsabkommen, z. B. Abwasserzweckverbände • Änderungen der rechtlichen Rahmenbedingungen, z. B. Privatisierung eines Gewässers	• direkter Umweltschutz mit Gebühren und Beiträgen, z. B. Abwassergebühren, Abfallgebühren • direkter Umweltschutz mit Steuerfinanzierung, z. B. Bau von Lärmschutzwällen • Finanzierung umweltrelevanter Maßnahmen, z. B. Zuschüsse zum öffentlichen Personennahverkehr • umweltfreundliche Beschaffung, z. B. umweltfreundliche Büromaterialien für die Verwaltung • Forschungsförderung, z. B. Forschungsprojekt verbessert Lärmschutz	• Umweltlizenzen, z. B. Verkauf von Berechtigungen, Abwasser einzuleiten • Umweltabgaben, z. B. Abwasserabgabe

Beispiel „Ökosteuer": umweltgerechtes Verhalten wird belohnt

Auch wenn es in Deutschland eine „Ökosteuer" als solches nicht gibt, sind doch einige Steuergesetze so formuliert, dass sie lenkend im Sinne des Umweltschutzes wirken. Mithilfe von Umweltsteuern werden die Mechanismen der Marktwirtschaft dazu eingesetzt, über den Preis für Umweltgüter das Verhalten der Verbraucher zu verändern. So werden z. B. Energieverbrauch und umweltschädliche Verhaltensweisen mit höheren Steuern belastet, der Einsatz effizienter Technologien hingegen mit Steuervergünstigungen belohnt.

Aussagen der Parteien zum Thema „Ökosteuer" (1989):

Anreize für umweltgerechtes Verhalten in Produktion und Konsum können durch eine ökologisch geleitete Gestaltung des Steuersystems ausgelöst werden. [...] Für Steuern und Abgaben in der Umweltpolitik gilt für uns: Im Vordergrund steht der Anreiz für umweltfreundliches Verhalten, nicht dagegen das Aufkommen. [...] Das Steuersystem muss nach möglichen Hindernissen für Umweltentlastungen durchforstet werden (z. B. Gleichstellung von aktiver und passiver Solartechnik).

(aus: Beschluss der CDU zur Umweltpolitik, Bundesparteitag 11.–13. 09. 1989)

Das wichtigste Element unseres Konzeptes ist die Mobilisierung der Kräfte des Marktes für den Umweltschutz durch eine ökologische Orientierung des Steuer- und Abgabensystems. [...] Vorgesehen sind folgende Maßnahmen: Im ersten Schritt wollen wir die Energiesteuern erhöhen und im Gegenzug die Besteuerung der Arbeitseinkommen verringern; wir wollen Kraftstoffe stärker besteuern, da Straßenverkehr zum Umweltbelaster Nr. 1 geworden ist [...].

(aus: Arbeitsbericht „Fortschritt '90" der SPD vom 27. 07. 1989)

AUFGABEN

1. Finden Sie je ein weiteres Beispiel für die vier Prinzipien der Umweltpolitik.
2. a) Arbeiten Sie die Kernaussage zur Ökosteuer in den beiden oben wiedergegebenen Texten von 1989 heraus.
   b) Informieren Sie sich über Presse und/oder Internet, welche derzeitigen Positionen die Vertreter der jeweiligen politischen Partei zur Ökosteuer einnehmen, und vergleichen Sie diese mit den in den Texten dargestellten Forderungen und Zielen.

8.4 Wirtschaftsfaktor Umweltschutz – Umweltschutz im Betrieb

Umwelttechnik schafft Arbeitsplätze

Blickpunkt: *Maßnahmen für den Umweltschutz verbessern nicht nur den Zustand der Umwelt, sie sind auch ein wichtiger Wirtschaftsfaktor. Wie das Statistische Bundesamt (Destatis) mitteilt, erwirtschafteten im Jahr 2015 die Betriebe des produzierenden Gewerbes und des Dienstleistungssektors in Deutschland 66,0 Milliarden Euro Umsatz mit Waren, Bau- und Dienstleistungen für den Umweltschutz. Die höchsten Umsätze wurden mit 37,9 Milliarden Euro im Bereich Klimaschutz erzielt. Zu den wichtigsten wirtschaftlichen Säulen zählten dabei Maßnahmen zur Verbesserung der Energieeffizienz und zur Einsparung von Energie (19,8 Milliarden Euro) sowie Maßnahmen zur Nutzung erneuerbarer Energien (16,5 Milliarden Euro).*

(aus: aus: www.destatis.de, Pressemitteilung Nr.263 vom 03.08.2017)

HINWEIS
Zurzeit verdanken laut Bundesumweltamt (Stand: 2020) mehr als 2,8 Millionen Menschen ihren Arbeitsplatz direkt und indirekt dem Umweltschutz. Das sind 6,4 % aller Erwerbstätigen. Siehe hierzu: **www.bundesumweltamt.de**.

Vorteile für Unternehmen

Fast jedes sechste weltweit gehandelte Umweltprodukt kommt aus Deutschland. Dank der hierzulande geltenden umweltpolitischen Vorgaben ist die deutsche Umweltindustrie der führende Anbieter auf dem Weltmarkt geworden. Gerade den strengen Umweltauflagen der 80er-Jahre ist es zu verdanken, dass die Bundesrepublik heute eine Spitzenstellung im weltweiten Export von Umweltschutzgütern innehat.

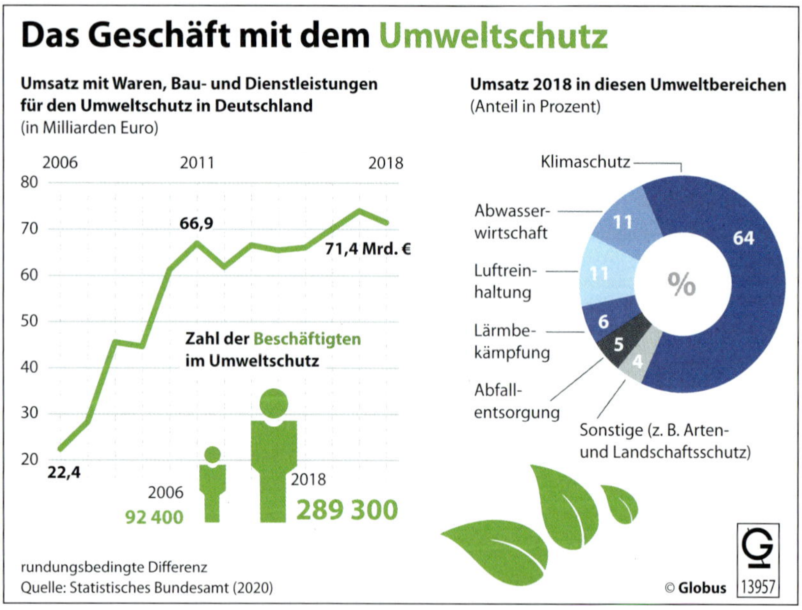

Wichtige Gesetze für Unternehmen:
- BGB § 823 ff. – Schadensersatz
- Strafgesetzbuch (StGB)
- Umwelthaftungsgesetz (UmweltHG)
- Produkthaftungsgesetz (ProdHaftG)
- Gentechnikgesetz (GenTG)
- Wasserhaushaltsgesetz (WHG)

Risiken für Unternehmen – Haftung für Umweltschäden

Für die einzelnen Betriebe ergeben sich aber auch Risiken. Strenge Umweltgesetze müssen vom Unternehmer beachtet werden.

Für viele Umweltdelikte gilt: Nicht nur die handelnden Facharbeiter werden für von ihnen verursachte Umweltschäden zur Verantwortung gezogen, sondern auch der Unternehmer selbst kann haftbar gemacht werden. Er und das Führungspersonal bleiben letztlich verantwortlich für das Unternehmen.

Umwelthaftungsgesetz (UmweltHG)
§ 1 Anlagenhaftung bei Umwelteinwirkungen
Wird durch eine Umwelteinwirkung, die von einer [...] Anlage ausgeht, jemand getötet, sein Körper oder seine Gesundheit verletzt oder eine Sache beschädigt, so ist der Inhaber der Anlage verpflichtet, dem Geschädigten den daraus entstehenden Schaden zu ersetzen.

Gut geführte Unternehmen beugen den drohenden Gefahren durch Risikomanagement vor. Sie schulen und motivieren ihre Mitarbeiterinnen und Mitarbeiter, beschäftigen spezialisierte Fachkräfte (siehe Randspalte) und schließen Versicherungen ab.

Freiwillige Teilnahme am Öko-Audit

Viele Unternehmen lassen ihre Betriebe auch systematisch „durchchecken". Sie führen einen freiwilligen Nachweis umweltverträglichen Wirtschaftens durch, das sogenannte **EU-Öko-Audit**:

- Unternehmen und Organisationen haben die Möglichkeit, sich an dem EU-weiten System für Umweltmanagement und Umweltbetriebsprüfung zu beteiligen (EMAS – Eco-Management and Audit Scheme). Der aus dem Englischen stammende Begriff „Audit" (= Rechnungsprüfung) weist darauf hin, dass es sich um eine systematische umwelttechnische und umweltrechtliche Betriebsprüfung handelt.
- Untersucht und mit Kennzahlen bewertet werden die folgenden sechs Schlüsselbereiche: Energieeffizienz, Wasserverbrauch, Abfallaufkommen, Materialeinsatz, Emissionen, Flächenverbrauch.
- Zweck des Öko-Audits ist ein einheitliches System zur Bewertung und Verbesserung des betrieblichen Umweltschutzes. Unternehmen und Organisationen sollen einen Anreiz bekommen, sich an diesem System freiwillig zu beteiligen.

Auszüge aus dem Strafgesetzbuch (StGB):

§ 324 Gewässerverunreinigung
(1) Wer unbefugt ein Gewässer verunreinigt oder sonst dessen Eigenschaften nachteilig verändert, wird mit Freiheitsstrafe bis zu fünf Jahren oder mit Geldstrafe bestraft.

§ 324a Bodenverunreinigung
(1) Wer unter Verletzung verwaltungsrechtlicher Pflichten Stoffe in den Boden einbringt, eindringen lässt oder freisetzt und diesen dadurch [...] verunreinigt oder sonst nachteilig verändert, wird mit Freiheitsstrafe bis zu fünf Jahren oder mit Geldstrafe bestraft.

§ 326 Unerlaubter Umgang mit gefährlichen Abfällen
(1) Wer unbefugt Abfälle [...] außerhalb einer dafür zugelassenen Anlage oder unter wesentlicher Abweichung von einem vorgeschriebenen oder zugelassenen Verfahren sammelt, befördert, behandelt, verwertet, lagert, ablagert, ablässt, beseitigt, handelt, makelt oder sonst bewirtschaftet, wird mit Freiheitsstrafe bis zu fünf Jahren oder mit Geldstrafe bestraft.

Der **Bundesdeutsche Arbeitskreis für umweltbewusstes Management** (B.A.U.M.) setzt sich seit 1984 für nachhaltige Unternehmensführung und Umweltschutz ein. Er gilt als „größte Umweltinitiative der Wirtschaft in Europa". Zu den Mitgliedern zählen Kommunen, Organisationen und Unternehmen.

Mit dem B.A.U.M.-Umweltpreis ehrt die Initiative seit 1993 alljährlich Personen, die sich im Sinne eines vorbeugenden und ganzheitlichen Umweltschutzes durch langjähriges Engagement und beispielhafte Initiativen verdient gemacht haben. Ausgezeichnet werden Unternehmensvertreter, Vertreter von Institutionen, Wissenschaftler und Medienvertreter.

HINWEIS
Weitere Informationen zur Initiative B.A.U.M. finden Sie im Internet unter:
www.baumev.de

AUFGABEN

1. Erläutern Sie, warum Umweltschutz Arbeitsplätze schafft und damit ein bedeutender Wirtschaftsfaktor ist.
2. a) Listen Sie stichpunktartig auf, welche umweltrelevanten Aktivitäten in Ihrer Firma betrieben werden und
   b) wie weitere Kosten durch einfache Umweltschutzmaßnahmen gespart werden könnten.
3. Recherchieren Sie im Internet und weiteren Medien und arbeiten Sie heraus,
   a) welche Bedingungen ein Unternehmen erfüllen muss, um nach dem EU-Öko-Audit zertifiziert zu werden und
   b) welche Vorteile es für ein Unternehmen bringt, wenn es nach dem EU-Öko-Audit zertifiziert ist.

Was Sie wissen sollten …

Die folgenden Begriffe zum Thema **Für eine lebenswerte Welt – Umweltschutz** sollten Sie erläutern können:

Wichtige Begriffe	Sie können mitreden, wenn …
UMWELTSCHUTZ GEHT ALLE AN	
Ökologie, Ökosystem	▪ es Ihnen leicht fällt, den Unterschied zwischen diesen beiden Fachbegriffen zu erklären.
große und kleine Umweltprobleme	▪ Sie einige Beispiele für große und kleine Umweltprobleme aufzählen und kurz erläutern können.
Klimawandel	▪ Sie die Probleme, die der Klimawandel mit sich bringt, darstellen können.
Trinkwasser, Wasserhaushaltsgesetz	▪ Sie über die Bedeutung von Trinkwasser und – im Zusammenhang damit – über die Wichtigkeit des Wasserhaushaltsgesetzes referieren können.
Grundwasser, Gewässer, Auenwälder, Pflanzenschutzmittel, Nitrate, Altlasten	▪ es Ihnen gelingt, darzustellen, was die ersten drei Begriffe mit den letzten drei Begriffen zu tun haben. ▪ Sie die Gefährdungspotenziale für Gewässer mit Beispielen belegen können.
Abwasser, Kläranlagen	▪ Ihnen die Zusammensetzung von Abwasser bekannt ist und Sie den Prozess der Abwasserreinigung anhand eines Schaubildes darstellen können.
KrW-/AbfG, BattG, BioAbfV, VerpackV	▪ Sie zu jeder dieser Abkürzungen für Gesetze zum Umweltschutz und zur Entsorgung den richtigen Gesetzestitel nennen können.
Abfall, Kreislaufwirtschaft, Abfallhierarchie, Duales System	▪ Ihnen die Bedeutung und die Grundgedanken der Kreislaufwirtschaft im Rahmen der Abfallentsorgung bewusst sind und Sie den Begriff der Abfallhierarchie erläutern können. ▪ Sie darstellen können, welche Aufgaben das Duale System hat.
Pkw- und Lkw-Bestand, alternative Verkehrskonzepte	▪ Sie einen Vortrag über die Bedeutung des Individualverkehrs halten können, dabei auch auf die Probleme durch überhöhten Pkw- und Lkw-Verkehr eingehen und die in der Diskussion befindlichen alternativen Verkehrskonzepte darstellen.
ENERGIEVERSORGUNG	
Primärenergie, Sekundärenergie, Primärenergieverbrauch, Energiebilanz, Energiewende	▪ Sie diese fünf Begriffe erklären und die Energiesituation in Deutschland darstellen können.
MILLIARDEN FÜR DEN UMWELTSCHUTZ – STAATLICHE UMWELTPOLITIK	
Vorsorge-, Verursacher-, Gemeinlast- und Kooperationsprinzip	▪ Sie in der Lage sind, diese vier Grundbegriffe aus der Umweltökonomie zu definieren und mit Beispielen zu belegen.
umweltpolitische Instrumente	▪ Ihnen eine Reihe umweltpolitischer Instrumente bekannt ist und Sie zu diesen auch entsprechende Beispiele benennen können.
„Ökosteuer“	▪ Sie die Vor- und Nachteile der Umweltsteuern gegenüberstellen können.
WIRTSCHAFTSFAKTOR UMWELTSCHUTZ – UMWELTSCHUTZ IM BETRIEB	
Umwelttechnologie, umweltpolitische Vorgaben	▪ Sie die Bedeutung der Umwelttechnologie für den Wirtschaftsstandort Deutschland beschreiben können und wissen, welche Konsequenzen die in Deutschland gültigen umweltpolitischen Vorgaben für Unternehmen haben können.

9

GLOBAL BETRACHTET – INTERNATIONALE BEZIEHUNGEN

9.1 Probleme internationaler Politik

9.1.1 Globalisierung – Bedrohung oder Chance?

Globalisierung plötzlich ein Nachteil

Die Corona-Pandemie hat deutlich die Abhängigkeiten von den Auswüchsen der Globalisierung gemacht. Viele Unternehmen haben Produktionsstandorte verlagert oder Verträge mit Zulieferfirmen z. B. in Asien geschlossen. Doch nun denken viele Unternehmen über die Nachteile und Risiken ihrer weltweit organisierten Produktionssysteme nach: Es wächst die Erkenntnis, dass es ein Fehler war, alles dorthin zu bringen, wo die Produktion am effizientesten ist.

Auch in der Logistik beginnen Unternehmen umzudenken. Lager und ausreichende Lagerbestände vor Ort zu haben, galt lange als unwirtschaftlich, nun zeigen sich die Nachteile. Halbfertigprodukte global zu produzieren und dann auf langen Lieferwegen, z. B. mit Schiffen, zu transportieren und zu „lagern", um sie „Just in Time" anzuliefern, stellt sich plötzlich als großes Risiko heraus. Gegenteilige Meinungen stellen die Globalisierung nicht grundsätzlich in Frage und weisen darauf hin, dass mit einer De-Globalisierung die großen Probleme und Aufgaben, wie die Erreichung der Klimaziele, regenerative Energieerzeugung, bessere Mobilität, bessere Infrastruktur, schnellere Digitalisierung nicht gelöst werden können.

Blickpunkt: *Bericht über einen Erkundungsflug*

Stellen wir uns vor, wir befinden uns an Bord eines außerirdischen Raumschiffs, das mehrere Monate die Erde umkreist hat. Wie sähe wohl der Bericht dieser Außerirdischen aus?

Sie würden berichten, dass die Erde ein toller Planet voller Leben wäre. Die Erde ist ein wunderschöner blauer, wasserreicher Planet, mit Jahreszeiten und Millionen verschiedener Lebewesen.

Ein Lebewesen fällt aber besonders auf. Sie nennen sich Menschen, sind zweibeinige Säugetiere unterschiedlicher Färbung und Größe, zweigeschlechtlich, werden im Durchschnitt 75 Jahre alt und leben lieber an Land als im Wasser. Diese Gattung hat auffällige Merkmale. Sie lebt in unterschiedlich großen Gesellschaften, sie sind sehr einfallsreich, beherrschen alle anderen Kreaturen und übernehmen zunehmend die Kontrolle über ihre natürliche Umgebung.

Sie verfügen über enorme Zerstörungskräfte. Gerade in der Zeit unserer Beobachtung wirft eine Gruppe dieser Gattung eine Menge an Projektilen auf einen Landstrich mit dem Namen Afghanistan. Auch in anderen Gegenden bringt sich diese Gattung gegenseitig um. Dazu benutzen sie kleine, plumpe Flugobjekte. Keine Gattung tut etwas Vergleichbares.

Es fällt auf, dass alle Kreaturen auf der Erde, z. B. Falken, Fische, Elefanten, ähnliche Lebensverhältnisse haben. Die Gattung Mensch ist anders. Einige leben in absolutem Luxus, während andere nichts besitzen. Es gibt Gruppen, die offensichtlich so arm sind, dass sie hohe Risiken in Kauf nehmen, um ihre Heimat zu verlassen.

Manchmal sind diese Menschen in lächerlich wirkenden Blechdosen auf langen schwarzen Streifen unterwegs. Dabei scheinen sie mit großem Vergnügen stundenlang dicht an dicht auf diesen Bändern zu verbringen. Gegen Umwelt- und Naturkatastrophen scheinen sie jedoch machtlos zu sein. Gleichzeitig vergiften sie ihre Lebensgrundlagen massiv. Bemerkenswert ist, dass sie sich stark vermehren, was ihnen offensichtlich Probleme bereitet. Merkwürdig ist auch, dass sie oft vor primitiven Bildübertragungssystemen sitzen und seltsame Sportveranstaltungen, Talkshows oder Komödien verfolgen und dabei den Rest der Welt vergessen.

(nach: Hauchler, Ingomar et al (1999): *Globale Trends 2000. Fakten, Analysen, Prognosen.* Frankfurt a. M.: Fischer Verlag, S. 11 ff.)

Die weltweite Verflechtung der Wirtschaft, die sogenannte **Globalisierung**, ist nichts Neues, kein aktueller Prozess. Ihre Wurzeln reichen weit zurück, z.B. bis in die Zeit der Entdeckung Amerikas, des Handels mit China über die Seidenstraße und der Industrialisierung.

Die Welt ist in den vergangenen zweihundert Jahren zusammengewachsen, wobei dieser Prozess jedoch durch verschiedene Ursachen (siehe rechte Seite) stark beschleunigt wurde.

Die Internationale Organisation für wirtschaftliche Zusammenarbeit und Entwicklung (OECD) bezeichnet Globalisierung als einen Prozess, durch den Märkte und Produktion der verschiedenen Länder immer mehr voneinander abhängig werden (siehe auch Abschnitt 6.1.6).

Skeptiker behaupten, die weltweite Verflechtung der Wirtschaft lasse die Armen noch ärmer und die Reichen noch reicher werden. Andere behaupten, die Globalisierung helfe bei der Bekämpfung von Armut kräftig mit. Globalisierung bedeutet aber mit Sicherheit ständige Veränderung.

**Die Zukunft des Kapitalismus –
Unsere Zeit wird von fünf grundlegenden Veränderungen geprägt:**

1. Die Zweiteilung der Welt in Ost und West ist seit Ende der 80er-Jahre des vorhergehenden Jahrhunderts aufgehoben. Mit dem Ende des Kommunismus haben sich 1,9 Milliarden Menschen der ehemaligen kommunistischen Welt der kapitalistischen Welt angeschlossen. Das Leben der Menschen in diesen Ländern wird sich stark verändern, auch wir werden dies merken. Diese Länder sind zukünftige, wichtige Produktions- und Wirtschaftsstandorte.

2. Industrienationen und Industrien, die in der Vergangenheit durch die Nutzung natürlicher Rohstoffe (Kupfer, Eisenerz, Erdöl) reich geworden sind, werden abgelöst durch künstliche, wissenschaftliche Industrien. Früher hatte großer Wohlstand immer mit dem Besitz von viel Land, Gold und Naturschätzen zu tun. Männer wie J.D. Rockefeller oder der Sultan von Brunei sind dadurch reich geworden. Das alles hatte Bill Gates nicht. Aber er hatte seinen „Kopf", sein Wissen. Bill Gates ist einer der ersten Männer der Welt, die als „Kopfarbeiter" reich wurden.

3. Die Weltbevölkerung verändert sich radikal, sie wächst, wandert und altert. So wird im Jahr 2025 die Mehrheit der Wähler in den USA älter als 65 Jahre sein. Die Rentner werden erstmals in der Geschichte der Menschheit zur dominierenden Gruppe.

4. Den Menschen steht eine alles verändernde Transport und Kommunikationstechnologie zur Verfügung, um eine wirklich weltweit operierende, globale Weltwirtschaft zu betreiben. Nationale Ökonomien wie die amerikanische, deutsche und japanische Volkswirtschaft lösen sich auf und werden durch eine globale Ökonomie ersetzt.

5. Es gibt keine alles dominierende Wirtschaftsmacht mehr. Waren im 19. Jahrhundert England und im 20. Jahrhundert die USA die wirtschaftlichen Weltmächte, so gibt es heute eine alles bestimmende Wirtschaftsmacht nicht mehr.

(nach: Thurow, Lester (1999): *Kolumbus irrte richtig.* In: Süddeutsche Zeitung vom 13./14.02.1999)

J.D. Rockefeller (1839–1937): amerikanischer Unternehmer im Ölgeschäft. Er wurde zum damals reichsten Mann der Welt.

Bill Gates (*1955): Gründer des Software-Unternehmens Microsoft. Heute einer der reichsten Männer der Welt.

dominieren: beherrschen, vorherrschen

Innerhalb der **Eurobarometer**-Umfrage des Jahres 2014 antworteten die Teilnehmer auf die Frage *„Ist die Globalisierung eine Chance für wirtschaftliches Wachstum?"* wie folgt:

Teilnehmer in Deutschland:

- stimme zu (68 %)
- stimme nicht zu (23 %)
- weiß nicht (9 %)

Teilnehmer in der EU insgesamt:

- stimme zu (53 %)
- stimme nicht zu (31 %)
- weiß nicht (16 %)

AUFGABEN

1. Listen Sie auf, auf welche Probleme und Merkwürdigkeiten die außerirdischen Beobachter im Blickpunkt in ihrem Bericht hinweisen.
2. Versetzen Sie sich in die Situation dieser außerirdischen Besucher und verfassen Sie einen ausführlichen Bericht über eine vor einer Woche beendete dreimonatige Erkundungsreise.
3. a) Finden Sie zu den oben im Text dargestellten fünf Ursachen der Globalisierung Beispiele, die diese Behauptungen belegen.
   b) Gibt es aus Ihrer Sicht weitere Ursachen?
4. Diskutieren Sie, ob Sie der obigen Beschreibung der Ursachen für die Globalisierung zustimmen können. Wo haben Sie Einwände?

Blickpunkt: *Es gibt Bilder, die man nie wieder vergisst, z.B. den Anschlag auf das World Trade Center in New York am 11. September 2001.*

9.1.2 Brennpunkt Terrorismus

Am 11.09.2001 rasten zwei Flugzeuge in die beiden Türme des World Trade Centers in New York und eines in das Gebäude des amerikanischen Verteidigungsministeriums in Washington. Der internationale Terrorismus hatte eine neue Dimension erreicht.

Terrorismus ist aber kein neues Phänomen. Terroranschläge gab es auch vor dem 11. September 2001. Attentate in Indien, Pakistan, Algerien, Somalia, Spanien, Italien, Nordirland, Japan, Russland, Sri Lanka oder dem Jemen waren in unseren Medien jedoch oft allenfalls nur kleinere Meldungen. Erst die Anschläge von New York rückten den Terrorismus wieder in das Bewusstsein der westlichen Weltbevölkerung.

Es gibt keine eindeutige Definition von Terrorismus. Problematisch wird es bei terroristischen Gruppen, die sich als Freiheitskämpfer sehen und in der Bevölkerung Sympathisanten finden. Hier helfen Kennzeichen, mit denen Terrorgruppen klar als solche gekennzeichnet werden können.

Fundamentalismus: Starres Beharren auf festen religiösen oder politischen Grundsätzen

Fachleute unterscheiden fünf Gruppen von Terroristen:

1. **Gruppen mit religiösen, religiös-fundamentalistischen oder pseudoreligiösen Motiven:** Im laufenden Jahrzehnt rücken islamistische Gruppierungen in den Mittelpunkt: neben al-Qaida z.B. der „Islamische Staat“ (IS) in Syrien und dem Irak sowie „Boko Haram“ (sinngemäße Übersetzung: „westliche Bildung verboten“) in Westafrika.

2. **Ethnische oder politische Minderheiten:** Sie kämpfen auch mit Gewalt für ihre Unabhängigkeit in einem Staat, in dem sie sich unterdrückt fühlen. Sie selbst bezeichnen sich nicht als Terroristen, sondern als Freiheitskämpfer. Beispiele: die kurdische PKK in der Türkei, die ETA im Baskenland.

3. **Revolutionäre, linksextremistische Gruppen:** Sie halten das vorhandene staatliche System für autoritär-faschistisch und wollen ihre politischen und sozialen Vorstellungen durch Gewalt herbeibomben. Beispiele: Rote-Armee-Fraktion (RAF) in Deutschland, Rote Brigaden in Italien.

4. **Rechtsextremistische Gruppen:** Sie wollen die Demokratie durch ein autoritär-faschistisches System ersetzen. Beispiel: Brandanschläge auf Wohnhäuser in Solingen und Mölln, Morde des „Nationalsozialistischen Untergrunds“ (NSU) an Mitbürgern ausländischer Herkunft zwischen 2000 und 2011.

5. **Geistig verwirrte Einzeltäter:** Sie sehen sich als Auserwählte, denen aber ein sie unterstützendes Netzwerk fehlt. Durch ihre Anschläge wollen sie auf ihre vermeintlich wichtigen Botschaften aufmerksam machen. Beispiel: die Attentäter von Oklahoma und Norwegen (siehe Randspalten: 1995 und 2011).

Beispiele für Terroranschläge:

- **1972:** Palästinensische Terroristen überfallen während der Olympischen Spiele in München das olympische Dorf und nehmen israelische Sportler als Geiseln.
- **1988:** Ein Jumbojet wird über dem schottischen Lockerbie von einer Bombe zerfetzt. 270 Menschen sterben.
- **1993:** Erster Anschlag auf das World Trade Center. In der Tiefgarage explodiert eine Bombe. Nur durch glückliche Zufälle stürzt das Gebäude nicht ein.
- **1995:** Ein selbsternannter „christlicher Patriot“ bombt das Federal Building in Oklahoma-City in die Luft und tötet 168 Menschen.
- **2002:** Geiselnahme von mehr als 850 Menschen im Moskauer Dubrowka-Theater durch 40 bis 50 tschetschenische Rebellen. Beim Sturmangriff durch russische Spezialeinheiten sterben mindestens 129 Geiseln.
- **2004:** Bei Terroranschlägen in der spanischen Hauptstadt Madrid sterben 191 Menschen.

Staatlicher Terrorismus

Das Wort Terrorismus wurde schon in der Zeit der Französischen Revolution (1792–1794) verwendet. Die damalige Revolutionsregierung versuchte durch systematischen und brutalen Terror ihre Macht zu festigen.

In der russischen Revolution wurde mit dem berühmten Dekret „Über den roten Terror" vom 05.09.1918 der Terror der sowjetischen Regierung legalisiert. Der Geheimdienstchef Dserschinski gab später zu: „[...] brachten uns die Texte vom 03. und 05.09.1918 endlich auf legale Weise das, wogegen selbst Parteigenossen bislang protestiert hatten: das Recht, der konterrevolutionären Bande auf der Stelle und ohne irgendjemanden verständigen zu müssen, den Garaus zu machen."

Internationaler Terrorismus

- verfolgt politische, ökonomische, moralische oder religiöse Ziele;
- ist bereit zur Anwendung von Gewalt gegen Regierungsinstitutionen und einzelne Personen oder Menschengruppen;
- vermeidet die offene Konfrontation mit dem Staat, arbeitet mit Einzelanschlägen und nutzt die Methoden der Guerillakriege;
- besitzt eine weltweite Vernetzung von Kleingruppen und Kaderzellen. Sogenannte „Schläfer" werden in Trainingslagern ausgebildet und auf ihren Auftrag vorbereitet;
- nutzt die neuen Technologien konsequent, um in die computerabhängigen Infrastrukturen der Staaten einzudringen und dort große Schäden anzurichten.

Ursachen des Terrorismus

Insbesondere Globalisierungskritiker behaupten, dass Terrorismus die Folge von Ungerechtigkeit, Unterdrückung und Armut in der Welt sei. Die weltweite Vorherrschaft des westlichen Lebensstils, der westlich geprägten Kultur und der Wirtschaftsform des Kapitalismus empfänden diese Menschen als Diktatur. Sie hätten andere Werte, eine andere Kultur und eine andere Vorstellung von ihren Lebensverhältnissen. Terrorismus sei für viele Unterdrückte und sich missverstanden Fühlende ihre Art von Gegenwehr.
Diese Behauptungen könnten auch erklären, warum die USA die Hauptzielscheibe von terroristischen Angriffen waren und warum einige Menschen die Terroranschläge vom 11.09.2001 bejubelten.

Andere hingegen sehen Terrorismus nur als Aktionen einzelner verblendeter Menschen oder fanatisierter Gruppen an.

In der Mehrheit aller Völker haben terroristische Gruppen keinen Rückhalt. Gleichwohl sind sie sehr gefährlich.

AUFGABEN

1. Beobachten Sie die Nachrichten der nächsten Wochen.
   a) Listen Sie auf, von welchen Terrorakten in der Presse berichtet wird.
   b) Beschreiben Sie die Vorfälle und ergänzen Sie sie möglichst mit Pressefotos.
2. a) Diskutieren Sie die dargestellten Kennzeichen für Terrorgruppen. Können Sie der Aufstellung so zustimmen?
   b) Entwickeln Sie eine eigene Liste von Kennzeichen.
3. Die Ursachen des Terrorismus sind vielfältig.
   a) Stellen Sie die Unterschiede zwischen den beiden dargestellten Ursachen dar.
   b) Ergänzen Sie die Ausführungen mit Ihren eigenen Überlegungen zu den möglichen Ursachen.

2005: „Rucksackbomber" töten in drei U-Bahnen und einem Bus in London 56 Menschen, 700 werden verletzt.

2008: Terroranschläge und Geiselnahmen in der indischen Metropole Mumbai. 174 Menschen sterben, 239 werden verletzt.

2010: Explosion zweier mit Schrauben gespickter Sprengsätze in der Moskauer Metro. Bei dem Anschlag und der anschließenden Massenpanik sterben 40 Menschen, über 100 werden zum Teil schwer verletzt.

2011: Bei einem Selbstmordattentat am Moskauer Flughafen Domodedowo werden mindestens 35 Menschen getötet und 152 verletzt.

2011: Ein christlich-fundamentalistischer, rechtsterroristischer Einzeltäter verübt einen Bombenanschlag auf das Osloer Regierungsviertel. Wenige Stunden später richtet er in einem politischen Jugendferienlager auf der Insel Utøya ein Blutbad an. Insgesamt kommen 77 Menschen bei dem Doppelanschlag ums Leben.

Seit 2013: Die Terrorgruppe „Islamischer Staat" tötet in Syrien und Irak immer wieder Geiseln auf bestialische Weise – und führt die Morde im Internet vor.

Januar 2015: Zwei Täter mit Verbindungen zu al-Qaida ermorden in der Pariser Redaktion des Satiremagazins Charlie Hebdo elf Menschen und töten auf der Flucht einen Polizisten. Motiv: Islam-Satire.

Seit 2015: Zunehmende islamistisch motivierte Anschläge u.a. in Berlin (2016), Frankreich (2016, 2017), Großbritannien (2016, 2017), Schweden (2017), USA (2017).

9.1.3 Brennpunkt Naher Osten – Israel und Palästina

Blickpunkt: *Juden leben seit mehr als 3000 Jahren im Lande Israel. Im 12. Jahrhundert v. Chr. bis 586 v. Chr. und in der Zeit von 516 v. Chr. bis 70 n. Chr. waren sie mehr oder weniger Herrscher im eigenen Land. Zumeist allerdings lebten die Juden unter der Herrschaft fremder Mächte: Römer, Assyrer, Byzantiner, Araber, Kreuzfahrer aus Mitteleuropa, Osmanen und Briten herrschten im Land.*
Palästinenser: In die Region des heutigen Palästina (griechisch, lateinisch: „Philisterland") wanderten zwischen dem 14. und 12. Jahrhundert v. Chr. nicht nur Israeliten (Juden), sondern auch die Philister ein. Vielfach werden sie als die Vorfahren der heutigen Palästinenser gesehen.

Streit: Palästinenser und israelischer Grenzposten

Philister: nichtsemitisches Kulturvolk an der Südwestküste des nach ihm benannten Palästina (kurz nach 1 200 v. Chr.).

Intifada: Mit diesem Begriff – arabisch für abschütteln und Aufstand – wird der offene Aufstand der Palästinenser gegen die Herrschaft der Israelis in den besetzten Gebieten Gaza-Streifen und Westjordanland bezeichnet.

Hamas: Die Extremisten der palästinensischen Hamas-Gruppe überziehen den Friedensprozess im Nahen Osten mit einer Blutspur. Mit Attentaten und Bombenanschlägen wollen die radikalen Palästinenser die Annäherung zwischen Israel und der PLO zum Scheitern bringen. Das Ziel der Terrorgruppe Hamas ist die Zerstörung Israels und die Gründung eines islamischen Staates in ganz Israel.

PLO: Abkürzung für Palestine Liberation Organization (Palästinensische Befreiungsorganisation). Sie dient als Dachorganisation verschiedener nationalistischer Palästinenserfraktionen.

Fatah: stärkste politische Fraktion innerhalb der PLO. 1993 erkannte die Fatah unter Leitung Jassir Arafats im Rahmen des Osloer Friedensprozesses das Existenzrecht Israels an. Sie erklärte ihren Verzicht auf terroristische Maßnahmen und sprach sich für eine friedliche Lösung im Nahostkonflikt aus.

Neuere Geschichte

Bis zum Ende des Ersten Weltkriegs stand Palästina unter osmanischer Herrschaft. Nach dem Ersten Weltkrieg entschied der Völkerbund (Vorgänger der UN), dass Großbritannien Palästina verwalten sollte. Großbritannien verpflichtete sich 1917, die Einrichtung einer jüdischen nationalen Heimstatt zu fördern und die Einwanderung von Juden zu erleichtern. Immer mehr Juden, insbesondere aus Osteuropa, zog es nach Palästina. Die Judenverfolgung durch den nationalsozialistischen Faschismus ließ die Zahl der Einwanderer anschwellen. Der arabische Charakter des Landes schwand.

1947 beschloss die UN die Teilung Palästinas in einen jüdischen und einen arabischen Staat sowie in die internationale Zone in und um Jerusalem. Dieser Teilungsplan ließ sich jedoch nicht durchsetzen. Insbesondere die arabischen Staaten waren dagegen. Daraufhin gründeten die Juden am 14. 05. 1948 den Staat Israel.

Als Reaktion darauf wurde Israel einen Tag später von Ägypten, Jordanien, Syrien, Libanon und Irak angegriffen. In diesem ersten Krieg konnte sich Israel behaupten und sein Staatsgebiet noch erweitern. Jordanien besetzte die Westbank, Jerusalem wurde geteilt. Der Gaza-Streifen wurde unter ägyptische Verwaltung gestellt. 750 000 Palästinenser flohen aus Israel oder wurden vertrieben. Sie hatten alles verloren, hatten keinen eigenen Staat und waren vom Wohlwollen der arabischen Staaten abhängig. Seither versuchen sie vergeblich, die Grundlagen für einen eigenen palästinensischen Staat zu schaffen. Zunächst wollten sie den Staat Israel durch Terrorakte vernichten.

In einem zweiten Krieg, dem Sechstagekrieg von 1967, wurden die arabischen Staaten vernichtend geschlagen. Israel besetzte den Gaza-Streifen, die Westbank und die Golanhöhen. Jerusalem wurde ganz unter israelische Verwaltung gestellt. Seit dieser Zeit gründen israelische Siedler in den besetzten Gebieten Siedlungen, die heute noch umstritten sind.

Anfang der 90er-Jahre des letzten Jahrhunderts, mit dem Gaza-Jericho-Abkommen vom 04. 05. 1994, wurden der Gaza-Streifen und die Stadt Jericho autonom, d. h. einer palästinensischen Verwaltung unterstellt.

Immer wieder kam es zu Anschlägen und bewaffneten Konflikten zwischen Israelis und Palästinensern, die bis in die heutige Zeit andauern.

Neue Hoffnungen weckte die Wiederaufnahme der direkten Friedensgespräche zwischen Israelis und Palästinensern nach fast zweijähriger Unterbrechung durch die Vermittlung des US-Präsidenten Barack Obama am 02. 09. 2010 in Washington. Sie blieben jedoch ohne Ergebnisse.

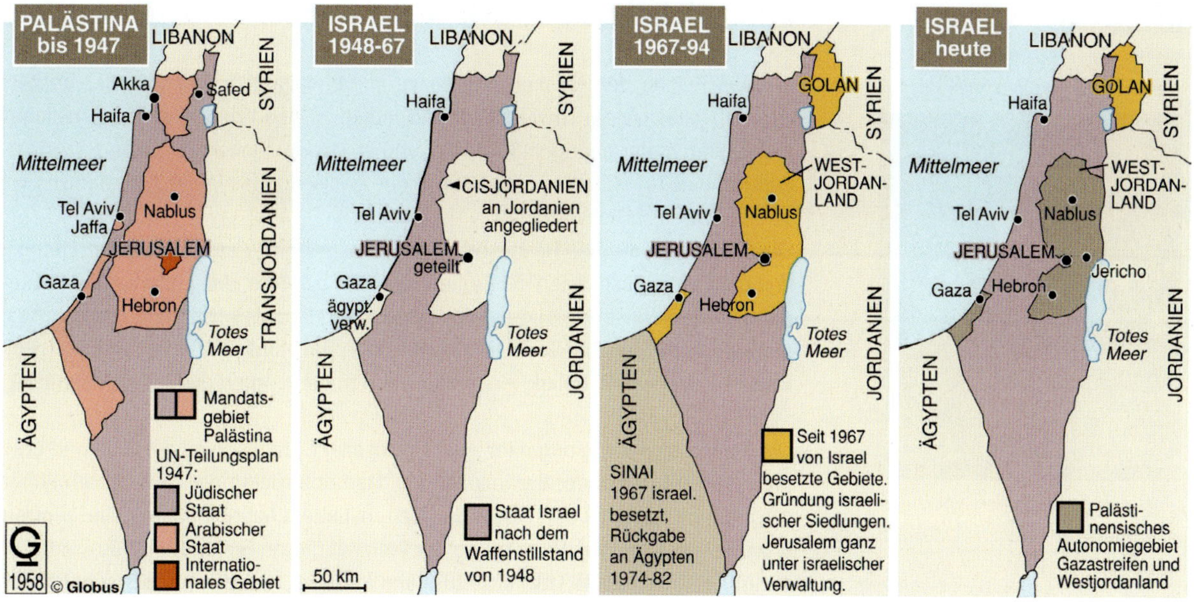

Die Palästinenser: Als Palästinenser galten ursprünglich alle Bewohner des gesamten britischen Mandatsgebiets Palästina. Seit den 50er-Jahren des vorhergehenden Jahrhunderts hat sich der Sprachgebrauch verändert. Als Palästinenser werden heute vor allem die arabisch sprechenden Bewohner im Westjordanland und dem Gaza-Streifen und ihre Nachkommen bezeichnet. Die Palästinenser erheben – wie die Israelis – Anspruch auf das Gebiet. Gemäßigte Palästinenser können sich ein friedliches Miteinander der beiden Völker vorstellen. Radikale Palästinenser bekämpfen jegliche Art solcher Visionen. Ihr Ziel ist es, den Staat Israel zu vernichten.

Um ihre Kräfte zu bündeln, anstatt sich wie in den vergangenen Jahren weiter gegenseitig zu bekämpfen, legten die beiden rivalisierenden Palästinensergruppen Hamas und Fatah zuletzt im April 2014 ihren Streit offiziell bei. Die gemäßigtere Fatah und die radikalere, islamistische Hamas wollen eine Einheitsregierung bilden und gemeinsam einen Weg finden, ihren Anspruch auf einen unabhängigen Palästinenserstaat durchzusetzen. Experten zweifeln jedoch daran, dass die Aussöhnung zwischen den beiden palästinensischen Fraktionen dauerhaft Bestand haben wird.

Die Bestrebungen der derzeitigen Regierungen Israels, die Siedlungspolitik in der Westbank durch Annektierung zu legalisieren, beeinträchtigt eine friedliche Lösung der Probleme und stößt international auf Unmut.

AUFGABEN

1. Erstellen Sie eine Tabelle, in der die wichtigsten Daten zur frühen und neueren Geschichte Israels dargestellt werden.
2. Informieren Sie sich in den Medien (z. B. Zeitung, Fernsehen, Internet) welche Position die Bundesregierung zum Nahostkonflikt vertritt.
4. Stellen Sie die politischen Vorstellungen Uri Avnerys in einem Vortrag dar. Recherchieren Sie hierzu auf der Homepage Avnerys und mithilfe weiterer Quellen im Internet.

Der Journalist, Schriftsteller und Friedensaktivist Uri Avnery wurde 1923 im nordrhein-westfälischen Beckum als Helmut Ostermann geboren und floh 1933 mit seiner Familie vor den Nationalsozialisten nach Palästina. Seit 1948 setzte er sich für die Idee des israelisch-palästinensischen Friedens und der friedlichen Koexistenz des Staates Israel und des Staates Palästina ein.
Seine Thesen waren in Israel allerdings nicht unumstritten.
Auf seiner Homepage sind seine politischen Vorstellungen in 80 alten und 101 neuen Thesen ausführlich dargestellt.

Uri Avnery (1923–2018): Mitbegründer der israelischen Friedensinitiative Gush Shalom

Blickpunkt: *... und eigentlich wollen die meisten Menschen im Nahen Osten dort in Frieden leben*

- die jungen Menschen wollen lernen und ihre friedliche Zukunft gestalten.

9.1.4 Naher Osten – Wiege der menschlichen Zivilisation

Wie die Reiche der Azteken und Maya in Mittelamerika, gehören der Vordere Orient (Naher Osten) sowie China und Indien zu den Wiegen der menschlichen Zivilisation. In der heutigen Südtürkei und in Mesopotamien, dem Land zwischen Euphrat und Tigris, lassen sich Spuren der Zivilisation bis in die Jungsteinzeit vor 12 000 Jahren zurückverfolgen.
Die alten orientalischen Reiche der Ägypter, Babylonier, Assyrer, Sumerer, Hethiter und der Perser gestalteten die Region zu einem bedeutenden Lebens- und Kulturraum. Die Seidenstraße und das Mittelmeer als Handelswege förderten den Austausch von Wissen und Technik. Gegenseitige Beeinflussung durch Religion, Philosophie, Wirtschaft, Politik, Architektur und Kunst prägten die Region nachhaltig.

Die Region birgt auch ungefähr zwei Drittel aller Erdölreserven der Welt und etwa mehr als 40 Prozent der Erdgasreserven. Dadurch rückte der Nahe Osten schon vor hundert Jahren in den Fokus der Weltpolitik und hat noch heute eine zentrale Rolle bei der künftigen Versorgung der Welt mit diesen Rohstoffen. Das wiederum bringt die Großmächte USA und Russland ins Spiel, die dort ihre wirtschaftlichen Interessen wahren wollen.

Orient und Okzident – Osten und Westen:
Im antiken Rom betrachtete man das Mittelmeer als den Nabel der Welt. Im Osten geht die Sonne auf - lateinisch: sol oriens, im Westen geht sie unter -lateinisch: sol occidens. Im Deutschen wurden daraus das Morgenland und das Abendland, der Orient und der Okzident.

Aus Sicht der Europäer war der Mittelmeerraum nah – Naher Osten – und Ostasien fern – Ferner Osten.

Konfession:
Untergruppe innerhalb einer Religion, die sich in Lehre, Praxis oder Organisation von anderen Untergruppen unterscheidet

Sunniten und Schiiten – ein uralter Konflikt verhindert den Frieden
Im sunnitischen Saudi-Arabien betrachten die Wahhabiten die Schiiten nicht als Moslems. Sie selbst sind aber nur eine Minderheit in der Mehrheit der Sunniten dort. Der Bürgerkrieg in Syrien ist auch ein Ergebnis dieses uralten innermuslimischen Konflikts. Oft wird schon von einem Konfessionskrieg gesprochen, der auf dem Rücken der syrischen und irakischen Einwohner ausgetragen wird. Im Islam gibt es, von einigen kleinen weiteren Gruppierungen abgesehen, zwei Hauptglaubensrichtungen:

- die Sunniten stellen mit rund 75 Prozent die Mehrheit der Moslems,
- die Schiiten sind mit rund 15 Prozent die Minderheit.

Saudi-Arabien sieht sich als „Schützer und Wahrer" des reinen sunnitischen Glaubens. Die meisten Saudis sind Sunniten, das Königshaus hat den extrem konservativen sunnitischen Wahhabismus zur Staatsreligion gemacht. Der Iran (Islamische Republik Iran, früher Persien) versteht sich als Hüter des schiitischen Glaubens. Diese alte Feindschaft zwischen Saudi-Arabien und dem Iran hat aber auch politische und wirtschaftliche Gründe. Der Glaube ist oft nur der Deckmantel dieses Konkurrenzkampfes. Die beiden Länder wetteifern schon seit Jahrzehnten um die Vorherrschaft im Nahen Osten und damit um einen möglichst großen Anteil am lukrativen Erdöl- und Erdgasgeschäft. Beide Staaten unterstützen auch mehr oder weniger offen Terrorgruppen.

Verteilung der Religionsgemeinschaften in Syrien

Fläche	185.180 km²
Einwohner	20,6 Millionen
Religionen	Sunniten 72 %, 12 % Alawiten, 4 % Drusen, 10 % Christen, 2 % Andere
BIP-Wachstum	4,0 %
BIP/Kopf	4.800 USD
Arbeitslose	8,3 %
Inflation	5,9 %
Präsident	Bashar al-Assad

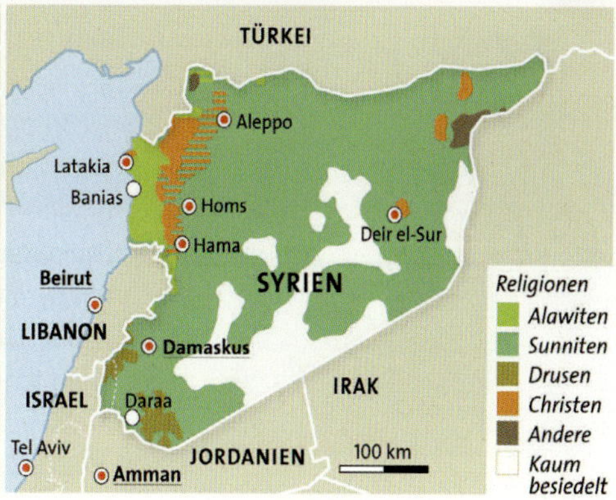

Grafik: © APA, Quelle: APA

Neben dem alten Konflikt der Rivalen Iran und Saudi Arabien entwickelt sich 2017 eine Konfrontation zwischen dem Scheichtum Katar und seinen Nachbarstaaten, insbesondere Saudi-Arabien.

Der Islam und seine Glaubensrichtungen

„Es gibt keinen Gott außer Gott. Mohammed ist der Gesandte Gottes."
Glaubensbekenntnis des Islam

Islam
- arabisches Wort bedeutet „Hingabe"
- entstand als jüngste Offenbarungsreligion im 7. Jh. n. Chr.

Prophet Mohammed
- 570-632 n. Chr.
- erhielt die Offenbarungen Gottes

Muslime
- Anhänger des Islam
- folgen den fünf Säulen

Die fünf Säulen
- Glaubensbekenntnis
- rituelles Gebet
- Fasten (Ramadan)
- Pilgerfahrt nach Mekka
- Entrichtung von Almosen

Koran
- heilige Offenbarungsschrift des Islam
- besteht aus 114 Suren (Kapitel)

Sunniten
ca. 1371 bis 1417 Mio. Gläubige

- **folgen der Hauptrichtung des Islam**
- **Grundsätze: Koran, Brauch (Sunna) und Überlieferung (Hadith)**
- **verschiedene Reformbewegungen**
- **Asien und Afrika**

Schiiten
ca. 154 bis 200 Mio. Gläubige

Entstanden durch Abspaltung der Anhänger der Partei Alis *(Schiat Ali)* von der Mehrheit der Muslime im Jahr 661. Ali war Mohammeds Schwiegersohn. Nur Nachkommen Mohammeds und Alis werden als Oberhaupt (Imam) anerkannt. Die verschiedenen Richtungen unterscheiden sich u.a. durch die Zahl der anerkannten Imame.

Aleviten	**Imamiten** (Zwölfer-schiiten)	**Zaiditen** (Fünfer-schiiten)	**Ismaeliten** (Siebener-schiiten)	**Drusen**	**Alawiten**
Türkei	Iran, Irak, Aserbaidschan, Afghanistan, Pakistan, Libanon	Jemen	Zentralasien, Jemen, Ostafrika, Indien	Libanon, Nord-Israel	Syrien, Türkei

Charidschiten (auch Kharijiten, Ibaditen als Untergruppe): dritte Glaubensgruppe neben Sunniten und Schiiten. Schätzungsweise knapp 2 Mio. Gläubige leben in Algerien, Libyen, Oman, Tunesien und auf Sansibar.

Quelle: bpb, The Pew Forum on Religion & Public Life, GIGA Institut — Stand 2009 — © Globus 5449

AUFGABEN

Stellen sie arbeitsteilig die Länder im Nahen Osten gegenüber. Als Plakat für den Unterrichtsraum in Form einer einfachen Tabelle, als digital erstellte Tabelle oder als PowerPoint Präsentation.

Land	Hauptstadt	Fläche	politisches System	Einwohner	Religion	HDI (siehe Seite 333)

9.1.5 Naher Osten – Naher Krieg – Syrien – Irak – …

Blickpunkt: *Täglicher Horror in Syrien*

Baschar al Assad ist seit 2000 Staatspräsident von Syrien. Assad absolvierte in London eine Ausbildung zum Augenarzt. Als Nachfolger seines Vaters Hafiz al Assad, der das Land diktatorisch führte, galt er zunächst glaubwürdig als Reformer. Die unumschränkte Macht der Familie und der sie stützenden Baath-Partei wurde aber nicht in Frage gestellt. Assad gehört, wie weite Teile der syrischen Elite, der Religionsgemeinschaft der Alawiten an.

In den syrischen Gefängnissen wird mit seiner Erlaubnis brutal gefoltert und getötet. Die Namen von über 65.000 Personen, die zwischen März 2011 und August 2015 „verschwanden" und über deren Verbleib zum Teil immer noch nichts bekannt ist, sind von Human Rights Watch dokumentiert.
Im März 2015 wurden 53.275 Fotos eines geflüchteten Fotografen veröffentlicht. Er hatte im Auftrag der syrischen Militärpolizei Fotos von im Gefängnis getöteten Personen angefertigt und die Fotos aus dem Land geschmuggelt.

Seit 2011 fordert die syrische Protestbewegung den Sturz von Präsident Baschar al-Assad und seiner Regierung. Schon die beginnenden friedlichen Proteste unterdrückte Assad gewaltsam. Seine Sicherheitskräfte gingen und gehen mit großer Härte gegen die Oppositionsgruppen vor, viele Menschen wurden verhaftet, gefoltert und getötet.
Der Krieg in Syrien hat mehr als 380 000 Menschenleben gefordert und die Hälfte der syrischen Bevölkerung, fast 12 Millionen Menschen, zu Flüchtlingen gemacht. Große Gebiete in Zentral- und Ostsyrien werden von rivalisierenden und sich bekämpfenden Rebellengruppen beherrscht. Der Krieg in Syrien ist schnell zu einem Stellvertreterkrieg der Großmächte geworden. Die westliche Staatengemeinschaft unterstützt die syrische Opposition. Russland und China verfolgen offiziell eine Nichteinmischungspolitik. Durch Waffenlieferungen und ihre Haltung im UN-Sicherheitsrat sichern sie die Macht Assads.

Auch die Anliegerstaaten sind gespalten: Die Türkei und die arabischen Golfstaaten stehen auf Seiten der Assad-Gegner, der Iran und die Hisbollah auf Seiten des Assad-Regimes. Israel bleibt von den Ereignissen in Syrien nicht unberührt – die Gefahr eines „Flächenbrandes" besteht.

Die Großmacht Russland ist an diesem Nahost-Konflikt mit dem Ziel beteiligt, möglichst viel Einfluss in der Region zu behalten. Deshalb ist die Gefahr eines Übergreifens des Konflikts auf die weiteren Staaten im Nahen Osten groß. Die USA haben sich mittlerweile weitgehend zurückgezogen.

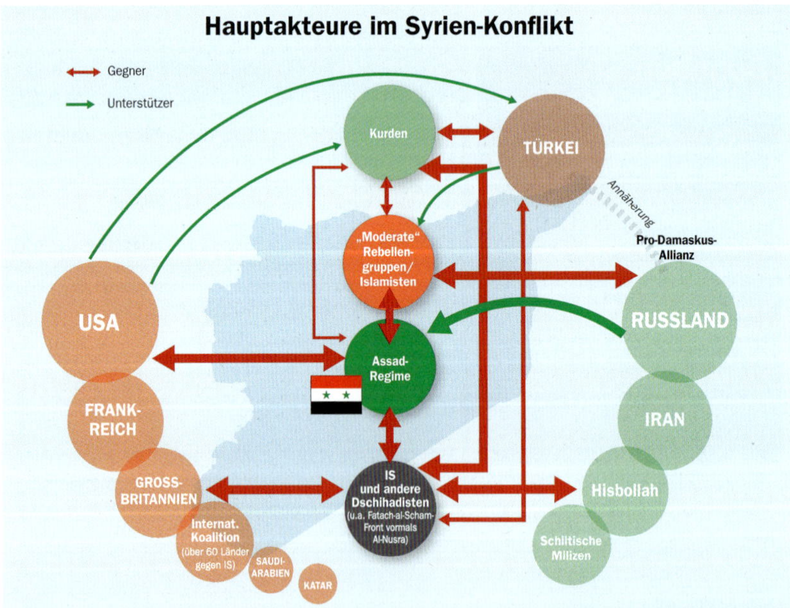

Grafik: Der Tagesspiegel/Gitta Pieper-Meyer

Die Türkei und die Kurden

Auf den ersten Blick passt vieles nicht zusammen: Im Irak versuchte die Türkei zunächst an der Seite der kurdischen Anti-IS-Einheiten zu kämpfen, in Syrien aber sind die kurdischen Kämpfer Terroristen und werden als so bedrohlich wie die Terrormiliz „Islamischer Staat" angesehen. Mal steht der türkische Präsident Erdogan auf der Seite der Kurden, dann wieder lässt er sie bombardieren. Diese scheinbare Willkür folgt klaren Interessen.

Die Kurden leben im Südosten der Türkei, in Nordsyrien südlich der türkischen Grenze, im Nord-Westen des Iran und in Armenien. Im Norden des Irak genießen sie eine gewisse Autonomie. Jahrzehntelanges Ziel der Kurden ist ein eigener Staat. Die Türkei versucht dies mit allen Mittel zu verhindern, da dadurch die Gefahr einer Abspaltung der süd-östlichen Gebiete der Türkei droht.

Der Irak

Im März 2003 marschierten die USA und ihre Verbündeten (außer Deutschland) in den Irak ein, um den Diktator Saddam Hussein zu stürzen. US-Präsident George W. Bush ging davon aus, Saddam Hussein rasch entmachten und eine demokratische Regierung im Irak installieren zu können. Es kam anders.

Jahrzehntelang hatte der Sunnit Saddam Hussein jegliche Opposition unterdrückt. Es bildete sich ein schiitischer Widerstand. Nach Husseins Sturz übernahmen die einst Verfolgten die Macht und jagten nun ihrerseits erbarmungslos die Sunniten. So kam es im Irak zwischen 2003 und 2011 zu bürgerkriegsähnlichen Zuständen, tausenden Terroranschlägen, Kriegshandlungen und Gewaltkriminalität sowohl verschiedener irakischer Gruppen gegeneinander als auch gegen die westlichen Besatzungstruppen.

Warum ziehen junge Menschen in den Krieg?

Der Wissenschaftler Peter Neumann hat untersucht, warum junge Menschen, vor allem junge Männer sich radikalisieren und in den Krieg ziehen. „Grob unterteilt: Die Hälfte sind junge Leute, die bereits vorher in extremistischen Gruppen unterwegs waren und eine Gelegenheit suchen, ihre Überzeugungen auszuleben. [...] Die andere Hälfte wurde durch den Syrienkonflikt radikalisiert. Der Krieg hat Muslime in aller Welt aufgerüttelt. Die Bereitschaft, für eine vermeintlich gerechte Sache zu kämpfen, ist stark gewachsen", sagt Neumann. Es ist auch die Suche nach dem großen Abenteuer, nach Selbstbestätigung und Sinn. Die Wurzeln liegen in alltäglicher Unzufriedenheit und nicht spürbarer Akzeptanz. Die Ideologie bietet ihnen Lebensziele und Lebenssinn, sie suchen und finden persönliche Anerkennung und fühlen sich gleichberechtigt und ernst genommen. In der Gruppe Gleichgesinnter werden dann abweichende und wiedersprechende Stimmen ausgeblendet – es zählt nur die Gruppe – die Gruppe ist die Stütze.

Über Kontaktpersonen in der Türkei kommt man leicht zu den Rebellen- und IS-Gruppen in die Kriegsgebiete. Dann folgen nicht selten traumatische Erfahrungen. Im Häuserkampf in Syrien und im Irak geht es ums Töten und Überleben. Der Einzelne mit seinen Ideen und Vorstellungen ist nicht gefragt, Unterordnung ist der neue Zwang. (nach: www.derwesten.de, 10.07.2014)

Die Kurden als Gewinner der Kriege?

Vielfach werden die Kurden als die künftigen alleinigen „Gewinner" der Kriegshandlungen genannt. Die Kurden genießen im Nordirak bereits große Autonomierechte, streben aber seit langem nach völliger Unabhängigkeit. Auf der Basis dieser autonomen Kurdengebiete im Nordirak könnte sich mit Gebietsgewinnen in Syrien ein selbstständiger Kurdenstaat bilden. Forderungen nach einer Volksabstimmung in der autonomen Republik im Norden des Irak gibt es bereits. Nach der Offensive der Türkei in Folge des Rückzugs der US-Truppen aus Nordsyrien suchen die Kurden nun den Schulterschluss mit Russland und der Regierung in Damaskus.

Der IS (Islamische Staat)

Er ist eine seit 2003 aktive terroristische sunnitische Miliz mit tausenden Mitgliedern. Großen Zulauf erhielt der IS durch ehemalige (sunnitische) Soldaten und Offiziere der irakischen Armee. Nach dem Sturz Saddam Husseins hatten sie in der neuen, von der jetzt schiitischen Elite dominierten Armee, keine Chancen mehr. Einfache Soldaten, aber auch einst hochrangige irakische Militärs, die mit dem Sturz Saddam Husseins alles verloren hatten, kämpften nun für den IS. Der IS wurde so auch zum Sammelbecken für junge Radikale und Veteranen aus der Hussein-Ära. Mittlerweile gilt der „Islamische Staat" (IS) als besiegt. Die Terrororganisation kontrolliert keine Gebiete mehr in Syrien, ist aber weiterhin im Untergrund aktiv. Man geht davon aus, dass noch tausende IS-Kämpfer bereit sind, aktiv zu werden. Etwa 10000 IS-Kämpfer sitzen vor allem in kurdischen Gefängnissen.

▶ AUFGABE

Viele Menschen aus der Region leben als Flüchtlinge unter uns – viele wollen zurück in ihr Heimatland. Stellen Sie Ihre Einschätzungen dar und diskutieren sie, ob diese Flüchtlinge eine Chance haben, in eine befriedete Heimat zurückzukehren.

Blickpunkt:

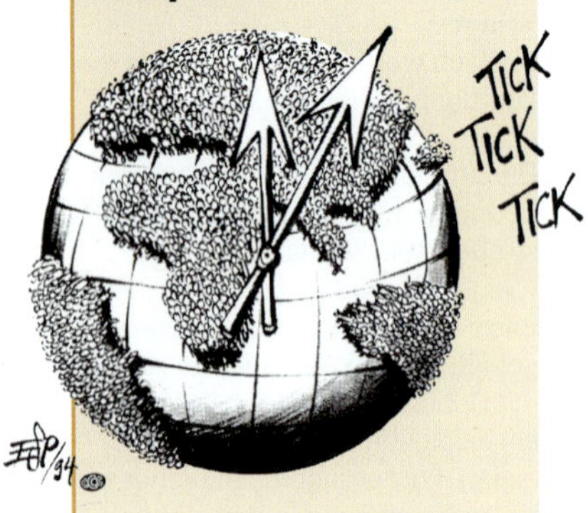

9.1.6 Brennpunkt globale Bevölkerungsentwicklung

Im Jahr 7000 v. Chr. lebten ca. 10 Millionen Menschen auf unserem Planeten. Im Jahr 1700 n. Chr. waren es ca. 600 Millionen, im Jahre 1900 ca. 1,6 Milliarden und 1950 zählte man rund 2,5 Milliarden Bewohner. Diese Zahl wiederum verdoppelte sich bis 1987 auf ca. 5 Milliarden. Heute leben etwa 7,7 Milliarden Menschen auf der Erde (Stand 2020).

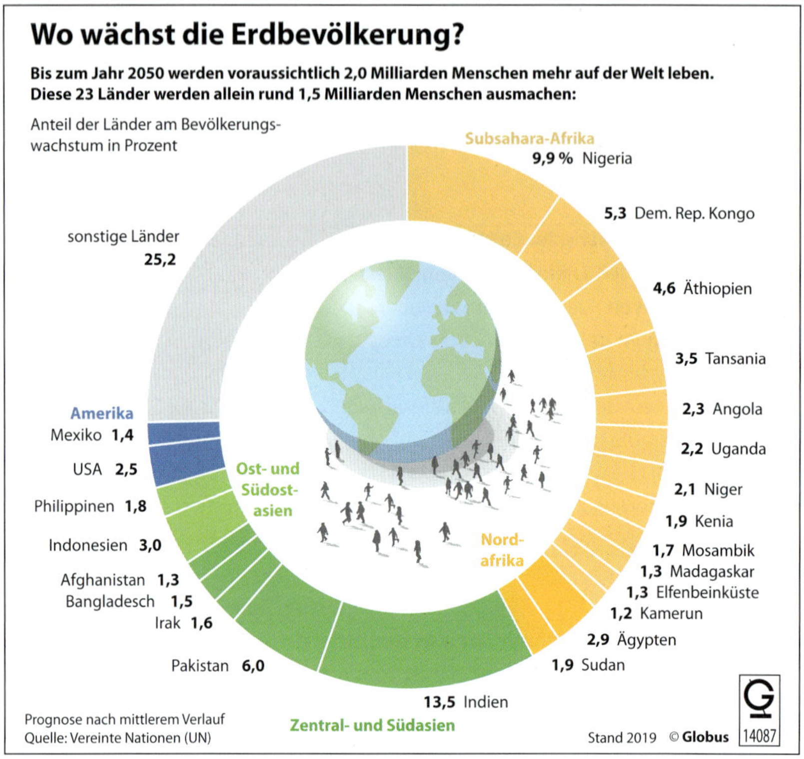

Untersucht man die Ursachen für das Bevölkerungswachstum, sind folgende **drei Tendenzen** festzustellen:

1. In vielen Industrieländern, wie z. B. Deutschland und Japan, schrumpfen die Bevölkerungszahlen. In den Entwicklungsländern dagegen steigen sie zum Teil kräftig an.

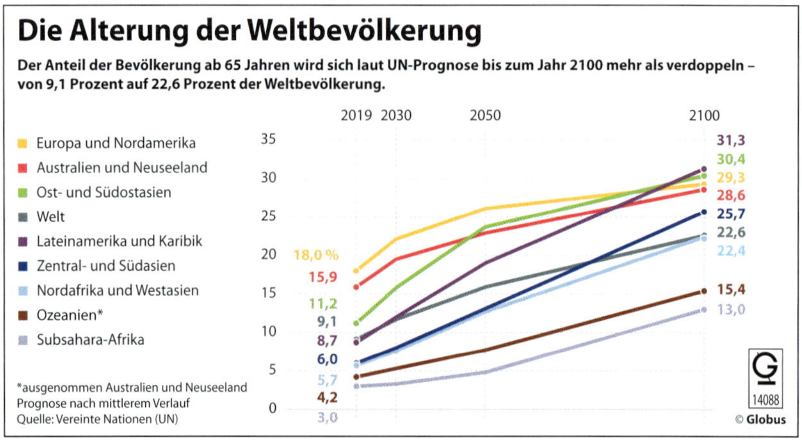

Bevölkerungsentwicklung in ausgewählten bevölkerungsreichen Ländern in Mio.

Land	2017	2050
Industrieländer	1.263	1.325
Entwicklungsländer	6.273	8.520
Dem. Rep. Kongo	81,5	215,9
Tansania	57,5	152,5
Ägypten	93,4	163,5
USA	325,4	396,8
Russland	148,6	144,8
Türkei	80,9	94,8
Indonesien	264,0	321,6
Indien	1.352,6	1.675,6
Pakistan	199,3	310,5

(Deutsche Stiftung Weltbevölkerung, DSW-Datenreport 2017)

2. Die Länder werden urbaner, d. h. immer mehr Menschen – insbesondere in den Entwicklungsländern – ziehen in die Städte. Die Städte werden immer größer und damit auch unübersichtlicher.
3. Die Menschen werden immer älter. Insbesondere in Ländern mit schrumpfender Bevölkerungszahl steigt in den nächsten Jahrzehnten der Anteil alter Menschen rapide an (siehe Schaubild auf der linken Seite).

Zuwachs der Weltbevölkerung

pro Jahr	82.557.224 Menschen
pro Tag	226.184 Menschen
pro Minute	157 Menschen
pro Sekunde	2,6 Menschen

(Deutsche Stiftung Weltbevölkerung, 2017)

Regionale Unterschiede

Wie aus den genannten drei Tendenzen bereits ersichtlich wird, verläuft die Entwicklung der Bevölkerung weltweit nicht gleichmäßig, sondern es gibt regional große Unterschiede. Dies verdeutlicht auch die folgende Tabelle:

Trends	betroffene Regionen
geringe Fertilität (Fruchtbarkeit) Folge: die Bevölkerung schrumpft	viele Industrieländer und einige Entwicklungsländer
gesunkene Fertilität (Fruchtbarkeit) Folge: geringes Bevölkerungswachstum	z. B. China, USA, einige Länder Ostasiens
steigende Mortalität (Sterblichkeit) insbesondere durch HIV/Aids Folge: verringertes Bevölkerungswachstum	diverse Länder in Afrika, z. B. Simbabwe, Botsuana, Südafrika
schnelles Bevölkerungswachstum Folgen: sinkender Pro-Kopf-Wohlstand, Urbanisierung, Belastung der Ökosysteme (z. B. Überfischung, Entwaldung, Bodenerosion)	verschiedene Entwicklungsländer, Israel, Palästina, Äthiopien

Bevölkerungsprognose der UN

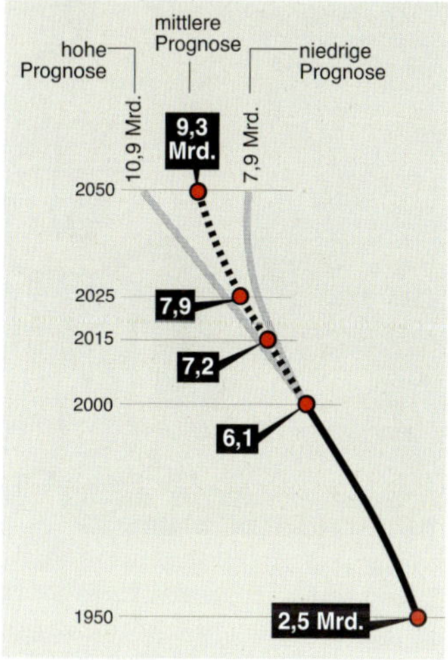

Die Situation in Deutschland

Die Bevölkerungszahl ist abhängig von sehr unterschiedlichen Einflüssen:
- der Anzahl der Geburten und Strebefälle einerseits und
- den Wanderungsbewegungen (Zu- und Abwanderungen über die Bundesgrenze) andererseits.

Obwohl es seit 1972 in jedem Jahr mehr Sterbefälle als Geburten in Deutschland gibt, blieb die Bevölkerungszahl aufgrund von Wanderungsüberschüssen lange Zeit stabil bzw. stieg sogar stetig an.
Dieser Trend war jedoch einige Jahren rückläufig. Für den 31. 12. 2009 meldete das Statistische Bundesamt für Deutschland eine Bevölkerungszahl von 81.802.000. Dies ergab gegenüber 2008 einen Rückgang um 0,2 % bzw. 200.000 Einwohner. Ursache für diesen Rückgang ist ein Geburtendefizit von 189.000 und ein Abwanderungsverlust von 13.000 Personen.

Wie sich die Bevölkerungszahl in Deutschland mittelfristig entwickeln wird, hängt stark von der Zuwanderung ab. Aktueller Stand: 83,1 Mio. (Januar 2020)

Bevölkerungsprognose für Deutschland in Tausend

Jahr	Variante 1: jährliche Zuwanderung von 100 000 Personen (ab 2014)	Variante 2: jährliche Zuwanderung von 200 000 Personen (ab 2020)
2013	80.767	80.767
2020	81.434	81.953
2030	79.230	80.919
2040	75.963	78.906
2050	71.902	76.115
2060	67.563	73.079

(Statistisches Bundesamt Wiesbaden, 2014)

AUFGABEN

1. Erörtern Sie die verschiedenen Gründe für das unterschiedliche Bevölkerungswachstum in der Welt.
2. Listen Sie auf, welche Folgen der Bevölkerungsschwund in Deutschland für unseren Lebensstandard in den unterschiedlichen gesellschaftlichen Bereichen haben könnte. Diskutieren Sie Ihre Ergebnisse mit Ihren Mitschülerinnen und Mitschülern.

9.1.7 Brennpunkt Migration

Blickpunkt: *Oliver sieht in den Nachrichten einen Bericht über Flüchtlinge aus Nordafrika, die mit dem Boot auf der italienischen Mittelmeerinsel Lampedusa gelandet sind.*

Politisch verfolgte Flüchtlinge verlassen ihre Heimat oft überstürzt und aus einer Notsituation heraus. Würden sie im Land bleiben, drohten ihnen dort Verhaftung, Folter oder Tod. Auch religiöse Unterdrückung oder gesellschaftliche Benachteiligung können ein Fluchtgrund sein. In Lebensgefahr sind außerdem Flüchtlinge aus Kriegs- und Bürgerkriegsregionen.

Ursachen für Migration und Flucht

Experten sehen mehrere Ursachen für die zunehmende Migration in der Welt:

1. Das in den Regionen der Welt sehr unterschiedliche Bevölkerungswachstum führt zu Wanderungsbewegungen aus den bevölkerungsreichen und armen Ländern in die reicheren Länder. Verstärkt wird die Migration durch Armut, Arbeitslosigkeit und Umweltzerstörung, die ein Leben im Heimatland nur schwer möglich machen.
2. Das globale und regionale Wohlstandsgefälle – hier die reichen Länder, dort die armen Länder – veranlasst die Menschen zur Migration. Die Bilder vom besseren Leben in den Städten und anderen Ländern sind in jedem Fernseher täglich zu sehen.
3. Die Menschen suchen nicht irgendeine Arbeit, um kurzfristig ihre Existenz zu sichern. Jeder Mensch strebt nach einer existenzsichernden Arbeit, durch die er eine Perspektive auf ein einigermaßen sorgenfreies Leben hat.
4. Umweltkatastrophen sind immer häufiger auch eine Ursache für Migration. Allein durch den Anstieg des Meeresspiegels werden in den nächsten Jahrzehnten circa 150 Millionen Menschen gezwungen sein, ihre Heimat zu verlassen.
5. Der Mensch wird in der zusammenwachsenden Welt immer mobiler. Die Globalisierung verkürzt die Entfernungen zwischen den Arbeitsmärkten und Wirtschaftsräumen.

(nach: Hauchler, Ingomar/Messner, Dirk/Nuscheler, Franz (Hrsg.) (1999): *Globale Trends 2000.* Frankfurt a.M.: Fischer Taschenbuch Verlag, S. 109)

Flüchtling: Als Flüchtling werden nach der Genfer Flüchtlingskonvention von 1951 nur solche Personen anerkannt, die „aus wohlbegründeter Furcht vor Verfolgung wegen ihrer Rasse, Religion, Nationalität, Zugehörigkeit zu einer sozialen Gruppe oder wegen ihrer politischen Überzeugung sich außerhalb des Landes befinden, dessen Staatsangehörigkeit sie besitzen".

Der Begriff **Migration** bezeichnet den dauerhaften Wohnortwechsel einer oder mehrerer Personen. Alle grenzüberschreitenden Wanderungen gelten dabei als internationale Migration, Wanderungen innerhalb eines Staates als Binnenmigration. Die größte Zahl der Migranten besteht aus sogenannten „Wirtschaftsflüchtlingen", die in der Bundesrepublik juristisch nicht als Flüchtlinge anerkannt werden.

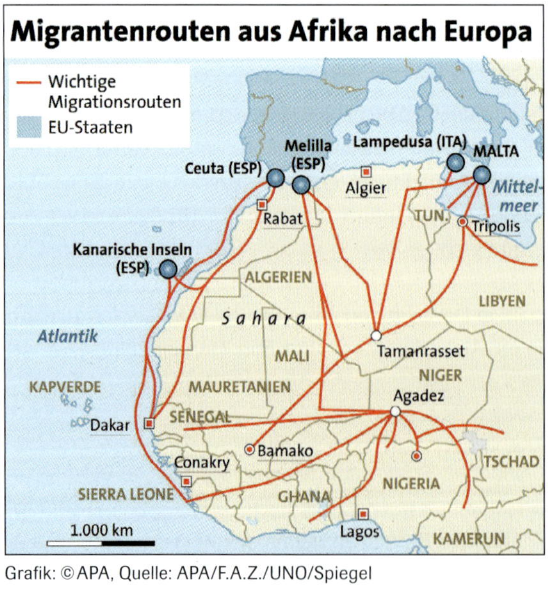

Grafik: © APA, Quelle: APA/F.A.Z./UNO/Spiegel

Insbesondere nach den revolutionären Veränderungen in einigen arabischen Staaten Anfang 2011 wird verstärkt über die Flüchtlingsströme aus Afrika in Richtung Europäische Union berichtet. Diese Flüchtlinge gibt es jedoch schon seit Jahren. Sie kommen nicht nur mit Booten über das Mittelmeer, sondern häufig auch über den Landweg in die Türkei und von dort nach Griechenland.

Sea-Watch darf 353 gerettete Migranten nach Sizilien bringen
Nach langem Warten können Hunderte Menschen vom deutschen Rettungsschiff „Sea-Watch 4“ in Italien an Land gehen. Sie wären, hieß es, ohne die Hilfe „mit hoher Wahrscheinlichkeit ertrunken“.

Das deutsche Rettungsschiff „Sea-Watch 4“ hat von den italienischen Behörden die Erlaubnis erhalten, 353 aus dem Mittelmeer gerettete Bootsmigranten nach Sizilien zu bringen. Das private Hilfsschiff dürfe Palermo als „sicheren Hafen“ anlaufen, teilte die Seenotrettungsorganisation auf Twitter mit. „Endlich Erlösung für die Geretteten an Bord“, hieß es weiter.

Eine Sprecherin sagte, die „Sea-Watch 4“ werde voraussichtlich am Mittwoch in Palermo ankommen. Unter den Migranten seien Männer, Frauen, Kinder und viele unbegleitete Minderjährige. Die Menschen würden auf ein italienisches Quarantäneschiff gebracht. Migranten müssen in Italien in eine zweiwöchige Isolation, so soll die weitere Ausbreitung des HYPERLINK „https://www.spiegel.de/thema/coronavirus/“ Coronavirus eingedämmt werden. [...]

Im Laufe des Sommers war die Zahl der übers Meer in Italien ankommenden Migranten wieder stark gestiegen. Seit Jahresbeginn registrierte das Innenministerium in Rom fast 19400 Ankünfte – im gleichen Zeitraum 2019 waren es 5253 gewesen. Die Menschen fahren sowohl von Libyen als auch von Tunesien los. In Süditalien sorgen die steigenden Zahlen zunehmend für Proteste in den Ankunftsorten. Viele Auffanglager sind überfüllt.

(aus: Spiegel online, www.spiegel.de, 01.09.2020)

Junge Flüchtlinge aus Afghanistan im Club 402, einer Einrichtung für unbegleitete minderjährige Flüchtlinge in Nürnberg

Asyl in Deutschland
Früher stellten viele Wirtschaftsflüchtlinge Asylanträge. Diese wurden abgelehnt, doch erfolglose Bewerber hatten während des Verfahrens Anspruch auf Aufenthalt und soziale Grundversorgung. Die „Drittstaatenregelung“, wonach in Deutschland kein Asylrecht besteht, wenn die Einreise aus einem Nachbarstaat erfolgt, ließ die Zahl der Anträge (1995: rund 128 000) bis 2012: (rund 65 000) deutlich sinken. De facto kann sich nämlich nur noch auf das Asylrecht berufen, wer auf dem Luftweg einreist. Seit 2015 steigt die Zahl der Anträge wieder stark an. Grund ist ein Zustrom aus Ländern wie dem Irak, Syrien, Afghanistan, aber auch Russland. 2016 wurden rund 745545 Asylanträge gestellt. 2019 wiederum 165938 Anträge. Die aktuellen monatlichen Zahlen veröffentlicht das Bundesamt für Migration und Flüchtlinge (www.bamf.de).

Binnenmigration
Nicht nur über die Kontinente hinweg, auch innerhalb der Staaten wandern die Menschen. In den Entwicklungsländern, aber auch in Industriestaaten verlassen sie auf der Suche nach Arbeit die ländlichen Gebiete und suchen ihr Glück in den Städten ihres Heimatlandes. In Ländern mit großer Ausdehnung, wie z.B. China, ist das für die Menschen kein einfacher Schritt in ihrem Leben. Sie verlassen ihre Heimat, ziehen z.B. 1000 Kilometer weiter, bleiben aber immerhin in ihrem Heimatland.

Solche Binnenwanderungen finden auch in Deutschland statt. Hier zogen in der Zeit von 1992 bis 1999 circa 1,7 Millionen Menschen von Ost nach West und in den 80er-Jahren viele Arbeitnehmer von Nord- nach Süddeutschland. Auch heute sind Wanderungsbewegungen innerhalb Deutschlands festzustellen. Sie sind zumeist auf die ungleichen Lebensbedingungen in den einzelnen Regionen zurückzuführen (z.B. im Hinblick auf Arbeits- und Ausbildungsmöglichkeiten, die Höhe der Einkommen, Wohnmöglichkeiten, Lebensqualität und die soziale Infrastruktur).

AUFGABEN

1. Nennen Sie mögliche Gründe, die die Jugendlichen oben auf dem Foto dazu veranlasst haben könnten, ihre Heimat zu verlassen.
2. Erläutern Sie den Begriff Binnenmigration und stellen Sie dar, was Binnenmigration in Deutschland bedeutet.
3. Recherchieren Sie im Internet und erstellen Sie eine Tabelle zur „Ein- und Auswanderung in Deutschland“ mit den aktuellsten Daten. Berechnen Sie das Wanderungssaldo, also die Differenz zwischen Zuzügen und Fortzügen (insgesamt und nur für die ausländische Bevölkerung).

Blickpunkt:

Hochwasser am Rhein: Lage weiter kritisch

Über 300 Tote bei Tornado-Serie im Süden der USA

UNO: Mehr Schäden durch Naturkatastrophen

Dürre und Überschwemmungen: Spekulanten machen die Lebensmittelpreise teuer

9.1.8 Brennpunkt Klima

Hochwasser am Rhein, Uferpromenade der Insel Niederwerth am 6. Februar 2020

So wie links im Blickpunkt oder ähnlich titeln die Zeitungen weltweit immer wieder und wie es scheint, auch immer öfter.
Sind das die Folgen des viel besprochenen Klimawandels? Müssen wir nun häufiger mit Nachrichten wie diesen rechnen? Oder ist das alles nur ein zufälliges Zusammentreffen von ungünstigen Wetterlagen? Befindet sich die Menschheit auf dem Weg in die selbst verschuldete Klimakatastrophe?

Eins allein steht fest: Das Problem ist nicht auf einzelne Länder oder Kontinente beschränkt. Es handelt sich vielmehr um ein internationales Problem, das aber gleichzeitig – durch die Vielschichtigkeit seiner Ursachen und Folgen – sehr komplex ist (siehe auch Abschnitt 8.1.1).

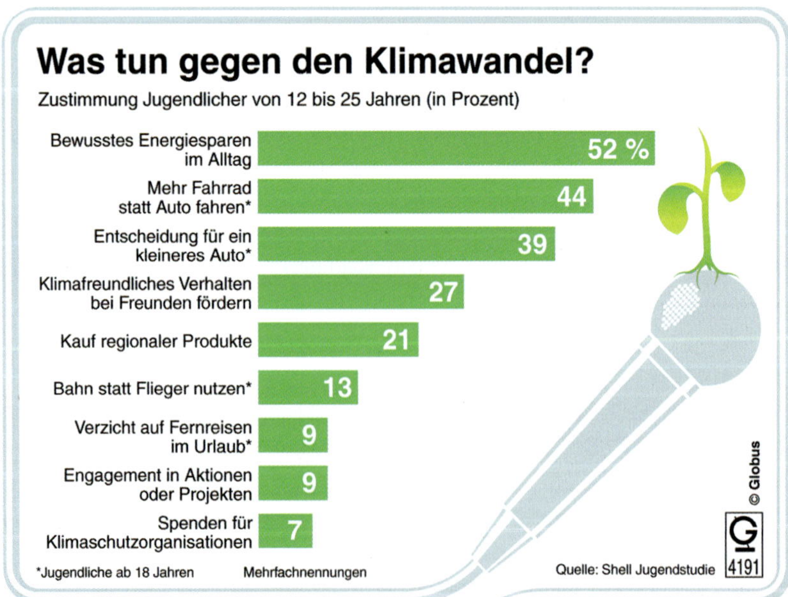

Der Weltklimarat (IPCC)

Der vierte Sachstandsbericht des Weltklimarates (IPCC – Intergovernmental Panel on Climate Change) sagt für das 21. Jahrhundert eine dramatische Erhöhung der Temperaturen voraus. Die Ergebnisse der beteiligten Arbeitsgruppen werden in einem Syntheseband zusammengefasst. Demnach könnte die mittlere Temperatur des Weltklimas bis Ende dieses Jahrhunderts um 1,1 bis 6,4 °C ansteigen.

Synthese: Vereinigung verschiedener Elemente zu einem neuen Ganzen

global: weltumspannend; auf die gesamte Erde bezogen

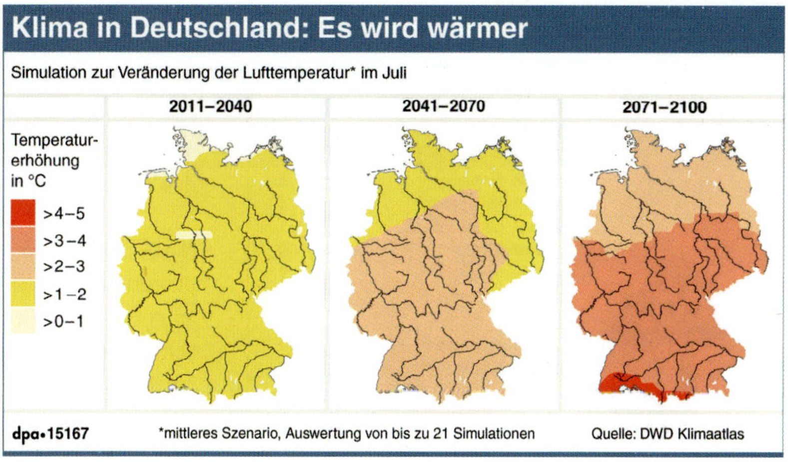

Nach Einschätzung von führenden Wissenschaftlern ist die Klimaerwärmung mit weitreichenden Folgen für die Menschheit verbunden. Dabei können schon kleine Veränderungen der globalen Durchschnittstemperaturen erhebliche Auswirkungen haben: Wetterextreme wie Hitzetage, Dürren und Überschwemmungen verschärfen sich, wobei in hohen Breiten mehr, und in niedrigeren Breiten weniger Niederschläge fallen werden. Tropische Wirbelstürme werden stärker. Die Welt muss sich auf einen steigenden Meeresspiegel einstellen, der bis 2100 um mindestens 18 bis maximal 59 cm steigen wird. In sehr trockenen Gebieten kann es zu noch größeren Problemen mit der Trinkwasserversorgung kommen. Steigende Temperaturen senken die Bodenfeuchtigkeit und erhöhen die Anfälligkeit für Schädlingsbefall und Pflanzenkrankheiten, was eine drastische Senkung der Ernteerträge zur Folge haben kann. Durch die Klimaveränderungen würden viele Millionen Menschen zu Flüchtlingen.

Hohe und niedrige Breiten: Das Klima entsteht über ein Zusammenspiel der Prozesse im Wasser, an Land, in der Atmosphäre und deren Organismen. Diese drei Lebensräume tauschen untereinander Wärme, Feuchtigkeit, Energie und Gase aus. Der Austausch unterscheidet sich, je nachdem welchen Breitengrad auf der Erde man betrachtet – also wie weit nördlich oder südlich ein Ort sich befindet:

- Hohe Breiten – Polarregionen
- Mittlere Breiten – gemäßigte Zonen
- Niedrige Breiten – Tropen

Die Breitengerade unterscheiden sich vor allem in der Menge an Sonnenenergie, die sie erreicht.

Als Ursache für die Klimaerwärmung gilt insbesondere der Anstieg der Treibhausgaskonzentrationen. Im Rahmen der Industrialisierung sind die weltweiten Kohlendioxidemissionen von 1970 bis 2004 um etwa 80 % angestiegen. Das gerade abgelaufene 20. Jahrhundert gilt als das wärmste der letzten 1000 Jahre.

In den deutschen Alpen schwinden die Gletscher

Von den bislang fünf kleinen Gletschern in den deutschen Alpen werden wegen der Klimaerwärmung bald nur noch vier übrig sein. Der Flächenverlust der Gletscher habe seit der Jahrtausendwende rapide zugenommen, sagt der Münchner Geowissenschaftler Christoph Mayer.

Zum Zeitpunkt der letzten Vermessung Ende 2018 maßen die Gletscher noch 44,6 Hektar mit einem Eisvolumen von etwa 4 Millionen Kubikmetern. Damit ist innerhalb eines Jahrzehnts gut ein Drittel der Gletscher abgetaut. 2010 waren es 70 Hektar, vor 200 Jahren geschätzt noch 400. [...]

Steigen wie in den vergangenen Jahrzehnten die Durchschnittstemperaturen, schmilzt im Jahresverlauf im Zehrgebiet mehr Eis als im Nährgebiet neu entsteht – der Gletscher wird kleiner. Für den gesamten Alpenraum haben Wissenschaftler kürzlich einen dramatischen Eisverlust konstatiert. Nach einer Studie von Forschenden der Universität Erlangen-Nürnberg ist allein zwischen dem Jahr 2000 und 2014 etwa ein Sechstel des Eisvolumens der Alpengletscher verschwunden.

(aus: Spiegel online, www.spiegel.de, 18.08.2020)

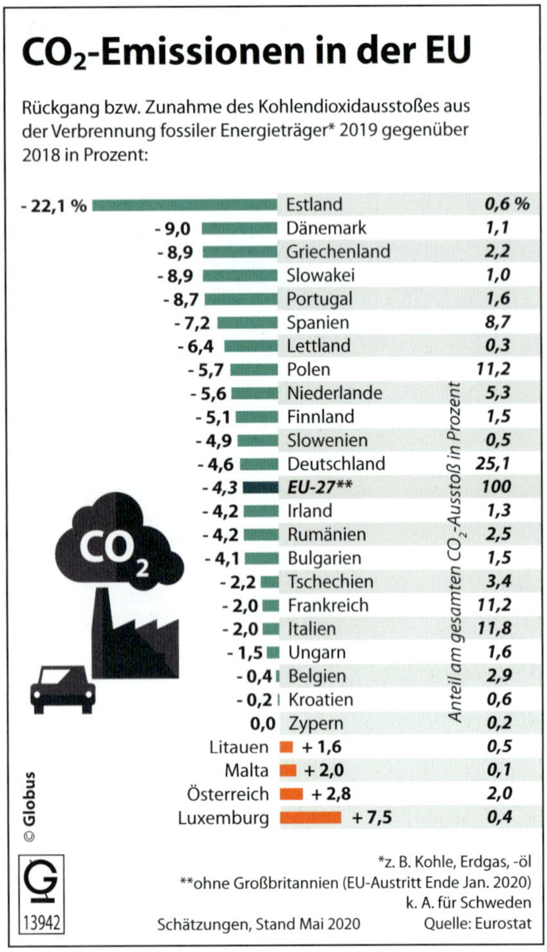

Die Klima-Killer

Sie bewirken den künstlichen Treibhauseffekt (siehe hierzu auch Schaubild auf S. 279):

- **CO_2 – Kohlendioxid** – entsteht durch das Verbrennen der fossilen Energieträger Erdgas, Erdöl und Kohle oder durch Brandrodung, z.B. in Südamerika und Asien. CO_2 ist das wichtigste Treibhausgas, denn es trägt mit etwa 60 % zu den vom Menschen gemachten Treibhausgasen bei.

- **CH_4 – Methan** – Entstehungsquellen sind Rinderhaltung, Reisanbau, gärende Müllhalden und Kohlebergwerke. Methan ist das zweitwichtigste Treibhausgas.

- **N_2O – Distickstoffoxid** (Lachgas) – Entstehungsquellen sind überdüngte Böden und die Verbrennung von Biomasse. N_2O ist etwa 300-mal wirksamer als CO_2. Da N_2O aber in wesentlich kleineren Mengen freigesetzt wird, ist sein Anteil am Treibhauseffekt nicht so hoch wie der von CO_2.

- **SF_6 – Schwefelhexafluorid** – wichtigste Quelle sind die Kühlmittel in elektrischen Anlagen wie Transformatoren. Diese Substanz ist das wirksamste Treibhausgas, es wirkt etwa 23 000-mal stärker als CO_2. Aufgrund seiner sehr geringen Konzentration in der Erdatmosphäre trägt es jedoch kaum zur globalen Erwärmung bei.

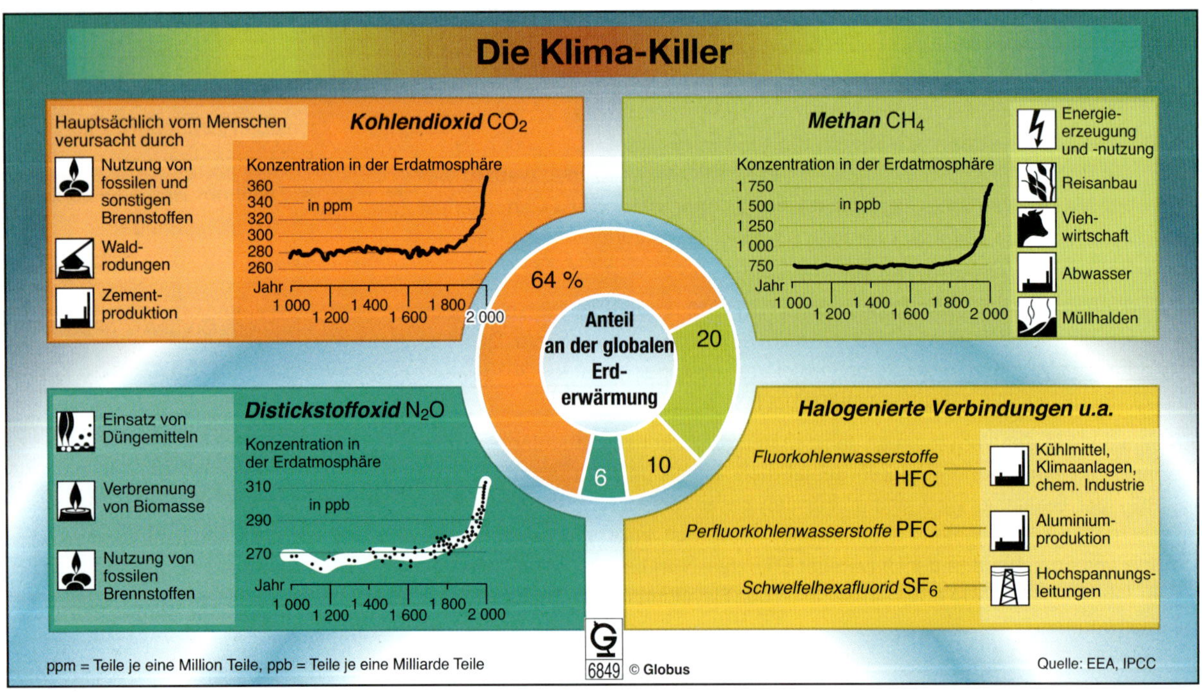

Klimapolitik sucht Lösungen: das Kyoto-Protokoll

Der Startschuss zum verbindlichen Kampf gegen den globalen Klimawandel ist schon vor einigen Jahren gefallen. Am 16. Februar 2005 ist das Kyoto-Protokoll in Kraft getreten. 141 Länder verpflichten sich darin, den weltweiten Ausstoß von sechs Treibhausgasen bis 2012 um mindestens 5,3 Prozent gegenüber 1990 zu reduzieren. Noch steigen die Emissionen des mit Abstand wichtigsten Treibhausgases Kohlendioxid (CO_2) Jahr für Jahr an. Im Jahr 1990 wurden weltweit 21,9 Milliarden Tonnen des Klimagases in die Atmosphäre gepumpt, bis zum Jahr 2013 stieg der Ausstoß auf insgesamt 35,1 Milliarden Tonnen – den bisher höchsten Wert.

Maßnahmen: Zur Verminderung der Treibhausgase sind neben den direkten Maßnahmen der Länder folgende Wege erlaubt, um den im Kyoto-Protokoll geforderten Emissionsauflagen zu entsprechen:

1. Handel mit sogenannten Emissionsrechten. Dabei kann ein Land einem anderen Land Gutscheine abkaufen. Es kann so seine eigenen Verpflichtungen zur Reduzierung des Ausstoßes von CO_2 – etwa durch Industrie und Verkehr – mindern. In der EU ist auch der Handel zwischen Unternehmen möglich.
2. Projekte von Industrieländern mit dem Ziel, in ärmeren Ländern die umweltfreundliche Entwicklung zu fördern, z. B. in Form regenerativer Energieanlagen. In geringem Maße dürfen auch Forstmaßnahmen in Entwicklungsländern angerechnet werden.
3. Projekte von Industrieländern wie etwa der Aufbau energieeffizienterer Kraftwerke durch OECD-Staaten in den Ländern Osteuropas.
4. Wälder und Böden dürfen als Klimaschutzbeitrag einberechnet werden, da sie Kohlenstoff speichern. Dies muss aber datenmäßig kontrollierbar sein.

Kontrolle und Sanktionen: Jedes Land wird verpflichtet, regelmäßig Daten über den Treibhausgasausstoß und dessen Reduzierungen zu liefern. Bei Nichterfüllen des vereinbarten Zieles drohen Sanktionen. Für jede Tonne CO_2, die zu wenig eingespart wird, müssen die Länder später 1,3 Tonnen CO_2 zusätzlich einsparen. Deutschland ist – wenn man die gesamte Entwicklung seit 1990 betrachtet – auf einem guten Weg.

Das **Kyoto-Protokoll** wurde 1997 auf der dritten internationalen Klimakonferenz in der japanischen Stadt Kyoto verhandelt und verabschiedet. Es ist eine völkerrechtlich verbindliche Vereinbarung, in der sich die jeweiligen Länder zu konkreten Reduzierungen der Treibhausgasemissionen verpflichten.
In Deutschland gingen 2020 vor allem durch die im Vergleich zu den Vorjahren abnehmende Stromerzeugung durch Verbrennung von Steinkohlen (Steinkohlenverstromung) die Kohlendioxid-Emissionen erneut deutlich zurück. Das geht aus der Nahzeitprognose des Umweltbundesamtes hervor. Demnach sanken sie gegenüber 2017 um 38 Millionen Tonnen bzw. rund 4,8 % auf 760 Millionen Tonnen Kohlendioxid.
Gegenüber 1990 sind die Kohlendioxid-Emissionen demnach um 27,8 % gesunken

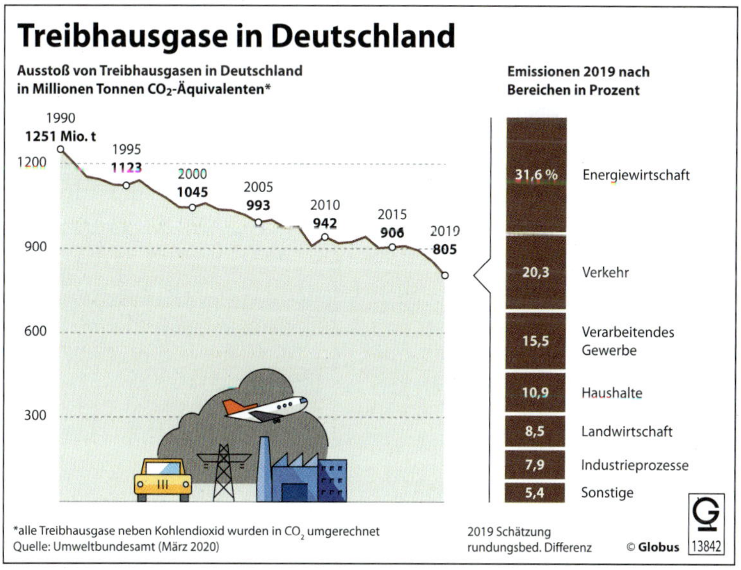

AUFGABEN

1. Nutzen Sie weitere Informationsquellen, um Ihr Fachwissen über die Treibhausgase zu vertiefen. Greifen Sie hierfür beispielsweise auf Chemiebücher oder das Internet zurück. Stellen Sie Ihre Rechercheergebnisse in der Klasse vor.
2. Sammeln Sie als Grundlage für eine Diskussion in Ihrer Klasse Pro- und Kontra-Argumente zu folgender Aussage an der Tafel: „Die weltweiten Hochwasser und Überschwemmungen in den letzten Jahren sind eine Folge der Klimaveränderungen."
3. Erläutern und begründen Sie, welche Maßnahmen Ihrer Meinung nach besonders wichtig sind, um die weltweiten Belastungen durch Treibhausgase verringern zu können.

Blickpunkt: *Gibt es dafür ein Geheimrezept? Wie macht man*

FRIEDEN VREDE
fred RAHU
paix paz pace
BARIŞ peace
rauha ...?

9.2 Frieden und Sicherheit

9.2.1 Frieden, was ist das?

Wir hören in den Nachrichten viel von Kriegen und Konflikten. Aber wann wird schon mal vom Frieden berichtet? Kriege und Konflikte werden von Menschen gemacht, aber genauso muss der Frieden von ihnen gemacht werden. Menschen müssen für den Frieden wirken und sich aktiv dafür einsetzen. Es stellen sich zwei Fragen:

- Was ist eigentlich Frieden?
- Wie macht man Frieden?

Frieden ist die Abwesenheit von Gewalt. Wenn das stimmt, muss geklärt sein, was unter „Gewalt“ zu verstehen ist. Wissenschaftler unterscheiden zwei Arten von Gewalt: die personale, direkte Gewalt und die strukturelle, indirekte Gewalt.

Personale, direkte Gewalt ist organisierte, direkt auf Menschen gerichtete und Menschen verachtende Gewalt. Ihre Abwesenheit wird in der Friedens- und Konfliktforschung auch als **negativer Frieden** bezeichnet. Beispiele sind:

- Gewalt in Militärdiktaturen, in denen Folter und Terror herrschen, aber auch
- Überfälle auf Menschen durch eine Bande bzw. Gang.

Solch ein enger Begriff von Gewalt reicht aber nicht aus. Ungerechte Gesellschaftssysteme, die Menschenwürde, Freiheit und soziale Gerechtigkeit verachten, könnten dann als friedvoll eingestuft werden.

Strukturelle, indirekte Gewalt herrscht dort vor, wo Menschen unter großer Angst, Armut, Hunger oder Krankheit leiden und keine Chance haben, ihre nachteilige Situation zu überwinden. Die Abwesenheit dieser Form von Gewalt wird in der Friedens- und Konfliktforschung auch als **positiver Frieden** bezeichnet.

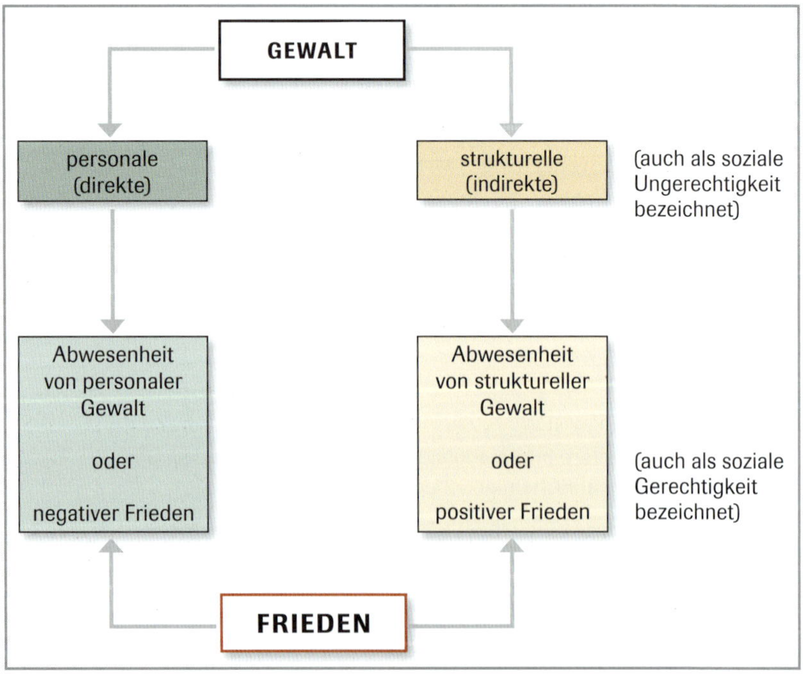

Begriffsfeld „Frieden“:

- **politischer Frieden:** gewaltfreie Konfliktregelung, Dialog statt Gewalt; die Abwesenheit von Krieg
- **sozialer Frieden:** soziale Gerechtigkeit in der Gesellschaft; Freiheit vor Ausbeutung und Unterdrückung der Entwicklungsländer
- **ökologischer Frieden:** Frieden mit der Natur; Schonung statt Ausbeutung der Natur
- **christlich-ethischer Friedensbegriff:** Frieden mit sich selbst; persönliche Friedfertigkeit; Gemeinschaft mit Gott

Ursachen von Kriegen und bewaffneten Konflikten:

- Die politischen Systeme der Staaten sind nicht demokratisch. Es gibt keine Regeln und Instrumente der gewaltfreien Auseinandersetzung.
- Es herrschen Armut, wirtschaftliche Not und sozioökonomischer Stress.
- Es gibt keine Tradition und keine Kultur der Gewaltlosigkeit. Gewalt ist für viele Menschen normal.

Wege zum Frieden

In der Politik werden zwei mögliche Wege zum Frieden unterschieden:

Frieden ohne Waffen	Frieden mit Waffen
Frieden soll auf politischem Weg erreicht werden, ohne die Hilfe von Waffen oder den Schutz von Rüstungen. Waffen werden u.a. aus folgenden Gründen abgelehnt: ▪ ihr Einsatz führt zum gegenseitigen Wettrüsten, verschärft bestehende Konflikte statt sie zu lösen und bedroht somit das Leben aller Menschen; ▪ die Investition in neue Waffensysteme ist teuer; ihre Anschaffung entzieht der armen Bevölkerung das Geld zum Überleben; ▪ das Entwickeln immer perfekterer Tötungssysteme ist ethisch und moralisch verwerflich und unmenschlich.	Waffen werden zur eigenen Sicherheit benötigt, solange die Menschen Frieden nicht bewahren können und Gewalt anwenden. Nicht die Waffe an sich ist die Ursache für den Unfrieden. Entscheidend sind die Ziele und Absichten, die die Menschen mit dem Vorhandensein von Waffen und ihrer Beschaffung verbinden. Ein Beispiel sind der organisierte Terror und die massenhaften Hinrichtungen durch den sogenannten „Islamischen Staat“ in Syrien und Irak. Hier helfen keine Proteste oder Appelle, sondern nur der politische Wille, verbunden mit dem Einsatz bewaffneter Streitkräfte.

Bedingungen für Frieden:
1. **individuell:** Beseitigung der Ursachen von Aggression;
2. **innergesellschaftlich:** Schaffen von sozialer Gerechtigkeit, Partizipationschancen (Beteiligung) und einer menschenwürdigen Umwelt;
3. **intergesellschaftlich/ international:** Verhindern von Kriegen durch Abrüstung und Schaffen von Überlebenschancen im Nord-Süd-Konflikt.

(nach: Mickel, W. (1986): *Handlexikon zur Politikwissenschaft.* Bonn: Schriftenreihe der Bundeszentrale für politische Bildung, Band 237)

Internationale Organisationen sichern den Frieden:
- **NATO:** Verteidigungsbündnis, das über militärische Mittel verfügt (siehe Abschnitt 9.2.3).
- **UNO** und **OSZE:** Systeme der kollektiven Sicherheit, die nicht über militärische Machtmittel verfügen. Sie versuchen in erster Linie durch Verhandlungen und Kooperation Konflikte zu schlichten bzw. erst gar nicht entstehen zu lassen (siehe Abschnitte 9.2.2 und 9.2.4).

Frieden durch eigenes friedliches Verhalten

Es ist nicht nur die Aufgabe der Politiker, sondern aller Menschen, sich so zu verhalten, dass wir in einer friedlichen Welt leben. Wie kann also Frieden erreicht und gesichert werden?

Der Frieden beginnt beim Einzelnen. Wenn Menschen nicht bereit sind,
- Kompromisse zu schließen,
- tolerant zu sein, oder
- ihnen die Fähigkeit fehlt, ihre Mitmenschen zu verstehen,

dann sind friedfertige Auseinandersetzungen kaum oder nur schwer möglich. Das bedeutet nicht, dass wir uns nicht streiten sollten. Unsere Auseinandersetzungen müssen wir aber ohne Gewalt nach vereinbarten Regeln austragen. Zu diesen Regeln gehören z.B. Absprachen in der Familie, Diskussionsregeln in der Klasse, Schul- und Betriebsordnungen sowie Gesetze (siehe „Handeln – aktiv sein“, S. 60f.).

Traditionelle Friedensdemonstration zu Ostern

AUFGABEN

1. Beschreiben Sie die beiden sich ergänzenden Begriffe von Gewalt in eigenen Worten. Finden Sie zu den Definitionen jeweils drei Beispiele.
2. Führen Sie eine Meinungsumfrage an Ihrer Schule durch (siehe hierzu auch „Handeln – aktiv sein“, S. 262f.). Befragen Sie Ihre Mitschülerinnen und Mitschüler nach ihrer Definition zum Stichwort „Frieden ist …“.
3. Stellen Sie für sich Regeln auf, in denen Sie festlegen, wie Sie sich in Zukunft verhalten wollen, um Ihren Beitrag zu einem friedlichen Miteinander zu leisten. Beachten Sie dabei Folgendes:
   a) Selbstverpflichtungen sind eigenverantwortliche Absichtserklärungen, die klar und deutlich formuliert sein sollten. Ihre Einhaltung kann allein von der betreffenden Person überprüft werden.
   b) Selbstverpflichtungen müssen freiwillig und durch Einsicht formuliert werden und dürfen nicht durch moralischen Druck oder Gruppenzwang entstehen.
   c) Selbstverpflichtungen sollten im Alltag einlösbar sein und müssen auch dann eingehalten werden, wenn sie unangenehm sind.

Das Hauptgebäude der UNO in New York

9.2.2 Die UNO

Entstehung der Vereinten Nationen

Die Geschichte der Vereinten Nationen ist mit der deutschen Geschichte eng verbunden. Ohne den Ersten und Zweiten Weltkrieg wären die Vereinten Nationen in ihrer heutigen Gestalt nicht denkbar. Durch die Gründung der UN sollte die Wiederholung derartiger Geschehnisse verhindert werden.

Die Idee einer Weltordnung, in der Streitigkeiten zwischen Staaten friedlich beigelegt werden, ist nicht neu. Schon 1795 forderte der deutsche Philosoph Immanuel Kant einen Völkerbund der republikanischen Staaten, der diese Aufgabe übernehmen sollte.

Nach dem Ersten Weltkrieg wurde der Völkerbund, der Vorläufer der UN, gegründet. Der Völkerbund war jedoch eine zu schwache Organisation, die von vielen Staaten nicht ernst genommen wurde.
Im Zweiten Weltkrieg, am 14.08.1942, legten der amerikanische Präsident Franklin D. Roosevelt und der britische Premierminister Winston Churchill mit der „Atlantik-Charta“ das Fundament für eine neue Weltorganisation. Die Vereinten Nationen wurden am 26.06.1945 auf einer Konferenz in San Francisco gegründet.

Vereinte Nationen: engl.: United Nations (Organization), Abkürzung UN (UNO).
Am 26.06.1945 wurde auf der UN-Konferenz von San Francisco die Charta der Vereinten Nationen von 51 Nationen unterzeichnet.
Die erste Tagung der Vereinten Nationen fand am 24.10.1945 statt.
Die Mitgliedschaft steht allen Staaten auf Antrag offen. Gegenwärtig sind 193 Staaten Mitglied der UN.
Die Bundesrepublik Deutschland wurde erst 1973 – zusammen mit der damaligen DDR – Mitglied der internationalen Organisation.

Ziele und Aufbau der Vereinten Nationen

Grundsätze der Arbeit der UN:
- **Souveräne Staaten mit gleichen Rechten:** Kein Staat darf einem anderen Staat seine Politik aufzwingen. Alle Staaten sollen unabhängig und souverän sein und frei für sich sprechen können.
- **Konfliktprävention:** Die Regierungen treffen sich regelmäßig, um über die wichtigsten Aufgaben der Zukunft gemeinsam zu beraten und Maßnahmen zu beschließen. Konflikte sollen so schon im Vorfeld vermieden werden.
- **Gewaltverzicht:** Streitigkeiten zwischen den Staaten sollen auf friedlichem Wege gelöst werden – z.B. durch neutrale Schlichter, welche die Streitenden freiwillig anrufen, oder durch den Urteilsspruch eines internationalen Gerichts.
- **Gemeinsame, kollektive Sicherheit:** Sollten alle friedlichen Mittel versagen, darf die internationale Gemeinschaft die Streitenden auch durch Androhung und Anwendung von Gewalt zum Frieden zwingen.

Zur praktischen Umsetzung der Ziele der UN sind zahlreiche Organe und Nebenorgane geschaffen worden. Sie bilden heute ein kaum zu überschauendes Geflecht. Im Mittelpunkt der UN-Organisation steht die **Generalversammlung**, der sämtliche Mitgliedsstaaten angehören. Jeder Staat hat eine Stimme, kann aber bis zu fünf Vertreter in die Sitzungen entsenden. Die Generalversammlung entscheidet im Allgemeinen mit einfacher Mehrheit, wichtige Beschlüsse müssen jedoch mit Zweidrittelmehrheit gefasst werden. Die Beschlüsse sind allerdings nur für die zustimmenden Staaten verbindlich. Die Generalversammlung darf sich grundsätzlich nicht mit Angelegenheiten befassen, die noch im Sicherheitsrat erörtert werden.

Weitere Organe der UN sind der Wirtschafts- und Sozialrat (ECOSOC), der Internationale Gerichtshof in Den Haag und das wohl bekannteste und wichtigste Organ, der Sicherheitsrat (siehe Folgeseite). Daneben gibt es noch eine Vielzahl von Sonder- und Hilfsorganisationen. Verwaltet und koordiniert wird die Arbeit der UN vom UN-Sekretariat und vom UN-Generalsekretär.

Flagge der Vereinten Nationen

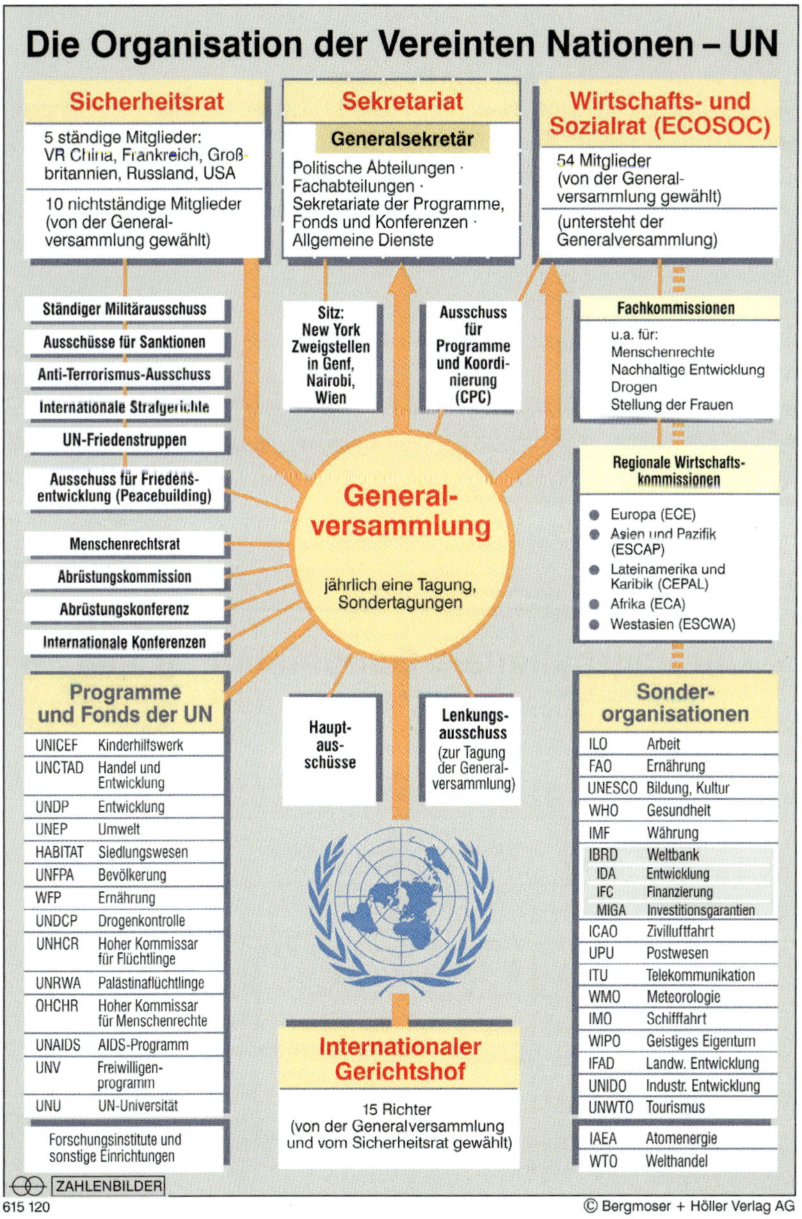

Die Vereinten Nationen setzen sich folgende Ziele:

1. den Weltfrieden und die internationale Sicherheit zu wahren und zu diesem Zweck wirksame Kollektivmaßnahmen zu treffen, um Bedrohungen des Friedens zu verhüten und zu beseitigen, Angriffshandlungen und andere Friedensbrüche zu unterdrücken und internationale Streitigkeiten oder Situationen, die zu einem Friedensbruch führen könnten, durch friedliche Mittel nach den Grundsätzen der Gerechtigkeit und des Völkerrechts zu bereinigen oder beizulegen;
2. freundschaftliche, auf der Achtung vor dem Grundsatz der Gleichberechtigung und Selbstbestimmung der Völker beruhende Beziehungen zwischen den Nationen zu entwickeln [...];
3. eine internationale Zusammenarbeit herbeizuführen, um internationale Probleme wirtschaftlicher, sozialer, kultureller und humanitärer Art zu lösen und die Achtung vor den Menschenrechten und Grundfreiheiten für alle ohne Unterschied der Rasse, des Geschlechts, der Sprache oder der Religion zu fördern und zu festigen;
4. ein Mittelpunkt zu sein, in dem die Bemühungen der Nationen zur Verwirklichung dieser gemeinsamen Ziele aufeinander abgestimmt werden.

(aus: Charta der UN, Artikel 1)

Ratko Mladic: Der ehemalige bosnisch-serbische General wurde 2011 gefasst und an das UN-Kriegsverbrechertribunal in Den Haag überstellt. Am 22. November 2017 wurde er u. a. des Völkermords für schuldig gesprochen und zu lebenslanger Haft verurteilt.

Der Sicherheitsrat der Vereinten Nationen

In ihm werden Beschlüsse gefasst, die der Aufrechterhaltung des Weltfriedens dienen sollen. Diese Beschlüsse können politischer, wirtschaftlicher oder militärischer Art sein.

Der Sicherheitsrat kann die UN-Mitglieder auffordern, Waffenlieferungen an die streitenden Länder einzustellen oder wirtschaftliche Beziehungen zu den betreffenden Ländern abzubrechen. Darüber hinaus kann er Truppen in bedrohte Gebiete entsenden.

Beschlüsse des Sicherheitsrates werden mit mindestens neun Stimmen gefasst, darunter die Stimmen der fünf ständigen Mitglieder. Die ständigen Mitglieder haben ein Vetorecht, d. h., ohne ihre Zustimmung kommt kein Beschluss zustande. Dieses Vetorecht hat in der Vergangenheit häufig die Arbeit des Sicherheitsrates gelähmt.

Der Internationale Gerichtshof in Den Haag

Seit Gründung der Vereinten Nationen im Jahr 1945 ist der Internationale Gerichtshof (IGH) das richterliche Hauptorgan der UN. Er ist zuständig für alle Streitigkeiten zwischen Staaten und unterstützt den Grundgedanken der Vereinten Nationen (siehe Artikel 1 der UN-Charta auf der vorherigen Seite), internationale Streitfälle durch friedliche Mittel nach den Grundsätzen der Gerechtigkeit und des Völkerrechts zu regeln und beizulegen.

Allen UN-Mitgliedern steht jederzeit der Rechtsweg vor den Internationalen Gerichtshof offen. Der Einfluss und die Befugnisse des Gerichtshofs sind jedoch relativ schwach. Stimmen nicht alle beteiligten Parteien dem Gang vor das Gericht zu, können die Staaten letztlich selbst entscheiden, ob sie sich einem Urteilsspruch des Gerichts beugen oder nicht.

Neben der Rechtsprechung ist der Internationale Gerichtshof auch als Gutachter in Rechtsfragen tätig.

UN-Gerichte in Den-Haag:
Neben dem Internationalen Gerichtshof (IGH) gibt es in Den Haag noch zwei weitere UN-Gerichte:
Zum einen den **Internationalen Strafgerichtshof (IStGH)**, der im Gegensatz zum IGH nicht über Staaten, sondern über Einzelpersonen zu Gericht sitzt. Er ist zuständig für Völkermord, Kriegsverbrechen und Verbrechen gegen die Menschlichkeit.
Zum anderen den extra eingerichteten **Internationalen Gerichtshof für das ehemalige Jugoslawien (UN-Kriegsverbrechertribunal)**. Dieser sorgt immer wieder mit Gerichtsverfahren gegen führende Militärs und Politiker des ehemaligen Jugoslawien für Schlagzeilen. Mit dem Prozess gegen den ehemaligen Präsidenten Jugoslawiens Slobodan Milošević wurde erstmals in der Geschichte ein führender Staatsmann wegen Kriegsverbrechen angeklagt.
2009 folgte der Prozess gegen den Präsidenten der Republik Bosnien und Herzegowina, Radovan Karadzic. Ihm wurden Kriegsverbrechen sowie Verbrechen gegen die Menschlichkeit während des Bosnienkriegs von 1992 bis 1995 zur Last gelegt.

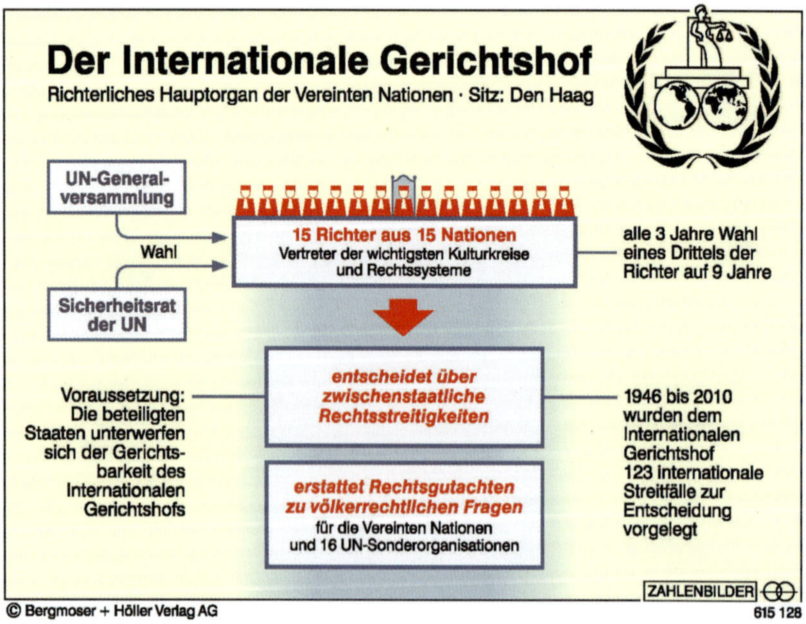

Friedensmissionen der Vereinten Nationen

Ein wichtiges Instrument des Sicherheitsrates zur Wahrung von Frieden und internationaler Sicherheit bilden die UN-Friedenseinsätze (d.h., der Einsatz von Soldaten, Polizisten, Militärbeobachtern und Zivilpersonen in Krisengebieten im Auftrag der UN).

Eine Friedensmission der Vereinten Nationen in einem Land erfolgt nur mit der Zustimmung der dortigen Regierung bzw. der betreffenden Konfliktparteien. Die UN-Einsatzkräfte (Blauhelme) sind zwar bewaffnet, dürfen aber nur im Notfall von ihren Waffen Gebrauch machen. Zu ihren Aufgaben gehören u.a. die Vermittlung zwischen Konfliktparteien, die Bildung von sogenannten „Pufferzonen", das Überwachen von Waffenstillständen, das Entsenden von Wahlbeobachtern sowie der Einsatz von Untersuchungskommissionen.

Die Stationierung von Blauhelmen in Krisengebieten und die Wirksamkeit der UN-Friedensmissionen sind allerdings umstritten. Problematisch ist häufig auch die Bereitstellung von Einsatzkräften durch die UN-Mitgliedsstaaten.

UN-Blauhelme im Einsatz:
Von 1948 bis 2017 wurden verschiedene Missionen mit dem Ziel, den Frieden in den betroffenen Regionen zu erhalten oder zu stiften, beschlossen.
2017 waren rund 116.000 Personen bei Friedenseinsätzen im Auftrag der UN im Einsatz.

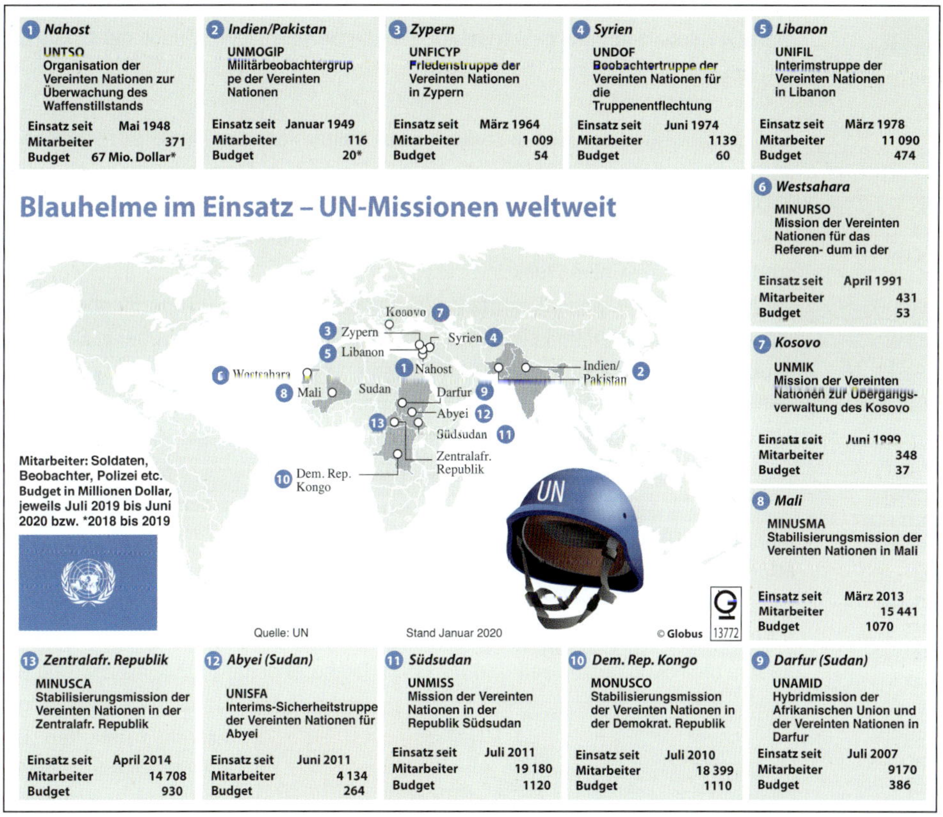

AUFGABEN

1. Nennen und beschreiben Sie kurz die wichtigsten Organe der UN.
2. Finden Sie mithilfe des Internets heraus, welche Staaten zurzeit Mitglied im Sicherheitsrat der Vereinten Nationen sind.
3. Schreiben Sie einen Brief an den Bundesaußenminister. Stellen Sie in Ihrem Brief dar, was die UN in einem derzeitig aktuellen Konflikt unternehmen sollte, um die Situation zu befrieden. Fordern Sie den Minister auf, sich dafür einzusetzen.

__Blickpunkt:__ Das wichtigste politische Entscheidungsgremium der NATO ist der Nordatlantikrat. In ihm tagen die ständigen Vertreter der Bündnisstaaten.

Das Hauptquartier der NATO in Brüssel

NATO (North Atlantic Treaty Organization): Verteidigungsorganisation europäischer und nordamerikanischer Staaten. Das Militärbündnis, dem heute 28 Staaten angehören, wurde 1949 mit der Unterzeichnung des Nordatlantikvertrages gegründet.

Nordatlantikvertrag vom 04.04.1949 (Auszug):
Artikel 5: Die Parteien vereinbaren, dass ein bewaffneter Angriff gegen eine oder mehrere von ihnen in Europa oder Nordamerika als Angriff gegen sie alle angesehen werden wird; sie vereinbaren daher, dass im Fall eines solchen bewaffneten Angriffs jede von ihnen in Ausübung des in Artikel 51 der Satzung der Vereinten Nationen anerkannten Rechts der individuellen oder kollektiven Selbstverteidigung der Partei oder den Parteien, die angegriffen werden, Beistand leistet, indem jede von ihnen unverzüglich für sich und im Zusammenwirken mit den anderen Parteien die Maßnahmen, einschließlich der Anwendung von Waffengewalt, trifft, die sie für erforderlich erachtet, um die Sicherheit des nordatlantischen Gebiets wiederherzustellen und zu erhalten. […]

9.2.3 Die NATO

Nach dem Zweiten Weltkrieg brachen zwischen den Siegermächten USA und der kommunistischen UdSSR die Gegensätze wieder auf. Dies führte zum sogenannten Ost-West-Konflikt (siehe auch Abschnitt 3.3.5). Beide Großmächte sicherten ihre Interessengebiete u. a. durch die jeweilige Gründung eines Militärbündnisses. Im Westen entstand 1949 die **NATO** und als Reaktion darauf im Osten der **Warschauer Pakt**. Die folgenden vier Jahrzehnte waren von einer Gegnerschaft geprägt, die als **„Kalter Krieg"** bezeichnet wird.

Wichtigste Aufgabe der NATO war und ist auch heute noch der Schutz aller NATO-Partner gegen mögliche Aggressionen. Ein bewaffneter Angriff gegen eines oder mehrere ihrer Mitglieder wird als Angriff auf alle Mitglieder verstanden. Der NATO-Vertrag enthält jedoch keine automatische Beistandsverpflichtung. Jedem Mitgliedsstaat bleibt es überlassen, gemeinsam mit den Partnern solche Maßnahmen zu ergreifen, die er für angemessen hält. Während des Kalten Krieges war es politisches Ziel, das westliche Modell der repräsentativen Demokratie und der Marktwirtschaft notfalls militärisch gegen das sozialistische Modell der UdSSR zu verteidigen.

Schwer bewaffnet standen sich die beiden Militärblöcke an der Grenze zwischen der Bundesrepublik Deutschland und der Deutschen Demokratischen Republik (DDR) gegenüber. Dem mächtigen nuklearen und konventionellen Militärapparat des Warschauer Pakts setzte die NATO die Abschreckungs- und Verteidigungsstrategie der „flexiblen Reaktion" entgegen. Diese sollte deutlich machen, dass die NATO im Falle eines Angriffs in der Lage war, sowohl konventionell als auch nuklear zu reagieren. Im Falle eines gegnerischen Angriffs waren beide Seiten zu einem Vergeltungs- bzw. Zweitschlag fähig. Mit dieser Abschreckung und Androhung der „Zweitschlagskapazität" standen sich die beiden Militärblöcke vier Jahrzehnte gegenüber. Für beide Teile Deutschlands hätte ein Krieg die sichere, totale Zerstörung bedeutet (siehe auch Abschnitt 3.3.5).

Die neue NATO

Mit dem Zerfall des Ostblocks endete auch die Bedrohung durch den Kalten Krieg. Die sicherheitspolitische Situation in Europa änderte sich völlig. Nachdem der NATO der potenzielle Gegner abhanden gekommen war, wurde die Forderung erhoben, die NATO aufzulösen und die OSZE (siehe Abschnitt 9.2.4) als zentrale europäische Friedensorganisation zu stärken. Die NATO-Staaten hielten aber an ihrem Bündnis fest und entwarfen neue Aufgabenstellungen.

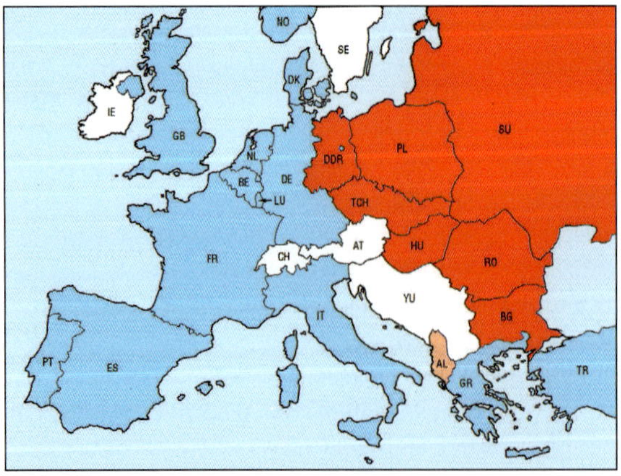

Blockbildung in Europa von 1950–1990

- NATO-Staaten
- Staaten des Warschauer Paktes
- bis 1968 Warschauer Pakt

NATO-Brennpunkte: die Ukraine und die NATO-Osterweiterung

Seit 2013 kam es zu gravierenden politischen Veränderungen in der Ukraine. Die Menschen forderten massiv eine stärkere West-Orientierung und eine engere Kooperation mit der EU. Einer zu engen Bindung an Russland steht die Mehrheit der Ukrainer skeptisch bis ablehnend gegenüber. Russlands Präsident Putin reagiert: Unter dem Deckmantel, Russisch sprechende Bürger der Ukraine zu schützen, besetzt er völkerrechtswidrig die Krim, ein Gebiet der Ukraine. Gleichzeitig toleriert bzw. unterstützt der russische Präsident die Destabilisierung der Ostukraine durch Separatisten, die von der ukrainischen Regierung militärisch bekämpft werden.

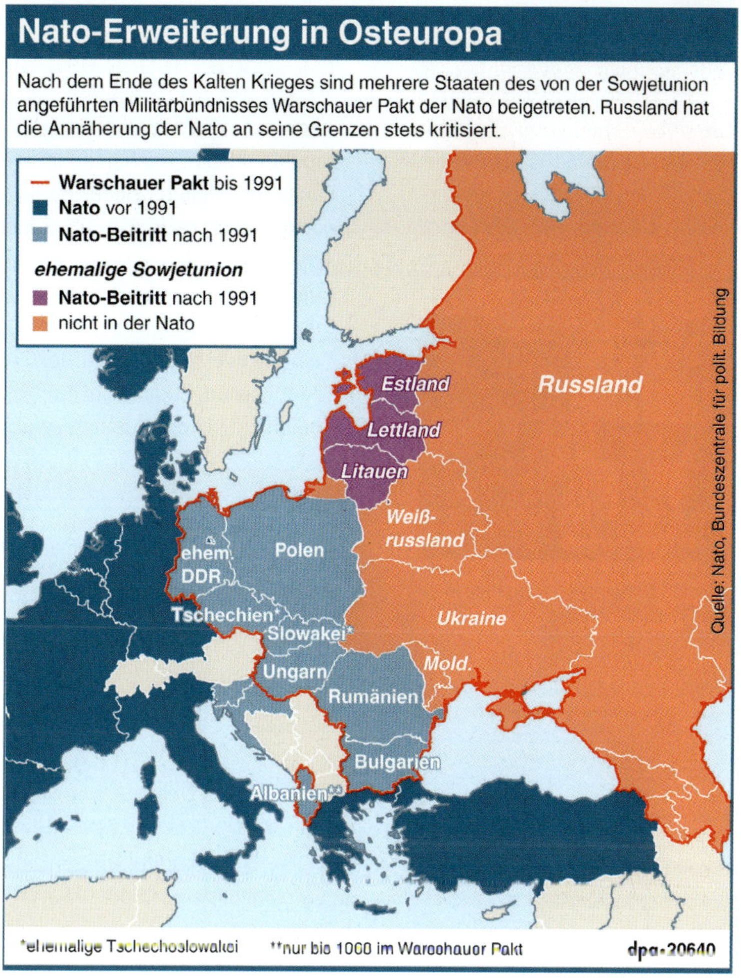

Putin behauptet Ende 2014, die Ausdehnung der NATO und die Westorientierung der Ukraine gefährde die Sicherheit Russlands. Russlandkenner sehen aber eher innerrussische wirtschaftliche, soziale und strukturelle Probleme, von denen Putin durch eine nationalistische Außenpolitik ablenken will.

Andere Beobachter monieren, dass die NATO ihren Machtbereich zu „ungeniert" erweitert und so die ehemalige Supermacht Russland gedemütigt habe. Ein Blick auf das Schaubild (rechts) und der Vergleich des früheren Machtbereichs des Warschauer Pakts (siehe Grafik auf S. 322) mit der aktuellen Situation könnten für diese These sprechen.

Russland sieht sich als Nachfolger der Sowjetunion und damit der „Hausmacht" des Warschauer Pakts. Es musste und muss mehr oder weniger tatenlos mit ansehen, wie sich frühere Sowjetrepubliken wie die Baltischen Staaten und Ex-Satellitenstaaten wie Polen, Ungarn, Rumänien, Bulgarien, Tschechien und die Slowakei (früher: Tschechoslowakei) sowie die neuen Bundesländer („Ex- DDR") dem Einfluss des „Kernlands" entzogen bzw. entziehen.

Wie auch immer man die Situation einschätzt – eine Einmischung in die inneren Angelegenheiten eines souveränen Staates (wie der Ukraine) verstößt immer gegen die Grundsätze der Vereinten Nationen.

Neue NATO-Aufgaben

Aktuell ist ein Angriff eines Staates auf NATO-Gebiet äußerst unwahrscheinlich. Doch die NATO stellt sich anderen, neuen Herausforderungen und Gefahren, wie z. B. der Verbreitung von Massenvernichtungswaffen, Terrorismus und dessen Verfügungsgewalt über nukleare, chemische, biologische oder radiologische Fähigkeiten, Instabilitäten an den NATO-Grenzen und sogenannten „Cyber Attacks" – also Angriffen auf die Computernetzwerke ihrer Mitgliedstaaten.

AUFGABEN

1. Erläutern Sie das NATO-Verteidigungskonzept – damals und heute.
2. Listen Sie auf, welche Länder seit 1999 Mitglied der NATO geworden sind.
3. Nennen Sie Gründe, die für oder gegen eine Mitgliedschaft Deutschlands in der NATO sprechen.

Blickpunkt: *Die OSZE ist eine internationale Organisation, die sich der Friedenssicherung und dem Wiederaufbau nach Konflikten widmet. Obwohl es zu gewissen inhaltlichen Überschneidungen mit der NATO kommt, ist die OSZE deutlich weniger militärisch ausgerichtet.*

Die OSZE hat ihren Hauptsitz in der Wiener Hofburg

Euro-Atlantischer Partnerschaftsrat (EAPR)
Ihm gehören 50 Staaten aus Ost und West an, darunter auch alle 28 NATO-Staaten. Gegründet wurde der Rat 1997 als Gegengewicht zur NATO, die nach dem Ende des Kalten Krieges zunehmend mehr Macht erlangte. Ziel war es, alle diejenigen Staaten stärker in eine politische und militärische Zusammenarbeit einzubinden, die nicht Mitglieder der NATO waren.
Zu den Aufgaben des Partnerschaftsrates gehören:
- der sicherheitspolitische Dialog,
- die Verstärkung der Kooperation bei Friedensmissionen und der Rüstungskontrolle,
- die allgemeine Vertrauensbildung.

Das Instrument, um diese Ziele zu erreichen, ist das Programm Partnership for Peace (Partnerschaft für den Frieden).

9.2.4 Deutschland im System der europäischen und internationalen Sicherheitspolitik

Auch mit der Wiedervereinigung im Jahr 1990 verblieb die vergrößerte Bundesrepublik in den bestehenden westlichen Bündnissen. Allerdings war nach dem Fortfall des Kalten Krieges nun die Zeit gekommen, neben der Pflege der Bündnispartnerschaft neue Akzente in der Außenpolitik zu setzen, wie z. B. durch:
- das Vorantreiben des europäischen Einigungsprozesses;
- die Aussöhnung und Verständigung mit ehemaligen Kriegsgegnern wie Polen und dem UdSSR-Nachfolger Russland;
- eine aktive Mitarbeit an der Lösung regionaler Konflikte (z. B. Ex-Jugoslawien, Afghanistan, Sudan, Libyen);
- einen kritischeren, selbstbewussteren Umgang in den Beziehungen zu den USA.

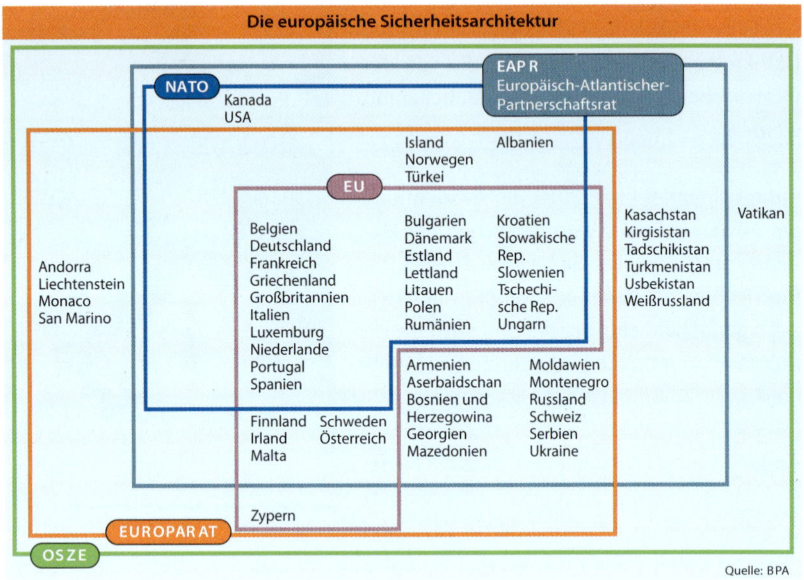

Die OSZE – Organisation für Sicherheit und Zusammenarbeit in Europa

1973 leiteten die europäischen Staaten einen Friedensprozess ein: die **Konferenz für Sicherheit und Zusammenarbeit in Europa (KSZE)**. Ziel war es, die Bedrohung aus der Konfrontation der Militärblöcke NATO und Warschauer Pakt zu mildern. Im Abschlussdokument der Konferenz, der „Schlussakte von Helsinki“, erklärten 33 europäische Staaten sowie die USA und Kanada die gegenseitige Achtung der Souveränität, die Einhaltung der Menschenrechte und den Gewaltverzicht.

Mittlerweile sind 57 Staaten an dieser Zusammenarbeit beteiligt. Aus den regelmäßigen Konferenzen hat sich 1994 eine regionale Unterorganisation der UNO gebildet, die **OSZE**. Ihre Aufgaben umfassen:
- die Sicherung des Friedens und die Eindämmung von Konflikten,
- den Wiederaufbau nach Konflikten und den Aufbau und die Förderung von demokratischen Strukturen,
- die Durchsetzung von Menschenrechten, Bürgerrechten und den Schutz von Minderheiten,
- die Kontrolle der konventionellen Rüstung,
- vorbeugende Diplomatie, Konfliktverhütung und Krisenbewältigung.

GASP und GSVP – Außen- und Sicherheitspolitik der EU

Um zur Lösung internationaler Konflikte beitragen zu können und weltpolitisch Verantwortung zu übernehmen, ist es wichtig, dass die Mitgliedsstaaten Europas außenpolitisch zusammenarbeiten – auch unabhängig von internationalen Bündnissen.

Mit dem Vertrag von Maastricht wurde 1992 als zweite Säule der EU eine **Gemeinsame Europäische Außen- und Sicherheitspolitik (GASP)** festgelegt (siehe auch Abschnitt 7.1.2). Allerdings bleibt die Entscheidungszuständigkeit in diesem Politikbereich in den Händen der Nationalstaaten, sodass einer EU-weit gültigen Entscheidung letztlich alle Mitgliedsstaaten zustimmen müssen.

Deutsches Eurokorps

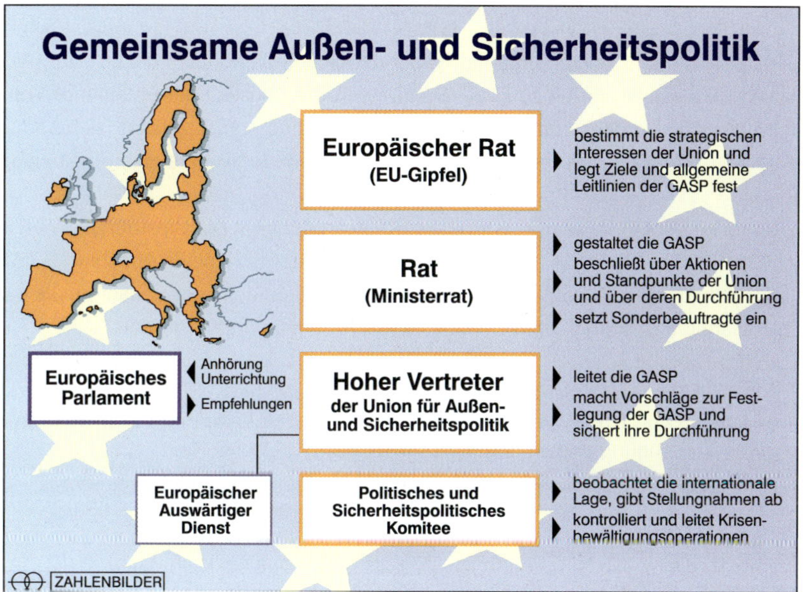

715 200 © Bergmoser + Höller Verlag AG

Eurokorps: Militärischer Zusammenschluss von Frankreich, Deutschland, Belgien, Luxemburg und Spanien. Der Sitz des Hauptquartiers befindet sich in Straßburg. Im Bedarfsfall stellt das Eurokorps Soldaten und schnelle Eingreiftruppen für EU- und NATO-Missionen bereit. Die Beteiligung am Eurokorps steht allen EU- und NATO-Mitgliedsstaaten offen. So unterstützen auch Griechenland, Polen, die Türkei, Österreich und Italien das Hauptquartier mit Personal.

1999 wurde die GASP um die **Gemeinsame Sicherheits- und Verteidigungspolitik (GSVP)** ergänzt, damit die Ziele der GASP auch mit Maßnahmen des militärischen Krisenmanagements verfolgt werden können. Tatsächlich steigerte sich die Zahl der EU-Missionen in Krisenregionen beträchtlich.

Das große Problem der EU-Außenpolitik ist die Souveränität der Nationalstaaten. Wo immer ein Staat oder mehrere ausscheren, ist ein gemeinsames Vorgehen unmöglich. Bestes Beispiel ist der Irak-Krieg im Jahr 2003: Während Großbritannien und Spanien aktiv teilnahmen, lehnten Frankreich und Deutschland den Konflikt strikt ab. Eine einheitliche Position der EU in diesem so wichtigen Bereich der Außenpolitik war nicht zu finden.

Seit dem Vertrag von Lissabon 2007 wird die europäische Außen- und Sicherheitspolitik von einem **Hohen Vertreter der Union für Außen- und Sicherheitspolitik** koordiniert und nach außen vertreten (siehe auch Abschnitt 7.1.3). Wichtige außenpolitische Kompetenzen verbleiben jedoch bei den EU-Mitgliedsstaaten.

AUFGABEN

1. Recherchieren Sie im Internet über die Aufgaben und Ziele der GASP.
2. Stellen Sie die Unterschiede zwischen den Aufgaben der NATO, OSZE und GASP in einer Tabelle stichpunktartig gegenüber.
3. Diskutieren Sie in der Klasse, inwieweit es sinnvoll ist, eine Vielzahl von militärischen Bündnissystemen in Europa zu unterhalten. Bilden Sie hierfür zwei Gruppen und arbeiten Sie jeweils die Pro- und Kontra-Argumente heraus.

9.2.5 Die Bundeswehr

Blickpunkt: *Der Job bei der Bundeswehr ist nicht einfach. Die Aufgaben sind ebenso vielfältig wie die Einsatzgebiete und die Anforderungen an die Soldatinnen und Soldaten entsprechend hoch. Seit 2011 ist die Bundeswehr eine Freiwilligen- und Berufsarmee. Das ist der Grund, warum intensiv für den Dienst bei der Armee geworben wird. Wären Sie bereit, freiwillig mitzumachen und auch an Auslandseinsätzen teilzunehmen?*

Soldaten während der Grundausbildung

Die **Bundeswehr** wurde 1956 als Armee der Bundesrepublik Deutschland mit 500 000 Soldaten und als Mitglied der NATO-Streitkräfte gegründet.

Nach dem Beitritt der Bundesrepublik zur NATO gründete die Deutsche Demokratische Republik 1956 mit der **Nationalen Volksarmee (NVA)** ihre eigene Armee und wurde Mitglied des Warschauer Pakts. Vorgänger der NVA war die 1952 gegründete „Kasernierte Volkspolizei".

Mit der **Wiedervereinigung** der beiden deutschen Staaten am 03.10.1990 wurde die NVA formell aufgelöst. Material und Waffen der NVA, aber auch ein Teil der 93 000 Soldaten, wurden in den folgenden Monaten von der Bundeswehr übernommen. An den alten NVA-Standorten wurden Kasernen der Bundeswehr eingerichtet. Gleichzeitig wurde die Gesamtstärke der Bundeswehr im vereinigten Deutschland auf 370 000 Soldaten reduziert.

Mit der bedingungslosen Kapitulation der deutschen Wehrmacht am 08. Mai 1945 war der Zweite Weltkrieg zu Ende. Gemäß den Beschlüssen der Potsdamer Konferenz wurde Deutschland vollständig abgerüstet und entmilitarisiert (siehe auch Abschnitt 3.2.5). Von deutschem Boden sollte nie wieder Krieg ausgehen können.

Durch den Ost-West-Konflikt wurde die Bundesrepublik in das Westbündnis NATO und die DDR in das Ostbündnis Warschauer Pakt integriert (siehe Abschnitt 3.3.5). Folglich bildeten sich auch zwei Armeen in den beiden deutschen Staaten, die mit der Wiedervereinigung Deutschlands 1990 zusammengeführt wurden.

Sicherheit für unser Land zu gewährleisten, bedeutet heute insbesondere, Auswirkungen von Krisen und Konflikten auf Distanz zu halten und sich aktiv an deren Vorbeugung und Einhegung zu beteiligen. [...]

Auftrag der Bundeswehr ist es, im Rahmen des gesamtstaatlichen Ansatzes

- Deutschlands Souveränität und territoriale Integrität zu verteidigen und seine Bürgerinnen und Bürger zu schützen;
- zur Resilienz von Staat und Gesellschaft gegen äußere Bedrohungen beizutragen;
- die außen- und sicherheitspolitische Handlungsfähigkeit Deutschlands abzustützen und zu sichern;
- gemeinsam mit Partnern und Verbündeten zur Abwehr sicherheitspolitischer Bedrohungen für unsere offene Gesellschaft und unsere freien und sicheren Welthandels- und Versorgungswege beizutragen;
- zur Verteidigung unserer Verbündeten und zum Schutz ihrer Staatsbürger beizutragen;
- Sicherheit und Stabilität im internationalen Rahmen zu fördern und
- europäische Integration, transatlantische Partnerschaft und multinationale Zusammenarbeit zu stärken.

Abgeleitet aus ihrem Auftrag nimmt die Bundeswehr in einem gesamtstaatlichen Ansatz folgende Aufgaben wahr:

- Landes- und Bündnisverteidigung im Rahmen der NATO und der EU (...) um Deutschland, seine Staatsbürger und Partner zu schützen und potenzielle Gegner abzuschrecken.
- Internationales Krisenmanagement einschließlich aktiver militärischer und zivil-militärischer Beiträge (...) um unser internationales Umfeld im gesamten Bedrohungs- und Krisenspektrum zu stabilisieren und Gefahren für unser Land und unsere Verbündeten abzuwenden.
- Heimatschutz, nationale Krisen- und Risikovorsorge und subsidiäre Unterstützungsleistungen in Deutschland (...).

(aus: Gekürzter Text aus Weißbuch 2016, Seiten 90–92.
Das Weißbuch 2016 ist auf der Homepage der Bundeswehr auffindbar: www.bundeswehr.de)

Artikel 26 Grundgesetz

(1) Handlungen, die geeignet sind und in der Absicht vorgenommen werden, das friedliche Zusammenleben der Völker zu stören, insbesondere die Führung eines Angriffskrieges vorzubereiten, sind verfassungswidrig. Sie sind unter Strafe zu stellen.

(2) Zur Kriegsführung bestimmte Waffen dürfen nur mit Genehmigung der Bundesregierung hergestellt, befördert und in Verkehr gebracht werden.

Bundeswehr und Demokratie

Aufgrund der schlechten Erfahrungen in der Weimarer Republik wurde die Bundeswehr von ihrer Gründung an fest in den demokratischen Staat eingebunden. Das Militär ist der politischen Führung, die vom gewählten Bundestag kontrolliert wird, grundsätzlich untergeordnet (Primat der Politik).
Zu diesem demokratischen Verständnis gehört auch, dass innerhalb der Bundeswehr demokratische Regeln gelten. Die Rechte und Pflichten der Soldatinnen und Soldaten sind im Soldatengesetz festgelegt, unterliegen somit der parlamentarischen Kontrolle und sind auch einklagbar.

Die Bundeswehr ist Teil der ausführenden Gewalt (Exekutive). Ihre Leitung ist Aufgabe der dem Bundestag verantwortlichen Regierung. In Friedenszeiten hat der Bundesminister der Verteidigung die Leitungsbefugnis über die Streitkräfte. Durch die Verkündigung des Verteidigungsfalles geht die Befehls- und Kommandogewalt auf die Bundeskanzlerin bzw. den Bundeskanzler über.
Weitere Kontrollorgane sind der Verteidigungsausschuss des Bundestages und der Wehrbeauftragte. Letzterer versteht sich als „Anwalt der Soldaten" und dient diesen als Beschwerde- und Beratungsinstanz.

Soldaten als **Staatsbürger in Uniform** sind eigenverantwortlich denkende und handelnde Menschen. Sie dürfen sich zwar nicht einfach über Befehle hinwegsetzen, aber Mitdenken und Mitentscheiden sind gefordert. Blinder Gehorsam zählt nicht mehr zu den vorrangigen soldatischen Eigenschaften in einer modernen, demokratischen Armee. Dies unterscheidet die Bundeswehr von der vorangehenden Reichswehr. Es wird zugestanden, dass es Situationen gibt, in denen nicht blinder Gehorsam gefragt ist, sondern schnelle und eigene Entscheidungen getroffen werden müssen. Hier ein Beispiel:

Auslandseinsätze – die Positionen der Parteien
In der politischen Diskussion sind die Auslandseinsätze der Bundeswehr heftig umstritten. Diese Diskussion wird durch die Einführung der Berufsarmee noch verstärkt. CDU und FDP haben es schon immer als eine Aufgabe der Bundeswehr gesehen, im Rahmen von UN-Mandaten an Auslandseinsätzen teilzunehmen. SPD und Grüne hatten bis weit in die 90er-Jahre große Bedenken. Erst seit der Regierung unter Bundeskanzler Schröder (SPD) und Bundesaußenminister Fischer (Grüne) unterstützen auch diese Parteien die Auslandseinsätze. Die Partei Die Linke lehnt Auslandseinsätze der Bundeswehr ab.

Auslandseinsätze der Bundeswehr – Beispiele:
- vor der Küste Somalias: die EU-geführte Operation Atalanta
- vor der Küste des Libanon (UNIFIL)
- in Afghanistan (ISAF)
- im Kosovo (KFOR)

Pflicht kontra Gefahr
Die Besatzung eines im Irak eingesetzten Hubschraubers erhält den Auftrag, zwei schwer verletzte dänische UN-Soldaten aus Mossul auszufliegen. Kurz nach der Landung ist die Maschine von einer aggressiven Menschenmenge umringt. Es gelingt, den ersten Verletzten an Bord der Maschine zu nehmen. Die Zuführung des zweiten UN-Soldaten verzögert sich. Zwischenzeitlich eskaliert die Stimmung der Menge, der Hubschrauber wird mit Steinen beworfen und immer stärker beschädigt.

Wie würden Sie als verantwortlicher Luftfahrzeugführer entscheiden?
(1) Sie schätzen das Risiko bei der Rettung des zweiten Soldaten für die Besatzung und den bereits an Bord genommenen als zu hoch ein und starten.
(2) Sie nehmen das Risiko auf sich und entscheiden sich zu warten, bis es gelungen ist, auch den zweiten Soldaten zu retten.

(aus: www.frieden-und-sicherheit.de, 2001)

AUFGABEN

1. Listen Sie auf, welche konkreten Aufgaben sich aus dem Auftrag der Bundeswehr im Rahmen der Sicherheits- und Verteidigungspolitik ergeben.
2. Erläutern Sie, was man unter dem „Primat der Politik" versteht.
3. Beschäftigen Sie sich mit dem obigen Beispiel „Pflicht kontra Gefahr". Fällen Sie eine Entscheidung und begründen Sie diese gegenüber Ihren Mitschülerinnen und Mitschülern.
4. In der Randspalte finden Sie Hinweise auf aktuelle Auslandseinsätze der Bundeswehr. Erstellen Sie in Arbeitsgruppen kurze Darstellungen dieser oder anderer aktueller Auslandseinsätze und tragen Sie Ihre Ergebnisse vor.

Blickpunkt: *Nicht zum „Bund" eingezogen werden. Darauf hofften jahrzehntelang viele junge Männer. Allerlei Tricks wurden angewendet, um dem Dienst an der Waffe zu entgehen – meistens erfolglos.*
Anfang 2011 wurden zum letzten Mal junge Männer zum Grundwehrdienst bei der Bundeswehr eingezogen, der 2011 vorläufig abgeschafft (ausgesetzt) wurde. Die Bundeswehr soll eine Berufs- und Freiwilligenarmee werden. Und wenn das nicht klappt? Wird dann der Grundwehrdienst wieder eingeführt?

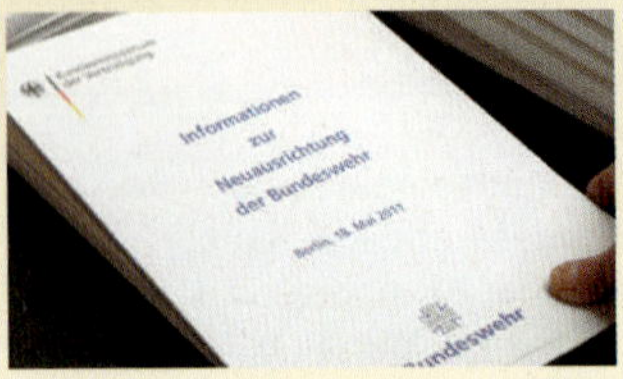

Artikel 4 GG
(3) Niemand darf gegen sein Gewissen zum Kriegsdienst mit der Waffe gezwungen werden. Das Nähere regelt ein Bundesgesetz.

Artikel 12a GG
(1) Männer können vom vollendeten achtzehnten Lebensjahr an zum Dienst in den Streitkräften, im Bundesgrenzschutz oder in einem Zivilschutzverband verpflichtet werden.
(2) Wer aus Gewissensgründen den Kriegsdienst mit der Waffe verweigert, kann zu einem Ersatzdienst verpflichtet werden. Die Dauer des Ersatzdienstes darf die Dauer des Wehrdienstes nicht übersteigen. Das Nähere regelt ein Gesetz, das die Freiheit der Gewissensentscheidung nicht beeinträchtigen darf und auch eine Möglichkeit des Ersatzdienstes vorsehen muss, die in keinem Zusammenhang mit den Verbänden der Streitkräfte und des Bundesgrenzschutzes steht.

Dienst bei der Bundeswehr

Nach bisherigem Recht hatten junge Männer bis Anfang 2011 einen neunmonatigen Grundwehrdienst abzuleisten. Alternativ war der Zivildienst (siehe unten) möglich. Angesichts der politischen Veränderungen der vergangenen 15 Jahre stellte sich jedoch schon häufig die Frage nach dem Sinn des Wehrdienstes.

Warum brauchen wir Soldaten?

[…] Die sicherheitspolitische Lage in Europa hat sich gewandelt. Deutschland ist heute von Freunden umgeben. Die Einheit Deutschlands, die Öffnung der NATO nach Osten und die fortschreitende Entwicklung der Europäischen Union haben unser Land immer deutlicher in die Mitte eines neuen zukunftsorientierten Europas gerückt. Eine Gefährdung deutscher Staatsgrenzen durch konventionelle Streitkräfte besteht daher derzeit nicht.
Aber zahlreiche Beispiele sind Beleg dafür, dass das sicherheitspolitische Umfeld auch in Zukunft nicht frei von Gefahren sein wird. Politische, wirtschaftliche, soziale, ethnische, religiöse oder ökologische Spannungen können in der zunehmend stärker vernetzten und globalisierten Welt jederzeit Krisen und Konflikte auslösen. Geografische und politische Grenzen verlieren dabei insbesondere im Hinblick auf den international agierenden Terrorismus mehr und mehr ihre abschirmende Wirkung. Kaum vorhersehbare Entwicklungen können die Sicherheit und Stabilität in Europa und somit auch in Deutschland gefährden. Solange solche Risiken bestehen, bleibt eine angemessene Sicherheitsvorsorge unverzichtbar.
Streitkräfte haben mit ihren Fähigkeiten und ständiger Einsatzbereitschaft diesen Schutz sicherzustellen. […] Obwohl moderne Sicherheitsvorsorge politische, gesellschaftliche, wirtschaftliche aber auch kulturelle und ökologische Elemente einschließt und sich damit nicht alleine auf militärische Mittel stützt, müssen falls nötig, Stabilität und Sicherheit mit militärischen Mitteln durchgesetzt bzw. wiederhergestellt werden.

(aus: Bundesministerium der Verteidigung: *Ja, ich bin dabei – Wegweiser für Wehrpflichtige*, Juli 2010, S. 9)

Die Bundeswehrreform 2011: Freiwilliger Wehrdienst (FWD)

Seit dem 01.03.2011 ist die Wehrpflicht faktisch ausgesetzt worden, seit dem 01.07.2011 ist sie per Gesetz nicht mehr in Kraft. Allerdings bleibt die Wehrpflicht auch weiterhin im Grundgesetz verankert.
Die Bundeswehr wird in eine **Berufs- und Freiwilligenarmee** mit einer geplanten Truppenstärke von bis zu 185000 Soldatinnen und Soldaten umgewandelt. Durch die starke Verringerung der Truppenstärke müssen Bundeswehrstandorte (Kasernen) geschlossen werden. Da die Bundeswehr auch immer eine große Anzahl an zivilen Arbeitsplätzen hatte, werden viele dieser Stellen durch die Schließung von Standorten wegfallen.

Zivildienst und Bundesfreiwilligendienst

Der Zivildienst war seit dem 01.10.2004 in seiner Dauer der des Wehrdienstes angeglichen worden. Ein Zivildienstleistender erhielt dabei die gleichen Bezüge wie ein Wehrdienstleistender. Im Zivildienst wurden Aufgaben erfüllt, die dem Gemeinwohl dienten. Etwa 70 Prozent der jungen Zivildienstleistenden arbeiteten im Sozialbereich, vor allem in der Pflegehilfe und Betreuung.
Nach dem Wegfall der Wehrpflicht gibt es seit dem Sommer 2011 auch keinen Zivildienst mehr. Die Sozialverbände haben darauf aufmerksam gemacht, dass es dadurch zu erheblichen Engpässen in der sozialen Pflege und Versorgung kommen wird. Aus diesem Grund wurde im Rahmen der Reform ein 6- bis 24-mona-

tiger **Bundesfreiwilligendienst** eingeführt. Dieser neue Freiwilligendienst steht sowohl Frauen als auch Männern sowie allen Altersgruppen gleichermaßen offen.

Finanzielle und soziale Absicherung bei der Bundeswehr

Wie alle Arbeitnehmer sind die Soldatinnen und Soldaten in der Pflegeversicherung pflichtversichert. Eine Krankenversicherung ist nicht notwendig, da sie unentgeltlich durch die truppenärztliche Versorgung abgesichert sind. Beiträge zur Rentenversicherung werden nicht gezahlt. Nach Beendigung des Dienstverhältnisses zahlt die Bundeswehr den Grundbetrag zur Rentenversicherung nach.

Sold als Anreiz
Um den Dienst bei der Bundeswehr attraktiv zu machen, ist die Besoldung der Soldatinnen und Soldaten gestaffelt.

(Stand 2019)

Besoldung des freiwilligen Wehrdienstes	
1. bis 3. Monat	837,30 €
4. bis 6. Monat	860,40 €
7. bis 12. Monat	1 063,50 €
13. bis 18. Monat	1 146,30 €
19. bis 23. Monat	1 206,30 €

Beispiel für einen Tagesablauf während der allgemeinen Grundausbildung

05.30 Uhr	*Wecken*	*12.00 Uhr*	*Mittagessen*
05.35 Uhr	*Stubendurchgang durch den Unteroffizier vom Dienst (UvD)*	*12.50 Uhr*	*Stuben- und Revierreinigen*
		13.00 Uhr	*Fertigmachen zum Dienst*
05.40 Uhr	*Körperpflege/Waschen, Stuben- und Revierreinigen*	*13.10 Uhr*	*Antreten/Befehlsausgabe*
06.10 Uhr	*Frühstück*	*13.15 – 14.05 Uhr*	*Unterricht/Schießlehre Zieleinrichtungen und Zielen*
06.40 Uhr	*Fertigmachen zum Dienst Meldung der Kranken auf dem Geschäftszimmer*	*14.15 – 16.15 Uhr*	*Schießausbildung mit Gewehr G 3, Zielübungen*
06.50 Uhr	*Antreten/Befehlsausgabe*		*• Balkenkreuzzielen*
07.00 – 07.50 Uhr	*Formalausbildung • Grundstellung • Wendungen • Antrete- und Richtübungen, Grüßen*		*• Dreieckszielen • Zielen auf Gefechtsscheiben • Schießrhythmus (Auf- und Abbau der Stationen durch Stammpersonal)*
08.00 – 10.00 Uhr	*Sportausbildung • Leichtathletik (Weitsprung, Kugelstoßen, 100-m-Lauf) • kleine Ballspiele, anschl. Duschen*	*16.20 – 17.00 Uhr*	*Waffenreinigung, Waffendurchsicht*
		17.15 Uhr	*Abendessen*
10.25 – 10.55 Uhr	*Pause*		*danach: Lernen des Unterrichtsstoffes, schriftl. Ausarbeitungen u. Ä.*
11.00 – 11.45 Uhr	*Unterricht INFO – Die Filmschau der Bundeswehr*	*21.30 Uhr*	*Stuben- und Revierreinigen*
		22.00 Uhr	*Zapfenstreich*

Wohnen in der Kaserne?

Insbesondere zu Beginn der Ausbildung (Grundausbildung) sind die Soldaten in der Kaserne untergebracht. Normalerweise haben sie aber nach dieser Einführungsphase das Recht, bis zum Dienstbeginn außerhalb zu übernachten, z. B. bei den Eltern.

Aus dem **Soldatengesetz**:

§ 6: Der Soldat hat die gleichen staatsbürgerlichen Rechte wie jeder andere Staatsbürger. Seine Rechte werden im Rahmen der Erfordernisse des militärischen Dienstes durch gesetzlich begründete Pflichten beschränkt.

§ 7: Der Soldat hat die Pflicht, der Bundesrepublik Deutschland treu zu dienen und das Recht und die Freiheit des deutschen Volkes tapfer zu verteidigen.

§ 8: Der Soldat muss die freiheitlich demokratische Grundordnung im Sinne des Grundgesetzes anerkennen und durch sein gesamtes Verhalten für ihre Einhaltung eintreten.

§ 11: (1) Der Soldat muss seinen Vorgesetzten gehorchen. Er hat ihre Befehle nach besten Kräften vollständig, gewissenhaft und unverzüglich auszuführen. Ungehorsam liegt nicht vor, wenn ein Befehl nicht befolgt wird, der die Menschenwürde verletzt oder der nicht zu dienstlichen Zwecken erteilt worden ist (...).

Frauen in der Bundeswehr

AUFGABEN

1. Lesen Sie den Text „Warum brauchen wir Soldaten?". Arbeiten Sie die dort dargestellten Positionen heraus und formulieren Sie dazu eine eigene Stellungnahme.
2. Beurteilen Sie, ob Ihrer Meinung nach die finanzielle und soziale Absicherung der Soldaten ausreichend geregelt ist. Vergleichen Sie diese mit Ihrer jetzigen Lebenssituation.
3. Stellen Sie die nach dem Soldatengesetz für Soldaten geltenden Rechte und Pflichten in einer Tabelle stichpunktartig gegenüber und vergleichen Sie diese mit Ihren eigenen Rechten und Pflichten.

HANDELN

AKTIV SEIN

Eine Debatte führen – Beispiel Pro und Kontra Wehrpflichtarmee

Das Bundesverfassungsgericht hat in einer Entscheidung aus dem Jahr 2002 keine eindeutige Aussage zur Frage „Pro und Kontra Wehrpflicht" getroffen, sondern der Politik die Aufgabe zugewiesen, Entscheidungen über die Zukunft der allgemeinen Wehrpflicht zu treffen. Mit der Aussetzung der Wehrpflicht traf der Bundestag 2011 nur eine vorläufige Entscheidung, die in Krisenzeiten zurückgenommen werden kann. Die grundsätzliche Diskussion bleibt bestehen.

KONTRA Wehrpflichtarmee

Die neuen Aufgaben der Bundeswehr erfordern unmittelbar verfügbare Truppen, die bestens ausgebildet und ausgerüstet sind. Diese Aufgaben können zukünftig kaum mit einer großen Zahl unzulänglich ausgebildeter und schlecht ausgerüsteter Soldaten zu lösen sein. Die völlig neue Art der Bedrohung, die militärischen Konflikte von heute und morgen, werden durch zahlenmäßig kleine Freiwilligen-Armeen mit Hochtechnologie, hoher Qualifikation und modernen operationellen Konzepten entschieden. Es wäre verantwortungslos, Soldaten mit unzulänglicher Ausrüstung und Ausbildung in die unübersichtlichen Konflikte unserer Epoche zu senden.

(W. Schilling, 1988–1991 Militärattaché in Moskau, in: Frieden und Sicherheit, 1998, S. 30)

PRO Wehrpflichtarmee

In Europa haben sich einige Länder in den letzten Jahren für Freiwilligenstreitkräfte entschieden und ihre Armeen zugleich erheblich verkleinert. Hoffnungen, auf diesem Wege Personalkosten zu sparen, haben sich nicht erfüllt. Erste Erfahrungen zeigen, dass die Aufgabe der Wehrpflicht unter anderem zu dramatischen Einbrüchen bei der Nachwuchsgewinnung und zu Mehrkosten für aufwendige Besoldungsverbesserungen und Werbekampagnen führt. Fast die Hälfte ihres Führungsnachwuchses gewinnt die Bundeswehr aus Grundwehrdienstleistenden, die sich erst nach Dienstantritt für eine Verpflichtung entscheiden. [...] Die Wehrpflicht bedeutet einen ständigen, qualitativ hochwertigen Personalaustausch. Junge Menschen aller sozialen Schichten kommen zur Bundeswehr. Sie verlangen von der Bundeswehr, sich immer den aktuellen Problemen der Zeit zu stellen. Damit sind sie für alle Vorgesetzten eine ständige positive Herausforderung, gesellschaftliche Veränderungen wahrzunehmen und darauf im Dienst zu reagieren. Die Wehrpflicht schafft bürgernahe Streitkräfte. Außerdem erschließt die Wehrpflicht der Bundeswehr die gesamte Bandbreite schulischer und beruflicher Qualifikationen der Gesellschaft. Wehrpflichtige bieten ein großes Potenzial allgemeiner und fachlicher Bildung, ein weites Berufsspektrum, praktische und theoretische Intelligenz und Fachkenntnisse auf allen Wissensgebieten. Die Wehrpflichtarmee ist die intelligentere Armee.

(aus: www.bundeswehr.de/forces/grundlagen/wehrpflicht; Januar 2005)

Wehrpflicht ist Unrecht

Die Wehrpflicht ist 1956 als eine „Kann-Bestimmung" in das Grundgesetz aufgenommen worden. Sie ist keine Grundpflicht, muss also nicht unbedingt verwirklicht werden. Es ist Unrecht! Irgendjemand muss das endlich [...] auch einmal deutlich sagen: Es ist Unrecht, junge Menschen – ohne sicherheitspolitische Notwendigkeit – zu einem Zwangsdienst zu verpflichten. Es ist Unrecht, Menschen – zumal wenn sie jung und im Aufbruch sind – ihrer Grund- und Freiheitsrechte zu berauben, sie aus ihrer Berufs- und Lebenswelt herauszureißen, sie in ihren Hoffnungen und Zukunftsperspektiven einzuschränken, möglicherweise sogar ihren Lebensweg grundlegend zu verändern.

Die Wehrpflicht und mit ihr die Bundeswehr in der gegenwärtigen Form sind Relikte längst vergangener Zeiten. Demokratische Staaten wie Frankreich, Großbritannien oder die USA haben bereits vor Jahren Grundsatzentscheidungen für die Aufstellung von Freiwilligen- oder Berufsarmeen getroffen. Die Entscheidung für eine Freiwilligenarmee muss unverzüglich getroffen werden. Durch das Aussetzen der Einberufung von Wehrpflichtigen für ein Jahr würden ca. 1,75 Milliarden Euro eingespart. Wird die Wehrpflicht ausgesetzt, reduziert sich der Bestand der Bundeswehr auf ca. 200 000 Freiwillige und Berufssoldaten. Das reicht für die künftigen Anforderungen und Aufgaben der Bundeswehr aus. Für Deutschland sind es Herausforderungen, Gefahren, Risiken, die sich nicht gegen das Land allein richten, sondern Deutschland als Mitglied der Militärbündnisse [...] betreffen.

(aus: Lutz, D. S. (2002): *Wehrpflicht ist Unrecht.* In: Frankfurter Rundschau vom 09.04.2002)

Kontrollierter Austausch von Argumenten: die amerikanische Debatte
Die sogenannte amerikanische Debatte dient der selbstständigen Erarbeitung von Argumenten im Rahmen kontroverser Themen.
Die Teilnehmerinnen und Teilnehmer sollen sich zur Vorbereitung der Debatte selbstständig Informationen beschaffen und sich möglichst gut auf die Diskussion vorbereiten.

Die Vorbereitungsphase
Die Klasse wird in zwei Gruppen eingeteilt. Die eine Gruppe, die Pro-Gruppe sucht ausschließlich Pro-Argumente zum Thema Pro und Kontra Wehrpflichtarmee. Die andere Gruppe, die Kontra-Gruppe sucht ausschließlich Kontra-Argumente.

Zur Vorbereitung nutzt die jeweilige Gruppe die Informationen aus dem vorliegenden Kapitel. Aus weiteren Büchern, aus dem Internet, aus selbst gesammelten Informationen, z. B. aus Zeitungsartikeln oder Broschüren, werden zusätzliche Informationen zusammengetragen. Auch könnte vorweg beispielsweise ein Jugendoffizier der Bundeswehr eingeladen bzw. angehört werden.

Jugendoffizier vor einer Schulklasse

Die einzelnen Gruppen sollten sich mit ihren Argumenten möglichst gut vertraut machen. Sie sollten sich aber auch auf die zu erwartenden Argumente der anderen Gruppe vorbereiten.

Die Debatte
Die Debatte läuft nach strengen Regeln ab:
- Jede Seite bestimmt mehrere Diskutantinnen und Diskutanten, die sich an einem Tisch gegenübersitzen. Vorab wird festgelegt, in welcher Reihenfolge die Argumente vorgetragen werden sollen.
- Die Diskussionsleiterin bzw. der Diskussionsleiter eröffnet die Debatte, indem der ersten Person einer Seite das Wort erteilt wird.
- Beginnt die Pro-Seite, so hat das erste Gruppenmitglied beispielsweise eine Minute Zeit für seine ersten Argumente. Nach Ablauf der vereinbarten Zeit ist der erste Sprecher der Kontra-Seite an der Reihe. Danach kommt das zweite Mitglied der Pro-Seite an die Reihe usw.
- Jeder Sprecher beginnt mit einem Argument für die Position der eigenen Gruppe. Anschließend kann auch auf das Argument der Gegenseite Bezug genommen werden.
- Die Diskussionszeit der Teilnehmerinnen und Teilnehmer muss streng eingehalten werden. Die Diskussionsleitung unterbricht jeden Beitrag, der die vereinbarte Zeit überschreitet. Als günstig hat sich eine Zeitspanne von ca. einer Minute für einen Beitrag erwiesen.
- Am Ende der ersten Runde angekommen, kann eine neue Runde begonnen werden.
- Nach Abschluss der Debatte kann eine allgemeine Plenumsrunde angeschlossen werden. Dabei wird der Ablauf der Diskussion bewertet. In Bezug auf die Ausgangsfrage kann am Ende abgestimmt werden.

Was macht ein Jugendoffizier?
Jugendoffiziere der Bundeswehr sind mit allen Fragen der Sicherheitspolitik, dem Auftrag und den Aufgaben der Bundeswehr vertraut. Jugendoffiziere arbeiten mit Jugendlichen und Pädagogen zusammen. Sie stellen sich gern der Diskussion in den Schulklassen, wollen aber natürlich auch informieren. Seit der Reform der Bundeswehr fällt ihnen auch die Aufgabe der Anwerbung von zukünftigen Berufssoldaten zu.

Blickpunkt: *Bärbel wird gebeten, für ein Projekt zum Wiederaufbau einer Grundschule im Entwicklungsland Afghanistan zu spenden. „Afghanistan, ist das eigentlich ein Entwicklungsland? Wie soll ich das denn beurteilen?“, fragt sie sich.*

Mädchenschule in Kabul

Der Begriff **„Eine Welt“** ist ein zentraler Begriff des Weltgeschehens geworden. Durch die weltweite Vernetzung spüren wir auch in Europa schnell ökonomische und soziale Krisen in anderen Erdteilen und Ländern. Nur das gemeinsame Handeln aller kann auf Dauer die Zukunft der Menschheit sichern.

Volkseinkonmmen:
Summe aller von Inländern innerhalb eines bestimmten Zeitraums (z. B. ein Jahr) aus dem In- und Ausland erzielten Erwerbs- und Vermögenseinkommen (z. B. Löhne, Gehälter, Mieten, Zinsen oder Unternehmensgewinne).

9.3 Internationale Zusammenarbeit

9.3.1 Woran erkennt man ein Entwicklungsland?

Als Entwicklungsland werden im Allgemeinen Länder bezeichnet, deren wirtschaftliche, politische oder soziale Entwicklung auf einem vergleichsweise eher niedrigen Stand ist. Frühere Bezeichnungen wie „unterentwickelte Länder“, „Dritte Welt“ oder „Vierte Welt“ sind nicht mehr gebräuchlich, da sie von den Betroffenen als herabstufend empfunden werden könnten. Zum Teil wird heute all dies auch unter dem Begriff „Eine Welt“ zusammengefasst, da es nur eine Erde gibt, auf der alle leben und die es zu bewahren gilt. Um Entwicklungshilfe zu leisten, ist es in jedem Falle wichtig, die Situation der einzelnen Länder deutlich gegeneinander abzugrenzen und ihre Probleme genau zu definieren.

Unterscheidung nach dem Volkseinkommen

Das Schaubild unten verdeutlicht die vorherrschenden ungleichen Lebensbedingungen in den armen und reichen Ländern der Welt.

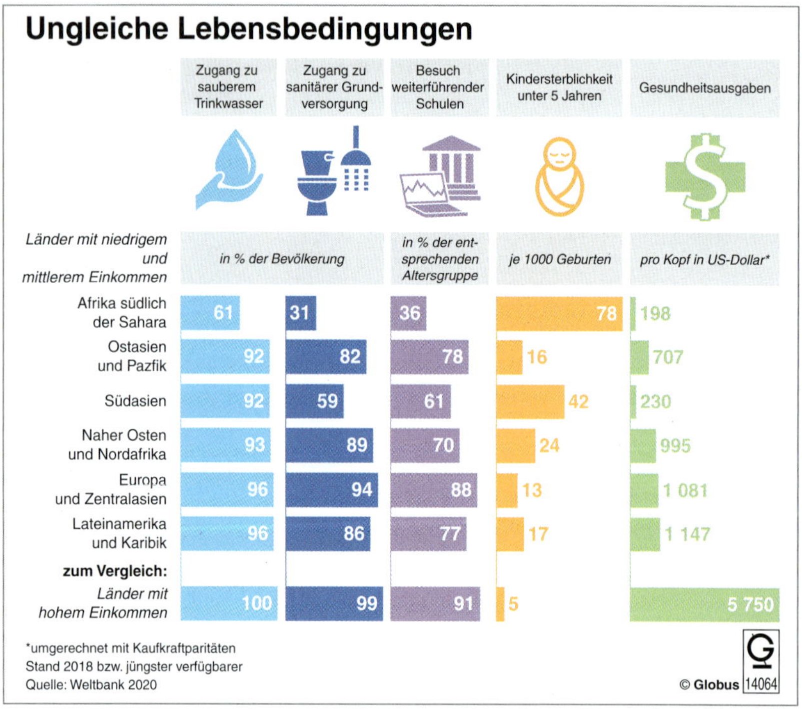

Unterscheidung nach LDC- und Schwellenländern

Schon seit langer Zeit ist deutlich, dass nicht alle Entwicklungsländer gleich sind. Die Länder Afrikas haben eine völlig andere Kultur als die Länder Südamerikas. Auch die sozialen und ökonomischen Standards unterscheiden sich zum Teil erheblich.
Deshalb unterscheidet die UN auch zwischen
1. den ärmsten Entwicklungsländern, den **Least developed Countries (LDC)** und
2. den sogenannten **Schwellenländern**.

Das Schaubild „Die Vierte Welt“ zeigt die LDC-Länder. Es handelt sich hauptsächlich um afrikanische Staaten. LDC-Länder genießen Vorzugsbedingungen bei der Gewährung von Entwicklungshilfe.

Unter Schwellenländern versteht man die Länder, die sich deutlich zu einem Industrieland entwickeln und dabei schon erhebliche Fortschritte gemacht haben.

Als dritte, eigene Gruppe werden noch die **Erdöl exportierenden Länder** gesehen. Obwohl Erdöl eine ergiebige Geldquelle ist, sind nicht wenige Erdöl exportierende Länder Entwicklungsländer geblieben. Beispiele sind Libyen, Irak, Ecuador, Venezuela, Algerien und Nigeria.

Unterscheidung nach dem Human Development Index (HDI)

Eine genauere Beschreibung der Situation der Länder und insbesondere der Entwicklungsländer beinhaltet der von den Vereinten Nationen eingeführte HDI. Im jährlich erscheinenden Human Development Report werden die Länder beurteilt nach:

1. **Lebensdauer** – gemessen als Lebenserwartung zwischen dem 25. und 80. Lebensjahr;
2. **Bildungsniveau** – gemessen werden der Anteil der Analphabeten und der Umfang bzw. die Dauer des Schulbesuchs;
3. **Lebensstandard** – gemessen wird das Pro-Kopf-Einkommen in realer Kaufkraft zwischen 200 und 40 000 US-Dollar.

In die Berechnung gehen diese drei Teilelemente gleichwertig ein. Es ergeben sich für die Länder Zahlenwerte von 0 als schlechtestem bis 1,0 als bestem Wert. Weiter wird unterschieden zwischen hohem HDI-Wert (größer 0,8), mittlerem HDI-Wert (0,5–0,8) und niedrigem HDI-Wert (unter 0,5).

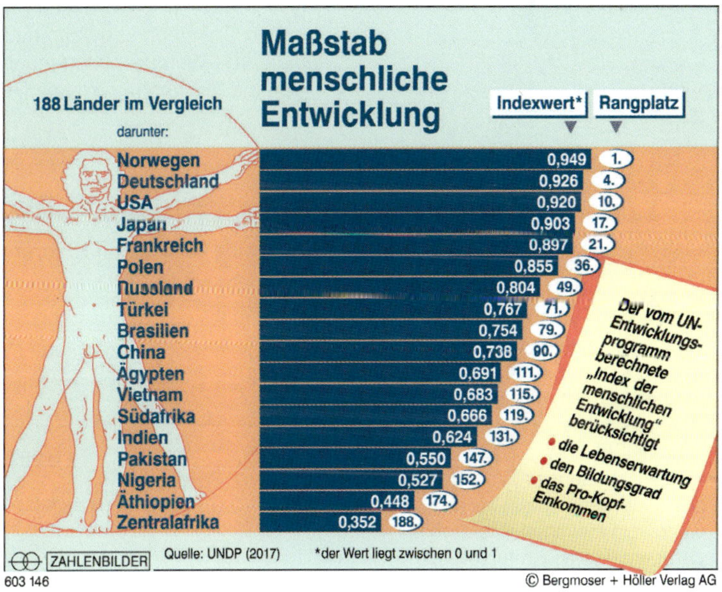

AUFGABEN

1. Erstellen Sie eine Tabelle, die Ihnen hilft, Entwicklungsländer zu beurteilen. Nehmen Sie in die Tabelle neben weiteren Kriterien folgende Merkmale auf: Land, Beschreibung des Landes, BNP, HDI, LDC- oder Schwellenland.
2. Helfen Sie Bärbel im Blickpunkt. Beurteilen Sie mit Ihrer Tabelle das Entwicklungsland Afghanistan.
3. Der Begriff „Vierte Welt“ zur Einordnung eines Entwicklungszustandes hält sich in der öffentlichen Wahrnehmung. Stellen Sie dar, warum der Begriff schwer mit der modernen Auffassung von Entwicklungszusammenarbeit zu vereinbaren ist.

Slums in der indischen Metropole Mumbai (früher Bombay).
Im Stadtgebiet leben etwa 14 Millionen Einwohner.

9.3.2 Ursachen und Folgen von Unterentwicklung

Blickpunkt: Müll ist wertvoll – überall auf der Welt ...
Aber während der Müll hierzulande ins Recycling gelangt, klettern in Ländern wie Indien Menschen auf Müllberge, um das Wertvollste herauszufischen. Oft sind Kinder beim Sammeln dabei – so auch Saruna, Anjum und Jasmin, drei Mädchen aus Delhi.
Anjum: „Einmal sind ganz viele Haargummis abgeladen worden, und ein Lastwagen voll von Dutts, Shampoo, Ölen ... alles Mögliche. Alle sind gekommen, um sich was rauszusuchen ... es gab sogar Nagellack ...“
Mühelos steigt Anjum den steilen Hang hinauf, während sie gestikulierend von all den wunderbaren Dingen erzählt, die hier manchmal zu finden sind. Ihre beiden Freundinnen Saruna und Jasmin sind dicht an ihrer Seite.
Anjum: „Kaugummis, Schokolade ... große Autos kommen, um das abzuladen. Wir finden dann Schokolade und Kaugummis, Süßigkeiten und große Schachteln mit Keksen. All das fällt nachts von den LKWs runter.“
Saruna, Anjum und Jasmin gehen weiter, immer bergauf. Ihre silbernen Fußkettchen klimpern im Takt ihrer Schritte. Ihre gelben, pinken und grünen Kopftücher und Salwar Kamiz – traditionelle Outfits aus weiten Hosen und langen Hemden – sind fröhliche Farbflecken vor dem trostlosen braunen Hintergrund. Immer wieder hebt eines der Mädchen etwas vom Boden auf: einen Plastiksack, einen rostigen Nagel, leere Getränkekartons, eine Glühbirne. Ihre Fundstücke lassen sie in großen Säcken verschwinden, die sie über ihre Schultern geworfen haben. [...] Oben angekommen, breitet Saruna ihre Arme weit aus. So, als ob sie die ganze Welt umarmen möchte. Tief unter ihr und bis zum Horizont erstreckt sich die Millionenmetropole Delhi. [...]

(aus: Salm-Reifferscheidt, Laura (2020): *Die Mädchen vom Müllberg*, Deutschlandfunk Kultur, www.deutschlandfunkkultur.de)

Armut ist eine wirtschaftliche Situation, die es dem Einzelnen nicht ermöglicht, sein Existenzminimum aus eigener Kraft, durch eigene Arbeit zu beschaffen.
Armut heißt:
- kein ausreichendes Einkommen zu haben. Jemand gilt als arm, wenn sein Einkommen unterhalb der festgelegten Armutsgrenze liegt.
- Grundbedürfnisse können nicht befriedigt werden. Die materiellen Voraussetzungen für eine minimale Deckung menschlicher Bedürfnisse fehlen. Dazu gehören auch infrastrukturelle Einrichtungen wie ein ausreichendes Gesundheitswesen oder Schule und Arbeitsplätze.
- Lebenschancen können nicht wahrgenommen werden. Die Menschen haben keine Möglichkeit, sich entsprechend ihren Fähigkeiten zu entwickeln und ihr Leben zukunftssicher zu gestalten.

Die Ursachen von Unterentwicklung sind oft zugleich auch deren Folgen: So ist Armut eine Ursache für Unterentwicklung – gleichzeitig wird in einem unterentwickelten Staat aber auch schwerer ein Weg aus der Armutsfalle zu finden sein. Das Fehlen eines demokratischen Staatswesens kann ein Grund für Unterentwicklung sein – gleichzeitig ist diese mit einem totalitären, von der Bevölkerung abgelehnten politischen System aber auch kaum bekämpfbar.

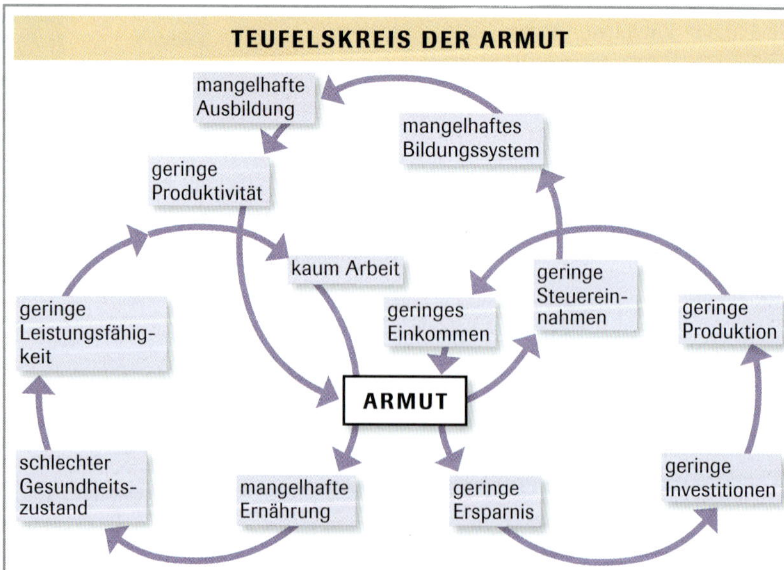

(aus: Informationen zur politischen Bildung, Heft 252, S. 17)

Armut als Ursache der Unterentwicklung

Wie im Schaubild auf der linken Seite dargestellt, beeinflussen sich viele Merkmale von Armut gegenseitig und verstärken sich dadurch. Keine Arbeit - kein Geld - keine Ersparnisse - keine Ausbildung - keine Arbeit. Diese Teufelskreise der Armut verdeutlichen, dass Menschen, die in ihnen gefangen sind, nur schwer aus ihnen ausbrechen können. Selbstverständlich ist ein Ausbrechen möglich, wenn es gelingt, einen oder mehrere der Wirkungsfaktoren positiv zu verändern.

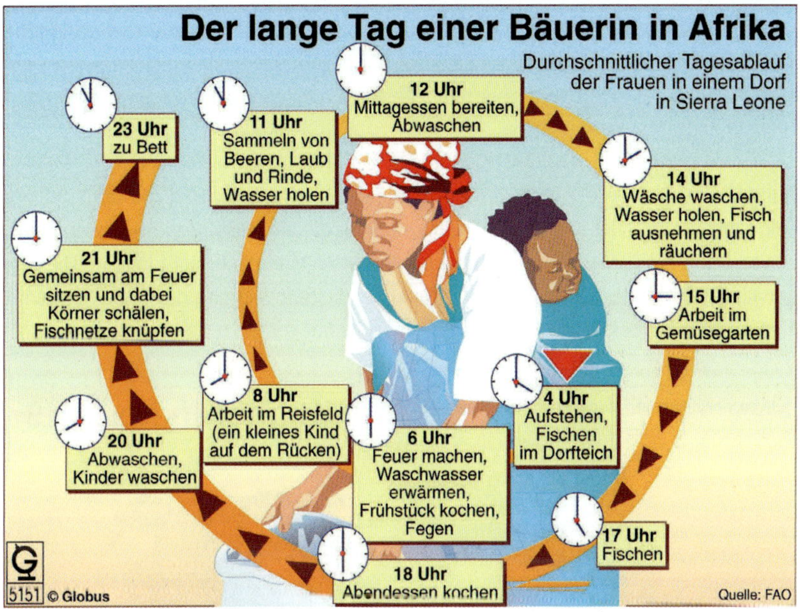

Natürliche Gegebenheiten als Ursache der Unterentwicklung

Die Menschen finden in ihrem Land vorgegebene Bedingungen vor, die sie nicht ändern können. Das Klima ist z.B. ein wichtiger Einflussfaktor für die Entwicklungsmöglichkeiten eines Landes. Extrem menschenfeindliches Klima, wie in den Wüsten Afrikas, beeinträchtigt die Siedlungsmöglichkeiten und wirtschaftlichen Chancen der Einwohner.

Auch die Rohstoffvorkommen sind von großer Bedeutung. Rohstoffreiche Länder haben erheblich bessere Entwicklungschancen als rohstoffarme Länder. Andererseits ist auch Deutschland rohstoffarm und zugleich eines der reichsten Länder der Welt.

Die innere Situation als Ursache der Unterentwicklung

Hierunter versteht man die Verhaltensweisen der Menschen im Entwicklungsland. So spielt z.B. die Bevölkerungsentwicklung eine große Rolle. Wie verkraftet ein Land eine starke Bevölkerungszunahme? Gibt es Familienplanung oder verläuft die Entwicklung ungeregelt?

Auch Kapital ist ein wichtiger Produktionsfaktor. Kapitalmangel und damit verbunden unzureichende Investitionen sind eine zentrale Ursache für einen Entwicklungsrückstand.

Das Vorhandensein demokratischer Strukturen festigt die Stabilität eines Landes und erhöht deutlich seine Entwicklungschancen. Viele Entwicklungsländer haben keine demokratischen Traditionen und fallen häufig in autoritäre Staatsstrukturen zurück. Korruption und Begünstigung einzelner Bevölkerungsgruppen sind die Folge.

Schwerstarbeit – arbeiten ohne Aussicht auf Erfolg

Überall auf der Welt arbeiten Frauen länger als Männer. In den Entwicklungsländern beträgt die Differenz etwa 13 Stunden pro Woche, in Westeuropa fünf bis sechs Stunden. Besonders lang ist in den Entwicklungsländern der Arbeitstag für Frauen auf dem Lande: Sie leisten neben ihren Haushaltsarbeiten und der Kinderversorgung auch einen großen Teil der landwirtschaftlichen Arbeiten. Ein Grund hierfür: Immer öfter suchen die Männer bezahlte Arbeit neben der Landwirtschaft und verlassen für Wochen oder auch Monate ihre Familien.

Kinderarbeit

Nach Schätzungen der internationalen Arbeitsorganisation (ILO) müssen weltweit rund 152 Millionen Kinder im Alter zwischen 5 und 17 Jahren regelmäßig arbeiten. Die Arbeit reicht von leichten Tätigkeiten bis zur sklavenähnlichen Beschäftigung in Gerbereien, Steinbrüchen und im Bergbau. Auch Zwangsarbeit, Beteiligung am Drogenhandel und Prostitution kommen vor. In den meisten Fällen ist Armut der Grund für Kinderarbeit. Ohne den zusätzlichen Verdienst der Kinder haben die Familien oft keine ausreichende Lebensbasis.

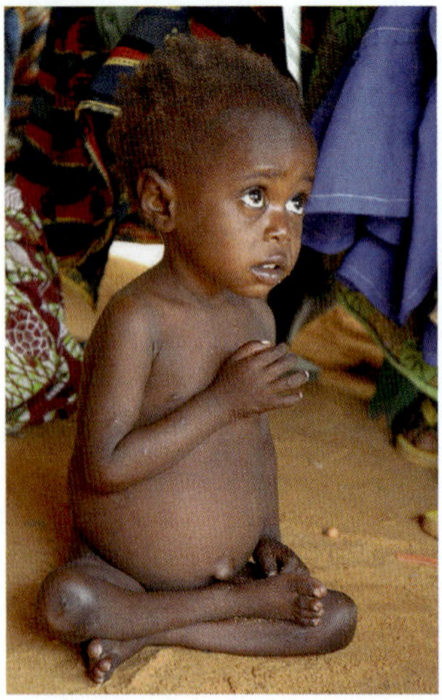

Unterernährtes Kind im westafrikanischen Niger. Zehntausende Kinder leiden dort an Kwashiorkor, einer Krankheit, die durch Mangelernährung entsteht und deren typisches Merkmal der Hungerbauch ist.

Aids (Acquired immune deficiency syndrome): Die schwere Erkrankung des Immunsystems ist eine Folge der Infektion mit dem HI-Virus. Die Ansteckung erfolgt über Körperflüssigkeiten wie Blut oder Sperma. Die Krankheit ist nicht heilbar und bricht nach ca. 3 bis 15 Jahren aus. Es gibt keine Möglichkeiten von Schutzimpfungen. Wichtig ist daher der vorbeugende Schutz, z. B. durch die Verwendung von Kondomen und die Aufklärung der Bevölkerung über die Krankheit.

Die äußere Situation als Ursache der Unterentwicklung

Da die Entwicklungsländer Rohstoffe häufig nur exportieren, aber nicht weiterverarbeiten, werden sie benachteiligt. Nicht die Ausbeutung der Rohstoffe, sondern deren Weiterverarbeitung schafft Know-how, technologischen Fortschritt und Industrialisierung. Die Weiterverarbeitung erfolgt aber fast ausschließlich in den Industrieländern.

Hunger als Ursache und Folge der Unterentwicklung

Hunger ist eines der größten Probleme dieser Welt. Man schätzt, dass circa 800 Millionen Menschen hungern. Die Situation hat sich jedoch in den vergangenen Jahren erheblich verbessert. Die Zahl der hungernden Menschen geht zurück, mit einer Ausnahme: In Subsahara-Afrika ist ein dramatischer Anstieg der hungernden Menschen beobachtet worden.

Hunger ist vor allem ein Problem der mangelnden Kaufkraft und die unmittelbare Folge der Armut. Da Lebensmittel Güter sind, für die ein Preis gezahlt werden muss, können sich arme Menschen Nahrungsmittel oftmals einfach nicht leisten. Die Folgen langer Jahre des Hungerns sind Krankheit, die Schwächung des Immunsystems, eine erhöhte Kindersterblichkeit und eine insgesamt verkürzte Lebenserwartung.

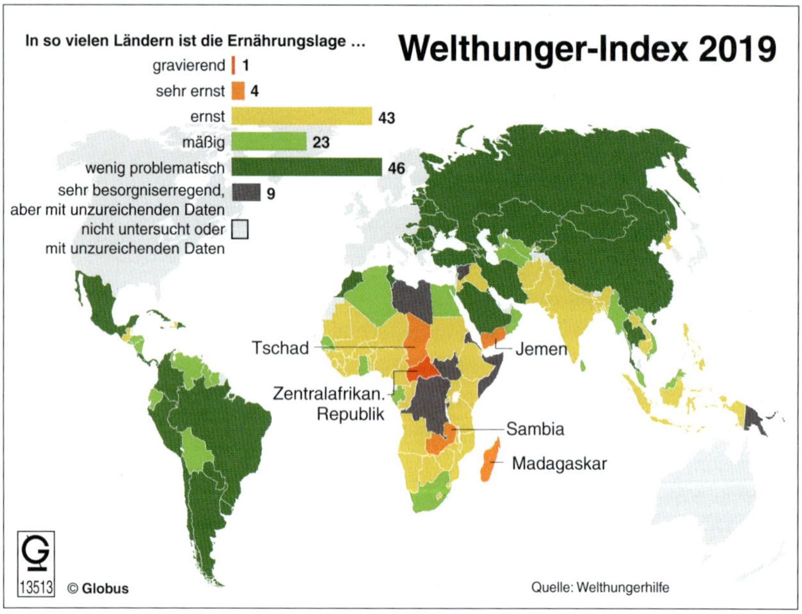

Krankheiten als Ursache und Folge von Unterentwicklung

Die Menschen in den Entwicklungsländern sind Krankheiten in besonders hohem Maße ausgesetzt. Neben den vielen Infektionskrankheiten, die in Industrieländern auftreten, gibt es in den warmfeuchten tropischen Entwicklungsländern noch einige zusätzliche gefährliche Erkrankungen, wie z. B. Malaria, Lepra, die Afrikanische Schlafkrankheit und die Chagas-Krankheit (Übertragung durch Raubwanzen, führt zu Organschäden). Besonders schon von Armut und Krankheit geschwächte Kinder leiden unter diesen Krankheiten. Die Kindersterblichkeit ist in den Entwicklungsländern besonders hoch.

HIV/Aids hat sich zur gefährlichsten Krankheit entwickelt. 2018 gab es weltweit knapp 37,9 Millionen HIV-Infizierte und 770 000 Tote. Die Zahl der neu Infizierten lag bei 1,7 Millionen. Im selben Jahr kamen 360 000 Kinder mit der Krankheit zur Welt, insgesamt sind mehr als ca. 1,7 Millionen Kinder unter 15 Jahren HIV-infiziert.

Migration als Folge von Unterentwicklung

Der Begriff internationale Migration umfasst alle grenzüberschreitenden Bewegungen (siehe auch Abschnitt 9.1.7).

Migration kann diverse Ursachen haben:

- Flüchtlinge fliehen vor Kriegen, Bürgerkriegen, politischer, sozialer oder religiöser Verfolgung;
- Wirtschaftsflüchtlinge werden zwar nicht verfolgt, leiden oder empfinden aber wirtschaftliche Not und suchen in einem anderen Staat eine bessere Perspektive;
- Arbeitsmigranten sind im Zielstaat gesuchte oder von ihrem Arbeitgeber entsandte Arbeitskräfte, die über eine Arbeits- und Aufenthaltserlaubnis verfügen;
- freiwillige (häufig wohlhabende) Emigranten wechseln aus rein privaten Gründen ihren Aufenthaltsstaat.

Bei Weitem am größten ist die Zahl sogenannter Wirtschaftsflüchtlinge, deren Hauptbeweggrund für Migration die Unterentwicklung ihres Heimatlandes ist. Denn die Perspektive unzähliger Menschen in den Entwicklungsstaaten ist durch Armut oder Erwerbslosigkeit begrenzt. Zwar unterliegen sie keiner Verfolgung oder unmittelbaren Gefahr, das Wohlstandsgefälle lockt sie aber dennoch in die Industrieländer.

Im Zeitalter der Globalisierung sind die Menschen auch mobiler und über die Möglichkeiten im potenziellen Zielstaat besser informiert, was die Migration von Wirtschaftsflüchtlingen zusätzlich verstärkt.

Notlandung eines überfüllten Flüchtlingsbootes vor der Küste Libyens

Folgen und Probleme in den Zielländern:

- Die angespannte Lage auf den Arbeitsmärkten gibt den häufig wenig oder gar nicht qualifizierten Migranten kaum Chancen auf eine Erwerbstätigkeit.
- Um leben zu können, müssen die nicht erwerbstätigen Migranten mit Sozialleistungen unterstützt werden, was die Staatshaushalte der Zielländer stark belastet.
- Es muss ausreichend und angemessener Wohnraum zur Verfügung gestellt werden.
- Die soziale Akzeptanz von Wirtschaftsmigranten leidet besonders in Krisenzeiten, die der einheimischen Bevölkerung sozialen Abbau und hohe Arbeitslosenzahlen bescheren. Hier sind schnell Vorurteile aufgebaut, und es kann zu gefährlichen sozialen Unruhen kommen.

AUFGABEN

1. Stellen Sie in einer Tabelle die Lebenssituationen in Deutschland und in einem ausgewählten Entwicklungsland gegenüber. Vergleichskriterien können sein: Armut, Arbeitsbelastung, Kinderarbeit, Klima, Rohstoffvorkommen, Bevölkerungsentwicklung, politisches System, medizinische Versorgung usw.
2. Erarbeiten Sie Vorschläge für Maßnahmen, mit denen man insbesondere den Kindern und Jugendlichen in einem Entwicklungsland helfen könnte.
3. Informieren Sie sich über die rasante Ausbreitung der Immunschwächekrankheit Aids und nennen Sie mögliche Gründe für deren Ausbreitung, die im Zusammenhang mit Unterentwicklung stehen.

Blickpunkt: *Bärbel (siehe Blickpunkt in Abschnitt 9.3.1) hat sich inzwischen näher über die Lage in Afghanistan informiert. Sie weiß nun, dass auch Deutschland dort Entwicklungshilfe leistet – ebenso wie in vielen anderen Ländern, die Unterstützung benötigen. Doch nach welchen Kriterien erfolgt eigentlich eine Entwicklungszusammenarbeit?*

Lehrerausbildung in Kabul

9.3.3 Warum Entwicklungszusammenarbeit?

Entwicklungszusammenarbeit – auch als Entwicklungshilfe bezeichnet – bezweckt, die Unterschiede zwischen den modernen Industriestaaten und den Entwicklungsländern abzubauen, um der Idee der „Einen Welt" näherzukommen.

Die Unterstützung von Entwicklungsländern im Rahmen der Entwicklungszusammenarbeit wird – je nach Region – von 69 bis 75 Prozent der deutschen Bevölkerung grundsätzlich befürwortet. 66 Prozent aller Bundesbürger wären sogar bereit, hierfür zeitlich begrenzt wirtschaftliche Nachteile in Kauf zu nehmen.

Weltumspannende Ziele von Entwicklungspolitik

Auf einem UN-Gipfeltreffen im September 2015 wurde die Agenda 2030 für die zukünftige Entwicklungspolitik bis 2030 erstellt, die 17 übergeordnete Ziele einer nachhaltigen Entwicklung umfasst. Dabei geht es vorrangig darum, sich nicht auf die traditionellen Schwerpunkte der Entwicklungspolitik – wie Bekämpfung von Hunger und Armut sowie Ausbau des Gesundheitswesens und der Bildung – zu beschränken. Vielmehr sollen auch die Bereiche wirtschaftliche Entwicklung, Bewahrung der Umwelt, Sicherheit und Rechtsordnung nachhaltig miteinbezogen werden.

Die Agenda 2030 beschränkt sich aber nicht nur auf die Entwicklungsländer, sondern soll sich auf die ganze Welt erstrecken. Dies zeigt sich zum Beispiel daran, dass der Klimawandel gestoppt, gesellschaftliche Ungleichheit abgebaut, die Umwelt geschützt und nachhaltige Konsum- und Produktionsweisen eingeführt werden sollen.

 625 294

HINWEIS
Entwicklungszusammenarbeit wird nicht nur vom Bundesministerium für wirtschaftliche Zusammenarbeit und Entwicklung (BMZ) geleistet. Auch die Parteien, die Kirchen und private Institutionen sind in der Entwicklungszusammenarbeit aktiv.

Kritiker merken an, dass die 17 übergeordnete Ziele, die sich in 169 Teilziele untergliedern, als umfassendes Programm die Problemlösungsfähigkeit vieler Staaten der Dritten Welt überfordern könnten und mit einer Konzentration auf eine überschaubare Zahl ausgewählter Ziele letztendlich mehr erreicht werden könne.

Die Motive für Entwicklungszusammenarbeit

Würde man sich allein auf den Standpunkt stellen, dass souveräne Staaten auch ihre Probleme eigenständig lösen müssten, so gäbe es keine Entwicklungszusammenarbeit. Es gibt jedoch diverse gute Gründe, die für eine effektive Entwicklungspolitik sprechen. Folgende Motive bilden die Hauptargumente:

- **Ethik:** Ein großer Teil der Menschen sieht eine ethisch-moralische Verantwortung der reichen Länder gegenüber den armen Ländern dieser Welt. Viele Menschen wollen nicht zulassen, dass so viele Mitmenschen in Armut leben.
- **Politik:** Entwicklungszusammenarbeit stabilisiert die politische Situation in den Entwicklungsländern und sichert damit den Weltfrieden.
- **Ökologie:** Entwicklungszusammenarbeit verhindert ein Ausufern der Umweltverschmutzung und der Ressourcenverschwendung. Sie schützt dadurch die Umwelt und sichert so auch die klimatisch günstigen Lebensverhältnisse, z.B. in Europa.
- **Ökonomie:** Entwicklungszusammenarbeit ist auch ein wichtiger Faktor für die Wirtschaft. So exportiert z.B. die Bundesrepublik Deutschland zunehmend Güter und Dienstleistungen in die Entwicklungsländer.

Fünf Kriterien deutscher Entwicklungszusammenarbeit

Die folgenden fünf Kriterien der deutschen Entwicklungszusammenarbeit bilden die Grundlage für die Vergabe von Fördermitteln und die Leistung von Unterstützungsmaßnahmen:

1. die Beachtung der Menschenrechte,
2. die Beteiligung der Bevölkerung an politischen Entscheidungen,
3. Rechtsstaatlichkeit und die Gewährleistung von Rechtssicherheit,
4. eine marktwirtschaftlich- und sozialorientierte Wirtschaftsordnung und
5. die Entwicklungsorientierung staatlichen Handelns.

Regierungen, die gegen diese Bedingungen verstoßen und keinerlei Willen zur Veränderung erkennen lassen, kommen nicht bzw. nicht mehr infrage. So war z.B. die Genitalverstümmelung bei Frauen in Mali für die Bundesregierung ein Anlass, über die Fortsetzung der Entwicklungshilfeprojekte mit der dortigen Regierung zu sprechen.

AUFGABEN

1. a) Beschaffen Sie sich im Internet Informationen über aktuelle Entwicklungshilfeprojekte.
   b) Entscheiden Sie sich für ein Projekt, arbeiten Sie dessen Besonderheiten heraus und stellen Sie die Ergebnisse in der Klasse vor.
2. Betrachten Sie die Grafik zur Entwicklungshilfe ausgewählter Staaten. Arbeiten Sie heraus, ob die Geber der größten Geldbeträge tatsächlich auch die großzügigsten Entwicklungshelfer sind.
3. Die Bundesregierung unterstützt keine Entwicklungsländer, die die fünf Kriterien nicht beachten. Diskutieren Sie, ob solch eine Politik Deutschlands richtig ist, auch wenn klar ist, dass durch die Einstellung der Entwicklungszusammenarbeit besonders die einfachen Menschen in den Ländern betroffen sind.

Was Sie wissen sollten …

Die folgenden Begriffe zum Thema **Global betrachtet – internationale Beziehungen** sollten Sie erläutern können:

Wichtige Begriffe	Sie können mitreden, wenn …
PROBLEME INTERNATIONALER POLITIK	
Globalisierung	• Sie wissen, was man unter dem Begriff Globalisierung versteht und wie wir in Deutschland die Auswirkungen der Globalisierung erleben.
Terrorismus	• Sie die verschiedenen Arten und mögliche Ursachen des Terrorismus benennen können.
Israel, Palästina, Nahostkonflikt	• Sie die Geschichte Israels, insbesondere die neuere Geschichte seit 1945 darstellen können. • Sie um die besonderen Probleme der Palästinenser wissen und in kurzen Stichworten ihre Geschichte wiedergeben können. • Sie die aktuellen Probleme im Hinblick auf den Nahostkonflikt benennen können.
Naher Osten	• Sie über die gegenwärtige Situation im Nahen Osten informiert sind.
Bevölkerungswachstum	• Sie eine Prognose über die Entwicklung der Weltbevölkerung aufstellen und sie bezüglich der einzelnen Kontinente differenzieren können.
internationale Migration, Binnenmigration	• Sie wissen, was man unter internationaler Migration und Binnenmigration versteht, und Sie deren Ursachen aufzeigen können.
Klimawandel, Treibhausgase, Klimapolitik, Kyoto-Protokoll	• Sie erklären können, welche Folgen der Klimawandel für die Erde haben kann und welche Rolle den Treibhausgasen dabei zufällt. • Sie die klimapolitischen Vereinbarungen des Kyoto-Protokolls kennen und in etwa wissen, welche Länder mit welchen Zielen an dem Programm teilnehmen.
FRIEDEN UND SICHERHEIT	
Gewalt, personale und strukturelle Gewalt, Frieden	• Sie die Ursachen für Gewalt benennen und eine Unterscheidung zwischen struktureller und personaler Gewalt treffen können. • Sie den Begriff Frieden definieren und zwischen unterschiedlichen Definitionen differenzieren können.
UNO, NATO, OSZE, GSVP	• Sie wissen, wofür die Abkürzungen UNO, NATO, OSZE und GSVP stehen.
Blauhelme, Generalversammlung, Sicherheitsrat	• Sie erläutern können, was Blauhelmeinsätze sind und welche Aufgaben Blauhelm-Soldaten haben. • Sie im Bilde darüber sind, was die UN-Generalversammlung ist und wer die ständigen Mitglieder im UN-Sicherheitsrat sind.
Kalter Krieg, NATO, Warschauer Pakt	• Sie mit dem Begriff „Kalter Krieg" etwas anfangen und die weltpolitische Lage der damaligen Zeit erklären können.
Bundeswehr, NVA	• Sie in der Lage sind, den Auftrag und die Aufgaben der Bundeswehr darzustellen, und aus der neueren Geschichte noch wissen, was die NVA war.
Wehrpflicht	• Sie in der Diskussion über das Pro und Kontra zur Aussetzung der Wehrpflicht Ihren Standpunkt darstellen können.
INTERNATIONALE ZUSAMMENARBEIT	
Eine Welt, Entwicklungsland	• Sie den Begriff Eine Welt erklären und mit dem Begriff Entwicklungsland in Verbindung bringen können.
LDC-Länder, Schwellenländer, HDI, Unterentwicklung	• Sie wissen, was LDC- und Schwellenländer sind und wie Entwicklungsländer z. B. mit dem HDI beurteilt werden. • Sie die Ursachen und Folgen der Unterentwicklung erläutern können.
Teufelskreis der Armut	• Sie den „Teufelskreis der Armut" in einer Übersicht darstellen können.
Kinderarbeit	• Sie als eines der schwerwiegendsten Probleme das Los vieler Kinder in den Entwicklungsländern beschreiben können.

E

H

I

W

AfD, Berlin: S. 155/8
Airbus Operations GmbH, Hamburg: S. 47/1
akg-images GmbH, Berlin: S. 44/1; 109/2 (Sammlung Berliner Verlag Archiv); 115/2; 118/2,3; 120/2; 217/1 (© LOC/SCIENCE SOURCE)
APA-Grafik / picturedesk.com, Wien: S. 305/1
Barmer Hauptverwaltung, Wuppertal: S. 52/2
Bergmoser + Höller Verlag AG, Aachen: S. 6/3; 17; 21; 22; 23; 25; 26; 30; 58/2; 91/2; 93; 96/2; 106/2; 115/1; 122/2; 126/3; 131/1; 133/1; 141/1; 144; 157; 160/2; 162/2; 168/3; 170/2; 171/2; 185; 190; 191; 206; 211; 220/2; 225; 239; 240/2; 265; 267; 268/3; 269; 273; 274; 283/1; 284/2; 319/1; 320/2; 325/1; 333; 338/2
Berliner Wassertisch, Berlin: S. 148/2
Block, Martin, Köln: S. 109/3
bpk - Bildagentur für Kunst, Kultur und Geschichte, Berlin: S. 108; 113/3 (Heinrich Hoffmann)
Brinkmann, Klaus, Hamburg: S. 66/2
Bundesanstalt für Landwirtschaft und Ernährung, Bonn: S. 203/2
Bundesministerium für Bildung und Forschung/BM für Wirtschaft und Arbeit, Berlin: S. 6/2
Bundesministerium für Familie, Senioren, Frauen und Jugend, Berlin: S. 75/2
Bundesministerium für Gesundheit, Berlin: S. 53/1
Bundesverband der deutschen Industrie e. V. (BDI), Berlin: S. 153/2
Bundesvereinigung der Deutschen Arbeitgeberverbände (BDA), Berlin: S. 152/3
Bundeszentrale für politische Bildung, www.bpb.de, Bonn: S. 253/1
BÜNDNIS 90/DIE GRÜNEN, Berlin: S. 155/5
Bund-Verlag GmbH, Frankfurt/Main: S. 14
CDU Deutschland, Berlin: S. 155/2
Christlicher Gewerkschaftsbund (CGB), Berlin: S. 153/4
CSU, München: S. 155/3
dbb Beamtenbund und Tarifunion, Berlin: S. 153/3
ddp images/dapd, Berlin: S. 291/2 (Thomas Lohnes); 311 (Timm Schamberger); 324/1
Deutsche Industrie- und Handelskammer (DIHK), Berlin: S. 152/2
Deutscher Gewerkschaftsbund (DGB), Berlin: S. 153/1
Deutsches Historisches Museum, Berlin: S. 115/2
Die Linke, Berlin: S. 155/6
Dombauarchiv, Köln: S. 220/1
dpa Picture Alliance GmbH, Frankfurt/Main: S. 1 (ZB); 2; 3; 5/1 (Westend61),2; 7 (Süddeutsche Zeitung Photo); 27; 29; 33/1 (imageBROKER),2; 36/2; 41/1; 42; 44/2 (Judaica-Sammlung Richter), 4 (Imaginechina); 45/1 (ullstein bild - Archiv Gerstenberg); 46 (Martin Schutt/dpa-Zentralbild); 48/1, 2 (Marijan Murat); 53/2; 54 (Süddeutsche Zeitung Photo); 55; 57; 58/1; 61; 71; 74/2; 75/1; 78; 81; 82/2; 83; 85; 88; 90; 91/1; 100; 101; 102; 103; 104; 106/1; 107; 110; 111/1, 2 (epa-Bildfunk); 113/1 (akg-images), 2 (dpa-Bildarchiv), 4 (dpa-Report); 114/1, 2 (© VG Bild-Kunst, Bonn 2017); 116/1,2; 117/2,3; 118/4; 120/1; 121/1; 122/1 (ZB); 123; 126/1,2 (Peter Zimmermann); 127 (dpa-Report); 129; 131/2,3; 132/2; 133/2; 134/1(dpa-Report), 2; 135/1, 2 (Kay Nietfeld); 137 (Bildagentur-online); 138/2; 140; 141/2; 142/2 (dpa-Fotoreport); 146; 150; 151/1,2,3 (Steffen Trumpf); 155/1; 158/2; 160/1 (dpa-Fotoreport); 162/1 (Flashpic); 166; 168/1; 169; 170/1; 171/1,3; 173; 177; 181 (Bildagentur Huber); 200/3; 204; 205; 208/2; 215; 217/2; 221; 222/1 (dieKleinert.de),2; 224/2; 227; 230; 232/2; 234/2; 235; 236/2; 238/2; 241 (dpa-Report); 245; 246; 247 (ZB); 249; 250/2; 251; 252/1 (Photo Alto); 255; 256/2,3; 257; 260; 261; 264; 266/1,3; 270/2; 272/2; 275; 279/1-3; 284/1 (Wolfram Steinberg); 288/1 (Süddeutsche Zeitung Photo),2 (imageBROKER),3; 290/2; 294/2; 297; 300; 303; 305/2; 306/1; 308/2,3; 310/2; 312/1,2; 313; 314; 315; 317 (ZUMAPRESS.com); 320/1(epa); 321; 322/1 (landov); 323 (dpa-Report); 325/2; 326 (Stefan Sauer/dpa-Zentralbild); 328; 330; 331 (Patrick Seeger); 332/1(Tom Koene), 2; 334 (dpa-Report); 335; 336/1 (dpaweb), 2; 337; 338/1 (dpa-Report); 339
Econ Verlag in der Ullstein Buchverlage GmbH, Berlin: S. 218
Espermüller, Klaus, München: S. 308/1
FDP, Berlin: S. 155/7
Fifty/Fifty, ein Angebot von Unabhängiges Institut für Umweltfragen – UfU e. V., Berlin: S. 287
S. Fischer Verlag GmbH, Frankfurt/Main: S. 96/1
Fotolia Deutschland, Berlin, © www.fotolia.de: S. 4 (AK-DigiArt); 52/1 (Maria P.); 63 (Detailblick); 72/2 (WavebreakMediaMicro); 73 (Christoph Hähnel); 74/1 (WavebreakMediaMicro); 76 (Tatyana Gladskik); 77 (WavebreakMediaMicro); 98/1 (kririll_M); 130 (Increa); 158/1 (xj6652); 213 (Falko Matte); 236/1(blue-design); 272/1 (Bettina Kuß); 277 (stockpix4u); 282 (Edler von Rabenstein)
Grafik-NET, München: S. 280/2
Haitzinger, Horst, München: S. 278
Haus der Geschichte, Bonn: S. 219
iStockphoto, Berlin: S. 47/2 (mediaphotos); 143 (John Woodcock); 178 (Christopher Futcher); 198 (Ekely)
Mauritius images GmbH, Mittenwald: S. 289 (imagebroker/Jochen Tack); 304/1 (Ahmed Hjazy/Pacific Press/Alamy Live News)
Mester, Gerhard, Wiesbaden: S. 45/2
Morgenpost Verlag GmbH, Hamburg: S. 132/1
mr-kartographie, Gotha: S. 304/2
Neues Deutschland, Berlin: S. 124; 125
Plassmann, Thomas, Essen: S. 234/1
Reuters AG, Berlin: S. 302
Richter-Publizistik, Bonn (www.crp-infotec.de): S. 259
Science Photo Library - Ein Unternehmensbereich der StockFood GmbH, München: S. 51 (PHANIE/BURGER)
Shutterstock Images LLC, New York, USA: S. 28/2 (Photographee.eu); 92 (StevenK); 95 (Goodluz), 116/3 (Dvorko Sergey); 117/1 (grebeshkovmaxim); 142/1 (Syda Productions); 161/1 (360b); 172/1 (Rico Markus); 182/1 (Bjoern Deutschmann), 2 (meunierd); 196 (Oleg Mirabo); 224/1 (Aun Photographer); 268/1 (Belish),2 (nitpicker); 294/1 (Ikonoklast Fotografie); 298 (ixpert); 318/1 (Michael Kaercher); 319/2 (Luketaibai); 329 (M.Moira)
Sowag mbH, Zittau: S. 281
SPD, Berlin: S. 155/4
Stuttmann, Klaus, Berlin: S. 138/1; 149; 250/1
Umweltbundesamt Dessau: S. 202/1,4
Verbraucherzentrale Bundesverband, Berlin: S. 203
Verlag Der Tagesspiegel GmbH, Berlin: S. 306/2
Verlag Handwerk und Technik GmbH, Hamburg: S. 72/1; 119; 189
Wirtschafts- und Sozialwissenschaftliches Institut (WSI) der Hans-Böckler-Stiftung, Düsseldorf: S. 229
www.wikimedia.org, August Stauda: 44/3
www.wikimedia.org, https://commons.wikimedia.org/wiki/Category:CC-BY-SA-3.0: S. 109/1
Zentralverband des deutschen Handwerks (ZDH), Berlin: S. 152/1